XAVIER DE MONTÉPIN

LA MORTE VIVANTE

Illustrations inédites par les meilleurs Artistes

Prix : 2 fr. 20 cent.

PARIS
VICTOR BENOIST ET Cie, ÉDITEURS, RUE GIT-LE-CŒUR, 10, A PARIS
Ancienne Maison CHARLIEU et HUILLERY

VICTOR BENOIST ET Cie. — ÉDITION ILLUSTRÉE — 10, RUE GIT-LE-CŒUR, 10

LA MORTE VIVANTE

PAR

XAVIER DE MONTÉPIN

EN VENTE CHEZ TOUS LES LIBRAIRES ET MARCHANDS DE JOURNAUX
DE PARIS ET DES DÉPARTEMENTS

VICTOR BENOIST ET Cie. — ÉDITION ILLUSTRÉE — 10, RUE GIT-LE-CŒUR, 10

LA MORTE VIVANTE

Je vis l'éclair rayer la nuit et l'enfant foudroyé. (Page 10).

PAR

XAVIER DE MONTÉPIN

LA MORTE VIVANTE

PAR

XAVIER DE MONTÉPIN

PREMIÈRE PARTIE

LE MARQUIS DE SAINT-MAIXENT

I

RUE DE LA LANTERNE.

Parmi les ruelles infâmes dont chaque jour la pioche des démolisseurs fait justice, remplaçant ainsi les misères sordides du vieux Paris par les splendeurs du Paris nouveau, l'une des plus connues, l'une de celles dont le souvenir vivra le plus longtemps (grâce au drame sinistre dont elle fut le théâtre et qui ne procéda que de quelques mois sa disparition), s'appelait la rue de la Lanterne.

Au milieu du dix-septième siècle existait déjà la hideuse maison qui prêta l'un de ses barreaux au suicide de Gérard de Nerval, le charmant conteur, le doux poëte, le rêveur mélancolique, et son aspect alors n'était déjà guère moins sinistre qu'à l'époque où elle s'anéantit pour toujours dans un tourbillon de poussière vengeresse, en même temps que la ruelle étroite et sombre où l'air ne pénétrait qu'à peine, où le soleil ne pénétrait jamais.

En 1645, le second étage de cette maison était occupé par une femme nommée Simone Raymond, à laquelle ses industries ténébreuses avaient fait une renommée sinistre.

Simone Raymond pratiquait habituellement et ostensiblement les métiers de tireuse de cartes, diseuse de bonne aventure, devineresse, chiromancienne, etc. Elle expliquait les songes; le grand livre de l'avenir n'avait, s'il fallait l'en croire, aucun secret pour elle.

Ce n'était là, cependant, qu'une des cordes de son arc, et non pas celle qui lui rapportait le plus.

Simone s'occupait de médecine occulte. Elle avait pris, avec quelque succès, ses degrés pour être sage-femme. Elle possédait une intelligence supérieure et ne manquait ni de savoir ni d'expérience.

Mais au lieu de consacrer au soulagement de l'humanité souffrante ces dons naturels et acquis, elle les tournait tous vers le mal.

Elle composait et vendait au poids de l'or des philtres mystérieux, des remèdes secrets, des breuvages aux propriétés bizarres et terribles.

Plus d'une pauvre fille, coupable seulement d'une faute au moment où elle franchissait le seuil du logis de Simone, sortait de chez elle l'épouvante et le désespoir dans l'âme, et courbée sous le poids d'un crime.

Le 10 avril 1645, vers huit heures du soir, un jeune homme poussa la porte entr'ouverte de la maison qu'habitait Simone, gravit l'escalier de bois, aux marches chancelantes, vaguement éclairé par la mèche fumeuse d'une lanterne, et s'arrêtant devant l'huis du second étage, frappa d'une façon particulière.

Quelques secondes s'écoulèrent; il se fit à l'intérieur un peu de bruit, la planchette d'un étroit judas glissa sur ses rainures, démasquant une ouverture grillagée, et une voix demanda depuis l'intérieur :

« Est-ce toi, Lazare ?

— Eh ! par la sambucquoy, qui serait-ce ? répliqua le visiteur avec impatience. Ma façon de heurter n'est-elle donc plus reconnaissable ? »

La porte s'ouvrit sans que de nouvelles répliques fussent échangées, et le nouveau venu pénétra dans une petite pièce complétement nue, puis dans une seconde, beaucoup plus vaste, dont l'aspect était étrange et presque effrayant.

Les murailles et le plafond disparaissaient sous une couche de peinture d'un rouge sang de bœuf. Les rideaux de l'unique fenêtre et les tentures recouvrant les deux portes étaient d'une étoffe de la même nuance.

Le mobilier consistait en un vieux bahut sculpté et quelques siéges de chêne noir.

Une table carrée, recouverte d'un tapis pourpre tombant jusqu'à terre et chargée de tarots, d'amulettes, d'objets de forme bizarre et d'usage suspect, occupait le milieu de la chambre.

Un corbeau, qui semblait deux ou trois fois centenaire, perché sur le rebord d'une coupe de cristal remplie d'eau, tournait lentement sa tête déplumée et regardait vaguement d'un air triste.

Tout près de lui, sur la table même, un chat noir et maigre dormait.

Un poisson rouge évoluait dans la coupe de cristal.

Une lampe de fer à deux becs, surmontée d'un globe de verre rouge, répandait dans la pièce que nous avons décrite des clartés qui paraissaient sanglantes.

Simone Raymond complétait admirablement cet ensemble. Un grand artiste, pour une telle figure, n'aurait pu choisir un meilleur cadre.

C'était une femme de trente ans environ, grande et mince, aux traits énergiques et réguliers, d'une forme très-pure, mais déjà singulièrement flétris, et comme desséchés par les flammes d'une fournaise intérieure.

Ses sourcils sombres et ses grands yeux noirs étincelants, enchâssés dans de profondes orbites marbrées de tons bleuâtres, tranchaient d'une manière presque brutale sur l'étrange pâleur d'un visage qu'on eût dit taillé en plein bloc de cire vierge, et que couronnait une chevelure rousse, épaisse et révoltée.

Simone portait une longue robe de laine écarlate à larges plis, qu'une corde noire serrait autour de sa taille.

Le capuchon de cette robe tombait sur ses épaules, mais il était percé de trois ouvertures, comme la cagoule d'un moine, et, quand elle le jugeait à propos, il cachait complètement sa figure.

En somme, la devineresse pouvait passer pour belle, mais sa beauté singulière et sinistre devait produire sur presque tous les hommes un effet d'involontaire et instinctive répulsion.

Le visiteur qu'elle venait d'introduire dans la chambre rouge avait quatre ou cinq ans de moins qu'elle.

Son visage, régulier mais commun, et paré de couleurs un peu trop vives, n'aurait point été déplaisant sans une expression de bassesse, mêlée d'impudence et de cynisme, qui devait inspirer une insurmontable méfiance. La bouche, aux lèvres minces, semblait ne pouvoir s'ouvrir que pour l'insolence ou le mensonge. Les yeux, bien fendus et d'un bleu pâle, ne regardaient jamais en face.

Le quidam qui nous occupe portait avec aisance un costume de laquais de grande maison, mais ce costume, à peu près neuf cependant, était déjà fripé, souillé, presque réduit à l'état de loque. Le vin bleu de l'ivresse populaire étalait ses taches violettes sur les galons aristocratiques, et les manches luisantes avaient essuyé les tables graisseuses de tous les cabarets.

Le chapeau n'offrait plus de forme, et la cravate, jadis blanche, pendait comme un haillon sur la chemise ouverte et sur la veste aux boutons dorés.

Simone Raymond, après avoir refermé la porte, croisa ses bras, renversa la tête en arrière, fronça ses noirs sourcils, et d'un ton bref et impérieux demanda :

« Que me veux-tu, Lazare ? Qui t'amène ? Et pourquoi donc, ayant oublié pendant huit jours le chemin de ma demeure, t'en souviens-tu ce soir, quand je croyais ne te revoir jamais ? »

En disant ce qui précède, Simone avait jeté sur le costume en désarroi du nouveau venu un regard investigateur.

Elle ajouta vivement, en haussant les épaules :

« Et dans quel état, grand Dieu ! Te voilà fait comme un client de la cour des Miracles ! Ton haut-de-chausses et ton pourpoint racontent de lamentables histoires, et le fripier le plus aventureux n'oserait certes offrir de toute ta défroque un petit écu rogné !... Quels ténébreux guilledous courais-tu donc, malheureux garçon ? Ne pouvais-tu du moins rester où tu te trouvais bien ?

Lazare (nous savons déjà que le visiteur de la rue de la Lanterne se nommait ainsi) se laissa tomber sur un siège, avec une aimable désinvolture, en riant aux éclats pour se donner une contenance.

Oh ! là ! là ! ma toute belle, laisse-moi souffler ! répliqua-t-il au bout d'un instant. Par la sambucquoy ! quel flux de questions ! On se croirait, foi de bon diable ! par devant le plus retors de nos seigneurs les juges commissaires au grand Châtelet, commis aux interrogatoires !... Un peu de patience, oh ! mon idole !... Agissons, s'il te plaît, en gens d'un esprit sage et mûr, et commençons par le commencement. »

Simone Raymond frappa du pied.

« Répondras-tu ? dit-elle.

— Eh ! oui, mordieu ! très-volontiers. Tu sais bien que je suis la douceur en personne, et que tes volontés sont des ordres pour moi. Mais j'ai, par aventure, le gosier plus aride que les sables de l'Arabie. Répondre en cet état me serait difficile. Prépare à mes paroles un chemin moins malaisé.

Montre-toi bonne personne, comme toujours, et verse à ton ami deux doigts de ce joli vin d'Espagne dont tu sais qu'il fait si grand cas. »

Vraisemblablement Simone Raymond n'avait point l'habitude d'opposer grande résistance aux fantaisies de Lazare. Tout son courroux s'évapora. Elle s'empressa de faire droit à sa requête, et, tirant du bahut de vieux chêne une bouteille aux fortes hanches en même temps qu'un verre en forme de tulipe, elle remplit ce verre d'un xérès couleur d'ambre et le plaça devant Lazare, qui le vida jusqu'à la dernière goutte avec une sensualité manifeste, puis reprit, en faisant claquer sa langue.

« Désormais, ma toute belle, grâce à ce rayon de soleil que tu viens de me verser, me voici parfaitement remis dans mon assiette. Questionne-moi donc tant qu'il te plaira, et par la sambucquoy! j'aurai l'honneur et le plaisir de te répondre ma vérité la plus vraie.

— Eh bien, d'abord, d'où viens-tu ?

— De certain tripot, de moi très-connu, où j'abattais des cartes en fort bonne compagnie. C'est le lansquenet seul qui m'éloignait de toi.

— Ainsi, depuis huit jours, tu joues ?

— Assidûment ? C'est à peine si j'ai pris le temps de boire un peu pour me soutenir.

— As-tu gagné, du moins ?

— Question ridicule, ma toute belle ! Ne te souviens-tu plus du proverbe : *Heureux en amour, malheureux au jeu ?* Or, j'ai le bonheur d'être aimé de toi, donc j'ai perdu. C'est d'une logique inattaquable ! Il ne me reste pas une pistole.

— En d'autres termes, fit Simone avec une moue très-prononcée, c'est la famine qui te ramène ?

— Ce n'est pas la famine, c'est l'amour ! La dame de pique et la dame de trèfle peuvent bien me prendre mon temps, mais mon cœur reste tout à toi !… Tandis que je maniais les cartes, je ne cessais de penser à mon idole, je m'occupais de ses intérêts, et la preuve sans réplique de ce que j'avance, c'est qu'aujourd'hui je t'apporte une bonne affaire

— Une bonne affaire me venant de toi ! s'écria la devineresse avec une incrédulité moqueuse, ce sera du fruit nouveau !

— Rien n'est nouveau sous le soleil. Ecoute et juge…

— De quoi s'agit-il ?

— Il existe par le monde certaine grande dame, puissamment riche, quelque peu parente, par alliance, du marquis de Saint-Maixent, mon maître.

— Comment se nomme cette grande dame ?

— La comtesse Marie de Rahon.

— La femme du comte Louis de Rahon, lieutenant général des armées du roi, et possesseur de terres immenses dans la province d'Auvergne ?

— Elle-même.

— Continue.

— Eh bien, ce soir, demain au plus tard, la comtesse de Rahon, déguisée sans doute, masquée peut-être, mais parfaitement reconnaissable pour toi grâce à l'avis que je te donne, sera dans cette chambre, à la place même où me voici. »

II

SIMONE ET LAZARE

« La comtesse de Rahon chez moi ! s'écria Simone avec une expression de profonde surprise.

— Parfaitement.

— Qu'y viendra-t-elle faire ?

— Te prier de lui dire la bonne aventure. »

Simonne fit un brusque mouvement.

« Cela t'étonne ? demanda Lazare.

— Beaucoup, je l'avoue.

— Pourquoi ?

— Parce qu'il me paraît invraisemblable, pour ne pas dire tout à fait incroyable, qu'une si grande dame ait l'idée de venir me consulter. Comment, d'ailleurs, saurait-elle mon nom et par qui ma demeure lui aurait-elle été enseignée ?

— C'est ici, ma toute belle, que mon intervention se manifeste, répliqua Lazare. Mon maître, le marquis de Saint-Maixent, lorsqu'il est à Paris, rend d'assez fréquentes visites à l'hôtel du comte de Rahon, rue Culture-Sainte-Catherine, et parfois m'emmène avec lui. Il résulte de là que je connais Mlle Anastasie Gaudin, première femme de chambre de la comtesse.

— Une jolie fille, j'en jurerais ! interrompit Simone d'une voix altérée, tandis qu'un éclair de colère jalouse s'allumait dans ses grands yeux noirs.

Lazare haussa les épaules avec un sourire plein de fatuité.

« Toujours des soupçons injustes ! répliqua-t-il ensuite ; c'est désolant, parole d'honneur ! Mets-toi donc bien dans l'esprit, ma toute belle, que pour la fidélité je suis un caniche ! Mlle Anastasie Gaudin marche, d'ailleurs, à grands pas vers la cinquantaine et la petite vérole a fait de son visage une écumoire. Est-ce rassurant ? Bref, hier, je la rencontrai, et, lui trouvant la physionomie soucieuse, je lui demandais ce qu'elle avait. Elle me répondit qu'elle allait quérir le docteur; sa maîtresse étant prise d'un grand malaise à la suite d'un rêve étrange renouvelé plusieurs fois de suite, et qui la préoccupait et la tourmentait au point de lui donner une grosse fièvre. Elle ajouta que Mme la comtesse payerait bien cher l'explication de ce rêve, mais que, par malheur, elle ne connaissait personne qui fût capable d'en découvrir le véritable sens. « Ah! par la sambucquoy! m'écriai-je, le hasard vous sert à miracle et je me trouve sur votre chemin fort à propos pour vous tirer de ce grave embarras. Je sais une devineresse du premier mérite qui possède le don merveilleux d'interpréter, sans se tromper jamais, les songes les plus compliqués. C'est chez elle un don de nature augmenté par l'étude. Ceux qui la consultent (et ils sont nombreux) crient au miracle et chantent ses louanges. Elle se nomme Simone Raymond et demeure rue de la Lanterne. » Anastasie Gaudin se confondit en remercîments, écrivit sur une feuille de papier les indications que je venais de lui donner, et m'affirma qu'elle déciderait la comtesse à venir te consulter aujourd'hui, ou demain sans faute. Apprête-toi donc à recevoir cette visiteuse de haute importance, et songe à lui répondre ce qui pourra flatter le mieux ses désirs et ses espérances; car tu sais comme moi que ces grands seigneurs et ces riches, à qui tout obéit dans la vie, se montrent volontiers d'autant plus généreux qu'ils sont plus satisfait de l'oracle.

— Oui, je sais cela, répondit froidement Simone; et cependant, quand la comtesse de Rahon viendra, je lui dirai la vérité... rien que la vérité. »

Une expression de profonde stupeur se peignit sur le visage enluminé de Lazare.

« La vérité! répéta-t-il. Ah ça, je tombe de mon haut! Est-ce que, par hasard, tu prendrais ta science divinatoire au sérieux? Est-ce que tes tarots, ton marc de café, ton miroir magique et le reste, sont autre chose pour toi que des attrappe-nigauds, des trébuchets à gobe-mouches; enfin, les rouages indispensables d'une machine ingénieuse mise en mouvement tout exprès pour extraire les espèces sonnantes de la poche des imbéciles?

— Je n'en sais rien, murmura Simone.

— Ah ça! voyons, ma toute belle, serais-tu ta première dupe?

— Je n'en sais rien, dit la tireuse de cartes pour la seconde fois.

— Explique-toi, car tu me confonds.

— C'est bien simple : l'art d'interpréter les songes, aussi bien que celui de chercher la révélation de l'avenir dans les lignes de la main, dans les astres, dans les tarots, est soumis à des règles qui n'ont rien d'arbitraire, et dont j'ai dû faire une étude approfondie, sous peine de ne pouvoir soutenir un instant mon rôle de tireuse de cartes et de diseuse de bonne aventure. Or, chaque fois que l'occasion s'en présente, c'est-à-dire chaque fois qu'on vient me consulter, j'applique scrupuleusement ces règles. J'explique les songes *secundum artem*. Je n'invente rien, je me borne à me faire l'interprète de ce que me semblent indiquer les lignes de la main, les tarots et les astres. Disent-ils vrai, disent-ils faux, je l'ignore ; mais j'ai vu si souvent mes prédictions se réaliser de point en point, que, par moments, je suis fort tentée d'être crédule aussi, et je cède à la tentation. Comprends-tu, maintenant, pourquoi tout à l'heure, à tes questions, j'ai répondu : « Je n'en sais rien! »

— Puisqu'il en est ainsi, s'écria Lazare en riant, voici ma main que je soumets à tes investigations infaillibles. Annonce-moi bien vite que dame fortune doit me sourire un jour ou l'autre et que je mourrai millionnaire. »

Simone jeta les yeux sur la main courte et large qui se tendait vers elle, et ses sourcils se froncèrent légèrement.

Ah! diable, murmura le jeune homme à qui cette contraction, si faible qu'elle fut, n'échappa point, est-ce que ma destinée n'est pas couleur de rose? »

La devineresse secoua la tête.

« Que vois-tu donc? reprit le jeune homme.

— Tu veux le savoir?

— Absolument.

— Eh bien! je vois une ligne de vie très-tourmentée, très-aventureuse et qui se termine par un gibet- »

Lazare fit une grimace fort laide.

« Vilain dénoûment, balbutia-t-il; oui, par la sambucquoy, ce gibet en perspective me fait passer un petit frisson sur la nuque! Heureusement, il me reste une ressource.

— Laquelle?

— Celle de redevenir incrédule, et j'en use. Parlons d'autre chose.

— Soit! parlons si tu veux du marquis de Saint-Maixent, ton maître. As-tu de ses nouvelles? »

Lazare poussa un profond soupir.

« Hélas! dit-il ensuite, hélas! hélas! je n'en ai que trop!

— Ta mine et ton soupir me font deviner qu'elles sont mauvaises.

— Exécrables, et je me demande, en vérité,

comment le cher seigneur s'en tirera les braies nettes. Tu sais qu'il a quitté précipitamment Paris, il y a tantôt six semaines, dans le but d'échapper aux prises de corps de ses créanciers qui se conduisaient, à son égard, de la façon la plus malséante; il allait en Auvergne emprunter, si faire se pouvait, quelques sacs d'écus sur les trois ou quatre lambeaux de domaines qui lui restent encore pour faire prendre patience à la meute hurlante des usuriers et des fournisseurs, en lui jetant en pâture cette maigre monnaie.

— Mauvais procédé ! s'écria Simone. Ignore-t-il donc qu'un créancier, qui n'était que hargneux devient féroce quand il a touché des à-comptes?

— Il ne l'ignore point, mais il veut à tout prix gagner du temps.

— Pourquoi ?

— Eh ! par la sambucquoy, pour se réveiller un jour ou l'autre plus riche qu'il ne l'a jamais été.

— Attend-il un héritage à courte échéance ?

— Aucun héritage en perspective. Seulement, quand on s'appelle le marquis de Saint-Maixent, quand on est allié aux plus grandes maisons de France, quand on a vingt-cinq ans et qu'on est beau comme un jeune dieu, on ne saurait manquer de faire un brillant mariage, et de conquérir une de ces dots qui remettent à flot d'un seul coup l'esquif le mieux désemparé !

— D'accord ; mais, alors, d'où vient l'inquiétude que tu manifestais tout à l'heure ?

— C'est que je viens d'apprendre des choses inattendues et funestes. Les créanciers, ce n'était rien ; on rit au nez de ces bonnes gens. Mais voici que M. de la Reynie, lieutenant général de la police du royaume, se mêle des affaires du marquis, et tu comprends que cela change la thèse. Je sais de science certaine qu'une lettre de cachet vient d'être lancée contre mon maître, et que les plus fins limiers sont à sa recherche, car on le croit caché dans Paris.

— Que lui reproche-t-on ?

— Diverses peccadilles, entre autres celle-ci : il aurait jeté bas, d'un fort joli coup de poignard, en sortant d'un tripot, certain croquant qui venait de lui gagner une grosse somme, et il se serait adjugé la bourse bien garnie que ledit croquant portait dans sa poche.

— Est-ce vrai ? demanda Simone.

— Entre nous, oui... parfaitement vrai, répondit Lazare ; mais on a tort de lui savoir mauvais gré du fait ; car, pour agir ainsi, M. le marquis avait ses raisons.

— Lesquelles ?

— D'abord, il soupçonnait ce quidam de tricher au jeu, et, par conséquent, de l'avoir volé. Il a réclamé son argent. Le drôle a refusé de le rendre. Le marquis, cela va de soi, ne pouvait croiser le fer avec un tel faquin qui n'est point de noblesse. Il a joué du poignard et reconquis son bien. N'était-ce pas chose légitime, et qui donc, je te prie, n'en aurait pas fait autant? Par malheur, le croquant, laissé pour mort sur le pavé, a repris ses sens et porté sa plainte ; et le guignon qui nous poursuit veut qu'il appartienne tout justement à certaine famille de maltotiers fort protégés. D'autres plaintes, de moindre importance, sont venues se joindre à celle-là. Du tout, on a fait un faisceau, et je te répète que l'on poursuit mon pauvre maître, comme si de telles vétilles en valaient la peine. C'est monstrueux ! Bref, si l'on découvre que M. le marquis est en Auvergne, on est capable d'expédier des ordres au présidial de Clermont, et des instructions à M. le lieutenant civil pour le faire appréhender au corps dans ses terres.

— Il lui faut écrire au plus vite, afin qu'il se tienne sur ses gardes.

— Ma lettre est partie depuis deux jours. Je recommande à ce cher marquis de se tenir en lieu de sûreté, sous quelque bon déguisement, et de mettre au plus vite ses amis en campagne pour paralyser, autant que possible, l'influence des maltotiers. Si par malheur il se laissait prendre, tiens-tu qu'il n'en serait point quitte à moins de cinq ou six ans de Bastille. Or, pendant ce temps-là, que deviendrais-je ?

— Tu es donc dévoué à ton maître ? demanda Simone en souriant.

— Le mot est peut-être un peu fort ; mais, franchement, je tiens à lui.

— Pourquoi ?

— Il me donne de superbes gages, ou du moins il me les promet.

— Tu pourrais en trouver ailleurs d'aussi bons, de meilleurs peut-être, et qu'on te payerait comptant.

— Oui, peut-être ; mais ce serait dans quelque autre maison qui ne me plairait pas. Je chéris une place où l'on n'ait rien à faire, et c'est tout justement ma besogne chez M. le marquis. J'aime à mentir aux juifs pour M. le marquis, j'aime à porter ses billets doux, à rosser, le matin, d'importuns créanciers qui lui viennent rompre la tête ; il me plait de l'attendre, le soir, dans les antichambres des belles dames en jouant aux dés avec mes collègues. Et puis M. le marquis me comprend et

m'apprécie ; il sait ce que je vaux, il me trouve de l'esprit. Nous sommes tous deux d'aimables vauriens. Nous nous complétons l'un par l'autre. S'il fallait le changer, je perdrais certainement au troc. Enfin, je ne veux pas qu'il aille à la Bastille.
— Mais si ses affaires embrouillées l'empêchent de revenir à Paris ?
— Je suis capable d'aller le rejoindre.
— Songes-tu bien à ce que tu dis ? Pour le rejoindre, il faudrait me quitter ! s'écria la tireuse de cartes d'un ton orageux.

Lazare, embarrassé, cherchait une réponse évasive en se grattant la tête. La sonnette de la première porte vint le tirer de peine en retentissant fort à propos.

« Ce ne peut être que la comtesse de Rahon, fit vivement le jeune homme ; il ne faut pas la faire attendre.

— Je vais voir, répliqua Simone en sortant de la chambre rouge.

III

LE RÊVE DE LA COMTESSE.

La devineresse fit glisser sur ses rainures la planchette que nous connaissons, et à travers le judas, elle jeta ces mots :

« Que demandez-vous ? »

Une voix de femme douce et musicale, mais un peu tremblante, répondit :

« Je demande Simone Raymond.
— Que lui voulez-vous ?
— La consulter.
— A quel propos ?
— A propos d'un songe.
— C'est bien ; je vais ouvrir. Simone Raymond, c'est moi, dit la tireuse de cartes en refermant le guichet ; puis, se tournant vers Lazare, elle ajouta :
— Tu avais raison, ce ne peut être que la comtesse. Il est inutile qu'elle te voie. Cache-toi derrière la porte quand elle entrera. Quitte la maison, et reviens dans une heure.
— Convenu, fit vivement le jeune homme. Mais n'oublie pas, ma toute belle, que tu dois cette aubaine à ton fidèle ami, et souviens-toi qu'en bonne justice il faudra lui faire sa part de la pluie de pistoles qui va tomber chez toi.
— Sois tranquille, répliqua Simone, tout en rabattant son capuchon sur son visage, ainsi qu'elle le faisait d'habitude au moment de recevoir quelque client inconnu.

Lazare s'effaça, la porte s'ouvrit, et la visiteuse fut introduite dans la petite pièce sombre et démeublée qui servait de vestibule, et de là dans la chambre rouge, dont l'aspect étrange l'impressionna sans doute vivement, car, avant d'en franchir le seuil, elle parut hésiter.

« Si vous avez peur, lui dit Simone d'un ton brusque, retournez en arrière, il en est temps encore. Je ne vous retiens pas. »

La visiteuse, aiguillonnée par ces paroles, fit deux pas en avant, et de sa propre main referma la porte.

« Je n'ai pas peur... je n'ai jamais peur », répondit-elle ensuite avec une nuance de fierté et d'une voix qui ne tremblait plus.

C'était une femme de taille moyenne, très-modestement vêtue de noir, et dont un épais voile de dentelle dissimulait les traits d'une façon presque complète.

Ce voile, noué sous le menton comme une mantille espagnole, laissait voir par derrière une épaisse torsade de cheveux d'un blond cendré.

A travers le brouillard de dentelles, les yeux de l'inconnue brillaient d'un éclat égal à celui des boutons de diamants attachés à ses oreilles, et qui contrastaient avec la simplicité de sa mise.

Sa taille souple et cambrée, tout à la fois svelte et arrondie, disait la jeunesse en sa fleur. Sa tournure réunissait la grâce accomplie à la distinction incomparable. Le costume était celui d'une simple bourgeoise, mais la grande dame se trahissait à chaque mouvement, à chaque attitude, et Simone Raymond, femme d'expérience et de tact, ne pouvait s'y tromper, et ne s'y trompa point en effet.

Quand même elle n'aurait pas été prévenue par Lazare de la visite de la comtesse, elle aurait deviné sans hésitation que sa nouvelle cliente appartenait au monde patricien et aux plus hautes régions de ce monde.

« Asseyez-vous, madame, dit-elle en avançant un siège auprès de la table sur laquelle se trouvaient le corbeau déplumé, le chat maigre, et les instruments cabalistiques. Et si vous éprouvez quelque émotion, prenez le temps de vous remettre. »

L'inconnue ébaucha vaguement un geste de dénégation. Elle allait répondre ; Simone ne lui en laissa pas le temps, et continua :

« Oh ! madame, point de fausse honte ! Oui, vous êtes émue, et comment en serait-il autrement ? J'ai vu des hommes, de hardis compagnons cependant, des vaillants qui souriaient un jour de bataille en face de l'acier des épées, je les ai vus trembler comme des enfants timides en pénétrant ici. Le cœur est fait de cette façon. Le plus brave hésite et frissonne en présence du surnaturel ! Qui donc aurait les nerfs assez forts pour ne pas tressaillir en interrogeant les voix mystérieuses ? Qui donc ne pâlirait en leur demandant la révélation des secrets de l'avenir ? »

L'inconnue, qui ne peut en être une pour nous, et que nous appellerons désormais la comtesse de Rahon, sourit sous son voile, et répliqua :

« Vous avez raison, madame. A quoi bon me faire plus brave en apparence que je ne le suis en réalité ? Oui, j'en conviens, je n'ai pu me défendre de cette émotion dont vous parlez. J'ai subi l'influence du milieu singulier dans lequel je venais d'entrer. J'ai payé ma dette à la superstitieuse épouvante qu'inspirent les adeptes des sciences cabalistiques, mais c'est bien fini maintenant. J'ai chassé le trouble ridicule qui pendant quelques secondes s'était emparé de moi, malgré moi. Me voici redevenue maîtresse de mon âme, et toute prête à remplir le but de ma visite. »

Simone s'assit en face de la comtesse, et fit un geste qui signifiait :

« Parlez ! j'attends...

— Je vous l'ai dit, commença madame de Rahon. Je viens ici vous demander l'explication d'un rêve qui met dans mon esprit une grande inquiétude. Cette explication, pourrez-vous me la donner ? »

Au lieu de répondre à cette question, Simone interrogea.

« Croyez-vous donc, demanda-t-elle, que les rêves soient des avertissements envoyés par le ciel, et qu'ils apportent, à qui sait les comprendre et les interpréter, la révélation de l'inconnu ?

— Je crois du moins que cela est possible, murmura la comtesse. Non pas, certes, que tous les rêves doivent, selon moi, renfermer un avertissement. Beaucoup d'entre eux (cela est manifeste) ne peuvent offrir aucun sens. Mais il en est d'autres qui me paraissent réunir les principaux caractères de la vision prophétique ; et je crois fermement que la créature humaine est coupable de les dédaigner, surtout s'ils se représentent avec persistance, s'ils reviennent à plus d'une reprise...

— Si le rêve que vous allez m'apprendre, est un de ceux-là, répondit Simone, je l'expliquerai, n'en doutez pas ; mais, pour avoir chance de bien comprendre la révélation qui vous a été faite, il est nécessaire que je connaisse, sinon les détails, du moins l'ensemble de votre vie.

— Questionnez-moi, madame, répliqua la comtesse, je suis prête à vous répondre.

— C'est inutile, murmura Simone en secouant la tête. Donnez-moi seulement l'une de vos mains, et d'abord ôtez votre gant. »

La jeune femme cachait, sous son mantelet d'étoffe noire, ses mains patriciennes. Elle obéit à l'injonction de la chiromancienne et retira le gant parfumé qui modelait ses doigts longs et fins, terminés par des ongles brillants comme des onyx.

Ceci fait, d'un geste gracieux et résolu, elle étendit sa main que Simone prit entre les siennes, et dont elle étudia les lignes pendant quelques instants.

« Madame, dit-elle ensuite avec une assurance d'autant plus grande que, sachant parfaitement à qui elle s'adressait, elle avait la certitude de ne point se tromper, vous réunissez, par un rare privilége, tout ce qui constitue le bonheur en ce monde : la jeunesse, la beauté, un grand nom, une grande fortune, un mari que vous aimez et qui vous aime Et, cependant il manque une chose à ce bonheur pour que vous le trouviez complet.... »

Simone s'interrompit.

« Oui, oui, c'est vrai ! s'écria vivement la comtesse ; et, si vous me dites quelle est cette chose, je croirai fermement que votre regard lit au plus profond des âmes et que, pour une science telle que la vôtre, la pensée humaine n'a point de secrets.

— Vous êtes mariée depuis plusieurs années déjà, reprit Simone d'un ton lent et presque solennel, et, jusqu'à ce jour, votre union est restée stérile. De là le sourd chagrin qui vous ronge et qui jette un voile de tristesse sur vos autres félicités ; car votre désir le plus vif, votre vœu le plus ardent est de devenir mère, et vous n'hésiteriez pas à donner la moitié des années qui vous restent à vivre pour obtenir la réalisation de ce vœu. »

La comtesse ne put retenir un mouvement de stupeur. Simone venait d'appuyer le doigt sur la plaie secrète et douloureuse qu'elle croyait connue d'elle seule.

« Est-ce que je me trompe, madame ? demanda la devineresse.

— Oh ! non, vous ne vous trompez pas ! s'écria Mme de Rahon ; et quoi que vous me disiez maintenant, après ce que vous venez de me faire entendre, je le croirai !

Dans l'ombre épaisse étaient épars quelques blocs de pierre. (Page 15, col. 1.)

— Et vous aurez raison, madame; car la vérité seule sortira de ma bouche. Je sais désormais ce que j'avais besoin de savoir et vous pouvez m'apprendre quel est votre rêve.

— Ainsi que vous l'avez si bien compris, commença la comtesse, le désir sans cesse plus ardent, l'espoir incessamment déçu de la maternité, me dévorent. Au milieu de tous les plaisirs, au milieu de toutes les joies d'une existence enviée, je pense, avec des larmes de désespoir, à la seule de mes ambitions qui ne puisse être satisfaite. C'est là ma préoccupation constante, c'est l'épine douloureuse qui mêle sa piqûre aux fleurons dorés de ma couronne! Mais, chose étrange, jusqu'à la semaine qui précéda celle-ci, mes nuits étaient au moins restées calmes! Mes préoccupations et mes regrets faisaient trêve pendant mon sommeil! Il n'en est plus de même à présent, et voici de quelle façon j'ai perdu ce dernier repos... Il y a juste aujourd'hui dix jours, je me mis au lit à mon heure habituelle, après avoir fait ma prière, prière ardente qui demandait à Dieu de me rendre la plus heureuse des femmes en exauçant mon vœu le plus cher. Tout à coup, et presque au moment où je venais de fermer les yeux, je me sentis transportée, par une sorte d'extase, dans une contrée bizarre et merveilleuse, qui ne ressemblait point à nos pays terrestres. Un plus radieux soleil y brillait dans un ciel incroyablement pur, et des fleurs, comparables à des pierres précieuses tant leurs couleurs étaient vives et leur éclat magique, y répandaient de suaves parfums, sous les caresses d'une brise harmonieuse. Affolée d'admiration, je regardais tant de merveilles, j'écoutais ces vagues mélodies, je respirais ces parfums exquis, quand tout à coup une de ces joies immenses, une de ces ivresses sans bornes, telles que doivent en éprouver les élus du paradis, envahit tout mon être. Le miracle venait de se réaliser : je tenais dans mes bras, je pressais contre mon cœur, je couvrais de mes baisers une adorable petite créature, un enfant rose et blond ! Mon enfant ! mon fils ! car c'était un fils ; entendez-vous, madame, c'était un fils !... »

La comtesse s'interrompit ; une fébrile agitation venait de s'emparer d'elle. Elle tira de son corsage un petit flacon de cristal de roche à monture d'or, et elle en respira le contenu à plusieurs reprises.

« Qu'avez-vous donc, madame ? lui demanda Simone. Je m'explique mal votre trouble ; car, dans ce que je viens d'entendre, je ne vois matière, jusqu'à présent, qu'aux pronostics les plus favorables.

— C'est que vous ne savez pas tout, murmura Mme de Rahon. Dans un instant, vous ne comprendrez que trop bien mes inquiétudes et mes terreurs...»

Une dernière fois, elle approcha son flacon de ses narines frémissantes, puis elle reprit :

« Tout à coup, et tandis que j'avais peine à dominer les transports de ma joie, un brusque changement se fit autour de moi. Le soleil, radieux, devint terne et sans rayons. Le ciel, pur et bleu, prit des teintes mornes, comme si de tous les points de l'horizon s'élevait, pour le cacher, un immense rideau de brouillard ; les fleurs perdirent à la fois leur éclat et leurs parfums, et le vent, en passant dans leurs tiges, sembla se charger de plaintes et de sanglots. Mais que m'importait tout cela ? N'avais-je pas mon fils dans mes bras ? Ne sentais-je pas son cœur palpiter sur mon cœur ? Le reste du monde n'existait point pour moi ! Soudain un cri d'angoisse, ou plutôt d'agonie, s'échappa de mes lèvres. Mon bras n'étreignait plus que le vide, et sur un piédestal, en face de moi, je revoyais mon enfant bien-aimé, non plus chair, mais devenu marbre ; non plus vivant, mais changé en statue ! Au-dessus de son front, en lettres flamboyantes, éclataient ces deux mots : ILLUSION ! MENSONGE ! Le ciel se fit tout noir. J'entendis gronder le tonnerre, je vis l'éclair rayer la nuit et l'enfant, foudroyé, le marbre anéanti, tomba brisé du piédestal... »

IV

LA PRÉDICTION

La comtesse s'interrompit de nouveau, et si grande était son émotion, que les soubresauts tumultueux de sa poitrine se voyaient distinctement sous la double étoffe de son corsage et de son mantelet. Sa tête se penchait en arrière et ses deux mains s'appuyaient sur son cœur d'une façon presque convulsive.

Cet instant de silence, respecté par Simone, fut d'ailleurs de courte durée. La jeune femme releva la tête et poursuivit d'une voix agitée :

« Cette chute effrayante me réveilla brusquement. J'ouvris les yeux. Quelques secondes s'écoulèrent avant qu'il me fût possible de rentrer en possession de moi-même. Il me semblait que le tonnerre m'avait aussi foudroyée. J'éprouvais cependant une douleur profonde, comme si véritablement un enfant venait de m'être enlevé par quelque catastrophe inouïe, et de grosses larmes coulaient sur mes joues. Enfin, le sentiment de la réalité me revint. Je compris que je sortais d'un rêve, mais je n'en restai pas moins, pendant toute la journée du lendemain, sous une vive impression de tristesse.

« Et, demanda Simone, ce rêve s'est renouvelé ?

— Oui...

— Plusieurs fois ?

— Trois fois.

— Pendant trois nuits consécutives ?

— Non, car une nuit d'insomnie complète a séparé chaque vision.

— Et ces *visions*, puisque vous les appelez ainsi, se reproduisaient-elles avec des circonstances identiques ?

— Tellement identiques, que les trois songes, dont les moindres détails ne s'effaceront jamais de ma mémoire, me semblent n'en faire qu'un seul. Et maintenant, que vous savez tout, expliquez-moi, si cela est en votre pouvoir, le sens mystérieux qui m'échappe et qu'à tout prix je voudrais connaître. Que dois-je craindre ? Que puis-je espérer ? »

Après avoir réfléchi quelques minutes, qui semblèrent à Mme de Rahon d'une longueur interminable, la devineresse répondit :

« Parmi tous les songes à propos desquels on est venu me consulter, et Dieu sait s'ils sont nombreux, aucun ne m'a jamais paru si étrange, si obscur, tranchons le mot, si complètement inexplicable. Les règles de mon art, règles positives et dont on ne saurait s'écarter, sont impuissantes à lui donner une interprétation raisonnable .. »

La comtesse fit un geste de surprise.

« La franchise de mes paroles vous étonne, je le vois bien, continua Simone, et vous doutez de mon savoir, parce qu'au lieu de recourir aux subterfuges d'un charlatanisme vulgaire, je vous parle sincèrement. Vos doutes ne sauraient me blesser. Ecoutez-moi, cependant, madame, et vous allez comprendre comment et pourquoi les contradictions de votre rêve le rendent incompréhensible. »

L'attitude de Mme de Rahon indiqua que son attention tout entière était acquise à la devineresse qui poursuivit :

« Vous avez tenu l'enfant dans vos bras, vous avez appuyé vos lèvres sur sa chair, vous avez senti son cœur battre, donc le rêve ne saurait annoncer les faux espoirs d'une grossesse trompeuse, ou terminée par la naissance d'un enfant mort. Si vous donnez le jour à un fils, il viendra au monde bien vivant.

— Ah! s'écria la comtesse avec un soudain transport, vous voyez! vous voyez!

— Ne vous réjouissez pas trop vite, madame, continua Simone en secouant la tête ; nous arrivons à ces contradictions monstrueuses que je veux vous faire toucher du doigt. L'enfant échappé de vos bras, frappé de la foudre et détruit sous vos yeux, semble annoncer la mort du fils de vos entrailles. Mais ces deux mots : ILLUSION! MENSONGE! écrits en lettres de feu sur la tête de ce fils, disent de la façon la plus claire, la plus lumineuse, que l'être foudroyé n'est qu'un fantôme, un vain mirage. Or, je vous le demande, l'enfant qui n'est pas né, comment peut-il mourir?

— Vous avez raison, je le sens bien, murmura la comtesse ; et pourtant ce rêve inouï, ce n'est pas pour rien, j'en suis sûr, qu'à trois reprises il est revenu me visiter. Les visions bibliques, au temps des prophètes, offraient de bien d'autres obscurités ; on les expliquait cependant. »

Simone eut un mouvement d'épaules presque dédaigneux.

« Cherchez un prophète qui vous apprenne ce que vous voulez savoir, répliqua-t-elle ; je ne suis qu'une femme, moi, et je ne sais point expliquer ce que je ne peux pas comprendre. »

La devineresse se souleva à demi, comme pour indiquer à sa visiteuse que la consultation n'avait plus de but et qu'il était temps de se retirer. Mais, soudain, elle se ravisa.

Une sorte d'inspiration venait de traverser son esprit.

« Donnez-moi de nouveau votre main, dit-elle, je vais l'étudier avec plus d'attention que je n'ai pu le faire tout à l'heure. Ce que ces lignes m'apprendront de votre avenir jettera peut-être un peu de clarté sur le songe étrange qui, pour la première fois de ma vie, met en défaut tout mon savoir et me force à m'avouer impuissante.

La comtesse se rattacha avec enthousiasme à cette nouvelle espérance.

Elle s'empressa de tendre sa main à Simone qui s'absorba dans la contemplation et dans l'analyse des sillons délicats dont les méandres, faiblement rosés, couraient sur la peau délicate.

Soudain, elle tressaillit brusquement en poussant une sourde exclamation.

La comtesse ressentit le contre-coup de cette agitation imprévue.

« Qu'y a-t-il donc, demanda-t-elle avec un commencement d'épouvante, et que voyez-vous de si terrible, de si effrayant dans les lignes de ma main ?

— J'y vois que vous êtes née sous une étrange étoile ! répondit Simone d'une façon presque brutale.

— Pourquoi ? balbutia la comtesse.

— Parce que, si la chiromancie n'est pas une science vaine et menteuse, et si je sais lire encore dans ce livre qu'on n'interroge jamais en vain, votre destinée sera plus bizarre encore, plus inexplicable, plus impossible que le songe mystérieux qui ressemble pourtant aux rêves enfantés par le délire de la fièvre ou par la folie d'un esprit malade...

— Que m'importe ma destinée ! s'écria Mme de Rahon. Des fortunes heureuses ou tristes que me garde l'avenir, il n'en est qu'une seule que je tienne à connaître...

— Laquelle demanda vivement Simone.

— Celle-ci : serai-je mère ?

— Je ne le sais pas, répondit la devineresse ; mais, ce que je sais, ce que je crois, ce que je lis dans cette main qui tremble entre les miennes, c'est que vous serez ce que Dieu lui-même ne peut permettre que par un miracle...

— Quoi donc ? balbutia la jeune femme haletante d'émotion, que serai-je ?

— A la fois morte et vivante !

— Morte et vivante !... répéta la comtesse un moment atterrée ; puis, après réflexion, elle ajouta : Mais c'est impossible !

— Eh ! mordieu ! je sais bien que c'est impossible ! répliqua Simone. Et cela sera, cependant, puisque c'est écrit là ! »

Du bout du doigt, tout en parlant, elle toucha la main mignonne que la jeune femme regardait avec une sorte d'effarement.

» Tenez, poursuivit-elle, voyez-vous ce sillon qui commence au pli du poignet et semble traverser la paume toute entière ?

— Oui, fit la comtesse.

— C'est la ligne de vie, reprit Simone. Et maintenant, voyez-vous cette autre ligne, anguleuse et profonde, qui la remonte brusquement, où plutôt la heurte et l'efface ! C'est la ligne de mort tragique ! Vous serez effacée du nombre des vivants par un crime ! Vous finirez d'une fin violente ! »

Madame de Rahon, sous son voile noir, était devenue pâle comme un spectre et l'épouvante commençait à l'oppresser.

« Ah ! c'est horrible ! murmura-t-elle d'une voix tremblante. Mais qui donc commettra ce crime monstrueux ? qui m'assassinera, moi qui n'ai fait de mal à personne ?

— Eh ! répliqua la devineresse impétueusement, qu'importe la mort, si l'on doit revivre ? Et la vôtre ne sera pour vous qu'un sommeil. Oh ! je ne parle pas du réveil de l'âme immortelle ! Mon langage est plus positif : c'est ici-bas qu'à votre agonie, succédera la résurrection. En voici la preuve. Regardez encore : la ligne de vie, un instant effacée par le rayon funeste, reparaît plus loin triomphante. Ce que je vous annonce est certain, vous vivrez après être morte ! »

Tandis que Simone parlait ainsi, Mme de Rahon, revenue de sa frayeur involontaire, réfléchissait à tout ce qu'elle venait d'entendre, et le résultat de ses réflexions pourrait se résumer en ces quatre mots :

« Cette femme est folle ! »

La réaction se produisait, énergique et complète. A la crédulité presque sans bornes succédait une défiance absolue.

Et non-seulement la comtesse cessait d'accorder la moindre créance aux oracles obscurs de Simone Raymond, mais encore elle se disait que les rêves n'offraient aucun sens et qu'il fallait être insensée pour demander aux lignes confuses de la main les pronostics de l'avenir.

Nous devons ajouter qu'en se disant ces choses, la jeune femme éprouvait un soulagement immense, en même temps qu'une humiliation très-vive de la démarche qu'elle venait de faire.

Elle combattit cette humiliation en s'avouant à elle-même que le mal, après tout, n'était pas grand et que peut-être même il en résulterait un bien, puisqu'à la suite d'une telle expérience, elle se trouvait à tout jamais guérie de ses idées superstitieuses.

Simone, la tête penchée, ne prononçant pas une parole, ne faisant pas un mouvement, réfléchissait.

Mme de Rahon se leva, prit à sa ceinture une bourse à travers les mailles de laquelle on voyait briller des pièces d'or, et, la plaçant sur le tapis écarlate, devant la maîtresse du logis, elle lui dit :

« Voici le prix de vos peines ; vous le trouverez suffisant, j'espère. Veuillez m'indiquer maintenant le chemin que je dois suivre pour me retirer. »

Simone obéit silencieusement. Elle ouvrit la porte de la chambre rouge, puis celle de l'antichambre, et s'effaça pour laisser passer la comtesse, qui disparut dans les demi-ténèbres de l'escalier.

« Cette grande dame, pensa la devineresse restée seule, cette grande dame s'éloigne de chez moi persuadée que je suis aveugle, ou folle, ou tout au moins que la science divinatoire n'est qu'une jonglerie absurde inventée pour extraire les espèces sonnantes de la poche des imbéciles, comme le disait Lazare tout à l'heure. A-t-elle raison ? a-t-elle tort ? Je l'ignore ; mais il faudra bien que je le sache ; jamais plus belle occasion ne se présentera de contrôler moi-même les bizarres augures dont je suis l'interprète à demi convaincu. Je ne vous perdrai point de vue, comtesse de Rahon. Je n'oublierai ni votre rêve, ni les lignes de votre main, et je surveillerai l'accomplissement de l'étrange destinée qui semble vous être promise ! »

En achevant ce monologue, Simone avait refermé la première porte de son logis, et s'apprêtait à rentrer dans la chambre rouge, quand il lui sembla tout à coup entendre, dans l'escalier, le bruit d'un pas impétueux et d'une respiration haletante.

Elle prêta l'oreille pour s'assurer qu'elle ne se trompait point ; le bruit grandit et se rapprocha, puis un coup violent, frappé contre le panneau de chêne, fit tressaillir la jeune femme.

V

LA FUITE

Le coup qui venait de retentir avait quelque chose de si pressant, de si impérieux, que Simone ressentit à l'instant même une vague inquiétude.

Elle s'empressa d'entrebâiller le guichet, et demanda, selon sa coutume :

« Qui est là ? qui frappe ?

— Ouvre vite ! répondit une voix étouffée. C'est moi, Lazare... Hâte-toi, Simone ! hâte-toi, il y va de la vie ! »

La porte tourna sur ses gonds, et Lazare se précipita dans l'intérieur.

Quoique l'antichambre fût mal éclairée, Simone

vit du premier regard que le jeune homme était pâle comme un mort.

— Que viens-tu m'apprendre ? demanda-t-elle avec épouvante. Qu'y a-t-il ?

— Il y a qu'il faut partir sans perdre une minute.

— Partir ? répéta la devineresse.

— Oui, mordieu ! et plus vite que ça !

— Pour aller ?

— Où nous voudrons, pourvu que ce soit loin d'ici. Allons ! allons ! dépêche !

— Mais la raison de cette fuite ?

— Mort-diable ne comprends-tu pas que les gens de justice sont sur mes talons !

— On vient t'arrêter ! s'écria Simone.

— Eh ! par la sambucquoy, ma chère, nous arrêter serait mieux dit, car cet honnête commissaire et ses dignes affidés comptent bien nous prendre tous les deux d'un seul et même coup de filet !

— Moi aussi ? balbutia la devineresse, dont les mains devinrent tremblantes.

— Ah ! je le crois bien ! toi surtout !

— Mais explique-moi...

— Tout ce que tu voudras ! Oh ! mes explications seront claires et complètes, tu peux y compter, mais plus tard ! Dans un autre moment... dans un lieu mieux choisi. Pour le quart d'heure, prends ton argent, emporte tes bijoux, abandonne le reste !... Débarrasse-toi de cette robe rouge qui te ferait reconnaître pour sorcière à cent pas, et filons... filons comme le vent, sinon, nous serons pincés au gîte !... Il y va de la roue et du gibet ma chère ! Allons, trêve aux discours, et fais vite, sinon je t'abandonne et me sauve sans toi. »

Simone, éperdue, à demi folle, comprit à la physionomie de Lazare et au ton dont il lui parlait, que le péril était positif, sérieux, imminent, et, balbutiant quelques phrases sans suite, elle se mit en devoir de se soumettre à ses prières, ou plutôt d'obéir à ses ordres.

Elle échangea sa robe pourpre contre un vêtement sombre ; elle glissa dans ses poches tout ce qu'elle avait d'argent et d'or, sans oublier la bourse laissée par la comtesse. Elle joignit à ce petit trésor quelques bijoux sans grande valeur ; et d'une voix presque éteinte, elle dit à Lazare :

« Je suis prête.

— Y a-t-il des drogues ? des breuvages ? des poudres de succession ? tu me comprends, demanda le jeune homme.

Simone fit de la tête un signe affirmatif.

« Bien cachés, au moins ? reprit Lazare.

— Oui, bien cachés, mais pas introuvables.

— Alors, ils les trouveront. Mais, bah ! Pour les détruire, il faudrait trop de temps. Partons ! Quand ils mettront la main sur le pot aux roses, nous serons loin. »

La devineresse et le valet du marquis de Saint-Maixent se dirigèrent rapidement vers la porte de sortie.

Au moment de l'ouvrir, Lazare s'arrêta et murmura d'une voix sourde :

« Écoute !... »

On entendit distinctement des pas lourds et nombreux foulant les marches chancelantes, et le cliquetis métallique des mousquets des soldats du guet, heurtant les pommeaux de leurs épées.

« Trop tard ! reprit le jeune homme avec un accent de rage. Je te disais de te hâter ; tu ne m'écoutais pas ; nous sommes pincés !

— Qu'allons-nous devenir ? balbutia Simone, dont les dents claquaient.

— Je n'en sais rien, ou plutôt je le sais trop bien. La place de Grève nous attend !... C'est un avenir comme un autre. Justement, ce soir même, tu me prédisais la potence ! Peste, quelle habile femme ! Une autre fois, je te croirai.

— Mais, demanda la misérable, n'essayerons-nous seulement pas de nous sauver ?

— Nous sauver ! Comment ? L'escalier est plein de monde Existe-t-il une autre issue ?

— Les fenêtres, peut-être.

— Elles prennent jour sur la rue, et la rue est gardée.

— Tu oublies celle du laboratoire. Elle donne sur la cour de la maison voisine.

— Ah ! diable, c'est vrai, je n'y songeais plus. La porte que voilà est solide et garnie de trois bons verroux. Ces braves gens mettront bien au moins cinq minutes pour la jeter bas. Nous allons faire une tentative. »

Lazare poussa les verroux massifs qui mordaient profondément dans la pierre. Il achevait à peine, que des crosses de mousquet heurtèrent la porte, et qu'une voix s'éleva sur le carré.

« Simone Raymond, disait cette voix, nous savons que vous êtes chez vous, et que vous n'êtes pas seule. Au nom du roi, ouvrez. »

Personne ne répondit à la sommation des gens de justice, et Lazare, saisissant par le poignet la devineresse, qui n'avait plus guère la force de se soutenir, l'entraîna vers le laboratoire.

Ce laboratoire était une petite pièce où se voyait un fourneau d'alchimiste, muni de son soufflet, des alambics, des cornues, et une grande quantité de fioles de toutes les dimensions.

En franchissant le seuil, on se sentait pris à la gorge par une odeur étrange et violente.

Un masque de verre, suspendu à un clou contre la muraille, indiquait que la devineresse avait la prudence de n'entreprendre jamais à visage découvert certaines opérations dangereuses.

Lazare ouvrit vivement la fenêtre, il se pencha au dehors, et il eut peine à retenir un cri de joie.

Nous avons dit précédemment que le logis de Simone Raymond était situé au deuxième étage.

Or, le valet du marquis de Saint-Maixent venait d'entrevoir au-dessous de lui, dans les ténèbres, à une distance de dix ou douze pieds tout au plus, le toit très-aplati d'une sorte de hangar. Arriver à ce toit ne semblait pas une entreprise très-malaisée, et de là au sol de la cour la distance devait être facile à franchir.

Lazare se tourna vers la devineresse.

« Donne-moi des draps, lui dit-il ; vite, plusieurs paires ; à moins que tu n'aies chez toi de la corde, ce qui vaudrait encore beaucoup mieux. »

Simone n'avait pas de cordes ; elle apporta des draps.

Lazare les déchira en plusieurs lanières qu'il noua bout à bout, qu'il tordit, qu'il tressa, de manière à obtenir une longueur à peu près suffisante pour arriver depuis le second étage jusqu'au pavé.

La fenêtre n'avait pas de barre d'appui ; il en fit une avec un solide morceau de bois auquel il attacha l'un des bouts de son câble improvisé ; l'autre bout pendit au dehors, et s'il n'atteignit pas le sol, il dépassa du moins de beaucoup la couverture du hangar.

« Voilà le chemin de la liberté, dit alors Lazare à Simone ; il ne s'agit plus que de savoir nous en servir. Tu vas descendre lentement sans te laisser glisser, ce qui te couperait les mains, mais en te soutenant de ton mieux à la force du poignet. Je te rejoindrai sur le petit toit, et là nous aviserons. »

En face du péril foudroyant, et qui paraissait sans issue, la devineresse avait perdu la tête ; mais lorsqu'une chance de salut lui fut offerte, elle reprit une lueur de présence d'esprit et un peu de courage.

Elle se conforma de point en point aux recommandations qui venaient de lui être faites, et elle arriva sans encombre sur l'étroite plate-forme.

Lazare, agile comme un singe et souple comme un clown, se trouva près d'elle avec la promptitude de l'éclair.

« La moitié de notre besogne est faite, murmura-t-il à son oreille, et c'était la plus malaisée, mais il nous faut maintenant mettre les morceaux doubles ; car, ou je me trompe fort, ou les gens de justice viennent d'enfoncer la porte là-haut, et seront sur notre dos avant une minute... »

On entendait en effet au-dessus des fugitifs un grand bruit de voix, un grand tumulte d'exclamations confuses, et des clartés de plus en plus vives arrivaient jusqu'à la petite cour par la fenêtre ouverte du laboratoire, et faisaient danser des ombres bizarres sur la muraille qui lui faisait face.

« Oui, oui, ils y sont ! reprit Lazare, après avoir écouté pendant le quart d'une seconde, nous pouvons encore échapper cependant... Je descends le premier, ou plutôt je saute !... Laisse-toi couler comme un sac de plomb, au risque de te couper les mains jusqu'à l'os. Aux grands maux les grands remèdes. Je te recevrai dans mes bras... »

La double descente s'accomplit avec une rapidité foudroyante. Et comme il est sans doute un Dieu pour les coquins, aussi bien que pour les ivrognes, Lazare et Simone, un peu étourdis, mais sans contusions ni blessures, prirent pied au moment précis où le commissaire s'écriait dans le laboratoire envahi :

« C'est par là qu'ils se sont évadés... les draps pendent encore à la fenêtre... Il faut les poursuivre et les rejoindre... Cinquante pistoles de récompense à qui les appréhendera au corps. »

Heureusement pour nos deux personnages, destinés à jouer un rôle capital dans le récit que nous commençons, les ténèbres étaient épaisses dans les profondeurs de la cour étroite, et les gens qui se penchaient à la fenêtre par laquelle ils venaient de se sauver ne pouvaient les apercevoir.

Ceci leur donna le temps de chercher et de trouver l'issue, qui, sous la forme d'un couloir long et obscur, s'ouvrait précisément en face d'eux, et conduisait à une ruelle tortueuse parallèle à la rue de la Lanterne.

Cette ruelle, sorte de boyau fétide et sans air, était absolument déserte, grâce au bruit déjà répandu dans le quartier, que la police, soutenue par un imposant détachement de soldats du guet, venait d'envahir la maison de Simone Raymond pour opérer l'arrestation de la devineresse.

La foule, attirée par une dévorante curiosité, encombrait la rue de la Lanterne, dans l'espoir d'assister à l'un de ces émouvants spectacles que le bon peuple de Paris préfère à tous les autres.

Lazare et Simone purent donc sortir du couloir sans être vus, et se dirigèrent de toute la vitesse de leurs jambes vers le quai, qu'ils atteignirent sans avoir rencontré âme qui vive.

Une fois sur le quai, ils se trouvèrent momentanément hors de péril; leurs costumes n'offraient absolument rien qui pût attirer sur eux l'attention; les passants étaient rares, les bords de la rivière parfaitement sombres, malgré les réverbères fumeux suspendus à de grandes distances les uns des autres; et les agents qui sans doute allaient les poursuivre, ne pouvaient, n'étant point sorciers, deviner de quel côté ils dirigeaient leur fuite.

Pour plus de sûreté, après avoir marché, ou plutôt couru pendant dix minutes, Lazare entraîna vers la berge du fleuve Simone, qu'il lui fallait depuis un instant soutenir de son bras vigoureux pour l'empêcher de trébucher à chaque pas, car la respiration lui manquait.

Dans l'ombre épaisse projetée par l'une des arches du pont Marie, étaient épars quelques blocs de pierre de taille. La devineresse se laissa tomber sur un de ces blocs, et Lazare, comme le loup poursuivi par les chasseurs, prêta l'oreille à tous les bruits vagues que le vent de la nuit apportait de son côté.

Aucune clameur suspecte ne se faisait entendre dans le lointain.

La meute humaine était dépistée...

VI

PARTI PRIS.

La Seine, dont les eaux étaient basses, coulait avec lenteur entre ses berges presque partout dépourvues de quais, et se heurtait contre les piles du pont avec un murmure doux et monotone.

Au milieu du fleuve brillait une petite lumière vacillante. Une voix grêle disait par intervalles le refrain d'une chanson joyeuse. Le fanal d'un canot jetait cette lueur. La voix était celle d'un pêcheur retirant ses filets ou posant ses nasses.

Lazare poussa un soupir de soulagement.

« J'imagine, murmura-t-il, que pour cette fois nous en voilà quittes!... Sais-tu, ma belle Simone, que tu me dois une fière chandelle! A l'heure qu'il est, sans moi, ton affaire ne serait pas claire, ou plutôt elle le serait trop! Qu'en dis-tu?... »

La devineresse releva la tête que depuis un instant elle penchait avec un découragement profond.

« Lazare, répondit-elle d'une voix presque indistincte tant elle était basse et tremblante, il me semble que je fais un mauvais rêve...

— Tu n'es que trop bien éveillée, hélas! ma pauvre amie! répliqua le jeune homme. Je conviens cependant de grand cœur que la présente réalité a quelques allures de cauchemar! N'as-tu donc jamais eu souci, dans tes moments perdus, de te dire à toi-même ta bonne aventure?... Peut-être prévoyant, grâce à ton merveilleux savoir, la catastrophe d'aujourd'hui, aurais-tu fait en sorte de l'éviter.

— Trêve de raillerie! reprit Simone. Et puisque, paraît-il, en ce moment du moins, nous n'avons rien à craindre, explique-moi ce qui se passe, car je n'y comprends rien et je ne devine point de quel nuage part la foudre inattendue qui m'écrase.

— Rien n'est plus simple, et rien n'est moins gai, répondit le valet du marquis de Saint-Maixent. En peu de mots, voici les faits. Tu m'as congédié, tu t'en souviens, pour donner audience à la comtesse Marie de Rahon, désireuse de te consulter. Une fois dehors, j'interrogeai ma poche, croyant la trouver vide, et j'y recueillis, non sans surprise, une pièce de vingt-quatre sous épargnée par le lansquenet. Ne sachant que faire et voulant tuer le temps, j'entrai dans une taverne de la rue voisine, je me fis servir un pot de vin, et je le vidai sans me presser...

— A quoi bon ces détails? demanda Simone impatiente.

— Ils sont indispensables.

— Ne peux-tu donc, sans tant de verbiage, aller droit à ce qui me touche?

— J'y vais tout justement, par le plus court chemin. Ecoute sans m'interrompre, et tu vas voir que j'arrive. Depuis une demi-heure environ, j'étais là, bien tranquille, sablant à petits coups le picton d'Argenteuil. La porte s'ouvrit, deux hommes entrèrent et vinrent s'attabler tout près de moi. Je les regardai machinalement. Ils avaient de ces figures auxquelles il est impossible de se tromper pour peu qu'on ait l'œil exercé. Or, les miens le sont, et beaucoup! Les deux drôles étaient des espions, et des espions du plus bas étage, de ceux que la police emploie, mais qu'elle ne paye guère et qu'elle n'avoue pas sans pudeur. Ils causaient entre eux, les faquins, et je n'écoutais guère, mais le nom du marquis de Saint-Maixent me fit soudain dresser l'oreille. Je devins attentif, et, par la Sambucquoy! bien m'en prit! Nous avions l'honneur, ma toute belle, de faire les frais de l'entretien. J'appris en frissonnant que depuis la tombée de la nuit la rue de la Lanterne était surveillée, qu'on venait de voir entrer dans la maison de Simone Raymond un certain scélérat du nom de Lazare, complice d'un assassinat suivi de vol commis par son illustre maître, le marquis de Saint-

Maixent! On n'attendait que l'arrivée du commissaire, accompagné d'un fort détachement de soldats du guet, pour aller prendre ce Lazare et pour arrêter en même temps la devineresse, coupable de se livrer, malgré les lois et les édits, à des pratiques assidues de cabale et de magie noire, et dénoncée en outre, par la clameur publique, comme prêtant son aide aux jeunes filles imprudentes dont l'imprudence a porté des fruits, complaisance coupable et lucrative à laquelle se joint (toujours d'après la clameur publique) un petit commerce de drogues ingénieuses à l'usage des héritiers pressés d'hériter et dont les parents s'entêtent à rester ici-bas. Bref, les deux alguazils (comme on dirait en Andalousie) déroulèrent un prodigieux chapelet, et déclarèrent ensuite que le jour prochain où Simone et Lazare monteraient ensemble au gibet, après avoir été roués de compagnie en place de Grève, serait jour de fête et d'allégresse pour le populaire de la bonne ville de Paris. »

Lazare s'interrompit pour souffler.

Simone frissonnait de la tête aux pieds, et les chocs précipités de son cœur contre les parois de sa poitrine retentissaient avec le bruit sourd des coups d'un balancier.

« Tu comprends, ma toute belle, reprit le jeune homme au bout d'un instant, que le petit picton d'Argenteuil commençait à me sembler singulièrement amer. J'aurais donné beaucoup pour me trouver dehors, mais j'avais peur, en partant trop vite, d'éveiller les soupçons de mes deux voisins. Par bonheur, convaincus que Lazare était chez Simone, ils ne songeaient même point à moi. Enfin, je pris un grand parti. Je jetai sur la table ma pièce de vingt-quatre sous, j'empochai bravement ma monnaie, et, d'un pas que je m'étudiais à rendre ferme, je me dirigeai vers la porte. J'allais l'atteindre, quand elle s'ouvrit. Une tête se montra, tête d'escogriffe encore plus laide que les deux premières; l'escogriffe jeta dans le cabaret ces mots : « *Psit! alerte, vous autres! Voici le commissaire et les agents... Vite, en chasse!* » et il disparut. Je bondis dans la rue, je pris ma course, j'arrivai, je montai, je frappai... tu sais le reste. »

Simone savait le reste, en effet, sauf un détail que Lazare passait sous silence. Ce détail, le voici : le jeune homme avait subi contre lui-même un violent combat avant de retourner rue de la Lanterne, son premier mouvement avait été d'abandonner la devineresse à son sort et de se mettre sans retard et tout seul en lieu de sûreté.

Ce fut une considération puisée dans le plus parfait égoïsme qui décida Lazare à jouer sa liberté et sa vie pour avertir Simone et lui venir en aide. Il se trouvait complètement à sec, et la devineresse, au contraire (il le croyait du moins), possédait un magot fort rond.

Le séjour de Paris cessait d'être possible; il fallait partir, partir à l'instant et gagner pays. Mais voyager sans argent n'est pas chose commode. S'éloigner vite, au contraire, devient facile quand la bourse est garnie.

« Au petit bonheur! se dit Lazare, je vais jouer le tout pour le tout! Un commissaire, grave personnage, marche d'un pas lent et mesuré; j'ai de l'avance : avant qu'il arrive avec sa bande nous aurons filé en sauvant la caisse! »

Nos lecteurs savent déjà qu'il s'en fallut de bien peu de chose que ce raisonnement ne conduisît Lazare au gibet.

Après avoir achevé son récit, le valet du marquis de Saint-Maixent se mit à rire avec une si franche gaieté, que Simone se demanda s'il était fou.

« Par la sambucquoy! fit-il en se penchant vers sa compagne, je voudrais bien savoir si le commissaire et son escouade vont conduire au grand Châtelet leurs prisonniers ?

— Quels prisonniers ? demanda la devineresse stupéfaite.

— Eh! donc, *Mathusalem, Sésostris et Flamel!* »

C'étaient les noms du corbeau centenaire, du chat maigre et du poisson rouge.

Simone haussa les épaules.

« En vérité, fit-elle, je ne te comprends pas! Comment peux-tu rire et plaisanter dans l'horrible situation où nous sommes ?

— Vaut-il pas mieux rire que de pleurer ?

— Quand tout s'écroule autour de soi, est-on le maître de son désespoir ?

— D'accord ; mais à quoi servent les larmes ?

— Elles soulagent.

— Sanglotte donc tout à ton aise, et, quand tu seras soulagée, nous songerons à prendre un parti.

— Songeons-y tout de suite. Qu'allons-nous devenir ?

— Tu comprends à merveille, ma toute belle, que si le soleil levant nous trouvait à Paris, nous serions pincés infailliblement, car la police, mystifiée cette nuit, fera tout au monde pour prendre sa revanche demain. »

Simone, effarée, se dressa.

« Partons donc! balbutia-elle, partons à l'instant!... Viens... viens vite!...

— Rien ne presse. Tu es toute tremblante en-

LA MORTE VIVANTE.

Le prisonnier paraissait plus fatigué qu'inquiet, plus ennuyé que soucieux (page 24).

core, tu te soutiens à peine. Achève de te remettre.

— J'ai peur... je voudrais être loin.

— Moi aussi, pardieu ! je le voudrais. Mais nous avons du temps devant nous. Il est à peine dix heures du soir, et, tant qu'il fera nuit, nous ne risquons absolument rien.

— Le crois tu vraiment ?

— Je fais mieux que le croire, j'en suis sûr. Rassure-toi, je réponds de tout. Voyons, as-tu quelque projet ?

— Un projet ? Comment en aurais-je ? Ai-je seulement ma tête à moi ? Suis-je capable de penser ?

— Veux-tu que je pense à ta place ? »

Simone fit un signe affirmatif que Lazare devina malgré l'obscurité.

« Te sens tu disposée, reprit-il, à suivre mes conseils, à t'attacher à ma fortune ?

— Où tu iras, j'irai, répondit la devineresse. Je suis si bien brisée, si bien anéantie, que seule et livrée à moi-même, je n'aurais pas la force, je le sens bien, d'entrer en lutte contre le destin.

— Alors, c'est entendu. Avant une heure, nous nous mettrons en route.

— Où irons-nous?

— Bien loin d'ici, dans la province d'Auvergne. C'est ton pays natal, je crois.

— Oui, mais j'en suis partie toute jeune. Là-bas, je n'ai plus de famille et ne suis connue de personne.

— Par la sambucquoy! c'est ce qu'il faut. Tu changeras de nom en arrivant, et commenceras une vie nouvelle dans la paix et dans l'obscurité.

— Soit! autant là qu'ailleurs. Mais, dis-moi quel motif te fait choisir l'Auvergne?

— Le plus simple et le meilleur de tous: c'est là que je retrouverai mon maître.

— A quoi bon le rejoindre? N'est-il pas compromis comme nous, traqué comme nous, comme nous en fuite?

— D'accord; mais il est grand seigneur, il s'appelle le marquis de Saint-Maixent; son nom et ses alliances lui donnent une force qui me manque. Où les petites gens comme nous se noyent, un grand seigneur trouve moyen de ne point perdre pied, ou tout au moins de revenir sur l'eau. En si mauvaise fortune qu'il soit, mon maître est capable de s'en tirer, et, s'il s'en tire, il opérera notre sauvetage en même temps que le sien; je me charge de l'y contraindre. Laisse-moi faire et donne-moi ta bourse.

— Ma bourse?... répéta d'un ton hargneux Simone, à qui la communauté d'intérêts au point de vue pécuniaire ne souriait que médiocrement.

— Eh! sans doute. Te figures-tu par hasard que je vais subir l'humiliation de voir une femme payer pour moi tout le long du chemin? Sauvons les apparences, que diable!... Tu parais hésiter? C'est différent, ma chère, à ton aise! Quittons-nous ici; va de ton côté, moi du mien, cela vaudra peut-être mieux ainsi. Mais franchement, après le service que je t'ai rendu ce soir, en risquant ma peau pour sauver la tienne, je m'attendais à moins d'ingratitude... »

Et Lazare, ayant dit ces paroles avec une superbe expression de dignité blessée, fit mine de s'éloigner de la devineresse.

« Mais je n'hésite pas! s'écria cette dernière très-inquiète. Aurais-tu le courage de m'abandonner?... Tu sais bien qu'entre nous tout est commun. Tiens! prends!... »

Et tirant de sa poche la bourse laissée sur le tapis rouge par la comtesse de Rahon, elle la glissa dans la main de Lazare.

« A la bonne heure! fit ce dernier en palpant les pièces d'or contenues dans le filet de soie, voilà de quoi commencer le voyage. Quand ces pistoles seront évaporées, nous entamerons la réserve. »

Simone poussa un soupir étouffé, mais ne fit aucune objection.

Une heure après, le valet du marquis de Saint-Maixent et sa compagne laissaient derrière eux les dernières maisons de la grande ville endormie.

VII

LA MISE A PRIX.

Cinq mois environ après les évènements que nous venons de raconter, c'est-à-dire dans les premiers jours du mois d'août de l'année 1645, l'unique rue du village de Saint-Jude, en Auvergne, était le théâtre d'un mouvement inaccoutumé.

Il pouvait être neuf heures du matin.

Un soleil radieux inondait la campagne de ses rayons obliques, et les paysans, escortés de leurs femmes et de leurs enfants, au lieu de se rendre comme d'habitude aux travaux des champs, se dirigeaient par petits groupes vers une maison de bonne apparence située à l'une des extrémités du hameau, et dont la porte charretière était surmontée d'une large plaque de tôle suspendue par des crochets massifs à une sorte de potence en fer.

Sur chacune des faces de cette plaque, que le moindre souffle de vent faisait ballotter avec des grincements inhumains, un pinceau naïf avait figuré tant bien que mal trois fleurs de lis d'or, placées *deux et une*, sur un écusson d'un bleu vif, timbré de la couronne royale.

Autour de l'écusson se lisaient, en grosses lettres rouges, ces quatre mots:

AUX ARMES DE FRANCE.

La maison de bonne apparence était une auberge, et dans la rue, devant la porte, un attroupement, qui de minute en minute se grossissait, entourait un petit groupe de six cavaliers appartenant au corps d'élite de la maréchaussée, bien vêtus, bien armés et montés sur de robustes chevaux à tous crins.

L'un de ces hommes, déjà vieux, long et maigre, avec une figure parcheminée, bistrée, mais joviale, un œil étincelant sous des sourcils touffus en broussailles et de longues moustaches grisonnantes occupait le centre du groupe. Ses galons d'argent, et surtout son air d'importance, le désignaient à l'attention générale.

Il était prévôt de la maréchaussée et se nommait Denis Robustel. Sa main gauche serrait machinalement les rênes de son grand cheval noir, tandis que sa main droite tenait un rouleau de papiers dont il semblait se faire un bâton de commandement.

A deux pas de lui, l'un de ses hommes, gros et court, soufflait de toute la force de ses poumons dans une trompette, et cette sonnerie provoquait l'affluence immédiate et curieuse des habitants du village, beaucoup mieux que ne le font aujourd'hui les roulements du tambour communal annonçant la publication de quelque arrêté de la préfecture relatif à l'échenillage ou aux prestations.

Au premier rang des curieux, se prélassait l'aubergiste des *Armes de France*, maître Guillaume Chadorant, un brave homme qui mettait son légitime amour-propre à confectionner, avec les truites de l'Alagnon, des matelotes sans rivales, et, avec les perdrix rouges de la forêt de Massiac, des salmis incomparables.

Immédiatement derrière lui, sa fille unique, Julie Chadorant, une jolie brune aux yeux noirs très tendres, aux joues plus roses que des fraises, et aux lèvres rouges comme des cerises, se haussait sur la pointe de ses petits pieds pour mieux voir par-dessus l'épaule paternelle; mais ses regards se promenaient avec une indifférence manifeste du long prévôt au court sonneur de trompette, sans daigner effleurer les quatre cavaliers de grade inférieur, lesquels, nous devons en convenir, étaient des gens d'âge mûr et de peu galante apparence, malgré leurs uniformes bleus aux retroussis rouges.

Quand le prévôt jugea la foule assez compacte, il fit un signe impérieux de la main qui tenait le rouleau de papiers.

Le sonneur de trompette éloigna de ses lèvres, avec une satisfaction manifeste, l'embouchure de son instrument, reprit haleine et s'essuya le front; car, malgré l'heure matinale, la chaleur était déjà rude.

Le prévôt déroula ses papiers, en choisit un sur lequel il jeta les yeux, comme pour se rafraîchir la mémoire, et, peu soucieux de donner connaissance à ses auditeurs du texte officiel libellé sur la feuille timbrée aux armes royales et à celles du lieutenant civil près le présidial de Clermont, il jugea convenable de le remplacer par son propre style, dont nous allons textuellement reproduire l'audacieuse fantaisie, et, d'une voix sonore et bien timbrée, qui dut être entendue de fort loin, il s'écria :

« Habitants du village de Saint-Jude, braves gens, dignes campagnards, fidèles et loyaux sujets de Sa Majesté le roi Louis, que Dieu conserve, vous me connaissez de longue date et vous savez que je vous porte à tous en général, et à chacun en particulier, un intérêt sincère, accompagné d'une sérieuse estime, et que je ne varierai point dans ces sentiments aussi longtemps, toutefois et quantes, que vous ne commettrez aucun méfait et aucun délit, ni contre les personnes, ni contre les propriétés. »

Ce début promettait.

« Vive le prévôt! » crièrent quelques paysans enthousiastes.

Denis Robustel, satisfait, inclina son long torse à droite à gauche, salua légèrement, cligna de l'œil et poursuivit :

« Ce m'est une grande joie, mes amis, de venir aujourd'hui parmi vous chargé d'une mission de confiance par Sa Majesté le roi, notre maître, que Dieu conserve, et par notre seigneur le lieutenant civil. Je vous apporte une bonne nouvelle. Je viens vous enseigner à tous et à chacun, grands et petits, jeunes et vieux, le moyen de faire fortune... »

Le prévôt s'interrompit, en homme habile qu'il était, afin de laisser au murmure joyeux, qui courut aussitôt parmi la foule, le temps de naître et de se développer dans un harmonieux crescendo.

« Oui, fortune, mes amis ! continua Denis Robustel au bout de quelques secondes, et cela d'une façon si facile et si douce, que vous en serez surpris vous même ! La terre est bien basse, mes enfants, le soleil est bien chaud, la pluie bien froide, les jours bien longs, et quand vous avez sué sang et eau et grelotté pendant douze mois, piochant, labourant, bêchant, sarclant, semant, moissonnant, fauchant, engrangeant, vous courbant l'échine, vous raccourcissant les muscles et vous tannant le cuir, mangeant rarement à votre faim, buvant moins souvent encore à votre soif, vivant, enfin, de privations et de croûtes de pain noir, et plus durs pour vos pauvres corps que le bourreau pour un pendu, que vous reste-t-il au bout de l'année? Quelques maigres piles de sous dévorés par le vert-de-gris, quelques écus rognés, tout au plus, pour les plus heureux, et, pour les autres, des dettes grossissantes chez le boulanger et le travail en perspective, plus obstiné toujours et ne chassant pas la misère... »

Le prévôt parlait rondement, avec l'imperturbable aplomb de l'homme sûr de lui-même et de ses auditeurs. De nouveau, cependant, il s'interrompit, et, cette fois encore, il avait ses motifs.

Les paysans profitèrent de ce temps d'arrêt pour se regarder en hochant la tête, et pour se dire les uns aux autres :

« Ah ! morguenne, c'est ben ça tout de même ; il dégoise la chose comme il faut. Pour sûr et pour certain, après qu'on s'est exterminé le tempérament depuis le premier jour de janvier, on n'en est pas plus riche quand on arrive à la saint Sylvestre. »

Denis Robustel passa ses doigts osseux sur les pointes effilées de ses longues moustaches, et reprit avec un redoublement de faconde :

« Eh bien ! moi, mes enfants, prévôt de la maréchaussée, comme vous savez, et votre ami, votre père à tous, je viens vous offrir des sommes de grande conséquence : trois mille livres d'un côté et cent écus de l'autre. Mon Dieu oui ! Ah ! vous n'en pouvez croire vos oreilles et vous vous demandez ce qu'il faut faire pour vous plonger jusqu'au cou dans ces eaux dorées du fleuve Pactole qui, comme chacun sait, coule en Espagne. Ce qu'il faut faire ? Je vais vous l'apprendre : les trois mille livres appartiendront à celui d'entre vous qui trouvera moyen d'appréhender au corps, mort ou vif, ou tout au moins de livrer à la justice par de bonnes et valables indications, le marquis André Louis-Sigismond, seigneur de Saint-Maixent, prévenu de diverses actions criminelles au premier chef, et dont la moindre entraîne, pour ledit seigneur, la peine capitale et plusieurs autres.

« Les trois cents livres seront le lot de celui qui mettra la main sur un certain Lazare, laquais du marquis de Saint-Maixent, et prévenu de complicité dans les crimes et forfaitures de son maître.

« Lesdites sommes de trois mille livres et cent écus, seront payées en espèces sonnantes et trébuchantes à qui de droit, par le trésorier du présidial de la bonne ville de Clermont.

« J'ai dit ! »

Un bourdonnement, pareil à celui que produiraient, dans une ruche grande comme une maison, des abeilles grosses comme des bœufs, suivit les dernières paroles du prévôt. Tous les regards brillaient de cupidité. Les jeunes gens, les hommes, et jusqu'aux vieillards, rêvaient la capture ou la mort de ce gentilhomme et de ce laquais, coup de fortune qui devait les enrichir à jamais, car Denis Robustel n'avait rien exagéré, et aux yeux des paysans de l'Auvergne, à cette époque, les sommes promises constituaient une véritable opulence.

« Tout ça, c'est très-bien, prévôt, fit observer à haute et intelligible voix un des notables habitants de Saint-Jude, mais pour mettre la main sur ce seigneur et sur son valet, ou pour leur envoyer une balle, il faudrait les connaître et nous ne les connaissons point.

— C'est trop juste ! répliqua Denis Robustel, le cas est prévu et je vais vous donner connaissance du signalement des deux criminels. Après lecture faite, ce signalement sera dûment affiché sur le mur de la grande salle de l'auberge des *Armes de France*, où tout un chacun pourra le consulter à son loisir et à sa convenance. »

Le prévôt fouilla, pour la seconde fois, dans son rouleau de papiers. Il y prit, au milieu de beaucoup d'autres, une feuille couverte d'indications imprimées, complétées par des lignes d'une grosse écriture ronde et lisible.

« Soyez attentifs, dit-il ensuite, je commence :

« Le marquis André-Louis Sigismond, seigneur de Saint-Maixent, âgé de vingt-cinq ans, de grande taille, mince et parfaitement proportionné, chevelure blonde, longue et naturellement bouclée, moustaches blondes très-fines, longues et retroussées, le visage ovale, la peau blanche, les yeux grands et bleus, la bouche petite, les dents superbes, un signe noir, de la grosseur d'une lentille, sur la joue gauche, au coin de la bouche, pareil aux mouches que les dames se posent volontiers pour se rendre le teint plus vif.

— Ah çà ! mais c'est donc un vrai chérubin, ce brigand-là ! interrompit une commère au milieu de l'hilarité générale ; le signalement que M. le prévôt vient de nous lire ressemble trait pour trait à la figure de Mgr l'Archange saint Michel terrassant le démon, qui est au-dessus de l'autel, dans la chapelle de notre église. Foi de Gervaise, deux gouttes d'eau ne sont pas plus pareilles ; il n'y manque que la lentille.

— Je me suis laissé dire, en effet, que ce marquis était un homme superbe, répondit Denis Robustel en clignant de l'œil à la bonne femme. Par malheur, ma commère, il n'en vaut pas mieux pour ça, et sa belle mine est bien trompeuse. Ce n'est point à saint Michel qu'il devrait ressembler, s'il était une justice en ce monde, c'est au diable ! On saurait, du moins, à quoi s'en tenir rien qu'en le dévisageant, et ça serait commode pour la maréchaussée. »

Tandis que le prévôt parlait, demoiselle Julie Chadorant, la jolie brune aux yeux tendres, fille de l'aubergiste des *Armes de France*, était devenue pâle.

« Mon Dieu! murmurait-elle troublée, confuse, le cœur agité, ce jeune seigneur si beau, si doux, si poli, qui a soupé chez nous il y a trois jours, et qui m'a pris la main dans un moment où nous étions seuls, en me disant tout bas des choses si charmantes, c'était le marquis de Saint-Maixent! Je le reconnais, c'était lui! Est-il possible qu'il soit un coupable, un grand criminel, avec ces yeux, ce regard, ce sourire! Non, non, je n'en crois rien; on l'accuse à tort; il est innocent, j'en suis sûre!

— Le marquis de Saint-Maixent, continua Denis Robustel, revêt d'habitude, depuis qu'il est fugitif et hors la loi, un habit gris brodé de noir sur une veste de peau de daim. Son chapeau de feutre gris n'a pour ornement qu'une plume noire. Il monte un cheval alezan doré, d'une grande vitesse, et qui porte au vent.

« Voilà pour le gentilhomme. Présentement, passons au laquais. Ce quidam, qui s'appelle ou qui se fait appeler Lazare, doit avoir environ le même âge que son maître. C'est un garçon de taille moyenne, plutôt épaisse qu'élancée. Sa figure pleine est haute en couleur; ses cheveux sont châtains; ses yeux clairs. Il ne porte pas la livrée et monte un courteau bai-brun, borgne de l'œil gauche. »

Le double signalement n'en disait pas plus long.

« Vous en savez désormais autant que moi, mes bons amis, poursuivit le prévôt. Les grands scélérats dont il s'agit sont dans le pays, nous en avons la certitude. Mettez-vous donc en quête vivement et profitez de l'occasion! Jamais, au grand jamais, c'est moi qui vous le dis, vous n'en trouverez une pareille! La déesse Fortune passe à votre portée, saisissez-là par ses trois cheveux!

— Vive le prévôt! » répéta la foule.

VIII

CE QU'AVAIT FAIT LE MARQUIS DE SAINT-MAIXENT.

Ainsi acclamé, content de lui-même et enchanté de ses auditeurs, Denis Robustel, ayant rempli la première moitié de sa tâche, mit pied à terre, attacha son cheval par la bride à l'un des anneaux de fer scellés dans la muraille tout exprès pour cet usage, fit signe à ses hommes de suivre son exemple, et pénétra dans la salle basse de l'hôtellerie où les cinq cavaliers de la maréchaussée ne tardèrent point à venir le rejoindre.

Le digne prévôt prit un marteau et quatre pointes que lui présenta respectueusement l'aubergiste, et, de sa propre main, il cloua contre le mur, à la plus belle place, sous le miroir terni, les signalements du marquis de Saint-Maixent et de son laquais.

« Compère Guillaume, dit-il ensuite, il nous reste pas mal de chemin à faire, et voici la chaleur qui pique; un léger rafraîchissement ne sera pas de trop. Nous sommes six, montez-nous trois pots de ce petit vin ginguet qui ferait danser les chèvres... nous lui dirons volontiers deux mots. »

Maître Chadorant ne se fit pas répéter cet ordre et, un instant après, les cavaliers de la maréchaussée *humaient le piot* à la santé du roi, du lieutenant civil et du prévôt lui-même.

Julie Chadorant, la jolie brune, allait et venait autour de la table, d'un air indécis, en roulant entre ses doigts l'une des cornes de son tablier de cotonnade rouge.

Évidemment la jeune fille était tourmentée par le désir ardent de lui faire une question, mais la timidité naturelle à son âge et à son sexe la mettait fort à la gêne et l'empêchait de parler.

Enfin elle prit son parti, et devenue soudainement plus cramoisie qu'une pivoine fraîchement éclose, elle demanda :

« Qu'a-t-il donc fait de si terrible, monsieur le prévôt, ce marquis de Saint-Maixent, qu'on promette trois mille livres à qui le livrera, et qu'on doive lui trancher la tête si l'on vient à bout de le prendre?

— Ah! ah! répliqua le prévôt en riant d'un gros rire, ça vous intéresse, ma belle enfant, parce que vous avez entendu raconter que le marquis était joli garçon! Ça se comprend, ça se comprend... les femmes sont toutes bâties comme ça... c'est par les yeux qu'elles se laissent prendre. Eh bien! je vais vous conter la chose en douceur.

« Le marquis de Saint-Maixent, à qui nous donnons présentement la chasse, est originaire de nos pays Son père, un digne seigneur qui mourrait aujourd'hui de chagrin s'il n'était mort d'une chute de cheval il y a cinq ou six ans, possédait un château et de grands biens à une vingtaine de lieues d'ici, sur la lisière de la haute Auvergne et du Velay, du côté de Brioude. Ces Saint-Maixent sont apparentés à toute la noblesse de la province, et notamment aux comtes de Rahon, les plus riches gentilshommes de la haute Auvergne. Quand mourut le vieux marquis, son fils n'eut rien de plus pressé que de partir pour Paris et d'y mener si joyeuse vie que, les revenus n'y pouvant suffire, il se mit à vendre les domaines l'un après l'autre, à emprunter sur le château, à manger enfin le sec et le vert, brûlant la chandelle par les deux bouts.

« Je ne lui reproche pas ces fredaines; jusque-là il n'y avait pas grand mal. Chacun est le maître de son bien et peut se ruiner à sa fantaisie, n'est-il pas vrai? D'ailleurs, il faut que jeunesse se passe!

« Seulement, quand on s'est ruiné de cette façon-là, il serait à propos de se tenir tranquille et de devenir honnête homme aussitôt qu'on n'a plus le sou, et c'est ce que le marquis n'a pas fait.

« Je n'étais point derrière ses talons dans ce temps-là, vous le comprenez, je ne puis donc vous narrer en détail toutes les menues coquineries par lesquelles il a commencé. On lui passait beaucoup, à cause de son nom, de sa famille, de ses amis puissants, qui n'épargnaient ni leurs pas, ni leurs démarches pour le tirer des fâcheuses postures où il se mettait; mais, un beau jour, il y a de cela cinq ou six mois, les choses dépassèrent la plaisanterie; aux escapades succéda le crime.

« Le marquis tua un homme pour lui voler sa bourse. »

Julie Chadorant ne put retenir une exclamation d'horreur et d'effroi.

« Un gentilhomme tuer pour voler! s'écria-t-elle, est-ce possible?

— C'est plus que possible, ma belle enfant, répondit le prévôt, c'est certain, puisque c'est prouvé. On a la déclaration même de l'homme assassiné qui recouvra sa connaissance pendant quelques minutes et n'expira qu'après avoir nommé son meurtrier. »

La jeune fille baissa la tête. Elle ne se sentait point convaincue.

« L'accusateur était un ennemi, peut-être, se dit-elle tout bas; il aura cru vaguement reconnaître le marquis, et l'aura nommé par haine et vengeance.

— A la suite de cette tragique aventure, reprit Denis Robustel, notre gentilhomme, décrété de prise de corps, dut quitter Paris en toute hâte et vint se réfugier en Auvergne, espérant sans doute qu'une fois dans nos montagnes, la justice cesserait de s'occuper de lui.

« Vous croyez peut-être qu'avec un tel espoir, plus ou moins fondé, M. de Saint-Maixent s'arrangea de façon à se faire oublier, et se garda sagement d'appeler sur lui l'attention par quelque action compromettante.

« Oh! comme on voit bien que vous connaissez mal ce hardi seigneur, ou plutôt que vous ne le connaissez pas.

« Après avoir échoué dans une tentative d'audacieuse escroquerie (il ne s'agissait de rien moins que d'emprunter une grosse somme sur des biens qui ne lui appartenaient plus, et le tabellion faillit se laisser prendre par sa bonne mine et ses belles paroles), le marquis se trouva complétement sans ressources.

« Lazare, cet honnête laquais que M. le lieutenant civil juge digne d'être compris dans les poursuites dirigées contre son maître, était venu le rejoindre.

« Tous les deux s'installèrent dans une tour en ruine, qui domine la route à l'endroit où elle s'enfonce sous les futaies de la forêt de Roquevaire, et, comme des oiseaux de proie qui cherchent pâture, ils s'élançaient de là sur les voyageurs pour les détrousser.

« Un receveur des gabelles, qui passait à cheval et qui voulut défendre ses sacoches, fut laissé pour mort frappé de quatre coups de couteau.

« Dix-huit plaintes, dûment motivées, arrivèrent au présidial de Clermont en moins de six semaines, et des escouades de la maréchaussée parcoururent jour et nuit la forêt de Roquevaire; mais par malheur je n'étais pas là, et d'ailleurs le marquis, se sachant traqué, avait fini par disparaître.

« Pendant quelques semaines on perdit sa trace et l'on n'entendit parler de lui ni directement, ni indirectement; puis, un beau jour, le lieutenant civil reçut avis que deux paysans se présentaient sur les marchés et faisaient d'importants achats de bestiaux, revendus par eux un peu plus loin, et payés avec des pièces d'or d'une imitation parfaite, et qui cependant n'étaient pas de l'or.

« Les deux paysans, dont le signalement toujours identique arrivait de vingt côtés à la fois, furent reconnus, à n'en point douter, pour le marquis et son laquais.

« Après s'être fait voleur de grand chemin, le terrible gentilhomme se faisait faux monnayeur. »

Le prévôt s'interrompit pour vider un gobelet rempli de ce petit vin acidulé qu'il appelait *ginguet*, qui faisait, disait-il, danser les chèvres, mais qui semblait produire sur son estomac le meilleur effet.

Julie Chadorant, pâle, les mains jointes, les narines dilatées par l'émotion, continuait à l'écouter, alors même qu'il ne parlait plus.

L'interruption, d'ailleurs, fut courte.

« Ce n'est pas tout encore, reprit Denis Robustel, et le marquis de Saint-Maixent paraît avoir gardé le plus beau pour la fin.

« Il y a juste huit jours (vous voyez que c'est du fruit nouveau), le jeune seigneur, surpris par l'orage, se trouvant seul et à une grande distance, paraît-il, de l'endroit inconnu qui lui sert d'asile, sollicita et reçut l'hospitalité des bons frères du couvent de Saint-Landry.

« Il ne dit pas son nom... je me trompe, il donna le premier nom de gentilhomme qui lui vint à l'esprit. On l'accueillit comme un hôte que Dieu envoie. On sécha ses vêtements mouillés, on tua pour lui le poulet le plus gras, on lui servit une des plus poudreuses bouteilles du vieux vin réservé pour la bouche de Mgr l'archevêque, quand il visite le couvent dans ses tournées pastorales, on lui donna le lit le plus doux.

« Or, au milieu de la nuit, M. de Saint-Maixent sortit de sa chambre, se glissa dans la chapelle, sauta par une fenêtre et s'enfuit; il emportait les vases sacrés, dont il fit un lingot, et ce lingot, il eut l'audace, le lendemain, d'aller le vendre lui-même à un juif de Clermont chez lequel on l'a retrouvé.

« Le vol, le meurtre, le sacrilège, voilà les hauts faits, voilà les actions d'éclat du marquis !

« Croyez-vous maintenant, ma jolie fille, que les trois mille livres offertes par Mgr le lieutenant civil, soient un prix trop élevé pour la capture d'un pareil homme ? »

Julie Chadorant ne répondit rien.

Elle réfléchissait, comme réfléchissent les gens qui ne veulent point être persuadés et qui cherchent de victorieux arguments pour combattre même l'évidence.

« Voilà d'effroyables accusations ! se disait-elle, mais où sont les preuves ?

« Le voleur à main armée de la forêt de Roquevaire est-il bien le marquis de Saint-Maixent ?... On le dit, mais on ne le prouve pas !... Le faux monnayeur, le sacrilège, toujours lui !... Mais pourquoi !... On l'affirme, mais sans le prouver !... Vous croyez le marquis coupable, et moi je nie qu'il le soit, lequel de nous a raison ?

« Je ne sais quel instinct me crie que le marquis est innocent de tous ces forfaits ! Mon cœur me dit qu'il est victime et non point scélérat. »

Tandis que la jeune fille s'absorbait dans ce monologue, dont nous venons de reproduire exactement sinon la forme, du moins le sens, Guillaume Chadorant, debout en face du papier cloué au mur, lisait et relisait le signalement, et de temps à autre se grattait la tête d'un air d'indécision comique.

Tout à coup une lueur vive étincela dans ses yeux ternes, et, se retournant du côté de sa fille et des cavaliers de la maréchaussée, il s'écria :

« Figurez-vous que ça ne m'avait point frappé d'abord, mais plus j'y pense et plus la chose me paraît claire et certaine. Dis donc, Julie, te souviens-tu de certain gentilhomme qui s'est arrêté chez nous il y a trois jours, pour faire manger son cheval qui n'en pouvait plus, et pour souper lui-même d'un fort grand appétit ? »

La jeune fille tressaillit de tout son corps, mais elle fit un violent effort sur elle-même pour dominer son émotion, et elle répondit de l'air le plus calme :

« Je m'en souviens parfaitement.

— C'est toi qui l'as servi, continua l'aubergiste ; l'as-tu bien regardé ?

— Sans doute ?

— Ne te semble-t-il pas, comme à moi, que le signalement du marquis, pour le visage et pour le costume, s'appliquait de point en point à ce gentilhomme ? »

Le prévôt et ses hommes ne buvaient plus ; ils prêtaient l'oreille, et Julie sentait leurs regards fixés sur elle avidement.

Elle se mit à rire en haussant les épaules.

« En vérité, mon père, je crois que vous rêvez ! répliqua-t-elle. Le voyageur de l'autre jour était de petite taille et de large encolure ; il avait les cheveux châtains, la moustache du plus beau noir et pas le moindre signe au coin de la lèvre. Son habit, d'ailleurs, n'était point gris, mais violet, et la plume de son feutre était blanche.

— C'est possible, après tout, murmura l'aubergiste convaincu par l'assurance de sa fille. J'aurai mal vu ; je me fais vieux, la mémoire commence à se rouiller. »

Les cavaliers de la maréchaussée, déçus dans leur espoir, achevèrent de vider les pots.

« Payez-vous, compère Guillaume, dit le prévôt en se levant et en jetant sur la table une pièce de monnaie.

— Vous partez déjà ?

— Il le faut ! Nous avons de la besogne sur la planche ; il nous faut donner lecture de la proclamation et afficher les signalements avant ce soir dans cinq ou six villages.

— Quand repasserez-vous par ici ?

— Après-demain, je suppose. Nous allons battre un peu le pays et tâcher de mettre la main sur M. le marquis. Les trois mille livres nous feraient grand bien.

— Alors, bon voyage et bonne chance !

— Merci ! »

Les cavaliers de la maréchaussée sortirent de l'auberge et se mirent en selle.

« En avant ! » commanda Denis Robustel.

La petite troupe partit au grand trot.

IX

LE PRISONNIER

Le surlendemain, vers les cinq heures de l'après-midi, Denis Robustel et ses cavaliers, formant un petit peloton très-serré, se trouvaient à trois lieues du village de Saint-Jude, vers lequel ils dirigeaient leurs chevaux fatigués d'une longue marche sous les rayons d'un soleil brûlant

Le prévôt, couvert de poussière de la tête aux pieds, se tenait fièrement en selle. Son chapeau s'inclinait vers son oreille droite d'une façon plus crâne que de coutume, et son visage anguleux offrait une expression toute particulière d'allégresse et de triomphe.

C'est qu'au milieu du peloton chevauchait un gentilhomme de bonne mine, monté sur un grand cheval alezan d'origine orientale.

Ce gentilhomme semblait âgé de vingt-cinq ans tout au plus ; il était de haute taille et de proportions admirables. Une chevelure blonde et bouclée encadrait son visage ovale au teint blanc, aux grands yeux bleus. Il avait de fines moustaches retroussées, et près du menton, sur la joue gauche, un signe noir gros comme une lentille. Une plume noire se tordait autour de son feutre. Une légère broderie noire ornait son habit gris. Ses longues bottes molles à éperons d'argent dessinaient des jambes parfaites.

Nos lecteurs ont déjà reconnu André-Louis-Sigismond, marquis de Saint-Maixent, lequel s'était laissé prendre la veille par Denis Robustel et ses hommes, dans une petite hôtellerie où il se croyait en sûreté.

Au grand étonnement du prévôt qui s'attendait à une lutte acharnée, le gentilhomme n'avait opposé aucune résistance, et, se voyant entouré de gens armés, il avait dit du ton le plus simple et de l'air le plus naturel :

« Je me rends.... Ne me faites pas de mal.... »

Denis Robustel se sentait gonflé de joie et bouffi d'orgueil, non-seulement d'avoir réussi sans encombre dans une difficile entreprise qui ne pouvait manquer de lui faire un très-grand honneur, mais encore d'avoir gagné la prime de trois mille livres, dont la plus forte part serait naturellement pour lui.

Il savait un gré infini au marquis de Saint-Maixent de s'être montré de si bonne composition, et la charmante figure du gentilhomme, sa distinction, son air de douceur, produisant sur lui comme sur tout le monde leur effet habituel de fascination, il se sentait désormais fort disposé à le croire beaucoup moins coupable que ne le disait l'acte d'accusation.

Pour peu qu'on ajoute à cette conviction naissante, le prestige de la noblesse (prestige immense à l'époque où se passaient les faits que nous racontons), et l'on ne sera nullement étonné d'apprendre que le prévôt traitait son prisonnier avec toutes sortes d'égards, et lui témoignait le plus profond respect.

Hâtons-nous d'ajouter que ce respect, d'ailleurs, n'avait point empêché Denis Robustel de dire à M. de Saint-Maixent, en le saluant jusqu'à terre :

« Le cheval de monsieur le marquis est léger comme un cerf, et nos lourdes montures seraient tout à fait incapables de lutter de vitesse avec lui. Si donc monsieur le marquis faisait (ce qu'à Dieu ne plaise), la moindre tentative pour nous échapper et gagner pays, je me verrais contraint, à mon grand désespoir, de prendre un pistolet dans l'une de mes fontes, et de brûler respectueusement la cervelle à monsieur le marquis. Devoir pénible ! affreux devoir ! que j'accomplirais en pleurant.... mais sans hésiter.

— Et vous auriez raison, mon brave, répondit le jeune homme avec un sourire, j'agirais de même à votre place. Le devoir avant tout. La consigne est sacrée.

— Ah ! ça, mais ! ah ! ça, mais ! murmura dans son for intérieur le prévôt stupéfait de cette adhésion si complète et si peu prévue. C'est un digne seigneur tout à fait que ce sacripant. Je commence à penser qu'on lui met sur le dos les scélératesses de quelque coquin ! Je ne le surveillerai pas moins bien pour ça, mais il m'intéresse, foi de prévôt. »

Hâtons-nous d'ajouter que le marquis sembla prendre à tâche de ne faire aucun geste, aucun mouvement qui fût de nature à porter ombrage aux cavaliers chargés de le conduire aux prisons de Clermont.

Au moment où nous retrouvons Denis Robustel, ses hommes et son prisonnier, ce dernier paraissait plus fatigué qu'inquiet, plus ennuyé que soucieux.

Il laissait flotter les rênes sur le cou de sa monture, qui, emboîtée en quelque sorte entre quatre chevaux pesants, ne pouvait se permettre le moindre écart. Il promenait ses regards distraitement sur la campagne, et, de temps à autre, sifflottait du bout des lèvres un air de villanelle pour se distraire.

Il se pencha sur la balustrade et regarda dans la cour. (Page 35, col. 1.)

Tout à coup une sorte d'affaissement se manifesta dans toute sa personne ; sa tête se pencha sur sa poitrine et ses yeux se fermèrent à demi.

« Monsieur le marquis serait-il souffrant ? demanda le prévôt avec sollicitude.

— Un peu souffrant, c'est vrai, répondit Saint-Maixent d'une voix languissante, je succombe à la lassitude. Je suis écrasé par la chaleur. Les rayons du soleil, tombant d'aplomb sur ma tête, m'ont donné la migraine, et (dussé-je vous paraître une femmelette), il faut bien que je l'avoue, je n'en puis plus.

— Monsieur le marquis désirerait peut-être que nous fissions halte pendant une heure ou deux ? Qu'il dise un mot, je suis à ses ordres.

— Faire halte ? que Dieu nous en garde ! s'écria le marquis, j'ai trop grande hâte d'arriver à Clermont pour y pouvoir combattre et détruire ces infâmes et ridicules accusations que j'ignorais complétement.

— Oh! monsieur le marquis n'aura pas de peine à se justifier, je l'espère bien.

— Et moi, j'en suis sûr, car en vérité c'est par trop absurde de traiter de voleur, d'assassin, de faux monnayeur et de sacrilège, un gentilhomme de ma maison!..

— Absurde! oh! tout à fait absurde! répéta comme un écho Denis Robustel.

— J'ai quelques dettes, voilà mon seul crime.

— Des dettes! Eh! mon Dieu, qui n'en a pas? Nous avons beau être de province, nous savons bien que c'est la mode parmi les jeunes seigneurs à Paris.

— Mais, reprit Saint-Maixent, je suis loin d'être sans ressources, car les usuriers n'ont prêté sur mes biens que le quart de leur valeur, tout au plus.

— Ils n'en font jamais d'autres, ces gens là! Ce sont des brigands!...

— Oh! je saurai leur faire rendre gorge.

— Et ce sera justice.

— Mes parents, d'ailleurs, sont nombreux. Ils sont puissants et riches. Si je voulais recourir à eux, ils me tireraient, sans hésiter, de tous mes embarras pécuniaires.

— Et M. le comte de Rahon y suffirait à lui tout seul, hasarda Denis Robustel.

— Ah! vous savez que le comte de Rahon est mon parent!

— J'ai l'honneur de connaître les alliances de monsieur le marquis.

— Alors, vous comprenez, mon cher prévôt, combien il doit me sembler pénible d'être conduit ainsi comme un criminel, comme un misérable. »

Denis Robustel tira des profondeurs de sa poitrine un soupir caverneux.

« Hélas! hélas! murmura-t-il ensuite, je ne le comprends que trop bien... Mais le devoir...

— N'allez pas croire que je vous demande de manquer au vôtre, interrompit M. de Saint-Maixent. Vous m'offririez en ce moment la clef des champs, je refuserais. Oui, foi de gentilhomme, je refuserais. C'est le lieutenant civil lui-même qui me rendra la liberté, en me suppliant d'accepter les excuses qui me sont dues pour la déplorable erreur dont je suis victime.

— Et monsieur le marquis les acceptera-t-il? demanda timidement le prévôt ébloui.

— Il le faudra bien. L'indulgence est le faible des grandes âmes. »

Denis Robustel leva les yeux vers le ciel avec une admiration attendrie.

« J'ai cependant une faveur à solliciter de vous, reprit Saint-Maixent.

— Qu'est-ce que c'est, monsieur le marquis? Si ça dépend de moi, et si la consigne le permet, c'est accordé d'avance.

— Cela dépend de vous, et la consigne n'a rien à y voir. Il ne s'agit que de quitter cette lente allure qui me fait périr à petit feu, et de prendre le grand trot. Je vous répète que je me meurs d'impatience d'arriver à Clermont, et que, pour gagner une heure, je donnerai un an de ma vie.

— Je le voudrais, ah! je le voudrais, fit le prévôt d'un ton pénétré, mais par malheur c'est impossible. Que monsieur le marquis prenne la peine de regarder nos chevaux, ils sont sur les dents; tous les éperons du monde ne leur feraient point hâter le pas. J'ajouterai que nous les surmènerions sans le moindre profit pour monsieur le marquis. Nous sommes à quinze lieues de Clermont, où nous n'arriverons que demain soir. »

Une expression de profond découragement, imitée avec un art merveilleux si elle n'était pas sincère, se peignit sur le visage du gentilhomme.

« Demain soir seulement! s'écria-t-il, mais c'est odieux! Ah! ça, nous ne voyagerons donc pas cette nuit?

— Hélas! non, monsieur le marquis. La consigne interdit d'une façon formelle les marches nocturnes aux cavaliers de la maréchaussée chargés d'un prisonnier d'importance. Hommes et chevaux, d'ailleurs, ont impérieusement besoin de repos. Nous nous arrêterons à trois lieues d'ici, au village de Saint-Jude, et nous coucherons dans un assez bon gîte, à l'auberge des *Armes de France*. »

Une lueur fugitive passa dans les yeux bleus de Saint-Maixent, sous ses longues paupières abaissées.

« Une auberge fort proprement tenue, continua Denis Robustel, où j'espère bien offrir à monsieur le marquis un souper très-passable. Le compère Guillaume Chadorant cuisine un civet très-proprement, et je connais au fond de sa cave, tout au fond, derrière les fagots, certain vieux vin de Beaune qui n'est pas sans mérite. »

Saint-Maixent fit un geste de résignation.

« Soupons donc et couchons, murmura-t-il, puisqu'il est impossible de faire autrement. »

Ce furent les dernières paroles échangées entre le prévôt et le prisonnier jusqu'au moment où à un détour de la route, à l'angle d'un petit bois, apparut tout à coup le clocher de Saint-Jude.

Un quart d'heure plus tard, la troupe faisait halte devant l'auberge, à cette même place où nous avons signalé, deux jours auparavant, un si nombreux attroupement de populaire.

Les paysans, ce soir-là, s'occupaient dans les champs des travaux de la saison, et la grande rue du village était absolument déserte.

Guillaume Chadorant, sa fille, sa servante et son garçon d'auberge, assistèrent seuls à l'arrivée des soldats et du prisonnier.

« Ah ! le pauvre seigneur, ils l'ont pris ! murmura Julie en étouffant un gros soupir et en passant le coin de son mouchoir sur ses beaux yeux humides.

Denis Robustel se laissa glisser, non sans quelque raideur, à bas de sa monture pour aider le marquis à descendre de cheval, mais Saint-Maixent, plus rapide, avait déjà mis pied à terre.

Le prévôt se découvrit, et dit, en désignant d'un geste respectueux la porte de l'auberge :

« Veuillez entrer, monsieur le marquis. »

Le gentilhomme salua courtoisement Julie rougissante, en lui lançant, à la dérobée, un vif et brûlant regard, accompagné d'un tendre sourire, et pénétra dans la salle basse.

Denis Robustel le suivit de façon à ne le point perdre de vue, ne fût-ce que pendant le quart d'une seconde.

« Couchez-vous ici, prévôt ? demanda Guillaume Chadorant.

— Oui, mon compère, répondit Denis Robustel, et nous vous amenons bonne compagnie, comme vous voyez. La plus belle chambre de l'auberge à monsieur le marquis, et tâchez de nous servir un souper qui ne soit pas indigne de monsieur le marquis. Je dis *nous*, car monsieur le marquis me fera peut-être l'honneur de m'admettre à sa table..

« J'allais vous prier d'être mon convive, » répliqua Saint-Maixent,

Le prévôt salua, et reprit :

« De l'eau, du foin et de l'avoine aux chevaux, aussitôt que monsieur le marquis sera servi... Vous penserez ensuite à mes hommes. Allons mon compère, leste et preste. »

Tandis que se donnaient ces ordres, Julie et le marquis échangeaient des regards dont la muette éloquence en disait bien long.

X

LE SOUPER.

« Allons ! allons ! qu'on se remue ! s'écria Guillaume Chadorant en s'adressant à la fois à sa fille, à son valet et à sa servante, qu'est-ce que vous faites-là, tous les trois, plantés sur vos pattes comme des idoles ? Toi, Julie, ma fille, prends une chandelle, descends à la cave et monte, pour M. le marquis, six bouteilles de mon fameux vin de Beaune. Toi, Collette, vite au réservoir et à la basse-cour : apporte du poisson et des écrevisses et tords le cou à trois poulets, les plus jeunes et les mieux en chair que tu pourras trouver. Toi, Jacquinet, songe aux chevaux, prodigue leur l'avoine et le foin, et ne leur épargne pas l'eau fraîche. Moi, je vais rallumer le feu de mes fourneaux. »

Ayant ainsi parlé, l'aubergiste se dirigea vers sa cuisine ; mais, avant de quitter la grande salle, il fit un signe à Denis Robustel, qui vint le rejoindre sur le seuil.

« Prévôt, lui dit-il à voix basse, prenez bien garde, au moins, que ce diable incarné ne trompe votre surveillance ! S'il allait vous échapper sans en avoir l'air, il mettrait tout à feu et à sang dans mon auberge : et qui est-ce qui payerait le dégât ? »

Denis Robustel haussa les épaules et lissa ses moustaches épaisses d'un air passablement dédaigneux.

« Compère, répliqua-t-il, soyez sans crainte. D'abord et d'une, les gens que je garde sont bien gardés, et ne s'échappent point, souvenez-vous-en ! Ensuite M. le marquis (je peux bien vous dire cela entre nous) me paraît un diable beaucoup moins noir qu'on ne nous l'avait représenté. Ou je me trompe fort, ou ce grand criminel est un parfait seigneur qui n'a sur la conscience que quelques peccadilles sans grande importance et que sa jeunesse rend excusables. Il doit y avoir dans toute son affaire un gros malentendu qu'il expliquera le plus facilement du monde, et monseigneur le lieutenant civil s'empressera de le remettre en liberté, non sans lui demander pardon de la méprise.

— Le fait est, murmura l'aubergiste aussitôt rassuré, le fait est qu'il n'a vraiment point mauvaise figure. Ce que vous m'apprenez là me réjouit fort. Je lui souhaite bonne chance, à ce gentilhomme, et je vais soigner le souper comme pour un prince. Je crois, d'ailleurs, qu'il sera content de mon vin de Beaune.

— Il le sera s'il est connaisseur, articula le prévôt avec conviction.

Guillaume Chadorant courut à son poste de cuisinier, et, chemin faisant, se heurta contre Julie qui remontait de la cave avec des bouteilles.

« Te voilà toute pâlotte, lui dit-il ; c'est sans doute que la présence d'un dangereux scélérat dans notre hôtellerie te cause quelque fâcheux émoi. Eh bien ! mon enfant, calme-toi. Je viens de causer avec le prévôt; il est positivement certain que ce beau jeune homme est plus innocent que l'enfant à naître. »

Le visage de la jolie fille s'illumina. Ses yeux rayonnèrent.

« J'en étais bien sûre, pensa-t-elle; puis, tout haut, elle ajouta : Mais si le marquis est innocent, et si le prévôt le sait, pourquoi le garde-t-il prisonnier ?

— Parce qu'il en a reçu l'ordre de monseigneur le lieutenant civil.

— Voilà un ordre bien injuste.

— Je ne prétends point le contraire, mais ça ne regarde pas Denis Robustel. Il fait son métier, cet homme, et il n'a pas tort. Si le lieutenant civil l'envoyait ici pour nous empoigner, toi et moi, il nous empoignerait bel et bien, et il aurait raison; comprends-tu ? Je ne plains que fort peu, d'ailleurs, le marquis de Saint-Maixent. Il va faire un si bon souper qu'il s'en léchera les doigts jusqu'aux coudes et je parierais bien qu'une fois libre il reviendra nous voir. »

Julie devint pourpre. Sans répondre à son père, elle franchit le seuil de la grande salle et elle alla placer les bouteilles sur la petite table de chaque côté de laquelle étaient assis M. de Saint-Maixent et Denis Robustel.

« Vive Dieu! monsieur le marquis! s'écria le prévôt avec un enthousiasme sincère, regardez-moi ces fioles, sont-elles assez poudreuses, les coquettes! s'emmaillotent-elles assez délicatement, jusqu'au cou, dans un épais réseau de toiles d'araignées! Ah! pour de jolies fioles, voilà de jolies fioles!

— Assurément elles sont jolies, répliqua M. de Saint-Maixent; mais vous me permettrez bien, prévôt, à moi qui ne suis pas sans doute un buveur de votre mérite, de réserver toute mon admiration pour la jolie main qui nous le sert. »

Sous le feu de cette galanterie banale, à laquelle le ton convaincu du marquis donnait quelque valeur, Julie Chadorant éprouva, pour la première fois de sa vie, une sensation de délicieuse ivresse qui lui fit perdre contenance.

Cette émotion fut cause sans doute que, tandis que le prévôt décoiffait délicatement une des vénérables bouteilles, la jeune fille n'eut pas la présence d'esprit de retirer sa main petite et délicate, mais un peu trop rouge, au hardi cavalier qui venait de la saisir et qui l'appuyait contre ses lèvres.

Elle se dégagea, cependant, au bout de deux ou trois secondes, mais très-doucement et comme à regret, et, d'un pas chancelant, elle se dirigea vers un dressoir pour y prendre des verres qu'elle apporta.

« La chaleur est rude, monsieur le marquis, fit le prévôt, et rien n'altère, selon moi, comme la poussière des grands chemins. Je crois que nous ne ferons pas mal de vider tout de suite une ou deux fioles en attendant le souper qui risque de se faire attendre quelque peu. Le vin est frais, disons-lui deux mots. »

Et, sans attendre l'adhésion du gentilhomme, adhésion qui, d'ailleurs, n'était point douteuse, Denis Robustel remplit les deux verres, éleva le sien à la hauteur de son œil pour admirer la belle couleur de rubis liquide du vieux vin dépouillé, l'approcha de ses narines afin d'en savourer le parfum, et, après avoir dégusté sensuellement ces voluptés préliminaires, s'écria :

« A la santé de monsieur le marquis! »

— Je vous remercie cordialement, mon cher prévôt, répliqua Saint-Maixent; mais il est une autre santé mille fois plus précieuse que la mienne et que je veux porter tout d'abord. Je bois à notre charmante hôtesse. »

Il vida son verre d'un seul trait et il ajouta :

« Dans les salons de Paris, dans ceux de Versailles, et chez le roi lui-même, il est peu de grandes dames, je l'affirme sur ma foi de gentilhomme, qui puissent lutter de grâce et de beauté avec mademoiselle; il n'en est pas une seule qui doive l'emporter sur elle. »

Ce madrigal énorme, dans la bouche d'un jeune et brillant seigneur, risquait fort de ressembler à une ironie mal déguisée; mais il fut prononcé avec une apparence de sincérité si grande, avec un tel accent de conviction, que les fumées du naissant orgueil grimpèrent à la tête de Julie, et que Denis Robustel lui-même regarda d'un air ébahi la fille de l'aubergiste, pour savoir comment étaient faites les belles dames de Paris, de Versailles et de la cour du roi.

« Cette petite est vraiment gentille, pensa-t-il après examen. Cependant, je m'étais figuré les princesses et les duchesses autrement tournées que cela. »

Les cavaliers de la maréchaussée rentrèrent en ce moment dans la grande salle, après avoir attaché leurs chevaux et celui du marquis sous un vaste hangar qui servait d'écurie et s'ouvrait sur la cour intérieure. Jacquinet, resté en arrière, leur distribuait une ample provende.

M. de Saint-Maixent se tourna vers les soldats.

« Mes amis, leur dit-il, je suis la cause involontaire des fatigues que vous éprouvez aujourd'hui.

Je vous dois donc une indemnité. Faites-moi le plaisir, avec la permission du prévôt, d'accepter ces trois louis pour boire à ma santé. »

L'un des soldats, d'un coup d'œil rapide, interrogea Denis Robustel.

« Il n'y a pas la moindre difficulté, répliqua ce dernier. Je vous autorise de grand cœur à profiter des libéralités de M. le marquis, pourvu, bien entendu, que le service et la consigne n'aient aucunement à en souffrir.

— « Vive M. le marquis ! » crièrent les cavaliers avec un ensemble parfait.

On monta de la cave force pots de vin bien frais; et les soldats tirant de leurs poches des cartes crasseuses pour occuper le temps avant le souper, prirent possession d'une longue table placée à l'autre extrémité de la salle.

Julie, que son père appelait à grands cris pour l'aider à flamber les poulets et à préparer le court-bouillon des écrevisses, avait quitté la salle en poussant un soupir et en se promettant bien d'y revenir le plus tôt possible.

M. de Saint-Maixent, tout en sablant le vin de Beaune, qui véritablement était irréprochable sous tous les rapports, renoua l'entretien avec Denis Robustel, et fit preuve d'une telle liberté d'esprit, par instant même d'une si franche gaieté, que le prévôt s'affermit de plus en plus dans sa conviction de l'innocence de son prisonnier.

« Un gentilhomme qui ne sentirait pas sa tête bien solide sur ses épaules, se disait-il, ne pourrait se dégager à ce point de toute préoccupation fâcheuse. On ne rit guère que du bout des lèvres quand on a pour horizon prochain la hache et le billot. Décidément, ce jeune marquis est un fort galant homme et un très-joyeux compagnon. Je répondrais presque de lui ; mais je le surveillerai, néanmoins, avec le même zèle que s'il avait commis tous les crimes dont on l'accuse. »

Au bout d'une demi-heure environ, Julie rentra plus jolie encore qu'au moment où nous l'avons vue se retirer pour obéir aux ordres de son père.

La jeune fille avait trouvé moyen, sans compromettre l'heureuse réussite des ragoûts confiés à ses soins, de grimper dans sa chambrette et de revêtir, en quelques minutes, sa fraîche toilette des jours de fête. L'émotion doublait d'ailleurs l'éclat habituel de son teint, et rendait vraiment piquante sa beauté champêtre. Ses grands yeux brillants et tendres, à demi-voilés par ses longs cils, offraient un charme inexprimable.

Un regard du marquis lui fit comprendre, mieux que des paroles, combien il la trouvait séduisante.

Julie étala sur la petite table une belle nappe à liteaux bleus qui sentait le thym et la verveine. Elle couvrit cette nappe des plus belles assiettes de faïence à fleurs éclatantes, et de tout ce que l'auberge des *Armes de France* possédait d'argenterie. Elle y plaça quatre *chandelles* dans des flambeaux de cuivre reluisants comme de l'or, et, lorsque ces préparatifs furent terminés, Guillaume Chadorant, bouffi d'importance comme un maître d'hôtel de maison princière, et ceint d'un immense tablier blanc qui lui montait jusqu'au cou, fit son entrée portant un plat d'étain qui semblait d'argent et d'où s'échappaient des parfums de favorable augure, préparant les satisfactions du goût par les jouissances de l'odorat.

Maître Guillaume s'était surpassé lui-même. Le souper fut exquis, largement fêté, amplement arrosé, et se prolongea jusqu'à près de dix heures du soir.

Denis Robustel, qui ne se souvenait plus de sa fatigue quand il était à table et qu'il avait en face de lui des bouteilles encore pleines aurait très-volontiers continué la séance ; mais M. de Saint-Maixent n'accordait plus qu'une attention distraite aux propos de son interlocuteur ; il oubliait de vider son verre; ses paupières s'abaissaient (malgré lui sans doute) et sa tête alourdie se penchait sur sa poitrine.

Le prévôt s'aperçut de cette demi-somnolence.

« Monsieur le marquis me semble quelque peu las, dit-il.

— J'éprouve, en effet, une extrême lassitude et surtout un fort grand sommeil, répliqua Saint-Maixent.

— Tant mieux; car aussitôt dans son lit, monsieur le marquis ne fera qu'un somme et pourra se remettre en route, frais et dispos, à la pointe du jour. Avec la permission de monsieur le marquis, nous partirons au soleil levant, afin de mettre à profit la fraîcheur du matin.

— Parfaitement combiné, prévôt! Faites-moi donc le plaisir, je vous en prie, de vous occuper de mon logis; car, vous le voyez, je dors sur ma chaise. »

Denis Robustel porta une dernière fois son verre à ses lèvres, et quittant la table non sans regret, il prit à part Guillaume Chadorant pour lui donner quelques instructions relatives à la chambre du prisonnier.

Tandis que dialoguaient à demi-voix ces deux importants personnages, Saint-Maixent se leva d'un air alourdi.

Julie, dont le regard rempli d'amoureuse langueur s'était croisé presque sans cesse avec le sien pendant toute la durée du souper, se trouvait à deux pas de lui.

Il lui passa vivement un de ses bras autour de la taille, l'attira contre son cœur en dépit d'un très-faible semblant de résistance, et, tout en embrassant sa joue veloutée, il glissa ces quelques mots dans sa petite oreille rose :

« Je vous adore... sauvez-moi la vie... Grisez les sentinelles et faites-moi passer, à minuit, la clef de la grande porte. Le ferez-vous ?

— Oui... murmura la jeune fille d'une voix qui ressemblait à un souffle, je le ferai... »

XI

LES PRÉCAUTIONS DU PRÉVÔT

Ce rapide échange de paroles entre le marquis et Julie s'achevait à peine lorsque Denis Robustel et Guillaume Chadorant se retournèrent, mais déjà Saint-Maixent avait dénoué son étreinte et la jeune fille, baissant la tête pour cacher de son mieux le trouble immense qui s'emparait d'elle, semblait s'absorber tout entière dans l'importante occupation d'enlever les bouteilles vides.

Saint-Maixent frisait d'une main distraite les pointes de ses longues moustaches blondes, en sifflottant du bout des lèvres une ariette à la mode, comme pour se tenir éveillé.

Les soldats de la maréchaussée, toujours assis autour de la grande table, continuaient à jouer sans bruit, et presque en silence, par respect pour leur supérieur et surtout pour leur prisonnier.

Le prévôt s'avança.

« Monsieur le marquis, dit-il, la chambre est disposée, et, si vous voulez bien me le permettre, je vais avoir l'honneur de vous montrer le chemin.

— Mais comment donc !... je vous en prie..., répliqua Saint-Maixent. Seulement, vous me voyez confus de toute la peine que je vous donne. »

Denis Robustel prit sur la table un flambeau et ouvrit la marche, après avoir fait à ses soldats un signe qu'ils comprirent à merveille, car l'un d'entre eux se leva aussitôt et se mit en devoir de former une sorte d'arrière-garde.

Le marquis était un homme trop avisé pour que cette disposition stratégique lui échappât. Il la remarqua donc à merveille, mais il n'en laissa rien paraître, et se donnant de nouveau le pas chancelant et la physionomie d'un homme vaincu par le sommeil, il suivit le prévôt, lequel était précédé lui-même par maître Guillaume Chadorant.

L'hôtellerie des *Armes de France*, comme presque toutes les auberges de province à cette époque, se composait d'un rez-de-chaussée et d'un premier étage.

Ce premier étage renfermait les chambres destinées aux voyageurs. Une sorte de galerie couverte, bordée par une balustrade en bois, les desservait et régnait, du côté de la cour, sur toute la longueur du bâtiment.

C'est à l'extrémité de cette cour, à gauche, que les chevaux mangeaient leur fourrage, sous le hangar servant d'écurie. A l'autre extrémité, en face du hangar, une porte à claire-voie donnait accès dans un grand jardin potager.

Saint-Maixent connaissait ces dispositions intérieures beaucoup mieux que ne le pouvait supposer Denis Robustel, car le voyageur signalé par Guillaume Chadorant, et qui, trois jours auparavant, avait passé quelques heures à l'hôtellerie, n'était bien réellement autre que lui-même.

Parvenu au milieu de la galerie, et sur une indication de l'aubergiste, le prévôt ouvrit une porte et recula de trois pas afin de laisser passer M. de Saint-Maixent, qui le salua de la main et du sourire, et pénétra dans une grande chambre, simplement meublée d'un lit de forme antique, d'une petite table et de quatre chaises.

Aucune tenture ne dérobait aux yeux le crépissage grisâtre des murs ; les rideaux du lit et ceux de la fenêtre étaient en toile peinte à personnages figurant des scènes pastorales de l'*Astrée*.

Les feuilles de sapin à peine rabotées qui formaient le plancher oscillaient au moindre contact d'une façon peu rassurante et criaient lamentablement sous la plus faible pression du pied.

« Le gîte est modeste, reprit Denis Robustel, mais le lit est bon, et monsieur le marquis voudra bien s'en accommoder pour une nuit.

— Je ne suis pas difficile, et me trouve bien partout, répondit le gentilhomme.

— Ma chambre touche à celle de monsieur le marquis, continua le prévôt. J'ai le sommeil infiniment léger, une souris m'éveille en trottant. Si par hasard monsieur le marquis avait, cette nuit, besoin de quelque chose, je le prierais de vouloir bien m'appeler. Je l'entendrais à demi mot à travers cette cloison, plus mince qu'une toile d'araignée, et je me ferais un plaisir et un devoir de me mettre à ses ordres.

— Je n'aurai besoin de rien, soyez-en convaincu, mon cher prévôt, et je dormirai les poings fermés.

« — J'en suis vraiment ravi, non pour moi, mais pour monsieur le marquis, à qui je me permets de souhaiter une bonne nuit. »

Denis Robustel, dont le savoir-vivre s'élevait, on vient de le voir, à des hauteurs vraiment surprenantes, posa son flambeau sur la petite table, salua derechef, et sortit à reculons, afin de ne point commettre l'inconvenance de tourner le dos au noble personnage dont il avait l'honneur d'être le gardien.

Il referma derrière lui la porte de la chambre; mais, plein de confiance dans les précautions qu'il allait prendre, il ne crut point devoir faire à son prisonnier l'injure de l'enfermer extérieurement.

Le marquis, l'oreille attentive et retenant son souffle, écoutait.

Il tressaillit de joie quand il eut la certitude que le prévôt n'avait point fait tourner la clef dans la serrure.

« Allons, tout va bien! murmura-t-il. Mon étoile brille plus que jamais! Cette fois encore, je m'en tirerai »

Mais ce moment de joie n'eut que la durée d'un éclair, et le visage du prisonnier changea d'expression presque aussitôt.

Denis Robustel, après avoir placé une sentinelle sur la galerie, en face de la porte de Saint-Maixent, redescendit au rez-de-chaussée.

« Mes enfants, dit-il à ses hommes avec la bienveillante condescendance qui faisait le fond de son caractère lorsqu'il avait amplement fêté Bacchus, je ne vous dissimulerai point que notre prisonnier me paraît le plus galant homme qui soit au monde, et que je le crois non moins innocent que vous et moi; mais ceci n'est point notre affaire. Innocent ou coupable, il représente pour nous une somme ronde de trois mille livres, ce qui, par tous pays, est un joli denier! Il s'agit donc de le bien garder, avec les égards qui lui sont dus. Fabrice et Thomas vont s'installer dans la rue, sous la fenêtre de sa chambre; Gilbert fera faction au bas de l'escalier; Jacques et Toussaint surveilleront la cour et ne perdront pas de vue la galerie. Voici la consigne : dans le cas où M. le marquis tenterait de s'évader (chose improbable, du reste, et même impossible), faire en sorte de le rattraper, en criant à l'aide, et si par malheur sa fâcheuse tentative était couronnée de succès, et qu'il ne restât aucun autre moyen pacifique de se rendre à nouveau maître de lui, mettre le pistolet à la main, et lui brûler respectueusement mais impitoyablement la cervelle. »

Julie Chadorant, enveloppée d'ombre dans un des coins de la grande salle, entendait en tremblant cet ordre terrible. Elle baissa sa jolie tête sur sa poitrine et se mit à pleurer à chaudes larmes.

Cependant, à la minute précise où Fabrice et Thomas sortirent de l'auberge pour aller monter la garde dans la rue, ainsi qu'ils venaient d'en recevoir l'ordre, elle reprit sa présence d'esprit, et glissa dans les mains de Fabrice une énorme bouteille d'eau-de-vie, en lui disant tout bas :

« Les nuits sont fraîches à la belle étoile, prenez ceci pour votre camarade et pour vous, et que le prévôt n'en sache rien. »

Malgré ses dimensions imposantes, la bouteille disparut, comme par enchantement, dans l'une des vastes poches du soldat qui, pour témoigner galamment sa reconnaissance, mit trois de ses doigts sur sa bouche et fit le geste d'envoyer un baiser à Julie.

Denis Robustel avait quitté la salle basse avec Jacques, Toussaint et Gilbert, il les plaça tous trois à leurs postes respectifs, et, satisfait des dispositions qu'il venait de prendre, il regagna le premier étage, s'installa dans la chambre qui lui était destinée, à côté de celle du marquis, et dit à Guillaume Chadorant :

« Maintenant, mon compère, causons peu, mais causons bien. Vous n'attendez plus de voyageurs ce soir, n'est-ce pas ? »

Guillaume fit un signe négatif.

« Par conséquent, continua le prévôt, vous ne voyez, je suppose, aucun inconvénient à fermer votre auberge ?

— Pas le moindre. Ce serait fait depuis longtemps si vous n'étiez ici; chaque soir, à neuf heures, je ronfle, et tout le monde suit mon exemple.

— A merveille. Combien la maison a-t-elle de portes sur la rue ?

— Deux.

— Sur la cour ?

— Autant.

— Et, de la cour sur la campagne ?

— Une seule; je ne parle pas d'une claire-voie qui conduit au jardin, ce jardin étant clos de murs et n'ayant point d'issues.

— Cela nous fait cinq portes, par conséquent cinq clefs; allez vous-en, tout de ce pas, les quérir, faites-en une façon de petit trousseau, et me les apportez sur l'heure.

— Mais, prévôt, qu'en voulez-vous faire ?

— Absolument rien, mon compère. Seulement, quand on est bien avisé, il faut penser à tout, et je dormirai d'un meilleur sommeil en sentant vos clefs sous mon oreiller, il me semblera que j'appuis ma tête sur les trois mille livres si libéralement promises par Mgr le lieutenant de police, et je ferai des rêves d'or, bercé par cette douce illusion.

— Je cours vous les chercher.

— Vous êtes un digne homme, mon compère, je dirai deux mots de votre zèle à Mgr le lieutenant de police. »

Cinq minutes après ce court dialogue, Denis Robustel entrait en possession du petit trousseau convoité par lui ; il ôtait ses bottes lourdes, se débarrassait de son uniforme, plaçait à portée de sa main son épée et ses pistolets, se jetait sur son lit, avec un indicible sentiment de bien-être, et passant sans transition de la veille au sommeil, se mettait à ronfler comme un tuyau d'orgue.

Hâtons-nous d'ajouter qu'avant que Guillaume Chadorant eût supprimé toute communication entre la salle basse et la cour intérieure, Julie avait eu le temps de porter à Jacques, à Toussaint et à Gilbert non pas un, mais deux flacons d'eau-de-vie, libéralité touchante qui fut accueillie par ces honorables cavaliers de la maréchaussée comme une manne tombée du ciel.

« Allons, allons, murmura l'un d'eux avec une conviction que ses camarades partagèrent sans hésiter, la jolie fille sait appréciér subséquemment que le militaire doit être comblé des encouragements du sexe faible, toutes fois et quantes qu'il les mérite !... Voici de quoi nous aider à faire nuitamment notre corvée sans trop de tablature. Aussi je me plais à présupposer que nous viderons ces flacons à la santé de ce tendron, comme quoi l'exige congrument la galanterie du soldat français. »

Julie Chadorant avait regagné sa chambre, placée tout à fait à l'extrémité de la galerie du premier étage.

Guillaume envoya Colette et Jacquinet dans leurs galetas respectifs, situés sous les toits, par conséquent au grenier.

Lui-même enfonça sur ses oreilles son bonnet de coton, se mit au lit, et un silence profond, troublé seulement par les ronflements sonores du prévôt, régna dans l'hôtellerie des *Armes de France*.

Rejoignons le marquis de Saint-Maixent.

Presque aussitôt que Denis Robustel l'eut laissé seul, en lui souhaitant un bon sommeil, le gentilhomme changea de visage, nous l'avons dit, et la transformation fut brusque et complète.

Ses traits fins et d'une admirable pureté perdirent soudainement la tranquille harmonie de leurs lignes. Le sourire disparut de ses lèvres que vint crisper une expression pleine d'amertume.

Des rides profondes se creusèrent sur son front et semblèrent, en quelques secondes, le vieillir de quarante années.

Enfin ses grands yeux bleus doux et tendres, presque féminins, prirent l'implacable rigidité de l'acier et leur regard devint effrayant tant il décela de perversité froide et cruelle.

Le marquis ne se déshabilla point. Il éteignit sa lumière, il s'assit sur le bord de son lit, et il attendit.

XII

L'ÉVASION.

Il attendit, et, dans cette nuit sombre, des pensées plus sombres encore vinrent tour à tour visiter son esprit.

Il envisagea la situation sous tous ses aspects et elle lui parut effrayante.

Seul et sans armes dans une maison pleine de soldats, il fondait son unique espoir sur le dévouement de Julie ; mais, au moment d'agir, la jeune fille ne serait-elle pas prise d'épouvante ? Oserait-elle sortir de sa chambre pour venir le retrouver ? Pourrait-elle, d'ailleurs, arriver jusqu'à lui, sur ces planchers chancelants, sans éveiller l'attention du prévôt, de ce prévôt « dont le trot d'une souris interrompait le sommeil ? »

Et même, en supposant que ces premiers obstacles fussent franchis sans encombre, et que l'heureuse audace de Julie lui mît entre les mains une clef, par conséquent la liberté possible, parviendrait-il à se glisser hors de l'hôtellerie sans se heurter au passage contre un des gardes de la maréchaussée qui, tout anéanti qu'il fût par l'ivresse, donnerait l'alarme, se servirait de ses pistolets et lui mettrait infailliblement sur les bras le prévôt et le reste de la troupe.

Or, s'il ne réussissait point à s'échapper cette nuit même, s'il était conduit à Clermont et écroué dans les prisons du présidial, il ne se faisait aucune illusion sur le sort qui l'attendait.

Il avait bien pu, par sa physionomie trompeuse et ses protestations hypocrites, abuser Denis Robustel et le convaincre à peu près de son innocence ; mais le lieutenant civil et les juges seraient moins crédules. Ses crimes étaient tels et prouvés si clairement, que l'avenir le plus doux qu'il pût espérer, malgré sa haute naissance et ses alliances illustres,

Toussaint, foudroyé à bout portant, tomba roide mort. (Page 38.)

était une détention perpétuelle, en supposant qu'il sauvât sa tête.

Les minutes s'écoulaient, lentes commes des heures, tandis que Saint-Maixent se disait ces choses, et l'attente lui semblait le plus intolérable de tous les supplices.

Les douze coups de minuit sonnèrent enfin à l'horloge du clocher de Saint-Jude, et chacune des vibrations du bronze retentit dans le cœur troublé du marquis.

Presque aussitôt après cette sonnerie, et comme pour lui répondre, un grondement sourd et lointain se fit entendre; une lueur blafarde illumina la chambre pendant la vingtième partie d'une seconde, puis tout rentra dans le silence et dans l'obscurité.

Cette lueur et ce grondement étaient les avant-coureurs d'un orage prêt à se déchaîner.

M. de Saint-Maixent, pris d'une soudaine espérance, tressaillit et se redressa.

« Vienne la tempête et vienne la foudre, murmurait-il, l'éclair me montrera mon chemin et la grande voix de l'ouragan étouffera le bruit de mes pas. Je vais attendre un quart d'heure encore; si dans un quart d'heure la jeune fille n'a point paru, je tenterai de fuir sans son aide. *Audaces fortuna juvat!* »

Dix minutes environ s'écoulèrent. Au bout de ce temps, et entre deux roulements du tonnerre qui se rapprochait de plus en plus, le marquis entendit ou crut entendre, du côté de la porte, une sorte de murmure indistinct, de frôlement léger.

Il prêta l'oreille avec un redoublement d'attention et il eut bientôt la preuve qu'il ne se trompait pas, car la clarté fulgurante d'un nouvel éclair lui montra la porte largement ouverte, et, dans l'encadrement, une forme blanche immobile, pareille à un fantôme.

C'était Julie.

Les ténèbres revinrent plus épaisses et la jeune fille demanda, d'une voix si basse, qu'elle ressemblait à un soupir :

« Monsieur le marquis, où êtes-vous ?

— Ici... » répondit Saint-Maixent.

Une seconde après, et sans avoir rien entendu, car la pauvre enfant marchait pieds nus et avec des précautions infinies, le gentilhomme sentit une main brûlante saisir sa main glacée.

Fidèle, même en ce moment terrible, à ses habitudes de galanterie, le marquis voulut glisser son bras autour de la taille de la jeune fille, et il essaya de l'embrasser ; mais elle se dégagea rapidement avec une sorte de pudeur effarouchée et elle balbutia :

« Ah ! monsieur le marquis, à quoi pensez-vous donc ?

— Mais à vous, chère belle, répliqua Saint-Maixent ; ne savez-vous pas que je vous adore ?

— Est-ce le moment de me dire de pareilles folies ?

— C'est toujours le moment de vous aimer.

— Ne m'avez-vous pas fait comprendre que votre vie était en péril ?

— Sans doute ; mais, qu'importe ma vie ? la tête entre la hache et le billot, je vous répéterais que je vous aime et je ne mentirais pas.

— Qu'avez-vous fait pour courir un si grand danger ? interrompit Julie. Êtes-vous véritablement criminel ? Je ne peux pas le croire.

— Et vous avez cent fois raison ; je suis innocent, chère belle, autant qu'on le puisse être. Mais j'ai de puissants ennemis ; ils ont juré ma perte ; s'ils me tiennent prisonnier dans leurs cachots, ils m'ôteront les moyens de me justifier, ils m'écraseront sous le poids de leurs calomnies et d'un semblant de preuves menteuses entassées contre moi ; enfin, ils feront tomber ma tête. C'est pour cela qu'il faut fuir.

— Fuir... balbutia Julie dont la voix parut étouffée par un sanglot ; fuir, répéta-t-elle ; oui, mais comment ?

— Ne m'apportez-vous donc pas la clef que vous m'aviez promise ?

— Hélas ! non.

— Pourquoi ?

— Le prévôt s'est fait remettre par mon père toutes les clefs de la maison ; il les a présentement dans sa chambre, sous son chevet. »

Saint-Maixent se mordit les lèvres pour étrangler au passage un blasphème prêt à s'échapper de sa gorge.

« Prévôt damné ! murmura-t-il ; que faire ?

— Je ne sais pas. »

Un éclair blanchit les ténèbres. Le marquis étendit la main vers la fenêtre dont les croisillons se détachaient en noir sur le ciel de feu.

« Je vais sauter par là, » dit-il.

Julie secoua la tête.

« Ce serait votre perte, répondit-elle ; il y a deux sentinelles dans la rue, juste sous la croisée. »

Saint-Maixent tenait l'un des bras de la jeune fille. Les ongles de sa main crispée s'incrustèrent dans la chair délicate de ce bras. La douce enfant, malgré la douleur qu'elle ressentit, eut le courage de ne pas pousser un cri et de ne faire aucun mouvement.

« Mais enfin, voyons, reprit le gentilhomme avec rage, je ne peux cependant pas rester ici comme un loup pris dans une fosse par des paysans ! Je ne peux cependant pas me laisser emmener au point du jour par ces misérables ! Il faut que je m'échappe, il le faut ! La cour intérieure est-elle gardée ?

— Il y a deux soldats dans la cour et un troisième au bas de l'escalier.

— Vous ne leur avez donc pas donné du vin à ces hommes, comme je vous l'avais demandé ?

— J'ai fait mieux, monsieur le marquis, je leur ai donné de l'eau-de-vie.

— Et les coquins ne sont pas ivres !

— Ils doivent l'être, j'espère qu'ils le sont. Cependant, ils parlaient encore entre eux tout à l'heure, au moment où j'ai passé sur la galerie pour venir à votre chambre. »

Le marquis réfléchit profondément pendant une ou deux minutes.

« Il me semble me souvenir, dit-il ensuite, que la cour communique avec le jardin.

— Oui, monsieur le marquis.

— Dans ce jardin, y a-t-il une porte donnant sur la campagne ?

— Non, et le jardin est entouré de murs assez hauts ; mais au fond, à droite, existe une brèche et cette brèche est bouchée, tant bien que mal, avec des fagots d'épines.

— Ces fagots, peut-on les franchir à cheval ?

— Un bon cavalier, certainement.

— Eh bien ! c'est par là que je passerai. Où sont les chevaux ?

— Sous le hangar, à gauche dans la cour.

— Merci, mon enfant. Et, maintenant, rendez-moi un service... le dernier... le plus grand de tous...

— Lequel ?
— Donnez-moi un couteau.
— Un couteau, grand Dieu ! Pour quoi faire ?
— Pour me défendre si l'on m'attaque, pour me tuer si l'on me reprend.
— Ah ! monsieur le marquis, cela m'est aussi impossible que de vous donner une clef. Les couteaux sont dans la cuisine et la porte de la cuisine est fermée comme les autres. Nous ne sommes pas les maîtres chez nous cette nuit. C'est le prévôt qui commande et il faut lui obéir.
— Allons, soit ! murmura Saint-Maixent. Mon courage et mon désespoir me suffiront. Je pars !
— Attendez au moins que le tonnerre gronde. Sans cela, le prévôt vous entendra certainement.

Le gentilhomme s'arrêta en effet, et, retirant du petit doigt de sa main gauche une bague assez belle, il la fit glisser au doigt annulaire de Julie et lui dit :

« Gardez ceci pour l'amour de moi, chère belle. Souvenez-vous que je vous aime et comptez que, si je ne suis pas tué cette nuit, vous me reverrez bientôt. »

Tout en disant ce qui précède, il embrassa la jeune fille qui, cette fois, n'eut point la force, ni peut-être même la volonté de se défendre.

Les roulements de la foudre retentirent de nouveau plus rapprochés, plus éclatants.

Le marquis profita de ces coups de tamtam du grand orchestre de la tempête pour franchir rapidement l'espace qui le séparait de la galerie. Julie le suivit. Il se pencha sur la balustrade en bois, il regarda dans la cour sombre et il prêta l'oreille, espérant entendre ronfler les soldats.

Cet espoir fut déçu : les gardes de la maréchaussée, gens solides et aguerris contre la boisson, ne dormaient pas encore.

« Toussaint, dit une voix avinée, entends-tu quel remue-ménage là-haut ?

— Parbleu ! si j'entends, répliqua sourdement une seconde voix qu'entrecoupaient de fréquents hoquets, me crois-tu sourd ? On jurerait que tous les diables ont quitté l'enfer et qu'ils font leur sabbat là-haut. Ça ne finira pas sans averse. Nous serons avant qu'il soit peu, plus trempés que des grenouilles.

Jacques, mon camarade, tu as raison. Prenons donc nos précautions contre l'averse. Humectons-nous le dedans en attendant que le dehors soit mouillé. Passe-moi la bouteille.

— Elle est presque vide, la bouteille. Attends que je boive.

— Laisse m'en un peu. Point mauvaise l'eau-de-vie de la jolie fille. Seulement, les fioles sont trop petites. On n'a pas commencé que c'est déjà fini. »

Les deux soldats donnèrent, l'un après l'autre, une suprême accolade au flacon. Ce fut la goutte qui fait déborder le vase. La dernière libation compléta l'ivresse et détermina l'un de ces lourds sommeils auxquels il est impossible de résister.

Jacques et Toussaint montaient commodément la garde, assis sur des bottes de foin ; ils perdirent l'équilibre, roulèrent en bas de leurs sièges improvisés et ne firent aucune tentative pour se relever.

Ils dormaient, et Saint-Maixent eut enfin la joie d'entendre des ronflements qui lui semblèrent un présage de délivrance et qui luttaient de sonorité avec ceux du prévôt.

« Adieu ou au revoir, dit-il tout bas à Julie, et il fit mine d'enjamber la balustrade.

— Non, pas par là, murmura vivement la jeune fille en se cramponnant au bras du marquis ; par ici, un peu plus à gauche ; il y a, dans cet endroit, sous la galerie, un gros tas de paille. Vous tomberez de moins haut, votre chute sera moins dangereuse et fera moins de bruit. Souvenez-vous que la porte qui mène au jardin, fermée seulement par une claire-voie, est à droite et qu'il y a une brèche dans le mur. Allez, maintenant ; allez... et que Dieu vous conduise !

Saint-Maixent n'écoutait plus. Il venait de franchir le lourd balcon de bois et il se laissait couler dans le vide.

XIII

L'ÉVASION (SUITE).

Le marquis tomba, sans se faire le moindre mal au beau milieu du tas de paille, à cinq ou six pas tout au plus, de l'une des sentinelles qui se réveilla brusquement, se redressa tant bien que mal, et balbutia ces quelques mots que sa langue pâteuse rendait à peu près inintelligibles.

— « Il me semble qu'on a bougé, par ici ; est-ce toi, Toussaint ?

— As pas peur, nous sommes au poste, répondit Toussaint dans une intermittence de sommeil.

— Si nous faisions une ronde, un peu pour voir.

— Es-tu bête ! Nous ne verrions rien du tout, puisqu'il fait noir. D'ailleurs, une ronde, à quoi ça servirait-il ? Tout est tranquille. »

Le silence se rétablit.

M. de Saint-Maixent, qui s'était tenu coi et immobile pendant quelques secondes, commandant à son souffle de rester muet, et réprimant les battements de son cœur, se laissa glisser jusqu'au sol en rampant sur la paille comme un serpent, et, s'orientant de son mieux, se dirigea vers le hangar à pas de loup et avec des précautions infinies.

Sept chevaux étaient là tout harnachés. Lequel était le sien ? Il allait faire en sorte de s'en assurer, malgré les ténèbres, quant il lui sembla, entre deux rafales de vent, qu'on parlait dans la cour auprès de lui. Si ce n'était point une illusion, il fallait se hâter. En matière d'évasion, un intervalle de quelques secondes décide bien souvent du salut ou de la perte du fugitif.

Saint-Maixent le savait. Il ne chercha plus à reconquérir sa propre monture. Il détacha du râtelier le cheval à côté duquel il se trouvait, il improvisa une bride pour ce cheval en lui passant une longe dans la bouche, il traversa la cour, ouvrit la claire-voie, se trouva sur le seuil du potager, s'élança en selle, joua des éperons et se dirigea au galop du côté de la brèche que le rayonnement d'un éclair venait de lui montrer au fond de l'enclos.

Cependant les fers du cheval, en foulant les pavés de la cour, avaient fait un bruit plus que suffisant pour réveiller, malgré l'orage, les sentinelles les mieux endormies.

Jacques et Toussaint entendirent claquer contre le mur la porte à claire-voie violemment poussée ; ils entendirent le sourd retentissement d'un galop furieux dans la terre molle du potager, et, en dépit des fumées de l'ivresse, ils comprirent que quelque chose de très-grave venait de se passer.

Les deux soldats coururent au hangar et constatèrent à tâtons, en moins de temps que nous ne mettons à l'écrire, qu'un des chevaux avait disparu.

Ils se mirent à crier de toute la force de leurs poumons :

— « Alarme ! alarme ! le prisonnier s'évade ! »

Ces clameurs firent bondir Denis Robustel, qui s'élança de sa chambre sur la galerie, une chandelle à la main, très-sommairement vêtu et hurlant à tue-tête.

— « Sus au fuyard ! il me le faut ! qu'on le rattrape, ou je vous fais tous passer par les armes demain matin ! Bridez les chevaux, piquez des deux ; je suis à vous !

Et le prévôt exaspéré rentra dans sa chambre pour y revêtir en toute hâte son uniforme.

Tandis que ceci se passait, la porte de Julie, celle de Guillaume Chadorant, celle de Colette et celle de Jacquinet s'étaient ouvertes successivement et des voix effarées demandaient pourquoi tout ce tapage, et si le feu était à l'hôtellerie.

Julie seule aurait pu répondre. Il nous semble au moins inutile d'ajouter qu'elle ne répondit pas.

Avant que cinq minutes fussent écoulées la petite troupe était à cheval, prête à donner chasse au fugitif, tout en s'effrayant à la pensée de l'énorme avance qu'il devait avoir.

Cette avance était en réalité beaucoup moins grande que ne le supposaient les soldats de la maréchaussée. Voici pourquoi :

Le marquis de Saint-Maixent pouvait à bon droit passer pour un cavalier de premier ordre. Confiant dans sa merveilleuse habileté, il dirigea, nous l'avons dit, sa monture au grand galop vers la brèche garnie de fagots d'épines, bien convaincu qu'il lui serait facile de l'enlever avec la main et les éperons, et de lui faire franchir cet obstacle qui n'offrait rien de formidable ; mais le cheval, quoique de grande taille, vigoureux et bien membré, était massif et lourd. De plus l'extrême fatigue résultant de trois jours de marche forcée paralysait en grande partie ses moyens.

Deux fois de suite il s'abattit sur les épines en hennissant de douleur ; et le marquis, comprenant enfin que, quoiqu'il fît, il ne triompherait point de cette impuissance, fut obligé de mettre pied à terre et de déblayer les fagots, un à un, pour pouvoir passer, ce qui lui demanda beaucoup de temps.

Enfin la brèche fut libre, et Saint-Maixent qu'aiguillonnaient comme des fers rouges les clameurs poussées dans l'hôtellerie et signalant son évasion, se trouva en rase campagne, et pût croire qu'il allait laisser loin derrière lui la meute hurlante des cavaliers de la maréchaussée.

Cette fois encore son impatiente ardeur fut trahie par l'insuffisance de sa monture. Vainement ses molettes ensanglantées labourèrent les flancs de la malheureuse bête, ne lui laissant ni trève ni répit, il ne put obtenir d'elle que le plus pesant, le plus irrégulier de tous les galops, un de ces galops avec lesquels on réalise à grand'peine une moyenne de trois lieues à l'heure.

Trois lieues ! Quel supplice pour un fugitif qui voudrait emprunter à l'oiseau sa vitesse, afin de dérober sa tête à ceux qui le suivent et veulent la prendre !

Saint-Maixent n'avait qu'un espoir. Le prévôt et ses hommes, ignorant de quel côté se dirigeait la fuite, allaient le poursuivre au hasard. Il était donc permis d'espérer que le hasard les conduirait dans quelque fausse direction, et, au lieu de les approcher de lui, les en éloignerait.

Ce raisonnement calma pour un instant la fièvre violente qui faisait battre les artères du gentilhomme, et remplissait ses tempes de bourdonnements sinistres ; mais la base sur laquelle il reposait n'était qu'illusion...

Les deux sentinelles postées sous la fenêtre du marquis occupaient la rue, par conséquent le grand chemin, et l'hôtellerie des *Armes de France* était, nous le savons, la dernière maison du village. Or, les sentinelles n'ayant pas vu Saint-Maixent passer devant elles et suivre la route du côté de la haute Auvergne, la plus inattaquable logique ordonnait de conclure qu'il se dirigeait vers le Velay.

Ce fut donc avec une immense angoisse qu'au bout d'un peu plus d'une demi-heure le marquis, arrivant au sommet d'une montée rapide, acquit la certitude que les cavaliers de la maréchaussée étaient sur sa trace, et le suivaient de près. Une rafale impétueuse lui apporta distinctement le bruit du galop de leurs chevaux qui se rapprochaient de plus en plus.

Pour comble de malheur, la monture du fugitif reconnut sans doute l'allure de ses compagnons habituels, et se mit à hennir avec furie comme pour les appeler.

Saint-Maixent lui plongea de nouveau ses éperons dans le ventre, la contraignit à repartir, et la précipita ventre à terre (au risque de s'y briser avec elle) dans la descente rapide, qui, du plateau où il se trouvait, aboutissait à une vaste plaine.

Parvenu sans accident sur la lisière de cette plaine, il quitta le grand chemin et courut à l'aventure à travers champs, dans l'espoir que le prévôt et son monde continueraient leur chemin sans s'arrêter, le laissant ainsi derrière eux ; mais toutes les prévisions du fuyard devaient être déjouées successivement.

Au moment où il venait d'opérer la manœuvre que nous avons décrite, et qu'en terme de vénerie on appelle *donner un change*, l'orage éclata dans toute sa force, et les éclairs se succédant sans interruption, illuminèrent au loin la campagne.

Les cavaliers de la maréchaussée venaient d'atteindre à leur tour l'étroit plateau d'où l'on dominait au loin la plaine.

Le fugitif leur apparut alors aussi distinctement qu'en plein jour, éperonnant en vain son cheval épuisé.

Ils poussèrent tous ensemble un cri de triomphe qui retentit ainsi qu'un glas funèbre aux oreilles du marquis ; puis l'un d'eux se détachant soudain de la troupe, franchit avec une infernale rapidité les rampes escarpées du chemin.

Son cheval ne courait pas, il bondissait, ou plutôt il semblait voler comme un immense oiseau nocturne sur les ailes de l'ouragan.

Ce cavalier n'était autre que Toussaint, le soldat ivre et endormi, dont Saint-Maixent avait pris la monture sous le hangar.

Quant au coursier quasi-fantastique dont chaque élan dévorait l'espace, nos lecteurs ont déjà reconnu l'étalon oriental du marquis.

« — Je le tiens ! je le tiens ! je l'aurai mort ou vif ! » hurlait le garde avec une joie farouche.

Il ne se trouvait plus qu'à une demi-portée de fusil de Saint-Maixent ; mais un intervalle de plus de cinq cents pas le séparait du prévôt et de ses camarades.

Le gentilhomme se retourna. Un immense éclair lui montra *Djali* (ainsi se nommait l'étalon), lancé à toute vitesse et semblant souffler le feu par ses naseaux, tandis que les coups de vent fouettaient sa longue crinière soyeuse comme une chevelure de femme.

Le marquis comprit que la fuite devenait inutile, puisqu'il allait se trouver seul et sans aucun moyen de défense en présence de six hommes armés jusqu'aux dents...

« — Je suis perdu ! se dit-il, perdu sans ressource et sans espoir, mais du moins ils n'auront que mon cadavre... Je vais me faire tuer après m'être défendu comme une bête fauve avec mes ongles, avec mes dents ! Ah ! si j'avais une épée dans la main ! si seulement j'avais un couteau !... »

Ainsi pensait le marquis, quant tout à coup son cheval surmené, haletant, à bout de forces, manqua des quatre pieds à la fois, et tomba si brusquement, qu'on pût croire qu'un de ces grands éclairs dont les zigs-zags illuminaient de seconde en seconde les ténèbres, venait de le frapper.

Saint-Maixent, entraîné dans cette chute qu'il ne prévoyait pas, se cramponna d'une façon toute machinale aux fontes de la selle pour n'être point lancé en avant, et l'une de ses mains heurta la crosse lourde et froide d'un pistolet d'arçon.

Les deux fontes étaient garnies.

Il fallut au gentilhomme un empire surhumain sur lui-même pour étouffer dans sa gorge le cri de joie que cette découverte inattendue lui arrachait.

Une seconde auparavant il se regardait comme aussi complètement et définitivement perdu que puisse l'être un nageur épuisé, entraîné par le flot dans un gouffre sans fond.

Maintenant la roue de la fortune tournait brusquement ; le salut lui semblait désormais, non-seulement possible, mais assuré.

Saint-Maixent était l'homme des résolutions promptes; il saisit de chaque main l'un des pistolets, et demeura étendu dans un état d'immobilité complète, auprès du cheval qui semblait n'avoir ni la force ni la volonté de se relever.

Ainsi couché sur le sol, après une chute violente le gentilhomme devait paraître évanoui ou mort; et le cavalier Toussaint, arrivant à fond de train sur lui, n'eut pas même à cet égard l'ombre d'un doute, et se répéta:

« — Je le tiens!... »

XIV

DJALI

Toussaint arrêta brusquement *Djali* et mit pied à terre. Il passa dans son bras gauche la bride de *Djali* et se pencha vers M. de Saint-Maixent pour lui poser la main sur le cœur et découvrir ainsi s'il restait dans ce corps inerte un reste de vie.

Le marquis avait prévu ce mouvement, et il l'attendait.

Son bras droit se tendit comme un ressort d'acier, son doigt pressa la détente du pistolet, et Toussaint, foudroyé à bout portant, tomba roide mort, en couvrant de son sang le visage et les vêtements de celui dont il se croyait si bien le maître.

Alors, d'un bond, Saint-Maixent se redressa, il dégagea la bride qui liait l'étalon au cadavre, et s'élançant en selle sans même toucher les étriers, il caressa l'encolure nerveuse de *Djali* qui frissonnait de terreur, et il lui cria:

« Allons, mon compagnon fidèle, allons, mon bon cheval, sauve ton maître! »

On eût dit que *Djali* comprenait ces paroles, car sans même être sollicité par l'éperon, il prit un impétueux galop, ou plutôt il s'envola comme un oiseau de ténèbres, luttant de vitesse avec les souffles de la tempête.

Une telle allure défiait évidemment toute poursuite, et, cette fois encore, Saint-Maixent était sauvé.

Le prévôt Denis Robustel, à la tête de sa petite troupe, avait vu, sous la lueur d'un éclair, le cheval du marquis s'abattre et Toussaint fondre à bride abattue sur le fugitif démonté.

Il avait entendu le coup de pistolet, et convaincu que le soldat venait de faire feu, il poussait en avant sa monture avec un redoublement d'énergie, en criant de toutes ses forces:

« Il nous le faut vivant!... Ne le tuez pas! ne le tuez pas! »

Qu'on juge de sa stupeur et de sa rage lorsqu'au lieu de Saint-Maixent prisonnier, il trouva le cadavre de Toussaint, la tête trouée par une effroyable blessure.

« Ah! cria-t-il d'une voix étranglée, le scélérat! l'infâme coquin! il nous échappe, et il tue les soldats du roi! Si nous ne le reprenons point, si nous ne le ramenons point à Clermont, garrotté sur son cheval et les mains liées derrière le dos, nous sommes des gens déshonorés! »

Un silence morne des cavaliers accueillit ces paroles. Reprendre le marquis, c'était facile à dire, mais difficile à faire. Il devait être loin déjà. Comment espérer le rejoindre avec de lourds chevaux fatigués? Et, d'ailleurs, dans quelle direction l'emportait sa fuite, et de quel côté lui donner la chasse?

Chacune de ces questions restait sans réponse, car cette fois les indications manquaient, et d'insurmontables obstacles surgissaient de toutes parts.

Denis Robustel comprit ce qui se passait dans l'esprit de ses soldats et ne voulut point les laisser sous cette impression de profond découragement.

« Écoutez-moi bien et comprenez-moi, se hâta-t-il d'ajouter. Je sais parfaitement que si, cette nuit même, nous voulions reprendre ce misérable, nous n'aurions aucune chance d'en venir à bout. Grâce à sa monture endiablée, il nous échappe; mais si vigoureux que soit ce cheval maudit, ses forces finiront cependant par s'épuiser. Il fera cette nuit douze lieues peut-être, peut-être quinze; mais quand viendra le jour, il lui faudra prendre du repos ou tomber fourbu. Eh bien, c'est alors qu'il s'agit d'enfermer le fugitif dans un cercle infranchissable. Nous allons nous disperser; nous mettrons en réquisitions des chevaux frais tant qu'il nous en faudra; nous ferons sonner le tocsin dans tous les villages; nous armerons contre l'assassin, contre le faux monnayeur, contre le sacrilége, les paysans de l'Auvergne entière, et nous le traquerons enfin avec des fourches et des faux, comme on traque un chien enragé! »

Un murmure approbateur suivit ce petit discours.

« Allez, mes braves! reprit le prévôt. Mais d'abord faites relever le cheval, et attachez sur la selle le cadavre de notre malheureux camarade; il ne peut rester pendant tout le reste de la nuit en butte aux injures de l'ouragan; l'odeur du sang pourrait d'ailleurs attirer les loups des bois voisins. Je vais le ramener moi-même à Saint-Jude où on l'inhumera en terre sainte, comme un bon chrétien qu'il était. Je vous donne rendez-vous à tous, à huit heures du soir, au village de Massiac. »

Une heure après, Denis Robustel, trainant par la bride le cheval de Toussaint, chargé de son lugubre fardeau, rentrait lentement et la tête basse dans la cour de l'hôtellerie des *Armes de France*.

Tout le monde était sur pied, attendant des nouvelles.

A la vue du cadavre, qu'elle prit d'abord pour celui de Saint-Maixent, Julie frissonna d'épouvante ; mais en reconnaissant Toussaint, et en apprenant que le marquis était sain et sauf, la jeune fille ressentit une immense joie.

Elle ne partageait point l'indignation générale.

Ni la fuite du prisonnier, ni le meurtre du cavalier de la maréchaussée ne lui semblaient des crimes.

« Il voulait être libre, se disait-elle, il a conquis sa liberté ! Quoi de plus naturel ? On l'attaquait, il s'est défendu. C'était son droit. Quel autre gentilhomme, à sa place, n'en aurait pas fait autant ?... Il a promis de revenir... se souviendra-t-il de sa promesse ?... le reverrai-je un jour ?... Ah ! qu'il revienne ou non, je sens bien que je ne l'oublierai jamais !... »

Qu'on juge de ce qu'éprouva la pauvre enfant en entendant Denis Robustel donner l'ordre d'aller réveiller le marguillier, de faire sonner le tocsin sans perdre une minute à l'église de Saint-Jude, et en apprenant que l'oiseau de bronze, qui ne s'échappe d'un clocher que pour se poser sur un autre, allait prendre son vol sur toute la province.

« Ah ! le scélérat aura beau faire ! s'écria le prévôt dont l'exaspération grandissait au lieu de se calmer, il ne nous échappera pas ! Maître Guillaume, mon compère, il me faut un cheval, le meilleur qui se pourra trouver dans le village, et il me le faut sur-le-champ. En connaissez-vous un ?

— Il y a, chez Jean Tricoche, une jument grise qui n'a pas sa pareille, répliqua l'aubergiste.

— Allez donc me la chercher au plus vite, et dites à Jean Tricoche que je la requiers au nom du roi.

— J'y cours. »

Guillaume courut, en effet, et, au bout de moins d'un quart d'heure, il reparaissait avec la jument.

A l'époque où se passaient les faits que nous racontons, on était assuré de trouver partout une passive et prompte obéissance, quand on parlait au nom du roi.

Denis Robustel chargea l'aubergiste de veiller à tous les détails de l'enterrement de Toussaint, puis il se mit en selle, piqua des deux et partit au galop.

Le tocsin lançait dans l'espace, comme une lamentation menaçante, les appels de sa voix sinistre.

L'orage s'était éloigné ; le tonnerre ne grondait plus qu'à de grandes distances, et c'est à peine si par intervalles de rares éclairs blanchissaient le ciel à l'horizon.

Tandis que ceci se passait au village de Saint-Jude, et que les quatre cavaliers de la maréchaussée poussaient leurs chevaux dans des directions différentes pour obéir aux ordres du prévôt, le marquis de Saint-Maixent, penché sur le cou de sa monture, continuait sa course folle, allait droit devant lui, sans suivre de chemin battu, passant à gué les petites rivières ou les traversant à la nage, franchissant les fossés et les haies, n'ayant enfin qu'une idée fixe, celle de s'éloigner le plus possible de la meute des chasseurs d'homme qu'il laissait derrière lui.

Pendant trois heures, *Djali* courut ainsi, surexcité par les difficultés de la route et ne se laissant ralentir ou décourager par aucun des obstacles qui se dressaient à chaque pas devant lui dans des campagnes aussi accidentées que celles de l'Auvergne.

Mais, à la longue, se réalisa la prévision de Denis Robustel. La vaillance du noble animal était sans égale, mais ses forces avaient des limites, et, comme toutes les choses de ce monde dont on abuse, elles finirent par s'épuiser.

Ses jambes, fines et nerveuses autant que celles d'un cerf, perdirent peu à peu leur souplesse d'acier trempé ; la sueur ruissela de tout son corps ; une respiration courte et sifflante sortit de ses naseaux enflammés ; les flancs haletèrent ; enfin, à deux ou trois reprises, il broncha et faillit s'abattre, lui dont les pieds aux sabots durs et polis comme l'agate étaient d'une sureté incomparable.

Tous ces symptômes prouvèrent au marquis qu'il lui fallait laisser souffler un peu son brave compagnon, s'il voulait risquer de le perdre.

La distance franchie devait d'ailleurs être énorme, et nul danger immédiat ne menaçait le fugitif.

En conséquence, il serra les rênes de *Djali* pour le mettre au pas, et quand l'écume qui marbrait sa robe moirée fut à peu près sèche, il le conduisit à un ruisseau qui roulait sous des saules son flot limpide et babillard, et le laissa boire à son gré.

Djali, rafraîchi et désaltéré, poussa un hennissement joyeux, comme si toute son énergie venait de lui revenir.

En ce moment l'aube se levait ; le disque du soleil allait émerger bientôt dans un ciel pur où l'orage de la nuit précédente n'avait pas laissé de traces.

Saint-Maixent promena ses regards autour de lui.

Il se trouvait au centre d'un bassin verdoyant, sorte de cirque naturel irrégulièrement arrondi, qu'entouraient des collines boisées. A l'horizon, derrière ces collines, s'étageaient des montagnes chargées de forêts.

Les clochers pointus de plusieurs villages perdus dans les grands arbres, égayaient le lointain, et les fumées de maisons invisibles montaient, grises, dans le firmament bleu.

Çà et là des fermes isolées tranchaient par la note joyeuse de leurs blanches murailles et par le chaume doré de leurs toits, sur les fonds de verdure sombre.

C'était splendide et c'était charmant, mais les dispositions d'esprit du marquis, on le comprend sans peine, ne lui permettaient guère d'admirer la belle nature. Il avait à s'occuper de toute autre chose que des grâces d'un paysage calme et pittoresque qui semblait fait pour servir de cadre à quelque souriante idylle.

« Où suis-je ? » se demandait-il.

Et comme il avait galopé au hasard pendant plus de trois heures, comme d'ailleurs il ne connaissait que très-imparfaitement cette partie de l'Auvergne, il ne pouvait se répondre.

Or, il devenait pour lui d'une importance capitale de s'orienter, et de s'orienter au plus vite, car il ne se dissimulait point que la vie errante, vie d'aventures et de brigandages qu'il menait depuis quelques mois, allait devenir impossible.

Une première fois, et par une sorte de miracle, il venait d'échapper aux mains de la maréchaussée qui le tenait ; mais, à coup sûr, s'il se laissait reprendre, tout serait dit. On s'arrangerait de manière à rendre impraticable une seconde évasion.

Il ne lui restait donc qu'une chance de salut, une seule : c'était de gagner le château de son parent, le comte de Rahon, et de persuader à ce parent, à force de mensonges, de ruse, d'hypocrisie, que compromis et accablé par de fausses apparences, il n'était en réalité coupable d'aucun des crimes dont on l'accusait.

Le comte de Rahon, lieutenant général des armées du roi, et le plus riche propriétaire de toute l'Auvergne, était, nous le savons déjà, un puissant personnage.

Si le marquis réussissait à se faire accueillir par lui et à le convaincre de son innocence, tout irait bien.

D'abord, derrière les grilles du château de Rahon, il défierait le lieutenant civil et se moquerait à son loisir de toutes les brigades de la maréchaussée. En outre, le comte de Rahon s'adresserait directement au roi pour solliciter la grâce de son parent, et, tel était à la cour le crédit de ce seigneur, qu'il obtiendrait sans aucun doute cette grâce.

La grande question, l'unique question désormais pour le marquis de Saint-Maixent, était donc d'arriver sans encombre au château de Rahon. Mais quelle distance l'en séparait et comment franchir cette distance ?

Voilà le problème qu'il fallait résoudre.

XV

UN PAYSAN.

Pour trouver le mot du problème posé dans les dernières lignes du précédent chapitre, il était indispensable de questionner quelqu'un des habitants du pays, et, malgré son très-vif désir d'éviter, pardessus tout, d'attirer sur lui l'attention, Saint-Maixent dut s'y résoudre.

En conséquence il arrêta *Djali* et jeta sur les horizons prochains un regard circulaire.

Mais, aussi loin que la vue pouvait s'étendre, aucune créature humaine ne se montrait dans la campagne à cette heure matinale ; seulement, à une distance d'un quart de lieue environ, au revers de la colline boisée, une de ces fermes dont nous venons de parler étalait ses murailles fraîchement crépies et son toit de chaume couvert de joubarbes.

Saint-Maixent se dirigea du côté de cette ferme.

Au moment où il allait l'atteindre, un paysan d'une trentaine d'années en sortit, tenant à la main une large écuelle pleine de soupe épaisse ; il s'assit sur un banc de pierre, à la porte de la maison, et commença gaillardement son repas.

Une touffe d'épines dérobait à ses yeux le voyageur dont aucun bruit ne lui signalait l'approche, les sabots de *Djali* foulant un véritable tapis de gazon.

Quand le marquis eut dépassé cette touffe, le paysan releva la tête, examina le cavalier, et parut soudainement frappé d'une surprise étrange, et d'une terreur plus étrange encore.

Déjà même il faisait mine de battre en retraite et de rentrer dans la maison, mais Saint-Maixent ne lui en laissa pas le temps.

« Eh ! l'ami, lui dit-il, deux mots. »

Le paysan, prêt à tourner sur ses talons, interrompit le mouvement commencé, et son interlocuteur étant évidemment gentilhomme, il le salua

Il déchargea ses pistolets sur Maclou (page 51).

d'un air contraint en soulevant son bonnet de laine.
« Où suis-je ici? demanda le marquis.
— Vous êtes dans le val des Mollières. »
Ce nom n'apprenait rien au fugitif. Il continua :
« Comment s'appelle la ville la plus proche ?
— Issoire.
— Quelle distance m'en sépare ?
— Six lieues.
— Combien de chemin d'ici Mauriac ?

— Je ne vous dirai pas tout à fait au juste, mais des gens qui sont allés jusque-là prétendent qu'il y a au moins quinze lieues de pays.

— Indiquez-moi la route la meilleure et la plus courte pour s'y rendre.

— Vous voyez bien ce clocher, là-bas, à droite, le troisième, celui dont la croix reluit au soleil comme de l'argent ?

— Je le vois.

— Et bien, ce clocher est celui de Saint-Vial ; la route qui mène à Mauriac passe à côté. Il est impossible de se tromper.

— Cette route traverse-t-elle des forêts ?

— Oh ! pour ce qui est de cela, soyez tranquille, la route est sous bois tout le temps ; il n'y a pas à craindre la grande chaleur, même du temps que nous avons et en plein midi. »

Ces réponses, claires et précises du reste, étaient faites d'un ton hésitant et embarrassé qui n'échappa point au marquis, non plus que l'expression effarée des yeux de son rustique cicérone.

« Ah ! çà, mais, l'ami, s'écria-t-il moitié riant, moitié colère, pourquoi diable me regardez-vous ainsi ? Ai-je quelque chose d'effrayant dans ma personne ? Avez-vous peur de moi ? »

Interpellé d'une façon aussi directe, le paysan prit une physionomie farouche et balbutia des mots indistincts.

— Drôle ! reprit Saint-Maixent tout à fait irrité, vous moquez-vous de moi ? Sachez que je ne le souffrirais pas !... Répondez, et répondez vite ! Je veux savoir ce qui vous épouvante.

— C'est le sang !... répondit le villageois d'un air de répulsion tellement profonde que le marquis tressaillit malgré lui.

— Le sang ! répéta-t-il. Où voyez-vous du sang ?

— Partout... visage et vêtements, tout est rouge. Je ne voudrais pas vous manquer de respect, car vous êtes un seigneur, je le vois bien, mais tant de sang.. lorsqu'on ne sait pas d'où il vient, ça fait peur. »

Le gentilhomme, pendant quelques secondes, demeura muet et stupéfait. Lui aussi se demandait d'où venait ce sang ? Il avait oublié qu'au moment où le soldat Toussaint, frappé à mort, s'abattait, un flot tiède, jaillissant du crâne brisé de la victime, avait inondé le meurtrier.

Ce souvenir, effacé complètement par les angoisses de la fuite, revint tout à coup, net et distinct.

« Je dois être hideux, en effet, pensa le marquis ; j'ai certainement l'air d'un boucher qui sort de son charnier. »

Après un court silence, il composa sa physionomie, il appela sur ses lèvres un sourire, et il reprit à haute voix :

« Ceci ne doit pas vous inquiéter, brave homme. Je ne suis pas blessé, ou du moins ma blessure est légère, car je la sens à peine. J'ai eu l'heureuse chance de sortir sain et sauf, cette nuit, du plus effroyable guet-à-pens. »

Le paysan n'osa questionner, mais une expression de curiosité ardente se peignit sur son visage, et ses yeux s'agrandirent démesurément.

« Figurez-vous, continua Saint-Maixent, que sans la visible protection du ciel, il est hors de doute qu'à l'heure qu'il est je ne serais plus de ce monde »

L'œil rond du paysan interrogeait toujours, et le marquis ne demandait qu'à parler ; car enfin, sous peine de devenir étrangement suspect, il fallait expliquer, tant bien que mal, ce sang dont il était couvert.

« Je voyageais nuitamment, poursuivit-il, sinon pour mon plaisir, du moins pour éviter l'écrasante chaleur du jour. A cinq ou six lieues d'ici, et au moment où, plein de confiance dans la bonne renommée du pays, je cheminais au petit pas le long d'un bois, laissant flotter mes guides sur le cou de ma monture, des bandits se sont jetés sur moi tout à fait à l'improviste et m'ont renversé de mon cheval, pour me dépouiller et sans doute pour m'assassiner ensuite. Par bonheur j'avais à portée de la main mes pistolets. Je m'en suis servi ; l'un des misérables est tombé mortellement atteint peut-être, et comme je le serrais étroitement dans une lutte corps à corps, il m'a ensanglanté en tombant. Je ne tenais qu'à sauver ma vie. Aussitôt dégagé, je me suis remis en selle, j'ai éperonné mon cheval et me voici. La rapidité de ma course dans les ténèbres m'a fait dévier du droit chemin, et c'est pour cela que je vous demandais tout à l'heure de m'apprendre où je me trouvais. »

Ce court récit n'offrait rien de positivement invraisemblable, et l'auditeur du marquis ne parut point en révoquer en doute la véracité.

« Ils étaient deux, les brigands, je le parierais ! s'écria-t-il après un instant de réflexion.

— En effet, répondit à tout hasard M. de Saint-Maixent, ils étaient deux.

— Jeunes, n'est-il pas vrai ? continua le paysan.

— Je crois pouvoir jurer que vous avez raison.

— L'un des deux avait des cheveux blonds, comme vous, n'est-ce pas ? et de longues moustaches comme les vôtres ?

— La nuit était noire, mais un éclair m'a permis de voir les moustaches et les cheveux dont vous me parlez. J'ai remarqué qu'ils étaient blonds. »

Le paysan frappa dans ses mains.

« Eh bien ! reprit-il, si celui que vous avez abattu d'un coup de pistolet est l'homme aux longues moustaches, vous avez gagné cette nuit trois mille livres sans vous en douter.

— Ah bah ! trois mille livres, dites-vous ? En vérité, l'ami, je serais curieux de savoir comment ?

— Ce n'est pas malin à deviner ! L'homme en question n'est autre que le fameux scélérat dont la tête est mise à prix par le lieutenant civil de Clermont, et que la maréchaussée pourchasse dans tous les coins du pays sans parvenir à mettre la main dessus.

— De quel nom l'appelez-vous, ce scélérat ?

— Ah ! il est assez connu, et, à moins que vous n'arriviez de bien loin, vous devez avoir entendu parler de lui comme du loup blanc. C'est le marquis de Saint-Maixent en personne, et l'autre gibier de potence qui l'accompagne s'appelle Lazare, et lui sert de valet. »

Le gentilhomme ne tressaillit point, et pas un muscle de son visage ne bougea.

« Est-ce que vous le connaissez, ce marquis de Saint-Maixent? demanda-t-il.

— Je ne l'ai jamais vu, mais je le reconnaîtrais tout de même.

— Sans l'avoir jamais vu ?... Voilà qui me paraît fort !

— Pas tant que vous croyez. Son signalement est affiché à la porte de la paroisse dont ma ferme dépend. J'ai demandé au magister de m'en faire une copie, et je la garde dans ma maison ; ça peut servir à quelque chose. Trois mille livres sont bonnes à gagner... Si vous voulez entrer avec moi, je vous montrerai le chiffon de papier, et vous pourrez, par la même occasion, vous débarbouiller de tout ce vilain sang noir qui vous défigure. »

Saint-Maixent hésita; mais il réfléchit de nouveau qu'un refus ferait naître les soupçons du paysan, et il prit son parti en brave.

« J'accepte volontiers, répondit-il ; seulement, si je mets pied à terre, qui tiendra mon cheval ?

— Michel !.. Eh ! Michel ! » cria le fermier.

Un petit garçon d'une dizaine d'années, doué d'une bonne figure ronde et vermeille, apparut aussitôt dans l'encadrement de la porte, les yeux encore gros de sommeil, car il venait à peine de quitter son lit.

« Petiot, lui dit son père, garde le cheval de ce seigneur, et surtout ne le lâche point, sinon, gare aux taloches ! »

L'enfant saisit résolûment la bride que lui tendait le marquis ; celui-ci franchit le seuil de la ferme avec le paysan, et se trouva dans une grande pièce très-propre, servant de cuisine et de salle commune.

Une jeune femme fraîche et gentille, en jupon court et les bras nus, pratiquait d'utiles ablutions, à grand renfort d'eau fraîche, sur la personne d'un marmot de trois ou quatre ans qui protestait de toute la force de ses poumons par des cris suraigus, contre cette toilette parfaitement superflue, selon lui.

L'aspect plus qu'étrange du gentilhomme produisit sur la femme le même effet que sur le mari. Elle lâcha le marmot et recula avec un effroi manifeste.

« Eh ! la ménagère, n'aie pas peur, dit le paysan avec un gros rire; le sang qui couvre ce seigneur est celui d'un scélérat, et peut-être bien, grâce à lui, n'entendrons-nous plus parler dans le pays du marquis de Saint-Maixent.

— Que le bon Dieu le veuille! murmura la jeune femme, car voici bien des nuits que j'en ai le sommeil troublé ! Faut-il quelque chose à ce gentilhomme ?

— Il lui faut de l'eau, et beaucoup, pour se refaire au plus vite une figure de chrétien. »

Tandis que la fermière plaçait sur la table une jatte énorme de faïence blanche et bleue et la remplissait d'eau puisée dans une fontaine de cuivre luisante comme de l'or, le paysan désignait au marquis un petit miroir accroché au mur.

« Regardez-vous là-dedans, dit-il, et vous verrez que vous n'êtes pas beau comme ça. »

Saint-Maixent s'approcha du miroir, et il lui fallut bien s'avouer à lui-même que son visage, à demi couvert de larges taches d'un noir rougeâtre, ne devait inspirer en effet que l'horreur et le dégoût.

« Le signalement est à côté, poursuivit le paysan, vous pouvez le lire ; moi, je le sais par cœur, et si par aventure le marquis est encore vivant, et si ce démon incarné passe par ici, j'ai dans ce coin certain vieux mousquet tout chargé à son intention, et, foi de Médard Taboureau, je m'engage à lui faire son affaire !... Trois mille livres, c'est une somme !... Que voulez-vous... je ne suis pas riche »

XVI

OU FINIT UN BON SERVITEUR

Les yeux de Saint-Maixent se tournèrent machinalement vers le coin désigné par le geste de son hôte.

Ils y virent un mousquet de forme antique, au canon rouillé, mais à la batterie nette et luisante, une de ces bonnes vieilles armes avec lesquelles le villageois va sournoisement, à la nuit tombante, se mettre à l'affût au coin d'un bois, et rentre rarement sans rapporter au logis un lièvre ou quelques lapins.

Médard Taboureau devait être un braconnier distingué, quand il n'avait rien de mieux à faire.

A la vue de ce mousquet *chargé à son intention* (le paysan venait de le dire), le marquis sentit un petit frisson courir sur son épiderme, et songea qu'il était dans la gueule du loup ; cependant il fit bonne contenance et répondit avec un sourire :

« Ma foi, vous me paraissez un brave homme, et je vous souhaite très-sincèrement de gagner les trois mille livres.

— Quand vous m'avez raconté tout à l'heure le grand péril que vous aviez couru cette nuit, reprit Médard Taboureau, j'ai supposé tout de suite que les deux scélérats devaient être de Saint-Maixent et son valet. J'avais pour cela de bonnes raisons.

— Lesquelles ? demanda le gentilhomme.

— On ne m'ôtera pas de l'idée que, pas plus tard qu'hier, j'ai vu ce gredin de Lazare. Je revenais du village à travers bois, je portais sur mon épaule un grand sac qui renfermait le pain de la semaine. Au détour d'une sente, je me vis tout à coup en face d'un gaillard qui ressemblait comme deux gouttes d'eau au signalement du second coquin. Je voulais continuer ma route, mais la sente était étroite et l'homme ne se dérangeait pas. « Qu'est-ce que vous avez-là ? » me dit-il en montrant mon sac. Je lui répondis : « Vous le voyez bien, j'ai des miches. — Vendez-m'en une. — Je ne suis pas marchand de pain. — Alors vous allez me le donner. — Je suis trop pauvre pour faire l'aumône, et d'ailleurs vous n'avez pas l'air d'un mendiant. — Il me la faut, cependant, j'ai faim. — C'est une maladie dont on guérit facilement. Allez au village d'où je viens, vous y serez en une demi-heure, et le boulanger cuit pour tout le monde. — Je n'irai point au village, et vous allez me donner ce pain ! — Turlututu ! fis-je en ricanant. — Vous allez me le donner tout de suite ! continua l'homme en tirant de sa poche un pistolet dont il tourna le canon vers moi, sinon je vous brûle la cervelle ! » Je n'avais rien pour me défendre, et je ne voulais pas, pour un pain de huit sols, risquer de me faire casser la tête. J'ouvris mon sac, j'y pris une miche et je la jetai devant l'homme qui s'en empara sans dire merci, me tourna le dos et disparut dans un fourré où le diable lui-même aurait eu grand'peine à le suivre. Il aura quitté la forêt la nuit dernière pour aller rejoindre son maître, et, de compagnie avec lui, vous attendre et vous détrousser. Si vous lui avez donné son compte, c'est bien fait, votre balle de plomb aura payé ma miche de pain. »

Tandis que Médard Taboureau racontait ce qui précède, M. de Saint-Maixent, tout en prêtant une grande attention à son récit, plongeait sa tête dans la jatte remplie d'eau pure et faisait disparaître de son mieux les traces de sang, non-seulement sur son visage, mais aussi sur ses vêtements.

Quand il eut achevé il se tourna vers son hôte, et, de l'air le plus naturel, il lui dit :

« Je suis mieux ainsi, n'est-ce pas ?

— Ah ! je crois bien ! s'écria le paysan, c'est à ne point vous reconnaître ; vous avez maintenant l'air d'un vrai seigneur... Vous devez être pour le moins marquis ou comte, n'est-il pas vrai ? »

Saint-Maixent sourit.

« Peste, mon hôte, répliqua-t-il, comme vous devinez juste ! Je m'appelle, en effet, le comte de Laurières. Ma famille est originaire du Velay, peut-être en avez-vous entendu parler. »

Médard Taboureau répondit affirmativement, et il disait vrai, car Saint-Maixent venait de se donner le nom d'une famille bien connue ; mais, tout en parlant, il examinait le gentilhomme avec une singulière attention, et après cet examen il murmura entre ses dents :

« C'est étonnant comme il lui ressemble ! Rien n'y manque, pas même le petit signe noir au-dessus de la lèvre... Si c'était lui, quelle aubaine !... Enfin, tout à l'heure, nous verrons bien. »

Saint-Maixent se trouvait mal à son aise ; les regards du paysan, obstinément fixés sur lui, le gênaient et l'inquiétaient.

Il savait d'ailleurs ce qu'il voulait savoir. S'il s'était informé de Mauriac et de la direction qu'il fallait prendre pour y arriver, c'est que ce bourg ne se trouvait qu'à une distance de trois ou quatre lieues du château de Rahon. Une fois à Mauriac, le marquis n'éprouverait plus de difficulté sérieuse à se rendre chez son parent.

Maintenant il n'avait qu'un désir, désir naturel et légitime s'il en fut, celui de s'éloigner au plus vite de ce paysan qui savait son signalement par cœur et qui souhaitait si vivement trouver au bout de son mousquet le fugitif dont la capture ou la mort pouvait lui rapporter trois mille livres.

Le gentilhomme, en entrant dans la ferme, s'était débarrassé de son feutre ; il le remit sur sa tête, et, tirant de sa poche une pièce d'argent, il la tendit à Médard Taboureau.

« Vous m'avez rendu service, lui dit-il, faites-moi le plaisir de prendre ceci et de boire à ma santé.

— Je n'y manquerai pas, monsieur le comte ; grand merci !... Vous ne voulez pas vous reposer un peu chez nous, monsieur le comte, et manger un morceau ?

— Non, j'ai hâte de parvenir au but de mon voyage.

— Je vous souhaite donc bonne route et prompte arrivée, monsieur le comte. Dieu vous garde de rencontrer sur votre chemin ce scélérat de Saint-Maixent ou cet abominable gredin de Lazare.

— Si je les rencontre, ce sera tant pis pour eux, fit le marquis. Je suis sur mes gardes, et j'ai là des pistolets qui sauront leur répondre. »

Ces dernières paroles s'échangèrent sur le seuil de la ferme.

Le gentilhomme reprit aux mains du petit garçon la bride de *Djali* et se mit en selle.

Médard le salua une dernière fois et rentra vivement.

Saint-Maixent s'éloigna, au pas de son cheval, dans la direction de la forêt.

Le sentier qui se déroulait devant lui longeait pendant cinq ou six cents pas une haie de sureaux et de noisetiers servant de clôture au terrain voisin de la ferme.

Médard Taboureau, dont les soupçons n'avaient fait que grandir, saisit son vieux mousquet, sortit de sa maison par une porte de derrière et courut se mettre en embuscade au bout de l'enclos.

Là, il écarta les branches avec le canon de son arme, il mit en joue, comme le chasseur à l'affût quand le gibier peut passer d'une seconde à l'autre, et il attendit.

Saint-Maixent, toujours au pas, atteignit et dépassa l'extrémité de la haie.

« Eh ! MONSIEUR LE MARQUIS, cria le paysan, vous oubliez quelque chose. »

Le gentilhomme se retourna machinalement sur sa selle, en arrêtant *Djali*, et demanda :

« Quoi donc ?

— Vous oubliez que votre tête est mise à prix, scélérat, et que je vous dois une balle, car vous êtes le marquis de Saint-Maixent ! » répliqua Médard.

En même temps il ajusta et fit feu.

Le fugitif sentit *Djali* bondir sous lui, puis trembler de tous ses membres.

« Ah ! traître ! » cria-t-il, en tirant *au jugé* son coup de pistolet dans la haie, à l'endroit d'où s'élevait une faible fumée.

Puis, sans se donner le temps de s'assurer si le hasard l'avait bien servi, il éperonna l'étalon qui prit un impétueux galop, mais en laissant derrière lui une longue trace écarlate sur la poussière du chemin.

La balle destinée au marquis avait frappé l'encolure du noble animal ; son sang coulait comme une fontaine sous sa crinière épaisse et soyeuse.

Saint-Maixent ne s'en apercevait pas, et quand, au bout d'un quart d'heure de course impétueuse, *Djali*, presque épuisé, mit moins de vigueur dans ses élans, il attribua ce ralentissement d'allure à l'excès de fatigue de la nuit précédente, et il joua de l'éperon, car il voulait gagner au plus vite la forêt dont il voyait la lisière à peu de distance.

Là seulement il se sentirait en sûreté.

Djali appartenait à cette race que rien n'arrête, sinon la mort.

Il fit un effort suprême ; il rendit à son maître un dernier service ; il le porta jusqu'à cette dernière limite où commençaient les arbres séculaires d'une futaie gigantesque, puis, atteint dans les sources même de la vie, il tomba pour ne plus se relever.

Un frémissement faible agita ses membres ; le sang cessa de couler de sa blessure ; il se roidit et ne remua plus.

Ce fut seulement alors que Saint-Maixent se rendit compte du fait accompli. Ce qu'il avait pris pour une simple défaillance était une agonie : le cheval ne faiblissait pas, il mourait !

Le marquis fit retentir d'un épouvantable blasphème les voûtes sombres de la futaie.

Ce cœur de bronze ne donna pas une larme à son fidèle serviteur, mais il maudit le ciel qui le lui enlevait au moment où il en avait le plus besoin !

Qu'allait-il devenir, à pied, dans les immenses solitudes de la forêt, et séparé du château de Rahon par une distance de plus de vingt lieues ?

Mais ce n'était point le moment de s'abandonner à des réflexions décourageantes. Si Médard Taboureau n'avait pas reçu en pleine poitrine le coup de pistolet, il allait infailliblement lancer sur les traces du fugitif une meute enragée de paysans.

Il fallait donc, avant tout, se mettre à l'abri des premières recherches, et trouver quelque asile sûr pour s'y cacher jusqu'à la nuit.

Saint-Maixent retira des fontes de la selle les pistolets de Toussaint, armes inutiles et gênantes, puisqu'elles étaient déchargées toutes les deux et que les munitions lui manquaient.

Il voulut s'en embarrasser cependant, dans l'éventualité possible de la rencontre d'un braconnier qui lui vendrait de la poudre et des balles.

Avec l'une des sangles de la selle il improvisa

une ceinture dans laquelle il glissa les pistolets.

Il ôta ses éperons qui ne pouvaient désormais qu'entraver sa marche au milieu des broussailles et des ronces. puis, ces précautions prises, il jeta un coup d'œil derrière lui, s'assura que la campagne était déserte, que nul, par conséquent, ne songeait encore à le poursuivre, et il s'enfonça d'un pas rapide sous les arceaux verdoyants de la forêt.

Depuis une demi-heure il allait au hasard, ne suivant aucun sentier battu, mais s'orientant de son mieux pour ne point dévier de la ligne droite, au bout de laquelle devait se trouver le bourg de Mauriac.

Tout à coup il fit halte en tressaillant, et prêta l'oreille.

La brise, qui passait avec un faible et doux murmure dans les feuillages des ormes et des chênes, apportait jusqu'à lui le bruit sinistre du tocsin.

Ce bruit faible d'abord et presque indistinct sembla bientôt grandir et se multiplier. Au lieu de venir d'un seul point il arriva de deux, puis de dix, puis d'un plus grand nombre, formant derrière le fugitif comme un demi-cercle d'ondes sonores. Les cloches de tous les villages assis aux limites de la plaine sur les plans des collines, annonçaient de leurs voix lugubres la présence de l'ennemi dans la contrée.

Or, l'ennemi commun, c'était lui, André-Louis-Sigismond, marquis de Saint-Maixent.

XVII

RENCONTRE INATTENDUE.

En entendant ces voix du tocsin, au sens desquelles il ne pouvait se méprendre et qui criaient à tous de lui courir sus, le marquis éprouva l'un de ces découragements immenses qui font de l'homme le plus fort un homme anéanti, et pendant quelques minutes il se demanda si c'était vraiment la peine de défendre sa vie contre une province soulevée et qui la voulait prendre.

Sans doute en ce moment Denis Robustel, s'il avait soudainement paru à la tête de ses cavaliers et des bandes de paysans, aurait pris une éclatante revanche de son échec de la nuit précédente; Saint-Maixent se serait livré, sans essayer de fuir, et sans tenter de se défendre.

Mais cette prostration fut d'autant plus courte qu'elle était plus absolue, et bientôt elle fit place à une violente réaction.

« Eh bien! non! murmura le gentilhomme en relevant la tête d'un air de défi. Quoiqu'ils fassent, ils ne m'auront pas! Je lutterai seul contre tous! Il ne sera point dit que ces brutes, soit par la force, soit par la ruse, auront triomphé d'un homme tel que moi! »

Et il se remit en marche, d'un pas redevenu ferme et rapide, malgré la lassitude qui commençait à s'emparer de lui.

Pendant deux heures encore il alla courageusement, suppléant par son énergie morale aux défaillances de sa force physique ; mais enfin il lui fallut bien se ralentir.

A la futaie deux fois séculaire un taillis presque inextricable avait succédé. Il devenait indispensable de suivre dans ce fourré les étroits sentiers tracés par les *fauves* allant au *gagnage*, et, quand ces sentiers manquaient, de s'ouvrir un passage parmi les inextricables enlacements des jeunes pousses.

Les jambes chancelantes du fugitif commençaient à se dérober sous lui; ses pieds endoloris trébuchaient presque à chaque pas ; la faim et surtout la soif, le faisaient cruellement souffrir.

Vingt fois il fut au moment de se laisser tomber sur un lit de mousse, et, quelque fut le risque de ce temps d'arrêt, d'y prendre un repos que chaque minute écoulée lui rendait plus nécessaire.

Il résista cependant à cette tentation, et continua en se disant :

« Je ferai ce qu'a fait *Djali*. Jusqu'à ce que je tombe, j'irai !

Enfin le taillis s'éclaircit, puis cessa tout à fait. et Saint-Maixent déboucha dans une assez vaste clairière au centre de laquelle existait une monticule de forme imprévue, une sorte d'escarpement rocheux à demi couvert de broussailles et de plantes parasites.

Au bas de cet escarpement un mince filet d'eau sortant du sol entre des masses de granit, allait former un peu plus loin une petite mare limpide et profonde, qu'ombrageaient un groupe de grands arbres, gracieux abreuvoir préparé par la main de Dieu lui-même pour les chevreuils, les sangliers et les petits oiseaux des bois.

La vue de cette belle eau claire ranima Saint-Maixent. Il y courut; il y baigna son visage et ses mains et il but; il but comme boivent au désert les chameliers à qui l'oasis offre ses dômes de verdure et ses citernes intarrissables.

Il se mit ensuite à gravir l'escarpement convaincu qu'il y trouverait l'asile dont il avait besoin jusqu'au soir.

L'événement donna raison à ses prévisions.

Aux deux tiers à peu près de la hauteur de l'éminence, et parfaitement cachée par des buissons épais de ronces épineuses, l'entrée basse et étroite d'une petite grotte s'offrit à lui.

Il fallait ramper pour franchir le seuil de cette grotte, qui pouvait avoir dix ou douze pieds de profondeur et qui s'élargissait et se surélevait presque aussitôt, de manière à ce qu'un homme de la taille du marquis pût à la rigueur s'y tenir debout.

Elle était parfaitement sèche. Un sable blanc et fin y couvrait le sol ; quelques pierres, tombées de la voûte à des époques antérieures, s'y voyaient çà et là disposées comme des sièges.

Le marquis se glissa dans cette mystérieuse retraite, dont les serpents seuls pouvaient songer à lui disputer la possession

Il traîna sans peine les pierres éparses et les entassa devant l'orifice, de manière à le fermer, en laissant toutefois un passage libre pour le renouvellement de l'air respirable.

Ceci fait, il s'étendit sur le sable et s'endormit à l'instant d'un de ces lourds sommeils presque pareils à la léthargie, et que le fracas du tonnerre ou celui du canon ne troublerait pas.

Ce sommeil se prolongea, car, au moment où le marquis rouvrit les yeux, la nuit avait succédé au jour depuis longtemps déjà.

Saint-Maixent se leva et sentit que ses forces étaient presque entièrement revenues, seulement sa faim, exaspérée par un jeûne absolu de plus de vingt-quatre heures, devenait une véritable torture.

Le fugitif écarta les pierres et sortit de la grotte.

Autour de lui, les ténèbres couvraient la forêt, mais ces ténèbres étaient transparentes, car pas un nuage ne faisait tache sur l'azur sombre du firmament où scintillaient des myriades d'étoiles.

Le croissant pâle de la lune dans son premier quartier surgissait à l'horizon, au-dessus de la cime d'un chêne immense.

Ce spectacle, solennel et plein d'une poésie grandiose, devait parler le langage de l'infini et révéler la grandeur incommensurable de Dieu à toute âme capable de le comprendre.

Mais l'âme de Saint-Maixent n'était point de celles-là.

Le gentilhomme-bandit ne pensait à Dieu que pour l'insulter, et ne prononçait son nom que pour le profaner dans un blasphème.

« Ah ! que je souffre ! murmura-t-il, et comme je donnerais de bon cœur une année de ma vie pour un morceau de pain ! »

Il descendit l'escarpement, en écorchant ses mains aux épines des ronces ; il se dirigea de nouveau vers la fontaine ; il but à longs traits pour essayer de tromper sa faim, et, traversant en biais la clairière, il se remit en marche, avec la ferme volonté de ne s'arrêter qu'au point du jour.

Une futaie, semblable à celle qu'il avait parcourue le matin de ce même jour, s'étendait devant lui ; un chemin frayé la traversait.

Il s'engagea sans hésitation dans ce chemin, soutenu qu'il était par l'espérance de rencontrer, un peu plus tôt ou un peu plus tard, la cabane de quelque bûcheron auquel il pourrait acheter du pain.

Mais le sentier s'allongeait indéfiniment sous les grands arbres, entre ses marges gazonnées, et nulle cabane ne se présentait.

Tout-à-coup une sensation inattendue fit oublier à M. de Saint-Maixent la fatigue et la faim.

Il venait d'entendre, à dix pas de lui, ce bruit parfaitement caractéristique produit par un pistolet que l'on arme.

En même temps une forme noire, surgissant de derrière un énorme tronc d'arbre, se campa au beau milieu du chemin, et une voix singulièrement enrouée, sans doute par la fraîcheur de la nuit, cria dans le silence :

« Halte ! ou vous êtes un homme mort ! »

La première pensée du fugitif fut qu'il se trouvait en présence de quelqu'un des chasseurs d'hommes acharnés sur ses traces, et qui s'étaient juré de gagner les trois mille livres de la mise à prix.

« S'ils sont en nombre, je suis perdu ! se dit-il ; s'il est seul, je puis l'effrayer ! »

Et, tirant de sa ceinture un de ses pistolets inoffensifs, il l'arma comme la forme noire venait d'armer le sien, et à son tour il cria :

« Gredin ! faites-moi place, où vous êtes mort vous-même !.. Une !.. deux !... retirez-vous. Quand j'aurai dit : trois, je tire !

— Par la sambucquoi ! ne tirez pas ! ne tirez pas ! répliqua vivement l'agresseur en battant en retraite du côté du tronc d'arbre. Que diable ! vous êtes un brave, et je suis un vaillant !... nous allons pouvoir nous entendre... Ayez bien soin de ne pas tirer ! »

Saint-Maixent n'y songeait guère. D'abord pour la raison sans réplique que nous connaissons, son pistolet n'étant pas chargé, et ensuite parce qu'il finit à se tordre, quoique la situation n'eût en apparence rien de plaisant.

« Eh ! de par tous les diables ! dit-il, quand ce grand accès d'hilarité se fut enfin calmé, je ne me trompe point ! c'est lui ! c'est bien lui ! C'est ce coquin de Lazare en personne !

— Eh ! mais... eh ! mais... fit à son tour le valet avec une joyeuse stupeur, en croirai-je mes yeux, ou plutôt mes oreilles ?... Est-ce bien vous, monsieur le marquis ?

— Et qui serait-ce, si ce n'était moi ?

L'allégresse me déborde ! Voyez pourtant comme on se retrouve ! Oh ! rencontre ! heureuse rencontre !

— Elle aurait fort bien pu mal tourner pour toi, cette rencontre, gredin qui voulais détrousser ton maître ! répliqua Saint-Maixent.

— Je ne reconnaissais point monsieur le marquis, et les passants sont rares par ici.

— Il faut vivre, n'est-ce pas ? et tu profitais de l'occasion. Allons, je te pardonne.

— Monsieur le marquis est trop bon, et il le sera davantage encore s'il veut bien me permettre de lui adresser une question.

— Je te permettrai tout ce que tu voudras, mais plus tard. D'abord et avant tout, réponds-moi : je meurs de faim, peux-tu me donner à manger ?

— Mais je crois bien que je peux ! à manger et à boire ! Oh ! j'ai tout ce qu'il faut. Monsieur le marquis veut-il me faire l'honneur de me suivre chez moi ?

— Chez toi ! répéta Saint-Maixent abasourdi, tu as un chez toi ?

— Oui, monsieur le marquis, un chez moi pour moi tout seul ; une petite maison très-commode. J'y suis installé depuis hier matin.

— Eh bien ! montre-moi le chemin, et dépêchons, sinon je crois que je vais tomber en défaillance.

— C'est à deux pas, venez vite. »

Lazare passa le premier, s'engagea dans un taillis, et en moins de cinq minutes il conduisit son maître jusqu'à la porte d'une sorte de hutte construite en pierres brutes assemblées sans mortier ni crépissage, et couverte de chaume et d'écorce d'arbres.

Il pénétra dans l'intérieur suivi de Saint-Maixent ; il battit le briquet et alluma une branche sèche et résineuse qui flamba lentement, comme une torche, et servit de luminaire.

La hutte ne renfermait aucun meuble. Trois pierres plates formaient le foyer ; un amas de paille, de mousse et de feuilles sèches tenaient lieu de lit.

Seulement (réjouissant aspect pour les regards d'un homme affamé) la moitié d'un chevreuil pendait accrochée au mur, et l'on voyait, sur des feuilles vertes, une énorme miche de pain bis presque intacte, un gros morceau de venaison froide et une poignée de châtaignes cuites à côté de deux bouteilles qui devaient renfermer du vin.

« Joli chevreuil ! n'est-ce pas, monsieur le marquis ? demanda Lazare. Je l'ai tué hier, à l'affût, d'un coup de pistolet. »

Saint-Maixent ne répondit pas.

Il avait saisi le pain et la venaison et il y mordait à belles dents, ne s'interrompant que pour porter à ses lèvres le goulot d'une des bouteilles et lui donner de longues accolades.

Lazare le regardait faire en souriant.

Pendant cinq minutes on n'entendit dans la hutte que le bruit des mâchoires du gentilhomme fonctionnant avec un admirable entrain.

Puis la première fougue de cet appétit s'apaisa peu à peu, et la conversation s'engagea.

XVIII

LES RABATTEURS.

« Monsieur le marquis, commença Lazare, m'autorise-t-il à lui adresser présentement la question que j'ai sur le bord des lèvres depuis un grand quart d'heure.

— Interroge, je répondrai. Que veux-tu savoir ?

— Comment il se fait que monsieur le marquis soit libre, lui qu'avec un si grand chagrin j'ai vu tomber, il y a deux jours, aux mains de la maréchaussée ? »

Saint-Maixent raconta brièvement son évasion de l'hôtellerie des *Armes de France*, et ce récit fit pousser à Lazare des cris d'enthousiasme sincère.

« Explique-moi maintenant, dit à son tour le gentilhomme, par quelle étonnante aventure je te trouve dans cette forêt, où j'étais si loin de soupçonner ta présence.

— Rien de plus simple, répliqua Lazare. Echappé par miracle aux griffes des gens de police qui venaient de s'emparer de mon excellent maître, et pensant que monsieur le marquis, en sa qualité de grand seigneur, se tirerait peut-être de ce mauvais pas, mais qu'à coup sûr, moi, simple valet, je ne m'en tirerais point si j'étais pris, je cherchai mon salut dans une prompte fuite, et je fis faire à mon bidet de telles étapes qu'il me fallut après quinze heures de marche abandonner dans une ferme la pauvre bête aux trois quarts fourbue, et comme j'avais galopé sans direction précise, mais recherchant de préférence l'ombre protectrice des grands bois, j'arrivai céans, comme je serais arrivé partout ailleurs. Le hasard me fit découvrir cette cahute abandonnée. Je me figurai qu'il serait possible d'y vivre à l'abri des recherches pendant quelques

Les paysans formaient un cercle autour du cadavre. (Page 52.)

jours, et l'inspiration était bonne, puisque la fin finale de tout ceci m'a permis d'être utile à monsieur le marquis. Je doute très-fort que la maréchaussée vienne nous relancer en pareil gîte.

— Et je t'affirme que tu te trompes, mon pauvre Lazare, répondit Saint-Maixent. Ma présence et la tienne dans cette contrée sont connues; nos signalements sont dans toutes les mains; le tocsin sonne à tous les clochers. Au point du jour, nous aurons sur les bras, non seulement les soldats, mais les paysans, et ceux-là sont les plus à craindre. Leur habitude du pays, leur connaissance des moindres accidents de la plaine et de la forêt, des plus étroits sentiers, des retraites les mieux cachées, font d'eux de terribles chasseurs.

— Ah! par la sambucquoy! murmura Lazare consterné, mauvaise affaire, très-mauvaise affaire! Qu'allons nous devenir? Oh! mon maître, nous sommes perdus!

— Pas encore, et je t'engage à ne point perdre tout espoir et toute confiance, reprit le marquis. Une partie comme celle que nous jouons, si désespérée qu'elle paraisse, peut cependant se gagner à force d'adresse et d'audace. Peut-être nous en tirerons-nous.

— Monsieur le marquis a-t-il un plan de défense?

— Je ne saurais en avoir, puisque j'ignore comment nous serons attaqués. Mais j'ai un projet, celui de gagner au plus vite le château de Rahon, car c'est là seulement que nous pourrons nous dire en sûreté.

— Monsieur le marquis m'accordera-t-il donc la faveur de me conduire avec lui dans ce lieu d'asile?

— Sans aucun doute! Je t'ai fait le compagnon

de mes périls, je ne passerai pas sans toi sur l'unique planche de salut qui me soit offerte.

— Alors je me regarde d'avance comme sauvé ! s'écria Lazare, qui passait sans transition et avec une étrange facilité par toutes les alternatives du découragement et de l'espérance.

— Ne te hâte pas trop de chanter victoire ! Le château de Rahon est loin ! plus de vingt lieues nous en séparent.

— Vingt lieues, c'est moins que rien ! Je ne sais quel pressentiment m'avertit que nous arriverons à bon port.

— Entre le but et nous se dressent bien des obstacles, bien des ennemis.

— Nous les surmonterons ! Nous sommes armés, tant pis pour ceux qui se trouveront sur notre chemin !

— As-tu des munitions ?

Oui, monsieur le marquis : une bonne quantité de poudre et de balles.

— Donne-m'en la moitié et charge mes pistolets »

Quand ces deux ordres furent exécutés, le marquis reprit :

« Il serait imprudent, je le crois, de passer ici le reste de la nuit. La nourriture m'a rendu mon énergie ; nous allons partir sur-le-champ. Peut-être au moment où je te parle, la forêt n'est-elle point encore gardée, et pourrons-nous passer sans livrer bataille. »

Saint-Maixent achevait à peine ces paroles quand une sonorité rauque et bizarre, qui semblait venir d'une grande distance, traversa tout à coup les airs.

« Qu'est-ce que cela ? demanda le gentilhomme. Quel instrument produit ce bruit étrange ?

— C'est une sorte de trompe en terre cuite, ou faite d'une corne de bœuf, dont les paysans et les bergers se servent pour rassembler leur bétail, dispersé dans les pâturages ou sur les rochers, répondit Lazare.

— Il n'est pas l'heure de rassembler les troupeaux.

— Sans doute, et je ne m'explique pas mieux que monsieur le marquis le but de cet appel nocturne. »

Au même instant un deuxième son de trompe retentit, dans une direction toute opposée ; le premier partait du nord, le second venait du midi.

Un troisième lui succéda, puis un quatrième, puis dix, puis vingt, puis un nombre presque infini, venant de tous les côtés à la fois, se croisant et se répondant.

« Drôle de musique ! murmura Lazare,

— Musique sinistre répliqua Saint-Maixent. Elle m'annonce que la forêt est cernée par les rabatteurs dont nous sommes le gibier. Les paroisses se sont levées à la voix du tocsin ; mille paysans armés nous entourent ; ils vont marcher sans cesse, se rapprochant toujours, jusqu'à la minute suprême où ils nous enfermeront fatalement dans un cercle infranchissable de fourches, de faulx et d'épieux. Et alors ce sera la fin

— Est-ce que monsieur le marquis jette le manche après la cognée ? demanda Lazare.

— Non ; mais que ferons nous contre mille.

— Monsieur le marquis, tout à l'heure, parlait de rabatteurs et de gibier.

Eh bien ?

— Eh bien, j'ai vu plus d'une fois dans ma vie des sangliers si bien entourés qu'on les croyait prêts pour le saloir, passer entre les jambes des chevaux et se sauver d'une telle allure qu'on ne les rattrapait jamais. Pourquoi n'aurions-nous pas la même chance ?

— Nous pouvons au moins l'espérer, répliqua Saint-Maixent. Allons ! en marche et bon courage !

Les deux fugitifs quittèrent la hutte abandonnée, et Lazare, homme de précautions, attacha sur son dos avec une lanière ce qui restait de la miche de pain bis et du morceau de venaison, et glissa l'une des bouteilles dans sa poche.

Le marquis passa le premier et s'avança d'un pas rapide dans la sente étroite qui devait infailliblement aboutir au cercle des rabatteurs. Il voulait atteindre le cercle avant qu'il se fût par trop rétréci.

« Plus il aurait encore d'intervalle entre les paysans qui le formaient, se disait-il avec raison, plus il lui resterait de chances de salut. »

Le bruit des trompes et des cornes retentissait sans interruption et se rapprochait d'une façon sensible.

Déjà des chevreuils, des sangliers et des loups, épouvantés par les bruits inaccoutumés qui troublaient le silence des grands bois, passaient en bondissant et se dirigeaient tous vers le même point, c'est-à-dire vers le centre de la forêt.

Saint-Maixent et Lazare firent halte tout à coup. Ils venaient d'atteindre l'extrémité du taillis, et se trouvaient sur la lisière d'une futaie couvrant la pente rapide d'un coteau dont le sommet (autant qu'on en pouvait juger aux clartés trompeuses de la lune) était couronné par des ruines pittoresques.

Les ténèbres étaient très-épaisses sous la futaie, où ne pénétraient point les clartés pâles tombées du ciel.

Parmi ces ténèbres, à cinq ou six cents pas environ de nos personnages, on voyait la lueur rougeâtre et vacillante des torches, portées par des hommes dont les silhouettes restaient encore indistinctes.

« Le moment décisif approche, murmura le marquis à l'oreille de Lazare, nous touchons à la crise. Ces rabatteurs de nouvelle espèce marchent à cinquante pas au moins les uns des autres, d'ailleurs la flamme et la fumée de leurs torches doivent les aveugler. Peut-être sera-t-il possible qu'ils passent à côté de nous sans nous voir. Mais il faut venir en aide au hasard. Tâchons de nous cacher. »

Un fossé de médiocre profondeur, facile à franchir d'un bond et rempli d'herbes, séparait le taillis et la futaie.

Au bord de ce fossé, tout près des fugitifs, existait un amas de fagots provenant de l'élagage des hêtres et des chênes.

Lazare le fit remarquer à M. de Saint-Maixent.

« Voilà ce qu'il nous faut, dit vivement ce dernier. Un orage peut avoir fait rouler quelques-uns de ces fagots dans le fossé, faisons ce qu'aurait fait l'orage. Vite à l'œuvre. »

Au bout d'une ou deux secondes, les deux hommes, tenant de chaque main un pistolet prêt à faire feu, disparaissaient au milieu des hautes herbes, sous un amas de branches auxquelles les feuilles desséchées attenaient encore.

Un quart d'heure environ s'écoula.

Malgré la lenteur de leur allure, les rabatteurs approchaient, et le son aigu de leurs trompes déchirait les oreilles du marquis et de son valet.

Ces paysans allaient deux par deux, l'un secouant une torche et n'ayant pour arme qu'une fourche ou qu'un épieu, l'autre tout fier de quelque vieux mousquet dont la crosse pesante lui meurtrissait l'épaule.

Ceux que le hasard amenait dans la direction des fugitifs, franchirent le fossé à quatre pas du marquis, et continuèrent leur marche en causant.

Déjà Saint-Maixent se croyait sauvé, mais tout à coup l'homme au mousquet s'arrêta et dit à son compagnon :

« Eh! Maclou, regarde donc ces fagots dans le fossé; ils ne m'ont pas l'air plus catholiques qu'il ne faudrait. M'est avis qu'il ne serait point mal de les fouiller un brin avec les dents de la fourche, histoire de voir s'il n'y a rien dessous.

— Ça peut se faire tout de même, répondit Maclou qui revint aussitôt sur ses pas, fit halte au bord du fossé et brandit sa longue fourche à la façon d'un pêcheur de baleine qui s'apprête à lancer le harpon. Je vais être cloué au sol comme un hibou sur la porte d'une grange! pensa Saint-Maixent. Vilaine mort!... mieux vaut combattre! »

Il se releva d'un seul élan, jetant loin de lui les branches sèches qui n'avaient pas pu le protéger, il déchargea son pistolet sur Maclou qui tomba la face contre terre, et il prit sa course, suivi de Lazare, vers les hauteurs du monticule dont la futaie couvrait les pentes.

Le compagnon de l'infortuné Maclou épaula vivement son mousquet et fit feu; mais sa balle se perdit sans toucher le but. Alors il se mit à souffler fiévreusement dans sa trompe, ne s'interrompant que pour pousser des cris d'appel, de toute la force de son gosier.

Cette double détonation et ces clameurs vibrantes dénonçant clairement la présence de ceux qu'on cherchait, mirent en grand émoi tous les rabatteurs à portée de les entendre.

Le grand cercle se rompit aussitôt, et l'on vit toutes les torches se diriger à la fois vers le point où gisait le cadavre de Maclou.

Bientôt l'homme au mousquet se trouva complètement entouré.

Il raconta ce qui venait de se passer et il indiqua la direction prise par les fuyards.

« Ils vont aux ruines d'Aiglepierre! dit avec un accent de triomphe Médard Taboureau qui se trouvait au nombre des rabatteurs et qui se distinguait parmi les plus ardents. Nous les tenons! ils ne peuvent plus nous échapper! »

Puis, s'arrogeant le commandement d'un air d'autorité qui parut légitime à tous ses auditeurs, il ajouta :

« Nous les aurons vivants et nous les conduirons en triomphe jusqu'au juge et jusqu'au bourreau! Suivez-moi, vous autres!... Aux ruines d'Aiglepierre ;

— Aux ruines d'Aiglepierre! » répétèrent les paysans, en s'élançant sur les traces de Médard Taboureau, leur chef improvisé.

XIX

LES RUINES D'AIGLEPIERRE.

Tout ce qui précède à partir du coup de pistolet tiré par le marquis jusqu'au moment où les villageois, obéissant au double désir de venger Maclou et de se partager trois mille livres, s'élancèrent sur les traces des fugitifs, avait pris plus de temps que nous n'en avons mis à le raconter.

Lorsqu'au bout de quelques minutes de course

impétueuse, Saint-Maixent et Lazare jetèrent un regard en arrière pour voir à quelle distance se trouvaient leurs persécuteurs, ils s'aperçurent avec une surprise facile à comprendre qu'ils n'étaient pas suivis.

Les torches agitées, dont le nombre augmentait d'instant en instant, formaient un cercle mouvant autour du cadavre de l'homme tué par le marquis.

« Ah çà! mais que font-ils donc? murmura Lazare. Ils nous tenaient et ils nous lâchent! Ces gens-là ont perdu la tête, c'est certain. Profitons de leur folie pour reprendre haleine, les jambes me rentrent dans le corps.

— Gardons-nous bien de nous arrêter! répliqua le gentilhomme.

— Rien qu'une minute, monsieur le marquis.

— Ni une minute, ni une seconde. Ne comprends-tu pas que la poursuite va recommencer, plus ardente, plus acharnée qu'auparavant?

— Nous avons de l'avance.

— Nous en avons bien peu. D'ailleurs, nous sommes deux et ils sont peut-être cinq cents; nous sommes fatigués et ils sont frais; il s'en trouvera plus d'un dans le nombre capable de nous gagner de vitesse. Hâtons-nous donc d'atteindre le sommet de cette colline et de nous engager dans les rochers ou dans les ruines qui la couronnent, car, là plus que partout ailleurs, nous aurons quelque chance de dissimuler nos traces et de faire prendre le change aux chasseurs. »

En ce moment, et comme pour donner une confirmation éclatante aux paroles du marquis, l'immense clameur répétée par toutes les voix retentissait derrière eux, et les batteurs d'estrade, reprenant leur course, commençaient à gravir les flancs du monticule en secouant les torches, ce qui donnait à leur troupe pressée l'aspect d'une avalanche de feu.

« Qu'avais-je dit? » murmura le gentilhomme en s'efforçant d'accélérer encore sa vitesse.

Lazare, aiguillonné par la peur, le suivit sans se laisser distancer d'une semelle.

Il ne fallut aux deux hommes que quelques minutes pour arriver jusqu'à l'enceinte des ruines d'Aiglepierre, manoir antique ou plutôt forteresse, à moitié détruit, deux siècles auparavant, à la suite d'un long siège soutenu par son seigneur, et depuis lors complètement abandonné.

Les fugitifs se précipitèrent dans ces ruines, chaos grandiose, immenses débris couverts de lierre et de puissantes végétations, et dont l'aspect, sous les clartés pâles qui tombaient du ciel, offrait quelque chose de sinistre et même d'effrayant.

Çà et là des portiques intacts donnaient accès dans des salles géantes dont les murailles seules existaient.

De grands arbres poussaient au milieu de ces salles, à la place où jadis les chevaliers bannerets s'asseyaient à la table des destins.

Des escaliers d'un jet hardi s'élançaient vers le vide.

Une tour carrée dont une brèche profonde trouait les flancs de trois côtés, semblait ne se tenir debout que par un miracle d'équilibre.

Bref, l'intérieur des ruines offrait un labyrinthe de décombres tellement touffu, tellement compliqué, qu'il paraissait extrêmement difficile de s'y retrouver, même en plein jour.

Au milieu de ce labyrinthe, le marquis fit halte.

« Les gens qui nous pourchassent, dit-il, sont des maladroits fieffés et ne savent pas le premier mot du métier qu'ils font. Ils devaient à tout prix nous empêcher d'arriver ici. Maintenant que nous y sommes, ils vont croire que nous n'en sortirons plus, et ils perdront un temps précieux à nous chercher dans les mille cachettes qu'offrent ces écroulements, et les fouillis inextricables de ces buis, de ces lierres et de ces broussailles.

— Oui, sans doute, balbutia Lazare, mais ne finiront-ils point, à la longue, par nous trouver?

— Ils n'auront garde, car nous serons loin.

— N'allons-nous donc pas rester ici?

— Nous allons traverser les ruines, et reprendre notre course de l'autre côté. »

Lazare poussa un profond soupir.

« Si mon plan te semble mauvais, mon pauvre Lazare, ajouta le gentilhomme, je ne t'impose en aucune façon l'obligation de t'y conformer; tu es le maître de ne pas me suivre.

— Où ira monsieur le marquis, j'irai moi-même, répliqua le valet. Si je me suis permis de pousser un soupir, c'est simplement à cause de la fatigue.

— Viens donc, et bon courage! »

Les deux hommes reprirent leur marche et s'avancèrent dans les décombres aussi rapidement que leur permirent les obstacles matériels innombrables contre lesquels ils se heurtaient dans l'obscurité, et qui les faisaient trébucher presque à chaque pas.

Enfin ils atteignirent non sans peine la dernière enceinte des ruines de la forteresse.

Ils gravirent péniblement l'épaisse muraille presque écroulée, dont les assises de granit restaient seules debout; mais au moment où ils croyaient n'avoir plus qu'à s'élancer dans la campagne, ils s'arrêtèrent effarés, en poussant tous deux à la fois un cri de détresse.

De l'autre côté de cette muraille, aux anfractuosités de laquelle se cramponnaient leurs ongles, ils entrevoyaient un abîme inouï, vertigineux ; les profondeurs de cet abîme se perdaient dans l'obscurité, puis, plus loin, à trois cents pieds en contrebas, dans les brumes nocturnes que blanchissait la lune naissante, s'étalaient les horizons fuyants d'une contrée montagneuse couverte de forêts.

Voici de quelle manière s'expliquait l'effroyable déception de nos personnages. La colline, dont le plateau supportait les ruines du manoir d'Aiglepierre, s'élevait en pente douce du côté du midi, tandis qu'elle se terminait brusquement au nord par une sorte de falaise à pic, presque semblable à celles qui commandent les grèves de la mer en Normandie.

C'est sur la lèvre de cette falaise, qu'on eut dit taillée dans le granit par le coup de hache d'un géant, que s'asseyait la muraille d'enceinte.

En plein jour, depuis cette muraille, le regard ébloui embrassait un horizon de plus de quinze lieues.

« Rebroussons chemin, dit vivement le marquis, et puisse le diable permettre qu'il soit temps encore de sortir des ruines. »

Il n'était plus temps !

Saint-Maixent et Lazare, lorsqu'ils arrivèrent à la limite extérieure, virent les lueurs des torches rougissant le ciel, et les paysans formant une barrière infranchissable le long des trois côtés accessibles des ruines.

Ils étaient si nombreux, que les anneaux de cette chaîne vivante de sentinelles se touchaient presque, et qu'ils formaient un quadruple rang.

Tous ces hommes semblaient vigilants et calmes, appuyés les uns sur leurs fourches ou leurs épieux, les autres sur leurs mousquets rouillés.

Ils avaient eu soin de se placer assez loin de l'enceinte pour qu'un coup de pistolet tiré depuis les ruines ne put atteindre aucun d'eux.

« Ils nous tiennent, les misérables ! murmura Saint-Maixent avec un indicible accent de colère. Ah ! ils savaient bien ce qu'ils faisaient en nous laissant fuir tout à l'heure sans avoir l'air de nous poursuivre ! Ils savaient bien que nous allions venir nous réfugier ici, et qu'ils nous y garderaient aussi facilement qu'on garde des loups pris au piège ! »

Il s'interrompit pour frapper du pied, dans un accès de rage impuissante, et ses ongles crispés meurtrirent la chair de sa poitrine.

« Ils vont attendre le jour, reprit-il ensuite, et alors ils viendront nous tuer à coup de fourche ou de mousquet, à moins qu'ils ne préfèrent mettre le feu aux broussailles qui nous entourent, et nous enfumer comme des renards dans leur terrier ! »

Saint-Maixent baissa la tête sur sa poitrine, en se tordant les mains L'idée du piège dans lequel il était venu bénévolement se jeter, faisant palpiter douloureusement les fibres les plus vivaces de son orgueil.

« Qu'ils viennent, continua-t-il au bout d'un instant. Du moins, si nous sommes perdus, plus d'un d'entre eux tombera mort avant nous ! Suis-moi, Lazare, et fortifions-nous pour résister du moins jusqu'à notre dernier soupir... »

Les deux hommes se dirigèrent de nouveau vers le centre des ruines, et ne tardèrent point à atteindre le pied de cette haute tour carrée dont le sommet dominait l'espace.

Une brèche énorme, nous l'avons dit, s'ouvrait aux flancs de cette masse de pierre.

« Monsieur le marquis, dit Lazare en désignant le colosse, l'endroit ne me semble pas mauvais. Ne pourrions-nous entrer là-dedans, et nous y barricader de notre mieux ? Par la sambucquoy, ce serait facile.

— L'idée est bonne, répliqua Saint-Maixent, seulement la brèche est terriblement large ; il nous faudra, pour la fermer, bien du travail et beaucoup de fatigue.

— Moins que ne le croit monsieur le marquis. L'intérieur de la tour est rempli de pierres. Nous n'aurons qu'à les pousser et à les rouler. En moins d'une heure la brèche peut devenir impraticable.

— Essayons, je le veux bien. »

Le gentilhomme et le valet pénétrèrent dans la vaste salle carrée de la tour, qui avait été jadis le point central du manoir, et comme une forteresse au milieu de la forteresse.

Les marches de granit d'un escalier s'incrustaient encore dans l'une des murailles, mais les plafonds de tous les étages, et la plate-forme même du sommet, s'étaient écroulés depuis un siècle.

Leurs débris encombraient la salle basse jusqu'à une certaine hauteur, et ne laissaient libre qu'un seul endroit parfaitement circulaire, et obstrué lui-même par les rejets épineux d'une végétation luxuriante.

Saint-Maixent se plaça près de la brèche, et Lazare se mit en devoir de lui passer des pierres et des dalles brisées qu'il entassait les unes sur les autres sans aucune prétention d'obtenir un résultat régulier.

Il s'agissait uniquement de fermer l'ouverture d'une façon suffisante pour pouvoir tuer beaucoup de monde avant que la barricade ne fût emportée d'assaut.

Lazare déployait une activité prodigieuse, et le marquis, à qui la certitude désormais acquise de ne pas mourir sans lutte et sans vengeance, faisait trouver la situation moins pénible, travaillait courageusement de son côté.

L'intérieur de la tour était si obscur, que les deux hommes, à quatre pas l'un de l'autre, ne pouvaient se voir.

Tout à coup Saint-Maixent entendit une voix lamentable, celle de son valet, lui crier :

« Monsieur le marquis, venez-moi en aide! Monsieur le marquis, tendez-moi la main, au nom du ciel! j'enfonce, je disparais! hâtez-vous! Par la sambucquoy, il n'est que temps!... »

Le gentilhomme s'approcha vivement du lieu d'où partait la voix, et qui n'était autre que cet endroit circulaire dont nous avons parlé, et qu'encombraient des rejets d'épines.

A peine venait-il de l'atteindre, à peine se penchait-il vers Lazare qui se débattait au milieu de ces broussailles, que le sol manqua sous ses pieds. Les ronces n'eurent pas la force de supporter le poids de deux corps. Le maître et le valet disparurent à la fois dans une ouverture ronde et béante, et le voile de verdure se referma sur eux.

XX

LE SALUT.

Au moment où les branches flexibles des arbustes cédaient sous le poids des fugitifs, une pensée rapide comme l'éclair traversa l'esprit du marquis.

« Nous sommes engloutis dans quelque oubliette! se dit-il. Tout est fini! avant trois secondes, le néant nous aura repris! »

Le valet, aussi scélérat que son maître, mais moins esprit fort, parce qu'il était plus naïf, s'écria tout haut, avec une dévotion de circonstance :

« Saint Lazare, mon grand patron, prenez pitié de moi! »

Le gentilhomme et son complice furent d'ailleurs rassurés presque aussitôt, car, à peine lancés dans le vide, ils tombèrent d'une hauteur de dix ou douze pieds à peine sur une terre humide et molle, sans se faire le moindre mal.

« Ah! par la sambucquoy! murmura Lazare, nous pouvons nous vanter, monsieur le marquis, de l'avoir échappé belle! Voilà, sur ma parole, une heureuse aventure! De par tous les diables de l'enfer! je suppose que les coquins qui nous poursuivent n'auront pas de sitôt l'idée de nous venir chercher dans ce trou.

— Je le crois comme toi, répondit Saint-Maixent, en tâtant de la main les murailles lisses, et sans aspérités d'aucune sorte sur lesquelles il fût possible de se cramponner des pieds ou des mains. Mais j'ai grand'peur que nous n'en valions pas mieux pour cela. On ne nous trouvera point au fond de cette citerne, je te l'accorde ; seulement, comme je n'entrevois aucun moyen d'en sortir, nous y périrons misérablement, et j'avoue que cette perspective ne me séduit guère. Mourir en combattant, tomber sur un tas de cadavres, me noyer dans un flot de sang, me souriait infiniment plus. »

Lazare sentit un petit frisson courir sur sa peau.

« Mais alors... mais alors... balbutia-t-il, nous sommes donc ensevelis vivants ?

— Cela m'en a tout l'air.

— Nous reste-t-il au moins le plus petit espoir ?

— J'en doute très-fort.

— Comment s'en assurer ?

— Aurais-tu dans ta poche un briquet, par hasard ?

— J'en ai un, monsieur le marquis, qu'en faut-il faire ?

— Allumer un morceau d'amadou. »

Lazare s'empressa d'obéir.

Tandis qu'il battait le briquet, Saint-Maixent déchira son mouchoir de poche ; une partie de la toile lui servit à confectionner un tampon sur lequel il posa l'amadou que venait de mordre une étincelle ; la toile s'embrasa lentement, et, sous le souffle du gentilhomme, une petite flamme bleuâtre en jaillit.

Cette flamme éclaira faiblement la circonférence de la prétendue citerne, et permit d'apercevoir dans la muraille, presque au niveau du sol, une ouverture juste assez large pour livrer passage au corps d'un homme, et dans laquelle il était possible de se glisser à reculons.

Saint-Maixent introduisit dans cette ouverture le flambeau improvisé et sentit son cœur battre avec violence en apercevant à cette pâle clarté la première marche d'un escalier qui descendait vers des profondeurs mystérieuses.

« C'est peut-être le salut! s'écria-t-il. Cet escalier doit conduire aux souterrains du château, et qui sait si nous ne trouverons pas dans ces cryptes quelque issue que nul ne connait ? »

Lazare, aussi prompt à la confiance absolue qu'au plus complet découragement, eut toutes les peines du monde à réprimer les transports de sa joie.

« Si monsieur le marquis daigne le permettre, dit-il, je passerai le premier pour reconnaitre le chemin.

— Va ! » répliqua le gentilhomme avec un sourire, car il ne se méprenait point au vrai motif de ce beau zèle.

Lazare ne se le fit pas répéter deux fois.

Il s'introduisit dans l'ouverture, et il s'empressa d'affirmer que l'escalier, quoique un peu étroit, paraissait aussi solide que s'il était de construction toute récente.

M. de Saint-Maixent suivit son valet, et tous deux, vaguement éclairés par le feu rouge du tampon d'étoffe qui ne flambait plus et se consumait lentement, commencèrent à descendre.

Combien de temps dura cette descente ? Un quart d'heure tout au plus, peut-être, mais elle leur parut d'une interminable longueur.

Les marches succédaient aux marches, humides et glissantes, entre deux murailles resserrées d'où filtraient par endroits de minces filets d'eau.

Dans de telles conditions, on perd à la fois la notion du temps et celle de la distance, ceci nous parait facile à comprendre.

Le marquis et son valet commençaient à ressentir une impression presque pareille à celle qui résulte d'un cauchemar. Il leur semblait qu'un *escalier-Fée* multipliait sous leurs pieds ses degrés fantastiques et que cet escalier allait les conduire fatalement jusque dans les entrailles de la terre.

Déjà Lazare regrettait en son for intérieur d'avoir tenté l'aventure, et, de la meilleure foi du monde, remettait de nouveau son âme de coquin sous la protection de son patron.

Le marquis, moins accessible aux terreurs superstitieuses, éprouvait néanmoins une stupeur voisine de l'épouvante.

Heureusement pour les fugitifs, l'aspect du couloir aux pentes rapides se modifia soudain.

L'espace se rétrécit de plus en plus entre les murailles ; les degrés cessèrent, et Lazare, qui marchait toujours le premier, se trouva dans une sorte de boyau voûté, parfaitement plane, et aboutissant à une petite grotte naturelle dont l'issue, très-basse et de forme irrégulière, était masquée complètement par des buissons épineux d'une épaisseur inouïe.

Pour s'ouvrir un passage au milieu de ces ronces tordues et enlacées comme des serpents, il fallut jouer du couteau, et les deux hommes n'échappèrent aux griffes du fourré séculaire qu'avec les mains ensanglantées et les vêtements presque en lambeaux.

Enfin ils étaient libres ! libres sous le ciel étincelant ! au fond de la vallée, au pied de cette falaise à pic dont les ruines d'Aiglepierre couronnaient le sommet.

Saint-Maixent se rendit facilement compte de ce sauvetage quasi miraculeux.

Les anciens seigneurs châtelains avaient fait jadis construire à grands frais ce prodigieux escalier, traversant de part en part les flancs de la montagne. Ils se ménageaient ainsi un moyen assuré de fuite, pour le cas où le château serait enlevé de vive force et mis à sac à la suite d'un siège ou d'un coup de main.

Le hasard avait fait retrouver au gentilhomme et à son valet cette issue mystérieuse oubliée depuis deux cents ans, et qui devait rester peut-être après eux éternellement inconnue.

« Nous sommes sauvés ! dit le marquis. On nous croit dans les ruines, on a la certitude que nous n'en pouvons sortir à moins d'avoir des ailes pour nous échapper. On va, pendant deux jours au moins, nous y chercher ou nous y bloquer. Cette confiance de nos ennemis rend les chemins libres devant nous, et nous arriverons avant deux jours au château de Rahon.

— Que le ciel vous entende, mon cher maitre ! murmura le valet. Mais où en serions-nous, je vous le demande, si je n'avais eu l'heureuse maladresse de me laisser choir dans ce trou là-haut ?... Je ne suis pas plus dévot qu'il ne faut, oh ! non, et cependant je ferai de grand cœur brûler un cierge à saint Lazare, mon bon patron. »

Le marquis haussa les épaules dédaigneusement, mais il ne jugea point à propos de combattre ce qu'il appelait les ridicules *préjugés* d'un faible esprit, et il commanda d'une voix ferme :

« En route ! »

Nous ne suivrons pas les fugitifs dans leurs nouvelles pérégrinations à travers les forêts touffues et les pittoresques vallées de la haute Auvergne.

Nous n'avons à relater, pendant leurs dernières étapes, aucune aventure émouvante, aucun péril sérieux, dignes d'exciter la curiosité et de fixer l'attention de nos lecteurs.

Saint-Maixent et Lazare, évitant avec soin les

grandes routes et les chemins fréquentés, ne firent qu'un très-petit nombre de rencontres, et parfaitement inoffensives.

Les rares paysans qui se trouvèrent sur leur passage, les voyant en piteux équipage, tout déloqués et traînant la jambe, les prirent pour des bohémiens égarés et ne les inquiétèrent en aucune façon.

Le pain et le quartier de chevreuil emportés par Lazare suffirent pour leur nourriture et les dispensèrent de franchir le seuil d'une hôtellerie, d'une ferme ou de toute autre maison habitée.

La bouteille de vin s'était brisée dans la poche du valet, lors de la dégringolade aux ruines d'Aiglepierre, mais les fugitifs côtoyaient ou franchissaient à chaque instant des ruisseaux dont l'eau claire et fraîche apaisait leur soif.

Ils dépassèrent, sans le traverser, le gros bourg de Mauriac ; ils s'orientèrent de nouveau et, le soir du second jour, un peu avant la tombée de la nuit, au moment où le soleil venait de descendre à l'Occident derrière un chaos de nuages qu'il enflammait de ses derniers rayons, ils atteignirent le sommet d'une éminence d'où le regard pouvait planer sur une grande étendue de pays.

En face d'eux (de l'autre côté d'une vallée verdoyante et peu profonde où de vieux saules et de grands peupliers entouraient un petit étang), s'élevait une construction d'aspect seigneurial.

Une longue avenue de châtaigniers géants conduisait à de vastes corps de logis bâtis en briques rouges avec des encadrements de pierre sculptée, et couronnés de toits aigus à crêtes de plomb découpées à jour.

Quatre tourelles à clochetons et à poivrières flanquaient les quatre angles de l'édifice.

Ces masses architecturales, tout à la fois nobles et élégantes, se reflétaient dans les eaux limpides et profondes qui baignaient les assises du manoir.

Sur les derrières moutonnaient les futaies d'un parc immense, ou plutôt d'une véritable forêt close de murs et de sauts de loups. Telle était l'étendue de ce parc qu'on y pouvait chasser à courre le cerf, le chevreuil et le sanglier.

« Par la sambucquoy ! s'écria Lazare extasié, cette résidence est celle d'un prince tout au moins, et notre sire le roi s'y trouverait, j'ose le dire, aussi bien logé que dans son Louvre ! »

A quelques cinquante pas des fugitifs, un petit pâtre à l'œil mélancolique gardait ses chèvres.

Monsieur de Saint-Maixent lui fit un signe.

Le pâtre s'approcha lentement.

« Mon gas, lui demanda le marquis, à qui appartient le château que voilà ?

— C'est le château d'un bon seigneur, notre seigneur, M. le comte de Rahon, que Dieu conserve ! » répondit l'enfant.

Le marquis eut un tressaillement de joie.

Il touchait donc enfin au but si ardemment convoité et si difficilement atteint.

« M. le comte est-il à son château ? reprit-il.

— Oui bien, et avec sa dame, encore ! une brave dame, et plus charitable que pas une ! Elle vient de m'habiller tout de neuf pour les dimanches, et aussi mes trois petits frères, sans compter qu'elle a donné à la mère de l'argent blanc. »

Saint-Maixent mit une pièce de monnaie dans la main de l'enfant et dit à Lazare :

« Allons ! »

Les deux hommes descendirent ensemble la pente douce et gazonnée de la colline.

Il leur fallut près d'une demi-heure pour atteindre l'avenue de châtaigniers et pour la parcourir dans toute sa longueur.

Enfin ils arrivèrent à une grille monumentale que surmontait l'écu de Rahon, timbré de la couronne aux neuf perles.

En face d'eux se dressait le château dans sa grandiose majesté.

Le soleil avait éteint ses derniers rayons, le crépuscule succédait au jour.

XXI

L'ACCUEIL

A la droite et à la gauche de la grille, et sous des groupes de tilleuls d'une belle venue, s'élevaient deux pavillons coquets, bâtis en pierre de taille, coiffés d'ardoises, et percés, du côté de l'avenue, de hautes fenêtres dont la croix latine encadrait les vitrages composés, comme ceux d'une chapelle, de petits carreaux taillés en losanges et sertis dans du plomb.

L'un de ces pavillons servait d'habitation au portier ; l'autre était le logis du garde-chasse spécialement affecté à la surveillance du parc.

M. de Saint-Maixent saisit la chaînette de fer qui pendait le long d'un des pilastres de la grille, et l'agita fortement, mettant en branle une sonnette de dimension peu commune.

Ce coup de cloche magistral ne pouvait annoncer, selon le portier du château, qu'un visiteur de haute importance. Aussi ce fonctionnaire, grand et gros

Je me penchai sur lui, prêt à lui donner tous mes soins. (Page 63.)

homme à mine impertinente et rogue, revêtu de la livrée des Rahon, descendit rapidement les trois degrés par lesquels on accédait à la porte de son pavillon, et se dirigea vers la grille en toute hâte.

Son étonnement et son indignation n'eurent pas de bornes quand il fut assez près des nouveaux venus pour constater, aux clartés pâles du crépuscule, que ni l'un ni l'autre ne portaient l'épée ; qu'ils avaient l'un comme l'autre des barbes de plusieurs jours, des figures hâves et défaites, des cheveux en désordre, des chapeaux avachis, des vêtements déchirés ; et qu'enfin ils arrivaient à pied tous les deux.

Si piteux équipage et si déplorable mine ne pouvaient appartenir qu'à des gens sans aveu, des aventuriers, des mendiants sans doute, des voleurs peut-être ; bref, et dans tous les cas, des gibiers de potence !...

Et de pareilles *espèces* se permettaient de sonner en maîtres à la grille d'honneur du château de Rahon, comme si l'on n'avait autre chose à faire que de se déranger pour aller parlementer avec eux à travers les barreaux de cette grille !

En vérité c'était inouï.

Aussi ce fut d'un ton colère et méprisant tout à la fois, que le portier, foudroyant les nouveaux venus d'un regard majestueux, s'écria :

« Savez-vous bien, mes drôles, qu'il vous faut une dose d'impudence sans égale pour mener si grand bruit à la grille d'un manoir tel que celui-ci. Je ne sais qui me retient d'appeler nos gens pour vous faire bâtonner d'importance, ou de lâcher un peu nos dogues à vos trousses.

« Cet homme est fou, se disait à lui-même Lazare profondément scandalisé. Il est vrai que, pour le quart d'heure, ajoutait-il, nous ne payons vraiment pas d'apparence. »

Saint-Maixent, lui, envisageait la situation sous son côté comique, et ne comprimait qu'à grand'peine une immense envie de rire.

« Ça, voyons, que voulez-vous ? reprit le portier avec un redoublement de suffisance, répondez vite, je vous le conseille, car j'ai fort peu de temps à perdre, et je vais vous céder la place si vous ne vous expliquez sans retard.

— Mon brave homme, répliqua Saint-Maixent de l'air le plus calme, je veux voir le comte de Rahon. »

Le portier mit ses poings sur ses hanches, et toute sa massive personne s'ébranla dans un accès de formidable hilarité.

« Ah! ah! ah! s'écria-t-il ensuite, vous voulez voir M. le comte, comme cela, tout simplement. Vous figurez-vous, par hasard, que M. le comte reçoit ainsi le premier venu. Rayez cela de vos papiers, et, si vous espérez une aumône, dites-le sans autre détour. Je verrai ce qu'il est possible de faire pour vous. »

Le gentilhomme n'avait plus envie de rire. Il commençait à se sentir la bile échauffée par tant d'insolence. Cependant il voulait rester calme.

« En voilà trop long, fit-il d'un ton impétueux, qui, malgré les délabrements de son costume, décelait le grand seigneur. Sachez, drôle, à qui vous parlez, et qu'on prévienne le comte de Rahon que son parent, le marquis de Saint-Maixent, veut l'entretenir sur l'heure. »

Le portier demeura stupéfait et abasourdi tout d'abord, comme le serait un chat qui verrait une souris se changer en boule-dogue sous sa patte.

Quand il revint à lui, sa physionomie, son geste, sa voix, son allure, subirent une métamorphose immédiate, et la platitude la plus humble remplaça sans transition l'impertinence la plus effrontée.

« Ah! monsieur le marquis, balbutia-t-il, monsieur le marquis! je suis un butor, un lourdaud indigne de votre colère. Si monsieur le marquis m'avait fait seulement l'honneur de se nommer....

— Vous ne m'auriez point menacé de la bastonnade, j'imagine, interrompit Saint-Maixent. Vous êtes un faquin! Mais finissons-en, et faites en sorte de ne me pas laisser plus longtemps dehors. A ce prix, je vous pardonne votre inqualifiable sottise! »

Le portier, d'une main tremblante, introduisit la lourde clef dans la serrure massive.

La grille s'ouvrit. Le marquis et Lazare en franchirent le seuil, et se trouvèrent dans l'enceinte inviolable des domaines du comte de Rahon.

Il ne s'agissait plus que de s'y faire bien recevoir, et surtout de s'y maintenir ; mais notre héros croyait à son étoile qui l'avait amené jusqu'au port après des traverses sans nombre où tant d'autres auraient succombé ; il ne doutait point de lui-même, et comptait sur ce talent de séduction, ou plutôt de fascination dont il était doué si amplement.

Pendant le colloque qui précède, la nuit était tout à fait tombée.

Le portier, laissant dans la cour d'honneur le marquis et Lazare, prit sa course vers le château.

Au bout de quelques minutes, on vit des lumières aller et venir derrière les vitres du rez-de-chaussée. Plusieurs laquais en grande livrée (la livrée de Rahon, rouge, noir et or) parurent sur la plus haute marche du perron avec des flambeaux, et un valet de chambre, tout de noir vêtu, vint à la rencontre de Saint-Maixent, le salua respectueusement, et lui dit :

— Je vais avoir l'honneur de conduire monsieur le marquis auprès de M. le comte. Monsieur le marquis veut-il me permettre de lui montrer le chemin ?

— Je suis à vous, répliqua Saint-Maixent, puis, désignant Lazare, il ajouta : Et je vous recommande mon valet.. Le pauvre diable vient de s'échapper comme moi des mains d'une troupe de bandits, qui prétendaient nous mettre à rançon. Nous avons livré tous les deux de rudes batailles et marché sans cesse depuis trois jours. Le pauvre diable a besoin de nourriture et de repos.

— Il ne manquera de rien. Je me charge de lui ; monsieur le marquis peut être tranquille. »

Saint-Maixent fit un signe à Lazare pour lui enjoindre la prudence, en ses actions aussi bien qu'en ses paroles, puis il se dirigea vers la porte d'honneur, dont le premier valet de chambre du comte lui montrait le chemin.

Au haut du perron, nous l'avons dit, et dans un vestibule immense et sonore comme la nef d'une église, les laquais formaient la haie.

Ils s'inclinèrent sur le passage du marquis, et leurs visages n'exprimèrent que le respect le plus profond.

L'hôte du château était gentilhomme et le parent du maître ; cela suffisait. Ils ne parurent même pas remarquer l'étrange désarroi de son costume.

Le valet de chambre fit traverser à Saint-Maixent un premier salon, dans lequel aurait tenu, parfaitement à l'aise, une de nos modernes habitations avec sa cour et son jardin; il ouvrit ensuite la porte d'un deuxième salon, plus petit. Le comte de Rahon, l'air soucieux, immobile et adossé à une haute cheminée, s'y trouvait seul.

« Monsieur le marquis de Saint-Maixent ! » annonça le valet de chambre, qui se retira en fermant la porte derrière lui.

Certes notre héros (avec le caractère que nous avons essayé de faire connaître à nos lecteurs dans les chapitres qui précédent), était peu susceptible d'éprouver une émotion vive, de quelque nature qu'elle pût être.

Il sentit néanmoins son cœur battre avec force au moment où il se trouva face à face avec ce parent, sur la protection duquel il faisait à bon droit reposer son unique chance de salut et d'avenir.

L'attitude contrainte et préoccupée du comte de Rahon, son silence, son immobilité même, n'annonçaient point une bien chaude sympathie.

Saint-Maixent eut quelques secondes de véritable angoisse, et se demanda si cette indispensable hospitalité qu'il avait jusqu'alors espéré si fermement, ne lui serait pas refusée, et il frissonna, car alors que deviendrait-il ?

Avons-nous besoin d'ajouter qu'il ne laissa rien paraître sur son visage de ce qui se passait dans son esprit, et qu'il sût composer sa physionomie avec son art accoutumé.

Il appela sur ses lèvres son meilleur sourire, et, la main étendue, il se dirigea rapidement vers le comte.

Ce dernier fit deux pas en avant, d'une façon lente, presque solennelle.

Les lignes de sa figure conservaient une inquiétante rigidité. Son regard était ferme et froid. Sa main ne se souleva point pour serrer celle que lui tendait le marquis.

« Ah ! diable, pensa Saint-Maixent, voilà décidément qui va mal...

— Mon cousin, commença M. de Rahon d'une voix grave, Dieu m'en est témoin, je voudrais vous dire que vous êtes le bien-venu dans ma maison. »
il s'interrompit.

« Monsieur le comte, s'écria Saint-Maixent, non sans fierté, la froideur de votre accueil semble m'indiquer que je suis de trop ici. Affirmez-moi que j'ai bien compris, dans une minute vous serez délivré de moi.

— Je n'affirmerai pas cela, mon cousin répondit M. de Rahon sans se départir de son calme glacial, ce serait mentir, et je ne mens jamais. A vous, mon parent, à vous plus qu'à tout autre, l'hospitalité du château de mes ancêtres doit être de grand cœur et joyeusement offerte... elle peut l'être encore... elle le sera sans doute... je l'espère... j'ai le désir ardent de n'en point douter... Seulement, les circonstances particulières et funestes dans lesquelles vous vous trouvez placé rendent nécessaire, indispensable même, une explication entre nous. J'ai besoin que vous fassiez briller à mes yeux la lumière au milieu des ténèbres qui vous entourent en ce moment, j'ai besoin que vous me laissiez lire loyalement dans votre âme et dans votre vie, avant qu'il me soit possible de vous tendre la main et de vous dire, la joie au cœur et sur les lèvres : « Soyez le bien-venu, mon cousin ! vous êtes l'hôte « que Dieu m'envoie !... »

Saint-Maixent respira.

Il avait eu la crainte de se voir évincé par le comte, séance tenante et sans appel, et, dans ce cas, rien au monde, aucune habileté, aucune ressource de son esprit, fertile en expédients, n'auraient pu modifier, ou seulement retarder d'une heure la solution fatale, ou l'écroulement absolu et définitif de ses espérances.

« Ces explications que vous sollicitez, monsieur le comte, s'écria-t-il, j'allais librement vous les offrir, car elles importent à mon honneur !... Vous êtes mon parent, vous êtes mon aîné : votre âme et votre intelligence sont à la hauteur de votre grand nom, de votre haute situation. Je vous accepte et je vous veux pour juge... interrogez-moi ! je répondrai, comme je répondrais à Dieu, si Dieu m'interrogeait ! »

XXII

UN GRAND COMÉDIEN.

Le comte Annibal-Armand de Rahon, lieutenant-général des armées du roi, était un homme de quarante ans environ, de taille moyenne, de figure avenante et noble, avec un regard franc et loyal, parfaitement grand seigneur dans toutes les acceptions du mot, mais d'une apparence un peu frêle.

Au moment où nous venons de le montrer en présence du marquis de Saint-Maixent, il pouvait passer encore pour un charmant cavalier, très-capable de plaire aux dames, si l'amour exclusif qu'il réservait à la comtesse, sa femme, lui avait permis de rechercher des succès de galanterie ; seulement, la pâleur un peu maladive de ses joues, le cercle bleuâtre tracé sous ses paupières, la maigreur de ses mains patriciennes, aussi blanches que l'ivoire, pouvaient faire craindre une vieillesse prématurée.

Habitué à vivre presque sans cesse à la cour, il en transportait les habitudes, les ajustements et presque l'étiquette, dans son château, au fond de la province d'Auvergne.

Sa maison était montée sur le pied le plus grandiose ; le luxe de ses livrées et de ses équipages atteignait des proportions princières. Très-charitable d'ailleurs, et proportionnant ses largesses à l'énormité de ses revenus, il était adoré de ses serviteurs et des paysans qui couvraient ses vastes domaines.

L'Auvergne toute entière connaissait et vénérait d'ailleurs sa réputation légitime d'homme bon entre les meilleurs, et généreux jusqu'à la prodigalité.

Le comte de Rahon, ce soir-là, portait un costume qui n'eut point été déplacé au jeu du roi, et, sur ce costume tout chatoyant de broderies d'or, s'étalait le grand cordon de l'ordre du Saint-Esprit, un ordre quasi royal, comme chacun sait.

« Interrogez-moi, monsieur le comte, avait dit Saint-Maixent, je vous répondrai comme je répondrais à Dieu, si Dieu m'interrogeait. »

Annibal de Rahon, satisfait de cette exclamation, qui lui semblait provenir d'un élan intérieur tout spontané, fit un signe de tête approbateur.

Depuis quelques secondes il examinait le marquis avec attention, et il remarquait sur les traits tirés de son visage et dans son attitude brisée, les irrécusables symptômes d'un épuisement complet.

Il se sentit pris de pitié.

« Mon cousin, dit-il vivement, à Dieu ne plaise que certains scrupules, qui vous paraissent légitimes comme à moi-même, m'entraînent, ne fût ce que pour un instant, à vous traiter en ennemi. Nous allons, si vous le voulez, retarder de quelques heures cet entretien, qui peut être long... Peut-être êtes-vous fatigué ?... Peut-être avez-vous faim ?... »

Saint-Maixent fit un appel à tout ce qu'il y avait en lui de dignité naturelle. Il prit son plus grand air et il répliqua :

« Vous ne vous trompez pas, monsieur le comte, je suis fatigué et j'ai faim, car voici bientôt trois jours et trois nuits que je marche sans dormir et presque sans manger, mais qu'importe ? Je puis attendre pour apaiser les besoins de mon corps, mais je n'admets aucun retard quand il s'agit de panser la blessure faite à mon honneur. Je n'accepterai pas une goutte d'eau dans votre maison avant de m'être justifié à vos yeux, avant d'avoir vu votre main loyale se tendre pour serrer la mienne.

— Soit ! mais, du moins, prenez un siége. »

Le marquis se laissa tomber sur le fauteuil que M. de Rahon s'empressait de lui avancer.

Sa pâleur était si grande, son visage révélait des tons tellement livides, qu'on pouvait croire une défaillance imminente.

« Laissez-moi vous faire servir un cordial, murmura le comte avec une émotion qu'il ne chercha point à cacher.

— Je n'accepterai rien ! répéta Saint-Maixent d'une voix ferme. Aussi longtemps que vous pourrez voir en moi l'homme qu'on accuse et qu'on pourchasse, le misérable indigne de vous appartenir, je refuserai d'être votre hôte ! interrogez-moi donc, monsieur le comte, et, si vous n'êtes pas sans pitié pour un malheureux gentilhomme, interrogez-moi vite !

— Que votre volonté soit faite, mon cousin, dit Annibal, je n'insiste plus pour un retard, car je vous comprends, et, moi aussi, j'ai hâte de vous voir justifié ! »

Puis, après un court silence, il continua :

« Vous me connaissez depuis votre enfance. Vous savez que je vous ai témoigné sans cesse la plus vive affection, et vous savez aussi à quel point le sentiment de la famille est développé dans mon cœur. Je crois à la solidarité des rejetons d'une même race, et je suis jaloux de l'honneur de mes parents, proches ou éloignés, comme je suis jaloux du mien.

« Jugez de ce que j'ai dû souffrir quand un bruit vague d'abord, et que je refusais de croire, mais bientôt grandissant, est venu m'apprendre que l'un des miens, le dernier représentant de la grande maison des Saint-Maixent, se trouvait sous le coup d'une poursuite infamante, et que sa liberté, sa vie même, étaient menacées.

« Je voulais douter encore ; je résolus de remonter jusqu'à la source de ces bruits funestes. J'étais alors à Paris : j'allai voir le lieutenant de police et le suppliai de me rassurer. Il me répondit que ces fatales rumeurs n'étaient, hélas ! point mensongères. Il ajouta que le marquis de Saint-Maixent avait disparu, et que, par égard pour moi, puisque ce gentilhomme m'appartenait, il donnerait à ses agents l'ordre de mal chercher ses traces.

« *On l'oubliera s'il se laisse oublier*, telles furent ses dernières paroles.

« Quelques semaines s'écoulèrent. J'avais quitté Paris pour venir m'installer ici. Tout à coup votre nom, prononcé de nouveau, vint réveiller mes angoisses assoupies.

« On m'annonça que, vous aussi, vous étiez en Auvergne, et que la province entière pâlissait au récit de vos exploits sinistres.

« Brigandage, meurtres, émission de fausse monnaie, sacrilége, toutes ces accusations effroyables pesaient à la fois sur vous. La voix du peuple, qui est parfois la voix de Dieu, vous signalait comme l'ennemi commun qu'il fallait traquer sans relâche, ainsi qu'on traque une bête fauve ; votre tête était mise à prix ; la main de la justice clouait votre signalement à la porte de chaque église où j'allais demander à Dieu de vous sauver de vous-même et de vous arracher aux griffes du démon !

« C'est à grand'peine que j'ai réussi à empêcher ce parchemin maudit de venir s'étaler jusque dans mes villages, sous les yeux épouvantés de mes vassaux et de mes tenanciers.

« Chaque jour je m'attendais à apprendre que vous étiez aux mains de la maréchaussée, qu'on instruisait votre procès, et que votre sang, qui est le mien, allait couler sous la hache du bourreau, sur la grande place de Clermont, mettant une tache ineffaçable sur vos armoiries dont les miennes sont écartelées.

« Telle était ma situation d'esprit lorsque tout à l'heure un de mes valets est venu m'annoncer que vous étiez là, que vous demandiez à me voir, et derrière votre nom ainsi jeté à l'improviste, il m'a semblé que j'entendais retentir le bruit du tocsin.

« Je vous ai tout dit, mon cousin, franchement, brutalement ; j'ai laissé devant vous saigner les blessures de mon cœur.

« C'est à votre tour de parler. Vous connaissez les accusations. Je vous écoute, justifiez-vous ! »

Le comte de Rahon se tut et prit la pose d'un homme attentif.

Saint-Maixent l'avait écouté dans une attitude attristée, mais non point abattue, et par instants une larme menteuse avait coulé de ses yeux sur sa joue.

Cet homme avait le don des larmes. Toutes les adresses, toutes les audaces, qui font de l'hypocrite un monstre accompli, il les possédait comme personne avant lui ne les avait possédées, comme personne après lui ne les possédera peut-être.

« Armez-vous de courage, monsieur le comte, commença-t-il après s'être recueilli pendant quelques secondes ; pour que ma justification soit complète, il me faudra parler longtemps, ne vous lasserez-vous pas avant que j'aie fini ?

— Dussiez-vous parler pendant toute la nuit, mon attention ne faiblirait point. Je n'ai qu'une seule crainte...

— Laquelle ?

— C'est que vos forces ne vous trahissent.

— Oh ! rassurez-vous, j'irai jusqu'au bout. Si j'étais mort, mon cadavre se ranimerait pour vous crier mon innocence et pour vous en donner les preuves. »

Après un court silence, Saint-Maixent continua :

« Il me faut remonter un peu loin dans ma vie, car tout s'enchaîne en ce bas monde, et c'est de la première accusation que les autres ont fatalement découlé.

« J'étais jeune, j'étais ardent, et mon héritage paternel me paraissait inépuisable. Affamé de plaisirs, je prodiguais l'or ; il ruisselait de mes mains sur les tapis verts et dans les boudoirs. Je gagnais rarement, et les faciles Danaés de Paris me proclamaient volontiers le plus libéral des Jupiters venus de l'Olympe sous forme de pluie métallique.

« Joignez à cela les ajustements somptueux, les brillants équipages, toutes les dépenses enfin d'un gentilhomme de grande maison, qui veut garder son rang parmi ses égaux, et vous comprendrez que mes revenus ne pouvant suffire à soutenir un pareil train j'entamais largement mon capital.

« Deux ou trois années s'écoulèrent, et les biens considérables que je possédais se trouvèrent à peu de chose près réduits à néant.

« Je ne m'en inquiétais guère, je l'avoue. Quand il m'arrivait (chose rare) de songer une heure au lendemain, je me disais que mon nom valait une fortune et que, lorsque je serais ruiné, il vous serait facile, à vous, mon parent, d'obtenir pour moi de la bonté du roi qui vous aime, un régiment ou quelque grande charge à la cour, et qu'un riche mariage viendrait combler les brèches et redorer mon écusson.

« Au milieu des désordres de cette folle vie, j'avais beaucoup d'amis et je ne me connaissais qu'un seul ennemi.

« Cet ennemi (neveu de David Hérard, le célèbre juif enrichi) était un jeune homme de famille bourgeoise, mais sa fortune personnelle, et surtout celle de son oncle qui n'ayant point d'enfant le traitait comme son héritier, lui permettaient de frayer avec les gentilshommes sur les terrains où l'on se rencontre sans exhiber ses titres de noblesse, je parle des maisons de jeu et des salons des femmes galantes.

« Samuel (il se nommait Samuel, quoiqu'il eût renoncé à la religion judaïque) était mon rival en toutes choses, mais je l'emportais toujours sur lui.

« S'il se présentait pour tenir contre moi l'enjeu d'une grosse partie, la fortune, habituellement hostile, me comblait aussitôt de ses faveurs. Au lieu de perdre comme de coutume, je gagnais, uniquement parce que Samuel Hérard était mon adversaire.

« En amour, ou plutôt en galanterie, car en ces faciles aventures le cœur ne se prodigue guère, il en était exactement de même.

« Samuel Hérard courtisait-il avec ardeur quelque jeune beauté peu cruelle, je n'avais qu'à me présenter pour qu'il fût aussitôt congédié.

« Était-il heureux déjà, je le supplantais en un tour de main.

« Or, ce Samuel avait une âme basse et rancunière, un orgueil irritable. Ces pauvres petits coups d'épingle lui semblaient des coups de poignard. Il ne me les pardonnait pas et se mourait d'envie de me chercher querelle ; mais comme ma railleuse politesse ne lui fournissait aucun prétexte, comme il craignait par-dessus tout le ridicule et qu'il ne savait pas si le marquis de Saint-Maixent, accepterait le douteux honneur de croiser son épée avec celle d'un petit bourgeois millionnaire, neveu d'un maltôtier gonflé de rapines, il se tenait coit discrètement, et couvait sa rage et sa haine comme les vipères font de leur venin.

« L'occasion ne devait pas tarder à se présenter, occasion fatale pour Samuel et pour moi ! où cette haine longtemps contenue éclaterait enfin librement. »

XXIII

UN GRAND COMÉDIEN (SUITE).

Saint-Maixent poursuivit :

« Une nuit, vers trois heures du matin, il y a de cela quatre mois environ, je quittais la maison de jeu de la rue Saint-Honoré où je me rendais presque tous les soirs.

« J'avais commencé par perdre beaucoup, mais, au moment où j'abandonnais la partie, Samuel Hérard était venu, comme de coutume, changer ma veine ; grâce à lui, qui, je vous l'ai dit, ne manquait aucune occasion de me choisir pour adversaire, j'avais amplement réparé mes pertes, et mes poches se gonflaient de tout l'or sorti des siennes. Bref, j'emportais une somme ronde de vingt-cinq mille livres environ. »

En mettant le pied sur le pavé de la rue, accompagné seulement de mon laquais, je m'aperçus que Samuel Hérard m'avait suivi et qu'il se trouvait tout près de moi.

« — Cher monsieur, lui dis-je avec politesse, croyez à mon bien vif regret de vous dépouiller ainsi. Foi de gentilhomme, je le déplore, mais, que diable ! ce n'est pas ma faute. Pourquoi cette étrange manie de tenir contre moi ? Vous devez savoir cependant que lorsque nos deux *chances* se combattent, la mienne est toujours victorieuse.

« — Est-ce votre *chance* ou votre *adresse* qui l'emporte sur moi, monsieur le marquis ? » répliqua Samuel d'un ton si sec et si cassant qu'il me parut cacher quelque tentative d'insolence.

« L'idée cependant ne me vint pas tout de suite que cette insolence s'élevait jusqu'à l'insulte. Il est certaines accusations si prodigieuses, si absurdes, tellement inattendues, que pour arriver à les comprendre il faut les entendre répéter deux fois.

« Néanmoins j'étais sur mes gardes, et je priai mon adversaire de m'expliquer sans nul retard le sens de ses paroles.

« — A quoi bon ? me répondit-il en redoublant d'impertinence, vous m'avez parfaitement compris ; cependant, si vous y tenez, je vais m'expliquer mieux. La fortune, qu'on dit aveugle, a cessé de l'être pour vous, car vous avez eu l'adresse rare de lui enlever son bandeau. Vos doigts agiles commandent au hasard avec des cartes biseautées ! En un mot, vous ne m'avez pas gagné mon argent, vous me l'avez volé ! Suis-je assez clair, monsieur le marquis, et me comprenez-vous maintenant ?

« Samuel avait à peine achevé que, saisi d'une de ces colères auxquelles on ne commande pas, je bondissais vers lui et le souffletais sur les deux joues.

« Il recula, en tirant son épée, et d'une voix étranglée il balbutia ces mots qui dévoilaient pour moi toute sa rage et toute sa haine :

« — Ah ! je vais donc enfin vous tuer ! »

« Puis, sans me laisser le temps de me mettre en défense, ce déloyal et lâche ennemi m'attaqua furieusement.

« C'en était fait de moi si son épée, qui cherchait mon cœur, n'eût rencontré sur ma poitrine une bourse pleine d'or qui me servit de cotte de mailles. Je dégainai rapidement ; je tombai en garde à mon tour, et je dis à Samuel en engageant le fer :

« — Vous n'êtes qu'un misérable digne de tous les mépris ! et vous venez de le prouver deux fois, en m'outrageant d'abord lâchement, et ensuite en cherchant comme vous l'avez fait à vous défaire de moi par surprise. Je vous accepte néanmoins pour adversaire, quoique vous ne méritiez point cet honneur, et je vous propose de remettre à demain notre rencontre, car cette nuit nous n'avons pas de témoins, et si l'un de nous succombe, ce qui est certain, le vainqueur passera pour un assassin.

« — Monsieur le marquis a peur, je le vois! répondit Samuel d'un ton railleur.

« — Ah! vous y tenez, m'écriai-je en haussant les épaules. Eh bien, que votre volonté soit faite, et surtout, tenez-vous bien, car je ne vous ménagerai pas!

« J'avais affaire à forte partie, mais vous savez, monsieur le comte, que je suis un tireur passable ; une légitime indignation et le sentiment de mon bon droit doublaient d'ailleurs mon énergie.

« Au bout de quelques passes, mon épée disparut dans la poitrine de mon adversaire qui s'abattit en poussant un cri sourd.

« Je me penchai sur lui, prêt à lui donner tous mes soins s'il me semblait possible encore de le rappeler à la vie, mais le sang coulait à flots de sa profonde blessure, ses yeux n'avaient plus de regard, une écume rougeâtre venait à sa bouche avec une sorte de râle indistinct, je le crus mort, et comme j'entendais dans le lointain les pas d'une ronde de police, je m'éloignai rapidement, suivi de mon valet, et je rentrai chez moi, la conscience nette, car j'avais fait mon devoir en bon gentilhomme, mais le cœur offensé douloureusement, car je venais de tuer un homme.

« Jugez de mon épouvante, de ma colère, de mon désespoir, quand j'appris le lendemain que Samuel Hérard, ranimé pour une heure et conservant jusque dans l'agonie l'acharnement de son étrange haine, avait usé son dernier souffle dans une suprême calomnie!

« Il était mort en m'accusant de l'avoir assassiné traîtreusement pour lui voler sa bourse! Au moment de paraître devant Dieu, ce juge que l'on ne peut tromper, il s'était voué à l'enfer par un mensonge infâme pour avoir l'effroyable joie de me perdre du moins après lui.

« Son oncle, le maltôtier David Hérard, se faisant le complice de cette dénonciation monstrueuse, s'était jeté aux pieds de M. de la Reynie en demandant justice contre moi, et M. de la Reynie, convaincu, m'avait décrété d'arrestation.

« C'est alors que, traqué comme un malfaiteur par les agents du lieutenant de police, je quittai Paris et je vins me réfugier dans vos montagnes.

« Vous connaissez maintenant les circonstances funestes qui pour la première fois ont fait accoler au nom du marquis de Saint-Maixent les épithètes de voleur et de meurtrier. Je vous ai dit la vérité tout entière, rien que la vérité. Je prends à témoin Dieu qui m'écoute, Dieu qui m'entend et qui peut me foudroyer si j'ai menti!

« Et maintenant, monsieur le comte, jugez selon votre conscience, qui est toute justice et qui est toute loyauté! De ces premiers crimes, suis-je coupable?

— Continuez, mon cousin, je vous en prie, » dit pour la seconde fois le comte de Rahon.

Ce n'était point une réponse, mais ces paroles prononcées d'un ton bienveillant et presque affectueux prouvèrent jusqu'à l'évidence à Saint-Maixent que sa tentative de réhabilitation venait de faire un progrès immense dans l'esprit de son puissant et noble parent.

Après quelques secondes de silence, il poursuivit sa tâche difficile, celle de se laver complètement de toutes les accusations portées contre lui depuis son arrivée dans la province d'Auvergne.

Nous ne le suivrons point dans la série de développement nécessaires à sa cause, mais inutiles et sans intérêts pour nos lecteurs qui savent à merveille que les justifications du marquis ne pouvaient reposer que sur un échafaudage d'adroits mensonges.

Il nous suffira d'affirmer que notre héros fit preuve d'une fertilité d'imagination inépuisable, et qu'il déploya des qualités d'invention hors ligne, pour dénaturer d'une façon toujours logique et toujours vraisemblable des faits matériels, trop bien connus et trop bien prouvés, et pour revêtir d'un brillant vernis d'innocence les actes les plus condamnables.

Toujours est-il qu'il y parvint. — Le comte de Rahon, à mesure que parlait Saint-Maixent, sentait ses doutes s'affaiblir, ses soupçons disparaître.

Plus l'adroit narrateur épaississait les ténèbres autour de lui, et plus le facile auditeur croyait voir briller la lumière.

Les âmes parfaitement belles et nobles ont souvent de ces mirages qu'elles acceptent sans peine pour des réalités.

Tel est pour le bien leur ardent amour qu'elles refusent de croire au mal, aussitôt que le mal prend la peine de se cacher derrière les brouillards de l'hypocrisie, et d'attacher sur son visage le masque d'une vertu menteuse.

De tout cela, résulta pour lui la conviction que Saint-Maixent pouvait avoir commis de graves imprudences, mais qu'il n'avait à se reprocher aucune action honteuse, aucun crime infamant.

L'expression froide et sévère de son visage s'était modifiée peu à peu, nous l'avons dit, comme se fond la glace sous les rayons de plus en plus chauds du soleil

Ce visage rayonnait de bonté généreuse et de compassion touchante au moment où le marquis termina son plaidoyer par ces mots :

« Maintenant, monsieur le comte, vous savez tout. Jugez-moi ! Que suis-je pour vous ?... »

M. de Rahon tendit ses deux mains au fugitif, et s'écria d'une voix profondément émue, tandis que des larmes d'attendrissement coulaient une à une sur ses joues :

« Vous êtes un parent que j'aime. Vous êtes un hôte cent fois bienvenu.

— Ah ! que Dieu soit béni ! vous ne doutez plus de moi, balbutia Saint-Maixent en élevant vers le ciel un regard qui semblait chargé d'actions de grâces.

— Non, je ne doute plus. Relevez la tête, mon cousin, puisqu'il n'y a dans votre vie que du malheur et point de honte. Portez haut le front, puisque comme François Ier, le roi chevalier, il vous reste le droit de dire : *Tout est perdu, fors l'honneur !* »

Saint-Maixent parut à tel point transporté par ces paroles chevaleresques, qu'il cessa d'être le maître de son émotion ; il se précipita dans les bras du comte, et pendant quelques secondes les deux hommes se tinrent étroitement embrassés.

Quand se dénoua cette étreinte qui faisait battre l'un contre l'autre deux cœurs si peu pareils, et qui réunissait tant de loyauté pure à tant d'infâme duplicité, le comte de Rahon reprit :

« Vous avez beaucoup souffert, mon cousin, et les hommes se sont montrés pour vous bien injustes ; mais, s'il plaît à Dieu et au roi, tout peut encore se réparer... Ma maison, ma fortune, mon influence dans le monde, mon crédit à la cour, je mets tout à votre service.... Comptez absolument sur moi. »

XXIV

ENTENTE CORDIALE

Le marquis de Saint-Maixent avait parlé pendant bien des heures. Il était tout près de minuit quand s'échangèrent les épanchements auxquels nous venons de faire assister nos lecteurs.

Notre héros, soutenu par sa force de volonté et par la prodigieuse énergie de son organisation, aussi longtemps qu'il l'avait fallu pour lui permettre de jouer l'audacieuse comédie de laquelle dépendaient son salut et son avenir, se trouva complètement anéanti dès qu'il eut atteint son but.

Il se laissa retomber sur son fauteuil ; une pâleur mortelle couvrit son visage ; quelques gouttes d'une sueur glacée mouillèrent la racine de ses cheveux ; une défaillance, réelle cette fois) s'emparait de lui.

Le comte de Rahon, sérieusement alarmé, s'empressa de frapper sur un timbre dont l'appel fit accourir son valet de chambre.

Il lui donna l'ordre d'apporter à l'instant de l'eau fraîche, des sels énergiques, et il entoura le marquis de soins empressés qui le ranimèrent en quelques minutes.

« La fatigue et la faim, lui dit-il alors, sont des ennemis terribles. L'homme le plus vaillant ne peut lutter contre eux sans être vaincu. On va vous apporter à souper dans cette pièce, et ensuite je vous conduirai chez vous. Quelques heures de repos complet vous rendront toutes vos forces.

— En votre compagnie j'oublie la fatigue et le sommeil. Mais il est bien probable qu'une fois dans mon lit je dormirai comme doit dormir un fugitif qui n'a pas fermé les yeux depuis trois nuits.

— Je vais donc m'empresser de vous conduire à votre appartement.

— Déjà !

— Savez-vous qu'il est une heure du matin.

— Alors pardonnez-moi, mon cousin, de vous avoir fait veiller si tard, et, tandis que je suis en train de solliciter votre indulgence, daignez me l'accorder en même temps pour un crime de lèse-galanterie que les sombres préoccupations qui m'obsédaient peuvent seules peut-être rendre excusable. Je ne vous ai pas encore demandé des nouvelles de ma cousine.

— La comtesse se porte à merveille, répondit M. de Rahon. Elle est couchée certainement, et sans doute fort étonnée de mon interminable tête-à-tête avec un inconnu.

— Un inconnu ? répéta Saint-Maixent non sans quelque surprise.

— Elle le croit du moins, poursuivit le comte, car j'ai donné l'ordre à mes gens de ne lui point apprendre que le visiteur de ce soir était notre parent. Je me réservais de lui donner moi-même cette nouvelle. Vous baiserez demain la main de la comtesse ; elle sera très-heureuse de vous voir, je m'en porte garant ; je vous présenterai en outre à une charmante jeune femme, notre parente, qui veut bien accepter notre hospitalité. »

Saint-Maixent n'osa faire une question peut-être indiscrète, mais ses yeux étincelèrent de curiosité.

« Cette jeune femme, continua le comte, est notre

La valetaille lui fit faire un plongeon dans un des bassins (Page 73.)

gracieuse cousine Olympe d'Aubray, marquise de Chavigny Je crois qu'elle vous est inconnue.

— Je ne l'ai jamais vue.

— Tant pis pour vous! Elle est bonne à voir....

— Son vieux mari serait-il mort, par hasard? demanda vivement le marquis.

— Hélas! non, malheureusement pour elle.

— Mais alors, comment se fait-il?...

— Qu'elle soit ici, et qu'il n'y soit pas, acheva le comte. C'est toute une histoire, et je vous la raconterai, mais plus tard.

— On dit Mme de Chavigny belle comme un ange, et presque aussi charmante que Mme de Rahon, reprit Saint-Maixent.

— On a raison, répliqua le comte; quoiqu'Olympe et la comtesse ne se ressemblent guère, elles sont toutes les deux d'adorables créatures. Vous verrez demain la marquise de Chavigny et vous la jugerez.... mais prenez bien garde à votre cœur, n'allez point faire la folie de devenir amoureux ! La marquise peut attendre longtemps le veuvage, par conséquent, la liberté, et tenez-vous pour dit qu'elle est la vertu même !

— Que me parlez-vous d'amour, mon cousin ! murmura Saint-Maixent d'un ton mélancolique. J'ai tant souffert que je me regarde comme un vieillard, il me semble que mon cœur est mort.

— Il ressuscitera, je vous le promets, seulement, veillez sur lui et conservez-le bien, l'occasion de le donner se présentera peut-être avant peu. Aussitôt que le roi, par des lettres patentes, vous aura bien et dûment blanchi des accusations fausses et injustes qui pèsent en ce moment sur vous, nous vous trouverons, la comtesse et moi, quelque belle fille de bonne famille et de suffisante fortune, qui vous apportera en dot sa beauté, son innocence, son amour, ses biens au soleil, ce qui ne gâte rien, et sera fière de relever l'antique maison des Saint-Maixent. Mais tout ceci viendra en son temps. Cette nuit, ne pensons qu'au sommeil, dont vous devez avoir le plus urgent besoin. »

Le comte frappa de nouveau sur le timbre pour appeler son valet de chambre. Il lui donna l'ordre de marcher en avant avec des flambeaux, puis il voulut accompagner le marquis jusqu'à l'appartement préparé pour lui.

Cet appartement se trouvait au premier étage, à l'extrémité d'une longue et magnifique galerie, tendue de tapisseries flamandes représentant des sujets de chasse et des fêtes champêtres.

Il se composait d'une antichambre, d'un petit salon, d'une vaste chambre à coucher, d'un grand cabinet de toilette, et d'un autre cabinet plus petit, donnant sur l'antichambre et devant être occupé par le valet de Saint-Maixent.

Les meubles, du temps de Louis XIII, unissaient une grande magnificence au goût le plus exquis.

Des tapisseries des Gobelins revêtaient les murailles de la chambre à coucher. Aux boiseries sculptées du petit salon étaient suspendus plusieurs tableaux de l'école italienne, dignes de fixer l'attention d'un connaisseur.

Cet ensemble était à la fois élégant sans papillotage et sévère sans tristesse. Les moindres détails témoignaient des instincts artistiques du comte de Rahon et de ses ancêtres, et prouvaient leur immense fortune. Ainsi, pour ne citer qu'un de ces détails, tous les objets garnissant la toilette étaient en argent massif et travaillés avec amour par quelque grand artiste en ciselure, l'élève et presque le rival du Florentin Benvenuto Cellini.

Dans l'antichambre, sur une chaise d'ébène, à haut dossier, garnie de cuir de Cordoue fixé par de larges clous de cuivre, un homme dormait, la tête inclinée, les jambes étendues, les bras ballants.

C'était Lazare.

Il n'avait point osé se coucher sans attendre son maître, mais le sommeil, plus fort que sa volonté, s'était irrésistiblement emparé de lui.

Le pauvre diable a succombé, fit le comte en le désignant, il n'a pas comme vous cette force morale qui triomphe de la fatigue. Demain, mon intendant le mènera choisir des vêtements à sa taille parmi les livrées neuves de mes gens, en attendant qu'il puisse reprendre vos couleurs, qui sont à peu de chose près les miennes. Mon valet, tout à l'heure, l'éveillera et lui dira de votre part que vous l'autorisez à gagner sa couche. Je vais, moi, vous montrer la vôtre.

M. de Rahon ouvrit la porte de la chambre à coucher. La nuit était fraîche. Un feu clair pétillait dans la haute cheminée, jetant ses clartés joyeuses sur les tentures de lampas rouge d'un immense lit à colonnes torses.

« Voilà le cabinet de toilette, ajouta le comte en précédant son hôte dans une dernière pièce où de nombreux vêtements de toutes les couleurs et de toutes les formes se suspendaient aux porte-manteaux. Nous sommes à peu près de la même taille, ces costumes viennent de m'arriver; ils sont du bon faiseur et vous iront, je pense, aussi bien qu'à moi-même. Oh ! ne me remerciez pas, ceci n'est rien, et si vous tenez absolument à me vouer quelque gratitude, attendez du moins que mon étoile m'ait permis de vous rendre de véritables et sérieux services, ce qui, je l'espère, ne tardera guère. Maintenant, mon cousin, bonsoir, je vous souhaite une nuit de calme et de repos; faites des rêves d'heureux présage et dormez la grasse matinée. Je viendrai prendre de vos nouvelles vers dix heures. »

M. de Rahon ayant ainsi parlé serra une fois encore les mains du marquis et se retira.

Saint-Maixent, resté seul, se dirigea vers l'antichambre pour adresser à son valet diverses recommandations qu'il jugeait utiles.

Lazare, réveillé quelques minutes auparavant par le valet de chambre du comte, n'avait pas même eu le courage de quitter ses vêtements ; il s'était jeté tout habillé sur le lit du cabinet voisin, et son sommeil, un instant interrompu, recommençait, plus lourd qu'auparavant.

Le marquis dut renoncer bien vite à l'espoir de se faire entendre de lui ; il regagna sa chambre, se dévêtit, et ce fut avec un sentiment d'indicible volupté qu'il s'étendit sur les draps de toile fine et sur les matelas gonflés de plume.

Il n'éteignit point les bougies du candélabre à trois branches placé près de son lit; il voulait s'endormir les yeux ouverts, en contemplant ce luxe qu'il aimait plus que tout au monde et qui lui manquait depuis si longtemps.

Mais ses paupières s'abaissèrent malgré lui; ses pensées devinrent confuses; il perdit la notion du présent, aussi bien que celle du passé, et s'il vit quelque chose encore, ce ne fut plus que dans un rêve.

XXV

AU RÉVEIL.

Il était grand jour quand M. de Saint-Maixent ouvrit les yeux.

Un joyeux rayon de soleil, passant par l'une des fenêtres aux petits carreaux sertis d'étain, venait se jouer sur les courtines écarlates du lit colossal. Le marquis se leva sur son coude, promena ses regards autour de lui, et ne put s'empêcher de rire en voyant la mine comique et la singulière attitude de Lazare, qui ne se savait point observé.

Le valet, fraîchement rasé, soigneusement frisé, était vêtu d'une magnifique livrée neuve, aux couleurs du comte de Rahon : rouge, noir et or.

Il se tenait debout, devant une haute glace, où sa personne un peu massive se réflétait de la tête aux pieds; il se regardait tantôt de face, tantôt de trois quarts, prenait des poses, faisait des grâces, cambrait son torse, avançait la jambe, arrondissait les bras, et témoignait enfin, par l'expression radieuse de sa physionomie, que l'examen approfondi des diverses beautés de son individu, lui procurait une satisfaction vive et sans nuages.

« Lazare, dit Saint-Maixent après s'être amusé pendant quelques secondes de la grotesque comédie que son valet lui donnait sans le savoir.

— Monsieur le marquis? s'écria l'ex-amoureux de Simone Raymond en accourant auprès du lit.

— Comme te voilà superbe! » reprit Saint-Maixent d'un ton sérieux.

« Monsieur le marquis est bien bon, fit-il ensuite. Eh! mon Dieu oui, le physique est passable encore, quoiqu'un peu fatigué par nos aventures et mésaventures trop prolongées. Mais déjà, sous ces vêtements neufs, je ne suis plus reconnaissable, et, si Dieu me prête vie, j'espère bien me refaire complétement avant qu'il soit peu, et redevenir ce que j'étais...

— Comment trouves-tu ce logis?

— Ah! monsieur le marquis, quelle maison! l'argent coule ici comme l'eau de source! les valets y sont mieux nourris que les maîtres ne le sont ailleurs! C'est un vrai pays de Cocagne! pourvu que nous y puissions rester!

— Nous y resterons.

— Longtemps?

— Aussi longtemps qu'il nous plaira.

— Alors, il ne nous plaira jamais d'en sortir! Mais M, le lieutenant civil aura-t-il le bon goût de nous laisser en repos céans?

— Rien à craindre de ce côté. Mon cousin le comte de Rahon, tout-puissant à la cour, comme tu sais, me prend sous sa haute protection et se charge d'arranger mes affaires, et par conséquent les tiennes.

— Qu'il soit béni et récompensé suivant ses mérites, cet excellent seigneur! s'écria Lazare radieux. Ah! par la sambucquoy, comme je vais engraisser! d'autant plus qu'on aura pour mon humble personne des soins tout à fait particuliers.

— En l'honneur de quel saint? » demanda le marquis en riant.

Lazare prit un air de fatuité victorieuse.

« Oserais-je avouer à monsieur le marquis, répliqua-t-il, que sous le toit de ce château je possède une amante?

— Allons donc! s'écria Maixent.

— La chose paraît invraisemblable, je le sais bien, mais, par la sambucquoy, je me permets d'affirmer à monsieur le marquis que rien cependant n'est plus vrai.

— Mais, cette amante, d'où la connais-tu?

— Ah! c'est une ancienne connaissance.... une connaissance de Paris... Anastasie Gaudin, la première femme de chambre de Mme la comtesse... Elle n'est pas jolie, jolie, ni de la première jeunesse; mais elle a des qualités sérieuses, et daigne m'honorer d'une bienveillance à peu près sans limites.

— Anastasie Gaudin, dont il me semble que je me souviens présentement, n'est-elle pas une grande fille brune, un peu grêlée?

— Grêlée comme une écumoire, monsieur le marquis, positivement, ce qui nuit beaucoup à sa fraîcheur.

— Est-elle depuis longtemps au service de Mme la comtesse?

— Depuis cinq ou six ans au moins.

— A-t-elle l'oreille de sa maîtresse?

— Complétement.

— Tout est donc pour le mieux.... cela pourra nous servir un jour ou l'autre.

— C'est ce que j'ai pensé tout de suite.

— As-tu déjà fait quelques remarques sur le personnel du château ?

— Autant que j'ai pu voir en si peu de temps, les valets font profession d'un grand attachement pour leurs maîtres, dont ils vantent la bonté et la libéralité sans bornes. Un seul personnage pourrait bien être une exception à cette règle générale.

— Un personnage, dis-tu, lequel ?

— Le plus important des subalternes, un certain Lactance, intendant de M. de Rahon. Je suis un peu physionomiste, ayant pris, sans le vouloir, quelques-unes des qualités de monsieur le marquis. Ce Lactance, qui se donne la mine et les allures d'un homme de bien, détaché des choses de ce monde et tout confit en dévotion, m'a fait l'effet d'un sournois qui cache son jeu. Je le crois un hypocrite fieffé.

— Si tu ne te trompes pas, tant mieux, cela pourra nous servir. Mais, dis-moi, n'as-tu commis hier au soir aucune inconséquence ? N'as-tu prononcé aucune parole imprudente ?

— Oh! quant à cela, monsieur le marquis, j'en réponds. J'étais sur mes gardes, et comme je ne savais point au juste ce qu'il fallait dire ou ne pas dire, j'ai prétexté l'effet de la fatigue pour m'enfermer dans un silence presque complet.

— C'est à merveille. T'as-t-on questionné beaucoup ?

— Fort peu, sauf l'intendant, maître Lactance, qui, sans avoir l'air d'y toucher, me paraît un curieux de premier ordre. Il en a d'ailleurs été pour ses frais.

— De mieux en mieux. Je craignais une surprise, mais je vais te faire ta leçon, et quand l'intendant ou tout autre t'interrogera désormais, tu pourras répondre hardiment sans crainte de te mettre en désaccord avec moi. »

Après ce préambule, le marquis mit Lazare au fait de l'ingénieux roman inventé par lui la veille pour démontrer à M. de Rahon l'abominable fausseté des accusations sous le poids desquelles il se débattait.

« Tu en sais aussi long que moi, dit-il en achevant. Pour soutenir notre cause commune, il s'agit tout bonnement de ne démentir aucun de ces faits, ce qui n'est pas difficile. Est-ce compris ?

— Parfaitement compris, monsieur le marquis.

— Ne va pas oublier, en outre, que pendant la durée de notre séjour en ce château, tu dois être un valet modèle. Je te recommande la pratique de toutes les vertus. Il faut avoir des mœurs, mon pauvre Lazare, et quelques principes religieux.

— On en aura, monsieur le marquis.

— Veille aussi sur ta probité. Sache résister victorieusement aux tentations les plus affriolantes, si ces tentations se présentent.

— Par la sambucquoy, j'en fais serment. M. le comte de Rahon laisserait tomber à son insu sous mes yeux une bourse pleine d'or, que l'on me verrait la ramasser aussitôt et la lui reporter sans l'ouvrir.

— C'est ce qu'il faut. Songe que le moindre méfait deviendrait une cause d'exclusion ; et que si le comte de Rahon, mon hôte, demandait ton renvoi motivé, je ne pourrais intercéder en ta faveur sans me compromettre moi-même. Évite les occasions de disputes et de querelles avec les valets du château. Sois un garçon de joyeuse humeur et de bon caractère, et cède volontiers, même en ayant raison. Parle peu ; écoute beaucoup ; observe ce qui se fait, ce qui se dit, ce qui se tait. Surveille, espionne, et rends-moi compte de tout.

— Je n'y manquerai pas.

— Il ne me reste rien à ajouter. Quelle heure est-il ?

— Huit heures et demie, monsieur le marquis.

— Viens donc m'habiller présentement. »

Saint-Maixent quitta son lit pour confier sa tête à Lazare, qui s'empressa de déployer les talents multiples d'un valet de chambre expert en son métier.

Le drôle était adroit comme un singe. Il s'entendait à raser et à coiffer son maître aussi bien, pour le moins, qu'à se poster dans un chemin creux, le pistolet au poing, et à crier aux passants attardés :

« Halte-là ! La bourse ou la vie !... »

Bref, au sortir de ses savantes mains, Saint-Maixent avait repris ce juvénile et charmant visage qui le faisait ressembler trait pour trait à l'archange saint Michel terrassant le démon, tel que le montrait le grand tableau du maître-autel de la petite église de Saint-Jude.

Julie Chadorant, la jolie fille aux yeux tendres de l'hôtellerie des *Armes de France*, aurait soupiré bien fort en le regardant.

Ceci fait, et les ablutions du marquis terminées, Lazare ouvrit une armoire d'ébène incrustée de cuivre, d'ivoire et de plomb. qui se trouvait dans l'un des panneaux du cabinet de toilette. Cette armoire était pleine de linge parfumé. Il y prit une chemise de toile de Hollande, toute garnie de point d'Alençon, et il la passa à son maître, qui noua négligemment autour de son cou un simple ruban de soie pourpre à demi noyé sous les dentelles.

Saint-Maixent choisit ensuite, parmi les nombreux vêtements envoyés de Paris par le tailleur à la mode, un costume du matin ravissant d'élégance et de simplicité. Des bas de soie dessinèrent sa jambe irréprochable; il chaussa des souliers à hauts talons rouges; il mit en verrouil une petite épée de parade, fine comme une aiguille; il jeta sous son bras gauche un chapeau galonné d'or, et, quittant le cabinet de toilette, il alla se regarder dans cette grande glace devant laquelle nous avons vu parader Lazare.

En face de son image fidèlement réfléchie, il lui fallut bien s'avouer à lui-même qu'il avait repris la mine et la tournure d'un habitué du jeu du roi.

On frappa doucement à la porte, et Lazare courut ouvrir.

Le valet de chambre de M. de Rahon venait s'informer si le marquis de Saint-Maixent était éveillé et s'il pouvait recevoir le comte.

Il se retira en emportant une réponse affirmative, et cinq minutes après Annibal de Rahon entrait.

« Ah ! mon cousin, s'écria-t-il après une chaude accolade, que je suis heureux de vous voir ainsi ! Vous voilà redevenu ce matin ce que vous avez toujours été, le plus élégant gentilhomme de France !...

— Grâce à vous, mon cousin, répondit Saint-Maixent en souriant.

— Chut ! chut ! ne parlez point de cela. Vous avez bien dormi n'est-ce pas ?

— Comme je n'avais jamais dormi... Et toujours grâce à vous.

— Une idée m'est venue cette nuit. J'ai pensé qu'il était possible que dans vos tristes aventures vous eussiez perdu votre bourse. Permettez-moi de vous offrir, à titre de prêt, ces cinq cents louis. Quand cette bagatelle sera dépensée, regardez-moi comme votre banquier, vous me ferez vraiment plaisir. »

Tout en disant ce qui précède, M. de Rahon plaçait sur un meuble un petit sac de peau gonflé d'or.

« Mais mon cousin, commença le marquis.

— Je vous en supplie, pas un mot interrompit vivement le comte. Si vous le voulez, nous allons descendre. Ma femme et la marquise de Chavigny se promènent ensemble dans le parc. La comtesse a grande envie de vous revoir, et la belle Olympe, un peu curieuse, se meurt d'envie de vous connaître. Ne faisons point attendre ces dames. »

FIN DE LA PREMIÈRE PARTIE.

DEUXIÈME PARTIE

L'HOROSCOPE DE SIMONE RAYMOND

I

LA COMTESSE ET LA MARQUISE.

Un escalier de forme elliptique, à double rampe et à balustres de granit poli comme le plus beau marbre, mettait en communication les appartements du rez-de-chaussée avec le parterre qui s'étendait sous les fenêtres du château, ainsi qu'une immense corbeille de fleurs, et rejoignait la partie boisée du parc.

Une large allée, bordée de statues, et dont le sable blanc, mêlé de parcelles de mica, étincelait sous les premiers feux du soleil, conduisait en ligne directe aux futaies de chênes énormes et de châtaigniers deux fois séculaires.

Du haut du perron, le comte de Rahon et le marquis de Saint-Maixent virent de loin deux femmes, l'une en robe bleue, l'autre en robe rose, marchant lentement à l'extrémité de l'allée droite.

« Voilà la comtesse et Mme de Chavigny, dit à son hôte M. de Rahon, rejoignons-les. »

Il fallut près de dix minutes aux deux gentilshommes pour franchir la distance qui les séparait de la châtelaine et de sa cousine.

Ils les atteignirent enfin, et M. de Rahon s'écria d'un ton joyeux :

« Ma chère Marie, voici l'enfant prodigue pour lequel, comme aux temps bibliques, nous allons, s'il vous plaît, tuer le veau gras. Marquise, je vous présente notre parent bien-aimé, le marquis de Saint-Maixent, qui ne saurait être un inconnu pour vous, car vous nous avez entendu parler de lui bien souvent. »

Le marquis s'inclina devant la comtesse dont il baisa respectueusement la main patricienne, et fit à madame de Chavigny un salut profond, accompagné d'un regard plein d'une irrésistible éloquence, car il exprimait l'admiration la plus enthousiaste.

La belle Olympe répondit au salut de Saint-Maixent par une révérence de la belle école, et, sous le jeu de son regard, elle baissa ses longues paupières sur ses grands yeux et rougit légèrement.

Les deux jeunes femmes formaient un groupe adorable et se faisaient valoir mutuellement par le piquant contraste de leurs beautés, absolument différentes quoique également parfaites.

Mme de Rahon, grande et svelte, avec un teint de créole, des yeux noirs et des cheveux sombres, atteignait l'âge où la femme, complétement développée, jette son plus vif éclat. C'est assez dire qu'elle avait trente ans.

La marquise de Chavigny accomplissait à peine sa vingt-deuxième année. Elle était de taille moyenne, mince encore et merveilleusement bien faite, avec une légère et gracieuse tendance à l'embonpoint. Sa prodigue chevelure d'un blond cendré, son teint blanc, nuancé de rose, et d'une incomparable pureté, ses prunelles d'un bleu sombre et profond, ses lèvres d'un vif incarnat, la rendaient délicieusement jolie et justifiaient le surnom de *la belle Olympe* sous lequel elle était généralement désignée.

« Mordieu ! la charmante créature ! pensa le marquis de Saint-Maixent. En compagnie de cette reine de beauté, les jours passeront trop vite au château de Rahon.

— Mon cousin, dit la comtesse avec un bon sourire où se peignait toute la franchise de son âme, ai-je besoin de vous affirmer que je suis heureuse de vous voir ? Quand le comte m'a donné, cette nuit, la nouvelle de votre arrivée, je n'ai pu retenir un cri de joie. Combien de fois, à Paris, ne vous avais-je point invité vainement à nous venir visiter ici ? Combien de fois ne m'aviez-vous pas promis de le faire ? Mais les plaisirs de la grande ville vous rendaient oublieux. Enfin, puisque vous êtes venu, plus de reproches, tout est effacé ! Vous voici notre hôte, et j'espère bien que nous vous garderons longtemps.

— Ah ! ma cousine, répliqua vivement le marquis, ce n'est pas moi qui me lasserai le premier de votre gracieuse hospitalité. Jusqu'au jour où je croirai comprendre que je suis importun, je resterai votre hôte heureux et reconnaissant.

— Prenez garde ! s'écria Mme de Rahon, vous venez de vous engager à ne plus nous quitter jamais.

— Oh ! jamais, ce serait trop dire, interrompit le comte en riant. Le jeune aigle, avide d'espace et de liberté, se lasserait bien vite de sa cage s'il se sentait enfermé pour toujours. La vérité est que ce beau cavalier a commis quelques imprudences qu'il s'agit maintenant de réparer. Certains faits, qui laissent son honneur intact, mais dont la malveillance et la sottise se sont emparées pour les grossir et les dénaturer, lui créent en ce moment une situation difficile. Il m'a fait loyalement, sans détours et sans réticences, sa confession générale, il a reçu de moi une absolution pleine et entière; je vais prendre ses affaires en main et je me charge de les conduire à bonne fin, mais l'écheveau est embrouillé et ne se dévidera pas en un jour. Saint-Maixent restera donc forcément pendant plusieurs mois notre commensal, je dirai presque notre prisonnier, et j'espère que nous agirons de manière à lui faire trouver quelque charme à la vie des champs et à lui rendre la captivité supportable. »

Le marquis ne répondit à ces paroles affectueuses qu'en prenant dans les siennes les mains de son parent, et en les serrant avec effusion.

« Vous nous raconterez vos aventures, » reprit la comtesse.

En grand comédien qu'il était, Saint-Maixent secoua la tête d'un air de profonde mélancolie.

« Ah ! que Dieu m'en garde ! s'écria-t-il.

— Pourquoi donc ? demanda Mme de Rahon.

— Vous voulez savoir pourquoi, ma cousine ?

— Sans doute.

— Eh bien ! parce qu'il me semble au moins inutile de vous attrister par le douloureux et sombre récit de tout ce que j'ai souffert. A quoi bon mettre sous vos yeux les angoisses d'un gentilhomme injustement accusé d'actions tellement odieuses qu'il ne les comprend même pas ? A quoi bon vous montrer un malheureux se débattant vainement dans une trame effroyable, dans une toile d'araignée gigantesque, qui l'enserre de plus en plus à chaque effort qu'il fait pour se dégager ? A quoi bon vous forcer à verser des larmes sur le sort du proscrit dont la conscience est pure, et qui cependant se voit contraint de fuir comme un coupable, la nuit, par des chemins perdus, disputant à toute une population enfiévrée de haine et de terreur sa tête mise à prix, et redoutant à chaque instant la mort, non pas celle du champ de bataille, glorieuse et presque attrayante, qu'on affronte la tête haute et le cœur joyeux, mais cette mort obscure, cette mort infâme, qui vous renverse dans la boue sous la balle d'un manant embusqué derrière une haie. »

Tandis que Saint-Maixent parlait ainsi, Mme de Rahon était devenue pâle comme une morte.

» Eh quoi ! s'écria-t-elle d'une voix changée par l'émotion, vous avez souffert tout cela ?

— Tout cela, et bien plus encore, murmura le marquis.

— Vous avez été poursuivi ? traqué ?

— Comme un loup enragé, oui, ma cousine ! répondit Saint-Maixent. Songez-y donc, ajouta-t-il avec amertume, M. le lieutenant civil, qui fait grandement les choses quand il s'agit d'un de vos parents, avait coté ma tête à haut prix : trois mille livres, pas un sou de moins, à qui me livrerait mort ou vif!

— Quelle horreur! balbutia Mme de Rahon, en s'appuyant sur le bras de son mari pour se soutenir, car elle se sentait défaillir. Mais c'est infâme!

— En aucune façon, ma cousine, répondit notre héros avec un sourire. Cela prouve, au contraire, en quelle haute estime les grands fonctionnaires de cette province tiennent le nom et les alliances du marquis de Saint-Maixent! Mon valet, songez-y donc, n'était coté que cent écus. Trois mille livres, pour un croquant, c'est une fortune! Aussi, comme il était plus facile de m'avoir mort que vivant, et comme le paysan, de sa nature, est peu chevaleresque et se soucie médiocrement d'attaquer en face un ennemi qu'il croit redoutable, j'ai bien souvent entendu siffler à mes oreilles les balles des mousquets rouillés. Le chasseur à l'affût guettait son gibier, un gibier de trois mille livres!»

Tandis que s'échangeaient ces paroles entre Marie de Rahon et le marquis de Saint-Maixent, Mme de Chavigny n'avait pas dit un mot, mais ses grands yeux, pleins d'une langueur étrange, restaient fixés sur le visage du gentilhomme et semblaient ne pouvoir s'en détacher. Elle l'écoutait avec une ardente attention, et, par instants, une sorte de frisson passait sur ses épaules dont une mantille de dentelle voilait à peine les blancheurs nacrées.

Pour cette jeune femme, dont nous ne tarderons point à connaître le passé et qui doit jouer un grand rôle dans notre récit, Saint-Maixent était plus qu'un homme; il lui apparaissait sous la forme de cet être quasi fantastique, héros imaginaire du roman de toutes les filles d'Ève; son existence de fabuleuses aventures et de périls inouïs, centuplait son prestige en lui mettant autour du front une sorte d'auréole étrange.

Victime d'une fatalité bizarre, il était innocent des crimes pour lesquels on l'avait poursuivi. « Tant mieux, assurément! » se disait la marquise. Mais nous prenons sur nous d'affirmer que, quand bien même il eût été coupable, la belle Olympe aurait trouvé pour lui dans son cœur des trésors d'indulgence.

Saint-Maixent semblait ne s'occuper que de la comtesse de Rahon, mais il observait à la dérobée Mme de Chavigny, et pas un des symptômes de l'émotion de la jeune femme n'échappait à ses yeux de lynx.

« Décidément, se dit-il, je joue de bonheur! Mon étoile, un instant voilée, redevient plus étincelante que jamais! Je n'ai désormais rien à craindre et je puis espérer tout! Le comte de Rahon me protége et la belle Olympe va m'aimer! »

II

MARIE. — OLYMPE.

Au moment de pénétrer dans le vif du drame étrange que nous avons entrepris de raconter, nous paraît indispensable d'écrire, à propos de drame lui-même, quelques lignes d'avant-propos.

Nous allons mettre en scène des faits si prodigieux, nous allons assister à l'accomplissement de crimes si incroyablement inouïs, combinés avec une habileté tellement infernale et exécutés avec une si froide audace, que nous craignons d'être accusés d'invraisemblance par nos lecteurs.

Beaucoup d'entre eux, sans doute, refuseront d'admettre que l'âme humaine puisse atteindre un pareil degré de perversité; ils ne voudront voir dans notre récit que les efforts d'imagination d'un romancier désireux de réveiller à tout prix l'attention du public blasé, et prétendant arriver au succès en faisant vibrer sans relâche la corde des émotions violentes.

C'est de ce reproche que nous voulons, à l'avance, nous justifier, et ce sera facile.

Le héros effrayant de notre livre n'est point un personnage imaginaire, nous le répétons, nous l'affirmons. Nous ne lui avons attribué jusqu'ici, nous ne lui attribuerons dans la suite aucun crime qu'il n'ait réellement commis. Nous n'inventons rien quant au fond du récit; nous ne faisons que nous servir des plus authentiques matériaux. Les faits racontés déjà, ceux que nous raconterons encore, sont absolument *vrais*, rigoureusement *historiques*, et, pour la seconde fois; nous renvoyons nos lecteurs au procès du marquis de Saint-Maixent, qu'ils trouveront dans tous les recueils de causes célèbres.

Cela dit et dûment posé, il nous reste à faire une connaissance plus approfondie avec trois des personnages principaux de notre drame, nous voulons parler du comte et de la comtesse de Rahon et de la marquise Olympe de Chavigny.

La comtesse Marie de Rahon n'est point tout à fait une inconnue pour nous.

Nos lecteurs doivent se souvenir d'avoir vu cette jeune femme, déguisée par des vêtements simples et presque grossiers, et cachant son visage sous un voile épais, consulter la diseuse de bonne aventure, Simone Raymond, dans son logis de la rue de la Lanterne.

La grande dame venait demander à la devineresse en vogue l'explication d'un rêve bizarre, et sans doute nos lecteurs n'ont pas oublié l'étrange réponse qu'elle emporta.

Quatorze années avant le moment où commence notre histoire, Marie-Armande-Angélique de Rouillé, fille unique du maréchal duc de Rouillé, épousait, à l'âge de seize ans, son cousin germain, le comte Annibal de Rahon, et ce mariage, qui semblait un mariage d'amour, tant les jeunes époux étaient charmants, radieux, et vivement épris l'un de l'autre, réunissait deux des plus grands noms et des plus grandes fortunes de France.

Le comte était dès cette époque un incomparable modèle de courtoisie et de loyauté. Son âme et son intelligence se valaient. Cœur d'or, esprit clairvoyant et ferme, ces quelques mots suffisaient pour tracer son portrait moral.

La comtesse, de son côté, joignait aux brillantes qualités de la grande dame les touchantes vertus du foyer, quatorze ans s'écoulèrent sans un nuage. Mme de Rahon, belle comme un ange et bonne comme une sainte, donnait à la cour émerveillée l'exemple d'une vie tellement irréprochable que la calomnie même se trouvait désarmée contre elle. Le comte Annibal voyait augmenter chaque jour le nombre de ses honneurs et de ses dignités; son crédit auprès du roi passait pour n'avoir point de limites. La tendresse des deux époux l'un pour l'autre grandissait à mesure que s'affermissait leur estime mutuelle.

Un tel bonheur, auquel, en apparence, il ne manquait rien aurait suffi pour contenter les plus difficiles; il réalisait, au dire de beaucoup de gens, l'idéal absolu de la félicité suprême en ce monde, et cependant le comte avait souvent des heures de tristesse profonde, et parfois la comtesse s'enfermait pour pleurer.

Cette tristesse et ces larmes, d'où venaient-elles? Nos lecteurs l'on compris déjà. M. de Rahon et sa femme, mariés depuis quatorze ans, voyaient avec un véritable désespoir la stérilité de leur union. Le comte aurait donné de grand cœur les trois quarts de son immense fortune pour avoir un héritier du grand nom qui, selon toute apparence, devait s'éteindre avec lui puisqu'il était le dernier de sa race. La comtesse aurait fait sans hésiter le sacrifice de la moitié de sa vie pour pouvoir presser contre sa poitrine bondissante une petite créature blanche et rose, un frêle trésor, sang de son sang et chair de sa chair.

Les médecins célèbres et les empiriques avaient été consultés successivement; les pèlerinages à toutes les chapelles en renom s'étaient succédé; des prières publiques avaient été faites dans toutes les églises dépendant des domaines et seigneuries de la maison de Rahon et de celle de Rouillé.

Tout cela en vain. Le comte commençait à désespérer, et la comtesse elle-même, sans vouloir se l'avouer, perdait chaque jour un peu de cette ferme confiance qui l'avait si longtemps soutenue.

Cette confiance, l'année précédente, avait eu à subir un terrible échec.

En ce temps-là, les charlatans et les imposteurs de toute sorte trouvaient facilement créance, même auprès des gens de la plus haute condition, et l'histoire est là pour nous apprendre que les gardes veillant aux portes du Louvre n'empêchaient point la crédulité d'en franchir le seuil.

Mme de Rahon, ayant entendu parler d'un Italien, sorte de médecin astrologue qui vivait à Florence et qui passait pour posséder des secrets merveilleux, grâce auxquels des femmes d'un âge déjà très-avancé avaient goûté les joies de la maternité, fit venir à grands frais cet homme qui s'appelait Angélo Tibérani, se remit entre ses mains, et lui promit une récompense de cent mille livres si sa science lui faisait obtenir le résultat vainement convoité jusqu'à ce jour.

Angélo Tibérani, fort désireux, comme bien on pense, de gagner les cent mille livres, et croyant peut-être lui-même à son pouvoir quasi surnaturel (on a vu des sorciers convaincus et des charlatans de bonne foi), fit des conjurations de toutes sortes, interrogea les astres, alluma des fourneaux, fit rougir des creusets, entassa des cornues, distilla des plantes vénéneuses, fondit des métaux, réduisit en poussière des minéraux aux noms bizarres et aux propriétés obscures, et de tout cela, et de bien d'autres choses encore, composa un médicament abominable, une drogue infernale qu'il fit triomphalement prendre à la comtesse, en lui promettant d'un ton mystérieux et solennel, que l'effet ne s'en ferait guère attendre.

En cela du moins il disait vrai. Deux heures après avoir bu l'infernal breuvage. Mme de Rahon se tordait dans des convulsions horribles, en poussant des cris de douleur. Un véritable empoisonnement mettait sa vie en grand danger. Les médecins de Clermont, appelés en toute hâte, eurent beaucoup de peine à la tirer de ce mauvais pas, et sa santé, pendant plusieurs mois, demeura notablement ébranlée.

Tandis que ceci se passait, Angélo Tibérani, fort épouvanté du résultat qu'il n'avait pas eu la vulgaire intelligence de prévoir, s'était caché tout fris-

Se cramponnant au bras d'un fauteuil « Qu'on l'arrête! » s'écria M. de Chavigny. Page 76).

sonnant, et dans l'attente d'une catastrophe, ne songeait qu'à prendre la fuite, mais les valets exaspérés avaient découvert sa retraite et l'y gardaient à vue.

M. de Rahon voulait user de son droit de haute justice et faire pendre le misérable, qui, certes, ne l'aurait pas volé, mais la comtesse, à peine échappée aux tortures d'une crise effrayante, demanda et obtint la grâce de celui à qui elle devait de si cruelles souffrances.

Angélo Tibérani reçut l'ordre de quitter à l'instant même le château, et ne se le fit pas répéter deux fois. Il partit, mais la valetaille, qui comptait sur sa pendaison, le guettait dans le parc, le saisit au passage et lui fit faire à trois reprises le plongeon dans un des bassins.

L'Italien n'échappa à ses persécuteurs que presque asphyxié, couvert de vase de la tête aux pieds, mais enfin il leur échappa, et il dut s'estimer fort heureux d'en être quitte à si bon marché.

M. de Rahon fit jurer à la comtesse qu'elle n'aurait plus recours désormais à de pareils hommes et à de si dangereux expédients.

Le rapide résumé qu'on vient de lire nous paraît suffisant pour l'intelligence de ce qui doit suivre, et nous pouvons présentement nous occuper de la belle Olympe, cette brillante marquise de Chavigny, à qui le comte et la comtesse de Rahon donnaient depuis deux mois l'hospitalité.

Olympe était la cousine germaine du comte Annibal, et sa plus proche parente, étant la fille unique du vicomte Réginald de Rahon, frère cadet du feu comte, chef de la famille.

Ce cadet, sans autre fortune que sa légitime,

avait épousé par amour une demoiselle de la Roche-Landry, dont l'éclatante beauté constituait la seule dot.

La vicomtesse de Rahon était morte en mettant au monde Olympe. Réginald, désespéré de cette mort qui brisait sa vie, avait quitté l'Auvergne et s'était jeté dans les aventures pour y chercher l'oubli. En moins de deux années il dissipa jusqu'au dernier sou les humbles capitaux qui composaient toute sa fortune, et comme à cette époque un gentilhomme ne se suicidait pas, il se fit tuer en duel, laissant son enfant orpheline.

La pauvre Olympe, abandonnée, fut recueillie par son cousin germain, Annibal, qui la plaça dans un couvent de filles nobles, à Clermont, où elle fut élevée et reçut une éducation conforme à sa naissance.

A l'âge de dix-huit ans, et merveilleusement jolie, elle vint passer l'automne au château de Rahon.

Un grand seigneur, qui s'était juré de mourir garçon, le marquis d'Aubray de Chavigny, riche de soixante années et de trois cent mille livres de rente, la vit alors, conçut pour elle une de ces passions insensées qui dévorent parfois les vieillards, oublia son serment d'éternel célibat et la demanda en mariage.

Olympe, malgré sa grande jeunesse et sa beauté presque enfantine, était profondément ambitieuse et froidement calculatrice.

Un premier mouvement de répulsion toute instinctive faillit lui faire repousser cette union avec un homme qui avait plus de trois fois son âge, mais elle se ravisa bien vite et demanda deux jours pour prendre un parti.

Pendant ces deux jours, elle réfléchit, et le résultat de ses réflexions fut que l'alliance du marquis de Chavigny lui donnerait une fortune inespérée, une grande situation dans le monde, et que de tels avantages ne seraient point achetés trop cher au prix de quelques années de sacrifice et de dégoût.

Le marquis sexagénaire la laisserait sans doute bientôt veuve, et alors, indépendante et riche, elle pourrait choisir à son tour et permettre à son cœur de parler librement. Avec un tel espoir, l'hésitation n'était plus possible.

Le deuxième jour écoulé, Olympe répondit qu'elle épouserait volontiers le marquis, mais à la condition qu'il lui reconnaîtrait par contrat de mariage un apport dotal de deux millions.

Cet enfant de dix-huit ans, on le voit, entendait fort bien les affaires.

III

UN VIEUX MARI.

Deux millions ! le chiffre était un peu bien fort, et de nature à faire réfléchir tout autre qu'un vieillard amoureux ; mais M. de Chavigny, follement épris, devait justifier une fois de plus ce distique du grand fabuliste :

Amour, amour, quand tu nous tiens,
On peut bien dire : Adieu prudence !

Il trouva l'exigence parfaitement naturelle, et s'y soumit avec empressement.

Qu'était-ce d'ailleurs que deux millions pour un homme qui, comme lui, en possédait six ? Pouvait-il acquérir à meilleur marché un bonheur aussi grand que celui qu'il rêvait ?..

Il signa des deux mains le contrat qui constituait cent mille livres de rentes à Mlle Olympe de Rahon, future marquise d'Aubray de Chavigny, et le mariage fut célébré dans la chapelle du château de Rahon, le comte Annibal et sa femme étant les seuls proches parents de l'orpheline.

Ce fut une cérémonie triste, malgré la grande affluence de monde qu'elle provoqua, et le luxe inouï dont les châtelains crurent devoir l'entourer.

Pendant sa jeunesse et son âge mûr, le marquis de Chavigny avait singulièrement abusé de la vie et de tous les plaisirs que procurent une grande fortune ; il résultait de là qu'il portait fort mal le fardeau de ses soixante ans, et que malgré les cosmétiques et les fards de toute espèce qui cherchaient, mais en vain, « à réparer du temps l'irréparable outrage, » M. de Chavigny ressemblait à une ruine prétentieuse, fraîchement badigeonnée, mais s'écroulant de toutes parts.

L'union de cette divine enfant blanche et blonde avec ce vieillard aux jambes chancelantes et aux yeux de satyre parut étrange et presque révoltante à la plupart des invités.

On voulut, bien à tort, nous le savons, se persuader que la belle Olympe était une jeune martyre sacrifiée à la grande fortune du marquis. Le monde juge trop souvent de cette façon. Combien ne voit-on point de prétendues victimes se faire, ainsi qu'Olympe, payer d'avance le prix convenu de leur résignation touchante ?

Dès le lendemain du mariage, le marquis, encore plus enivré que la veille, voulut isoler son bonheur pour le savourer mieux. Il enleva sa jeune femme comme un amant enlève sa maîtresse, et il la conduisit dans une de ses terres située sur les confins de la haute Auvergne, à vingt-cinq lieues environ du château de Rahon.

Pendant les premières semaines, la jeune femme fut éblouie, étourdie en quelque sorte par le faste plus que princier qui l'entourait, par la beauté de ses domaines, par le luxe de ses équipages, par le nombre des valets en grande livrée, obéissant à ses moindres signes ; enfin, et surtout par la somptuosité des ajustements qui remplissaient ses garde-robes inépuisables.

Le vieux marquis de Chavigny, comme tous les dévots fanatisés, aimait à parer son idole.

Malgré ses tendances précoces à l'ambition et au calcul, il y avait encore beaucoup de l'enfant chez Olympe.

Elle prit d'abord un plaisir assez vif à ce brusque changement de condition qui métamorphosait du jour au lendemain la pauvre orpheline en une très-haute, très-riche et très-puissante dame. Elle s'amusa des flatteries de ses caméristes, des adulations de ses serviteurs. Elle joua en quelque sorte à la petite reine ; il lui plut de se figurer qu'elle avait des dames d'honneur, des pages et des courtisans.

Mais ces jouissances de pure vanité s'épuisèrent vite, et la jeune femme s'aperçut un beau matin, ou plutôt un beau soir, que l'ennui le plus lourd venait se placer en tiers entre elle et son vieux mari pour interrompre le tête-à-tête.

La nouvelle marquise, aussitôt après cette découverte, n'eut pas même un instant d'hésitation.

Elle déclara nettement à M. de Chavigny stupéfait qu'elle ne s'était point mariée pour vivre dans la solitude, et qu'elle réclamait sa large part des plaisirs auxquels son rang et sa fortune lui donnaient le droit de prétendre.

Cette soudaine déclaration de principes, cette levée de boucliers inattendue, éveillèrent brusquement le vieillard qui faisait un beau rêve, et se persuadait de la meilleure foi du monde qu'après les galants orages de sa vie il venait enfin d'entrer dans le port, et qu'auprès d'une femme jeune et belle, soumise et tendre, il coulerait dans la joie et le repos ses dernières années, sans fatigue de corps, sans tourments d'esprit, et sauvegardé par son isolement, autant que par la candeur et les solides principes de la marquise, de ce sort cruel qu'il avait, au temps de ses victoires et conquêtes, fait subir à tant de maris...

Ces grands séducteurs en retraite, ces don Juan surannés sont tous les mêmes ! Ils se croient tout permis tant qu'ils ont le pied leste et l'humeur belliqueuse ; ils n'acceptent pour eux-mêmes d'autres lois que celles de leurs passions et de leurs caprices mais aussitôt que l'âge et les rhumatismes les contraignent à laisser le champ libre à des vainqueurs nouveaux, ils se hâtent de proclamer inviolable le seuil de leur foyer conjugal, et n'admettent pas les représailles.

En écoutant Olympe, le marquis de Chavigny frissonna. L'expérience ne lui manquait point. Un seul coup d'œil lui montra l'avenir. Il vit sa délicieuse femme, cette perle de beauté et d'innocence qu'il comptait si bien garder pour lui seul, entourée d'un cercle de jouvenceaux et de fringants cavaliers plus séduisants les uns que les autres, et contre lesquels il sentait bien qu'il ne pouvait lutter longtemps sans être vaincu.

Pour la première fois le vieillard comprit, plutôt devina tout ce que pouvait faire souffrir la jalousie féroce, exaltée, ouvrant en plein cœur une plaie saignante qui s'agrandit toujours et ne ferme plus.

La perspective d'un tel supplice l'épouvanta. Il se persuada qu'il viendrait sans grande peine à bout de réprimer le caprice imprévu de la marquise et ses aspirations vers les joies d'un monde dangereux.

En conséquence, et voulant couper court à de futures tentatives par un acte d'autorité, il refusa de plier aux fantaisies de la marquise, il déclara qu'il se sentait las depuis longtemps des plaisirs bruyants, que l'air des champs était nécessaire à sa santé, qu'il se trouvait à merveille dans ses terres, qu'il y resterait, et que le devoir d'une femme étant d'être en tout lieu l'assidue et fidèle compagne de son mari, Olympe y resterait avec lui.

Il dit ces choses sans brutalité, mais fermement, et il appuya sa résolution sur une foule de raisons peut-être fort bonnes, mais que la jeune femme trouva détestables.

Elle répliqua d'une façon très-vive, déclarant qu'elle était devenue marquise de Chavigny pour toute autre chose que pour soigner les rhumatismes de son vieil époux... Elle ne se sentait aucune vocation pour l'état de garde-malade... Elle voulait jouir de son printemps, et c'était bien le moins que l'infortuné seigneur se fît pardonner ses soixante ans à force de galanterie.

Ces raisonnements, et d'autres non moins solides tombèrent dru comme grêle sur les épaules de M. de Chavigny. Olympe avait un certain esprit et la colère lui donna presque de l'éloquence.

Le vieillard, débordé, mais non convaincu, essaya cependant d'opposer une résistance passive aux bouillantes volontés de son tyran aux cheveux blonds et aux yeux bleus.

A quoi bon ?

Ce que femme veut, Dieu le veut ! La lutte pouvait se prolonger, mais le dénoûment n'avait rien de douteux. Le marquis était vaincu d'avance.

Le mois suivant, Olympe, triomphante, s'installait avec lui dans son magnifique hôtel de Clermont, et se préparait à réunir chez elle, en des fêtes somptueuses, toute la noblesse de la province.

Elle réalisa ce beau projet, et les bals, les soupers, les assemblées se succédèrent sans relâche. Jamais la bonne ville de Clermont n'avait été le théâtre de tant de plaisirs mondains.

Le marquis, désolé, mais toujours amoureux, et ne pouvant se résigner à quitter sa femme d'un seul pas, était sur les dents, d'autant plus que ce qu'il avait prévu se réalisait de point en point. La belle Olympe ne marchait qu'entourée d'un cercle de galants, et parmi ces galants, si beaucoup étaient ridicules, quelques-uns étaient dangereux.

En de telles conditions la jalousie du vieillard, on le comprend, atteignit des proportions inouïes.

Presque chaque jour il avait des accès de colère et de désespoir tellement violents, qu'ils mettaient sa vie en danger. Il priait, il ordonnait, il menaçait même ; mais prières, ordres et menaces demeuraient sans résultat. La jeune femme ne changeait rien à son train de vie, et n'accueillait le plus souvent que par des éclats de rire fort irrévérencieux les supplications, les doléances, les emportements de son Othello.

Hâtons-nous d'ajouter que, pendant les deux premières années du moins, rien ne paraissait justifier les jalousies folles du marquis.

Olympe était coquette, il est vrai, mais elle l'était également pour tous, et dans le cortége de ses *mourants* (à cette époque les galants s'appelaient ainsi), elle ne choisissait aucun élu. Ses sourires, comme le soleil, luisaient pour tout le monde. Ceci aurait dû rassurer complétement un homme aussi riche d'expérience que M. de Chavigny ; mais la jalousie ne raisonne pas. Comme l'amour, elle est aveugle.

Deux années s'écoulèrent de cette façon. Au moment où commençait la troisième, un changement de mauvais augure se manifesta.

Olympe ne put s'empêcher de se laisser prendre aux grâces d'un jeune officier de grande maison, le vicomte de Sommes, envoyé à Clermont avec le régiment de cavalerie dont il faisait partie. Elle l'encouragea visiblement ; et, quoiqu'elle n'eût en réalité rien de grave à se reprocher, elle se compromit d'une façon notable.

Il n'en fallait pas tant pour que M. de Chavigny perdit complétement la tête. Au beau milieu d'une fête il fit une esclandre. Il provoqua le vicomte de Sommes qui venait de s'emparer d'une fleur détachée de son bouquet par Olympe, et qui s'en parait avec impudence. Il saisit la marquise par le poignet, et il l'entraîna violemment, en s'écriant devant les invités stupéfaits, que, dès le lendemain, elle l'accompagnerait dans ses terres, ou qu'il la ferait enfermer dans un couvent dont elle ne sortirait plus.

Cette scène déplorable occasionna, comme bien on pense, un scandale affreux. Olympe s'évanouit. Toutes les femmes prirent parti pour elle, et beaucoup de maris la voyant si jolie, accusèrent *in petto* le vieux jaloux d'une impardonnable brutalité.

Le lendemain M. de Chavigny revint exaspéré de son duel. Le vicomte de Sommes après l'avoir désarmé trois fois de suite, avait déclaré qu'il ne continuerait pas plus longtemps un combat impossible contre un vieillard dont la débile main ne pouvait tenir une épée.

Dans la cour de l'hôtel, attendait un carrosse tout attelé. Le marquis voulut y faire monter sa femme pour l'emmener loin de Clermont, ainsi qu'il l'en avait menacée la veille.

Olympe résista.

M. de Chavigny voulut employer la force pour la contraindre à l'obéissance.

Elle se débattit en poussant des cris aigus.

Le vieillard, saisi d'un véritable accès de rage, ou plutôt de folie, et ne se connaissant plus, leva la main sur elle et la frappa au visage, en présence de ses valets et de ses femmes.

Olympe s'enfuit.

IV

UN BON CONSEIL.

M. de Chavigny fut au moment d'avoir un coup de sang ; il devint rouge et chancela sur ses jambes, mais il fit un effort désespéré, et, se cramponnant au bras d'un fauteuil pour ne pas rouler sur le tapis, il s'écria :

« Qu'on l'arrête ! Qu'on la ramène ! »

Ordre inutile.

Personne ne fit un mouvement. Femmes et valets préféraient tous la jeune marquise au vieux marquis.

Olympe put sortir librement du salon, puis de l'hôtel, en se jurant à elle-même de n'y plus rentrer.

Où allait-elle ? Elle n'en savait rien. Une fois dans la rue, elle réfléchit. La situation était difficile ; il lui suffisait, en ce moment, de faire une imprudence pour être définitivement perdue. Elle le comprit, et sa bonne étoile lui inspira l'heureuse idée d'aller demander asile à une personne qu'entourait l'estime universelle, Mme de Saint-Géran, femme du comte de Saint-Géran, très-grand seigneur et gouverneur, pour le roi, de la province d'Auvergne. Les Saint-Géran étaient sinon parents, du moins alliés de la maison de Rahon. La comtesse avait été témoin de la triste scène de la soirée précédente ; elle savait Olympe plus imprudente que réellement coupable ; elle la plaignait sincèrement et elle lui accorda de grand cœur l'hospitalité provisoire qu'elle demandait.

Le marquis de Chavigny, qu'une saignée copieuse avait sauvé de l'apoplexie imminente, et dont la fureur ne connaissait plus de bornes, voulut accomplir sa terrible menace de la veille et faire enfermer sa femme dans un couvent.

Mais il se trouva en face d'un puissant adversaire. Le comte Annibal de Rahon prit fait et cause pour sa plus proche parente. Il vint à Clermont et il intenta contre le marquis un procès en séparation au nom d'Olympe, pour cause d'injures, sévices et violences graves.

Ce procès dura près d'un an ; il fut plaidé de part et d'autre par d'illustres avocats du barreau de Paris. Ce fut la marquise qui gagna.

Un arrêt du gouvernement de Clermont lui rendit la liberté et condamna le marquis de Chavigny à la *restitution* de ce douaire de deux millions si prudemment stipulé par la jeune Olympe comme condition *sine qua non* de son mariage.

Libre à vingt-deux ans, libre sans être veuve, avec une grande fortune et une grande beauté, cela constituait pour Mme de Chavigny une situation singulièrement dangereuse.

La comtesse de Rahon, avec son cœur et son intelligence habituels, comprit combien sa jolie cousine échapperait difficilement à tous les risques qu'elle allait courir si elle se trouvait livrée à elle-même, sans guide et sans soutien. Elle lui proposa de venir vivre avec elle, et la marquise accepta cette offre avec tous les dehors de la plus profonde reconnaissance.

Ceci nous explique comment la jeune femme se trouvait installée au château depuis deux mois, au moment de l'arrivée de Saint-Maixent.

Maintenant que le passé nous est connu, il nous reste quelques mots à dire du caractère de la belle Olympe.

Nous savons déjà que la jeune femme était avide, ambitieuse et coquette. Ajoutons que sa nature indécise et molle, ni franchement bonne, ni positivement mauvaise, se distinguait surtout par une absence à peu près complète de *sens moral* et semblait prête à recevoir toutes les empreintes qu'une volonté plus énergique que la sienne voudrait lui donner.

Les croyances et les principes résultant de son éducation première n'avaient point jeté dans son âme de solides racines. La foi sincère et les convictions fermes lui faisaient défaut. Cependant, à vingt-deux ans ; et n'ayant commis aucun de ces actes criminels qui font fatalement dévoyer une existence, elle pouvait, si les circonstances s'y prêtaient, rester une femme honnête, inoffensive, sans vertus éclatantes, mais aussi sans grands vices.

Tombée au contraire en de mauvaises mains, livrée à des conseils funestes que son esprit léger ne repousserait point, elle avait toutes les chances du monde de devenir une créature d'autant plus dangereuse que sa beauté charmante inspirerait une confiance plus absolue.

Nous ne tarderons guère à savoir vers laquelle de ces deux routes les événements, ou plutôt la fatalité, allait pousser Mme de Chavigny.

Et cette fatalité (nos lecteurs l'ont deviné déjà) devait sans doute prendre le nom et la forme du marquis de Saint-Maixent.

. . . .

La matinée se passa d'une façon rapide et charmante. Jamais notre héros ne s'était montré plus brillant, plus gai, plus aimable ; jamais il n'avait fait preuve d'une plus complète liberté d'esprit. Il semblait oublier absolument la fâcheuse situation dans laquelle il se trouvait encore. Personne au monde n'aurait pu croire que la tête charmante de cet insoucieux gentilhomme, à la parole joyeuse et au franc sourire, était mise à prix.

La comtesse de Rahon, qui n'avait en aucun temps cessé de ressentir pour son parent une amitié très-vive, admirait sincèrement cette insouciance dans laquelle elle s'obstinait à voir l'irrécusable témoignage d'une conscience pure.

Quant à Mme de Chavigny, elle se sentait émue, éblouie, fascinée. Chaque parole du marquis augmentait son enthousiasme, et ce proscrit, ce persécuté, qui venait de passer à travers les balles avec son visage d'archange souriant, lui semblait de plus en plus le type accompli du romanesque personnage qu'elle rêvait depuis son enfance sans l'avoir rencontré jamais.

Avons-nous besoin d'ajouter que pas un de ses regards langoureux, pas un de ses soupirs contenus, pas un des battements précipités de sa blanche poitrine n'échappaient au coup d'œil investigateur de Saint-Maixent?

« Voilà qui va bien, se disait-il, et je suis décidément un homme heureux ! »

Au dix-septième siècle, comme au dix-huitième, les heures des repas n'étaient point les mêmes qu'à notre époque. On *dînait* généralement à midi, pour *souper* à neuf heures du soir.

« Etes-vous fatigué, mon cousin ? demanda le comte à Saint-Maixent, après le dîner.

— En aucune façon. Pourquoi cette question ?

— Parce que je vous proposerai une promenade à cheval. Je serai bien aise de vous faire faire connaissance avec nos environs qui sont très-beaux.

— J'accepte avec empressement. »

M. de Rahon donna des ordres, et bientôt les deux gentilshommes quittèrent le parc, suivis d'un seul valet et montés sur d'admirables chevaux limousins (une race qui se perd, et c'est grand dommage).

La promenade n'était d'abord qu'un prétexte inventé par le comte pour se ménager un tête-à-tête avec Saint-Maixent et pouvoir causer avec lui en toute liberté.

« Comment trouvez-vous la marquise de Chavigny ? fit-il en entamant l'entretien.

— Je trouve qu'elle justifie son surnom de *belle Olympe*, répondit le marquis. Et il faut qu'elle soit véritablement accomplie, continua-t-il, pour paraître charmante malgré l'écrasant voisinage de la comtesse.

— Merci pour la comtesse ! s'écria M. de Rahon avec un sourire, je lui répéterai cette galanterie. Et maintenant, mon cousin, permettez-moi de traiter sérieusement avec vous un sujet que je n'ai fait qu'effleurer ce matin.

— Quel est ce sujet, mon cher comte?

— La belle Olympe elle-même.

—Ah! ah!

— Je vous ai donné en riant le conseil de bien veiller sur votre cœur. C'est au nom de l'honneur que je vous supplie de suivre ce conseil. J'ajouterai que je vous conjure de faire tout ce qui dépendra de vous pour n'être pas trop séduisant. Si la marquise venait à vous aimer, ce serait un irréparable malheur !

— Rien de semblable n'est à craindre, je vous l'affirme, répliqua gaiement le gentilhomme. Mais enfin, le cas échéant, n'exagérez-vous point un peu ce malheur ?

— Je n'exagère rien, et il vous suffira de vous placer à mon point de vue pour me bien comprendre et pour voir les choses comme je les vois. Si ma cousine Olympe était veuve, je vous dirais : « Tâchez de lui plaire, ce sera pour vous un bon parti, car elle est jolie, intelligente et douce, et, ce qui ne gâte rien en pareille matière, elle possède deux millions. »

« Saint-Maixent tressaillit si violemment que son cheval fit un brusque écart.

« Deux millions! répéta-t-il.

— Tout autant.

— Je croyais que le vicomte de Rahon, père de la marquise, était mort sans fortune.

— Et vous ne vous trompiez pas. Voici comment Olympe est riche. »

Le comte fit à Saint-Maixent le récit qu'on a pu lire dans les pages précédentes, seulement il n'en tira point les conclusions un peu sévères que nous avons cru devoir en tirer.

Après ce récit, il continua :

« Malheureusement pour Olympe et pour vous, le marquis de Chavigny n'est pas mort, et, quoiqu'il ait soixante ans passés, il peut vivre longtemps encore. A Dieu ne plaise que je lui souhaite un trépas soudain, je ne manque pas à ce point de charité chrétienne, mais enfin, s'il se décidait à quitter ce monde, il rendrait un bien grand service à ma pauvre parente.

— Vous verrez, mon cousin, qu'il n'aura pas la courtoisie de se dépêcher ! s'écria Saint-Maixent en riant. Oh ! les maris !

— Les choses étant en cet état, poursuivit M. de Rahon, vous comprenez quelles seraient les conséquences funestes d'une passion entre Olympe et vous. La situation d'une femme jeune et belle, séparée de celui dont elle porte le nom, est déjà bien assez difficile et compromettante aux yeux du monde, sans l'aggraver encore par des complications. La comtesse, en donnant à Olympe l'hospitalité de sa maison, en la couvrant de son patronage, s'est constituée en quelque sorte sa tutrice officieuse. Elle doit veiller sur elle comme une mère veille sur sa fille, et ne pas souffrir que l'atteinte la plus légère soit portée à sa réputation. Or, vous le savez aussi bien que moi, l'amour, même quand il est chaste, ne saurait se cacher longtemps. Si la marquise venait à vous aimer, ces espions naturels qui nous entourent, et qui s'appellent des valets et des caméristes, s'en apercevraient bien vite; on ne dissimule aucun secret à l'œil de lynx de ces gens-là. Une telle découverte ferait scandale ; la médisance gloserait, la calomnie viendrait ensuite. On dirait (n'en doutez pas) que la comtesse et moi nous prêtons l'abri de notre toit à l'intrigue adultère d'une parente ; si l'on ne nous accusait point d'être complaisants, on nous accuserait tout au moins d'être aveugles. Qu'adviendrait-il ? Vous le devinez. Il est des imputations qu'on méprise, mais celles-là ne sont pas du nombre. L'honneur serait en jeu ; il nous contraindrait, malgré notre chagrin profond, à nous séparer d'Olympe ou de vous, et peut-être de l'un et de l'autre. Pesez ces considérations, mon cousin, et souvenez-vous que je fais appel à toute votre raison, à toute votre prudence.

— Cet appel est une preuve d'estime et de confiance dont je suis fier, répondit Saint-Maixent du ton le plus sérieux. Je vous en remercie, et je vous promets de m'en montrer digne. J'aurai d'ailleurs à cela peu de mérite ; si charmante que soit la marquise de Chavigny, je sens à merveille qu'elle ne fera pas battre mon cœur. Quant à lui plaire, ajouta le gentilhomme avec un sourire, soyez tranquille, ce n'est point à craindre. Votre bienveillance pour moi exagère singulièrement les moyens de séduction dont je dispose ; mais enfin, si par aventure vos craintes se réalisaient, si la belle Olympe avait à son insu le mauvais goût de songer à moi, je prends l'engagement formel de la décourager bien vite par ma glaciale indifférence. Cela vous suffit-il, mon cousin ? »

Pour toute réponse, le comte de Rahon serra la main du marquis de Saint-Maixent.

V

LACTANCE.

La promenade à cheval continua et la conversation des deux gentilshommes ne se ralentit point, mais elle changea complétement de sujet.

Annibal de Rahon entretint Saint-Maixent des démarches qu'il comptait faire pour lui procurer le plus vite possible l'absolution complète de son passé, sous la forme de lettres de rémission octroyées par le roi.

Il ne doutait en aucune façon du bon résultat de ses démarches, seulement il craignait très-fort d'être obligé de se rendre à Paris pour voir le roi, afin de hâter la conclusion de cette importante affaire.

En attendant, il allait écrire au gouverneur de la province, son parent, et au lieutenant civil, son obligé, pour obtenir que les poursuites dirigées contre Saint-Maixent fussent provisoirement suspendues.

Le marquis voulait lui témoigner chaleureusement sa gratitude, mais M. de Rahon coupa court à ses protestations de reconnaissance, sous le prétexte qu'il accomplissait purement et simplement le strict devoir de tout galant homme, en s'efforçant de faire rendre justice à un innocent calomnié.

Au moment où le comte et le marquis, leur excursion achevée, venaient de rentrer dans le parc et se dirigeaient vers le perron du château, un personnage de mine singulière et d'allure étrange s'approcha de M. de Rahon, et après l'avoir salué jusqu'à terre à trois ou quatre reprises, sollicita la permission de lui dire quelques mots en particulier.

« Vous permettez, n'est-ce pas ? » demanda le comte à son hôte, et il poussa son cheval un peu à l'écart.

L'entretien ne dura guère qu'une ou deux minutes, mais pendant ce temps le marquis examina avec une curiosité instinctive l'interlocuteur de M. de Rahon.

C'était un homme de cinquante ans environ, si long, si maigre, si anguleux sous son costume entièrement noir, qu'il semblait devoir se casser en plusieurs morceaux à chacun de ses mouvements, et qu'on s'étonnait de ne pas entendre cliqueter ses os lorsqu'il remuait.

Une tête oblongue, couronnée d'une chevelure plate, poivre et sel, plus sel que poivre, terminait ce corps dégingandé.

Un nez mince et crochu, en forme de bec d'oiseau de proie, coupait en deux une figure plate et pâle, qu'encadraient deux longues oreilles et que trouaient une large bouche aux lèvres blanches et deux petits yeux gris clignotants aux regards indécis, que l'éclat du grand jour paraissait blesser.

L'expression de ce visage blafard était à la fois sournoise, astucieuse et béate. Un peintre ou un sculpteur, chargé de reproduire le masque de l'hypocrisie de bas étage, n'aurait eu, pour faire un chef-d'œuvre, qu'à copier ses traits, étrangement caractéristiques en leur laideur vulgaire.

« Voilà, sur ma parole, une face de coquin ! pensa Saint-Maixent qui se connaissait en physionomies. Que diable un tel drôle peut-il avoir de commun avec mon noble parent ?... »

A peine cette question ainsi formulée, il se frappa le front et il se répondit à lui-même :

« Mais, j'y songe... ce doit être cet intendant dont m'a parlé Lazare, et qui, si j'ai bonne mémoire, se nomme Lactance. Si c'est lui et si sa physionomie n'est point trompeuse, c'est un homme dont la conscience doit être à vendre à prix débattu. »

L'entretien particulier s'achevait en ce moment. L'homme long et maigre s'inclina de nouveau jusque sous les pieds du cheval de M. de Rahon, et s'éloigna lentement d'un pas roide et compassé.

Le comte vint rejoindre son hôte.

« Excusez mon indiscrétion, mon cousin, lui dit ce dernier en souriant, mais cette figure m'intrigue... Quel était donc ce personnage avec qui vous causiez ?

— Le plus honnête homme du monde, répliqua le comte.

— Ah ! »

Saint-Maixent laissa échapper malgré lui cette exclamation de surprise.

« Cela vous étonne, je le vois bien, poursuivit M. de Rahon.

— Pour être franc, je dois convenir qu'il paye médiocrement de mine.

— C'est aussi mon avis, mais sa mine est trompeuse ; ce qui prouve une fois de plus qu'il ne faut point juger les gens sur l'apparence. Avec une figure comme celle du digne serviteur que vous venez de voir, on est obligé d'être deux fois plus honnête et deux fois plus méritant qu'un autre. C'est à quoi Lactance ne manque pas, car il se nomme Lactance et remplit au château, avec un zèle et une probité au-dessus de tout éloge, les délicates fonctions d'intendant.

— J'en étais sûr ! pensa le marquis.

— Lactance a cinquante ans, poursuivit M. de Rahon, et en voici plus de quarante-deux qu'il est au service de ma famille. Fils de paysan, n'ayant reçu aucune espèce d'éducation, ne sachant ni lire ni écrire, il entra au château tout petit garçon, pour y remplir je ne sais quelles fonctions dans les basses-cours. Des basses-cours, il passa dans les cuisines, puis dans les jardins, faisant preuve partout d'intelligence et de zèle.

Il n'était rien et voulait devenir quelque chose. Il ne savait rien, je vous l'ai dit, et il voulait sortir de cette ignorance. Il apprit tout seul à lire, à écrire, à calculer. Il apprit ces choses la nuit, car il n'aurait pas voulu faire tort à ses maîtres d'une seule des heures de travail qu'on lui payait.

Bientôt, parmi les autres valets, il ne fut question que de sa science. Mon père, stupéfait de la force de volonté déployée par ce jeune homme (il avait vingt ans tout au plus), voulut lui parler. Il fut enchanté de ses réponses. Il le trouva de beaucoup supérieur à la classe d'où il sortait, il lui fit exercer successivement plusieurs emplois de confiance, et finit par le charger d'une sorte de contrôle inostensible sur l'intendant alors en fonction et dont il croyait avoir lieu de suspecter la rigoureuse délicatesse.

Deux mois suffirent à Lactance pour démontrer à mon père, pièces en mains, que l'intendant en question lui volait deux mille écus par an.

On mit à la porte le fripon, et l'homme intègre prit sa place.

Il y a de cela vingt-cinq ans environ, et depuis vingt-cinq ans Lactance ne s'est démenti ni un jour, ni une heure, ni une minute. Il est littéralement impeccable, et je m'étonne parfois qu'il puisse exister sur la terre un être aussi parfait que lui.

Probité poussée jusqu'au scrupule (je dirais volontiers jusqu'à l'absurde), désintéressement absolu, dévouement sans limites aux intérêts de ses maîtres, moralité sévère qu'un prêtre même ne désavouerait pas, principes religieux inébranlables qui sont une source d'édification pour les paroisses environnantes et que les desservants de mes villages se plaisent à citer comme exemple. Lactance réunit tout cela, et à un degré si haut, que j'ai pour lui non-seulement de l'estime, mais du respect.

Tel est cet homme dont la figure ingrate et la tournure disgracieuse vous inspiraient, il n'y a qu'un instant, les plus fâcheux soupçons. Maintenant que vous le connaissez, jugez-le mieux, mon cousin, et demandez à Dieu, le jour où il vous enverra une grande fortune, de vous envoyer un intendant tel que Lactance. »

M. de Saint-Maixent fit la grimace, mais il eut soin de la dissimuler assez bien pour que le comte de Rahon ne pût la remarquer.

La journée s'acheva sans amener d'incident qui mérite d'être mis sous les yeux de nos lecteurs.

Quand eut sonné l'heure de regagner leurs logis respectifs, le marquis trouva dans l'antichambre de son appartement Lazare, debout et attendant ses ordres.

— Rien de nouveau ? lui demanda-t-il.

— Rien, monsieur le marquis, répliqua Lazare, la maison est bien tenue ; chacun s'occupe de son affaire et pas d'autre chose. Il y a bien l'intendant Lactance qui tourne toujours autour de moi pour me questionner. Il est aussi curieux, pour le moins, que MM. les juges au grand Châtelet. Mais j'ai les instructions de monsieur le marquis et je sais ce qu'il faut répondre. Il en est pour ses frais d'interrogatoire.

A propos de ce Lactance, reprit Saint-Maixent, je l'ai vu...

Lactance lui remit les cinq cents louis avec les plus humbles formules du respect. (Page 88.)

— Monsieur le marquis me permet-il de lui demander ce qu'il en pense ?

— Je crois que c'est un sournois qui depuis vingt-cinq ans trompe ici tout le monde. Ce qui, par parenthèse, n'est pas bien malaisé. Ces braves gens croient à la vertu ! »

Le visage de Lazare devint rayonnant.

« Monsieur le marquis est de mon avis ! Quel honneur pour moi ! murmura ce valet modèle.

Maintenant je gagerais ma tête contre cent cinquante pistoles que je ne m'étais pas trompé... et je serais sûr de gagner...

— Voici la consigne, reprit Saint-Maixent. Attention !

— J'écoute de toutes mes oreilles.

— Surveille M. l'intendant sans qu'il s'en doute, fais-toi son ombre. Suis-le pas à pas dans le château et hors du château. Ce sera facile. Le drôle se croit probablement très-rusé parce qu'il joue par-dessous la jambe les braves provinciaux qui l'entoure, mais il doit être très-naïf auprès d'un Parisien comme toi qui en a vu de toutes les couleurs ! J'ai besoin de savoir à quoi m'en tenir sur son compte. Je veux qu'avant une semaine il soit percé à jour Je te charge de cette besogne. C'est une mission de confiance et je pense que tu sauras la remplir.

— Monsieur le marquis peut être tranquille ; les choses seront faites en conscience et je ne demande pas une semaine pour lui rendre compte du bonhomme.

Saint-Maixent se prit à sourire.

« J'aime à te voir cette noble ardeur, répondit-il. Tu es un garçon de ressource et j'augure bien de ton avenir. Tu seras un jour l'intendant d'un des plus riches seigneurs de France...

— S'il fallait pour cela quitter le service de monsieur le marquis, s'écria Lazare avec conviction, je refuserais !

— En vérité ?

— Foi de Lazare, et que je sois pendu si je mens !

— Ah ça, décidément, tu tiens donc à moi, maraud ?

— Plus qu'à la prunelle de mes yeux. Je le disais à Simone Raymond la veille du jour où j'ai quitté Paris pour venir en Auvergne rejoindre monsieur le marquis.

— Je te paye cependant assez mal quelquefois. Si mes souvenirs sont exacts, je te dois plus d'un an de gages...

— Monsieur le marquis me payera plus tard. C'est de l'argent placé à gros intérêts avec un gentilhomme aussi superbement généreux. Et puis, l'intérêt n'est pas tout pour moi. Monsieur le marquis m'apprécie, il sait ce que je vaux, il me fait de temps en temps l'honneur de me le dire... et j'aime mieux cela que des pistoles.

— Eh bien, s'il en est ainsi, rassure-toi. Ce riche seigneur dont je te parlais, qui te fera son intendant et que tu pourras voler à ton aise sans qu'il veuille sans apercevoir, s'appellera Louis-André-Sigismond, marquis de Saint-Maixent... »

Lazare fit un bon de joie.

« Nous sommes donc ici sur le chemin de la fortune ? s'écria-t-il.

— Positivement, et l'aveugle déesse ne m'échappera pas, j'en réponds. Le temps des folies est passé. Saint-Maixent l'aventurier va devenir, avant qu'il soit peu, Saint-Maixent le millionnaire !... Sur ce, mon garçon, bonsoir. Je me déshabillerai tout seul, et, dès demain, à la besogne ! Songe qu'il me faut un rapport sur maître Lactance. »

Lazare ne se fit pas répéter deux fois cet ordre et le marquis gagna son lit.

VI

STRATÉGIE

Saint-Maixent, cette nuit-là, ne dormit guère. Des pensées d'ambition et de richesse vinrent l'assaillir et, presque jusqu'au matin, chassèrent le sommeil loin de ses paupières.

« Plus je réfléchis, se disait-il, et plus je me sens convaincu que mon heureuse étoile m'envoie une occasion unique de recommencer ma vie et d'asseoir mon avenir sur des bases inébranlables. Cette fois, la fortune est à portée de ma main. Il ne me faudra, pour la saisir, que beaucoup d'adresse et d'audace. J'en aurai !

La marquise de Chavigny, deux fois millionnaire, est prête à m'aimer Sans le savoir, elle m'aime déjà. Je n'ai qu'à vouloir pour qu'elle m'appartienne corps et âme.... Olympe est mariée, il est vrai, mais la vie chancelante de son frêle mari peut s'éteindre d'une heure à l'autre...., et, d'ailleurs, si ce vieillard gênant s'obstinait à ne point faire de la marquise une veuve, il est des moyens sûrs et non compromettants de l'envoyer dans l'autre monde rejoindre ses ancêtres.

Deux millions, c'est la richesse, ajoutait Saint-Maixent; mais ce n'est pas encore l'opulence que je rêve, cette opulence grandiose et presque sans limites qui me permettra de satisfaire toutes mes passions, tous mes désirs, tous mes caprices et d'éblouir Paris de mon luxe royal.... Ce rêve inouï d'incomparable splendeur, Olympe peut le réaliser. Le comte et la comtesse de Rahon, mariés depuis quatorze ans, n'ont pas d'enfants et n'en auront jamais. Olympe est leur plus proche parente, leur unique héritière. Ces biens immenses qu'ils possèdent deviendront les siens après leur mort... Et le comte est d'une santé faible... et la comtesse ne survivrait pas longtemps à la perte de son mari bien-aimé. Olympe, devenue ma femme, m'apporterait bientôt peut-être cet héritage immense.... Ah ! c'est à donner le vertige ! »

Saint-Maixent avait éteint la lampe qui brûlait à côté de son lit. De profondes ténèbres l'enveloppaient, et cependant il croyait voir d'une façon distincte des cascades d'or rutilant tomber autour de lui sans fin, et de leurs rayonnements fauves illuminer l'obscurité.

Une sorte d'ivresse, un véritable délire s'emparait de lui ; il était prêt à quitter sa couche pour se baigner dans ces flots d'or.

A ces hallucinations étranges succédaient des réflexions plus sérieuses. Il pesait dans son esprit, lentement et une à une, les difficultés de l'entreprise, et ces difficultés lui semblaient graves, sinon même tout à fait insurmontables.

Se faire aimer de la belle Olympe n'était rien, il le croyait du moins ; mais comment nouer une galante intrigue et la mener à bonne fin sous les yeux vigilants du comte et de la comtesse.

Annibal de Rahon l'avait dit clairement ; il ne souffrirait pas que la maison habitée par sa femme servît d'asile à une liaison coupable. Aussitôt qu'apparaîtraient les premiers symptômes d'un naissant amour, il couperait le mal dans la racine, et le marquis de Saint-Maixent, éloigné du château, perdrait du même coup ses magnifiques espérances et la puissante protection de son parent.

Comment donc faire ?

Se débarrasser avant toutes choses du marquis de Chavigny, et, supprimant ainsi l'obstacle qui rendait un mariage impossible, se donner le droit de brûler pour Olympe d'une *flamme épurée et légitime*, comme on disait au dix-septième siècle.

Saint-Maixent y pensa, mais il rejeta bien vite ce parti extrême qui lui paraissait incompatible avec les saines lois de la prudence.

Faire de la belle Olympe une veuve jeune et riche avant de s'être créé sur elle des droits imprescriptibles était dangereux.

Saint-Maixent connaissait le distique fameux de François Ier :

> Souvent femme varie ;
> Bien fol est qui s'y fie !

Et il était de l'avis du roi-chevalier.

Olympe, séparée d'un vieillard, mais sentant toujours le poids de cette chaîne que la mort seule peut briser, Olympe, cloîtrée en quelque sorte dans les splendides solitudes du château de Rahon, ne demandait qu'à donner son cœur au charmant gentilhomme jeté sur son chemin par le hasard ; ceci était la chose la plus simple du monde, la plus élémentaire en quelque sorte.

Mais rien ne prouvait à Saint-Maixent qu'Olympe tout à coup délivrée ne changerait pas de résolution et n'aurait pas la soudaine fantaisie de déployer ses ailes, de voir, de comparer, de choisir ?

La liberté fait de ces miracles.

En conséquence, le marquis renonça prudemment à se tracer, séance tenante, un plan de conduite et se dit que les circonstances l'inspireraient.

Éviter de se compromettre, ne rien livrer au hasard, inspirer par sa retenue constante une confiance sans limites au comte et à la comtesse, observer et attendre, voilà ce qu'il résolut de faire et quel fut le résultat de ses nocturnes réflexions.

L'existence, au château de Rahon, était simple, uniforme, les jours succédaient aux jours sans amener de notables changements, et les plaisirs, comme les occupations de la veille, se renouvelaient à peu près invariablement le lendemain.

Les repas, les promenades à cheval, les conversations avec la comtesse et la belle Olympe qui ne se quittaient guère, quelques parties de chasse où les deux cousines se rendaient en voiture, remplissaient toutes les heures avec une monotonie qui n'était pas sans charmes.

Lorsque les gentilshommes des environs venaient rendre visite aux châtelains, Saint-Maixent évitait de se montrer et faisait solitairement dans le parc d'interminables courses.

Il suivait fidèlement les résolutions qu'il avait prises ; il témoignait à la marquise de Chavigny une froideur polie, et réservait pour la comtesse de Rahon toutes les recherches de cette élégante et brillante galanterie qui le rendaient si séduisant.

Cette tactique produisait un double résultat.

D'abord elle rassurait le comte et lui inspirait, ainsi que le souhaitait Saint-Maixent, une confiance illimitée.

Elle causait ensuite à Mme de Chavigny un étonnement profond qui n'était point exempt d'une nuance de dépit.

La jeune femme s'était habituée, tandis qu'elle contraignait son vieux mari à la conduire chaque jour dans le monde le plus brillant de Clermont, à voir sans cesse autour d'elle un cercle d'adorateurs et à produire un effet d'admiration presque foudroyant.

Lorsqu'elle se montrait, fière et souriante comme une déité descendue des hauteurs du mythologique Olympe, un murmure flatteur naissait sur son passage, et tous les regards, à défaut de toutes les voix, lui disaient que jamais rien de plus charmant et de plus accompli n'avait charmé les yeux éblouis.

Et voilà que Saint-Maixent, ce gentilhomme aux bizarres aventures, ne témoignait en sa présence ni trouble, ni ravissement, et dans son étrange indifférence semblait à peine s'apercevoir qu'elle fût belle.

« Que m'importe ? » se répétait en hochant la tête la marquise blessée dans son orgueil.

Mais presque aussitôt elle ajoutait, comme malgré elle :

« Je dédaignais tous ceux qui cherchaient à me plaire, et maintenant celui que je distingue parce qu'il ne ressemble point aux autres, semble me dédaigner. Pourquoi donc ? A-t-il un cœur insensible ou n'ai-je pas assez de beauté pour l'émouvoir ? »

Et la jeune femme, pendant de longues heures, tournait et retournait ces questions dans son esprit.

On le voit, la froideur calculée de Saint-Maixent avançait ses affaires auprès de la marquise beaucoup plus vite et beaucoup mieux que ne l'aurait pu faire la cour la plus habile et la plus assidue.

Le sixième jour après l'arrivée de notre héros au château de Rahon, le comte reçut un message que fermait un large sceau de cire rouge aux armes de la province d'Auvergne.

Il s'empressa de déchirer l'enveloppe et parcourut le contenu de ce message avec une manifeste expression de joie.

« Mon cher cousin, dit-il à Saint-Maixent qui se trouvait à côté de lui, j'attendais cette lettre. Elle est du gouverneur, mon parent, et m'apporte une heureuse nouvelle. Nos affaires sont en bon chemin. Sur ma demande, ordre est donné de surseoir provisoirement à toutes poursuites dirigées contre vous. Il ne s'agit plus, désormais, que de changer ce provisoire en définitif. Ce n'est pas une tâche facile, mais, si Dieu me prête vie, j'y arriverai. En une si grave occurrence, où l'honneur de ma famille est en jeu, le roi se souviendra, je l'espère, qu'il a daigné plus d'une fois m'appeler son ami. »

Saint-Maixent serra les deux mains du comte avec une effusion qui jouait à s'y méprendre la reconnaissance.

Ici nous ouvrons une parenthèse.

Au temps où nous vivons, beaucoup de nos lecteurs, qui ne sont point familiarisés avec certains côtés de l'histoire, déclareront invraisemblable et peut-être impossible que l'influence d'un grand seigneur suffit pour entraver l'action de la justice, et que la volonté royale pût, non pas gracier un condamné, ce qui est de tous les temps et de tous les régimes, mais soustraire avant jugement un grand coupable à l'action des lois et désarmer la vindicte publique en assurant à ce coupable l'impunité la plus complète.

Nous n'avons que ceci à répondre. A l'époque où se passaient les faits que nous racontons, le régime du *bon plaisir* était dans toute sa force, et ces trois mots : *le bon plaisir* expliquent tout, même ce qui est inexplicable, et nous dispensent de citer les exemples sans nombre qui se pressent sous notre plume.

« Seulement, ajouta le comte de Rahon, on n'écrit pas au roi. Un voyage à Paris est indispensable. Je partirai le plus tôt possible, et je profiterai de ce voyage pour placer en bonnes mains vos affaires d'intérêt à propos desquelles je vous demande de me remettre un mémoire très-détaillé et très-exact. Je connais un procureur habile qui est en même temps un honnête homme (oiseau rare, comme vous voyez) ; il convoquera vos créanciers (d'affreux usuriers, pour la plupart, j'en suis convaincu), il examinera leurs comptes et trouvera moyen peut-être de sauver d'assez belles épaves du naufrage de votre fortune. J'espère que mon absence sera courte, mais il se peut, pendant sa durée, que vous ayez à faire quelques dépenses imprévues. Mon intendant Lactance aura l'ordre de vous remettre les sommes que vous lui demanderez, quelles qu'elles soient. Vous me rembourserez ces bagatelles à votre convenance, quand mon procureur honnête homme aura fait rendre gorge aux Arabes qui vous ont dépouillé. »

Saint-Maixent voulut refuser cette libéralité nouvelle, si simplement et si noblement offerte, mais le comte s'obstina et le marquis finit par céder.

Le soir de ce même jour notre héros trouva dans son antichambre, comme de coutume, Lazare qui l'attendait.

La figure fortement enluminée du valet exprimait une satisfaction sans mélange.

« Tu as quelque chose à m'apprendre, lui dit Saint-Maixent; je vois cela à l'air de ton visage.

— Monsieur le marquis ne se trompe pas et j'espère qu'il sera content de moi, répliqua Lazare. Maître Lactance est percé à jour; j'apporte des renseignements...

— Parle vite.

— Que monsieur le marquis veuille bien s'armer de patience. J'en sais long sur le personnage. Pour tout dire, il faudra du temps.

— Prends le temps nécessaire, mais abrége ; point de paroles inutiles. Allons, commence, je t'écoute. »

VII

LE RAPPORT DE LAZARE

Lazare, en effet, commença.

« Pour me montrer digne de la mission que monsieur le marquis m'avait fait l'honneur de me confier, dit-il, il me fallait étudier maître Lactance au triple point de vue de la probité merveilleuse, du désintéressement sans pareil, et des vertus plus que surhumaines que M. le comte de Rahon a la bonhomie de lui supposer. Je l'ai fait de mon mieux et j'ose dire que les résultats ont dépassé mes espérances.

« Commençons, si monsieur le marquis veut bien le permettre, par le désintéressement et la probité.

« Maître Lactance, ce phénomène incomparable, est depuis vingt-cinq ans intendant du château, aux appointements de quatre cent livres par an. Cela fait dix mille livres pour les vingt-cinq ans, si je sais compter, en supposant que le digne homme ne se soit jamais permis la plus légère dépense. Joignons-y les intérêts de cet argent, les gratifications qu'il a pu recevoir, et pour avoir un chiffre rond, admettons un total de quinze mille livres d'économies. Or, maître Lactance s'est précisément rendu acquéreur, l'an passé, d'un petit bien du prix de quinze mille livres, qu'il a payé comptant.

— Ah ça, mais, interrompit Saint-Maixent, ceci ne prouve rien contre lui ; au contraire...

— Assurément, monsieur le marquis, répliqua Lazare. Seulement, ce qui prouve quelque chose, c'est que ce placement ostensible, connu de M. le comte de Rahon, comme de tout le pays, a pour but unique d'en dissimuler plusieurs autres d'une importance bien supérieure, et que le bon apôtre croit parfaitement secrets. Il a fallu, pour les découvrir, mon nez de chien de chasse habitué à suivre une piste et ne prenant pas volontiers le change. Or, ces placements mystérieux s'élèvent à la somme ronde de soixante-quinze mille livres.

— Soixante-quinze mille livres ! répéta le marquis non sans surprise.

— Tout autant.

— Tu en es sûr ?

— J'en ai les preuves... Que monsieur le marquis prenne la peine de jeter les yeux sur ce papier, il y trouvera des indications précises, avec les noms des hommes de paille chargés de faire valoir les capitaux du personnage en les prêtant aux paysans, par petites fractions et à gros intérêts.

— Peste, je vois que maître Lactance entend les affaires.

— Ah ! il faut qu'il les entende pour avoir volé régulièrement, depuis vingt-cinq ans, trois mille livres par an au comte de Rahon, sans que le comte de Rahon s'en doute ! Monsieur le marquis est-il édifié de façon suffisante à l'endroit du désintéressement et de la probité du bonhomme ?

— Je ne saurais l'être davantage.

— Nous allons donc, présentement, passer à sa moralité. Ce dévot, ce petit saint, cet homme austère dont les desservants du voisinage citent les vertus au prône, est ni plus ni moins qu'un Sardanapale villageois, fervent amoureux tout à la fois du beau sexe et de la dive bouteille. Ce vilain singe, cet affreux cafard, qui baisse modestement les yeux quand il rencontre une femme et qui ne boit que de l'eau rougie à la table des gens du château, se paye le luxe d'une maîtresse en titre, tout comme les seigneurs, les traitants et les financiers. Cette Dulcinée, qui se nomme la Marinette, demeure au hameau des Charmottes, à une petite demi-lieue d'ici. Il lui fait des rentes et se grise chez elle régulièrement trois nuits par semaine. Elle est un peu noire, la donzelle, mais, au demeurant, c'est morceau de roi pour un magot de cette espèce.

— Ah ça, mais, fit Saint-Maixent en riant, je commence à trouver que maître Lactance est un homme très-complet.

— Que dira donc monsieur le marquis quand il saura tout ? reprit Lazare.

— Comment, il y a encore autre chose ?

— Ah ! je le crois bien, et voici le plus beau. M. l'intendant possède, aux frais du comte de Rahon une tour de Nesles en miniature.

— Une tour de Nesles ! répéta Saint-Maixent stupéfait.

— Positivement ; c'est un petit pavillon situé sous bois, à deux portées de fusil de l'extrémité du parc. Le comte n'y met jamais les pieds. Le pavillon était délabré. Lactance a fait venir de la ville des ouvriers chargés de le remettre à neuf, non point au dehors, qui garde son apparence misérable, mais au dedans. Il l'a garni d'un fort bon mobilier emprunté au garde-meuble du château ; Il a rempli le cellier de vieux vins sortis des caves du château ; il en a seul les clefs, et de temps en temps, quand il se sent en humeur de folâtrerie, il s'y livre à des saturnales extravagantes, en compagnie de bohémiennes venues on ne sait d'où et qu'il trouve toujours sous sa main. C'est là le bouquet !... Hier au soir je le surveillais. J'ai vu et entendu tout ce qu'on peut entendre et voir à travers des volets fermés. Cette petite fête a duré jusqu'au matin... Qu'en pense monsieur le marquis ?

— Je pense que maître Lactance nous appartient pieds et poings liés, et que le pavillon dont tu parles peut, un jour ou l'autre, me devenir singulièrement utile.

— Alors, monsieur le marquis est content de moi ?

— Tout à fait, et je t'accorde un juste tribut d'éloges. Ne parle à personne de tes découvertes, et laissons Lactance conserver, tant qu'il le faudra, son auréole immaculée. »

Lazare le promit, et Saint-Maixent l'autorisa à aller dormir.

Le lendemain, au repas de midi, Annibal de Rahon parla pour la première fois, devant sa femme et devant la belle Olympe, de la nécessité absolue dans laquelle il se trouvait de faire immédiatement un voyage à Paris.

La comtesse devint très-pâle et fut au moment de se trouver mal.

Elle adorait son mari plus encore peut-être qu'aux premiers jours de leur mariage, ils avaient vécu sans cesse l'un à côté de l'autre depuis quatorze ans, et quoique le comte eût annoncé que son absence serait courte, elle ne pouvait supporter la pensée d'une séparation.

« Je veux vous suivre! s'écria-t-elle. Nous ne nous sommes jamais quittés. Si l'un de nous s'éloignait de l'autre, cela nous porterait malheur à tous deux, je ne sais quel pressentiment m'en avertit.

— Mais c'est de la folie chère femme.

— Folie, soit. Donnez ce nom, si vous le voulez, à la mystérieuse voix qui parle à mon âme. Moi je crois ce qu'elle me dit, et, je vous le répète, je veux vous suivre. »

M. de Rahon essaya de faire comprendre à la comtesse qu'il serait insensé de braver les fatigues d'un voyage qui, à cette époque, était long et pénible, pour ne passer à Paris que quelques jours. Sans compter que presque toute sa maison l'ayant accompagnée en Auvergne, elle ne trouverait point son hôtel disposé pour la recevoir.

La comtesse ne voulut rien entendre, et, comme son mari insistait, elle eut une véritable crise nerveuse, fondit en larmes, quitta la table et gagna sa chambre où M. de Rahon ne tarda guère à l'aller rejoindre.

Là il s'efforça de la calmer par les paroles les plus tendres et les plus affectueuses, puis, lorsqu'il y fut parvenu, il reprit en sous ordre la thèse qu'il venait de soutenir dans la salle à manger, et il la développa en y joignant des arguments nouveaux.

Il appuya l'un de ces arguments, et le plus puissant selon lui, sur l'impossibilité absolue de laisser seuls au château le marquis de Saint-Maixent et Mme de Chavigny, sans compromettre notablement cette dernière aux yeux du monde.

Mais Mme de Rahon répondit à cet argument comme aux autres en femme qui ne veut pas se laisser convaincre.

« Peut-être trouverais-je que vous avez raison, répliqua-t-elle, s'il s'agissait d'une jeune fille sans expérience dont la plus légère imprudence peut ternir la réputation d'une manière irrémédiable; mais Olympe est mariée, elle a l'habitude du monde, elle sait se conduire. L'attitude respectueuse et froide de M. de Saint-Maixent vis-à-vis de la marquise, pour ne rien dire de son honneur de gentilhomme, vous est un sûr garant que de son côté vous n'avez rien à craindre. Tel il est devant nous, tel, en notre absence, il sera. La confiance qu'il m'inspire est absolue. Olympe et lui sont nos parents tous deux. Ils reçoivent l'hospitalité dans nos terres. Une circonstance imprévue nous force à les quitter pendant quelques jours. Ils restent ensemble, mais sous la surveillance occulte d'un peuple de valets. Quoi de plus simple, de plus naturel? Je ne vois rien là, je vous l'affirme, qui puisse donner prise à la malignité du monde. D'ailleurs, pourquoi le monde s'occuperait-il de ces pauvres jeunes gens qui s'occupent si peu de lui?

— Mais.... » commença M. de Rahon.

La comtesse l'interrompit.

« Au nom du ciel, mon ami, reprit-elle vivement, ne recommençons point une discussion inutile. Vous avez trouvé en moi, jusqu'à ce jour, une femme docile et soumise. J'aime à vous obéir, car vos volontés sont toujours justes; mais aujourd'hui, pour la première fois de ma vie, je ne céderai point. Eloignez le marquis, je le veux bien, ou qu'Olympe aille passer dans un couvent quelques semaines, si vous ne craignez pas de les blesser tous deux par une défiance imméritée, mais ne songez plus à partir sans moi.... j'en mourrais. Restez donc, ou je vous suivrai. »

Une résolution prise et formulée d'une façon si nette était inébranlable. M. de Rahon le comprit; il cessa la lutte, et, quoique avec un profond regret, il céda.

Quand il redescendit, Olympe et le marquis avaient quitté la salle à manger et se trouvaient ensemble au salon, mais sans paraître s'occuper le moins du monde l'un de l'autre.

La jeune femme, assise dans la profonde embrasure de l'une des fenêtres, travaillait à un ouvrage en tapisserie.

A l'autre extrémité de l'immense pièce, le marquis lisait avec une extrême attention un volume de la Calprenède.

M. de Rahon leur annonça que la comtesse avait

gagné son procès et qu'elle serait sa compagne de voyage.

A cette nouvelle, la belle Olympe baissa la tête sur le métier à tapisserie placé devant elle, et par ce mouvement cacha son visage devenu soudain d'un rose vif. La pensée qu'elle allait se trouver en tête à tête, pendant de longues journées et pendant des soirées plus longues encore, avec le marquis, faisait monter à ses joues tout le sang de son cœur.

Saint-Maixent, lui, mordit sa moustache blonde pour dissimuler un sourire involontaire, comparable à celui qui dut soulever la lèvre ironique de Méphistophélès, quand ce génie du mal comprit que le docteur Faust allait lui appartenir tout entier.

Ne suffit-il pas en effet de connaître les plans d'avenir ébauchés dans le cerveau du marquis, et les étranges moyens d'action mis au service de ces plans, pour comprendre que le départ des châtelains de Rahon allait lui faire la partie belle et lui livrer Olympe.

Quant à lui l'ombre d'un doute ne s'éleva point dans son esprit. Il eut à l'instant la certitude du succès.

Les préparatifs du voyage projeté commencèrent ce même jour et durèrent quarante-huit heures.

Le surlendemain, dans la matinée, le comte et la comtesse se mirent en route.

Saint-Maixent leur dit adieu avec les plus vives expressions de tendresse et de reconnaissance sur les lèvres, mais avec une odieuse pensée dans le cœur.

Cette pensée était celle-ci :

« S'ils pouvaient ne pas revenir ! »

VIII

LA MISSION DE LAZARE.

Aussitôt que Saint-Maixent se trouva maître du terrain, c'est-à-dire seul avec la marquise de Chavigny, il s'aperçut que son rôle serait plus difficile à jouer qu'il ne l'avait pensé d'abord, et des difficultés imprévues surgirent devant lui.

Certes, il semblait aisé de faire la cour à une jolie femme, que son amour-propre de séducteur émérite lui permettait de croire fort bien disposée pour lui, mais, nous le savons déjà, depuis son arrivée au château il s'était montré galant et empressé uniquement pour la comtesse, et la belle Olympe n'avait reçu de lui que les constants témoignages de l'indifférence la plus polie.

Comment, sans maladresse, faire volte-face brusquement, et, après tant de froideur, jouer au naturel un rôle de soupirant bien épris ?

A coup sûr le marquis ne pouvait, sans risquer de tout compromettre, aller trop vite en besogne, et arriver à une déclaration avant d'avoir passé par des transitions ménagées habilement.

Ceci était élémentaire. Il fallait arriver au cœur de la place assiégée par des circonvallations savantes, mais sans trop de lenteur néanmoins, car le temps était précieux, et qui pouvait savoir combien de temps durerait l'absence du comte et de la comtesse ?

Commencer le siège à l'instant, démasquer ses batteries l'une après l'autre, et se hâter dans une sage mesure excluant toute précipitation inopportune, telle devait être la tactique de Saint-Maixent.

Mais à peine avait-il commencé ces manœuvres stratégiques qu'il lui fut prouvé qu'il aurait affaire à forte partie.

Mme de Chavigny, doublement coquette en sa double qualité de fille d'Ève et de jolie femme, s'était sentie blessée au vif de l'indifférence du marquis, quoiqu'il lui semblât vaguement comprendre que cette indifférence était plus affectée que réelle ; mais elle n'avait pas eu l'intelligence assez perspicace pour en deviner le véritable motif, et si tôt qu'elle vit Saint-Maixent faire les premières avances, elle résolut de prendre sa revanche et de se donner le plaisir d'une petite vendetta toute féminine, en jouant à son tour la comédie d'une indifférence qu'au fond elle ne ressentait point.

Les femmes naissent presque toutes bonnes actrices (à la ville, bien entendu), et généralement elles excellent dans les rôles qu'il leur plaît de composer avec soin.

La belle Olympe joua merveilleusement le sien.

Loin de repousser avec une pruderie ridicule les avances dont nous venons de parler, elle les accueillit d'un air ravi et parut les considérer comme de pures et simples témoignages de bonne amitié, ce qui déconcerta notablement le marquis.

Mme de Chavigny admit tout d'abord notre héros auprès d'elle sur un pied de familiarité presque intime, elle l'appela *mon cousin*, quoique le lien de parenté qui les unissait fût bien mince ; elle témoigna qu'elle ne redoutait ni les longues heures de tête-à-tête avec lui dans le salon du château et dans les salles de verdure du parc, ni les longues promenades à cheval à travers bois, démontrant ainsi par cette confiance presque blessante qu'elle ne l'acceptait que comme ami, qu'elle ne pouvait redouter de sa part aucune velléité de galanterie, et que s'il essayait de lui tenir un autre langage que celui qu'un frère parle à sa sœur, elle refuserait absolument de le comprendre.

Ce fut admirable d'exécution, nous le répétons, et d'un naturel si parfait que tout autre, à la place de Saint-Maixent, s'y serait laissé prendre ; mais notre héros devait aux multiples aventures de son adolescence une grande connaissance, sinon du cœur des femmes, au moins de leurs roueries ; il devina sans peine le jeu de la marquise et se promit de le déconcerter par quelque coup de maître qui lui donnerait le gain de la partie.

Partie difficile s'il en fut ! La position prise par la belle Olympe était à peu près inexpugnable ; un vieux et sage proverbe l'a dit : « *Il n'est de pires sourds que ceux qui ne veulent pas entendre !* » Comment, en effet, murmurer des paroles d'amour à l'oreille d'une femme qui les écoute en riant, les accueille comme un jeu d'esprit et ne vous fait pas même l'honneur de les prendre au sérieux et de s'en irriter ?

Pendant une semaine il en fut ainsi, et Saint-Maixent, malgré ses tentatives sans cesse renouvelées, ne se trouva pas plus avancé que le premier jour.

Son irritation contre Olympe grandissait rapidement.

« Pécore maladroite, se disait-il, enfant ridicule et obstinée, qui m'aime, je le sens bien (comment pourrait-il en être autrement ?), et qui, pour venger les petites piqûres d'amour-propre qu'il m'a fallu lui faire malgré moi, s'entête dans sa sotte comédie ! Il est impossible de laisser les choses continuer de cette façon ; le temps passe ; le comte et sa femme doivent être arrivés à Paris. Si je ne suis point d'accord avec Olympe avant leur retour, tout est compromis ! Hésiter davantage perdrait presque à coup sûr l'avenir que je rêve. Il faut agir ! »

Le soir de ce même jour, le marquis de Saint-Maixent, profitant du crédit que lui avait ouvert M. de Rahon, demanda cinq cent louis à l'intendant Lactance, qui les lui remit avec les plus humbles formules du respect, et les plus plates simagrées du dévouement.

Muni de cette somme, notre héros eut avec son valet un entretien auquel nous allons assister.

« Lazare, lui dit-il, ne trouves tu pas que tu te rouilles dans le calme plat de l'existence patriarcale que nous menons ici ?

— Hélas ! répondit l'ex-ami de Simone Raymond, je ne sais pas si je me rouille, et je n'hésiterai point à le croire, pour peu que monsieur le marquis l'affirme, mais je sais bien que cette vie tranquille a son bon coté. Je me refais, je deviens potelé, et puis, franchement, il est agréable de se dire le soir en se couchant qu'on ne sera ni pris ni pendu le lendemain.

— D'accord, poursuivit Saint-Maixent. Seulement je te vois avec peine compromettre dans l'oisiveté les brillantes qualités d'action que la nature t'avait départies, et auxquelles je me plaisais à rendre justice. »

Lazare se gratta la tête et prit un air dolent.

« Je le déplore aussi, monsieur le marquis, murmura-t-il, mais qu'y faire ? Nous sommes, céans, dans une maison de Cocagne, serait-il prudent de la quitter pour courir les aventures comme autrefois ?

— Eh ! qui te parles de la quitter ? Crois-tu que ton maitre ait perdu le sens ?... Mais si quelqu'une de ces aventures du bon vieux temps venait nous trouver ici, que dirais-tu ? »

Lazare releva la tête ; ses yeux brillèrent, et ses narines dilatées firent entendre une sorte de hennissement.

« Ah ! par la sambucquoy ! s'écria-t-il, je dirais qu'elle est la bienvenue ! Je ne me permettrai point d'adresser à monsieur le marquis une question indiscrète, mais il me semble qu'il y a quelque chose dans l'air.

— Et tu ne te trompes pas. »

Les regards du valet exprimaient la curiosité la plus vive.

Saint-Maixent continua :

« Ainsi, je te trouve plein de zèle et de résolution, comme jadis ?

— Monsieur le marquis sait bien qu'il peut compter absolument sur moi... Que faut-il faire ?

— J'ai besoin de quatre gaillards hardis, déterminés, prêts à tout. Il s'agit de me les procurer.

— Monsieur le marquis me compte-t-il dans ces quatre gaillards ?

— Non, tu seras le cinquième.

— Les faut-il bientôt ?

— Oui, bientôt, je suis pressé d'agir et ne puis rien sans eux.

— Si nous étions à Paris, je dirais : Nous les aurons dans deux heures. Mais nous sommes au fond de l'Auvergne, il faudra bien trois jours. J'irai les chercher à Mauriac ; ce n'est pas trop loin et je pense que j'y trouverai votre affaire.

— C'est probable en effet.

— Monsieur le marquis aura-t-il besoin pendant longtemps de ces bons compagnons ?

« Que me voulez-vous? êtes-vous des voleurs? » (Page 9?)

— Pendant une journée, tout au plus.
— Y aura-t-il pour eux des dangers sérieux à courir?
— Quelques horions, peut-être, à recevoir ; rien de grave, aucun péril de mort, aucune chance, aucune possibilité même de tomber aux mains de la justice. Il importe seulement que ces gens soient parfaitement inconnus dans les environs du château.
— C'est facile. Reste à traiter la question d'argent; mais, les risques n'étant pas grands, les drôles n'auront pas le droit de se montrer trop exigeants.
— Je veux qu'ils soient contents Combien estimes-tu qu'il faille leur donner pour les satisfaire?
— Je pense que, pour dix louis chacun, ils marcheront avec enthousiasme.
— Cela fait quarante pièces d'or, en voici cinquante, » fit Saint-Maixent en tirant de sa poche le

sac bien garni que l'intendant Lactance venait de lui remettre.

Lazare empocha les cinquante louis.

« Quand faudra-t-il me mettre en route ? demanda-t-il.

— Dès demain matin.

— Quel motif donnerai-je à la livrée du château pour expliquer mon absence ?

— Tu diras que je te charge de porter un message à vingt lieues d'ici ; je vais tout à l'heure mettre une feuille blanche sous une enveloppe que je scellerai de mes armes afin qu'on la voie entre tes mains. Cette enveloppe portera le nom d'un de mes parents : il faut tout prévoir, un indiscret peut regarder l'adresse.

— Comment voyagerais-je ?

— Tu prendras un cheval dans les écuries ; tu descendras à Mauriac dans une hôtellerie, et tu auras grand soin de quitter ta livrée pour aller raccoler nos hommes.

— Monsieur le marquis peut être tranquille ! Une fois ces bons garçons embauchés, que devrais-je en faire ? Je ne suppose pas qu'il faille les amener tout droit au château.

— Il existe à deux lieues d'ici, à l'endroit où la route de Mauriac traverse les bois de Rahon, un cabaret de mauvaise mine, tenu par une vieille femme borgne qui ressemble comme deux gouttes d'eau à une sorcière.

— Je connais le cabaret et j'ai remarqué la vieille femme

— C'est là que tu conduiras tes recrues et que tu les laisseras en face de quelques pots de vin, suffisants pour les désaltérer, mais non pour leur faire perdre la raison. Tu leur recommanderas une discrétion absolue ; ils comprendront sans peine que leur sûreté l'exige ; ils ne devront connaître d'ailleurs ni ton nom, ni le mien, ni même celui du château de Rahon. Quant au but de leur présence dans le pays, ils l'ignoreront à ce moment-là, puisque tu l'ignoreras toi-même.

— Et ensuite ? demanda Lazare.

— Une fois ces dignes garçons installés, tu remonteras à cheval, tu ôteras la souquenille passée par-dessus ta livrée, et tu viendras me prévenir et recevoir mes instructions et mes ordres. Les quatre gaillards coucheront dans le cabaret où tu les rejoindras le soir même.

— Tout cela sera fait.

— Tu te mets en route demain lundi, reprit Saint-Maixent ; je t'accorde toute la journée de mardi pour tes recherches et ton raccolement, et je compte que tu seras de retour ici mercredi soir.

— Je crois pouvoir le promettre. Cependant, si j'étais d'un jour en retard, il n'y aurait certainement pas de ma faute, et je compterais sur l'indulgence de monsieur le marquis.

— Elle ne te manquerait pas. Je vais préparer l'enveloppe en question ; dans cinq minutes, tu pourras la prendre. »

Le lendemain, au point du jour, Lazare montait à cheval et s'engageait au petit trot dans le chemin presque toujours montueux qui conduisait de Rahon à Mauriac.

IX

LE BOUT DU MONDE

Le mercredi, dans la soirée, ainsi que l'avait prévu M. de Saint-Maixent, Lazare fut de retour au château et fit demander à son maître un moment d'entretien.

Le marquis interrompit la conversation engagée avec Mme de Chavigny et vint rejoindre son fidèle serviteur.

« Tu es exact, lui dit-il en l'abordant ; j'y comptais, mais c'est bien. As-tu réussi ?

— Je le crois, répliqua Lazare, et j'espère que monsieur le marquis sera content.

— Les quatre compagnons ?....

— Sont choisis j'ose le dire, avec discernement. Triés sur le volet ! La province offre des ressources. On ne trouverait pas mieux à Paris.

— Ils sont prêts à tout ?

— Comme moi-même, et quelle que doive être la besogne à laquelle monsieur le marquis se propose de les employer, je suis convaincu qu'ils feront merveille. Ils sont installés dans le cabaret désigné par monsieur le marquis ; ils ont assez de vin pour se distraire, mais pas assez pour se griser, et j'ai promis une pistole à la vieille femme, sous la condition qu'elle fermerait sa porte jusqu'à mon retour et ne laisserait pénétrer âme qui vive dans son bouge. Pour une pistole bien trébuchante elle vendrait son âme au diable !... Elle tiendra parole, j'en réponds. »

Saint-Maixent félicita Lazare qui, certes, méritait un juste tribut d'éloges, puis il lui donna pendant plus d'une heure des instructions détaillées que le valet grava dans sa tête et auxquelles il jura de se conformer de point en point, depuis le premier mot jusqu'au dernier.

Ceci fait, le marquis rejoignit la belle Olympe, et Lazare attendit que la nuit fût close pour quitter de nouveau le château et regagner le cabaret borgne où ses quatre recrues se délassaient des fatigues de la route.

Nous ne les suivrons ni l'un ni l'autre.

Depuis le départ du comte et de la comtesse de Rahon, Saint-Maixent faisait chaque jour une promenade à cheval avec Mme de Chavigny.

Un seul domestique les accompagnait à distance.

Quoiqu'on fût alors dans la seconde moitié de l'automne, les après-midi étaient chaudes comme en plein été, et les promeneurs cherchaient, sous l'ombrage des grands bois, un abri contre les brûlants rayons du soleil.

Ce jour-là, dans la matinée, le marquis alla faire un tour aux écuries, en choisissant le moment où les palefreniers se trouvaient à l'office pour leur repas, et il entra spécialement dans la stalle de la jument alezane que montait Olympe, et dans celle du cheval qui servait de monture habituelle au domestique de suite.

A deux heures, comme de coutume, on amena les chevaux devant le perron.

Le marquis attendait, tout botté, tout éperonné, ayant sur son feutre une plume rouge, et à sa ceinture, au lieu d'épée, un élégant couteau de chasse, arme de luxe et de parade plutôt que de défense, empruntée à l'une des panoplies du comte Annibal.

La belle Olympe sortit à son tour de son appartement. Elle était plus jolie encore et plus éblouissante que de coutume sous son costume d'amazone d'une coquetterie délicieuse.

Ce costume, de soie bleu clair, à larges rayures d'un blanc mat, dessinait les gracieux et fermes contours de son buste arrondi, encore svelte et surtout bien cambré. Le corsage s'entr'ouvrait sur la poitrine pour laisser voir une chemisette garnie de dentelles qu'un étroit ruban de satin noir serrait au cou en guise de cravate.

Un chapeau de feutre gris, galonné d'or et orné d'une plume blanche, s'inclinait vers son oreille droite avec une adorable crânerie qui rendait plus piquant encore son frais visage encadré dans les mille boucles soyeuses de sa magnifique chevelure blonde.

Elle retroussait sous son bras gauche la traîne immense de sa robe, et sa main droite, recouverte d'un mignon gant de daim, jouait avec le pommeau d'ivoire sculpté d'une petite cravache qui pouvait passer à bon droit pour un véritable objet d'art.

Saint-Maixent fut ébloui, et, pendant quelques secondes, cet homme au cœur de marbre oublia presque les millions de la dot et ceux de l'héritage pour ne penser qu'aux grâces enchanteresses de la jeune femme.

Sans doute, en ce moment, cette ardente et sincère admiration se peignit dans ses yeux et parla dans ses regards avec une étrange éloquence, car la belle Olympe se sentit légèrement rougir, son cœur battit plus vite, elle détourna la tête à demi et cacha son visage avec sa petite main, comme pour réparer le désordre de ses boucles soyeuses, qui n'avaient jamais été plus correctes.

La jument alezane, de pur sang limousin, piaffait avec impatience et courbait sa souple encolure, miroitante et moirée comme du satin.

Olympe se mit en selle avec une vivacité et une légèreté de jeune fille, sans presque appuyer son pied menu sur la main étendue de Saint-Maixent.

Du bout de sa cravache elle toucha l'épaule de Nina (c'était le nom de la jument) ; ce fut une caresse plutôt qu'une menace ; la noble bête bondit en avant avec une impétuosité presque effrayante, puis, ramenée par la main à la fois douce et ferme de la jeune écuyère, elle se rassembla et prit un galop de chasse d'une incomparable élégance.

Saint-Maixent s'élança sur sa monture, un cheval espagnol énergique et superbe, et, lui rendant la main, il eut en quelques élans rejoint la marquise.

Le valet, éperonnant son courtaud plus lourd et plus froid, les suivit en ayant grand soin de conserver religieusement sa distance.

Le gentilhomme et l'amazone galopèrent ainsi côte à côte, sans échanger une parole, jusqu'à la lisière du parc.

Au moment de quitter l'enceinte close de murailles et de sauts-de-loup, et de s'engager sous les futaies de la vaste forêt de Rahon, la belle Olympe rallentit l'allure de Nina, et se tournant vers Saint-Maixent, elle lui demanda :

« Où me conduisez-vous aujourd'hui, mon cousin ?

— Connaissez-vous le *Bout du monde*, ma cousine ? fit le marquis.

— Non, mais la comtesse m'en a parlé comme d'une chose étrange et curieuse, et qui vaut la peine d'être vue.

— C'est sans contredit le plus beau site de tous les environs, qui sont pourtant féconds en beaux sites. Je ne connais rien de plus sauvage, de plus grandiose. Mme de Rahon a raison d'affirmer que cela vaut la peine d'être vu.

— Est-ce loin d'ici ?
— Trois lieues à peine.
— Eh bien, allons au *Bout du monde*.
— Allons.
— Vous savez le chemin, au moins ? Vous êtes bien sûr de ne pas nous égarer dans la forêt ?
— Soyez tranquille, ma cousine, je réponds de vous. »

En prononçant ces dernières paroles, le marquis eut aux lèvres un sourire d'une expression étrange.

La belle Olympe regardait ailleurs et ne remarqua point ce sourire.

Les deux chevaux reprirent le galop, dans une avenue large d'abord, mais qui ne tarda point à se transformer en un sentier tellement étroit que l'amazone et le cavalier, marchant côte à côte, se touchaient presque, et que par moments les longues boucles parfumées de la jeune femme venaient frôler le visage de Saint-Maixent.

Une voûte épaisse de feuillage s'étendait au-dessus de la tête d'Olympe et du marquis, et rendait le chemin presque sombre. Les sabots des chevaux frappaient la mousse sèche sans éveiller d'écho.

On n'entendait au loin que la chanson monotone du coucou et le petit bruit sec produit par le pivert frappant les troncs d'arbres de la pointe de son bec aigu.

Le *Bout du monde* était un lieu presque célèbre dans cette partie de l'Auvergne où se passaient les faits que nous racontons, et, chose rare, il méritait sa réputation.

Que nos lecteurs se figurent l'extrémité d'une vallée étroite et profondément encaissée entre des masses granitiques d'une hauteur prodigieuse.

Soudain ces masses se rapprochaient et finissaient par se rejoindre, formant en face du visiteur une gigantesque et sombre muraille qui semblait dire à l'homme : « Tu n'iras pas plus loin ! »

De là ce surnom de *Bout du monde*.

Du haut de la plus haute roche, un torrent descendu des montagnes qui fermaient l'horizon et dont les cimes chenues se perdaient au milieu des nuages, se précipitait avec un bruit de cataracte pour disparaître dans un gouffre circulaire d'où montaient incessamment de blanches vapeurs pareilles à une nuée de fantômes.

Telle était la profondeur de ce gouffre que les bûcherons des alentours soutenaient de la meilleure foi du monde qu'il n'avait point de fond, ou tout au moins qu'il aboutissait en ligne directe au centre de la terre.

Les grands arbres de la futaie arrivaient presque jusqu'aux lèvres de l'abîme, et les vapeurs de la cascade couvraient d'une éternelle rosée les feuillages des châtaigniers les plus proches.

Tel était le site qu'Olympe, conduite par Saint-Maixent, venait visiter.

Une distance d'une lieue tout au plus séparait le *Bout du monde* du cabaret où Lazare avait installé ses quatre bandits depuis la veille.

A cent pas environ de l'abîme, le terrain devenait glissant et difficile pour les chevaux, car une multitude de filets d'eau coulaient sous l'herbe et sous les mousses.

Un de ces ruisselets déversait son trop plein dans un petit bassin circulaire creusé par la nature avec une miraculeuse perfection. Un fils de roi eût envié cette baignoire en granit poli où venaient se désaltérer tous les oiseaux de la forêt.

Saint-Maixent fit halte.

« Nous ne pouvons aller plus avant avec nos montures, fit-il. Si vous le voulez, ma cousine, nous allons mettre pied à terre, et tandis que Germain laissera boire nos chevaux à cet abreuvoir d'eau de roche, nous pousserons une reconnaissance jusqu'au bord du gouffre... »

Olympe ne répondit qu'en descendant de cheval sans l'aide de son cavalier.

Les brides furent remises aux mains du valet, et la jeune femme, retroussant d'une main sa jupe et s'appuyant de l'autre sur le bras du marquis, dit d'un petit ton de commandement :

« Venez, mon cousin... »

Tous les deux, marchant avec précaution sur les parties sèches du terrain, se dirigèrent vers l'extrémité du vallon.

Saint-Maixent s'arrêta lorsqu'ils eurent dépassé les derniers châtaigniers de la futaie.

« Que pensez-vous de cet endroit ? demanda-t-il à sa compagne.

— Je pense que c'est grandiose, mais d'une effroyable tristesse, répondit la belle Olympe. Un pareil lieu donne le frisson. On croirait qu'il va s'y passer quelque chose de terrible. J'ai presque peur.

— Eh bien, ne restons pas une minute de plus ici.

— Me prenez-vous pour une femmelette ? Vous avez dit que nous irions jusqu'au bord du gouffre. Venez.

— Mais, ma cousine...

— Venez, je le veux ! »

X

NINA.

Saint-Maixent s'inclina en signe d'obéissance, et reprit sa marche vers l'abîme dans lequel la cascade se précipitait.

Olympe, trouvant sans doute qu'il allait trop lentement, quitta son bras, s'avança seule jusqu'à l'extrême rebord de l'entonnoir circulaire d'où s'échappaient les grondements sourds et les vapeurs sinistres dont nous avons parlé, et, se penchant sur ce gouffre avec une incroyable imprudence, elle essaya de sonder les profondeurs obscures que des nuages humides et mouvants dérobaient à ses yeux.

Le marquis la rejoignit, épouvanté de son audace.

D'une minute à l'autre, en effet, le vertige pouvait la saisir, lui faire perdre l'équilibre, et les millions si ardemment convoités disparaîtraient dans l'abîme avec elle.

A cette pensée, Saint-Maixent sentait un frisson courir sur son épiderme.

La jeune femme regardait toujours et semblait s'absorber dans sa contemplation.

Le marquis n'osait ni la toucher, ni même lui adresser la parole, car dans la situation critique où elle s'était volontairement placée, la plus légère surprise, le moindre mouvement brusque, pouvaient devenir dangereux.

Tout à coup Olympe recula de deux pas, se tourna vers le gentilhomme, et attachant sur son visage un regard d'une étrange fixité, elle lui demanda brusquement, en lui désignant le gouffre du bout de sa cravache :

« Si je tombais là-dedans, que feriez-vous ? »

La surprise du marquis fut extrême ; si peu préparé qu'il fût cependant à cette question, il répondit sans hésiter ;

« Je m'y précipiterais à l'instant.

— Pour me sauver ? reprit Olympe. Vous savez bien que ce serait impossible !

— Oui, je le sais.

— Mais alors pourquoi donc me suivre ?

— Pour mourir avec vous. »

Les longues paupières d'Olympe s'abaissèrent sur ses grands yeux, et le rose de ses joues devint plus vif.

« Dites-vous ce que vous pensez, mon cousin ? poursuivit-elle au bout d'une seconde.

— Je vous l'affirme.

— Vous feriez cela, vraiment ?

— Sur mon honneur de gentilhomme, je vous le jure. Est-ce que vous en doutez ?

— Comment n'en douterais-je pas. On n'a jamais vu, je crois, un frère vouloir mourir parce que sa sœur était morte. »

Ces dernières paroles furent accompagnées d'un sourire éblouissant.

« Olympe ? Olympe ! s'écria le marquis d'un ton ému et passionné, vous savez bien ce que j'éprouve pour vous n'est point une affection de frère ! Vous savez bien que je vous aime autrement, mais mille fois plus que ma vie ! Pourquoi donc continuez-vous à jouer avec moi ce jeu cruel ? Pourquoi donc vous obstinez-vous à me briser le cœur en paraissant ne pas me comprendre ? »

La belle Olympe, pour la première fois, n'accueillit point cette déclaration brûlante par un éclat de rire ou par une réplique railleuse.

Elle baissa la tête sans répondre, et le nuage rose de ses joues devint un incarnat brûlant.

Puis, au bout d'un instant, appuyant de nouveau son bras sur le bras du marquis, elle lui dit d'une voix si basse qu'elle se perdit presque dans le grand bruit de la chute d'eau :

« Venez... partons... »

Et elle l'entraîna vers l'endroit où les chevaux étaient restés sous la garde du valet. Elle marchait vite et cependant elle semblait comme brisée par une profonde émotion intérieure, et elle trébuchait à chaque pas.

Saint-Maixent dut la soulever pour la mettre en selle, et ce fut d'une main mal assurée et presque tremblante qu'elle saisit les rênes.

« Quel changement !... pensa le marquis, quelle préparation merveilleuse au coup de théâtre qui se prépare ! »

Olympe et son compagnon allaient au pas, sans échanger une parole. Saint-Maixent n'avait garde de rompre ce silence ; il savait trop bien que la rêverie de la jeune femme le servait mieux que n'auraient pu le faire les plus éloquentes protestations.

Cela dura quelques minutes, puis Mme de Chavigny sembla se réveiller soudainement.

« Au galop ! dit-elle, au galop ! » en levant sa cravache et en frappant sa jument pour l'exciter.

On aurait pu croire que dans cette course furieuse elle cherchait à fuir ses propres pensées.

Le marquis se laissait dépasser en souriant.

Tout à coup, derrière eux, un cri retentit.

Olympe et Saint-Maixent arrêtèrent leurs montures et se retournèrent.

Le cheval de suite venait de s'abattre, et il était tombé d'une façon si malheureuse sur son cavalier, que le domestique avait une jambe cassée dans sa chute.

Saint-Maixent mit pied à terre et courut à lui. L'homme souffrait horriblement; le cheval ne pouvait pas se relever.

« C'est la faute de cette maudite bête! glapissait le valet en jurant comme un païen. Depuis un moment elle chancelait sous moi, on aurait dit qu'elle était ivre; je la soutenais de mon mieux, mais, patatras!... elle a manqué des quatre jambes à la fois sur un terrain aussi uni que la grande allée du parc. Et, regardez, monsieur le marquis, elle ne bouge plus, elle est comme morte, c'est le diable qui s'en mêle!

— Mon brave garçon, fit le gentilhomme, le diable n'est pour rien là-dedans. Nos chevaux, échauffés, auront bu de l'eau trop fraîche à la fontaine du Bout du Monde, et cette imprudence est l'unique cause du malheur qui vient d'arriver. Rassurez-vous, d'ailleurs, on vous soignera bien, vous serez promptement guéri, et je vous promets de ma poche une gratification très-ronde.

— Monsieur le marquis est bien bon, mais ma pauvre jambe me fait terriblement souffrir.

— Armez-vous de courage et de patience, je vais vous adosser contre un tronc d'arbre, et aussitôt de retour au château, j'enverrai quatre de vos camarades vous chercher avec un matelas sur un brancard. »

Saint-Maixent plaça le valet le mieux qu'il put pour diminuer un peu les douleurs lancinantes que lui causaient sa jambe brisée. Il abandonna le cheval toujours étendu qui paraissait plus mort que vif, et il rejoignit Olympe.

« Allons vite, lui dit cette dernière, il faut envoyer le plus tôt possible des secours à ce malheureux. »

Et elle mit de nouveau sa jument au grand galop.

Pendant huit ou dix minutes *Nina* soutint cette rapide allure avec sa vigueur accoutumée, puis elle se ralentit sans cause apparente, et Mme de Chavigny laissa échapper de ses lèvres une exclamation d'étonnement.

« Qu'y a-t-il ma cousine? demanda le marquis.

— Il y a que ma jument vient de broncher deux fois de suite; elle ne semble pas solide sur ses jambes, elle chancelle, on croirait qu'elle va tomber. C'est étrange!

— Étrange, en effet! murmura Saint-Maixent. Son poil sec et brillant tout à l'heure est maintenant couvert de sueur, ses naseaux s'enflamment, ses flancs se coupent. Quel est ce mal subit? »

A cette question, la belle Olympe ne pouvait répondre.

« Ce ne sera peut-être rien, murmura-t-elle. Allons toujours; songez que ce pauvre diable de Germain ne peut rester longtemps abandonné. »

Nina, que la cravache toucha de nouveau, fit un effort pour reprendre le galop, mais ses forces la trahirent; elle s'arc-bouta sur ses jambes défaillantes, elle oscilla comme un canot qui va sombrer, et enfin elle s'abattit, entraînant Olympe dans sa chute, comme le courtaud avait entraîné Germain.

Heureusement le marquis se trouvait là tout près, et sur ses gardes; il saisit la jeune femme au vol, pour ainsi dire, et il l'enleva de la selle avant que *Nina* eut touché terre.

Ceci se passait dans une clairière semée d'énormes buissons de houx et de gros rochers couverts de broussailles.

Cette clairière paraissait déserte.

Olympe se laissa glisser des bras de Saint-Maixent et jeta un coup d'œil désolé sur sa jument qu'elle aimait beaucoup.

Nina, étendue sur la mousse, semblait incapable de faire même une tentative pour se redresser.

Des mouvements convulsifs, qui ressemblaient à ceux de l'agonie, secouaient son corps élégant et svelte.

« Va-t-elle donc mourir? balbutia la jeune femme avec des larmes dans les yeux.

— A vous parler franchement, ma cousine, j'en ai grand'peur. Il se pourrait cependant que cette crise inexplicable ait une heureuse fin, mais c'est à peine si j'ose l'espérer. »

Tout en disant ce qui précède, Saint-Maixent prêtait une oreille attentive à ces monotones rumeurs qui sont comme la voix des forêts quand la brise parle aux feuillages.

Il paraissait attendre quelque chose, et l'attendre avec impatience.

Soudain il tressaillit, et ce ne fut pas sans peine qu'il éteignit l'éclair brillant de son regard.

Un coup de sifflet très-faible, et qui pour tout autre que pour lui pouvait facilement se confondre avec la chanson moqueuse d'un merle en goguette, venait de se faire entendre à peu de distance.

« Pauvre *Nina*! reprit tristement Mme de Chavigny; c'était une vaillante bête!... elle bondissait joyeusement sous moi et semblait fière de me porter! Si je ne dois plus la revoir vivante, je la regretterai longtemps. »

La belle Olympe essuya une larme, puis, après un silence, elle continua :

« Nous sommes au moins à deux lieues du château ! Que faire ?

— Rien n'est plus simple, chère cousine, répondit Saint-Maixent, et ceci ne doit pas vous inquiéter. Je vais débarrasser *Nina* de sa selle inutile et la mettre sur le dos de *Ralph*, qui, grâce au ciel, se porte à merveille. Vous le monterez.

— Mais, vous ?

— Je ferai la route à pied ; deux lieues, pour un chasseur comme moi, ne sont rien ; il nous faudra tout au plus une heure. »

Sans attendre la réponse de la marquise, Saint-Maixent se mit en devoir de détacher les sangles de *Nina* et de placer la selle de femme sur les reins vigoureux du cheval espagnol.

Il achevait à peine, quand ce cheval, saisi d'un caprice soudain ou peut-être obéissant à quelque mystérieuse et invisible excitation, secoua brusquement la tête, arracha sa bride des mains du marquis, et s'élança en hennissant au milieu de la clairière.

Olympe poussa un cri.

« Soyez sans crainte, ma cousine, s'empressa de dire Saint-Maixent, *Ralph* est ordinairement très-docile, il connaît ma voix et lui obéit ; je le rattraperai sans peine. »

Et il se mit à la poursuite du cheval qui, fier et joyeux de sa liberté conquise, bondissait comme un véritable poulain.

La belle Olympe demeura seule au pied d'un châtaignier gigantesque.

XI

L'EMBUSCADE.

Une minute s'était à peine écoulée que Saint-Maixent disparaissait derrière un de ces blocs de rochers couverts de végétations luxuriantes dont nous avons signalé la présence dans la clairière.

A peine se trouvait-il hors de vue que quatre coups de sifflet retentirent nets et distincts, partant des quatre angles d'un carré au milieu duquel se trouvait Mme de Chavigny.

En même temps des hommes à mines de bandits émergèrent des buissons de houx et se dirigèrent rapidement vers la jeune femme.

Olympe, en voyant s'approcher ces figures sinistres, se sentit prise d'épouvante et voulut fuir, mais les nouveaux venus lui barraient le passage.

Elle essaya d'appeler à son aide, espérant être entendue de Saint-Maixent ; il lui fut impossible d'articuler un son ; la terreur glaçait sur ses lèvres le cri prêt à s'en échapper.

Les quatre hommes avançaient toujours.

Ils étaient si près, maintenant, qu'il leur aurait suffi d'étendre le bras pour toucher la jeune femme. Elle rassembla toutes ses forces, tout son courage, et d'une voix défaillante elle balbutia :

« Que me voulez-vous ? »

L'un des bandits se décoiffa de son vieux chapeau déformé ; il fit un salut grotesque et répondit, en appuyant la main sur son cœur :

« Que madame la marquise se rassure, il ne lui sera fait aucun mal.

— Encore une fois, que me voulez-vous ? Êtes-vous des voleurs ?

— Ah ! fi donc ! répliqua l'homme au chapeau avec un geste de comique indignation. Madame la marquise offense, en nous parlant ainsi, les plus honnêtes garçons du monde, chargés d'un rôle qui les honore ! Nous sommes les agents diplomatiques d'une réconciliation conjugale ; nous venons quérir céans madame la marquise, de la part de très haut et très-puissant seigneur le marquis d'Aubray de Chavigny, son époux, qui ne peut vivre plus longtemps sans elle. »

Olympe frissonna de la tête aux pieds.

« Et si je refuse de vous suivre ? demanda-t-elle.

— Madame la marquise ne refusera pas ; elle voit bien que nous sommes les plus forts. Nous aurons d'ailleurs toutes sortes d'égards, et si madame la marquise se montre raisonnable, comme je n'en doute guère, et nous accompagne de bonne grâce, nous pourrons éviter de lui lier les mains et de lui mettre un bâillon sur la bouche.

— Lâches ! vous m'attaquez parce que vous me croyez sans défense. Mais je ne suis pas seule, on va venir à mon secours.

— Nous savons à merveille que madame la marquise se trouve sous la protection d'un gentilhomme, mais nous sommes quatre, armés jusqu'aux dents, parfaitement résolus, et si ce gentilhomme avait la folie de se mêler de ce qui ne le regarde pas, nous l'occirions le mieux du monde. A bon entendeur, salut ! Pour peu que madame la marquise tienne à l'existence de son cavalier, je lui conseille de se décider. M. de Chavigny, privé depuis trop longtemps de la douce présence d'une épouse accomplie, s'impatiente et change à vue d'œil ; ne faisons point attendre ce digne seigneur. Nous avons des chevaux à quelques pas, dans un endroit charmant, que madame la marquise daigne prendre la peine de marcher jusque-là.

— Jamais! répondit Olympe avec fermeté.
— C'est le dernier mot de madame la marquise?
— Oui! cent fois oui!
— Alors, aux grands maux les grands remèdes! Nous voulions agir en douceur, madame la marquise nous contraint à dévier de cette ligne de conduite ; la persuasion restant sans effet, nous allons changer de gamme et faire à madame la marquise une respectueuse violence. Aidez-moi, vous autres ! »

En disant ce qui précède, le bandit beau parleur prit la jeune femme par la taille et se mit en devoir de la charger sur son épaule, malgré les vigoureux coups de cravache dont elle lui cinglait le visage en se débattant.

Un des trois autres compagnons saisit le poignet d'Olympe et lui arracha la cravache.

Les deux derniers lui passèrent autour du corps une longue écharpe dont ils s'étaient munis, et paralysèrent ainsi ses mouvements.

Puis tous les quatre se mirent en devoir de gagner, en emportant leur proie, les taillis très-épais qui bordaient la clairière.

Nous avons dit l'effet produit par l'épouvante sur la jeune femme dans le premier moment.

L'imminence du péril délia ses lèvres glacées, et de toutes les forces de son épouvante elle cria :

« A moi, monsieur de Saint-Maixent! à moi ! »

En cet instant précis le marquis reparaissait à quelque distance entre les grands arbres, ramenant son cheval dont il s'était enfin rendu maître.

Il répondit à la clameur d'Olympe par un cri farouche, et, tirant son couteau de chasse, il prit sa course dans la direction des quatre honnêtes gens qui se prétendaient à la solde de M. d'Aubray de Chavigny.

Embarrassés par leur fardeau, ces quatre hommes ne marchaient pas vite.

Il était évident que le défenseur de la marquise les rejoindrait bien avant qu'ils eussent pu gagner le taillis.

« Cornes du diable! madame la marquise, dit le beau parleur d'un ton goguenard, il ne fait pas bon être de vos amis ! Vous venez de prononcer l'arrêt de mort de ce gentilhomme ! Nous sommes bons garçons, doux comme miel, et l'homicide n'est point dans nos habitudes. Nous vous mettons celui-là sur la conscience. Halte! vous autres! Souvenez-vous que M. de Chavigny vous a bien payés, et gagnez loyalement votre argent ! »

Les quatre bandits firent volte-face et mirent le pistolet à la main.

Saint-Maixent, brandissant son couteau de chasse à la lame courte, avançait rapidement.

Quand il fut à portée de pistolet, l'orateur de la bande lui cria :

« Si vous faites un pas de plus, mon gentilhomme, nous vous brûlons !

— Misérables ! hurla le marquis, et, loin de s'arrêter, il redoubla de vitesse.

— Feu ! » commanda l'homme au chapeau.

Quatre détonations retentirent à la fois.

Olympe, éperdue, crut voir, à travers un nuage de fumée, Saint-Maixent chanceler comme un homme qui va s'abattre, mais c'était une illusion sans doute : il ne tomba pas, et en quelques élans prodigieux il tomba sur les bandits.

Ceux-ci portaient l'épée au côté, ni plus ni moins que des gentilshommes ; ils dégainèrent, et, de pied ferme, ils attendirent leur agresseur.

Olympe, défaillante, ne s'évanouissait point, soutenue par sa force de volonté, mais elle perdait le sentiment net et distinct de la réalité ; il lui semblait vivre dans un rêve.

Un étrange combat s'engagea sous ses yeux, le combat d'un seul homme contre quatre spadassins.

Ce fut une lutte inouïe, qui rappelait les plus beaux faits d'armes du bon vieux temps de la chevalerie.

Le gentilhomme faisait face à la fois à tous ses adversaires. Il se multipliait avec une agilité quasi fantastique pour n'offrir aucune prise à leurs coups. La lame de son couteau de chasse, presque semblable à un jouet d'enfant, rencontrait sans cesse les longues brettes qui n'en finissaient plus, et du choc réitéré de tous ces fers jaillissaient des myriades d'étincelles.

Un homme tomba, en poussant un blasphème.

« Et d'un ! » cria Saint-Maixent dont le couteau de chasse se remit à tournoyer en lançant de nouveaux éclairs.

Cela dura quelques minutes, puis un second bandit roula sur la mousse avec de sourds gémissements.

« Et de deux ! répéta le marquis. Maintenant, la partie est égale ! Le tour des autres va venir ! »

Mais les autres ne parurent nullement disposés à attendre la prochaine réalisation de cette promesse.

Ils lâchèrent pied, abandonnant Olympe, et prirent la fuite à toute vitesse de leurs jambes.

Saint-Maixent leur donna la chasse jusqu'au taillis dans lequel ils disparurent, puis il accourut rejoindre Mme de Chavigny.

« Il faut me pardonner, mon ami, balbutia-t-elle. » (Page 99.)

« Ah ! murmura-t-il d'une voix étranglée et méconnaissable, car il était haletant, vous êtes sauvée, grâce à Dieu !

— Dites grâce à vous, mon ami, répondit Olympe. N'êtes-vous point blessé ? ajouta-t-elle vivement.

— Blessé ?... non, je ne le crois pas, du moins je n'éprouve aucune douleur.

— Mais, ces coups de feu ?

— Les maladroits m'ont manqué ; sans doute la conscience de leur mauvaise action les empêchait de viser juste.

— Cependant, voici du sang ! » balbutia la jeune femme devenue très-pâle.

En effet, quelques gouttelettes roses mouchetaient les dentelles de la chemise du marquis.

Dans la chaleur de l'action, la pointe de l'une des longues brettes, gauchement maniée, avait effleuré sa poitrine et déchiré sa peau sur une étendue de quelques lignes.

« C'est moins que rien, dit-il après examen ; une simple égratignure ! la moindre compresse d'eau d'arquebusade ou de baume du Commandeur suffira pour me guérir. Ne songeons plus à cette bagatelle, et dites-moi bien vite, si toutefois vous le devinez, quel était le but de la tentative de ces misérables ?

— Ils se vantaient tout haut d'être envoyés par le marquis de Chavigny, mon mari, pour s'emparer de moi et pour me conduire auprès de lui, de gré ou de force.

— Et l'homme dont vous portez le nom, s'écria Saint-Maixent, ne rougit point de recourir à ces moyens infâmes ! Il oublie donc qu'un arrêt souverain du parlement a prononcé votre séparation, et que cet arrêt vous a rendu libre ? Il faut qu'il soit fou !

— Le marquis m'a pris en horreur et voudrait satisfaire sur moi sa haine.

— Oui, vous avez raison, tel doit être en effet la pensée de l'odieux vieillard ! Il vient d'échouer, par bonheur, et ne recommencera plus, ou tout au moins nous serons sur nos gardes. Mais ne restons pas une minute de plus ici, en face des hideux cadavres de ces sacripants, rejoignons le château ; Ralph est là. Venez, chère Olympe, partons vite. »

Le cheval du marquis, le fougueux *Ralph*, redevenu sage et docile, attendait en effet paisiblement, en broutant l'herbe de la clairière.

Saint-Maixent alla le prendre par la bride et le ramena près de la jeune femme qu'il souleva et qu'il mit en selle.

Olympe devint d'une pâleur mortelle.

« Qu'avez-vous donc ? lui demanda vivement le gentilhomme.

— Je suis si faible, répondit-elle d'une voix défaillante, si brisée par l'émotion, que je ne puis me soutenir... Il me semble que je vais tomber... »

Et, en effet, elle chancelait.

XII

LE RETOUR

Olympe, avons-nous dit, chancelait, et sa livide pâleur augmentait de seconde en seconde.

Évidemment une réaction avait lieu. Une défaillance complète, un anéantissement absolu, succédaient à l'énergie factice et nerveuse un instant manifestée par la jeune femme.

« Ralph est plus fort qu'il ne faut pour nous porter tous deux, dit alors le marquis. Si vous voulez me le permettre, je vais monter en croupe et je vous soutiendrai. »

Mme de Chavigny répondit par un mouvement de tête affirmatif.

Saint-Maixent s'élança derrière elle, et Ralph prit un galop rapide sans même paraître sentir le poids de ce double fardeau.

Aussitôt que le gentilhomme et la belle Olympe eurent disparu dans le lointain, la clairière devint le théâtre d'un spectacle curieux et comique.

Un énorme buisson de houx, très-voisin du gros châtaignier, s'entr'ouvrit, et Lazaro en sortit doucement, prenant les plus grandes précautions pour ne se piquer aux feuilles épineuses ni le visage ni les mains.

Le digne serviteur, dont une ample souquenille cachait les vêtements de livrée, avait une physionomie souriante. Son attitude désinvolte et ses regards brillants exprimaient la satisfaction la plus vive.

« Pi.., i.... uit ! » fit-il en appuyant deux de ses doigts sur ses lèvres, et en produisant le cri bizarre familier aux rôdeurs de Paris à toutes les époques, et qui s'est propagé, de générations en générations, depuis le dix-huitième siècle jusqu'à nos jours.

Sans doute ce signal était également connu des coquins de province, car à peine venait-il de retentir que les deux prétendus morts, étendus sur le gazon, ouvrirent les yeux, agitèrent les bras, se dressèrent sur leur séant, se regardèrent avec un gros rire, et, finalement, quittèrent la position horizontale pour se replacer sur leurs longues jambes.

En même temps les deux fuyards, c'est-à-dire le beau parleur et son compagnon, abandonnèrent le fourré qui leur avait servi d'asile et se rapprochèrent du petit groupe de trois personnages dont Lazaro faisait partie.

« Eh bien, maître, demanda le beau parleur, êtes-vous content de nous ?

— On ne peut plus, répondit Lazaro.

— Nous avons bien joué notre petite tragi-comédie ?

— A merveille !

— Et loyalement gagné les vingt louis qu'il nous reste à partager entre nous ?

— Les voici, et comme témoignage de haute satisfaction, j'y joins une gratification de huit louis. Deux pour chacun.

— Vous êtes généreux, et c'est plaisir de travailler pour vous.
— Maintenant, mes camarades, vous n'avez plus rien à faire ici. Gagnez pays au plus vite, et n'oubliez pas qu'une indiscrétion n'amènerait rien de bon pour vous.
— N'ayez crainte, nous sommes prudents. Si vous avez un jour besoin de nos services, vous savez où nous retrouver. Pensez à nous.
— C'est convenu. »

Les quatre bandits reprirent à grandes enjambées, à travers la clairière, le chemin du cabaret borgne où ils se proposaient de se rafraîchir avant de regagner Mauriac, et Lazare, du pas lent et mesuré d'un honnête promeneur dont la conscience est tranquille, se dirigea par de petits sentiers ombreux vers le parc du château de Rahon.

Ce bon serviteur, tout en cheminant, faisait des rêves d'or et se voyait déjà l'intendant d'un maître plusieurs fois millionnaire.

Un sixième personnage, bien abrité sous les ramures d'un buisson touffu, avait assisté aux diverses scènes que nous venons de décrire. Ce personnage était Lactance.

Rejoignons Saint-Maixent et la belle Olympe.

Le mouvement du galop nerveux et cadencé de Ralph ne tarda guère à dissiper la prostration presque complète de la jeune femme.

Il lui sembla d'abord qu'elle s'éveillait d'un songe, mais elle revint bien vite au sentiment de la réalité quand elle sentit le bras gauche de Saint-Maixent autour de sa taille, et le souffle du jeune homme effleurant son cou et soulevant ses cheveux un peu débouclés.

Cette double sensation lui parut délicieuse, et volontiers elle l'aurait laissée se prolonger encore, mais déjà Saint-Maixent s'était aperçu que le demi-évanouissement de la marquise venait de prendre fin, et il lui demandait d'une voix tendre :

« Vous allez mieux, n'est-ce pas, chère Olympe, et voici que vous redevenez forte et vaillante ?... »

Mme de Chavigny se retourna à demi sur sa selle, montrant à Saint-Maixent son beau visage déjà moins pâle et sur lequel se voyait une douce langueur.

« Il faut me pardonner, mon ami, balbutia-t-elle.
— Vous pardonner ? répéta le gentilhomme un peu surpris ; je ne vous comprends pas. Qu'ai-je à vous pardonner ?
— Tout à l'heure, au *Bout du monde*, reprit Olympe, au bord du gouffre, quand vous avez parlé de mourir avec moi, j'ai douté de votre parole. J'avais tort et c'est pour cela que je vous demande pardon. Ah ! vous disiez la vérité !... Vous m'en donnez la preuve irrécusable en risquant de mourir pour moi.
— Ne me faites point un mérite de vous avoir ainsi défendu, répliqua le marquis vivement. Ici-bas, désormais, il ne peut exister pour moi que deux bonheurs...
— Lesquels ?
— Celui de vivre et celui de mourir pour vous !... Olympe, je vous appartiens !... Vous tenez en vos mains mon existence entière.... Hormis vous, il n'existe rien pour moi. Loin de vous, le monde est désert. Vos yeux sont ma lumière unique.... Quand je vous vois, le soleil radieux m'éclaire.... quand vous n'êtes pas là, les ténèbres se font... Olympe, Olympe, vous êtes ma vie !...
— Vous m'aimez donc ?... Vous m'aimez ?... Bien vrai ?... murmura la jeune femme d'une voix presque éteinte, avec un frémissement de tout son être.
— Si je vous aime !.. Ah ! depuis longtemps vous le savez ! Depuis longtemps, vous en êtes sûre !... Dites-moi donc que vous le savez !... »

Olympe garda le silence, et ce silence, nous le croyons, était la plus éloquente des réponses.

Saint-Maixent approchant la bouche de l'oreille de la jeune femme, continua, d'une voix basse, d'une voix émue et cependant vibrante :

« Et vous, Olympe, m'aimez-vous ?...
— Vous aimer ?... Je ne le dois pas....
— Pourquoi donc ? Est-ce parce qu'il est vivant encore, ce vieillard auquel vous apparteniez de par la loi, et qui, pour couronner tant de lâches injures, vous faisait enlever, aujourd'hui, par ses coupe-jarrets ?... S'il est un obstacle entre nous, ce lâche, dites un mot, faites un geste, demain l'obstacle n'existera plus....
— Ah ! s'écria la jeune femme en frissonnant, vous le tueriez !
— Sans hésiter.
— Un crime !...
— Non. Ce qui est un crime, c'est de vous séparer de moi ! Ma tête tomberait peut être, qu'importe ? Je mourrais fier et joyeux, si, mourant, vous deviez m'aimer !
— Eh bien, ne mourez pas, balbutia la marquise en fermant les yeux, je suis vaincue.... Vivez, vivez, car je vous aime.... »

L'éclair du triomphe brilla dans les yeux de Saint-Maixent.

« Enfin ! » se dit-il à lui-même.

Et ses lèvres ardentes s'appuyèrent sur le front pâli d'Olympe.

Il était impossible de ne point raconter au château les événements de cette après-midi, si féconde en périls.

Une escouade de valets partit pour la forêt. Ils avaient mission de rapporter le pauvre Germain, de s'assurer si le cheval de suite et la jument Nina étaient morts, et enfin d'ensevelir sans autres formalités les cadavres des deux spadassins.

En conséquence, ils emportaient, outre le brancard, des torches et des pioches.

Ils revinrent longtemps après la nuit tombée, ramenant, outre leur camarade, la jument et le cheval qui semblaient un peu faibles tous deux, mais complètement hors d'affaire.

Quant aux cadavres des spadassins, ils n'en avaient point trouvé trace. Sans doute les autres bandits, pour un motif de prudence, s'étaient empressés de les faire disparaître.

Saint-Maixent, qui savait à merveille à quoi s'en tenir à cet égard, parut néanmoins fort étonné.

Mme de Chavigny, prise d'un violent accès de fièvre, résultat à peu près immanquable des émotions trop vives qu'elle avait subies depuis quelques heures, s'était retirée, aussitôt après le repas du soir, et deux de ses femmes la veillaient.

Le marquis allait regagner son appartement quand un valet de chambre le vint avertir que l'intendant Lactance sollicitait de lui la faveur d'une audience immédiate, ayant à l'entretenir sans retard d'un sujet de haute importance.

« Que diable peut-il me vouloir ? » se demanda Saint-Maixent après avoir donné l'ordre de l'introduire.

Lactance entra.

Aux clartés des huit bougies de deux candélabres placés sur la cheminée, l'homme de confiance du comte de Rahon paraissait encore plus blafard, plus long, plus maigre, plus anguleux que de coutume.

Son nez crochu et violacé tranchait vivement sur la pâleur jaune et parcheminée de son front et de ses joues. Ses petits yeux clignotants, à demi-cachés sous leurs paupières flasques et flétries, brillaient comme des lucioles.

A peine eût-il franchi le seuil du salon qu'il se courba, décrivant avec le haut de son corps un angle de quarante-cinq degrés ; il fit trois pas, se courba de nouveau, et, après une douzaine de salutations, finit par arriver tout près du marquis.

« Vous avez à me parler, Lactance ? lui dit ce dernier. Que puis-je faire pour vous être agréable ?

— Monsieur le marquis me comble en daignant m'accorder une oreille attentive, murmura l'intendant. J'abuserai d'autant moins de son temps précieux que monsieur le marquis, ayant subi de grandes fatigues aujourd'hui, doit avoir besoin de repos.

— Vous avez parfaitement raison, Lactance. Allez donc droit au but sans plus de préambules.

— C'est aussi ce que je vais faire... quand monsieur le marquis, toutefois, m'aura permis de m'assurer que portes et fenêtres étant bien closes, personne ne peut nous entendre... »

Et sans attendre la permission demandée, l'intendant ouvrit l'énorme compas de ses longues jambes, et courut passer dans tous les coins une minutieuse inspection.

« Ah çà, s'écria le marquis en riant, vous avez donc à traiter avec moi de choses tout à fait mystérieuses ?

— Mystérieuses au plus haut point, et dans un instant monsieur le marquis, du moins je l'espère, me saura quelque gré des précautions que je viens de prendre. »

XIII

DUO DE COQUINS

M. de Saint-Maixent souriait en regardant manœuvrer Lactance, et tout bas il se demandait ce que pouvaient cacher de sérieux tant de précautions insolites.

Sa tournée finie, l'intendant revint se placer en face du gentilhomme, dans une attitude respectueuse, ou plutôt bassement servile, et il entama l'entretien.

« Je me permets de supposer, dit-il, que monsieur le marquis, en sa qualité de parent de M. le comte de Rahon, mon maître, et comme investi, en l'absence de M. le comte, d'une autorité sans limites au château, jugera peut-être convenable de faire avertir l'autorité judiciaire et de provoquer une enquête au sujet de la tentative d'enlèvement dirigée contre Mme la marquise d'Aubray de Chavigny. »

Lactance s'interrompit.

« Ah çà ! lui demanda Saint-Maixent avec hauteur, que vous importe ? Il me semble qu'en une telle manière je suis le seul juge de la conduite que je dois tenir. »

L'intendant sembla se rapetisser, et sa tête pyriforme rentra littéralement dans ses épaules.

« Je supplie monsieur le marquis, balbutia-t-il,

d'être bien convaincu que je ne me permettrais point de me mêler, directement ou indirectement, de choses qui ne me regardent pas, si les intérêts particuliers de monsieur le marquis ne me semblaient en jeu.

— Mes intérêts! répéta le gentilhomme avec une indicible surprise.

— Positivement, poursuivit Lactance, et si l'intention de monsieur le marquis était d'aviser le lieutenant civil des faits qui viennent de s'accomplir, je lui conseillerais très-humblement de s'en abstenir. »

La stupeur de Saint-Maixent grandissait.

« Et pourquoi cela ? demanda-t-il.

— Parce qu'on me ferait peut-être prêter serment de dire à la justice tout ce que je sais, et qu'en ma qualité d'honnête homme et de bon chrétien, j'aimerais mieux subir mille morts que de me parjurer.

— Vous savez donc quelque chose ? s'écria le marquis.

— Beaucoup.... beaucoup.... beaucoup de choses, murmura Lactance.

— Relativement au marquis d'Aubray de Chavigny, qui voulait faire enlever sa femme ? »

L'intendant secoua la tête et répliqua :

« M. d'Aubray de Chavigny n'est pour rien dans cette tentative.

— Etes-vous fou, maître Lactance ?

— Je ne crois pas, monsieur le marquis.

— Alors, comment vous inscrivez-vous en faux contre un fait incontestable, les ravisseurs ont eux-mêmes déclaré à Mme la marquise ce que vous contestez.

— Ils répétaient une leçon, ils obéissaient à une consigne.?

— Cette consigne, qui l'aurait donnée ?

— Je n'en sais rien, mais si monsieur le marquis veut bien m'accorder la faveur de me venir en aide, nous le découvrirons certainement.

— Vous venir en aide ? Le puis-je ?

— Oh ! le plus facilement du monde.

— Et par quel moyen ?

— Que monsieur le marquis me permette d'aller quérir, séance tenante, son valet Lazare, et qu'il daigne l'interroger devant moi.

— Je n'ai nul motif pour m'y refuser, mais encore faudrait-il savoir à quel propos et sur quel sujet je l'interrogerai.

— Monsieur le marquis n'aura qu'à lui demander tout simplement le nom du gentilhomme pour le compte duquel il soudoyait tantôt les quatre spadassins (dont deux ressuscités), au moment où monsieur le marquis venait de quitter la clairière avec Mme de Chavigny, après avoir soutenu contre les scélérats en question le plus héroïque de tous les combats. »

Saint-Maixent tombait de son haut.

Evidemment Lactance ne s'était point vanté en affirmant qu'il savait beaucoup de choses.

Néanmoins il répondit avec assurance :

« Je vous écoute, mais sans vous comprendre. Ou vous me racontez un rêve, ou vous avez été trompé par de faux rapports. »

Ce fut avec un redoublement d'humilité que Lactance murmura ;

« On ne rêve guère en plein midi, et personne ne m'a rien apporté. Je suis, de ma nature, assez observateur ; j'aime à me rendre compte de ce qui me paraît obscur. Les allées et venues de Lazare depuis trois jours m'intriguaient et me mettaient en tête certains vagues soupçons. J'ai voulu en avoir le cœur net, j'ai suivi de loin, discrètement, monsieur le marquis et Mme de Chavigny pendant leur promenade au *Bout du Monde*. J'étais dans la clairière, bien caché, quand la jument de Mme la marquise est tombée (pauvre *Nina!* la drogue jetée dans son avoine pourrait bien la rendre fourbue !); j'ai vu *Ralph* s'enfuir et monsieur le marquis le poursuivre ; j'ai vu les quatre sacripants entourer Mme Olympe, et monsieur le marquis se jeter héroïquement sur eux.

— Et vous n'êtes pas venu à mon aide! s'écria Saint-Maixent.

Lactance secoua la tête d'un air d'humilité, sous lequel se cachait assez mal une forte dose d'ironie.

« Que monsieur le marquis daigne me pardonner, répliqua-t-il, je suis un peu poltron, et j'ai bien vu, dès le premier moment, que monsieur le marquis, pour se défendre, n'aurait aucun besoin de ma pauvre assistance. Monsieur le marquis est si brave ! D'ailleurs, il faut tout dire, ajouta l'intendant d'une voix plus basse, les quatre coupe-jarrets faisaient des prodiges de souplesse pour ménager la précieuse existence de monsieur le marquis, ce qui les relève à mes yeux. »

Il n'y avait plus à en douter. Depuis A jusqu'à Z, Lactance était au courant des moindres détails de l'intrigue que Saint-Maixent croyait si bien cachée.

Le gentilhomme se trouvait en but à ce qu'on appellerait de nos jours une audacieuse tentative de *chantage*, le mot est de fabrique moderne, mais la chose est vieille comme le monde.

Il prit son parti sur-le-champ, et avec une bonne

grâce d'autant plus complète qu'il se savait entre les mains une revanche toute prête. L'intendant connaissait ses secrets, mais lui, de son côté, connaissait non moins bien les secrets de l'intendant.

Entre le scélérat titré et le fripon vulgaire la partie devenait égale.

« Peste! maître Lactance, s'écria Saint-Maixent d'un ton moqueur, vous êtes un habile homme! Si la police de la province était entre vos mains, cette police serait bien faite! Mes compliments, vous les méritez!

— Monsieur le marquis me comble! balbutia l'intendant quelque peu déconcerté par ces éloges ironiques.

— Vous avez beaucoup vu, beaucoup observé, beaucoup deviné, reprit Saint-Maixent, c'est superbe! Mais de tout cela, s'il vous plaît, que prétendez-vous conclure?

— Absolument rien, monsieur le marquis.

— Comment! tant de travail en pure perte?

— Oh! que non pas! J'attends pour conclure, mais je conclurai.

— Quand?

— Aussitôt que monsieur le marquis aura bien voulu prendre la peine d'interroger Lazare et de lui demander le nom du gentilhomme pour le compte duquel il payait les bandits.

— Jouons carte sur table. Si je vous répondais : « Ce gentilhomme, c'est moi! » que supposeriez-vous?

— Je supposerais que monsieur le marquis, fou d'amour pour les beaux yeux de Mme de Chavigny, a voulu se créer des droits à la reconnaissance de cette adorable personne en paraissant la soustraire à un grand péril.

— Fort intelligemment déduit, maître Lactance! Et, cela étant, que feriez-vous?

— La question est embarrassante.

— Il faut cependant la résoudre.

— Eh bien! mais il me semble que mon devoir d'honnête homme, d'homme craignant Dieu, et de serviteur fidèle, serait d'avertir au plus tôt mon maître, M. le comte de Rahon, de l'intrigue nouée sous son toit, et je remplirais ce devoir, à moins cependant... »

Lactance parut hésiter et s'arrêta, sans doute pour chercher ses paroles.

Saint-Maixent ne lui donna pas le temps d'achever sa phrase.

« A moins cependant, fit-il en riant, que l'amoureux gentilhomme, comprenant à demi mot ce que parler veut dire, ne vous ferme les yeux avec un bandeau rempli d'or et la bouche avec un bâillon non moins bien garni. Auquel cas, devenu discret tout à coup, vous ajouteriez cet or aux soixante-quinze mille livres volées par vous à mon cousin, et que Jean Clément, Jacques Thibaut et Mathurin Saulnier, vos hommes de paille, font manœuvrer pour vous à de gros intérêts. Vous feriez cadeau de quelque bon bijou, bien lourd, à Marinette, votre dulcinée des Charmottes, et vous célébreriez cet accroissement de richesse inespérée par quelque petite fête offerte aux houris de votre harem, dans le pavillon du bout du parc, joyeuse orgie amplement arrosée par les plus vieilles bouteilles des meilleurs vins des caves du château. Est-ce bien cela, maître Lactance, honnête intendant, dévot modèle, serviteur scrupuleux, et croyez-vous que, de mon côté, je sois renseigné passablement sur ce qu'il m'importe de savoir?

Les yeux écarquillés, la bouche béante, le nez pâlissant, l'intendant écoutait, et son attitude tout entière exprimait l'effarement le plus profond.

Ces détails, si complets, si précis, tombant à l'improviste sur lui, le foudroyaient en quelque sorte et ne lui laissaient pas même la présence d'esprit nécessaire pour essayer une dénégation.

Ses jambes de héron refusèrent de supporter le poids, bien léger pourtant, de son corps; il glissa sur ses deux genoux, livide, frissonnant, et, tendant vers notre héros ses mains suppliantes, qu'un effroi sans bornes faisait trembler, il balbutia d'une voix à peine distincte :

« Au nom du ciel! monsieur le marquis, ne me perdez pas!

— Vous perdre, maître Lactance, répliqua Saint-Maixent en riant aux éclats. En vérité, vous devenez idiot! Et pourquoi diable voulez-vous que je vous perde? Je n'y songe en aucune façon.

— Quoi! bien vrai, monsieur le marquis?

— Foi de gentilhomme! Relevez-vous donc et ne tremblez plus comme si vous aviez le frisson dans une fièvre quarte. Vous pillez mon cousin, je n'y vois aucun mal; le comte de Rahon est riche et vous faites votre métier d'intendant, quoi de plus simple? Quand je serai millionnaire (ce qui ne peut manquer d'arriver un jour ou l'autre), je me laisserai piller sans mot dire par mon fidèle Lazare. Quant à vos fantaisies galantes, je ne les blâme ni m'en étonne; vous êtes de complexion amoureuse, voilà tout, et c'est naturel. Si j'ai parlé de tout cela, c'est uniquement pour vous démontrer que prendre parti contre moi serait une maladresse insigne, puisqu'un mot me suffirait pour vous démasquer. Dévouez-vous au contraire à mes intérêts, et vous vous en trouverez bien, car je paye largement ceux qui me servent. Soyez, dans le plus profond mystère, ma créature, mon âme damnée, un second Lazare, et, sur ma parole de marquis de Saint-Maixent, je ferai votre fortune en même temps que j'édifierai la mienne. Est-ce entendu? »

Lactance, qui s'était relevé, se laissa retomber à genoux; il saisit l'une des mains de Saint-Maixent, et l'approchant de ses lèvres, malgré la résistance du gentilhomme, il balbutia :

« Si c'est entendu, monsieur le marquis? Ah! je le crois bien! Disposez de moi, je vous appartiens corps et âme! »

XIV

LE PAVILLON

La demande du gentilhomme, la réponse de l'intendant constituaient, entre ces deux coquins de haut et de bas étage, un pacte ténébreux qui devait amener dans un temps prochain d'effrayants résultats.

Saint-Maixent venait de conquérir un allié plus scélérat, et (s'il y a des degrés dans l'infamie) plus infâme encore que Lazare.

« Oui, répéta Lactance avec un sombre enthousiasme, oui, je vous appartiens, et, quels que soient les ordres que vous me donnerez, j'obéirai. La preuve ne s'en fera pas attendre; je voudrais vous la donner dès aujourd'hui. Que faut-il faire?

— En ce moment, absolument rien.

— Tant pis! Quoi, je suis inutile à monsieur le marquis, quand je sens les transports d'un zèle sans pareil! Voilà qui me désole.

— Consolez-vous, maître Lactance, répondit le gentilhomme en souriant, je ne ferai pas languir ce beau zèle. Dès demain, je vous demanderai un service.

— Joies du ciel! murmura Lactance en reprenant sa mine béate.

— Attendez-moi dans le parc à neuf heures du matin, poursuivit le marquis, j'irai vous y rejoindre, et vous me conduirez à votre pavillon; je désire le visiter.

— Hélas! soupira l'intendant en baissant les yeux, ce modeste réduit est tout à fait indigne d'attirer, ne fût-ce qu'une minute, l'attention de monsieur le marquis.

— C'est ce dont je jugerai par mes propres yeux. Soyez exact; je compte, à neuf heures, vous trouver à l'extrémité du parterre.

— Je n'aurai garde de faire attendre monsieur le marquis. »

Et Lactance se retira, courbé en deux dans une série de profonds saluts.

Le lendemain matin, bien avant l'heure dite, il attendait au lieu désigné.

Saint-Maixent le rejoignit, et tous deux se dirigèrent, par des chemins couverts, du côté du pavillon qui se trouvait à près d'un quart de lieue du château.

Lazare avait dit l'exacte vérité en faisant à son maître le rapport que nous connaissons.

Le pavillon, construit plus d'un siècle auparavant, offrait au dehors l'aspect du délabrement le plus complet.

Les grands arbres qui le dominaient entretenaient autour de lui une humidité perpétuelle. La pluie et les vents avaient en maint endroit fait tomber le ciment des murailles; la mousse et les lichens envahissaient la toiture, et des myriades d'herbes folles croissaient librement dans les interstices de la maçonnerie.

Les volets fixés contre les fenêtres semblaient ne se tenir en place que par un miracle d'équilibre, apparence trompeuse, car des attaches intérieures les rendaient en réalité très-solides.

Un perron de trois marches entièrement disjointes conduisait à la porte de bois de chêne gercée et crevassée.

Disons tout de suite que le pavillon avait sur la campagne une seconde issue.

Lactance, tirant de sa poche une clef massive, gravit le perron, ouvrit la porte et s'effaça pour laisser entrer Saint-Maixent.

Deux pièces de moyenne grandeur formaient le rez-de-chaussée de cette maisonnette.

Le sensuel intendant avait métamorphosé l'une de ces pièces en salle à manger, et l'autre en boudoir.

Des tapisseries flamandes un peu fanées, mais conservant néanmoins fort bon air, couvraient les murailles et s'accordaient bien avec le mobilier un peu démodé sorti du garde-meuble du château.

C'était convenable, presque luxueux, et maître Lactance avait fait preuve de goût en présidant à l'organisation de tous les détails.

« Eh! mais, eh! mais, s'écria Saint-Maixent, que m'aviez-vous dit hier au soir? En vérité, mon cher, vous êtes trop modeste! Je m'attendais à quelque taudis, et je trouve un petit palais!

— Monsieur le marquis raille, murmura l'intendant.

— En aucune façon. Tout ceci me paraît fort bien entendu et réellement merveilleux, eu égard aux ressources dont vous disposiez. J'aurai besoin de ce pavillon, mon cher Lactance, et je vous prie de me le prêter.

— Monsieur le marquis sait bien qu'il est absolument à ses ordres.

— C'est un service que je vous demande poursuivit Saint-Maixent, mais je vous en saurai un gré infini. Avez-vous une double clef de ce petit paradis ?

— Non, monsieur le marquis.

— Bien vrai ?

— Je ne me permettrais pas un mensonge.

— C'est juste, fit Saint-Maixent en riant, j'oubliais toujours que vous êtes dévôt ! Eh bien ! puisque cette clef est unique, veuillez me la remettre.

— La voici.

— Dès que je n'en aurai plus besoin, je m'empresserai de vous la rendre.

Et le marquis regagna le château.

. . . .

Non-seulement la belle Olympe avait écouté sans colère et sans raillerie les tendres paroles et les protestations passionnées du marquis, mais encore, nous le savons, au moment où la reconnaissance d'un service qu'elle croyait sans bornes la poussait à l'exaltation, elle avait fait l'aveu de son amour.

Une femme qui aime et qui en est convenu, ne résiste plus guère que pour la forme, et Saint-Maixent ne doutait point que Mme de Chavigny consentit prochainement à lui accorder un rendez-vous, ou, pour mieux dire, un tête-à-tête en quelque lieu désert, où nul témoin curieux et importun ne viendrait interrompre la causerie commencée, car s'il est vrai qu'il la voyait tous les jours, et presque à toutes les heures, il est non moins vrai qu'un isolement complet, à l'abri d'une surprise imprévue, n'existait jamais pour eux.

Le marquis et la belle Olympe vivaient en pleine lumière sous les regards de toute la valetaille du château, et personne n'ignore que laquais et caméristes sont de redoutables observateurs.

Saint-Maixent ne se trompait point dans ses conjectures.

Deux heures après sa visite au pavillon du parc en compagnie de l'honnête Lactance, il sollicitait de Mme de Chavigny, avec la chaleur communicative de l'éloquence la plus passionnée, une entrevue dans la solitude, une heure d'entretien intime pendant lequel le mystère épaissirait ses voiles autour d'eux.

Olympe refusa d'abord, et donna pour prétexte à son refus toutes les délicates pudeurs d'une vertu qui lutte et qui veut résister même aux entraînements de son cœur.

Le marquis avait prévu cette résistance et préparé ses arguments.

Il n'eut point de peine à battre en brèche le fragile rempart des scrupules de la jeune femme.

Olympe, alors, changea de tactique.

Elle ne mit plus en avant son honneur, mais simplement sa réputation.

C'était une concession immense, et les concessions perdent les femmes plus vite encore que les empires.

Mme de Chavigny prétexta qu'elle ne pouvait franchir le seuil de l'appartement de Saint-Maixent sans se compromettre (ce qui était vrai), et qu'il lui était plus impossible encore de le recevoir dans le sien où ses femmes allaient et venaient sans cesse.

Or, forcer les consignes, ne fût-ce que pendant une heure, et fermer sa porte qui d'habitude restait toujours ouverte, c'était incontestablement se trahir.

Le marquis s'attendait à ces objections. Disons mieux, il les espérait, ce qui ne l'empêcha point de paraître désolé et de se donner l'attitude et le visage d'un homme qui désespère du succès.

Cette mine dolente remplit de pitié la belle Olympe ; et, comme la femme est charitable avant tout, elle résolut de verser un peu de baume sur la blessure qu'elle venait de faire.

« Ne vous désolez pas ainsi, mon ami, dit-elle de sa voix la plus caressante, vous savez bien que je vous aime ! Un jour viendra sans doute, et peut-être est-il proche, où, plus heureux qu'aujourd'hui, nous pourrons nous voir loin du monde, et cacher à tous les regards un chaste amour dont les méchants nous feraient un crime.... Mais aujourd'hui, vous le comprenez aussi bien que moi, c'est impossible. Si je suis tout pour vous, comme vous le dites et comme je le crois, ma bonne renommée doit vous être chère, et ce serait pour vous une cruelle douleur de me voir perdre par votre faute l'estime et le respect des honnêtes gens. Sans compter que placée dans une situation fausse et difficile par un mariage odieux, j'ai besoin du patronage de la comtesse, ma cousine, et que ce patronage me serait retiré si je fournissais, ne fût-ce que par une fausse démarche, un seul prétexte à la calomnie.

— Eh bien ! oui, vous avez raison, s'écria Saint-Maixent d'un ton convaincu, oui, votre honneur m'est plus cher qu'à vous-même. Mais si je trouvais un moyen de sauvegarder cet honneur. Si les entrevues que j'implore pouvaient avoir lieu sans faire naître même un soupçon, sans donner prise

« Bonne nouvelle, monsieur le marquis ! » (Page 108.)

à la calomnie, feriez-vous ce que je demande ?...
— Je n'hésiterais pas, répondit Olympe, qui croyait ne pas s'engager beaucoup.
— Eh bien, je chercherai ! reprit le marquis avec feu. Et, sur ma foi de gentilhomme, je trouverai, car rien n'est impossible à une volonté comme la mienne, doublée d'un amour comme le mien. »
Nous savons que Saint-Maixent avait trouvé déjà. S'il jouait cette petite comédie, c'était pour contraindre la belle Olympe à s'engager vis-à-vis de lui. Il venait d'y réussir complétement.

Pendant toute la matinée du lendemain il fut absent, et, quand il reparut au château, quand il se retrouva en présence de la marquise, son visage rayonnant exprimait la joie du succès.

« J'ai réussi ! fut son premier mot ; et comme Olympe lui demandait de s'expliquer, il lui parla du pavillon perdu vers les confins du parc et dont une porte ouvrait sur la campagne, et il lui soumit tout un plan fort adroitement combiné, où la plus défiante prudence ne pouvait rien trouver à reprendre. »

Chaque jour, dans l'après-midi, il monterait à cheval, et s'éloignerait ostensiblement.

Après un détour, il cacherait sa monture dans une ferme ou dans quelque massif de broussailles, il arriverait au pavillon par la porte extérieure, et laisserait entr'ouverte l'issue donnant sur le parc.

Olympe, de son côté, s'égarerait sous les futaies, bien sûre de n'être ni suivie, ni épiée, puisque tout le monde la croirait seule. Elle se rapprocherait lentement du pavillon, et personne, excepté les oiseaux du ciel, ne la verrait en franchir le seuil...

Le marquis termina par cette péroraison à effet :

« Vous le voyez, j'ai tout prévu ; vous n'avez rien à craindre, ni du monde, ni de moi, car le monde ne peut rien savoir, et votre honneur est en sûreté sous la garde du mien. Si vous hésitiez, c'est que vous n'auriez pour moi ni estime, ni amour ; et méprisé par vous, dédaigné par vous, il ne me resterait qu'à mourir ! Voulez-vous que je meure ?...

— Non... balbutia la jeune femme, les yeux baissés et les joues écarlates : j'ai promis... je tiendrai... »

XV

LE COURRIER

La belle Olympe tint sa promesse, en effet. Dès le lendemain, avec les précautions convenues, elle vint retrouver Saint-Maixent dans le pavillon. Il en fut de même chaque jour, et les mesures des deux amants étaient si bien prises, que dans la domesticité du château, personne (excepté, bien entendu, l'honnête intendant Lactance) ne soupçonna cette mystérieuse intrigue.

Deux semaines environ après le premier rendez-vous, Saint-Maixent, sous l'adroit prétexte que son honneur exigeait qu'il prit vis-à-vis de sa maîtresse un engagement d'éternelle fidélité, lui remettait un écrit ainsi conçu :

« Sur ma foi de gentilhomme, et sur ma part de
« paradis, je jure de prendre pour femme la mar-
« quise Olympe d'Aubray de Chavigny, quand le
« Dieu puissant, qui tient dans ses mains la vie des
« hommes, aura rappelé à lui l'âme du marquis
« de Chavigny. »

Suivaient la date et la signature.

Olympe, voyant dans cet engagement solennel librement consenti une immense preuve d'amour, ne voulut pas rester au-dessous de son amant et s'empressa de libeller la déclaration suivante :

« Je jure devant Dieu de n'avoir d'autre époux,
« quand la volonté du ciel m'aura rendue veuve,
« que le marquis Louis-André-Sigismond, seigneur
« de Saint-Maixent. »

Et elle signa :
   « Marquise d'Aubray de Chavigny. »

Étranges mœurs que celles d'une époque où la pensée religieuse se mêlait à tout, même au mal.

C'est de la meilleure foi du monde que la blonde Olympe, qui n'était pas encore cependant une femme tout à fait corrompue, faisait intervenir le nom de Dieu pour sanctionner en quelque sorte ses serments adultères !

A partir de ce moment, le marquis et Mme la marquise de Chavigny se considérèrent comme devant être unis dans un prochain avenir ; ils n'eurent plus rien de caché l'un pour l'autre, et ils mirent en commun leurs désirs et leurs espérances.

Saint-Maixent se montra tel qu'il était, tel qu'il devait être pour exalter jusqu'au délire la passion de la belle Olympe.

Il se laissa voir affamé de luxe, d'éclat, de plaisirs bruyants, et Mme de Chavigny comprit qu'il réaliserait ses rêves ; car s'il désirait tout cela, elle n'en pouvait douter, c'était afin de le partager avec elle.

Mais pour mener cette radieuse existence, pour être les flamboyants météores de Paris, la grande ville, pour réunir la plus haute noblesse de France dans les salons d'un splendide hôtel et dans le parc d'un château quasi princier, pour lutter, enfin, contre les magnifiques seigneurs de la cour et les écraser sous le poids d'un faste sans limites, la fortune de la marquise, si considérable qu'elle fut, ne pouvait suffire. Ses deux millions de dot s'évaporeraient comme de l'eau dans un creuset chauffé à outrance.

Saint-Maixent amena sans peine la belle Olympe à formuler elle-même cette réflexion décourageante.

Il lui répondit qu'elle avait tort de ne point faire entrer en ligne de compte l'immense héritage des Rahon, qui devait lui appartenir tout entier, en sa qualité de seule proche parente des deux lignes.

Mme de Chavigny secoua la tête.

« Supposez-vous donc, chère Olympe, demanda vivement le marquis, que le comte et la comtesse pourraient songer à vous déshériter ?

— Je ne suppose point cela, répliqua la jeune

femme, et je suis même convaincue que rien n'est plus loin de leur pensée ; mais, songez-y donc, ma cousine a trente ans à peine, et le comte lui-même, quoique beaucoup plus âgé que sa femme, est presque jeune encore. Ils peuvent et doivent vivre longtemps... aussi longtemps que moi peut-être. Compter sur leur succession serait folie ! »

Ce fut au tour de Saint-Maixent de secouer la tête.

« N'en croyez rien, dit-il, le comte est d'une constitution faible, d'une santé douteuse ; il mourra jeune. Quant à la comtesse, qui peut savoir ? Tel qui semble aujourd'hui plein de vie, est demain couché dans la tombe.

Vous oubliez, reprit Olympe, que ma cousine peut devenir mère, et alors adieu l'héritage. »

Le marquis se mit à rire aux éclats.

« Si vous n'avez contre vous que cette chance ! s'écria-t-il, vous pouvez bannir toute inquiétude. J'ai l'habitude, en fait de miracles, de n'ajouter foi qu'à ceux dont l'Église ordonne de ne point douter, et encore...

— Pourquoi parlez-vous de miracles ?

— Parce que Mme de Rahon, mariée depuis quatorze ans et restée si longtemps sans enfants, est sûre de n'en avoir jamais, à moins du plus invraisemblable prodige, et c'est précisément ce prodige que je déclare tout à fait impossible.

— Dieu le veuille ! murmura la belle Olympe ; car si cette fortune venait, par malheur, à nous échapper, nous serions vraiment bien à plaindre. Rien de ce que nous rêvons n'est réalisable avec mes deux pauvres millions ! »

Mme d'Aubray de Chavigny, comme bon nombre de filles d'Ève, manquait quelque peu de logique. Un instant auparavant, elle venait de déclarer qu'elle ne comptait en aucune façon sur l'héritage de ses proches parents ; et maintenant elle affirmait, presque sans transition, que cet héritage était une condition absolue de son existence.

Saint-Maixent jugea d'autant moins à propos de relever cette contradiction flagrante, que c'était lui qui venait de l'inspirer, à l'insu d'Olympe elle-même.

Les jours et les semaines s'écoulaient et l'époque approximativement fixée pour le retour du comte de Rahon et de sa femme était dépassée depuis longtemps.

Annibal avait écrit deux ou trois fois au marquis.

Il lui disait que la solution de son affaire offrait certaines difficultés dont il triomphait moins vite et avec plus de peine qu'il ne l'avait espéré d'abord.

Certes, la chose était vraie, et, dans tous les cas, le prétexte était vraisemblable ; mais les lettres du comte offraient un je ne sais quoi de contenu, de mystérieux : on y devinait de vagues réticences dont Saint-Maixent s'étonnait un peu, et qui lui causaient même de vagues inquiétudes.

« Il se passe là-bas, se disait-il, quelque chose d'inexplicable. Ce séjour à Paris indéfiniment prolongé doit avoir un autre motif que celui mis en avant par le comte. Il se prépare un événement. Dois-je m'en réjouir ou m'en alarmer ? Qui me donnera la clef du problème ? »

Le marquis se posait sans cesse de semblables questions, et, naturellement, il ne pouvait pas se répondre.

Tout à coup le mot de l'énigme éclata comme la foudre.

Deux mois et demi environ après le départ du comte et de sa femme, Saint-Maixent soupait en tête-à-tête avec la belle Olympe et les horloges marquaient neuf heures.

Le gentilhomme et la marquise, soucieux l'un comme l'autre et dominés par un étrange pressentiment, faisaient peu d'honneur aux mets placés sur la table, et, s'absorbant dans leurs pensées, n'échangeaient pas une parole.

Un bruit inattendu fit tressaillir les convives silencieux.

On sonnait avec une extrême violence à la grille du château, et les tintements réitérés de la cloche semblaient annoncer l'arrivée d'un visiteur bien impatient ou bien important.

Quel pouvait être ce visiteur ?

Saint-Maixent sentit un frisson passer sur sa chair. Il se trouvait toujours sous le coup des poursuites au criminel dirigées contre lui par le lieutenant civil de la province d'Auvergne ; le roi n'avait point encore accordé les lettres de rémission ; le marquis pouvait tout craindre, surtout en l'absence du comte de Rahon. Peut-être, en ce moment, une escouade de cavaliers de la maréchaussée se préparait à envahir le château.

Tandis que ces réflexions de mauvais augure se succédaient dans l'esprit du gentilhomme, en beaucoup moins de temps que nous n'en avons mis à les indiquer, la cloche de la grille était plus que jamais mise en branle.

« Qu'est-ce donc ? » murmura la belle Olympe avec une inquiétude nerveuse.

Saint-Maixent, cachant de son mieux son trouble intérieur à cause des deux valets de pied qui servaient à table, se leva et s'approcha de l'une des fenêtres.

Il vit, à travers les ténèbres, une lanterne se diriger rapidement vers la grille, et presque aussitôt le bruit d'un cheval lancé au galop le plus rapide retentit dans la cour d'honneur.

Quelques secondes s'écoulèrent, puis une grande clameur s'éleva, clameur joyeuse, il était impossible de s'y tromper, et formée par les voix de presque tous les domestiques.

Saint-Maixent cessait d'avoir peur pour sa liberté, mais il se sentait intrigué de plus en plus.

« Lorrain, dit-il à l'un des valets de pied, descendez aux cuisines et voyez un peu ce qui se passe. »

Lorrain eut le temps d'ouvrir la porte, mais non celui d'accomplir la seconde partie de l'ordre qu'il venait de recevoir.

Intendant, cochers, valets de chambre, cuisiniers, palefreniers, gens de basse-cour et du potager, gros bonnets de la livrée et marmitons modestes, caméristes coquettes et laveuses de vaisselle, formant un groupe compacte et bruyant, envahissaient la galerie et faisaient invasion dans la salle à manger.

En tête de ce groupe marchait un courrier à la livrée de Rahon, botté, éperonné, couvert de boue de la tête aux pieds, mais de mine plus fière et de plus conquérante allure qu'un général victorieux.

De la main gauche ce courrier brandissait son fouet de poste et son chapeau ; de la main droite, il élevait au-dessus de sa tête une enveloppe scellée de cire rouge.

« Bonne nouvelle, monsieur le marquis! grande nouvelle ! » se mit-il à crier au mépris de toute étiquette, en franchissant le seuil de la salle à manger.

La cohue des valets répéta comme un écho :

« Grande nouvelle! bonne nouvelle! »

Saint-Maixent fronça le sourcil et sa figure prit une expression irritée.

« Que signifie cela ? demanda-t-il d'une voix rude. Depuis quand vous permettez-vous de venir sans être appelée et d'assourdir Mme la marquise de vos aigres clameurs? Allons! hors d'ici, faquins! hors d'ici, tous! Sortez, je vous l'ordonne et que le courrier reste seul. »

Valets et caméristes, et maître Lactance lui-même, muets, confus et la tête basse, commencèrent à battre en retraite.

A la grande stupeur de Saint-Maixent, le courrier les arrêta du geste.

« Monsieur le marquis voudra bien m'excuser, dit-il, mais c'est la volonté formelle de M. le comte de Rahon, mon maître (il appuya sur ces deux mots), que tous les braves gens de sa maison assistent à la lecture de la lettre que j'apporte de sa part à monsieur le marquis. »

Il n'y avait rien à répliquer. Annibal, quoique absent, était bien réellement le maître seul et unique. Quand il avait ordonné, il fallait obéir.

« Puisque tel est le désir de mon cousin, répliqua Saint-Maixent en forçant ses lèvres à grimacer un sourire, qu'ils restent.

— Vive M. le comte! vive Mme la comtesse! vivent nos bons maîtres! crièrent les valets enchantés.

— Et maintenant donnez-moi cette lettre, » reprit le marquis.

XVI

LA LETTRE DU COMTE

Le courrier, continuant dans sa joie à dédaigner l'étiquette en vigueur, ou l'ignorant peut-être, s'empressa de tendre la lettre au marquis au lieu de la lui présenter sur un plat d'argent, ce qui fit hausser les épaules des valets de chambre mieux stylés.

Saint-Maixent brisa le cachet, déchira l'enveloppe, parcourut des yeux la missive sans que la moindre altération se manifestât sur son visage, et enfin il lut à haute voix les lignes suivantes, qui se recommandaient infiniment plus par l'intention que par le style, les grands seigneurs de cette époque n'étant pas tous, tant s'en faut, les émules de la marquise de Sévigné.

« Mon cher cousin,

« Je ne tarderai pas plus longtemps à vous faire partager l'immense bonheur que le ciel m'envoie, et je veux que tous les gens de ma maison, tous ces bons serviteurs dévoués et fidèles qui portent de père en fils depuis des siècles la livrée de Rahon, apprennent en même temps que vous la bonne nouvelle.

« Apprêtez-vous à tressaillir de surprise et d'allégresse, mon cousin ! Oui, d'allégresse, car je ne doute pas plus de votre affection que vous ne devez douter de la mienne! Le miracle que je demandais à Dieu, mais que je n'espérais plus, vient de s'accomplir. Le nom de Rahon ne périra pas! La comtesse, après quatorze années d'une union stérile, va me donner un héritier, et cet héritier sera un fils, j'en suis sûr! Le Très-Haut, daignant m'accorder la plus grande de toutes les faveurs, ne mettra point de bornes à la protection tutélaire étendue si visiblement sur ma famille, il ne laissera pas s'éteindre une illustre race de vaillants hommes et de chrétiens sincères, il me permettra d'élever un rejeton masculin, et de perpétuer en lui les croyances et les vertus de ses ancêtres... »

Ici la lecture de la lettre du comte de Rahon fut interrompue par un véritable brouhaha. Les valets, sincèrement dévoués à leurs maîtres pour la plupart, laissaient éclater leurs bruyants transports, et poussaient des *vivats* assez retentissants pour ébranler le plafond en coupole de la salle à manger.

S'opposer à ces manifestations enthousiastes eût été d'une mauvaise politique. Saint-Maixent les laissa se produire pendant quelques secondes; puis, d'un geste impérieux, il commanda le silence, et il continua :

« Ce n'est pas d'aujourd'hui, mon cher cousin, que je soupçonne ce grand bonheur, mais je n'osais y croire, ni surtout vous en entretenir, dans la crainte de vous donner une fausse joie, bientôt suivie d'une déception. La chute semble d'autant plus rude, qu'on tombe d'une plus grande hauteur. De là mon silence à cet égard depuis tantôt six semaines. Si je romps ce silence aujourd'hui, c'est que le doute est désormais impossible, et que la certitude remplace l'espérance. Les plus célèbres médecins de Paris, ceux dont l'opinion fait autorité, m'ont à dix reprises donné l'assurance de la grossesse de Mme de Rahon, et tous s'accordent à déclarer que cette grossesse se présente sous l'aspect le plus favorable.

« Je désire donc que, dès à présent, tout le monde au château prenne sa part de la jubilation qui nous inonde, la comtesse et moi. Entendez-vous avec mon intendant Lactance, je vous en prie, mon cher cousin, pour que chacun des serviteurs du château, quelque soit son âge et son sexe, reçoive cinq pièces d'or à titre de gratification. Ordonnez, en outre, des prières d'actions de grâces et des réjouissances auxquelles seront conviés les habitants de mes domaines. Que le parc soit illuminé chaque soir, que des tables couvertes de mets soient dressées en permanence sur les pelouses, que le vin coule à flots, faisant briller la gaieté dans tous les yeux. Remise pleine et entière est faite à mes tenanciers pour les sommes arriérées dont ils peuvent se trouver débiteurs, ainsi que des amendes encourues pour délits forestiers. Mes gardes leur en donneront avis.

« Cette lettre, confiée à Hyacinthe Hubert, mon courrier, ne nous précédera que de quelques jours.

Demain matin nous quittons Paris, mais comme le mouvement du carrosse et l'état de fâcheux entretien des chemins en maint endroit pourrait compromettre l'existence du précieux rejeton que la comtesse porte dans son sein, cette chère moitié de ma vie fera la route en litière, à petites journées, et je l'accompagnerai à cheval.

« Une nouvelle missive vous avisera du jour et de l'heure exacts de notre arrivée. Donnez, je vous en prie, des ordres pour qu'aucune décharge de mousqueterie ne nous accueille pour nous faire honneur. Dans la situation de la comtesse, le bruit des détonations pourrait avoir des suites fâcheuses.

« Sur ce, mon cher cousin, je vous prie de ne point douter de ma tendre affection. Non plus que notre bien-aimée cousine Olympe de Chavigny, et je demande à Dieu qu'il vous ait tous les deux en sa bonne et sainte garde.

« ANNIBAL, COMTE DE RAHON. »

La lecture était finie.

Les cris et les vivats recommencèrent avec une intensité nouvelle. Distribution d'argent, réjouissances, table ouverte, vin à discrétion, ces perspectives affriolantes enflammaient les imaginations de la livrée. Ce n'était plus de la joie, c'était du délire.

« Je m'entendrai avec Lactance pour faire exécuter, dès demain, les volontés de mon parent, dit le marquis d'une voix si haute qu'elle domina le joyeux tumulte. Je vous félicite du fond du cœur de votre attachement à vos maîtres ; ils en seront instruits par moi dès leur retour. Et, maintenant, vous pouvez vous retirer. »

Valets et caméristes quittèrent aussitôt la salle à manger, et l'on entendit leurs clameurs retentir, en s'affaiblissant, dans les parties basses du château.

Le marquis resta seul avec la belle Olympe.

Ils échangèrent un long regard, et pendant quelques minutes gardèrent le silence.

Le bruit des pétards et des fusées éclatant dans le parterre, et celui des violons et des tambourins faisant rage sous les fenêtres, les tirèrent de ce mutisme.

« Nouvelle maudite ! murmura Saint-Maixent en froissant avec rage la lettre que, par distraction, il avait gardée toute ouverte à sa main.

— Adieu nos belles espérances, répondit la marquise d'une voix sourde et comme se parlant à elle-même, tout s'anéantit ! tout s'écroule ! »

A ces quelques paroles échangées, succéda un nouveau silence.

Ce fut Saint-Maixent qui le rompit. Sa tête penchée se releva, un éclair brilla dans son regard, tandis qu'il s'écriait :

« Tout s'écroule, avez-vous dit ! Qu'en savons-nous ? Pourquoi désespérer si vite ? »

Olympe fixa sur lui ses yeux étonnés.

« Mais, cette lettre.... commença-t-elle.

— Cette lettre !... interrompit le marquis presque avec violence ; eh bien ! après tout, que prouve-t-elle ?

— Elle prouve la prochaine réalisation des espérances si longtemps trompées du comte, elle prouve la grossesse de la comtesse.

— Elle ne prouve rien !

— Ah ! par exemple.

— Non, rien, interrompit pour la seconde fois Saint-Maixent. Rien, selon les illusions que M. de Rahon et sa femme, abusés par je ne sais quelles apparences, prennent pour la réalité.

— Cependant, l'opinion unanime des grands médecins consultés par eux ?

— Les médecins n'ont point une infaillible science ; ils se trompent comme de simples mortels. Je crois très-possible, d'ailleurs, qu'ils aient voulu complaisamment flatter des espérances qu'ils ne partageaient pas ! Est-il vraisemblable, est-il croyable qu'au bout de quatorze ans de stérilité, Mme de Rahon devienne mère ?

— Invraisemblable, soit ! incroyable peut-être ! Cependant, cela s'est vu ; j'en pourrais citer des exemples.

— Eh bien ! admettons cette grossesse, je me fais fort de vous démontrer qu'un tel événement ne serait point encore la ruine absolue et sans appel de nos rêves.

— Comment cela ?

— Réfléchissez. Combien d'écueils dangereux à franchir avant que vienne au monde l'enfant qui doit nous dépouiller ! Les fatigues du voyage qui s'accomplit en ce moment, les accidents sans nombre qui peuvent se rencontrer à chaque pas sur les grands chemins, et que toute la prudence humaine ne saurait prévenir ; les maladies souvent dangereuses qui parfois accompagnent les dernières périodes d'une grossesse. Songez-y donc, il suffirait d'une frayeur soudaine, d'une émotion vive, d'une chute, d'un faux-pas, de moins encore, pour tuer dans le sein de sa mère l'héritier de tant de millions. »

Olympe, pensive, murmura :

« C'est vrai.

— Ne faut-il pas, en outre, que l'accouchement soit heureux ? reprit le marquis. La comtesse est jeune encore, je le sais ; mais, enfin, elle a presque dépassé l'âge où la délivrance est facile, quand cette délivrance est la première. Mme de Rahon succombera peut-être en couches.

— Oui, vous avez raison, dit Olympe.

— Sans compter que l'enfant, une fois né, peut mourir, » poursuivit Saint-Maixent d'une voix sombre.

Mme de Chavigny fixa sur son amant un regard presque effrayé.

« Croyez-vous qu'il mourrait ? demanda-t-elle ensuite lentement et avec une expression étrange.

— Je le crois, répliqua le marquis, du geste plutôt que des lèvres.

— De mort.... naturelle ? balbutia la jeune femme.

— Naturelle ou.... accidentelle ! s'écria Saint-Maixent ; qu'importe ? Où serait le crime de rejeter dans le néant une chétive créature, *un morceau de matière mal organisé* (1) qui ne se donnerait que la peine de naître pour détruire les espérances légitimes d'une personne de votre mérite ? Oui, oui, l'enfant mourrait ; mais mieux vaudrait cent fois qu'il ne vînt pas au monde. »

Après quelques secondes de silence, le marquis reprit en frappant du pied avec une sorte de colère :

« Mais à quoi bon vous tourmenter ainsi ? A quoi bon prévoir des malheurs qui ne se réaliseront jamais ? Illusions, folies, mensonges ! La comtesse n'est point enceinte ! Cela n'est pas, cela ne saurait être !

— Ah ! que Dieu vous entende ! » murmura la belle Olympe.

Saint-Maixent ne répondit que par un sourire.

L'opinion que la grossesse de Mme de Rahon n'était qu'une illusion décevante s'affermit de plus en plus dans l'esprit du gentilhomme et de la jeune femme, et leur rendit un peu du calme que la lettre du comte leur avait fait perdre.

Douze jours s'écoulèrent en réjouissances de toutes sortes.

Lactance faisait grandement les choses et n'épargnait ni la bourse, ni la cave, ni les troupeaux de son maître.

Chaque matin on tuait deux bœufs, quatre ou cinq veaux, cinq ou six moutons, autant de porcs et plusieurs douzaines de poulets ; on mettait des barriques en perce et l'on allumait de grands feux dans toutes les cheminées des cuisines.

Chaque après-midi le parc du château de Rahon

(1) Les paroles du marquis de Saint-Maixent sont historiques et textuelles.

offrait le réjouissant aspect des noces de Gamache, ou d'une échappée de vue sur le mirifique pays de Cocagne.

Le soir, sous les futaies illuminées on entendait résonner les crins-crins de toute une bande de ménétriers ambulants, et jolies filles et joyeux garçons dansaient presque jusqu'au matin.

Valets et paysans trouvaient fort de leur goût cette joyeuse vie et faisaient des vœux pour qu'elle se prolongeât longtemps.

Le soir du douzième jour un nouveau courrier, à la livrée de Rahon, arriva à franc étrier, apportant un message du comte pour le marquis de Saint-Maixent.

XVII

L'ARRIVÉE.

Ce message, beaucoup plus court que le premier, annonçait pour le surlendemain, à trois heures de l'après-midi, l'entrée du comte et de sa femme sur leurs domaines.

Saint-Maixent envoya sur-le-champ chercher Lactance.

L'intendant se présenta avec sa physionomie et son attitude habituelles, c'est-à-dire la mine hypocritement servile et plate, et courbant en deux sa longue échine.

« Maître Lactance, lui dit le marquis, M. de Rahon et la comtesse arriveront après demain à trois heures de relevée.

— Que Dieu soit béni qui nous ramène ces bons maîtres ! murmura l'honnête serviteur en levant d'un air béat vers le ciel ses prunelles clignottantes.

— Il s'agit d'organiser pour eux une réception dont ils soient contents, reprit le marquis, et j'ai compté sur vous pour cela. Je vous donne carte blanche, prouvez votre zèle ; je vous recommande surtout que l'enthousiasme soit chauffé à blanc. On ne saurait accueillir avec de trop grandes démonstrations de joie et d'amour le futur héritier des grands biens, titres et seigneuries de la maison de Rahon ! »

Malgré lui, Saint-Maixent prononça ces dernières paroles avec une intonation qui n'était pas exempte d'amertume ; et Lactance, fort habile homme quand il s'agissait de dépister quelque sentiment mauvais, ne s'y trompa point.

« Je ferai de mon mieux, dit-il, pour répondre dignement à la confiance que monsieur le marquis veut bien me témoigner. Je n'épargnerai rien ; l'enthousiasme sera sans bornes. Au besoin, j'y mettrai le prix ; je ferai débonder deux tonneaux de plus. D'ailleurs, M. le comte et Mme la comtesse sont aimés. J'ose promettre qu'on criera très-fort. Les hommes s'enroueront à répéter sur tous les tons : « Vive monsieur le comte ! vive madame la comtesse ! vive leur héritier ! Les jeunes filles pleureront de joie et d'attendrissement en offrant les fleurs qu'on pourra trouver encore dans les serres et les petits agneaux les plus blancs qu'il sera possible de se procurer. En un mot, ce sera un tableau champêtre et touchant. C'est bien cela, j'imagine, que désire monsieur le marquis ?

— Oui, maître Lactance, c'est bien cela. Vous me comprenez à merveille. Allez donc et ne ménagez point les arcs de triomphe.

— Nous en aurons trois du plus bel effet. J'ai déjà pensé à faire descendre du sommet de l'un d'eux un garçonnet déguisé en petit amour, avec des ailes de papier doré, qui déposera une couronne sur la tête de Mme la comtesse.

— Ce sera du meilleur goût et certes l'invention mérite qu'on la loue. Allez préparer vos machines. »

Lactance fit quelques pas vers la porte, ce que, en termes de théâtre, on appelle une fausse sortie ; puis il revint.

« Je supplie monsieur le marquis de me pardonner, balbutia-t-il d'une voix émue, mais je ne puis contenir plus longtemps le témoignage de l'admiration qu'il m'inspire. Monsieur le marquis est un grand cœur !

— En vérité ! fit Saint-Maixent d'un ton légèrement ironique. Et puis-je savoir, maître Lactance, d'où vous vient cette admiration soudaine et vive dont s'étonne ma modestie ?

— Elle me vient de l'héroïsme de monsieur le marquis : héroïsme si beau, si merveilleux, que je le croyais impossible dans ce monde où rien n'est parfait.

— Ce drôle pique ma curiosité, pensa le marquis ; que veut-il dire ? »

Puis tout haut :

« Le diable m'emporte si je vous comprends ! Expliquez-vous, vertueux intendant.

— Eh bien ! monsieur le marquis, je vous vois témoigner une joie sans pareille d'un événement qui devrait vous remplir de douleur.

— Quel est cet événement, s'il vous plaît ?

— La naissance prochaine d'un héritier de M. le comte.

— Pourquoi m'en affligerais-je ? Je n'ai rien à

démêler, ce me semble, avec l'héritage de mon cousin.

— Directement, c'est possible... c'est même certain; mais Mme Olympe avait les plus beaux droits du monde, si mon maître mourait sans postérité; et je me permets de supposer que Mme Olympe, aussitôt qu'elle sera veuve, pourrait bien devenir marquise de Saint-Maixent.

— De sorte qu'à ma place, maître Lactance, vous ne partageriez point l'allégresse générale ?

— Je n'aurais garde ! Je n'ai point les vertus de M. le marquis, moi ! Je haïrais et je maudirais de tout mon cœur cet enfant qu'on n'attendait pas, cet enfant qu'on n'espérait plus et qui viendrait me voler l'espoir de l'une des plus grandes fortunes de France.

— De telle sorte que (toujours à ma place, bien entendu) s'il dépendait de vous de l'empêcher de naître ?...

— Je n'hésiterais pas, dussé-je, pour réussir dans cette entreprise, appeler le diable à mon aide. »

Saint-Maixent eut aux lèvres un mauvais sourire.

« Vous croyez donc au diable, maître Lactance ? demanda-t-il.

— Sans aucun doute, monsieur le marquis. J'ai le bonheur de posséder de solides principes religieux ; je tâche de faire un peu de bien ; mais quand des millions sont en jeu, j'avoue que je ne saurais résister aux conseils du malin esprit.

— Et vous auriez le plus grand tort, répondit le marquis avec une gravité comique. Chassez ces mauvaises pensées, suivez l'exemple que je vous donne : souvenez-vous que tous les millions de la terre sont peu de chose auprès du repos de la conscience. N'oubliez pas que l'homme trouve le vrai bonheur dans l'abnégation et le sacrifice, et cherchez votre joie dans le bonheur des autres, même quand ce bonheur est contraire à vos intérêts. J'ai dit. Méditez ces sages conseils et courez au plus vite préparer l'entrée triomphale de mon bien-aimé cousin, de sa chère et digne compagne, et de leur futur héritier. A la besogne, monsieur l'intendant, à la besogne ! »

C'était un congé en bonne forme. Lactance, singulièrement désorienté, courba sa souple échine et sortit.

« Le coquin m'a deviné, pensa Saint-Maixent resté seul ; il vient de me faire comprendre, assez adroitement ma foi, qu'au jour et à l'heure où j'aurais besoin de lui pour quelque œuvre de ténèbres, je le trouverais prêt. J'en prends note et m'en souviendrai. »

Le surlendemain, à l'heure dite, des valets à cheval, en grande livrée, arrivèrent, annonçant qu'ils ne précédaient que d'un quart de lieue la litière de la comtesse.

Tout était prêt pour la réception enthousiaste ordonnée par Saint-Maixent et préparée par maître Lactance.

Trois arcs de triomphe, dont les échafaudages disparaissaient sous des feuillages verts et les guirlandes de mousse, étalaient de distance en distance les merveilles de leur rustique architecture. Ils étaient pavoisés de bannières aux armes de Rahon et couverts d'emblèmes et de devises.

Sur le faîte du troisième, on distinguait avec admiration le petit amour aux ailes de papier doré tenant à la main une couronne de fleurs.

Jeunes gens et jeunes filles attendaient, les uns armés de bouquets gigantesques, les autres conduisant en laisse des agneaux bien frisés et blancs comme neige ; la plus jolie des jeunes filles se tenait prête à réciter un beau compliment appris d'avance.

Autour des arcs de triomphe, se groupait une foule compacte. C'étaient les tenanciers du comte et les habitants de tous les villages situés sur ses immenses domaines. Les cloches des églises sonnaient joyeusement. Des orchestres improvisés jouaient de leur mieux des airs champêtres. La livrée du château s'échelonnait depuis la grille jusqu'au perron.

Tout cela, dans le cadre magnifique précédemment décrit par nous, formait un spectacle enchanteur.

La litière parut, portée d'un pas égal et ferme par quatre hommes vigoureux.

La comtesse Marie de Rahon, étendue sur les coussins, était un peu pâle, d'émotion plus que de fatigue. Cette pâleur doublait sa beauté en lui donnant un charme nouveau, pénétrant et irrésistible.

Le comte Annibal, monté sur un magnifique étalon d'un noir d'ébène, et le visage rayonnant, ne quittait point la portière de droite.

Quatre laquais à cheval fermaient la marche.

Au moment où le petit cortège fut en vue, à l'entrée de l'allée des châtaigniers, les clameurs s'élevèrent comme un ouragan de voix humaines, les *vivats* éclatants jaillirent, les orchestres jouèrent avec furie. Les plus vieux tenanciers et les plus anciens serviteurs se mirent à pleurer d'attendrissement à la vue de la joie du comte, et surtout à la

Une scène comique s'engagea entre les deux docteurs. (Page 120.)

pensée que ses qualités si nobles et si rares allaient se perpétuer dans un héritier de sa race.

Saint-Maixent et la marquise de Chavigny attendaient au premier des trois arcs de triomphe.

Ils avaient fait tous deux de notables efforts pour se hausser, en apparence, au ton de l'allégresse générale, et pour imposer à leur visage l'expression des sentiments que leurs cœurs n'éprouvaient point. Ils y réussissaient complétement et jouaient leurs rôles à merveille. Presque toujours les hypocrites sont de grands comédiens.

La litière s'arrêta.

Le comte mit pied à terre, profondément touché de ces cris de joie qui retentissaient autour de lui; et, cédant à un entraînement irrésistible, il se jeta dans les bras du marquis en balbutiant :

« Oh! mon cousin, que je suis heureux! »

Saint-Maixent lui rendit étreinte pour étreinte et répondit :

« Croyez-vous donc que nous le soyons moins que vous ? Votre bonheur n'est pas à vous seul. Nous le partageons tous, et ce jour, le plus radieux de votre vie, est aussi le plus beau de la nôtre. »

Pendant ce temps, la belle Olympe s'était approchée de la litière entr'ouverte, et couvrait la comtesse de Rahon de baisers menteurs.

Les nombreux témoins de cette scène de famille applaudissaient avec transport, et sentaient de douces larmes mouiller leurs paupières.

La litière se remit en marche ; le compliment fut récité, les bouquets et les moutons blancs eurent leur tour ; l'enfant aux ailes de papier doré descendit au bout de sa corde et présenta de fort bonne grâce la couronne. Enfin, tout réussit à miracle et ce fut sous les plus heureux auspices que le comte et la comtesse franchirent le seuil de leur château, où les attendaient les sombres péripéties de l'un de ces drames dont le souvenir se conserve d'âge en âge pour effrayer les générations à venir.

Une lutte mystérieuse et sinistre allait s'engager entre la loyauté confiante et le génie du mal incarné sous la forme séduisante de Louis-André-Sigismond, marquis de Saint-Maixent.

XVIII

OU LE MARQUIS DE SAINT-MAIXENT FAIT UN FAUX PAS.

Le soir de ce même jour, Annibal eut avec le marquis un entretien sérieux pour lui rendre compte de l'heureux résultat de ses démarches. Le roi, sollicité à plusieurs reprises avec ardeur et persévérance, avait refusé d'abord, puis enfin accordé, mais non sans une répugnance manifeste, des lettres de rémission.

Par ces lettres, le passé de Saint-Maixent se trouvait effacé, et, quelques actions criminelles qu'il eût commises, il était interdit à la justice humaine de lui en demander compte.

« Je me suis porté votre caution, mon cousin, dit M. de Rahon en terminant ; j'ai répondu de vous corps pour corps, honneur pour honneur. J'ai fait le serment que les accusations élevées contre vous étaient calomnieuses, et qu'un Saint-Maixent pouvait avoir commis des fautes et des imprudences, mais était incapable d'une lâcheté ou d'une infamie. Je l'ai emporté de haute lutte. L'absolution du roi vous purifie de toute erreur et de toute souillure comme l'eau du baptême lave la tache originelle. L'avenir vous appartient désormais. Vous pouvez recommencer votre vie et je vous aiderai de tout mon pouvoir à la rendre digne du dernier rejeton d'une race illustre et qui me touche de si près. »

Saint-Maixent remercia le comte avec les expressions de la reconnaissance la plus exaltée, et, en apparence, la plus sincère. Il trouva même fort à propos quelques larmes, témoignages muets, mais éloquents, de son émotion profonde et de sa gratitude sans bornes.

« Maintenant, mon cousin, reprit Annibal, me permettez-vous de vous donner un conseil ?

— Je serai très-heureux de l'entendre et je le suivrai religieusement.

— Vous voilà libre, le monde est ouvert devant vous ; vous pouvez, si cela vous plaît, retourner à Paris demain. »

Saint-Maixent eut un petit frisson. Son parent allait-il l'engager, en termes discrets, à ne pas abuser plus longtemps de l'hospitalité du château de Rahon ? Cette crainte fut de courte durée.

« Je comprends à merveille, poursuivit le comte, qu'un brillant cavalier tel que vous, habitué aux succès de tous les genres, doive trouver monotone un long séjour au fond d'une province et dans un manoir comme celui-ci. Je vous engage cependant à demeurer auprès de nous quelque temps encore. Les arrangements relatifs à vos embarras pécuniaires ne sont point terminés par mon procureur honnête homme, et si vos créanciers usuraires vous voyaient reparaître en ce moment, il deviendrait bien difficile, pour ne pas dire impossible, d'obtenir d'eux certaines justes concessions que votre absence, et surtout l'ignorance où ils se trouvent de votre situation actuelle, les contraindront d'accepter. C'est dans votre intérêt que je vous parle, et c'est l'affection seule qui dicte mes paroles. Restez notre hôte. L'âme et le corps se retrempent dans la vie des champs. Armez-vous de patience, et tâchez de vivre heureux au château de Rahon jusqu'au jour où votre fortune, en partie reconstruite, et le riche mariage que je me fais fort de vous ménager, vous permettront de reprendre dans le monde une existence digne de votre nom. Acceptez-vous ? »

Cette fois Saint-Maixent n'eut pas besoin d'appeler l'hypocrisie à son aide et de feindre la joie.

Il éprouvait bien réellement cette joie. L'offre si généreuse du comte allait au-devant de ses désirs en assurant la réalisation de ses criminelles espérances.

Il saisit les deux mains de M. de Rahon, les serra

dans les siennes, les appuya contre sa poitrine en balbutiant :

« Je ne sais plus, en vérité, mon cousin, comment vous exprimer la gratitude qui déborde en mon cœur. Vous comblez mes vœux les plus chers. Ce que je n'osais vous demander, vous me le proposez vous-même. Rester auprès de vous, c'était mon unique rêve et ma seule ambition. Un grand changement s'est fait en moi, et, je le sens bien maintenant, le bonheur est ici. »

La belle et loyale figure du comte de Rahon s'illumina.

« Que Dieu soit béni ! s'écria-t-il ; son inépuisable bonté me réservait toutes les joies, car votre réponse me prouve que la conversion est complète. Vous voilà digne du nom que vous portez, et je vous donnerai de mon estime la preuve la plus haute, la plus éclatante : vous serez le parrain de mon fils. »

Le marquis put entendre ces paroles sans tomber à deux genoux devant le comte de Rahon, et sans heurter sur le marbre des dalles son front humilié et repentant.

En vérité, je vous le dis, dans cet homme, il n'y avait d'humain que le visage. Son cœur était d'un acier chauffé trois fois dans les fournaises de l'enfer !

Quelques semaines s'écoulèrent.

Les espérances fondées par le marquis de Saint-Maixent et la belle Olympe sur une illusion du comte Annibal et de sa femme, et sur une erreur des médecins, s'étaient évanouies.

Il devenait impossible de douter que la comtesse portât réellement un enfant dans son sein : déjà les lignes correctes et élégantes de sa taille commençaient à perdre de leur finesse ; déjà ses traits offraient l'empreinte de cette touchante fatigue qui va si bien aux jeunes femmes. Bref, la grossesse était certaine et incontestable.

Les entrevues du marquis et de Mme de Chavigny, moins fréquentes que lorsqu'ils se trouvaient seuls au château, avaient encore lieu cependant deux ou trois fois par semaine dans le pavillon que nous connaissons.

Là, Saint-Maixent poursuivait son œuvre de corruption en détruisant dans l'esprit de la marquise toute croyance religieuse. Il savait bien que pour se faire de la belle Olympe une complice docile, prête à ne reculer devant rien, il fallait la soustraire à l'obsession de cette idée qui est la plus puissante des sauvegardes : l'idée de Dieu.

Le misérable était de la race et de l'école des grands criminels du dix-septième siècle.

A cette époque, où une foi presque aveugle régnait en souveraine, les *Sainte-Croix*, les *Exili* avaient fait hautement profession d'athéisme, devançant dans l'incrédulité les savants du dix-huitième siècle qu'ils devançaient aussi dans l'étude approfondie de certaines sciences physiques. Ces derniers devaient y chercher ce qu'ils prenaient pour la vérité. Les infâmes contemporains de la Brinvilliers n'y cherchaient que des poisons subtils propres à tuer sans laisser de traces.

L'âme faible de la marquise fut une cire molle entre les mains d'un homme aussi habile que Saint-Maixent. L'intérêt, la haine et la passion se faisaient les auxiliaires de son exécrable précepteur. La malheureuse créature n'était point de taille à lutter contre eux. Elle écoutait, docile, et se laissait convaincre.

Quand elle eut cessé de croire en Dieu, elle regarda le crime en face et le crime ne lui fit plus peur.

Ce devait être un spectacle étrange, effrayant, inouï, que de voir ces deux êtres, jeunes autant l'un que l'autre et d'une beauté presque divine, rassemblés dans une commune pensée infâme, et, au lieu de se parler d'amour, cherchant ensemble les moyens d'empêcher un enfant de naître !

Après avoir espéré une déception, ils avaient compté sur un accident ; mais la comtesse était surveillée avec tant d'amour, des soins si vigilants l'entouraient, que la chance de cet accident devenait de plus en plus improbable.

« Et quand on pense, cependant, dit un jour Olympe au moment de quitter le marquis, que pour tuer cet enfant maudit dans le sein de sa mère, il suffirait d'une soudaine épouvante. Ah ! que ne puis-je évoquer des fantômes ! »

Saint-Maixent ne répondit pas, mais ces paroles se gravèrent dans son esprit. Elles venaient de lui suggérer une idée qu'il ne devait point tarder à mettre à exécution.

Le comte de Rahon et lui avaient repris l'habitude de faire chaque jour ensemble, dans l'après-midi, des promenades à cheval quand le temps le permettait.

La comtesse, qui ne quittait plus guère sa chaise longue, se plaçait avec Olympe sur le balcon monumental du premier étage, dominant la cour d'honneur, pour assister au retour des deux gentilshommes, qu'elle saluait en agitant son mouchoir aussitôt qu'ils apparaissaient à l'extrémité de l'avenue des marronniers.

Annibal, excellent cavalier et *très-curieux d'équitation*, comme on disait à cette époque, aimait à monter des chevaux fougueux, et les maniait avec une telle grâce et une dextérité si grande, qu'il semblait que l'apparence même d'un danger ne pouvait pas exister pour lui.

Cependant, Mme de Rahon, devenue très-impressionnable par suite de sa grossesse, éprouvait quelque inquiétude quand elle voyait, au départ, la monture de son mari pointer vigoureusement ou s'enlever par un bond soudain. Elle le suppliait de ne monter que des chevaux sages. Annibal répondait, en souriant, que tous les chevaux étaient sages entre ses mains.

Parmi les plus nobles hôtes des écuries du château, on remarquait deux étalons d'Orient, *Kébir* et *Mesrour*, tous les deux d'un blanc de neige, et si pareils qu'il était difficile de les distinguer l'un de l'autre.

Le comte et le marquis les montaient souvent ensemble.

On les harnachait alors à la mode orientale, avec des brides de soie pourpre et des selles de velours rouge brodées d'or venues de Constantinople; et rien n'était beau comme les tons écarlates de cette soie et de ce velours tranchant vivement sur les blancheurs nacrées des deux magnifiques animaux.

Un matin, Saint-Maixent eut avec Lazare et Lactance un long et mystérieux entretien; il rejoignit ensuite le comte qui se promenait dans le parterre; il lui parla de mille choses indifférentes, regagna le château en sa compagnie, fit un faux pas dans l'escalier, tomba et se plaignit, en se relevant, d'une très-vive douleur à la jambe droite.

« Je vais envoyer chercher un médecin, s'écria le comte.

— Gardez-vous-en bien ! répondit Saint-Maixent en riant ; le médecin se moquerait de moi. Ce que j'éprouve est moins que rien. Deux ou trois frictions d'eau d'arquebusade et il n'y paraîtra plus. Seulement, j'ai grand'peur que cette ridicule petite foulure ne me permette point de monter à cheval aujourd'hui.

— Je le regretterais d'autant plus vivement, fit Annibal, que s'il en était ainsi je ne pourrais rester au château pour vous y tenir compagnie. Il est indispensable que j'aille visiter des travaux dans une ferme à trois lieues d'ici. J'ai donné rendez-vous à mes architectes. Mais votre douleur, je l'espère bien, aura disparu avant l'heure de notre promenade accoutumée.

— C'est possible; cependant, j'en doute un peu, » murmura le marquis en boitant tout bas.

Il avait grandement raison de douter, car après le repas de midi la douleur n'avait fait, dit-il, que croître et embellir. Elle était supportable, toutefois, mais à la condition de garder une immobilité presque complète.

« Mes charmantes cousines me permettront d'être aujourd'hui leur cavalier servant, dit Saint-Maixent à la comtesse et à la belle Olympe ; et tandis que vous galoperez sur les grands chemins, nous parlerons de vous, ce qui nous fera trouver un peu moins long le temps de votre absence. »

Le ciel était radieux. Un soleil magnifique et presque chaud rayonnait sur la vallée et faisait resplendir les feuillages rougis et jaunis que détachaient les premiers froids de l'hiver.

M. de Rahon alla revêtir son costume de cheval.

La comtesse, Mme de Chavigny et Saint-Maixent s'installèrent sur le balcon.

Un instant après, Annibal parut dans la cour suivi d'un seul valet.

Il monta l'étalon *Kébir* qui pointait et bondissait sous lui avec des hennissements répétés.

XIX

Kébir et Mesrour.

« Ce cheval est splendide ! s'écria Saint-Maixent avec enthousiasme. Quelle grâce et quelle noblesse dans son impétuosité. Regardez-le donc, ma cousine !

— Hélas ! murmura Marie de Rahon, je ne le vois que trop et il me fait peur.

— Que pouvez-vous craindre ? Vous savez bien que mon cousin est un véritable centaure. Sa monture et lui ne font qu'un.

— Je le sais, et pourtant je tremble malgré moi... »

La comtesse s'interrompit en poussant un cri.

Annibal voulait amener *Kébir* au pied du balcon pour envoyer à sa femme un dernier baiser, à Olympe et à Saint-Maixent un dernier sourire ; mais l'étalon se révoltait, tantôt se dérobant avec la rapidité de la foudre, tantôt se dressant sur ses jarrets d'acier en secouant sa longue crinière, tantôt enfin lançant des ruades avec une si prodigieuse violence, qu'on eût dit qu'il voulait détacher sa croupe de son avant-train.

Cette lutte dura quelques secondes, qui semblèrent bien longues à la comtesse, dont le visage décomposé se cachait entre ses mains tremblantes.

Mais l'adresse et surtout la volonté de l'homme devaient triompher de la bestiale obstination du cheval.

L'étalon s'avoua vaincu, et frémissant encore,

soufflant le feu par ses naseaux, il obéit à la double pression du mors et du genou, et vint se ranger, docile, contre la muraille.

Saint-Maixent applaudit et cria bravo.

La comtesse écarta ses petites mains et regarda son mari, fier et campé comme une statue équestre sur *Kébir* immobile.

« Annibal, Annibal, murmura-t-elle d'une voix suppliante, je vous en prie, ne sortez pas avec ce cheval.

— Pourquoi cela, chère femme ?

— C'est un démon. »

M. de Rahon eut un joyeux éclat de rire.

« Lui, le brave *Kébir*, un démon, répliqua-t-il. Ah ! Marie, vous le calomniez. Le sang noble, le sang quasi royal qui coule dans ses veines lui donne un instant, il est vrai, des velléités d'indépendance ; mais, au fond, il est doux comme un agneau et la main d'un enfant ou d'une femme suffirait pour le réduire. Donc, ne craignez rien et attendez-moi sans impatience, car je serai de retour avant deux heures. »

Après cet adieu, le comte rendit la main à l'étalon qui, se sentant libre enfin de dévorer l'espace, fit deux ou trois bonds désordonnés et prit son vol ; c'est la seule expression qui puisse, selon nous, faire comprendre tant bien que mal les élans de son galop fantastique.

En moins de dix secondes, il avait franchi la grille et disparaissait comme un météore à l'extrémité de l'avenue des châtaigniers.

La comtesse Marie ne pouvait plus le voir, et cependant elle le suivait encore du regard.

« *Kébir* doit descendre en ligne directe de la fameuse jument du prophète, dit Saint-Maixent. On croirait que les ailes d'un aigle sont attachées à ses coups de fer ; l'ouragan ne va pas plus vite.

— Mon cousin, demanda Mme de Rahon, est-ce que le comte monte souvent ce terrible cheval ?

— Très-souvent ; presque tous les jours. Ne l'avez-vous donc pas reconnu ?

— Il me semblait le voir pour la première fois. Il ne m'avait jamais paru, du moins, irritable et fougueux comme aujourd'hui, j'en suis sûre.

— Et vous avez raison ; mais ce qui vous étonne s'explique de la façon la plus simple. *Kébir* est le compagnon d'écurie et l'ami très-intime de son compatriote *Mesrour*. Lorsque le comte et moi nous sortons ensemble, je monte *Mesrour* et les deux camarades ne se séparent point. Aujourd'hui, je reste au château ; *Mesrour* ne quitte pas sa stalle, et *Kébir*, furieux d'une séparation inaccoutumée, le témoigne à sa manière, »

Mme de Rahon joignit ses mains, et ses yeux s'agrandirent avec une sorte d'égarement.

« Mais s'il en est ainsi, balbutia-t-elle, la colère de ce cheval ira grandissant.

— C'est possible ; c'est presque probable.

— Et cette colère le rendra dangereux, ingouvernable, farouche.

— Ingouvernable et dangereux, oui sans doute pour tout autre cavalier que mon cousin ; mais la science hippique du comte, son adresse et son audace le mettent à même de réduire sans peine la monture la plus indocile. Rassurez-vous donc, je vous le répète avec une profonde conviction, rien n'est à craindre. »

De grosses larmes tombèrent une à une des paupières de la comtesse.

« On dit cela, murmura-t-elle, on affirme que le danger n'existe pas, et, quand un malheur est arrivé, on comprend qu'il fallait trembler ! Je sens bien que je ne respirerai plus jusqu'au moment où Annibal sera de retour. »

Olympe et Saint-Maixent s'efforcèrent de distraire Mme de Rahon, et de chasser loin d'elle les funestes pensées qui l'assiégeaient. Ce fut en vain. La jeune femme, si gracieuse d'habitude et si souriante, s'absorbait dans sa préoccupation douloureuse, les écoutait distraitement et ne leur répondait qu'à peine.

Une heure et demie se passa ainsi.

Au bout de ce temps, un hennissement furieux retentit dans le lointain.

La comtesse releva sa tête inclinée, ses grands yeux humides se séchèrent et reprirent leur éclat.

Il n'y avait point à s'y tromper, ce hennissement était le cri d'appel des étalons d'Orient, et Mme de Rahon le connaissait bien.

Le marquis et la belle Olympe échangèrent un regard furtif.

« Enfin ! enfin ! murmura la comtesse, le voici ! je me sens revivre. »

Ces paroles étaient à peine achevées, que la forme encore vague d'un cheval, lancé au plus impétueux galop, apparut comme un tourbillon blanc à l'extrémité de l'avenue.

Ce tourbillon grandit en se rapprochant avec la rapidité de l'éclair.

Mme de Rahon, debout et penchée en avant, le dévorait des yeux, et, à mesure qu'il devenait plus distinct, elle devenait plus pâle.

Tout à coup, un cri rauque s'échappa de ses lèvres ; elle chancela et fut obligée de se cramponner des deux mains au dossier de sa chaise-longue.

Lazare s'étonnait un peu de cette taciturnité, qui n'était point dans les habitudes de son maître.

Un matin, Saint-Maixent ralentit l'allure de son cheval, et, se retournant, fit un signe.

Lazare éperonna sa monture et vint se placer côte à côte avec le gentilhomme.

« Si mes souvenirs me servent bien, commença Saint-Maixent, tu m'as raconté qu'au moment de quitter Paris tu fréquentais assidûment une femme de profession bizarre.

— Les souvenirs de monsieur le marquis sont exacts. C'était une superbe créature. Elle était mon amante et s'appelait Simone Raymond.

— Cette Simone Raymond, que faisait-elle ?

— Simone Raymond tirait les cartes, lisait dans les lignes de la main et tirait la bonne aventure. Elle avait étudié, d'ailleurs, et possédait un diplôme parfaitement en règle.

— Un diplôme ?

— Oui, monsieur le marquis. Elle était sage-femme, accoucheuse jurée.

— Sage-femme habile ? »

Lazare tira des profondeurs de sa poitrine un soupir éloquent.

« Hélas ! murmura-t-il, trop habile ; c'est ce qui l'a perdue ! Pauvre Simone ! »

XXII

OÙ IL EST QUESTION DE SIMONE RAYMOND

« Simone Raymond était trop habile, c'est ce qui l'a perdue, répéta Saint-Maixent ; que veux-tu dire ?

— Je veux dire qu'elle a mis fort imprudemment sa science et son adresse au service de certaines jeunes dames et demoiselles de noblesse, de bourgeoisie, dont la réputation de vertu risquait beaucoup d'être compromise sans ses bons offices. Quand on la priait bien fort et qu'on faisait tinter à son oreille une bourse rondement garnie, elle n'avait pas le courage de refuser. Des malveillants ont dénoncé Simone au lieutenant criminel, et la chère créature, qui n'avait fait le mal que par excès de charité, s'est vue décrétée de prise de corps.

— Alors, qu'est-il advenu ?

— J'ai surpris par hasard, dans un cabaret, la conversation de deux agents ; j'ai appris qu'on allait arrêter Simone dans son logis de la rue de la Lanterne ; j'ai couru la prévenir, je l'ai fait évader par la fenêtre, car la police gardait déjà toutes les issues de la maison, et nous avons pris la fuite ensemble. C'était juste au moment où je suis venu retrouver monsieur le marquis.

— Qu'as-tu fait de Simone ?

— Après m'avoir accompagné jusque dans les environs du Puy, elle s'est arrêtée au hameau de Chamblas, qui est son pays et où elle n'est connue que sous son vrai nom de Françoise Arzac. En nous séparant, elle m'a dit que, satisfaite d'avoir arraché sa tête aux griffes des gens de justice, elle renonçait à jouer désormais une partie dangereuse, qui presque toujours finit en place de Grève ; qu'elle allait vivre de son métier de sage-femme très-honnêtement, et qu'elle m'engageait finalement à renoncer aux aventures, à quitter la livrée de monsieur le marquis et à devenir homme de bien. »

Saint-Maixent se mit à rire.

« Voilà de bons conseils ! s'écria-t-il. Pourquoi ne les as-tu pas suivis ?

— Parce que mon attachement pour monsieur le marquis m'entraînera toujours, et que, si je dois être roué vif un peu plus tôt ou un peu plus tard, j'espère bien que ce sera pour le service de monsieur le marquis.

— Ainsi donc, reprit Saint-Maixent sans paraître se formaliser du souhait bizarre de son valet, Simone Raymond, de son vrai nom Françoise Arzac, fixée présentement au hameau de Chamblas, veut devenir et rester honnête femme ?

— Et elle le fera comme elle l'a dit, appuya Lazare. Ah ! par la sambucquoy, c'est une forte tête ! Quand elle a résolu quelque chose, personne au monde ne serait capable de l'en faire démordre.

— Nous verrons, murmura tout bas Saint-Maixent.

— Il y a une circonstance bien curieuse et que je n'ai jamais racontée à monsieur le marquis, continua Lazare ; monsieur le marquis veut-il la connaître ?

— Sans doute.

— Eh bien ! monsieur le marquis, sauf le respect que je lui dois, ne devinerait jamais quelle est la dernière personne qui est venue consulter Simone Raymond en sa qualité de devineresse, juste une heure avant l'arrivée de la police et des soldats du guet rue de la Lanterne.

— Je ne chercherai même pas. Dis-moi tout de suite quelle est cette personne, si toutefois cela peut m'offrir un intérêt quelconque.

— C'est Mme la comtesse de Rahon. »

Saint-Maixent tressaillit violemment sur son cheval qui fit un écart.

« La comtesse ! s'écria-t-il.
— En personne.

— Allons donc! tu rêves ou tu es fou!
— Ni l'un ni l'autre. J'avais été prévenu de la chose par Anastasie Gaudin, la femme de chambre grêlée qui me veut du bien.
— Tu ne m'en imposes pas ?
— Monsieur le marquis m'offense ! s'il doute de ma parole, il peut questionner Anastasie, elle se fera certainement un devoir de lui dire la vérité.
— Mais que voulait Mme de Rahon à la devineresse ?
— Lui demander l'explication d'un songe qu'elle avait fait et qui, paraît-il, la préoccupait beaucoup.
— Et Simone a donné cette explication ?
— Comme de juste ! Elle a consulté ses grimoires et elle a prédit que Mme la comtesse deviendrait grosse et qu'elle accoucherait d'un fantôme, d'une illusion, ou de quelque chose d'approchant; bref, d'un enfant qui n'existerait pas. Je ne garantis pas les paroles, mais c'est bien le sens... et monsieur le marquis peut voir que ça manque un peu de clarté. »

Saint-Maixent devint rêveur.

« Simone Raymond croyait-elle, par hasard, à ses prédictions ? demanda-t-il.
— Elle y croyait comme à l'Évangile et même davantage. Je perdais mon latin à lui vouloir prouver que tout cela n'avait point de bon sens.
— Voilà qui est bizarre, en effet, » murmura le marquis.

Après un silence, il ajouta :

« Mme la comtesse était déguisée, je suppose, pour venir chez la devineresse ?
— Déguisée en femme de la bourgeoisie, oui, monsieur le marquis, avec un voile très-épais sur la figure.
— A-t-elle vu le visage de Simone?
— Non, monsieur le marquis. Quand la chère créature donnait ses consultations, elle portait une robe rouge à capuchon, et ce capuchon, percé de trois trous comme un masque, cachait parfaitement bien sa figure. Ça lui donnait l'air d'un vrai diable et ça faisait de l'effet sur les pratiques. »

Saint-Maixent savait sans doute ce qu'il voulait savoir, car il ne continua pas l'entretien et il fit signe à Lazare de reprendre sa place en arrière.

Pendant tout le reste du jour, il fut préoccupé, soucieux comme un homme qui médite un projet important, et, le soir même, il annonçait au comte de Rahon que, le lendemain matin, il quitterait le château pour deux ou trois jours.

Amicalement questionné par Annibal, il répondit que son intention étant d'offrir une bagatelle à sa cousine le lendemain de son accouchement, il allait se rendre au Puy pour y faire emplette de quelque joyau bien simple, sans autre valeur que celle qu'il recevrait de l'amitié et surtout de la circonstance.

M. de Rahon ne pouvait qu'approuver cette gracieuse pensée; il serra donc les mains du marquis, en lui recommandant seulement de prolonger son absence le moins possible.

Au point du jour, Saint-Maixent se mit en route à cheval, suivi de Lazare dont la monture portait en croupe une petite valise.

Rien ne le pressait ; il voyagea donc lentement, de manière à arriver au Puy dans la soirée.

Il visita les boutiques d'orfèvrerie, acheta le joyau dont il avait parlé à M. de Rahon, puis il revint à l'hôtellerie du *Soleil-d'Argent*, où il avait laissé Lazare et les chevaux.

Le lendemain, de bonne heure, il prit dans sa valise un costume d'une extrême simplicité, s'en revêtit et donna l'ordre à Lazare de seller un cheval.

« Je n'accompagnerai donc pas monsieur le marquis ? demanda le valet très-surpris.
— Non.
— Que dois-je faire ?
— Déjeuner amplement, boire de même et m'attendre. Surtout ne pas quitter l'hôtellerie. Je reviendrai d'un instant à l'autre. »

Lazare promit de ne point bouger. Saint-Maixent se mit en selle et partit.

Au coin de la première rue, il se renseigna sur le chemin à suivre pour aller à Chamblas et sur la distance qui le séparait de ce village.

La distance était de trois lieues à peine ; le chemin courait en ligne directe sur la lèvre d'une vallée peu profonde, couronnée de grands bois de sapins et de châtaigniers ; donc il était impossible de se tromper.

Au bout d'une heure et demie de marche, le marquis atteignit la première maison du village,

Ce village, composé de cent cinquante ou deux cents chaumières, séparées les unes des autres par de petits jardins, occupait un assez large espace de terrain sur les flancs d'une colline boisée et pittoresque. Le clocher de l'église s'élevait du milieu des arbres séculaires, en ce moment dépouillés de leur feuillage.

Au-dessous du hameau, dans l'étroite vallée, bondissait un ruisseau rapide qui, chaque fois qu'un bloc de granit moussu entravait son cours, menait grand tapage, lançait force écume et se donnait des airs de torrent.

Saint-Maixent n'était point venu à Chamblas pour admirer le site. Il arrêta son cheval devant la première porte ouverte et demanda à une vieille paysanne :

« Ma bonne mère, indiquez-moi, s'il vous plaît, la maison de Françoise Arzac, la sage-femme.

— Allez-vous-en tout droit devant vous, mon digne monsieur, répondit la paysanne. Quand vous serez au bout du village, tournez à droite par le sentier qui monte entre les rocailles. Vous verrez trois châtaigniers qui sont plus vieux que moi, et, derrière, une petite maison : c'est celle de Françoise Arzac que vous cherchez. Ah ! la brave personne, et plus savante que les plus fameux médecins du Puy. Elle arrive de Paris ; oh ! mon Dieu, oui, et personne n'a rien à dire sur son compte ; oh ! mon Dieu, non ! »

Saint-Maixent traversa le village, prit à droite le sentier montueux, vit les trois châtaigniers séculaires dominant une chaumière d'apparence honnête, couverte en chaume et précédée d'un enclos qu'entourait un mur en pierres sèches. Une barrière à claire-voie, tournant sur des attaches de cuir, servait de porte à cet enclos.

Saint-Maixent mit pied à terre et frappa doucement.

Une femme vint ouvrir.

Cette femme, nous la connaissons : c'était la tireuse de cartes de la rue de la Lanterne ; mais depuis qu'elle avait quitté Paris, depuis qu'elle respirait l'air pur de son pays natal, qu'elle vivait d'une vie honnête et calme et qu'elle portait le pittoresque costume des paysannes d'Auvergne, les traces de fatigues imprimées naguère sur son visage s'étaient effacées. Elle semblait avoir vingt-cinq ans à peine et le marquis fut frappé de sa beauté.

Il la reconnut cependant à la richesse de la chevelure d'un blond plus qu'ardent qui se tordait sur sa tête et s'échappait de sa coiffe en mèches révoltées.

« Voilà, se dit-il à lui-même, une jolie créature, et ce faquin de Lazare était un drôle cent fois trop heureux

— Qui demandez-vous ? fit l'ex-devineresse.

— Une personne qui s'appelle Françoise Arzac, répondit Saint-Maixent.

— C'est moi ; que me voulez-vous ?

— Je vais vous le dire, si vous voulez bien me permettre de franchir le seuil de votre logis.

— Entrez. »

Et Simone Raymond s'effaça pour laisser passer son visiteur.

XXIII

FRANÇOISE ARSAC

La chambre basse dans laquelle pénétra le marquis de Saint-Maixent était meublée avec une simplicité presque pauvre, mais parfaitement en ordre et de la plus exquise propreté. Elle formait un étrange contraste avec la pièce tendue de rouge et encombrée de meubles bizarres et d'instruments cabalistiques, où Simone donnait ses consultations et rendait ses oracles dans le logis de la rue de la Lanterne.

En jetant les yeux sur ces murailles blanchies à la chaux et qui n'offraient pas une tache, sur ces rideaux de toile peinte d'un gris-rose semés de bouquets naïfs, sur cette table de bois de noyer et sur ces escabeaux bien cirés ; enfin, sur ce modeste *dressoir* où s'étalaient des assiettes de faïence aux couleurs vives, il aurait été impossible de supposer qu'on venait de franchir le seuil d'une grande criminelle, dont les bas-fonds de Paris ne devaient pas oublier de sitôt le renom sinistre.

Nous avons dit que M. de Saint-Maixent s'était vêtu d'habillements d'une coupe bourgeoise et de couleur sombre ; mais, sous cet ajustement d'emprunt, il conservait sa haute mine, et Simone avait trop d'expérience pour ne pas reconnaître du premier coup d'œil qu'elle se trouvait en présence d'un gentilhomme.

Seulement, puisque ce gentilhomme se déguisait, c'est qu'il voulait cacher son rang, et la jeune femme ne laissa rien voir de sa découverte.

Elle avança l'une des escabelles à son visiteur, et, s'asseyant elle-même, elle lui dit :

« Me voilà prête à vous entendre ; expliquez-vous, monsieur, je vous prie.

— Vous êtes sage-femme ? commença le marquis.

— Ceux qui vous ont enseigné ma demeure et mon nom ont dû vous l'apprendre.

— Ils me l'ont appris, en effet, en ajoutant les choses les plus flatteuses au sujet de votre savoir.

— Je ne mérite point ces louanges ; je fais de mon mieux, voilà tout.

— C'est à Paris que vous vous êtes livrée à l'étude d'un art si difficile, et que vous avez pris vos degrés ? «

Simone fit un signe de tête affirmatif.

« Je trouve donc en vous la science et c'est beaucoup, continua le marquis; mais ce n'est pas tout.
— Que vous faut-il de plus ?
— La discrétion.
— C'est la première et la plus expresse condition du métier que j'exerce. Vous pouvez vous fier absolument à moi.
— Je l'espère et j'y compte. Cependant, j'attends de vous une autre garantie.
— Laquelle ?
— Je viens de fort loin m'entendre avec vous pour une affaire de la plus haute importance. Je saurai reconnaître très-libéralement vos services. (Ici le gentilhomme tira de sa poche une bourse bien garnie.) Mais, tout d'abord, vous allez me faire le serment sur ce que vous avez de plus sacré que vous me garderez le secret, et que vous ne révélerez à personne au monde ce que je vais vous confier. Consentez-vous à faire ce serment ?
— J'y consens bien volontiers; mais je vous répète que c'est inutile, sans rien jurer, je saurais me taire.
— Songez qu'il s'agit de choses d'une gravité terrible, et que je vais mettre sans doute ma tête entre vos mains. Jurez donc !
— Soit ! Devant Dieu, je prends l'engagement de garder le silence sur tout ce que vous allez m'apprendre, et de n'en rien répéter à âme qui vive.
— C'est bien. Maintenant, me voici tranquille.
— Parlez donc. »
Le marquis avait son plan tout fait, son canevas tout préparé, et sans le moindre embarras, et du ton le plus naturel, il débita la fable que voici :
« Ainsi que vous avez pu le deviner en voyant mon costume, je suis de bourgeoise extraction, mais je possède une fortune assez ronde. Entraîné par une de ces passions violentes qui font tout oublier, j'ai trahi la confiance qu'un vieux et digne gentilhomme daignait m'accorder. J'ai séduit dans son propre château sa fille, une enfant de seize ans. Vous voyez que je ne dissimule point ma faute et que je ne cherche pas à me leurrer sur l'indignité de ma conduite. »
Saint-Maixent, comme épuisé par la honte, cacha son visage dans ses deux mains avec un geste qu'un grand comédien n'aurait point désavoué.
« Continuez, dit Simone Raymond.
— Cette coupable intrigue est restée secrète pendant quelque temps ; mais les choses, aujourd'hui, sont arrivées à l'extrémité la plus funeste, et la jeune fille, que j'aime au point de donner pour elle mon sang jusqu'à la dernière goutte, est au moment de perdre l'honneur et la vie ; car sa faute, qui est la mienne, éclatera bientôt à tous les regards...
— Mais, interrompit Simone, il me semble que les choses ne sont pas aussi désespérées que vous les faites. La faute peut se réparer par un mariage.
— Y songez-vous ! s'écria Saint-Maixent ; avez-vous oublié que je suis de roture et connaissez-vous si peu la noblesse ? Plutôt que de consentir à une mésalliance et de mêler son sang illustre à celui d'un bourgeois enrichi, le vieux seigneur tuera sa fille de sa propre main.
— Enlevez-la.
— C'est impossible. Le père est tout-puissant, il disposera, s'il le veut, de la police dans la France entière ; il nous retrouverait partout.
— Passez à l'étranger.
— Sa colère et sa vengeance nous y suivraient.
— Eh bien ! demanda Simone, que puis-je faire à cela ? Apprenez-le-moi ; car, en vérité, je ne le devine pas.
— Vous pouvez tout, vous pouvez nous sauver.
— Comment ? »
Saint-Maixent baissa la voix.
« En empêchant l'enfant de venir au monde, répondit-il. Il existe, je le sais, des breuvages mystérieux dont l'effet est certain. Vendez-moi le secret d'un de ces breuvages, et quel que soit le prix que vous exigiez, je vais vous le payer à l'instant. »
Simone se leva ; l'indignation et le mépris se peignaient sur son visage.
Ah çà ! mais, s'écria-t-elle, je commence à comprendre : c'est un crime que vous êtes venu me proposer !
— Un crime ! répliqua le gentilhomme avec chaleur. Pouvez-vous appeler ainsi une action si facilement justifiable ! Ne vaut-il pas mieux cent fois, mille fois, sacrifier une créature insensible, inerte, qui n'a point vécu, que d'abandonner à la mort inévitable une adorable jeune fille ? car, je vous le répète, je vous le jure, son père serait sans pitié ; il ne se laisserait toucher ni par ses supplications, ni par ses larmes ; il la tuerait ! Sauvez-la, madame ; au nom du ciel, sauvez-la !
— Au prix d'un infanticide ! Jamais ! Vous vous êtes trompé en venant à moi ! Pour quelle infâme créature me prenez-vous donc ?
Je vous prends pour la plus charitable des femmes, et c'est un acte de charité que je vous demande ; tout le bonheur, tout l'avenir de deux amants qui s'adorent est entre vos mains ; car, après la mort

du vieux seigneur, j'épouserai ma bien-aimée. Votre refus nous précipiterait dans l'abîme.

— Ce n'est pas à moi de vous en préserver en me perdant moi-même !

— Vous perdre ! que dites vous ! vous n'auriez à courir aucun danger. Le service que je vous demande serait connu de moi seul au monde ! Ce n'est pas moi qui vous trahirais ! Comment donc pourriez-vous être perdue ? Voyons, réfléchissez ; vous êtes pauvre et je suis riche. Dites un mot et je fais votre fortune, et vous pourrez, jusqu'aux derniers jours de votre vieillesse, vivre dans le calme et le repos. »

Simone restait dédaigneuse et froide.

« C'est vainement que vous essayez de me tenter, répliqua-t-elle. Vous m'offririez tout ce que vous possédez, et plus encore, vous étaleriez à mes pieds des richesses fabuleuses, vous rempliriez d'or cette chaumière, sans ébranler ma résolution ! Je vous répondrai éternellement par un refus ! J'aimerais mieux mourir que de faire ce que vous voulez ! Retirez-vous donc, et j'oublierai que vous êtes venu ; mais hâtez-vous de vous éloigner, car si vous restiez plus longtemps, je pourrais me souvenir de mon devoir et ce devoir m'imposerait la loi d'aller vous dénoncer aux magistrats.

— Est-ce votre dernier mot ? demanda le marquis.

— Non, car le dernier mot le voici : Sortez !

— Vous me chassez !

— Je vous chasse, et j'en ai le droit ; cette maison est à moi. Je ne suis qu'une pauvre femme, mais j'ai l'horreur du crime et le mépris de ceux qui viennent, à prix d'or, acheter des complices ! »

Quelques secondes de silence suivirent ces paroles.

Saint-Maixent s'était levé, et les bras croisés sur sa poitrine, il regardait d'un œil ironique l'ex-diseuse de bonne aventure de la rue de la Lanterne.

En même temps un sourire d'une étrange expression crispait ses lèvres.

La jeune femme, sans savoir pourquoi, se sentait involontairement frissonner sous le poids de ce regard et de ce sourire.

Elle devinait vaguement qu'entre elle et cet homme tout n'était pas fini, et que quelque chose d'inattendu et du terrible allait se passer.

« Bravo, ma fille ! s'écria tout à coup le gentilhomme, vous avez joué votre petite comédie comme un ange ; mais je crois aussi que, de mon côté, je ne me suis pas trop mal tiré de la mienne ? Voyons, franchement, qu'en pensez-vous ? »

Simone effarée se taisait.

« Parole d'honneur, poursuivit notre héros, si je ne vous connaissais à fond, j'aurais le mieux du monde été dupe de votre résistance et de vos déclarations de principes ! Tudieu, quel superbe mépris de l'or ! quelle exemplaire et farouche indignation ! quel insurmontable effroi du crime ! Tout à l'heure je vous admirais (ce qui doit vous flatter, car je suis connaisseur), et vous voyez que je ne vous marchande point les témoignages de mon sincère enthousiasme. »

Tandis que parlait ainsi Saint-Maixent, la malheureuse femme fouillait, avec un acharnement inutile, les moindres replis de sa mémoire ; elle interrogeait ses souvenirs et n'y trouvait rien.

A coup sûr, elle voyait pour la première fois ce visage, trop beau pour être oublié s'il avait jadis frappé ses regards.

Elle se sentait envahie par une sorte de terreur superstitieuse. Elle en arrivait à se demander si le démon, revêtu d'une forme humaine, n'était pas là, debout, devant elle.

Le gentilhomme riait aux éclats.

« Vous étiez admirable surtout, reprit-il, quand vous m'avez menacé de me dénoncer aux magistrats, si je ne m'éloignais au plus vite ; vous n'aviez oublié qu'une chose : c'est que, pour faire ce que vous disiez, il fallait savoir mon nom aussi bien que je sais le vôtre. Eh bien ! ce nom, je vais vous l'apprendre, et vous verrez que ma visite en votre logis est un très-grand honneur pour vous : SIMONE RAYMOND, je suis le MARQUIS DE SAINT-MAIXENT ! »

Simone recula comme foudroyée.

XXIV

LA CHAÎNE REFORGÉE

C'était bien la foudre, en effet, qui venait de tomber sur la fugitive. Son nom de guerre de *Simone Raymond*, et celui du marquis de Saint-Maixent qu'elle connaissait si bien par Lazare, et dont elle n'ignorait point d'ailleurs la renommée funeste, venaient de lui prouver, en retentissant à ses oreilles, que la chaîne d'infamie qu'elle croyait brisée était plus solide que jamais. L'abîme ne lâchait point sa proie ; le passé s'emparait de l'avenir.

Le marquis s'aperçut de cette profonde stupeur ; il en comprit la cause, grâce à l'entretien qu'il avait eu la veille avec son valet au sujet de Simone, et il lui octroya généreusement quelques minutes pour reprendre possession d'elle-même.

» Maintenant, reprit-il quand il lui sembla que

« Bonjour, mon vieil ami, » dit Simone en lui tendant la main. (Page 133.)

les traits de la jeune femme exprimaient moins d'égarement, maintenant, que les masques sont tombés et que nous nous connaissons l'un l'autre, nous allons jouer cartes sur table. J'ai besoin de vos services et je les payerai bien, vous n'en pouvez douter, car on a dû vous dire que je suis généreux ; mais je ne sollicite plus, j'ordonne. »

L'ex-diseuse de bonne aventure fit une suprême tentative de résistance.

« Et si je n'obéissais pas ? murmura-t-elle.

— Vous êtes absolument dans ma dépendance. Je vous tiens et vous ne me tenez pas. Vous êtes décrétée de prise de corps ; il me suffirait de prévenir un de MM. les commissaire de la ville du Puy que *Françoise Arzac* et *Simone Raymond* ne sont qu'une seule et même femme, pour que les cavaliers de la maréchaussée viennent faire un tour ici dès ce soir ; moi qui vous parle, au contraire, je suis par lettres-patentes du roi, déclaré parfaitement innocent de toutes les accusations portées contre moi. Vous voyez que je puis vous perdre et je n'hésiterai pas un instant, si je ne vous trouve docile à mes volontés.

— Monsieur le marquis, balbutia Simone d'une voix brisée, ayez pitié de moi, je vous le demande à genoux !

— Vous n'avez nul besoin de ma pitié, ma chère. Mon intention, je vous l'affirme, n'est pas de vous causer le moindre préjudice.

— Vous connaissez mon passé, monsieur le marquis, continua la jeune femme ; il est effroyable, il m'épouvante et je détourne la tête pour ne point le voir ; mais je m'étais juré de le racheter, autant que cela peut dépendre d'une créature humaine, par une vie désormais sans tache. Il n'y a qu'un instant, je vous disais : le crime me fait horreur ! je ne mentais pas et je donnerais la moitié des années qui me restent à vivre pour être dans l'avenir en paix avec ma conscience.

— Eh mais, répliqua Saint-Maixent d'un ton moqueur, voilà, ma chère, des résolutions merveilleuses ! à Dieu ne plaise que j'y porte atteinte et que je cherche à faire chanceler une si prodigieuse conversion. Aussitôt que vous aurez fait ce que je veux (et ce sera bientôt), vous redeviendrez maîtresse de vous-même avec une somme fort ronde en poche. Vous serez libre de pratiquer toutes les vertus et même d'entrer dans un couvent, pour peu que le cœur vous en dise.

— Mais auparavant, balbutia Simone, il faudra vous servir, et c'est un nouveau crime que vous me demanderez. »

Le marquis fit un geste d'impatience.

« Mordieu ! ma chère ! s'écria-t-il, ne discutons plus sur les mots ! Je vous ai prouvé que j'étais le maître. Courbez donc la tête devant ma volonté, Françoise Arzac ; sinon, que le sort de Simone Raymond s'accomplisse ! Dois-je aller déclarer aux magistrats du Puy que l'évadée de la rue de la Lanterne se cache au village de Chamblas ? Une femme jeune et jolie rouée toute vive, ce sera pour le populaire de Clermont un incomparable régal ! Décidez vite ! Obéissez-vous ?

— J'obéirai.... répondit Simone d'une voix sourde après un silence.

— A la bonne heure !

— Mais que le crime que vous m'imposez retombe sur votre tête, poursuivit-elle.

— C'est convenu, fit le marquis en riant. Un de plus, un de moins, le bagage ne m'en paraîtra guère plus lourd.

— L'histoire de cette jeune fille séduite est-elle véritable ?

— Non, c'était un petit roman inventé pour la circonstance, une façon d'épreuve que je tentais sur vous : il s'agit de tout autre chose.

— Que dois-je faire ?

— Me suivre.

— Aujourd'hui ?

— A l'instant même.

— Où me conduisez-vous ?

— Au Puy, d'abord.

— Et, de là ?

— Vous êtes trop curieuse, ma chère. Partons.

— Resterai-je longtemps absente ?

— Au moins un mois, et peut-être plus.

— Laissez-moi faire un paquet de quelques vêtements.

— Emportez fort peu de chose. Dans l'endroit où je vous mène, on vous fournira tout ce qui vous sera nécessaire. Seulement, n'oubliez pas les outils de votre profession. Ah ! je dois vous prévenir, pour vous éviter une surprise, que vous allez revoir au Puy votre ancien ami Lazare.

— Le misérable ! pensa Simone avec dégoût, c'est lui qui m'a vendue au marquis. »

Un quart d'heure après l'entretien que nous venons de reproduire, la sage-femme fermait à double tour la porte de sa maisonnette et Saint-Maixent la prenait en croupe.

A cette époque, et dans ce pays montagneux, personne ne s'étonnait de voir une paysanne à cheval derrière un cavalier fort simplement vêtu.

Le même soir, le gentilhomme et son valet se remettaient en route, escortant une carriole bien fermée dans laquelle se trouvait Simone.

Cette carriole voyagea toute la nuit d'un assez bon train, de manière à se trouver à une faible distance du château de Rahon une heure avant le lever de l'aube.

Saint-Maixent fit descendre Simone, paya et renvoya le voiturier, reprit la jeune femme en croupe et ne s'arrêta que près de la muraille d'enceinte du parc, à côté de la porte extérieure du pavillon que nous connaissons et dont il avait seul la clef.

Il installa Simone dans ce pavillon, lui donna l'ordre de ne faire aucun bruit, de ne point ouvrir les fenêtres, et la prévint que Lazare serait chargé de lui apporter des provisions, et qu'à défaut de Lazare, il viendrait lui-même.

Ces précautions prises et la porte soigneusement refermée, Saint-Maixent remonta à cheval, fit le tour du parc pour rejoindre la grande route, et il arriva à la grille du château au moment où le soleil levant inondait la vallée de ses premiers rayons.

Comme il regagnait son appartement pour y dormir pendant quelques heures, Mme de Chavigny, que le bruit des chevaux avait prévenue, se trouva sur son passage.

« Eh bien ! lui demanda-t-elle à voix basse.

— J'ai réussi, répondit-il ; tout marche. Et au château, que se passe-t-il ?

— Rien de nouveau : la même confiance inébranlable et la même joie insolente.

— Patience, notre tour viendra et ce sera bientôt. »

Depuis quelques semaines, le comte de Rahon prenait ses repas dans la chambre de sa femme, car la comtesse ne quittait plus son lit ou sa chaise-longue.

Ce jour-là, pour faire honneur au retour de Saint-Maixent, Annibal descendit à la salle à manger.

Le marquis montra d'abord à son parent le bijou qu'il avait acheté chez un joaillier du Puy et qui fut fort apprécié ; puis la conversation s'engagea, et, après avoir effleuré divers sujets, elle arriva, selon l'habitude invariable, à la grossesse de Mme de Rahon.

Le comte, n'ayant point dans l'esprit d'autre pensée, y revenait sans cesse, en parlait presque sans le savoir, et ne tarissait point sur le chapitre de ses radieuses espérances.

A ces espérances, se mêlaient de vagues angoisses ; car l'époque décisive approchait et M. de Rahon avouait volontiers que, jusqu'à la délivrance accomplie, il n'aurait pas une heure de repos complet et de calme absolu.

— Dieu veuille que l'accouchement ne soit pas trop pénible ! s'écria-t-il ; si je voyais Marie se tordre dans des tortures sans nom, si je l'entendais pousser des cris déchirants, il me semble que j'en deviendrais fou ! J'aurais la force et le courage de souffrir moi-même, mais le courage et la force me feraient défaut pour assister aux souffrances de ma compagne bien-aimée.

— Beaucoup de gens affirment, dit Mme de Chavigny, que l'habileté de la sage-femme est pour beaucoup dans la promptitude et la facilité de la délivrance ; tandis qu'au contraire un chirurgien maladroit, timide ou sans expérience, prolonge inutilement les douleurs et peut même aller jusqu'à compromettre l'existence de la jeune mère.

— Cela est facile à comprendre, répliqua M. de Rahon. Aussi, vais-je écrire à Clermont pour retenir dès à présent la sage-femme la plus experte qui se pourra trouver. En ces circonstances délicates, je n'ai pas confiance aux docteurs et la comtesse partage de tout point mon opinion.

— Pas plus tard qu'hier, dit Saint-Maixent, j'ai ouï faire à ce sujet, au Puy, à l'hôtellerie du *Soleil-d'Argent*, où je prenais mon repas, un récit qui ne peut manquer de vous intéresser. Une dame de qualité fort riche, dont le château se trouve à quelques lieues de la ville, était dans les douleurs d'un enfantement laborieux. On avait réuni les médecins en renom de la province auxquels se joignait un accoucheur célèbre venu de Paris. Toute la science de ces doctes personnages se trouvait en défaut ; ils perdaient la tête ; la dame allait misérablement périr ; le mari se désespérait.

— Ah ! murmura M. de Rahon. Mon sang se glace dans mes veines à la pensée que je pourrais voir la comtesse courir cet effrayant danger.

— En désespoir de cause, poursuivit le marquis, quelqu'un parla d'une sage-femme très renommée dans les campagnes, et dont les paysans proclamaient à l'envie l'adresse quasi-miraculeuse, mais qu'on n'avait guère l'habitude d'appeler dans les châteaux, où, d'ailleurs, elle ne cherchait point à s'introduire. Les médecins haussèrent les épaules (c'était leur droit) ; mais le temps pressait, le péril augmentait d'heure en heure de minute en minute. On alla quérir la sage-femme villageoise, comme on essaye d'un remède de charlatan après avoir vainement épuisé toutes les prescriptions de la science. Elle semblait douter d'elle-même, malgré sa grande expérience, car elle ne peut suffire à la clientèle qui lui vient de tous les hameaux à quinze lieues à la ronde. Elle donna les premiers soins, et, comme par enchantement, les douleurs cessèrent aussitôt : un soulagement inouï, un bien-être inexplicable succédèrent aux crises terribles qui avaient failli emporter la malade, enfin, quelques heures après, et presque sans s'en apercevoir, cette jeune femme, de qui l'on désespérait, accouchait d'un bel enfant bien vivant. Voilà ce qu'a fait la champêtre matrone de qui l'on s'entretenait hier à l'hôtellerie du *Soleil-d'Argent*. Mais ce n'est pas tout... »

XXV

DIPLOMATIE

« Eh ! quoi, demanda M. de Rahon, il y a autre chose encore ?

— Attendez, reprit le marquis, vous allez voir. L'accouchement achevé de l'heureuse façon que je viens de dire, une fièvre effroyable se déclara... La sage-femme affirma qu'elle n'y voyait rien d'effrayant et qu'elle se faisait forte d'en venir à bout ; mais le châtelain prit peur et rappela les médecins qui revinrent de fort mauvaise grâce et commencèrent un traitement. Le mal ne fit qu'empirer. Les progrès de la faiblesse furent si rapides que, le deuxième jour, la pauvre mère, définitivement condamnée, reçut les derniers sacrements et ne pensa plus qu'à mourir. Par bonheur, la sage-femme était encore là. « Si l'on veut me le permettre, dit-elle, j'essayerai d'un dernier remède, et, avec l'aide de Dieu, je ne désespère pas de réussir..... « On ne s'opposa point à la tentative, comme bien vous pensez, et, huit jours après, la châtelaine, remise complétement, quittait son lit pour aller faire, dans la chapelle du manoir, ses prières d'actions de grâces. Voilà ce qui vient de se passer, et, à l'heure qu'il est, la ville du Puy ne s'entretient que de cette cure prodigieuse, qui consacre à jamais la réputation d'une personne aussi modeste que pleine de mérite. »

Annibal, en écoutant le marquis, donnait depuis quelques instants tous les signes de l'enthousiasme le moins équivoque.

« Admirable! admirable! s'écria-t-il ensuite en frappant ses deux mains l'une dans l'autre; ah! mon cousin, quel service immense vous venez de me rendre!

— En quoi donc? demanda Saint-Maixent d'un air étonné.

— En me parlant de cette incomparable sage-femme, vous avez dissipé mes inquiétudes et fixé mes indécisions. C'est elle qu'il nous faut! je n'en veux pas d'autres!

— Peut-être, en effet, serait-ce un bon choix, répondit le marquis d'un ton dégagé; il est clair que, d'après le bruit public, vous trouveriez difficilement une autre femme de sa profession qui puisse l'emporter sur elle.

— Je n'en trouverais certainement aucune capable de soutenir le parallèle, même de bien loin. Le doigt de Dieu m'apparaît visible dans tout ceci. Ce n'est point par hasard, croyez-le bien, que vous avez entendu parler de cette femme. Il importe de ne point perdre de temps pour me l'amener. Je veux la retenir sans retard et je veux aussi qu'elle vienne au plus vite. Vivant auprès de la comtesse pendant quelques semaines, elle connaîtra son tempérament et les choses n'en iront que mieux. Dès demain, mon intendant Lactance partira pour l'aller chercher. Dites-moi son nom, je vous prie.

— Son nom? répondit Saint-Maixent; mais je l'ignore.

— Il a cependant été prononcé devant vous!

— Sans doute et plus de dix fois; mais il est tout à fait sorti de ma mémoire. Qu'avais-je besoin de me rappeler comment s'appelle cette paysanne?

— Vous savez du moins où elle demeure?

— Pas davantage. Je sais qu'elle habite un village à deux ou trois lieues du Puy, voilà tout.

C'est une fatalité! Ah! mon cousin, je vous en veux de n'avoir pas pensé à la comtesse, quand vous avez entendu parler de cette femme!

— J'y ai parfaitement pensé, au contraire; mais je vous croyais dès longtemps pourvu, et je ne m'imaginais point que votre choix pourrait s'arrêter sur une matrone obscure qui n'a pour elle que ses talents.

— Comment la retrouver, maintenant?

— Est-ce cela qui vous inquiète?

— Il y a de quoi, ce me semble. Pouvez-vous me tirer d'embarras?

— Je n'en doute pas.

— Comment?

— Mettez-vous l'esprit en repos. Ce n'est point votre intendant Lactance, c'est mon valet Lazare qui partira demain pour le Puy. Il interrogera les gens de l'hôtellerie, il parcourra, s'il le faut, toute la ville et ses environs, et il vous ramènera la sage-femme dont il a entendu parler, lui aussi, car il m'en a dit quelques mots en route.

— J'accepte, mon cousin, j'accepte; et je vous suis reconnaissant de tout mon cœur de ce nouveau service! »

Tandis qu'avait lieu dans la salle à manger du château la conversation à laquelle nous venons de faire assister nos lecteurs, le petit pavillon du parc servait de théâtre à une scène que nous ne pouvons passer sous silence.

Lazare avait été chargé par Saint-Maixent, nous le savons, de porter des provisions à l'ex-diseuse de bonne aventure, captive dans ce pavillon.

Nous disons *captive* et nous le disons à dessein; car les deux portes étant fermées et de gros barreaux de fer garnissant les fenêtres, Simone Raymond se trouvait dans une véritable prison.

Saint-Maixent le voulait ainsi.

Il avait un trop impérieux besoin de cette complice habile entre toutes, mais dont la complicité n'était point volontaire, pour lui laisser la possibilité de se soustraire par la fuite à l'effroyable tâche qu'il comptait lui imposer.

Donc, vers midi, Lazare, ayant glissé dans ses vastes poches un pain, une volaille froide et une bouteille de vin, s'enfonça dans le parc, et, sûr de n'être ni épié, ni suivi, prit le chemin du pavillon.

Simone Raymond avait réfléchi pendant toute la nuit dans la carriole couverte en toile, qu'escortaient le marquis et son âme damnée.

Depuis le matin, seule dans l'espèce de boudoir témoin des orgies de Lactance avec des bohémiennes inconnues, et des amours de Saint-Maixent avec la belle Olympe, elle réfléchissait encore, et le marquis ne se doutait guère de l'immense péril que ces réflexions lui faisaient courir juste à l'heure où il se croyait certain du succès et maître absolu de l'avenir.

Au moment où Lazare faisait tourner la clef dans la serrure, huilée avec soin, Simone Raymond était en pleine révolte et parfaitement décidée à refuser obéissance à celui qui prétendait peser sur elle de tout le poids d'un passé infâme.

« Il est impossible, s'était-elle dit, que parce qu'autrefois je n'ai point reculé devant le crime, je sois à tout jamais vouée au crime ! Ce serait monstrueux ! A quoi donc servirait le repentir ? Je briserai la chaîne par laquelle le marquis de Saint-Maixent prétend me tenir. Je retournerai contre lui l'arme avec laquelle il veut me frapper ; il se persuade qu'il est invulnérable ; je lui prouverai bien qu'il se trompe. »

Simone ignorait où elle se trouvait. Elle ne savait pas d'une façon positive ce qu'on allait exiger d'elle ; mais, avec sa merveilleuse perspicacité, elle devinait en partie le plan du marquis. Elle aurait hardiment parié sa tête qu'il était question, pour le misérable, de s'emparer de quelque héritage et qu'il n'y pouvait arriver que par la suppression d'un enfant prêt à naître.

Convaincue qu'elle ne se trompait guère dans ses suppositions, elle avait fait ce raisonnement :

« L'enfant qu'on veut me donner mission de détruire ou de faire disparaître appartient certainement à quelque famille riche et puissante. Le père ne peut être qu'un grand seigneur. Eh bien ! j'irai droit à ce seigneur, et, franchement, loyalement, je me livrerai à lui : mon passé, ma situation véritable, la condamnation capitale qui sans doute, à l'heure qu'il est, pèse sur moi, je lui dirai tout ; mais je lui dirai en même temps comment le plus infâme gentilhomme que la terre ait porté veut me contraindre, par la violence, à commettre un crime nouveau. Et, après avoir ainsi confessé ma vie, je demanderai à ce seigneur une protection qu'il ne me refusera pas. En échange du service rendu et de son enfant sauvé par moi, il obtiendra ma grâce ! Saint-Maixent, démasqué, se sera perdu en voulant me perdre, et ce sera justice ! »

Les longues réflexions de Simone se résumaient ainsi quand la porte du boudoir s'ouvrit, et la jeune femme vit en face d'elle Lazare, l'œil émérillonné et le visage épanoui.

En présence de son ancien amant qu'elle accusait, non sans raison, d'avoir livré au marquis le secret de son vrai nom et celui de sa retraite au hameau de Chamblas, le premier mouvement de Simone fut un mouvement de colère.

Mais Lazare seul pouvait l'instruire de beaucoup de choses qu'elle voulait savoir, et c'était à coup sûr par la douceur et non par la violence qu'il fallait le prendre pour le décider à parler.

Simone le comprit. Elle se contint, et, préludant à la comédie qu'elle allait jouer avec le valet pour découvrir les secrets du maître, elle contraignit ses lèvres à sourire.

Notons, en passant, que Lazare se trouvait pour la première fois, depuis la veille, en tête-à-tête avec son ex-maîtresse.

« Bonjour, mon vieil ami, dit-elle en lui tendant la main.

— Ah ! par la sambucquoy, Simone, s'écria le drôle, tu me vois stupéfait de ce gracieux accueil, et non moins enchanté que surpris ! Je m'attendais à tout autre chose.

— Pourquoi donc ?

— Connaissant tes beaux projets de retraite et de vie honnête, je me figurais que peut-être tu me saurais mauvais gré d'avoir aidé le marquis, mon maître, à te découvrir.

— C'était une illusion, mon cher. Quand on a bravé, comme moi, tous les orages de la vie, il ne suffit pas de le vouloir pour rompre de cœur et d'âme avec le passé. D'ailleurs, il faut bien que je l'avoue, rien n'est monotone comme la vertu. Depuis six mois que je la pratique, je commençais à m'en fatiguer.

— Cependant, si nous n'étions pas venus, tu continuerais encore sans doute cette existence exemplaire dont tu semblais si fort éprise ?

— Mon Dieu ! oui... faute d'occasion pour en changer. En outre, j'avais peur. Songes-y donc, mon salut et ma perte tenaient à si peu de chose. Il fallait, à tout prix, éloigner de moi jusqu'à l'ombre du soupçon. Ma bonne renommée inviolable assurait ma sécurité. Aujourd'hui, tout change et je ne crains plus rien, puisque le marquis de Saint-Maixent me prend sous sa protection et qu'il me semble puissant et riche.

— Riche, interrompit Lazare ; il le sera bientôt et beaucoup. C'est par millions que nous compterons, ma chère, et je serai son intendant. Par la sambucquoy ! qu'en dis-tu ?

— Je dis que tu es un heureux drôle et que j'espère bien recevoir des éclaboussures de la pluie d'or. Le marquis est généreux, n'est-ce pas ?

— Comme un roi. Tu seras contente.

— D'avance, je le suis ; mais je le serai plus encore quand je saurai ce que je dois faire.

— Tu devines bien qu'il s'agit d'un tour de ton métier.

— Un enfant à supprimer, n'est-ce pas ?

— Tout juste.

— L'enfant d'une grande dame ?

— Bien entendu. Nous n'entrerions point dans ces

détails, si l'importance de l'affaire ne le méritait. Il s'agit d'un héritage colossal.

— Et cette grande dame est complice ?

— Oh! que non pas! Elle donnerait son sang pour que l'enfant vécût. Devenir mère, c'est son rêve depuis quinze années! Tu le sais, d'ailleurs, car tu la connais.

— Moi! murmura Simone avec stupeur.

— Eh! oui, sans doute. C'est ta dernière cliente : c'est la comtesse Marie de Rahon. »

Simone recula en poussant un cri.

XXVI

LES PIÈGES TENDUS

« Ah ça! voyons, demanda Lazare tout interloqué, qu'est-ce que tu as ? »

Simone n'entendit même pas cette question.

« La comtesse Marie de Rahon, répéta elle; cette femme dont j'ai traduit le songe et prédit l'avenir !

— En personne véritable et naturelle, répliqua Lazare.

— Ce songe, poursuivit Simone impétueusement, signifiait que la comtesse accoucherait d'une chimère. Oh! je m'en souviens, les lignes de sa main annonçaient la plus étrange destinée. Morte et vivante à la fois, disait l'horoscope infaillible. Je n'ai rien oublié. Science mystérieuse dont j'étais l'adepte, tu n'es ni vaine ni menteuse. Voici déjà que va se réaliser la première partie de l'oracle, et, quand le jour sera venu, quand l'heure sera sonnée, la seconde aussi s'accomplira.

— Plus que jamais tu crois donc à tes prophéties ? murmura Lazare à demi étonné, à demi railleur.

— Si j'y crois ? » s'écria Simone.

Puis, après un silence, elle ajouta tout bas :

« Mais, alors, arrière mes scrupules. Ce qui doit arriver est écrit dans les pages inflexibles du livre du destin, et l'homme n'y peut rien changer. Pourquoi tenter une résistance insensée à la force inconnue qui me pousse en avant? Le crime n'existe plus quand le libre arbitre n'existe pas. Quoiqu'on me commande, je puis obéir. Le couteau qui frappe est innocent, la volonté seule est criminelle ; et je suis, moi, l'instrument passif aux mains de la fatalité.

C'en était fait! ce *fatalisme* aveugle, joint à la superstition non moins aveugle, venait de triompher des irrésolutions de Simone.

Le sort de la comtesse Marie de Rahon était désormais fixé et rien, à moins d'un miracle, ne pouvait sauver l'enfant qu'elle portait dans son sein.

Quand le marquis de Saint-Maixent, le soir de ce même jour, vint au pavillon pour s'entretenir avec sa complice, il trouva cette dernière docile et souple et sincèrement prête à tout.

Le lendemain, Lazare fut censé se mettre en route pour le Puy avec mission de trouver la jeune sage-femme dont la science faisait des prodiges, et de la ramener au château, fallût-il, pour la décider, lui promettre des monceaux d'or.

Il revint le troisième jour à une heure avancée de la soirée, ayant en croupe Simone qui, conduite par le marquis, était allée l'attendre sur la route, à quelque distance.

Le succès de Françoise Arzac fut complet.

Elle plut au comte par sa physionomie modeste et réservée qui s'alliait si bien avec la rare beauté de ses traits. Il causa longuement avec elle, et il sentit grandir sa confiance en voyant qu'elle unissait la simplicité la plus naïve à la science acquise et à l'expérience d'un praticien consommé.

Elle séduisit la comtesse par la singulière douceur de ses manières et de sa voix.

Enfin, dès le premier jour, et presque dès la première heure, Françoise Arzac (que nous continuerons à appeler Simone Raymond) fit la conquête des valets la nouvelle venue leur ayant prouvé, par son attitude et par son langage, qu'elle ne chercherait point à se prévaloir vis-à-vis d'eux de l'importance énorme résultant de sa situation au château.

Quant à l'intendant Lactance, il tomba subitement amoureux de la longue chevelure rousse et des grands yeux de Simone, et il ne jura plus que par elle.

La belle Olympe complimenta Saint-Maixent d'avoir si heureusement fait choix d'une femme dont le séduisant extérieur et l'adroite hypocrisie devaient éloigner jusqu'à l'ombre de la défiance.

Bref, on le voit, la réussite la plus complète couronnait les machinations ténébreuses de l'infâme gentilhomme, et le Dieu de justice semblait détourner les yeux pour ne pas voir le crime près de s'accomplir.

Il restait cependant à surmonter un dernier obstacle.

Anastasie Gaudin, cette femme de chambre grêlée qui ressentait à l'endroit de Lazare une tendre faiblesse, était à coup sûr fort répréhensible sous le rapport des mœurs, mais inattaquable sous celui de l'attachement très-profond qu'elle portait à la comtesse.

Le valet du marquis, après l'avoir habilement sondée à ce sujet, prévint son maître que toute tentative de corruption serait inutile et par conséquent dangereuse.

Or, on comprend à quel point il était indispensable d'avoir auprès de Mme de Rahon une personne entièrement dévouée aux criminels projets dont la réalisation ne tarderait guère.

Ne pouvant songer à corrompre Anastasie Gaudin, on résolut de l'éloigner, et l'on mit en œuvre, pour y réussir, un moyen infaillible.

Nous savons qu'aux beaux jours de la rue de la Lanterne, Simone s'occupait de chimie et composait des philtres et des breuvages de plus d'un genre.

Quelques gouttes d'une liqueur préparée par elle furent versées par Lazare dans la boisson d'Anastasie.

Le soir même, la femme de chambre fut prise d'une fièvre violente, et, à cette fièvre, succédèrent un accablement absolu, une faiblesse étrange qui, sans mettre ses jours en danger, la rendirent, pour un laps de temps dont on ne pouvait prévoir le terme, absolument incapable de se livrer à un travail ou à une occupation quelconque.

Rien de plus inopportun que cette impuissance soudaine dans un moment où il devenait indispensable de redoubler d'activité.

Les autres caméristes de la comtesse étaient trop jeunes et manquaient de l'expérience nécessaire pour venir utilement en aide à la sage-femme.

Il fallait donc, sans le moindre retard, remplacer temporairement Anastasie Gaudin.

Mais où trouver à l'instant même une personne digne de tous points d'occuper auprès de la comtesse un emploi de confiance ?

La difficulté semblait énorme quand, *par bonheur*, Lactance, l'intendant modèle, tira ses maîtres d'embarras.

Il vint trouver Annibal, et, après ses salutations accoutumées, il lui dit (en demandant pardon de la liberté grande) qu'il connaissait, sur les terres mêmes et dans l'un des villages de M. le comte, une honnête fille entre deux âges, dont il répondait comme de lui-même, parfaitement au courant du service et tout à fait capable d'occuper, par intérim, le poste d'Anastasie.

Cette fille entre deux âges, si chaudement recommandée par Lactance, se nommait la *Marinette*.

Nos lecteurs savent depuis longtemps, par le rapport de Lazare à Saint-Maixent, qu'elle était la maîtresse en titre du vieil hypocrite.

C'est à l'instigation du marquis, comme bien on pense, que Lactance venait de la proposer à M. de Rahon.

Le comte était plus que jamais aveugle à l'endroit de son intendant. La caution de Lactance valait mieux, pour lui, que toutes les informations du monde.

« Amenez au plus vite votre protégée, lui dit-il ; et si sa figure agrée à Mme la comtesse, ses services sont acceptés d'avance. »

Deux heures après, Marinette, un petit paquet à la main et plus rouge qu'un coquelicot dans les blés, arrivait au château.

C'était une fille d'une trentaine d'années, petite, un peu trop grasse, plutôt jolie que laide, et qui vraiment n'avait point mauvais visage. Il fallait l'observer de près pour s'apercevoir que son regard louche et incertain trahissait un grand fond d'astuce.

Elle n'osa lever les yeux devant Annibal, qui mit naturellement cet embarras suspect sur le compte de la timidité.

Marinette, dans sa jeunesse, était restée pendant deux ans au service d'une riche bourgeoise de Clermont.

Ses mœurs déjà dissolues, et certains actes d'improbité, l'avaient fait mettre à la porte.

Personne dans le pays, excepté Lactance, ne connaissait ces détails.

On voit que l'intendant pouvait annoncer avec certitude une femme de chambre *expérimentée*.

Marinette ne déplut point à Mme de Rahon et fut mise à l'instant même en possession de son nouvel emploi.

Tout avait donc réussi, et désormais la comtesse ne se trouvait plus entourée, dans son propre château, que des créatures, des âmes damnées du marquis de Saint-Maixent.

L'ange était aux mains des démons.

Le drame allait commencer d'autant plus effrayant, d'autant plus sinistre, qu'il devait se jouer sans bruit, dans l'ombre, et le silence.

Au risque de fatiguer nos lecteurs, il nous paraît indispensable de revenir sur une affirmation qu'à plus d'une reprise déjà nous avons répétée.

Nous touchons à une période de notre récit où il nous va falloir raconter des faits tellement inouïs et si impossibles en apparence, que nous éprouvons l'impérieux besoin de redire qu'ils sont *absolument* et *littéralement* historiques.

Nous ne sommes ici que le copiste, tout au plus l'arrangeur, de documents authentiques, puisque ces documents sont les pièces mêmes d'un procès célèbre.

Un romancier créant une œuvre de pure imagination n'inventerait rien de semblable à ce que nous allons écrire, et, préoccupé avant tout de la vraisemblance, il s'éloignerait de la vérité.

A l'incroyable audace de quelques scélérats, il substituerait d'ingénieuses combinaisons.

Aurait-il raison ? peut-être ; mais nous voulons faire autre chose.

Ceci n'est point un roman, c'est un procès-verbal.

Cinq semaines s'étaient écoulées depuis l'installation de Simone au château et l'entrée en fonctions de la Marinette, et, pendant ce laps de temps, aucun incident n'avait rompu la monotonie de l'existence de nos personnages.

Le marquis évitait sans affectation de se trouver seul avec la sage-femme ; seulement, chaque soir, à une heure convenue d'avance, il la rencontrait dans la galerie, et, sans s'arrêter, il lui disait ces deux mots :

« Eh bien ?...
— Pas encore, » répondait Simone.

Le jeudi 14 avril 1646, il la croisa comme d'habitude, et, à la question accoutumée, elle répondit :

« C'est pour demain. »

XXVII

OU COMMENCE LE DRAME

Ni le marquis de Saint-Maixent, ni la belle Olympe ne fermèrent les yeux pendant la nuit qui suivit le laconique avertissement de la sage-femme.

Cette dernière ne s'était d'ailleurs pas trompée.

Le lendemain, vendredi, dès le matin, le bruit se propagea dans tout le château, avec la rapidité de l'éclair, que Mme de Rahon venait de ressentir les premières douleurs.

L'appartement de la comtesse se composait d'une antichambre, d'un petit salon, d'une chambre à coucher très-vaste, d'un grand cabinet de toilette, d'un oratoire et d'un boudoir.

L'antichambre ouvrait sur la galerie magnifique qui desservait tout le premier étage du château.

Le boudoir, l'oratoire et le cabinet de toilette étaient des dépendances de la chambre à coucher.

Une porte, pratiquée dans le boudoir et masquée par les tentures, établissait une communication avec l'appartement du comte.

Un escalier de dégagement desservait le cabinet de toilette. Cet escalier se bifurquait à la hauteur du rez-de-chaussée. A droite, il conduisait aux offices et aux cuisines ; à gauche, il aboutissait à une petite porte habituellement fermée et donnant sur le parterre.

Ce rapide exposé topographique était indispensable pour la complète et facile intelligence des scènes auxquelles l'appartement de la comtesse va servir de théâtre.

Il était neuf heures du matin.

Mme de Rahon, couchée mais non point endormie, se trouvait seule avec Simone Raymond et la Marinette au moment où elle éprouva, pour la première fois, une de ces souffrances aiguës qui font tressaillir le corps, glacent d'effroi les âmes les plus fermes, et sont les avant-coureurs de la maternité depuis le jour où Dieu dit à Ève la blonde, chassée du paradis terrestre.

« Tu enfanteras dans la douleur. »

La comtesse devint pâle et poussa un cri ; mais cette défaillance de la nature ne dura qu'une ou deux secondes et un calme relatif lui succéda.

Simone se pencha vers le lit et murmura de sa voix la plus douce, la plus affectueuse :

« Courage, madame la comtesse, courage et bon espoir ; la grande épreuve va commencer, mais je ferai de mon mieux et Dieu vous donnera la force nécessaire. »

Mme de Rahon sourit à Simone et répondit :

« Oh ! je n'ai pas peur ; j'ai été surprise, voilà tout, et c'est pour cela que j'ai crié ; mais j'endurerais de grand cœur les plus effroyables tortures, je donnerais au besoin ma vie pour entendre bruire à mes oreilles le premier vagissement de mon fils. »

Un rictus involontaire crispa la lèvre de Simone, mais ce ne fut pas un sourire.

« Pauvre femme, se dit-elle tout bas, pourquoi faut-il que ce soit la fatalité qui commande. Elle ne connaîtra point son enfant. Sa maternité ne sera qu'un rêve. Le destin le veut ; on ne lutte pas contre le destin.

— Qu'on prévienne M. le comte, reprit Mme de Rahon ; qu'il vienne sur-le-champ, sa présence me soutiendra. Mon âme est forte et restera forte ; mais je n'ai pas l'habitude de souffrir et la chair faiblira peut-être. »

Marinette sortit aussitôt de la chambre pour obéir à un ordre qui s'adressait à elle, et Simone, dé-

Lactance imprima la croix ardente sur le bras du nouveau-né (Page 142).

nouant les longs cheveux de la comtesse, les tordit en une natte serrée qu'elle roula derrière la tête, ainsi qu'on avait l'habitude de le faire à cette époque pour les femmes prêtes d'accoucher et qui ne devaient pas être recoiffées de longtemps.

Elle achevait à peine cette besogne, lorsqu'Annibal entra.

Il était plus pâle et plus agité que Mme de Rahon elle-même.

Il s'approcha du lit, prit dans ses mains tremblantes les deux mains que sa femme lui tendait, les pressa contre son cœur et balbutia d'une voix à peine distincte :

« Chère bien-aimée, le moment est donc venu... »

Il ne put en dire davantage. Une émotion si puissante le dominait, que la parole expira sur ses lèvres.

« Oui, le moment est venu, mon ami, répliqua la

comtesse avec une sorte de fierté involontaire; car elle se voyait plus forte et plus vaillante que celui sur lequel elle avait compté pour la soutenir. Mon âme et ma vie sont entre les mains de Dieu; j'espère que, dans sa bonté, il me conservera pour vous; mais s'il en avait décidé autrement, si le jour qui commence devait être le dernier de mes jours, je veux vous dire et vous répéter que, dans mon existence entière, il n'y a pas eu une pensée de mon esprit, pas un battement de mon cœur qui ne fussent pour vous. Je crois ne vous avoir jamais offensé, j'espère vous avoir rendu constamment heureux, selon mon devoir de femme chrétienne et de fidèle épouse, et ce devoir était bien doux à remplir, puisque je vous aimais de toute mon âme. Si pourtant je me suis trompée, s'il m'est arrivé de vous offenser sans le savoir et sans le vouloir, je vous en demande pardon et vous supplie de l'oublier...

— M'offenser, toi Marie! s'écria M. de Rahon en se laissant tomber à genoux près du lit, écrasé qu'il était par son attendrissement; toi, la plus parfaite comme la plus aimée des femmes; oh! jamais! jamais! Depuis que la bénédiction divine a fait de toi ma douce compagne, tu ne m'as donné que bonheur!

— Merci... balbutia la comtesse en répondant par une faible pression de ses petites mains enfiévrées à l'ardente étreinte d'Annibal; que Dieu fasse maintenant de moi ce qu'il voudra... Je suis calme et je suis heureuse...

Cette scène touchante fut interrompue par l'arrivée de Mme de Chavigny, qui courut embrasser sa cousine avec tous les transports de la tendresse la plus vive, et déclara qu'elle ne la quitterait plus d'une minute jusqu'au moment de sa délivrance.

Marinette vint annoncer en même temps que le marquis de Saint-Maixent attendait dans l'antichambre, et qu'il sollicitait la faveur d'être admis à présenter à la comtesse l'expression de son intérêt profond et de ses vœux sincères.

Le marquis, introduit sans retard par l'ordre du comte, s'exprima d'une façon si chaleureuse, qu'Annibal et Mme de Rahon en furent vivement touchés.

Au bout d'une heure environ de tranquillité, les douleurs recommencèrent, et le comte, dévoré d'inquiétude, appuya son front brûlant contre la vitre d'une des croisées.

Bientôt les épreintes augmentèrent sans amener de résultat; et Simone, s'approchant de M. de Rahon, lui dit tout bas que l'accouchement serait difficile, et que d'un moment à l'autre la situation de la comtesse pouvait devenir dangereuse.

Une grande partie de la journée s'écoula; les crises succédaient aux crises; les forces de la malade s'épuisaient; elle ne parlait plus; un silence effrayant régnait dans la vaste chambre et n'était interrompu de temps en temps que par des gémissements lugubres et par des cris qui brisaient l'âme.

Annibal, serrant sa tête en feu entre ses mains crispées, sentait sa raison s'égarer et se demandait s'il n'était point le jouet d'un effroyable rêve.

La belle Olympe essuyait sans cesse ses yeux pour les rougir, tout en faisant semblant d'arrêter au passage les larmes qui ne coulaient pas.

Simone Raymond se multipliait, ne quittant le lit de douleur de Marie que pour donner tous ses soins à la préparation d'un breuvage composé de substances inconnues dont elle mesurait lentement les doses.

Au jour, succéda le crépuscule; puis les ténèbres vinrent à leur tour.

Marinette alluma quelques-unes des bougies des candélabres placés sur la cheminée, de manière à répandre une clarté suffisante.

Mme de Rahon, inerte, anéantie, les yeux fixes et sans regards, semblait ne respirer qu'à peine, et son masque livide offrait un aspect cadavérique.

Mon Dieu! balbutia le comte en proie à une véritable agonie morale; mon Dieu! tout est fini, elle va mourir!»

Simone Raymond secoua la tête.

— Rien n'est encore désespéré, répondit-elle à voix basse; Mme la comtesse, je l'avoue, est d'une faiblesse alarmante; mais je viens de préparer une potion qui lui rendra la vigueur nécessaire pour un suprême effort.»

En disant ce qui précède, la sage-femme achevait de remuer dans une tasse d'argent le breuvage composé par elle.

Elle faisait signe à Marinette de soulever la tête de Mme de Rahon, et elle introduisait entre les lèvres de cette dernière, à l'aide d'une cuillère de vermeil, une partie du breuvage réparateur.

Le résultat fut presque immédiat.

On eût dit qu'une résurrection véritable venait de s'opérer, tant les yeux de la comtesse, fixes et vitreux, reprirent soudainement de vitalité et d'éclat. Elle tourna son regard vers Annibal qui suivait, avec un immense espoir, les rapides effets du dictame inconnu; elle lui sourit et lui tendit la main.

« Oh! mon ami, comme j'ai souffert, murmura-t-elle d'une voix à peine distincte, mieux vaudrait mourir tout de suite que de souffrir encore ainsi. »

Le comte allait répondre.

Il n'en eut pas le temps.

Les yeux de Mme de Rahon se fermèrent; sa tête retomba sur l'oreiller, mais sans que le sourire commencé disparut de ses lèvres, et une respiration égale et douce souleva sa poitrine.

— Que veut dire ceci? demanda vivement Annibal en se tournant vers Simone Raymond.

— Cela veut dire qu'elle dort, répliqua la sage-femme; c'est dans le sommeil seulement qu'elle retrouvera les forces nécessaires; c'est pour cela que je lui ai donné le sommeil.

— Combien de temps durera-t-il?

— Je ne puis répondre d'une façon positive à cette question. Il durera peut-être pendant toute la nuit, mais à coup sûr il se prolongera pendant au moins trois ou quatre heures. Il importe de ne l'interrompre d'aucune façon. Un réveil brusque et forcé serait à tel point dangereux, qu'il pourrait tuer Mme la comtesse en quelques minutes. Retirez-vous donc dans votre appartement, monsieur le comte, et soyez sans crainte, car nulle complication funeste ne peut survenir en ce moment.

— Quitter cette chambre, répondit Annibal en haussant les épaules, y songez-vous!... M'éloigner, ne fût-ce qu'une minute! Non! non!

— Je reste, moi, mon cousin, murmura la belle Olympe; au moment du réveil de Marie, je vous préviendrai. Allez prendre un peu de repos et de nourriture, je vous en supplie, et conservez, vous aussi, votre énergie, pour l'heure où vous en aurez besoin. »

M. de Rahon essaya de persévérer dans sa résolution première; mais Mme de Chavigny fut éloquente: il céda, de guerre lasse, et, traversant le boudoir, il alla prendre un bouillon, un verre de vin d'Espagne et se jeta sur un lit de repos dans son appartement.

Simone, Olympe et Marinette restèrent seules auprès de la comtesse endormie.

XXVIII

OU LE DRAME CONTINUE.

A peine Annibal venait-il de quitter la chambre, que Simone dit à Marinette en lui montrant la porte du boudoir:

« Entre là, sois attentive, et si, par aventure, M. le comte revenait à l'improviste, fais le signal convenu pour nous prévenir.

— Soyez tranquille, répondit Marinette, je suis de bonne guette et vous n'avez point à craindre d'être surprise. »

Simone ouvrit aussitôt le cabinet de toilette et le marquis de Saint-Maixent, qui s'y tenait immobile et muet, se montra.

D'une voix très-basse, il demanda:

« Tout marche-t-il?

— Oui, tout marche, répliqua Simone; le comte vient de se retirer et la comtesse est endormie.

— Mais elle va se réveiller sans doute, et si elle me voyait...

— Elle ne se réveillera pas, interrompit Simone; son sommeil ne cédera qu'à ma volonté.

— Vous en êtes sûre?

— Oh! parfaitement sûre; j'ai le secret du plus infaillible des narcotiques; le tonnerre éclaterait dans cette chambre sans troubler la léthargie de Mme de Rahon; l'âme seule, en elle, est vivante; le corps est insensible et ne sentirait pas la douleur, quand bien même un fer rouge traverserait sa chair.

— Ainsi, la délivrance...

— Aura lieu pendant cette léthargie provoquée tout exprès.

— C'est admirable et vous êtes une femme de génie! »

Simone eut aux lèvres un sourire dédaigneux, et reprit sans répondre au compliment du marquis:

« Le moment approche. Faites monter Lactance, donnez-lui vos instructions, et qu'il attende dans le cabinet de toilette. Une fois l'enfant remis dans ses mains, je ne me mêle plus du reste.

— J'y vais; avant quelques minutes, nous serons là tous deux.

— A quoi bon revenir, vous, monsieur le marquis? vous avez mieux à faire. »

Saint-Maixent prit un air étonné.

« Sans doute, continua Simone. Après avoir donné vos ordres à Lactance, passez par la galerie et rejoignez le comte dans son appartement.

— Que lui dirai-je?

— Peu importe; l'essentiel est que vous l'empêchiez de rentrer ici avant que Mme la marquise soit allée le prévenir du réveil de sa femme.

— J'y vais.

— Hâtez-vous donc, car le moment est venu. Dans peu d'instants, tout sera fini. »

La comtesse, toujours endormie, venait de faire un mouvement brusque, et son corps se tordait comme un sarment jeté dans les braises ardentes.

Le marquis disparut.

Simone s'approcha du lit et dit à la belle Olympe devenue soudain très-pâle:

« Allons, madame la marquise, il faut m'aider.

— Ah! je n'oserai jamais, balbutia la tremblante créature qui n'avait même pas la vulgaire audace du crime.

— Eh bien! envoyez-moi Marinette; prenez sa place et n'en bougez sous aucun prétexte jusqu'à ce que vous ayez entendu, à travers la porte fermée, la voix de M. de Saint-Maixent répondre à celle de son parent. Je connais M. le marquis, il trouvera moyen d'arrêter le comte si le comte voulait revenir. »

La belle Olympe ne se fit pas répéter deux fois cette invitation, et Marinette rejoignit Simone.

Laissons les deux femmes accomplir leur œuvre de ténèbres.

Saint-Maixent descendit rapidement l'escalier dérobé et trouva Lactance accroupi, la tête dans ses mains, sur la plus basse marche de cet escalier, près de la porte qui conduisait au parterre.

« Est-ce que vous dormez? » lui demanda-t-il.

L'intendant releva la tête et répondit :

« Non, monsieur le marquis, je réfléchis.

— Et le sujet de vos réflexions, s'il vous plaît?

— C'est que nous allons commettre une bien vilaine action, monsieur le marquis et moi, en trahissant l'un un bon parent, l'autre un bon maître.

— Trêve de morale, monsieur l'intendant, fit le gentilhomme dédaigneusement. Vous savez aussi bien que moi qu'une action n'est jamais vilaine quand elle doit rapporter beaucoup d'or.

— Monsieur le marquis a grandement raison de parler ainsi, lui qui gagnera peut-être par ricochet, cette nuit, une demi-douzaine de millions! répliqua Lactance; mais moi, pauvre diable très-exposé et peut-être très-compromis, je trouve que décidément les vingt-cinq mille livres offertes par monsieur le marquis, et cautionnées par Mme de Chavigny, ne rétribuent point selon sa valeur le service qu'on attend de moi.

— C'est-à-dire, mon drôle, que vous prétendez vous faire marchander.

— Monsieur le marquis est le maître d'appeler la chose comme bon lui semblera; je ne me permettrai pas de le contredire, d'autant plus qu'il s'agit, en effet, d'un marché.

— Eh bien! soit, vous aurez trente mille livres; êtes-vous content? »

Lactance secoua la tête.

« Ah ça! coquin, reprit Saint-Maixent bouillant d'impatience, auriez-vous l'effronterie d'exiger davantage?

— Mon Dieu! oui; monsieur le marquis m'en voit tout honteux, mais j'aurai cette effronterie....

— Et votre chiffre?...

— Cinquante mille livres. J'ai préparé un petit bout d'engagement que monsieur le marquis voudra bien me signer séance tenante. Voici le papier, et voici, de plus, une plume et un encrier; je suis homme de précaution. »

Saint-Maixent fit un haut le corps.

« Cinquante mille livres! répéta-t-il.

— Pas un sou de moins.

— Vous perdez la tête!

— Je ne l'ai jamais eue plus solide, au contraire. L'engagement est rédigé d'avance en bonne et due forme; je prie monsieur le marquis de mettre là son nom. »

En disant ce qui précède, il présentait une plume à Saint-Maixent et désignait du bout du doigt une place sous quelques lignes d'écriture.

Le marquis repoussa le papier.

« N'y comptez pas, fit-il; je ne suis point un homme à qui l'on impose des conditions; je ne signerai pas. »

Lactance remit dans sa poche le papier, la plume et l'encrier, répliquant :

« J'aime autant cela. La perspective d'être roué d'abord et pendu ensuite ne m'allait que médiocrement. Mieux vaut avoir un peu moins d'aisance et dormir d'un meilleur sommeil. J'ai l'honneur de souhaiter le bonsoir à monsieur le marquis. »

Et l'intendant fit mine de tourner sur ses talons.

« Où donc allez-vous? lui demanda Saint-Maixent.

— Me mettre au lit, monsieur le marquis.

— Ainsi vous m'abandonnez? Vous refusez de me servir?

— Je serai toujours avec respect aux ordres de monsieur le marquis; mais la besogne de cette nuit ne me convient plus.

— Oubliez-vous que je pourrais vous perdre, murmura Saint-Maixent les dents serrées.

— Monsieur le marquis me permettra-t-il de lui demander de quelle façon?

— En révélant à votre maître les vols commis par vous depuis si longtemps à son préjudice. »

Lactance fit entendre un petit rire moqueur.

« Eh bien! dit-il ensuite, que monsieur le marquis me dénonce! Je serai très-curieux de voir cela. Nous allons, si monsieur le marquis le veut bien, monter tout de suite chez M. le comte. »

Saint-Maixent frissonna de rage. Il eut un instant

la pensée de prendre à la gorge l'hypocrite coquin qui lui parlait ainsi et de l'étrangler ; mais il se contint.

Le temps pressait. Prendre une résolution immédiate était nécessaire.

« Donnez-moi ce papier, dit-il après deux secondes de réflexion, je signe. »

Et il signa.

Lactance n'avait jamais douté que les choses dussent finir ainsi.

« Maintenant, murmura-t-il après avoir serré dans la plus inviolable de ses poches le précieux papier, me voici complétement acquis à monsieur le marquis. Que faut-il faire ?

— Vous allez gagner le cabinet de toilette qui touche à la chambre à coucher de Mme de Rahon.

— Et là ?...

— Vous attendrez. Au bout d'un temps qui sans doute sera très-court, la porte s'ouvrira et la sage-femme vous remettra un enfant.

— Cet enfant, demanda Lactance, que doit-il devenir ?

— Il faut qu'il n'ait jamais existé.... répondit Saint-Maixent d'une voix sourde.

— Le faire disparaître est facile ; mais comment rendre son corps introuvable ?

— Ceci vous regarde ; vous êtes payé assez cher pour avoir une idée.

— J'en ai une et je la crois bonne.

— Voyons...

— L'étang qui touche à la forêt, à un quart de lieue d'ici, a dix pieds d'eau et six pieds de vase. Si léger que soit le corps, une lourde pierre l'entraînera dans les profondeurs de cette vase, où nulle recherche ne pourra jamais le faire découvrir.

— Prenez garde que l'enfant ne pousse un cri et que ce cri ne soit entendu. Cela suffirait pour nous perdre tous.

— Je supplie monsieur le marquis de se mettre l'esprit en repos. Mes précautions seront bien prises et je gagnerai loyalement mon argent. »

Ces paroles terminèrent l'entretien des deux misérables.

Lactance se dirigea vers le cabinet de toilette qu'éclairait une seule bougie placée sur une petite table, et il s'assit dans un coin sombre où son esprit s'abandonna à de profondes réflexions, dont nous ne tarderons point à connaître le résultat.

Saint-Maixent, lui, gagna le jardin, rentra dans le château par le vestibule, gravit le grand escalier d'honneur, parcourut la galerie et frappa doucement à la porte de l'appartement du comte de Rahon.

Annibal, dont l'état de fièvre et d'agitation faisait mal à voir, se jeta dans ses bras en s'écriant :

« Ah ! mon cousin, que vous êtes bon d'être venu ! Restez près de moi, je vous en prie. C'est un désir égoïste, je le sais, mais votre présence me fera du bien ; mes angoisses me sembleront moins cruelles ! Ne me quittez pas ! ne me quittez pas !

— Vous allez au devant de mes souhaits, répliqua Saint-Maixent ; je venais vous offrir de veiller avec vous. »

M. de Rahon embrassa de nouveau son parent, et l'infâme gentilhomme lui rendit étreinte pour étreinte sans trembler, sans pâlir, comme autrefois Judas, au mont des Oliviers, livrant le Christ dans un baiser.

XXIX

PÉRIPÉTIE.

Retournons à la chambre de la comtesse.

Les mouvements convulsifs que Mme de Rahon avait faits dans sa léthargie étaient les symptômes irrécusables d'une très-prochaine délivrance, et Simone ne s'y trompa point.

La comtesse, toujours insensible, toujours inanimée, mit au monde, sans le savoir, un enfant bien constitué.

« C'est un fils, » murmura Simone en enveloppant la chétive créature dans un morceau d'étoffe dont elle avait eu soin de se munir.

La marquise de Chavigny, honteuse sans doute du rôle abominable qu'elle jouait près de sa plus proche parente, de sa meilleure amie, se tenait debout et immobile dans l'embrasure d'une fenêtre, depuis qu'elle avait quitté le boudoir après avoir entendu la voix de Saint-Maixent répondre à celle d'Annibal.

Elle faisait semblant de ne rien voir, mais elle suivait à la dérobée, d'un regard attentif, toutes les actions de Simone.

Cette dernière remit à Marinette le nouveau-né, en murmurant à son oreille :

« Portez l'enfant à celui qui l'attend dans la pièce voisine. »

La belle Olympe, obéissant malgré elle à un sentiment indéfinissable et que nous ne nous chargeons point d'expliquer, se retourna :

« Cet enfant, balbutia-t-elle, on ne va pas le tuer, n'est-ce pas ? »

Simone Raymond haussa les épaules, et, regardant en face la marquise, qui baissa les yeux sous la fixité de son regard, elle répondit :

« C'est à M. de Saint-Maixent qu'il faut demander cela, madame. J'ai fait ce qu'on m'avait commandé de faire … le reste ne me regarde plus. »

Elle ajouta, en s'adressant à Marinette et en accompagnant ses paroles d'un geste impérieux :

« Allez ! »

La belle Olympe n'insista point et retourna prendre sa place dans l'embrasure de la fenêtre.

Marinette franchit le seuil du cabinet de toilette, dont elle referma la porte derrière elle.

Cette fille était, à coup sûr, une misérable créature ; mais point cruelle, malgré tous ses vices.

Elle embrassa l'enfant, ses larmes coulèrent, et elle fit un mouvement d'effroi en voyant Lactance avancer les mains pour le saisir.

« De quoi donc as-tu peur ? lui demanda l'intendant d'un ton brutal.

— Je sais trop bien quel est le sort qui l'attend, répondit-elle, mais, s'il doit mourir, que ce ne soit pas devant moi. »

Le visage blafard de Lactance s'épanouit dans une étrange contraction, qui ressemblait presque à un sourire.

« S'il doit mourir ! reprit-il, qui a dit cela ?

— Est-ce que je me trompe ?

— Peut-être…

— Ah ! que Dieu le veuille !

— Est-ce un garçon ? reprit l'intendant.

— Oui.

— Tant mieux.

— Pourquoi ?

— Ça ne te regarde pas. Sais-tu tenir ta langue, Marinette ?

— Il me semble que, depuis que nous nous connaissons, je te l'ai prouvé plus d'une fois.

— C'est vrai, et je pense que je puis me fier à toi… d'autant plus que ma fortune en dépend… par conséquent la tienne, puisque j'ai promis de t'épouser. »

Marinette ouvrit de grands yeux.

« Tu vas me jurer sur ta tête, poursuivit Lactance, de ne dire à âme qui vive ce qui va se passer.

— Je le jure.

— C'est bien. Et souviens-toi de ton serment ; car, si tu l'oubliais par malheur, je te tordrais le cou, sans plus de façon qu'à un poulet…

— Ce n'est pas la peine de me menacer…. je serai muette.

— J'y compte. »

Selon l'usage des paysans de la province d'Auvergne (usage qui s'est conservé même de nos jours), Marinette portait au cou une petite croix d'or, attachée par un ruban de velours noir.

« Donne-moi ta croix, commanda l'intendant.

— Qu'en veux-tu faire ?

— Tu le verras. »

Marinette dénoua le ruban.

L'intendant prit le mince bijou et le présenta pendant quelques secondes à la flamme de la bougie.

Quand ce bijou fut chauffé à blanc, Lactance découvrit le bras gauche de l'enfant et dit à Marinette :

« Mets-lui la main sur la bouche, afin qu'il ne crie pas, et prends garde de l'étouffer… »

Marinette commençait à comprendre et elle s'empressa d'obéir.

L'intendant appuya la croix ardente sur le bras du nouveau-né, de manière à tracer dans la chair une empreinte ineffaçable, puis, prenant une serviette marquée au chiffre de Rahon, que surmontait la couronne à neuf perles, il emmaillota dans cette serviette la frêle créature, par-dessus le lambeau d'étoffe disposé par Simone, et, cachant sous son ample vêtement ce fardeau léger, il sortit du cabinet de toilette, après avoir dit à Marinette une dernière fois :

« Souviens-toi que tu es muette ! »

Il descendit l'escalier dérobé, ouvrit la porte donnant sur le parterre, et se perdit dans les ténèbres profondes.

Certes, Lactance se croyait bien seul.

Il aurait parié hardiment sa tête que personne ne l'avait vu sortir et que personne ne songeait à le suivre.

Il se trompait cependant.

A l'instant précis où il refermait la porte du petit escalier, une forme sombre se détacha de la muraille et se mit à marcher derrière lui.

Cette forme était celle de Lazare, chargé par le marquis de s'assurer si l'intendant accomplissait d'une façon consciencieuse sa mission sinistre.

Lazare s'attacha donc à ses pas tandis qu'il s'éloignait rapidement.

« Noyer cet enfant, pensait Lactance, supprimer à tout jamais ce petit vicomte ! Allons donc ! M. le marquis me prend pour un sot ! Par cet enfant, je les tiens tous ! Par cet enfant, ma fortune est assurée, et mon impunité certaine ! Le marquis, convaincu que le meurtre est accompli, se croira hors de mon pouvoir, puisque je ne pourrais le dénoncer sans me perdre moi-même ! Un jour viendra, et ce jour est proche peut-être, où je lui prouverai le contraire en lui révélant l'existence de l'héritier du comte et en le menaçant de représenter à l'improviste cet héritier, s'il ne me fait compter, par Mme de Chavigny, une somme ronde de deux cent mille livres ! De ce côté, je suis maître de la situation ! Je le suis également du côté de mon maître, puisque si, par malheur, on vient à découvrir cette ténébreuse intrigue, j'achèterai non-seulement ma grâce, mais une magnifique récompense, par la restitution de l'enfant qu'on ne pourrait retrouver sans moi ! Donc, tout va bien ! Je suis un heureux drôle, et je mourrai très-certainement dans la peau d'un gaillard cousu d'or ! »

Lactance, tout en marchant d'un pas rapide, monologuait ainsi, et, dans sa profonde satisfaction des évènements et de lui-même, il se serait sans aucun doute frotté joyeusement les mains, si l'un de ses bras n'avait été occupé à soutenir cet enfant sur lequel il faisait reposer tant d'espérances.

Lazare savait, par son maître, que l'intendant devait se diriger, avec son fardeau, du côté de l'étang.

Il éprouva quelque surprise en le voyant prendre, au sortir du parterre, une direction tout opposée ; mais il supposa que la crainte d'une rencontre inopportune lui faisait faire un long détour.

Son étonnement redoubla quand Lactance s'engagea sous la futaie, tournant le dos à l'étang de la façon la plus absolue.

Il eut un instant l'idée de révéler sa présence et de crier : « Où allez-vous donc ? »

Mais il réfléchit qu'il avait reçu l'ordre de surveiller et non celui d'intervenir, et il résolut d'exécuter littéralement sa consigne.

Il n'aimait point Lactance, d'ailleurs, et il n'était pas fâché de le prendre en flagrant délit de désobéissance. Hâtons-nous d'ajouter que, selon lui, nul danger n'était à craindre, puisqu'il suivait l'intendant pas à pas, et que, dût-il marcher toute la nuit il comptait bien ne le point perdre de vue.

Il importait en outre de connaître, pour les déjouer au besoin, les projets peut-être suspects du rusé coquin.

Lactance allait toujours droit devant lui, sans s'arrêter ni se retourner ; il ne tarda guère à atteindre la muraille d'enceinte qui fermait le parc. Il la longea pendant un quart d'heure, arriva près d'une petite porte, tira de sa poche une clef et ouvrit cette porte.

« Ah ! diable ! pensa le valet du marquis, le voilà qui gagne les champs ! le doute devient impossible ! ceci cache une trahison, et je crois qu'il est temps d'arrêter le bonhomme ! »

Cette résolution prise, Lazare hâta le pas pour l'exécuter.

Il était déjà trop tard.

Comme il atteignait le cadre de la porte restée ouverte, il entendit un hennissement, il vit Lactance sauter sur un cheval qui l'attendait tout sellé et tout bridé, et s'éloigner au grand galop.

Suivre à pied, dans les ténèbres, un homme à cheval, était impossible, et Lazare ne l'essaya même pas.

Il fut au moment de s'arracher une poignée de cheveux en s'apercevant qu'il était joué, et surtout en pensant à la colère du marquis lorsque ce dernier apprendrait que tous ses projets se trouvaient compromis.

» Il ne manquera pas de prétendre que c'est encore ma faute, ajouta le valet, et cependant je croyais bien faire en suivant strictement ses ordres ; mais, quand on n'a pas réussi, on est toujours coupable, j'en ai eu plus d'une fois la preuve à mes dépens.

Et Lazare, pensif et penaud, reprit à pas comptés le chemin du manoir.

Lactance, lui, galopait toujours, tenant ses guides de la main droite, et serrant contre lui, de la main gauche, le frêle héritier de l'un des plus beaux noms et de l'une des plus grandes fortunes de France.

Il ne ralentit l'allure de son cheval qu'après avoir fait un peu plus de deux lieues en une demi-heure.

Il était arrivé au pied d'un coteau peu élevé, couvert d'une maigre végétation.

Il gravit un sentier à peine tracé, et ne tarda point à se trouver au milieu d'une dizaine de chaumières, ou plutôt de huttes, grossièrement bâties et couvertes en chaume.

Un silence profond, coupé par les aboiements furieux de quelques chiens à l'attache, régnait dans ce misérable hameau.

Une seule des huttes était éclairée : un rayon de pâle lumière filtrait par les fentes de la porte et par celles du volet de l'unique fenêtre.

Lactance arrêta son cheval devant cette hutte.

XXX

LE RÉVEIL

Lactance fit entendre un coup de sifflet doux et prolongé.

La porte s'ouvrit aussitôt; une femme parut sur le seuil et dit d'une voix gutturale :

« Je t'attendais.

— Tu vois que je suis exact, Margarita, répliqua l'intendant en mettant pied à terre et en attachant son cheval à un anneau de fer scellé dans la muraille.

— Entre et sois le bienvenu », reprit la femme que nous venons d'entendre appeler Margarita.

L'intérieur de la hutte offrait l'aspect le plus misérable.

Quelques loques sans nom pendaient, pêle-mêle avec des toiles d'araignées poudreuses, aux solives mal équarries qui soutenaient le toit

La terre battue tenait lieu de plancher.

Une table boiteuse, un escabeau chancelant, et un grabat formé par quatre planches grossièrement assemblées, composaient tout le mobilier.

Sur la table se voyait une corbeille de joncs garnie de quelques flocons de laine abandonnés par les moutons le long des haies.

Dans ce berceau plus que primitif, dormait un bel enfant d'un mois environ.

Deux objets contrastaient d'une façon bizarre avec toute cette sordide misère.

C'étaient, suspendus à un clou fiché dans le mur, des castagnettes du plus bel ébène et un tambour de basque peint de couleurs vives et orné de flots de rubans rouges et jaunes encore très frais.

La maîtresse de cet étrange logis pouvait avoir vingt-quatre ou vingt-cinq ans.

Sa taille moyenne et d'une souplesse de couleuvre, ses longs cheveux brillants et d'un noir bleuâtre, son teint mat et cuivré, ses yeux très grands et d'une mobilité prodigieuse, ses traits beaux et réguliers, fortement marqués du cachet oriental, ses ajustements pittoresques, le collier de sequins de cuivre oxydé qui faisait le tour de son cou trop allongé mais d'une forme pure et gracieuse, tout enfin disait qu'elle appartenait à la race des gypsies, bohémiennes ou gitanes.

Les quelques huttes disséminées sur le monticule que nous avons décrit, constituaient en effet un village de gitanos, établi dans ce lieu depuis nombre d'années, grâce à la tolérance du comte de Rahon, ou plutôt à celle de son intendant, car Annibal ignorait complètement cette prise de possession d'un coin stérile de ses domaines.

C'est dans ce hameau que maître Lactance recrutait les bohémiennes admises à l'honneur de partager les saturnales auxquelles le pavillon du parc servait de théâtre.

« Tu as l'enfant? demanda Margarita.

— Le voici. »

Et Lactance tendit à la gitano la frêle créature, qui poussait de faibles vagissements.

Elle le regarda d'un œil de pitié, et écartant d'un geste superbe le corsage qui voilait sa robuste poitrine, elle lui présenta le sein qu'il saisit aussitôt.

« Pauvre petit! murmura la bohémienne, une heure plus tard il serait mort! »

Lactance tira de sa poche une vingtaine de pièces d'or qu'il plaça sur la table.

» Je tiens ma promesse, dit-il, souviens-toi de la tienne.

— Je n'oublie jamais, répondit Margarita. Personne n'entre dans ma demeure, personne ne saura que tu es venu et que j'ai deux enfants à nourrir.

— L'argent ne te manquera pas, reprit l'intendant; mais, de même que la récompense sera belle, le châtiment serait terrible si tu trahissais mon secret. Tu n'ignores point que je suis tout-puissant sur les terres de mon maître; je te ferais fouetter publiquement de verges, puis jeter en prison. On te séparerait de ton enfant et je chasserais du pays tes compagnons, si mieux je n'aimais les livrer au lieutenant civil en les accusant de pillage et de sorcellerie.

— Ils sont innocents! s'écria Margarita.

— Ils n'en seraient pas moins envoyés tout droit aux galères. Ma plainte suffirait pour amener leur condamnation. »

La bohémienne devint pâle et frissonna.

« Pourquoi trembler ainsi? demanda Lactance. Sois muette et tu n'as rien à craindre, ni pour toi, ni pour les tiens.

— Je serai muette...

— Je viendrai dans trois jours savoir des nouvelles de l'enfant.

— Tu le trouveras plein de vie. Je vais l'aimer autant que le mien.

— Je te quitte... Referme ta porte, et qu'elle ne s'ouvre plus, même pour ceux de la tribu.

— Je jure qu'elle ne s'ouvrira pas. »

Lactance sortit de la hutte, remonta à cheval, et, parfaitement satisfait de la manière dont il venait d'arranger toutes choses, il reprit au galop le chemin du château.

Nous allons l'y suivre, ou plutôt l'y devancer.

Une heure environ s'était écoulée depuis le moment où nous avons vu Marinette recevoir l'enfant des mains de Simone pour le remettre dans celles de l'intendant.

La sage-femme, avec une promptitude et une habileté presque incroyables, s'était empressée de

« Dans cinq minutes, si vous n'avez point parlé, je vous brûlerai la cervelle. » (Page 151.)

faire disparaître toutes les traces du désordre causé par la délivrance de la comtesse.

Cette dernière, dont le sommeil léthargique ne semblait point devoir cesser de sitôt ne faisait aucun mouvement, et jamais sa respiration n'avait été plus calme et plus égale.

Simone Raymond promena lentement ses regards autour de la chambre, pour bien s'assurer que nul indice dénonciateur ne s'était soustrait à sa vigilante observation.

« Madame la marquise, dit-elle ensuite, je crois que le moment est venu de frapper le grand coup. »

La belle Olympe répondit par un signe affirmatif.

Simone s'approcha du lit.

Elle tira de son sein un flacon de cristal rempli d'une liqueur incolore, aussi transparente que de l'eau de roche.

Elle versa dans le creux de sa main quelques gouttes de cette liqueur, et s'en servit pour frotter doucement les tempes de la comtesse.

Presqu'aussitôt une sorte de tressaillement léger agita les membres de la jeune femme, et ses paupières frissonnèrent, prêtes à se soulever.

« Madame la marquise, reprit Simone, vous plaît-il de prévenir M. de Rahon que Mme la comtesse se réveillera dans un instant ?

Olympe s'empressa de quitter la chambre et de traverser le boudoir, pour aller frapper à la porte de l'appartement de son cousin.

« Pauvre femme ! murmura l'ex-devineresse de la rue de la Lanterne, en fixant sur Marie de Rahon un regard presque attendri, c'est maintenant que l'horoscope va s'accomplir.

Elle achevait à peine ces paroles lorsque parut le comte, accompagné de Mme de Chavigny et suivi de Saint-Maixent, qui s'arrêta dans le boudoir.

Annibal demanda vivement, quoique à voix basse :

« Croyez-vous que l'heure de la délivrance approche enfin ?

— Je le crois, répondit Simone, et j'ajouterais que j'en suis certaine, si la nature, depuis hier, ne semblait prendre à tâche de déjouer toutes mes prévisions. »

Annibal, effrayé déjà, balbutia :

« L'état de la comtesse, cependant, ne vous semble pas dangereux ?

— En aucune façon. Regardez-la et vous serez rassuré... C'est même ce calme si profond, si absolu, qui m'étonne et que je ne puis m'expliquer.

— Eh ! quoi ! votre expérience ?...

— Mon expérience est en défaut, monsieur le comte, je l'avoue humblement. »

En ce moment, la comtesse ouvrit les yeux, se souleva dans son lit, et fixa sur les trois personnes qui se trouvaient en face d'elle des yeux étonnés et comme incertains.

Évidemment le réveil du corps précédait chez elle celui de la pensée.

Elle ne se souvenait de rien et faisait de visibles efforts pour rentrer en possession d'elle-même.

Annibal se pencha vers elle, l'embrassa au front, et lui demanda :

« Comment vous trouvez-vous, mon amie ? »

Au lieu de répondre, Mme de Rahon poussa un cri.

La lumière se faisait ; elle s'apercevait de l'immense changement survenu dans son état, tandis qu'elle dormait d'un si lourd et si étrange sommeil, et d'une voix altérée et suppliante elle demanda :

« Mon enfant ? où est mon enfant ? »

Annibal se tourna vers Simone Raymond, dont l'attitude et la physionomie exprimaient l'étonnement.

La belle Olympe, de son côté, fit un geste de stupeur profonde.

« Pourquoi me séparer de mon enfant ? continua la comtesse avec un commencement d'exaltation. Qu'avez-vous fait de lui ? Vous ne pouvez vouloir me priver de sa vue !... Donnez-le moi !... laissez-moi le couvrir de mes baisers, le presser contre mon cœur !.. Craignez-vous que j'éprouve une émotion trop violente en le serrant dans mes bras ? Vous vous trompez... je suis forte... bien plus forte que vous ne croyez... D'ailleurs, la joie ne fait point de mal ! Rendez-le-moi donc, je vous en supplie, ne fût-ce que pour quelques minutes, et ensuite je serai docile. Je serai calme, et tout ce qu'il faudra faire pour arriver promptement à mes relevailles, je le ferai, je vous le promets. »

Annibal, Olympe et Simone se regardaient avec un embarras manifeste et gardaient le silence.

Le visage de Mme de Rahon prit soudain une terrible expression d'angoisse et de terreur.

« Ah ! cria-t-elle d'une voix déchirante, vous vous taisez... vous n'osez me répondre... vous détournez les yeux... je devine... je comprends !.. Malheureuse, malheureuse mère que je suis !... mon enfant est mort !.... il est mort !.... il est mort !... »

Et cette clameur désolée s'acheva dans un sanglot.

« Vous vous trompez, Mme la comtesse ! dit alors Simone ; chassez bien vite cette douloureuse illusion ! Votre enfant ne saurait être mort puisque vous n'êtes point accouchée.

— Je ne vous crois pas ! répliqua la jeune mère avec force. Vous êtes tous d'accord pour me cacher un événement funeste, parce que vous doutez de mon courage. Mais parlez, parlez ! je vous en conjure, je vous le demande au nom de ma vie !... Cette affreuse incertitude me tue !... J'aime mieux, oui, j'aime mieux mille fois connaître mon malheur tout entier....

— Mme la comtesse, je vous jure...

— Vous mentez !... interrompit Mme de Rahon, qui ne se possédait plus, taisez-vous !... »

Simone prit un air de dignité triste.

« Soit ! fit-elle, je me tairai, puisque j'en reçois l'ordre et puisqu'on m'accuse de mensonge ; mais Mme la marquise n'a point quitté cette chambre depuis hier, ne fût-ce qu'une minute. Elle affirmera la vérité, et peut-être Mme la comtesse consentira-t-elle à la croire... »

Marie de Rahon attacha sur Olympe un regard suppliant.

« Chère cousine, dit la marquise, j'affirme en effet que personne ici ne vous trompe, et vous venez d'être cruelle pour une pauvre femme dont le dévouement ne méritait pas cette injure. »

La comtesse se laissa retomber sur son oreiller, brisée, anéantie, et des torrents de larmes coulèrent de ses yeux.

XXXI

DÉCEPTION

M. de Rahon, consterné, s'éloigna du lit et fit signe à Simone de le venir rejoindre à l'entrée du cabinet de toilette.

Là, il lui demanda tout bas :

« N'a-t-elle pas la fièvre et n'est-ce point un accès passager de délire qui la pousse à parler ainsi ?

Simone secoua la tête.

« Non, dit-elle ensuite, ni fièvre ni délire. Mettez la main sur le bras de Mme la comtesse et vous sentirez, j'en suis sûre, que sa veine ne bat pas plus vite que de coutume.

— Mais alors, comment expliquer cette obstination insensée à soutenir contre nous tous, et contre l'évidence elle-même, que sa délivrance est accomplie ? »

Un geste de Simone indiqua clairement qu'elle ne comprenait pas mieux que son interlocuteur ce qui était incompréhensible.

Pourtant, après avoir réfléchi une ou deux secondes, elle murmura :

« Peut-être Mme la comtesse a-t-elle fait, pendant le long sommeil dont elle sort à peine, un de ces rêves qui frappent vivement l'imagination, et peut-être est-ce ce rêve qu'elle prend en ce moment pour la réalité. »

Cette explication n'offrait rien d'absolument invraisemblable, et M. de Rahon s'empressa de l'accepter, car elle éloignait de son esprit une pensée effrayante.

Il venait de se demander, en pâlissant, si l'*idée fixe*, longtemps poursuivie, n'avait point amené la comtesse à la folie.

Rassuré complétement à cet égard, il revint à côté du lit, prit une des mains de sa femme dont les larmes ruisselaient toujours, et, se penchant vers elle, il lui demanda de sa voix la plus douce et la plus tendre :

« Marie, ma bien-aimée, pourquoi pleures-tu donc ainsi.

— Pourquoi ? répliqua la comtesse ; parce qu'un malheur irréparable vient de me frapper, et qu'au lieu de me dire : « Courage ! » et de pleurer avec moi, vous vous accordez tous pour me cacher que mon enfant est mort ! Eh bien ! ayez pitié de moi, Annibal !... Ne me traitez pas comme une faible créature incapable de supporter la douleur morale ! Montrez-moi le corps inanimé de ce cher fruit de mes entrailles qui ne devait point vivre. Laissez-moi donner un baiser, un seul, à cette bouche muette qui ne m'appellera jamais : « Ma mère ! » et j'offrirai mon chagrin à Dieu ; je serai résignée, je vous le jure... je serai forte et chrétienne...

— Chère Marie, répliqua M. de Rahon, il y a deux choses, n'est-ce pas ? dont tu n'as jamais douté et dont tu ne douteras jamais : c'est mon amour infini pour toi et mon respect absolu pour mon honneur...

— Je crois à votre amour et à votre honneur, comme je crois à mon âme immortelle... balbutia la comtesse.

— Et tu sais bien que s'il fallait mourir à l'instant ou m'avilir par un parjure, je choisirais la mort ?

— Je le sais.

— Eh bien ! Marie, sur mon amour et sur mon honneur, c'est-à-dire sur les deux choses qui me sont le plus sacrées en ce monde, je te fais le serment que tu t'abuses ! L'accouchement que tu crois accompli n'a point eu lieu. Peux-tu douter encore, maintenant !

— De toi, jamais ! Tu es convaincu.... tu es sincère !... s'écria Marie, mais on te trompe...

— Qui donc ? demanda M. de Rahon d'un ton presque sévère ; qui donc oserait l'essayer et comment pourrait-on le faire ? »

Le regard hésitant de la comtesse alla du visage de Simone à celui de la belle Olympe.

« Je ne sais pas... » balbutia-t-elle en fermant les yeux, tandis qu'un long sanglot montait de son cœur à ses lèvres.

Elle disait vrai, la malheureuse femme. Elle ne savait pas. Un instinct qui ne pouvait la tromper, une sensation dont la nature n'était point douteuse lui criaient bien que tout était fini, que le fardeau trois fois saint de la maternité n'appesantissait plus ses flancs ; mais entre cette certitude et les solennelles affirmations de son mari, de sa cousine et de la sage-femme, elle se débattait comme dans un cauchemar inouï. Aucune lumière ne pouvait éclairer pour elle les ténèbres de l'intrigue effroyable dont elle était le jouet et la victime. Elle devinait vaguement un mystère, un crime peut-être ; mais elle n'osait accuser, elle n'osait soupçonner personne.

Simone, à son tour, prit à part M. de Rahon qui sentait renaître ses inquiétudes à l'endroit de la folie possible de sa femme.

« Ne vous alarmez pas, lui dit-elle en répondant à sa pensée secrète, il y a là certainement une sorte de démence; mais cette démence ne peut-être que passagère. Mme la marquise accouchera sans doute dans quelques heures et le premier cri de son enfant chassera les illusions qui l'obsèdent. »

Ayant ainsi parlé, Simon fit prendre à Mme de Rahon une cuillerée du breuvage dont nous connaissons les merveilleux effets, et la jeune femme s'endormit de nouveaux d'un profond sommeil, qui se prolongea jusque bien avant dans la matinée du lendemain.

A son réveil, sa conviction ne se trouvait ni modifiée, ni même ébranlée; seulement, elle la cacha dans le plus secret replis de son âme, comprenant bien qu'un doute formellement exprimé semblerait injurieux pour le comte après le serment qu'il avait fait.

Le marquis de Saint-Maixent, introduit par Annibal dans la chambre à coucher aussitôt que la comtesse se fut endormie pour la seconde fois, voulut rester auprès de son parent pendant la plus grande partie de la nuit.

Ce fut seulement vers quatre heures du matin que, cédant aux supplications du comte, qui l'engageait à prendre un peu de repos, il regagna son appartement.

Il y trouva Lazare qui, tout honteux et désolé de s'être si mal acquitté de son mandat, ne songeait guère à dormir.

« Eh bien! maître drôle, lui dit-il après avoir soigneusement refermé la porte, je suppose que tu vas m'apprendre de bonnes nouvelles.

— Hélas! murmura le valet, monsieur le marquis se trompe; les nouvelles que j'apporte sont les plus mauvaises qui se puissent. »

Saint-Maixent tressaillit.

« Comment! s'écria-t-il, est-ce que Lactance...

— Lactance est un double coquin et je suis un triple imbécile.

— N'a-t-il point accompli mes ordres, ainsi qu'il s'y était engagé? reprit le marquis dont une pâleur livide envahit le visage.

— Non.

— L'enfant vit?

— Je le crois; je puis même dire que j'en suis sûr... à moins, toutefois, qu'il ne soit mort de mort naturelle.

— Qu'en a-t-il fait?

— Il l'a emporté.

— Où?

— Je n'en sais rien.

— Misérable! balbutia Saint-Maixent d'une voix étranglée par la fureur, tu ne le suivais donc pas?

— Je le suivais comme son ombre par malheur, il m'est échappé.

— Il s'était sans doute aperçu de ta poursuite?

— Il ne s'était aperçu de rien.

— Alors c'est toi qui t'es lassé?

— Jamais! Je l'aurais filé jusqu'au bout du monde, mais j'aurai plutôt fait de raconter à monsieur le marquis les choses par le menu.

— Raconte et va droit au but; car tu dois voir que je suis sur des charbons ardents. »

Lazare fit un récit rapide des circonstances que nous connaissons déjà, et plus d'une fois, en l'écoutant, le gentilhomme frappa du pied avec une effrayante expression de colère.

« Bélître! butor! esprit borné! tête sans cervelle! s'écria-t-il quand ce récit fut achevé, il fallait l'arrêter sitôt que ses allures t'ont prouvé clairement qu'il me trahissait.

— Eh! par la sambucquoy, c'est bien ce que je me suis dit et répété avec force injures; mais il était trop tard. Ce diable de cheval avait tout perdu; le mal était irréparable.

— Peut-être... murmura Saint-Maixent.

— Monsieur le marquis entrevoit un moyen de réparer ma faute? murmura? » vivement Lazare.

Sans répondre à cette question, le gentilhomme demanda:

« Lactance est-il revenu cette nuit au château?

— Oui. Ah! je prie monsieur le marquis de croire que je le guettais avec soin.

— Combien de temps avait duré son absence?

— Une heure et demie.

— Donc l'enfant n'est pas loin... mais où? Des recherches dans les alentours pourraient s'égarer... d'ailleurs, elles seraient compromettantes; il vaut mieux s'adresser à Lactance lui-même.

— Eh! monsieur le marquis, il refusera de répondre. »

Saint-Maixent eut aux lèvres un sourire farouche.

« Ah! tu crois qu'il refusera?

— Ça me paraît une chose certaine.

— Eh bien! nous verrons. »

Après un court silence, le marquis reprit:

« Tu t'arrangeras de façon à parler à ce drôle en particulier dans la matinée.

— Ce sera facile.

— Tu lui diras que j'ai besoin de m'entretenir avec lui, et que je l'attendrai à huit heures précises dans le pavillon dont il m'a remis la clef.

— Je n'y manquerai pas; mais voudra-t-il y venir? hasarda timidement Lazare.

— Pourquoi diable refuserait-il?

— S'il soupçonne que monsieur le marquis sait quelque chose, il se défiera.

— Et comment pourrait-il avoir un pareil soupçon ? Ne m'as-tu pas dit, double faquin, que ce pendard ne se doutait point que tu l'avais suivi cette nuit ?

— Oh ! quant à cela, j'en réponds.

— Donc, il viendra ; maintenant, voici ce qui te regarde : tu conduiras, à sept heures et demie, trois chevaux sellés et bridés dans le parc, et tu les cacheras dans un taillis à proximité du pavillon.

— Ce sera fait et je m'arrangerai de façon à ce que les palfreniers ne s'aperçoivent de rien. Je griserai Mathias et Lorrain, ceux de la petite écurie. Avant six heures du soir, ils cuveront leur eau-de-vie sur la paille en ronflant comme des bienheureux, au lieu de s'occuper de leurs chevaux.

— L'idée est bonne.

— Et ensuite, monsieur le marquis ?

— Ensuite, tu viendras me rejoindre au pavillon, où je serai déjà et où je te ferai ta leçon. Je n'ai plus besoin de toi, va te coucher. »

Lazare s'empressa de profiter de la permission et se retira en grommelant entre ses dents :

« Tu m'as *roulé* monsieur l'intendant ; mais le ciel est juste. et par la sambucquoy ! je vais avoir bientôt ma revanche ! »

XXXII

CE QUI SE DIT DANS LE PAVILLON ENTRE HUIT ET NEUF HEURES DU SOIR.

La journée qui suivit le drame nocturne dont nos lecteurs connaissent les péripéties étranges se passa toute entière dans un calme profond.

Mme de Rahon, tranquille de corps, sinon d'esprit, ne sortait guère d'une vague somnolence.

Annibal commençait à s'étonner de voir que les douleurs, si violentes la veille, ne se renouvelaient pas, et il manifesta son étonnement à la sage-femme. Mais la science médicale, à cette époque, n'avait pas encore su se débarrasser de certains préjugés bizarres, presque superstitieux, dont on rirait de grand cœur aujourd'hui et qu'on ne cherchait même point à combattre au dix-septième siècle.

Simone répondit « que l'influence de la nouvelle lune s'était sans doute opposée à l'enfantement (1), et qu'il fallait s'en féliciter, car aussitôt la lune dans son plein, la délivrance deviendrait facile. »

Cette affirmation parut sans réplique au gentilhomme.

(1) Historique et textuel.

Simone ajouta qu'une jeune bourgeoise de ses clientes avait offert, pendant deux jours de suite, tous les signes avant-coureurs d'un accouchement presque immédiat, et que, néanmoins, elle n'avait mis son enfant au monde que six semaines après.

Mme de Chavigny, de son côté, prétendit qu'elle avait entendu raconter plus d'une fois des faits de même nature, et cita même plusieurs exemples.

Annibal, rassuré complétement, résolut d'attendre avec patience.

Lazare, dans la matinée, fit en sorte de se trouver seul avec l'intendant et s'acquitta de la commission de son maître.

« Dites à monsieur le marquis que j'aurai l'honneur de me rendre à ses ordres, répliqua Lactance. A huit heures précises, je heurterai doucement à deux ou trois reprises contre l'huis du pavillon pour avertir de ma présence. »

Lazare tourna sur ses talons et Lactance se sentit pris d'une indéfinissable inquiétude, et se demanda :

« Pourquoi ce rendez-vous dans un lieu si écarté ? Le marquis songerait-il à me tendre un piége ? Il en est ma foi bien capable. Qui sait s'il ne se propose pas de m'enlever, par la violence, l'engagement de cinquante mille livres qu'il m'a signé la nuit dernière ? Eviter de me rendre au pavillon à l'heure convenue serait prudent. Décidément, je n'irai pas. »

Au bout d'une minute employée à des nouvelles réflexions, il reprit :

« N'y point aller, c'est bientôt dit ; mais m'abstenir, c'est proclamer que j'ai peur, c'est avouer que je me défie, et je me fais ainsi de M. de Saint-Maixent un irréconciliable ennemi. Ceci peut devenir fort grave. Rien ne me prouve que le marquis n'a pas à m'entretenir de choses importantes ; il a choisi le pavillon comme un endroit très-sûr, à l'abri des importuns et des curieux. J'en aurais fait autant à sa place. J'irai donc ; mais, pour plus de sûreté, je prendrai mes précautions. »

Ces précautions, Lactance les prit en effet, c'est-à-dire qu'il glissa la promesse du marquis sous une enveloppe épaisse qu'il confia, soigneusement cachetée à la Marinette, en lui recommandant de ne s'en point séparer, ne fut-ce qu'une minute, et de ne la remettre qu'à lui.

Marinette en prit l'engagement.

Huit heures sonnaient à l'horloge du château, à la minute précise où M. l'intendant, poussant l'exactitude jusqu'au scrupule, frappait trois coups, de façon discrète, à la porte du pavillon.

Cette porte lui fut ouverte par Lazare.

Le valet l'accueillit avec un visage de bon augure et l'introduisit dans l'espèce de boudoir où Saint-Maixent l'attendait déjà.

Ce boudoir, antérieurement décrit par nous, offrait un aspect si riant que les inquiétudes de Lactance se dissipèrent aussitôt qu'il en eut franchi le seuil.

Un grand feu pétillait dans l'âtre et les candélabres de la cheminée supportaient huit bougies allumées.

Les personnages de la vieille tapisserie flamande, figurant une kermesse, avaient des mines épanouies. Les lueurs vives du foyer piquaient des étincelles sur l'émail des potiches ventrues, et la figure de M. de Saint-Maixent offrait l'expression la plus rassurante.

Lactance fit décrire, comme de coutume, à sa longue et souple échine, un angle de quarante-cinq degrés et murmura :

« J'espère bien n'avoir point commis la faute involontaire de faire attendre monsieur le marquis ?

— Rassurez-vous, maître Lactance, répondit Saint-Maixent, vous êtes en avance plutôt qu'en retard. Sur ce, prenez un siège et causons.

— Quoi ! monsieur le marquis me fait l'honneur...

— De vous engager à vous asseoir, parfaitement bien, vous êtes un peu chez vous, céans, puisque ce pavillon était devenu votre petite maison galante. Prenez possession de ce fauteuil qui vous tend les bras, et maintenant, reprit le gentilhomme, rendez-moi compte, je vous prie, de la mission délicate dont je vous avais chargé hier soir.

— J'ai religieusement exécuté les ordres de monsieur le marquis.

— De point en point, sans y rien changer ?

— Je me flatte que monsieur le marquis n'en doute pas.

— Assurément ; mais vous auriez pu modifier en quelque chose le programme, et cela ne me paraîtrait, je vous assure, aucunement répréhensible.

— Je n'ai rien modifié.

— Ainsi, l'enfant.

— Repose au plus profond de l'étang, solidement attaché à une pierre du poids de vingt livres.

— Et vous êtes d'avis qu'on ne retrouvera jamais son corps ?

Il faudrait, pour le retrouver, dessécher l'étang et fouiller la vase. Or, dans quel but ces travaux énormes, puisqu'aucun soupçon ne peut naître ?

— Savez-vous bien, maître Lactance, qu'un homme hardi et aventureux comme moi est fort heureux d'être servi par un homme docile et intelligent comme vous.

— Je fais de mon mieux pour satisfaire monsieur le marquis.

— Et vous y réussissez complètement. La confiance que vous m'inspirez est complète, et l'on viendrait auprès de moi vous accuser de trahison, que je refuserais de croire le calomniateur.

— Ah ! sous ce rapport, je suis bien tranquille. Personne ne songera même à m'accuser. Je suis comme la femme de César dont parle un bouquin que j'ai lu.

— Eh bien ! maître Lactance, c'est ce qui vous trompe. »

L'intendant, tout à fait déconcerté, ouvrit de grands yeux.

« On me calomnie ?... balbutia-t-il.

— On a cette impudence, répondit Saint-Maixent. Que voulez-vous ? il y a des gens en ce bas monde qui ne respectent rien, pas même l'innocence la plus pure ! »

Le ton ambigu et presque railleur dont fut prononcée cette dernière phrase fit courir un frisson sur l'épiderme de l'intendant.

Troublé, hésitant, déjà plein d'angoisse, il demanda :

« Monsieur le marquis daignera-t-il me répéter ce qu'on a osé lui dire sur mon compte ?

— A quoi bon ! De telles calomnies ne sauraient vous atteindre, n'est-ce pas ?

Je supplie monsieur le marquis de m'éclairer.

— Eh bien ! puisque vous y tenez si fort, on prétend que, bien loin d'exécuter mes ordres et de supprimer l'enfant qui n'aurait pas dû naître, vous l'avez laissé vivre et vous avez pris soin de le mettre en lieu sûr, pour vous en faire sans doute plus tard une arme contre moi. Cela vous révolte, n'est-il pas vrai ?

— Ah ! monsieur le marquis, murmura l'intendant en s'efforçant de faire bonne contenance, tandis que de grosses gouttes de sueur perlaient sur son front, cela me cause une indignation si grande que je voudrais tenir le misérable auteur de ces impostures pour le sommer de les répéter à l'instant en ma présence, et pour l'étrangler de ma propre main s'il refusait.

— Soyez paisible, il ne refusera pas » dit une voix moqueuse, celle de Lazare, qui venait d'entrer sans façon dans la pièce.

Lactance, éperdu, anéanti, essaya de se lever ; mais il retomba sur le bord du fauteuil en balbutiant ces paroles à peine distinctes :

« Quoi.... c'est vous.... vous.... qui m'accusez ?...
— Mon Dieu! oui, c'est moi, mon compère! Je vais recommencer devant vous et nous verrons si vous m'étranglerez après »

Lazare, en effet, répéta mot pour mot ce qu'il avait dit au marquis dans la matinée.

« Qu'avez-vous à répondre ? » demanda M. de Saint-Maixent quand son valet eut achevé.

Lactance, pendant que parlait son dénonciateur, avait eu le temps de commander à son émotion, de calmer sa terreur et de réfléchir au meilleur parti à tirer d'une situation qui semblait désespérée.

Ce fut donc avec une fermeté relative qu'il répliqua :

« Ce que j'ai à répondre? Pas un mot, puisque je ne puis opposer que des dénégations aux affirmations de Lazare, et que ni l'un ni l'autre nous n'avons de preuves. Entre sa parole et la mienne, il faut que monsieur le marquis choisisse.

— C'est déjà fait, dit Saint-Maixent avec un rire sinistre. Je crois fermement l'un de ces deux récits, maître Lactance, et ce n'est pas le vôtre.

— Je m'y attendais! s'écria l'intendant d'un ton emphatique. Quand donc a-t-on vu dans ce monde d'injustice la vérité prévaloir sur le mensonge et la lumière sur les ténèbres? »

Le marquis haussa les épaules.

« Misérable coquin ! fit il, je devrais vous briser la tête séance tenante, et charger Lazare de traîner votre cadavre jusqu'à l'étang; vous l'auriez mérité. Je vous épargnerai cependant — peut-être — non par pitié, mais parce qu'il dépend encore de vous de racheter votre vie.

— A quel prix ? » demanda l'intendant d'un ton plein d'impudence.

Une idée soudaine venait d'illuminer son esprit et il se croyait hors de péril.

« A quel prix ? répéta Saint-Maixent; vous le savez bien !

— Non, en vérité.

— Dites-moi ce que vous avez fait de l'enfant. Conduisez-moi vers lui; remettez-le dans mes mains, et je vous pardonne.

— Monsieur le marquis est la bonté même, fit Lactance en ricanant; mais si je refusais, par hasard?

— Oh! vous ne refuserez pas.

— Pourquoi donc ?

— Parce que dans cinq minutes, quand l'aiguille de cette pendule s'arrêtera sur le chiffre IX, si vous n'avez point parlé, je vous brûlerai la cervelle. »

Et Saint-Maixent, tirant de sa poche deux pistolets, les arma tranquillement l'un après l'autre.

« Monsieur le marquis me permettra de ne point le craindre, répliqua Lactance sans sourciller.

— Comment ! s'écria le marquis, je ne vous ferai pas sauter le crâne !

— Mon Dieu ! non.

— Vous croyez ?

— J'en suis sûr.

— Et la raison ?

— Je vais la dire à monsieur le marquis. »

XXXIII

CE QUI SE FIT DANS LE PAVILLON ENTRE NEUF ET DIX HEURES.

Saint-Maixent était pâle de colère.

Lazare, stupéfait, ne pouvait en croire ses oreilles, tant ce qu'il entendait lui semblait surprenant.

Lactance, au contraire si abattu, si démoralisé au début de l'entretien, affichait maintenant un calme absolu, une sérénité confiante et presque triomphante, et semblait désormais dominer la situation.

« Voici pourquoi, dit-il, je n'ai nulle violence à redouter. Si monsieur le marquis, ce soir, me brûlait la cervelle, ce qui lui serait certes bien facile, il serait arrêté demain et décapité dans huit jours.

— En vérité! murmura Saint-Maixent avec un sourire de mépris.

— Oui, décapité, poursuivit Lactance, et non point pour meurtre commis sur la personne d'un croquant de mon espèce, ce qui est simple peccadille, mais pour un crime beaucoup plus grave et beaucoup moins digne de pardon. Avant de venir au rendez-vous de monsieur le marquis, et prévoyant vaguement qu'il pourrait m'arriver malheur, j'ai pris soin de confier à une personne sûre un récit détaillé des événements accomplis au château depuis deux jours, en signalant la part active et mystérieuse prise à ces événements par monsieur le marquis et par Mme de Chavigny Si je ne reparais pas ce soir, demain cette relation sera remise à M. le comte de Rahon, qui la trouvera certainement intéressante. »

Saint-Maixent, devenu livide, meurtrissait sa poitrine avec ses ongles. Cependant, il répliqua :

« M. de Rahon ne croirait point.

— Il croirait, au contraire, reprit l'intendant; il lui serait impossible de ne pas croire, car à l'accusation j'ai joint une preuve.

— Une preuve! s'écria le marquis; allons donc! il n'en existe pas!

— Il en existe une, incontestable, lumineuse, écrasante!

— Laquelle?

— L'engagement de payer cinquante mille livres à l'intendant Lactance, engagement signé par monsieur le marquis de Saint-Maixent. »

Le gentilhomme, foudroyé, baissa la tête.

Lactance n'abusa point, d'ailleurs, d'une victoire qui devait lui sembler complète; il reprit sa physionomie habituelle, c'est-à-dire platement obséquieuse, et il murmura :

« Il ne me reste plus qu'à présenter mes très-humbles hommages à monsieur le marquis et à lui demander ses ordres; car il se fait tard et je vais me retirer. »

Saint-Maixent releva sa tête un instant courbée; ses sourcils froncés se touchaient. Un feu sombre étincelait dans ses yeux.

« Vous retirer! dit-il; oh! pas encore! »

Lactance se reprit à frissonner.

« Monsieur le marquis désire continuer l'entretien? balbutia-t-il.

— Je le désire, en effet.

— Il me semblait que monsieur le marquis ne devait plus rien avoir à me dire.

— Il vous semblait mal.

— S'il en est ainsi, j'offre à monsieur le marquis toute ma respectueuse attention. »

Saint-Maixent glissa quelques mots dans l'oreille de Lazare, qui sortit de la chambre; puis il reprit d'une voix sourde qui sifflait en passant entre ses dents serrées :

« Maître Lactance, j'ai besoin de savoir ce que vous avez fait de l'enfant. Voulez-vous me l'apprendre?

— Hélas! j'ai répondu déjà; mais monsieur le marquis, abusé par ce coquin de Lazare, m'accuse de mensonge et de trahison, ce qui me chagrine infiniment.

— Croyez-moi, maître Lactance, continua le gentilhomme, ne jouez pas avec ma colère. C'est la vérité qu'il me faut et je vous jure que je l'aurai!

— Il n'y a qu'une vérité et je l'ai dite. Il ne me reste plus qu'à me taire.

— Alors, aux grands maux les grands remèdes! » s'écria le marquis en faisant un signe à Lazare qui venait de rentrer sans bruit apportant un rouleau de corde.

Le valet saisit Lactance à l'improviste par derrière, le renversa sans peine, et, avec l'aide de Saint-Maixent, lui lia solidement les bras et les jambes.

Le malheureux poussait des gémissements sourds et des cris inarticulés.

« Faut-il le bâillonner? demanda Lazare.

— Non pas; que nous importent ses cris? Personne ici ne peut les entendre et tout à l'heure il faudra qu'il parle. »

Puis le marquis, s'adressant à Lactance, ajouta :

« Soyez raisonnable, je vous le conseille. Répondez de bonne grâce avant qu'on vous contraigne à répondre de force. Où est l'enfant?

— Au fond de l'étang, balbutia Lactance. Vous me hacheriez en mille morceaux que vous ne pourriez tirer autre chose de moi. Vous m'aviez ordonné de jeter à l'eau la pauvre petite créature et j'ai fidèlement obéi.

— Lazare, commanda Saint Maixent, mets du bois sur le feu. Entasse les bûches, entasse! Le pavillon est bâti tout en pierre et l'incendie n'est point à craindre! »

Le valet du marquis s'empressa d'amonceler les souches les unes par-dessus les autres; la vaste cheminée devint un volcan en éruption, où les flammes grondèrent avec des sifflements d'orage et des pétillements de mousqueteries.

L'intendant, réduit à l'immobilité la plus complète par la corde qui l'étreignait, gisait sur le tapis.

Saint-Maixent attisa de sa propre main l'ardeur du feu avec les pincettes, puis il reprit :

« Lazare, déchausse-moi ce gaillard-là; ôte-lui ses souliers et ses bas.

— Vilaine besogne, monsieur le marquis, murmura Lazare en faisant la grimace. Je suis valet de gentilhomme et déchausser un manant, c'est déroger!

— Eh bien! déroge. D'ailleurs, une fois n'est pas coutume. »

Lazare obéit, quoique mécontent. En quelques secondes, il eut mis à jour les jambes maigres et les larges pieds osseux et plats de Lactance.

Ce dernier s'épouvantait de plus en plus. Il ne devinait pas encore les intentions du marquis; mais il comprenait que quelque chose de terrible allait se passer.

Saint-Maixent s'apprêtait tout simplement à mettre en œuvre un moyen de torture dont les *routiers* du moyen âge faisaient un usage assez fréquent, et que plus tard les fameux *chauffeurs* devaient ressusciter à leur tour.

« Maintenant, mon fidèle serviteur, reprit le marquis en riant, approche du foyer M. l'intendant et chauffe-lui la plante des pieds. »

L'infortuné Lactance se tordait en hurlant. (Page 154).

Lazare, comme bien on pense, ne se fit pas répéter deux fois un tel ordre qui chatouillait d'une façon délicieuse ses instincts malfaisants.

Il prit Lactance par le milieu du corps et il lui plaça les pieds si près du foyer, que le malheureux poussa un cri aigu et demanda d'une voix entrecoupée de sanglots et de gémissements, si on allait le brûler tout vif.

« Je ne vous dissimulerai point, maître Lactance, répliqua Saint-Maixent, que nous allons vous rôtir à petit feu, jusqu'à ce que la mémoire vous soit revenue. Je suis sans inquiétude, d'ailleurs, elle vous reviendra vite et vous vous empresserez, pour sauver votre peau, de me révéler où est l'enfant.

— Mais... balbutia Lactance, puisque je vous l'ai dit....

— Lazare interrompit Saint-Maixent, ne t'aperçois-tu pas que les pieds de cet homme sont encore trop loin du feu; rapproche-les de quelques pouces! Rien n'est plus souverain que la grande chaleur pour raviver les souvenirs. Tu vas en voir l'effet. »

Le valet, comme la première fois, se conforma avec empressement aux volontés du maître.

L'infortuné Lactance se tordait en hurlant; la plante de ses pieds fumait; la peau, roussie, commençait à se fendre en même temps qu'une odeur de chair grillée se répandait dans le pavillon.

« Au nom du Dieu puissant! au nom de tous les saints! prenez pitié de moi! cria-t-il; je meurs.... vous voyez bien que je meurs....

— C'est à toi d'avoir pitié de toi-même! répondit Saint-Maixent; ta délivrance est entre tes mains. Réponds et ton supplice cessera. Répondras-tu, ou faut-il donner l'ordre à Lazare de te traîner plus près du feu? »

Lactance essaya de résister pendant une ou deux secondes encore; mais la douleur fut la plus forte et ces deux mots se mêlèrent à son râle:

« Je parlerai. »

Le marquis fit un signe; Lazare s'empressa de soulever l'intendant et l'assit dans un fauteuil où il s'évanouit.

Les cordes qui le liaient furent dénouées, on lui jeta de l'eau au visage, on lui fit respirer les sels d'un flacon que Saint-Maixent portait toujours sur lui, et, au bout de quelques secondes, il ouvrit les yeux et put promener autour de lui un regard effaré.

« Nous avons perdu beaucoup de temps par votre faute, dit le gentilhomme. Nous allons tâcher de le rattraper. Répondez vite : Pourquoi m'avez-vous désobéi?

— Par un sentiment de compassion, balbutia Lactance; je ne me suis point senti capable de jeter à l'eau ce pauvre enfant qui respirait encore. »

Le marquis haussa les épaules.

« De la compassion vous! répliqua-t-il. Allons donc! contez ces niaiseries à d'autres qu'à moi! Vous avez sauvé l'enfant dans le but de vous en faire, au besoin, une arme contre moi, ou de le vendre un jour bien cher à M. de Rahon. »

Lactance formula des protestations énergiques et soutint que la pitié seule et l'humanité l'avaient fait agir en cette occurrence.

Comme il était impossible de lui démontrer matériellement le contraire, Saint-Maixent n'insista pas et continua l'interrogatoire en ces termes :

« Où est l'enfant?

— A deux lieues d'ici, environ, répondit Lactance.

— En quel endroit?

— En un endroit qui s'appelle le Mont-Chauvet, mais que les paysans désignent sous le nom du village des bohémiens.

— A qui l'avez-vous confié?

— A une gitane, une belle fille, accouchée depuis quelques semaines.

— Son nom?

— Margarita.

— Cette Margarita remettrait-elle l'enfant à quelqu'un qui viendrait le lui demander de votre part?

— Non.

— Vous allez donc venir le chercher avec nous.

— Bien volontiers; mais quand cela, s'il vous plaît?

— A l'instant même.

— Hélas! monsieur le marquis doit bien voir que mes pauvres pieds, tout endoloris par le feu, sont incapables de supporter le poids de mon corps.

— Aussi, n'irons-nous point à pied; nous avons là des chevaux tout prêts. Allons! maître Lactance, reprenez vos chaussures, et en route ! »

La volonté de Saint-Maixent (Lactance ne le savait que trop) était de celles auxquelles on ne résiste pas. Il s'empressa de remettre ses bas et ses souliers, malgré les intolérables douleurs que lui causaient ses brûlures presque saignantes.

Cinq minutes après, il était à cheval entre le maître et le valet, et tous les trois suivaient à une rapide allure le chemin du Mont-Chauvet.

« Et prenez bonne note, lui dit le marquis tout en galopant, que si vous m'avez trompé, ou si vous essayez de le faire, je vous brûlerai la cervelle séance tenante, au risque des fâcheuses conséquences que votre mort pourrait entraîner pour moi !

— Je n'ai rien à craindre, balbutia l'intendant; j'ai dit la vérité, rien que la vérité. Tout à l'heure, monsieur le marquis le verra de ses propres yeux. »

XXXIV

TRACE PERDUE.

Il était un peu plus de dix heures au moment où les trois hommes commencèrent à gravir la colline sur laquelle s'étageait le village des bohémiens.

La plus profonde obscurité couvrait la campagne.

Aucune lueur ne brillait dans les huttes des bohémiens.

Celle de Margarita était silencieuse et sombre comme les autres.

« C'est là qu'est l'enfant, dit Lactance.

— Enfin, murmura le marquis avec une joie farouche, je vais donc le tenir, et, cette fois, il ne m'échappera pas ! »

Lazare mit pied à terre et heurta doucement la porte.

Aucune réponse n'étant faite, il frappa plus fort, puis avec une extrême violence, sans qu'on donnât signe de vie dans l'intérieur de la chaumière.

« Ah çà ! mais, s'écria le marquis, on croirait que cette hutte est déserte ; malheur à qui se joue de moi! Allons, Lazare, enfonce la porte ! »

Le valet se mit en devoir d'accomplir une tâche qui n'offrait pas de difficultés bien grandes, car les ais vermoulus chancelèrent dès la première attaque sérieuse.

Au quatrième coup d'épaule, un craquement se fit entendre et la porte disloquée tomba.

Lazare avait une lanterne sourde accrochée à l'arçon de sa selle. Saint-Maixent lui donna l'ordre de la détacher et de l'ouvrir.

Lactance, plus mort que vif et ne comprenant rien au silence de Margarita, tremblait de tous ses membres et croyait déjà sentir sur sa tempe un des pistolets du marquis.

L'action de briser la porte ne s'était point accomplie sans un bruit formidable. Ce tapage avait réveillé toute la tribu ; et au moment où Lazare, après avoir pénétré dans la hutte avec sa lanterne, ressortit en disant : « Monsieur le marquis, il n'y a personne ; » dix ou douze bohémiens aux visages bronzés, à peine vêtus, portant des torches et des bâtons, s'élancèrent des chaumières voisines, entourèrent les nocturnes visiteurs et semblèrent tout à fait disposés à leur faire un mauvais parti.

Saint-Maixent tira son épée de la main droite, prit un pistolet de la main gauche et s'écria :

« Arrière, canailles ! Le premier qui m'approche est un homme mort ! »

Un grondement de sinistre augure accueillit cette menace, et déjà les bohémiens brandissaient leurs bâtons et ramassaient des cailloux pour en faire de dangereux projectiles, quand Lactance s'empressa d'intervenir.

« Reconnaissez-moi donc, mes bons amis, dit-il ; je suis votre protecteur, je suis l'intendant de monseigneur le comte de Rahon, et j'accompagne ici ce gentilhomme qui n'y vient point à mauvaise intention, je vous l'affirme. »

Ces paroles conciliantes calmèrent un peu l'effervescence des gitanos. Cependant, l'un d'eux demanda d'une voix qui n'était point rassurante :

« Si ce gentilhomme ne vient pas à mauvaise intention, pourquoi briser la porte de la demeure de Margarita ?

— Nous avons frappé d'abord, répliqua Saint-Maixent ; et c'est parce que je n'obtenais aucune réponse de la bohémienne à qui j'ai affaire, que j'ai donné l'ordre d'entrer de force.

— Margarita ne pouvait répondre, fit un bohémien. Vous voyez bien que sa chaumière est déserte ; Margarita est partie.

— Partie ! répéta Saint-Maixent atterré.

— Oui.

— Depuis quand ?

— Depuis ce matin. Elle nous a dit à tous, à l'heure où le soleil se levait, que sa présence parmi nous pouvait amener un malheur sur la tribu. Elle nous a dit cela en pleurant, et elle s'est éloignée emportant avec elle son enfant et un autre enfant que personne ici ne lui connaissait.

— Reviendra-t-elle ! » s'écria le marquis.

Le bohémien secoua la tête.

« Elle nous a dit adieu pour toujours, murmura-t-il.

— Mais, au moins, vous savez vers quelle partie de la France elle se dirigeait ?

— Nous ne le savons pas.

— Vingt pièces d'or à celui d'entre vous qui me mettra sur sa trace.

— Aucun de nous ne pourrait le faire. Nous ignorons le chemin qu'elle devait suivre.

— Je vous jure, foi de gentilhomme, que je ne lui veux aucun mal. Si j'attache tant d'importance à la rejoindre, c'est pour son bien : je la protégerai, je la ferai riche. Parlez donc, et ce n'est pas vingt pièces d'or que je vous donnerai, c'est cinquante.

— Nous ne savons rien, répéta le gitano. Quand bien même vous nous offririez cent fois plus, nous ne pourrions rien dire.

— Malédiction ! cria Saint-Maixent ; le diable est contre moi ! Allons ! Lazare, à cheval et partons ! »

Les trois cavaliers redescendirent le flanc du coteau.

Lactance chancelait sur sa selle et se voyait perdu.

« Aussitôt rentré sous bois, se répétait-il sur tous les tons, ce damné marquis me fera sauter le crâne. »

Pendant une demi-heure environ, Saint-Maixent ne prononça pas une parole ; mais tout à coup il arrêta brusquement son cheval et celui de Lactance.

« Voici le moment ! pensa ce dernier, je suis un homme perdu ! »

Et alors, quoiqu'il lui semblât superflu de conserver le moindre espoir, il balbutia :

« Ne soyez pas sans miséricorde, monsieur le marquis ! Par le Dieu qui m'entend, je vous jure que j'ai dit la vérité ! J'étais plein de confiance en Margarita. Pouvais-je soupçonner que la misérable créature quitterait clandestinement le pays en emportant le dépôt confié par moi ? Ne doutez point de ma parole, monsieur le marquis ! Je veux être damné si je mens !

— Je vous crois, en effet, maître Lactance, répliqua le gentilhomme avec un calme relatif ; mais vous n'en méritez pas moins la mort ; car vous m'avez trahi, et de cette trahison résulte l'anéantissement de mes projets. »

Saint-Maixent daignait discuter au lieu de mettre la main sur ses pistolets, donc il devait être possible de le convaincre, pensa Lactance. Hâtons-nous d'ajouter que le gentilhomme n'avait jamais eu l'intention sérieusement arrêtée de tuer l'intendant.

Ce dernier reprit avec feu :

« Vos projets anéantis, monsieur le marquis ; pourquoi cela ? L'enfant existe, j'en conviens ; mais comment reparaîtrait-il, puisque la bohémienne ignore absolument à quelle famille il appartient, et que personne au monde ne le lui apprendra jamais ?

— L'ignore-t-elle réellement ? demanda Saint-Maixent.

— Monsieur le marquis ne me suppose pas assez niais pour avoir confié à cette diabolique créature un secret de si grande importance ! » s'écria l'intendant.

Après un instant de réflexion, le gentilhomme dut s'avouer à lui-même qu'une telle confidence était peu vraisemblable en effet.

« Maître Lactance ?... dit-il.

— Monsieur le marquis ?

— Je suis d'une nature clémente et je répugne à verser le sang ; il dépend de vous encore de racheter votre vie.

— Que dois-je faire ? je suis prêt. Faut-il rendre à monsieur le marquis la promesse de cinquante mille livres ?

— Ceci d'abord, et avant tout, puisque vous n'avez point gagné la récompense promise, répliqua le gentilhomme ; mais ce n'est pas tout : je veux, en outre, une arme contre vous qui me mette à l'abri, pour le présent et pour l'avenir, d'une dénonciation de votre part.

— Une arme ? répéta Lactance. Je ne demande pas mieux ; mais laquelle ?

— Nous allons rentrer au pavillon ; là, vous m'écrirez une lettre antidatée de deux mois, et, dans cette lettre, vous m'offrirez d'empoisonner le comte et la comtesse de Rahon, et de remettre en mes mains un faux testament préparé par vous, me nommant légataire universel de leurs biens.

— Miséricorde ! balbutia l'intendant qui se remit à trembler ; mais une telle déclaration, si elle est connue, c'est ma mort !

— Aimez-vous mieux mourir tout de suite ? répondit Saint-Maixent en faisant craquer la batterie d'un de ses pistolets ; je vous donne le choix ; seulement, décidez-vous vite ; il ne me convient pas d'attendre.

— J'écrirai, monsieur le marquis, j'écrirai...

— A la bonne heure. »

Les chevaux reprirent le galop et ne s'arrêtèrent qu'à la porte extérieure du pavillon.

Lactance s'exécuta docilement, et sa main tremblante traça les lignes accusatrices qui le mettaient, pieds et poings liés, à la discrétion du marquis.

« C'est à merveille, fit ce dernier en serrant le précieux écrit. Rendez-moi présentement la promesse signée par moi et vous serez libre.

— Cette promesse n'est plus dans mes mains.

— Elle est dans celles de Marinette, je le sais ; il ne s'agit que de la lui redemander.

— C'est ce que je vais faire à l'instant. »

Et Lactance, chancelant sur ses pieds endoloris, se dirigea vers la porte.

Saint-Maixent l'arrêta.

« Oh ! que non pas, lui dit-il en riant, vous ne sortirez qu'après restitution complète.

— Hélas ! hélas ! monsieur le marquis, Marinette ne remettra l'acte qu'à moi.

— J'en suis convaincu.

— Comment donc faire ?

— Rien n'est plus simple. Marinette doit connaître votre écriture ; écrivez lui deux lignes, Lazaro va les lui porter, et elle viendra vous trouver ici. »

Lactance ne pouvait que se soumettre, et il se soumit en effet.

Lazaro partit avec le billet et revint en servant de guide à Marinette très-intriguée.

Fidèle aux recommandations de son protecteur, cette personne intéressante avait sur elle l'enveloppe confiée à sa garde quelques heures auparavant.

Saint-Maixent rentra en possession de sa compromettante signature, et dit à Lactance honteux et confus :

« Maintenant, maître coquin, je vous tiens ; allez en paix.

— Pauvre sot que je suis, murmura le drôle en s'éloignant d'un pas lent et pénible, j'ai travaillé pour rien ; je suis dupe de ce scélérat titré ; mais, patience, la vie est longue ; l'heure de la revanche sonnera peut-être ; j'attendrai. »

Le lendemain, au point du jour, Lazare monta le meilleur cheval des écuries du château et se mit en campagne.

Il avait reçu la mission de battre le pays dans tous les sens, et dans un rayon de plusieurs lieues, pour tâcher de retrouver Margarita.

Les traces d'une bohémienne voyageant sans doute à pied, et portant avec elle deux petits enfants, devraient être faciles à retrouver, pensait le marquis.

Il se trompait.

Soit que la jeune femme prit de grandes précautions pour se dérober à tous les regards, soit que l'argent donné par Lactance lui eût permis de s'éloigner rapidement dans quelque carriole, Lazare revint au bout d'une semaine, fort déconcerté, et n'apportant aucune nouvelle de la bohémienne fugitive.

Avec elle disparaissait, pour toujours sans doute, l'unique héritier du nom et de la fortune des Rahon.

XXXV

OU LE DRAME FINI VA RECOMMENCER.

Les jours succédaient aux jours.

La pleine lune brillait au ciel, amenant avec elle cette période si favorable aux accouchements (selon le dire de Simone Raymond et la croyance généralement répandue aux dix-septième siècle), et, pour les meilleures raisons du monde, rien n'annonçait l'approche de la délivrance, tandis qu'au contraire, les symptômes extérieurs de la grossesse avaient disparu successivement.

Mme de Rahon languissait, plongée dans une tristesse profonde, dans une mélancolie qui semblait incurable.

Elle se souvenait maintenant de ce rêve étrange qui lui avait montré son enfant sous la forme d'une apparition mensongère, d'un fantôme brillant à peine entrevu et aussitôt foudroyé.

Elle gardait l'inébranlable conviction que sa délivrance s'était accomplie tandis qu'elle dormait d'un sommeil léthargique, et qu'on avait fait disparaître le fruit de ses entrailles.

En présence du comte, elle se taisait ; mais parfois, lorsqu'elle se trouvait seule avec Simone Raymond et la marquise de Chavigny, elle laissait éclater ses soupçons et elle s'écriait qu'il faudrait bien que tôt ou tard la vérité se fît jour.

Annibal, de son côté, ne pouvant plus comprendre un retard qui semblait dépasser les limites du possible, pressait de questions la sage-femme, et parlait de réunir en consultation les plus habiles médecins de la province.

Ici se place un détail inouï donnant une étrange et frappante idée de la barbarie qui régnait encore en souveraine à une époque de mœurs brillantes et de hautes civilisation.

Mais, comme il ne nous plairait point d'être accusé de mensonge ou d'exagération, nous copions *textuellement* quelque lignes de la CAUSE CÉLÈBRE qui sert de canevas à notre récit :

« La sage-femme, qui ne savait plus comment gagner du temps, et qui perdait tout espoir contre la persuasion inébranlable de la comtesse, fut poussée, par sa frayeur, à la faire périr.

« Elle lui dit que son enfant avait fait les premiers efforts pour venir au monde, qu'il était sans doute retenu dans ses flancs par des phénomènes qu'elle détailla, et, qu'il fallait qu'elle se livrât à quelque exercice violent pour l'en détacher.

« La comtesse, toujours affermie dans son sentiment, refusa de se prêter à cette ordonnance ; mais le comte et la marquise de Chavigny la prièrent avec tant d'insistance, qu'elle céda.

« On la fit monter dans un carrosse fermé, et on la promena pendant tout un jour à travers des champs labourés, par les chemins les plus rudes et les plus difficiles Elle fut tellement secouée qu'elle en perdait le souffle ; il fallut la force de sa constitution pour résister à ce supplice dans l'état délicat d'une femme nouvellement accouchée.

« On la rapporta dans son lit après cette cruelle promenade, et, voyant alors que personne ne la soutenait dans son opinion, elle se jeta dans les bras de la Providence et se consola par les moyens de la religion.

« La sage-femme, cependant, lui avait administré des remèdes violents pour faire écouler son lait. Elle résista à toutes ces tentatives de mourir et se rétablit lentement. »

Voilà ce qui passait en plein dix-septième siècle (le grand siècle !... disent les historiens), dans l'une des plus illustres et des plus puissantes familles de France !

Les médecins, appelés au château au bout de plusieurs semaines, déclarèrent que le comte et la comtesse s'étaient laissé leurrer par de fausses apparences, et que la grossesse n'avait jamais existé.

Cette déclaration donna le dernier coup aux espérances de Mme de Rahon. Elle se prit à douter d'elle-même, et se dit que sans doute, pendant un temps plus ou moins long, une folie passagère s'était emparée de son cerveau.

Et cependant, bizarre et sublime inconséquence, chaque jour, en adressant sa prière à Dieu, elle appelait sa protection puissante sur cet enfant qu'on lui disait n'être point venu au monde.

Le comte de Rahon, malgré la profonde tristesse qui résultait pour lui de son espoir anéanti, redoublait avec sa femme de tendresse, de soins et d'égards.

Il sentait bien qu'il fallait, à force d'amour, fermer la profonde blessure de ce cœur si tendre et qui venait de tant souffrir.

Simone Raymond, ou plutôt Françoise Arzac, dont les soins n'avaient plus de but était partie pour sa retraite de Chamblas, emportant avec elle, en même temps qu'un remords nouveau, une grosse somme payée par le comte, et une autre presque aussi ronde donnée par Saint-Maixent.

Ce dernier et la belle Olympe triomphaient.

Ne venaient-ils pas de briser l'obstacle qui se plaçait entre eux et l'immense fortune des Rahon ? M. d'Aubray de Chavigny pouvait mourir désormais, de mort naturelle ou de mort violente ; les deux complices, devenus époux, auraient le droit de compter sur l'héritage splendide si noblement conquis.

Et pourtant, au milieu des joies de ce triomphe, surgissait une inquiétude.

Le crime accompli avec tant d'audace et de succès pouvait devenir inutile.

Une première grossesse avait eu lieu, rien ne prouvait qu'il n'en surviendrait pas une seconde.

Faudrait-il donc alors recommencer l'œuvre infernale qui venait de s'accomplir ?

Recommencer ! mais le pourraient-ils ? Et, d'ailleurs (ils le savaient bien), certaines tentatives ténébreuses ne réussissent pas deux fois de suite.

Ce que nous venons d'écrire, Saint-Maixent se le dit ; et alors une idée sombre s'empara de son esprit et ne lui laissa plus ni trêve ni repos.

En présence d'Annibal et de la comtesse, il commandait à son visage d'être ouvert et souriant ; mais, aussitôt qu'il se trouvait seul, il s'abandonnait sans réserve aux sinistres rêveries dont nous venons d'indiquer la nature.

Un jour la belle Olympe, devant laquelle il ne se contraignait qu'à demi, lui demanda :

« Qu'avez-vous donc ? Pourquoi ce regard morne et ce front soucieux ? On croirait, à vous voir, qu'un remords vous obsède ou qu'une inquiétude vous dévore. »

Saint-Maixent haussa les épaules.

« Un remords, moi, répéta-t-il ; j'espère que vous n'y croyez pas.

— En effet, j'y crois peu, vous connaissant trop bien pour vous soupçonner capable de repentir.

— Vous me rendez justice, ma chère. Une âme comme la mienne ne regrette jamais ce qu'elle a voulu.

— Reste l'inquiétude ; existe-t-elle ? »

Saint-Maixent fit un signe affirmatif.

« Et, reprit la belle Olympe, puis-je en connaître le sujet?

— Vous le pouvez et vous le devez, car il s'agit de vos affaires en même temps que des miennes.

— Vous avez raison, dit la jeune femme lorsque le marquis se fut expliqué ; tout cela est possible, en effet, et la victoire, qui nous paraissait décisive, va peut-être nous échapper. Mais, si je vois le mal, je ne vois pas le remède. »

Saint-Maixent attacha sur sa complice un long regard fixe et scrutateur.

« En vérité, fit-il ensuite avec une ironie contenue, vous m'étonnez, marquise !

— Pourquoi donc?

— Je vous croyais intelligente... vous l'étiez...

— Ne le suis-je plus ?

— Pas en ce moment, du moins ; car ce remède qui vous échappe devrait vous frapper comme moi : il est bien simple et il est unique.

— Expliquez-vous.

— Oui, pardieu ! je m'expliquerai. La comtesse, vivante, est un danger pour nous ; la comtesse, morte, n'en serait plus un. Donc, il faut que la comtesse meure. »

Mme de Chavigny devint pâle.

« Encore un crime !... balbutia-t-elle.

— Un crime nécessaire. Mais qu'avez-vous donc ? on dirait que vous tremblez.

— Oui, je tremble... je tremble d'horreur et d'effroi. J'ai fait bien du chemin déjà sur la route du mal... mais mon endurcissement ne va point jusque-là. Marie est ma parente et mon amie, je ne veux pas qu'on la tue.

— Vous ne voulez pas ! répéta le marquis d'un ton presque menaçant.

— Non ! non ! cent fois non ! répliqua la belle Olympe avec fermeté. Nous avons fait assez pour cette fortune immense qui nous éblouissait tous deux. Vous n'irez pas plus loin !

— Le croyez-vous, Olympe !

— J'en suis sûre ! »

— Et qui m'arrêtera ?
— Moi.
— Et comment m'arrêterez-vous s'il me plait de marcher encore ? Allez-vous me menacer d'une dénonciation ? Je vous préviens que ce serait folie. Vous êtes ma complice; une chaîne indissoluble nous lie. Vous ne pouvez m'accuser sans vous perdre vous-même.
— Non, je ne vous dénoncerai pas, je ferai mieux.
— Que ferez-vous ?
— Je rendrai le crime impossible en en supprimant le mobile. Vous voulez frapper la comtesse parce que j'hérite de ses richesses qui doivent devenir les vôtres par notre mariage. Eh bien ! je vous jure que si ma cousine meurt d'une mort suspecte, il n'y aura plus rien de commun entre vous et moi; tous nos projets seront rompus ; je ne porterai jamais votre nom. Vous entendez, je vous le jure, et ce serment-là, je le tiendrai. »

Mme de Chavigny s'attendait à une explosion de colère ; il n'en fut rien.

Saint-Maixent pencha la tête sur sa poitrine, et pendant quelques secondes s'absorba dans de profondes réflexions.

« Soit! s'écria-t-il tout à coup, vous avez raison sans doute, et je vous obéirai ; mais si, ne pouvant supprimer l'obstacle, je le tournais ?
— Que voulez-vous dire ?
— Si j'effaçais du livre de vie le nom de la comtesse, sans diminuer d'un seul le nombre de ses jours ? En un mot, si elle pouvait être tout à la fois morte et vivante, et si vous en aviez la preuve ?
— Eh bien !
— Me laisseriez-vous libre d'agir ?
— Pourquoi non ? Seulement, ce résultat prodigieux, comment l'atteindre ? par quel moyen ?
— Cela, je ne le sais pas encore ; mais je vais chercher, et, foi de marquis de Saint-Maixent, je trouverai !
— *Morte et vivante!...* répéta la belle Olympe ; c'est impossible !
— Peut-être... »

FIN DE LA DEUXIÈME PARTIE

LA TROISIÈME PARTIE

INTITULÉE

LA COMTESSE DE RAHON

COMMENCERA AVEC LA 21ᵉ LIVRAISON, LUNDI 16 DÉCEMBRE

TABLE DES CHAPITRES

PREMIÈRE PARTIE
LE MARQUIS DE SAINT-MAIXENT

I.	Rue de la Lanterne.	2
II.	Simone et Lazare.	4
III.	Le Rêve de la comtesse.	6
IV.	La Prédiction.	10
V.	La Fuite.	12
VI.	Parti pris.	15
VII.	La Mise à prix.	18
VIII.	Ce qu'avait fait le marquis de Saint-Maixent.	21
IX.	Le Prisonnier.	24
X.	Le Souper.	27
XI.	Les Précautions du prévôt.	30
XII.	L'Évasion.	32
XIII.	L'Évasion (suite).	35
XIV.	Djaly.	38
XV.	Un Paysan.	40
XVI.	Où finit un bon serviteur.	43
XVII.	Rencontre inattendue.	46
XVIII.	Les Rabatteurs.	48
XIX.	Les Ruines d'Aiglepierre.	51
XX.	Le Salut.	54
XXI.	L'Accueil.	56
XXII.	Un grand Comédien.	59
XXIII.	Un grand Comédien (suite).	62
XXIV.	Entente cordiale.	64
XXV.	Au Réveil.	66

DEUXIÈME PARTIE
L'HOROSCOPE DE SIMONE RAYMOND

I.	La Comtesse et la Marquise.	69
II.	Marie. — Olympe.	71
III.	Un vieux Mari.	74
IV.	Un bon Conseil.	76
V.	Lactance.	79
VI.	Stratégie.	82
VII.	Le Rapport de Lazare.	84
VIII.	La Mission de Lazare.	87
IX.	Le Bout du monde.	91
X.	Nina.	93
XI.	L'Embuscade.	95
XII.	Le Retour.	98
XIII.	Duo de coquins.	100
XIV.	Le Pavillon.	103
XV.	Le Courrier.	106
XVI.	La Lettre du comte.	108
XVII.	L'Arrivée.	111
XVIII.	Où le marquis de Saint-Maixent fait un faux pas.	114
XIX.	Kébir et Mesmour.	116
XX.	Les Médecins.	119
XXI.	Tentatives.	122
XXII.	Où il est question de Simone Raymond.	124
XXIII.	Françoise Arsac.	126
XXIV.	La Chaîne reforgée.	128
XXV.	Diplomatie.	131
XXVI.	Les Pièges tendus.	134
XXVII.	Où commence le drame.	136
XXVIII.	Où le drame continue.	139
XXIX.	Péripétie.	141
XXX.	Le Réveil.	143
XXXI.	Déception.	147
XXXII.	Ce qui se dit dans le pavillon entre huit et neuf heures du soir.	149
XXXIII.	Ce qui se dit dans le pavillon entre neuf et dix heures.	151
XXXIV.	Trace perdue.	154
XXXV.	Où le drame fini va recommencer.	157

LA MORTE VIVANTE

TROISIÈME PARTIE
LA COMTESSE DE RAHON

Une vieille femme et un petit garçon parurent sur le seuil. (Page 163).

I
LA RENCONTRE

Trois mois environ après les événements qui terminent la seconde partie de ce livre, et dans l'après-midi d'une belle et chaude journée, un cavalier simplement vêtu, mais très-bien monté, suivait au grand trot de son cheval la route royale, assez mal entretenue, conduisant de Clermont à Paris.

Ce cavalier se trouvait à quatre lieues au-delà du village de Saint-Jude qu'il avait traversé sans ralentir son allure, et sans presque jeter un coup d'œil à la belle enseigne repeinte à neuf de l'hôtellerie des *Armes de France* tenue par notre ancienne connaissance, Guillaume Chadorant, et il venait de s'engager sous les ombrages imposants de la forêt d'Ebreuil, dont les arbres plus que séculaires bordaient le chemin transformé par eux en un immense tunnel de verdure.

Un prévôt de la maréchaussée, à la tête d'une petite troupe de quatre ou cinq hommes, marchait en sens inverse au petit pas de son lourd cheval lourdement équipé.

Le voyageur croisa les représentants de l'ordre public, et ne daigna pas leur accorder un regard.

Il n'en fut pas de même du prévôt, vieux militaire à moustache grise, long, maigre et osseux, dont nos lecteurs n'ont peut-être pas tout à fait perdu le souvenir depuis les premiers chapitres de ce récit.

Denis Robustel, car c'était lui, tressaillit sur sa selle au moment où le cavalier bien monté passait à sa hauteur, s'arrêta, se retourna pour le suivre des yeux, se donna un grand coup de poing dans la poitrine en s'écriant d'une voix agitée :

« Tonnerre du diable ! c'est lui ! c'est bien lui ! »

Puis sa main se dirigea machinalement vers l'une des fontes de ses pistolets ; mais il n'acheva pas le geste commencé, et il murmura, en tordant sa rude moustache :

« Décidément, je deviens fou ; le temps n'est plus où c'était mon droit et mon devoir de faire feu sur cette bête fauve ! Aujourd'hui, la justice me demanderait compte de sa vie, et la balle qui purgerait le monde de ce misérable pourrait me coûter cher ! Il faut le rencontrer sans mot dire, et c'est être bien hardi sans doute que de ne le point saluer au passage ! Tudieu ! je le crois bien, un personnage de cette importance ! »

Le digne prévôt, dans sa colère éperonna vigoureusement son cheval qui n'en pouvait mais, et qui certes n'avait point l'habitude de ces corrections imméritées.

Un tout jeune soldat, récemment admis dans le corps d'élite des cavaliers de la maréchaussée, et que Denis Robustel daignait honorer d'une bienveillance toute particulière, s'approcha de son supérieur et lui dit d'un ton familier :

« Prévôt, qu'est-ce que vous avez donc ? On croirait que vous êtes fâché.

— Et on aurait bigrement raison de le croire, mon pauvre Baptistin, répliqua Denis.

— Ça vous a pris comme une rage de dents, continua le jeune soldat. Peut-on savoir, sans vous commander, ce qui vous a mis si *subito* la puce à l'oreille ?

— As-tu vu ce cavalier qui vient de nous croiser ? demanda Robustel.

— Certainement, je l'ai vu. Un beau garçon, sur un beau cheval ; l'air d'un seigneur.

— Un seigneur ! répéta le prévôt avec un ricanement farouche ; oui, oui, c'est un seigneur, un vrai seigneur, mais c'est autre chose encore.

— Quoi donc ?

— Le plus grand scélérat de France ! »

Le jeune Baptistin tressaillit à son tour, et, d'une voix émue, babutia :

« Qu'est-ce qu'il a fait ?

— Tout ce qu'on peut faire de lâche et d'infâme ; oui, tout : vol, meurtre, incendie, sacrilège, fausse monnaie ! Voilà, sans compter le reste.

— Pas possible ?

— C'est si bien possible, que le présidial de Clermont avait mis sa tête à prix ; trois mille livres de récompense étaient promises à qui le livrerait mort ou vif.

— Et nous l'avons laissé filer, lui tout seul, quand nous sommes cinq ! s'écria Baptistin. Prévôt, mettons-nous à sa poursuite. Quoiqu'il soit mieux monté que nous, nous le rattraperons peut-être. D'ailleurs, nous avons nos pistolets. Une balle arrête un homme de loin. »

Denis Robustel s'envoya dans la poitrine un nouveau coup de poing, sans doute pour épancher son indignation.

« Ah ! ce n'est plus un gibier pour nous que ce grand seigneur, répliqua-t-il ensuite d'un ton bas et plein d'amertume. Défense d'y toucher, de par le roi. Voilà ce que c'est que d'avoir une famille puissante. Alors, tout est permis : le crime se change en peccadille et l'expiation ne vient jamais.

— Prétendez-vous me donner à entendre que le roi a gracié ce gentilhomme ?

— Le roi a fait mieux que cela : un jugement, une condamnation doivent au moins précéder la grâce ; mais pour celui-ci c'était encore trop de rigueur ; ni condamnation, ni jugement, rien. Le roi, conseillé par ses favoris, qui sont les parents du gentilhomme, a déclaré tout simplement que ce scélérat était innocent, qu'il n'avait rien commis de mal et qu'aucune poursuite n'aurait lieu. Un manant crève sur la roue après dix heures de pilori ; un grand seigneur s'en tire toujours.

— Prévôt, ce n'est pas juste, cela.

— Non, tonnerre du diable! ce n'est pas juste; mais nous n'y pouvons rien, ni nous, ni personne. Le roi est le roi; il est le maitre. Quand il se trompe, ou quand on le trompe, il n'en faut pas moins respecter ses volontés. Ah! je m'en ronge les poings de rage. Une seule chose me console un peu.

— Laquelle, prévôt, sans vous commander!

— C'est qu'un coquin finit rarement dans la peau d'un honnête homme. Il en est pour le crime de même que pour le vin : QUI A BU BOIRA! Le crime attire; un jour ou l'autre, le gredin commettra quelque nouvelle infamie, et comme les lettres de rémission n'ont de valeur que pour le passé, le lieutenant civil reprendra ses droits et me rendra les miens! Je l'ai déjà tenu, le misérable, et je l'ai lâché; mais si jamais je remets le grappin sur lui, je jure que je ne le lâcherai plus, quand je devrais, pour le garder mieux, me faire river comme un galérien à l'autre bout de sa chaîne. Oui, foi de soldat, je le jure!

— Ah çà! prévôt, vous le haïssez donc bien?

— Si je le hais? C'est-à-dire que je donnerais la moitié de mon sang pour lui passer la corde au cou; c'est mon ennemi personnel.

— Ah! bah!

— Oh! oui, mon ennemi. »

Et Denis Robustel, se retournant à demi sur sa selle, menaça de son poing fermé le rapide cavalier, dont on apercevait à peine dans le lointain la forme indécise.

« Il vous a donc offensé? demanda Baptistin.

— Il m'a berné, dindonné, turlupiné; il m'a tué un homme lâchement, par guet-apens; un de mes plus braves, un de mes meilleurs. La dette du sang n'est point payée, mais elle le sera tôt ou tard; c'est un pressentiment que j'ai.

— Et comment s'appelle-t-il, ce grand scélérat? demanda Baptistin stupéfait de l'expression presque cruelle qu'il voyait apparaître, pour la première fois, sur la figure anguleuse et tannée du vieux soldat.

— Il s'appelle le marquis de Saint-Maixent, répondit le prévôt. Et, sur ce, au galop! j'ai besoin de noyer ma colère au fond de quelques pots de vin à l'hôtellerie des *Armes de France*. »

La petite troupe obéit à cet ordre et les chevaux éperonnés prirent leur plus rapide allure en se dirigeant vers Saint-Jude.

Tout en feignant de ne point accorder un coup d'œil aux cavaliers de la maréchaussée, le marquis avait parfaitement reconnu Denis Robustel et il se disait tout bas :

« Voilà un gaillard à qui j'ai fait perdre jadis trois mille livres, et qui ne me le pardonnera jamais. A quoi tiennent pourtant les destinées humaines! Si je n'avais trouvé moyen de lui glisser entre les doigts comme une anguille, l'illustre race des Saint-Maixent serait éteinte aujourd'hui dans ma personne; la chose est du moins bien probable. »

Un sourire vint à ses lèvres et il continua son chemin.

Une demi-heure environ après la rencontre signalée par nous, le marquis fut obligé de mettre son cheval au pas pour gravir une montée ardue.

A cette montée succédait une descente rapide; puis la route, après avoir traversé sur un petit pont de granit un ruisseau tapageur, se remettait à escalader les pentes d'une autre colline.

Le vallon, renfermé entre ces deux escarpements, n'avait guère qu'une centaine de pas de largeur.

Sur le bord du chemin, tout près du pont, se dressait une maison d'apparence triste et délabrée, flanquée d'un hangar servant d'étable, et suivie d'un petit jardin mal entretenu, où végétaient quelques arbres à fruits et un grand nombre de rosiers communs chargés de fleurs.

Un paquet de houx desséché, suspendu au-dessus de la porte, semblait indiquer que cette maison était une auberge, ou tout au moins un cabaret.

Saint-Maixent arrêta son cheval, examina la situation et murmura :

« Il me semble que j'aurais peine à trouver mieux. »

Cette réflexion faite, il se rapprocha de la porte et cria :

« Eh! de l'hôtellerie! »

Presque aussitôt parurent sur le seuil deux créatures humaines : une vieille femme et un petit garçon.

La vieille pouvait avoir soixante ans : elle était ridée, courbée, chancelante, avec des mains crochues qui tremblaient sans cesse; bref, elle réalisait très-exactement l'idée qu'à toutes les époques l'imagination s'est faite des sorcières.

Le petit garçon, âgé de neuf ou dix ans tout au plus, ressemblait, lui, à un gnome : demi-bossu, tout à fait tortu et particulièrement malfaisant.

Rien de plus bizarre que l'aspect de ces deux figures dans ce site sauvage et devant cette misérable maison.

Elles complétaient un tableau sinistre.

Sorcière et gnome regardaient Saint-Maixent d'un air étonné, presque stupide, et sans dire un mot.

Ni l'un ni l'autre ne semblaient comprendre qu'un voyageur de bonne mine, et monté sur un bon cheval, ait eu la pensée de faire halte en face de leur logis délabré.

Le marquis rompit le silence :

« Ma brave femme, dit-il, je suis fatigué, mon cheval aussi ; nous avons faim et soif tous les deux : pouvez-vous nous donner à manger et à boire, en payant, bien entendu ? »

La vieille secoua la tête, et, dans ce mouvement, ses cheveux gris s'éparpillèrent comme des serpents autour de sa face couleur de brique.

« Non, répondit-elle d'une voix rauque.

— Et pourquoi cela, s'il vous plaît ?

— Parce que nous n'avons rien ici, ni pour l'homme, ni pour le cheval.

— Cette maison est une hôtellerie, cependant ? répliqua le marquis en désignant du bout de sa cravache le bouquet de houx.

— Oui, c'était une hôtellerie... du vivant de mon fils Richard... le père de l'enfant que vous voyez... Mais Richard est mort !... Quand il est sorti dans son cercueil, la misère est entrée et nous ne pouvons plus vendre aux voyageurs ce qui nous manque pour nous-mêmes. Passez donc votre chemin et cherchez ailleurs quelque autre gîte qui vaille mieux que celui-ci... »

Au lieu de suivre ce conseil, Saint-Maixent mit pied à terre.

II

LA MAISON ISOLÉE.

« Je me suis mis dans la tête que vous feriez aujourd'hui une bonne journée, reprit le marquis en riant. Je suis trop fatigué pour aller plus loin, et je vais vous prouver qu'avec un peu de bon vouloir vous me recevrez à merveille. Écoutez-moi plutôt. »

La vieille l'interrompit brusquement.

« Combien de fois faut-il vous répéter que nous n'avons rien pour vous, dit-elle presque avec colère.

— Vous avez bien un morceau de pain, que diable ! répliqua Saint-Maixent.

— Du pain d'orge et de sarrasin, noir comme la suie et dur comme la pierre ; car il est cuit depuis plus d'une semaine.

— Ça m'est égal, j'ai de bonnes dents ! En outre, vous avez des œufs : je vois là-bas deux ou trois poules qui picorent dans le jardin et qui doivent pondre en quelque coin. Vous me ferez une omelette, je boirai de l'eau claire puisée à ce ruisseau ; je me déclarerai satisfait, et j'imagine que mon cheval sera de bonne composition comme moi : je vais l'attacher sous le hangar, et, à défaut d'avoine et de foin, votre petit-fils ira lui couper quelques brassées de cette belle herbe verte qui embaume. »

Il était difficile d'opposer de nouveaux refus à un voyageur si accommodant et qui, d'ailleurs, ne paraissait point disposé à se laisser éconduire.

Le petit garçon prit une faucille pour aller faire provision d'herbe, et la vieille femme, tout en grommelant, rentra dans la maison où Saint-Maixent la suivit après avoir ôté à son cheval la selle et la bride.

Cette ex-hôtellerie n'avait jamais été, même au temps de sa prospérité, qu'une auberge du dernier ordre.

Elle se composait de trois pièces au rez-de-chaussée et du même nombre de chambres au premier étage ; le tout, misérablement meublé, offrait l'aspect du plus grand désordre, ou, pour mieux dire, de la plus complète incurie.

En franchissant le seuil, Saint-Maixent eut toutes les peines du monde à retenir un mouvement de dégoût ; mais il poursuivait un but inconnu et il imposa silence à ses délicatesses révoltées.

La vieille femme n'avait point menti en parlant de son manque presque absolu de provisions.

A force de recherches, elle vint à bout cependant de trouver trois œufs d'une fraîcheur douteuse, et un morceau de lard fumé rance et jauni. Avec ces éléments, elle confectionna une omelette qu'elle servit sur un plat de terre rouge, entre un *chanteau* de pain noir et un pot d'eau fraîche ; un couvert d'étain et un couteau rouillé escortaient ces tristes aliments.

Le marquis fit contre mauvaise fortune bon cœur, et se mit à manger, non sans une répugnance effroyable.

Puis, son repas frugal achevé, il engagea la conversation.

« Ainsi donc, ma brave femme, dit-il avec une expression de vif intérêt, vous êtes bien pauvres ?

— Si pauvres, répliqua la vieille, qu'au premier jour, mon petit-fils et moi, nous mourrons de faim ; je m'y attends.

— Ne vous reste-t-il aucune ressource ?

— Il nous reste la ressource de tendre la main. Quand on nous aura fait l'aumône le matin, nous pourrons manger le soir ; mais on n'est point riche par ici, et nous ne mangerons pas souvent.

— Cependant, le travail ?...

— Je ne suis plus d'âge à travailler ; quel ouvrage me donnerait-on ? Vous voyez bien comme mes mains tremblent ! Je laisse tomber tout ce que je touche. L'enfant est contrefait et mal venu ; il ne sera jamais fort. Ah ! le pauvre petiot, mieux vaudrait pour lui n'être point venu au monde.

— Cette maison ne vous appartient donc pas ?

— Elle m'appartient.

— Eh bien ! elle vaut quelque chose ; vendez-là, vous vivrez au moins quelque temps avec le produit de la vente. »

La vieille haussa les épaules.

« La vendre, répéta-t-elle ; et à qui ? Les deux villages les plus proches, Saint-Jude d'un côté, Charmont de l'autre, sont l'un à cinq lieues et l'autre à quatre. Qui voulez-vous qui vienne habiter dans un pareil désert ? Toutes les nuits on entend les loups hurler jusqu'au matin. Ça me fait froid dans la moelle des os. Ah ! je l'avais bien dit à mon fils Richard, quand il a voulu acheter cette maison maudite pour en faire une auberge, que ça serait sa ruine et la nôtre. Il n'a jamais voulu m'écouter. Les enfants se figurent toujours que les vieux radotent. Ça est allé un peu d'abord ; puis sa pauvre femme, ma bru, est morte. Elle se plaisait ici parce que le jardin est bien placé et qu'elle y cultivait des roses. C'était son plaisir, que voulez-vous ? Mais l'air trop humide et trop froid ne lui convenait pas ; elle n'a pas duré longtemps. Richard a pris le chagrin à cœur, il a langui pendant une année, et il est parti les pieds devant. Et aujourd'hui... aujourd'hui... la grand-mère et le petit-fils vont partir aussi... et le plutôt sera le mieux ; car, vivre comme nous vivons, mieux vaut mourir... »

Tandis que parlait la vieille, de grosses larmes tombaient une à une de ses paupières rouges et flétries, et roulaient dans ses rides profondes.

« Oui, vous êtes à plaindre, murmura le marquis d'un ton de compassion hypocrite, et, si je pouvais vous tirer de peine, je vous assure que je le ferais de bon cœur.

— Mais vous ne le pouvez pas. Personne ne le pourrait... excepté le bon Dieu... et nous sommes de trop petites gens pour qu'il s'occupe de notre misère. Il ne nous faudrait cependant pas grand'chose pour être heureux.

— Combien votre fils Richard a-t-il payé cette maison, quand il a eu l'inspiration fatale de l'acheter malgré vos conseils ? demanda Saint-Maixent.

— Oh ! une grosse somme, une somme énorme !

— Le chiffre ?

— Deux mille livres ; sans compter que pour meubler les chambres d'en haut, il a dépensé plus de cinq cents livres. Que d'argent perdu, mon Dieu !

— Combien voudriez-vous vendre aujourd'hui, s'il se présentait un acheteur ?

— Il ne s'en présentera pas.

— Soit ! mais répondez-moi toujours.

— Eh bien ! je serais trop contente de trouver quinze cents livres. Je dirais que nous sommes sauvés tous les deux, l'enfant et moi ; mais à quoi bon supposer l'impossible ?

— C'est moins impossible peut-être que vous ne le pensez.

— Comment ?

— Je crois connaître un acheteur. »

La vieille femme joignit les mains.

« Ah ! monsieur, s'écria-t-elle, ne me dites pas des choses pareilles ! Ne me donnez point une espérance qui ne se réalisera jamais. Quand la chose qu'on attend vient à manquer, voyez-vous, ça fait trop de mal.

— Aussi, n'est-ce point une vaine espérance que je vous donne, répliqua Saint-Maixent. Je vous parle d'une chose probable, pour ne pas dire certaine.

— Alors, que la bénédiction de Dieu soit sur vous ! Et moi qui ne voulais pas vous recevoir ! Est-on aveugle quelquefois ! Mais cet acheteur, mon digne monsieur, où est-il ?

— Tout près d'ici.

— Quand le verrais-je ?

— Aujourd'hui même.

— Il viendra donc ?

— Il est venu. »

La vieille promena autour d'elle un regard indécis et d'une singulière expression. On eût dit qu'elle cherchait quelqu'un et qu'elle s'attendait à voir un nouveau personnage se placer entre elle et le voyageur.

« Mais... mais... balbutia-t-elle, il n'y a dans cette chambre que vous et moi... et ce n'est pas vous cependant...

— Pardon, répliqua le marquis avec un sourire, c'est de moi que je vous parle. »

La pauvre femme fit un mouvement de stupeur et murmura :

« Vous achèteriez la maison, vous ?

— Sans doute.

— Vous paraissez riche, cependant...

— Et je le suis, en effet.

— Que voulez-vous donc faire de cette pauvre demeure ?

— Ceci ne regarde que moi, répondit le marquis

en riant. Une fois maître de la maison, j'en ferai ce que je voudrai. Je la brûlerai peut-être, qui sait ?

— Il faudra la payer d'abord ! s'écria la vieille impétueusement.

— Soyez tranquille, bonne femme, j'achète et je payerai.

— Quand ?

— Mais, tout de suite, naturellement. »

Et Saint-Maixent tira de sa poche une longue bourse de soie rouge.

A travers les mailles de cette bourse, on voyait scintiller bon nombre de pièces d'or.

Les yeux ternis de la vieille étincelèrent.

« Oui, tout de suite, répéta le marquis ; à une condition, cependant.

—Laquelle ? Parlez vite...

— C'est que vous partirez aujourd'hui même, en emportant vos vêtements et ceux de votre petit-fils.

— Ah ! monsieur, je ne demande pas mieux. Dans deux heures, si vous le voulez, nous serons loin.

— Tout est donc bien, et nous voici d'accord. Donnez-moi une feuille de papier, une plume et de l'encre, afin que je rédige l'acte de vente. »

La vieille femme fit entendre un gémissement.

« Une plume... du papier... de l'encre... balbutia-t-elle. Hélas ! hélas ! comment allons-nous faire ? Il n'y a ici rien de tout cela.

— Ne vous désolez point, nous tâcherons d'y suppléer. Vous avez bien, dans un coin, quelques livres ?

— Des livres d'heures imprimés en gros, et une vieille Bible, voilà tout.

— Apportez-les. »

La vieille s'empressa d'obéir.

La Bible était de grand format. Deux feuilles de gros papier, jaunies par le temps, servaient de gardes entre la reliure de parchemin et le premier et dernier feuillet du livre sacré.

Saint-Maixent détacha l'une de ces feuilles.

Il envoya le petit garçon arracher une plume à l'aile d'un des trois poulets maigres qui picoraient dans le jardin.

Il improvisa de l'encre en délayant un peu de suie dans quelques gouttes d'eau.

Puis, ayant ainsi remplacé, tant bien que mal, les objets indispensables qui faisaient défaut, il dit à la vieille :

« Comment vous appelez-vous ? Il me faut vos noms et prénoms, ma brave femme.

— Nicole-Anne-Justine Besson, pour vous servir, mon bon monsieur. »

Saint-Maixent rédigea brièvement un acte de vente, dans lequel il eut soin de laisser en blanc la place de son propre nom ; il fit signer cet acte à Nicole, après, toutefois, lui avoir compté quinze cents livres en belles pièces d'or qu'elle saisit avidement et qu'elle enfouit dans sa vaste poche, avec une exaltation voisine de la folie.

Deux heures après, la vieille femme, portant sur son épaule un paquet au bout d'un bâton et tenant par la main son petit-fils, s'éloignait bien joyeuse dans la direction de Charmont.

En même temps le marquis, sans oublier les clefs de la maison déserte dont il était le nouveau propriétaire, remontait à cheval et reprenait le chemin du village de Saint-Jude où nous allons le précéder.

III

OU REPARAIT JULIE CHADORANT

La salle basse de l'hôtellerie des *Armes de France* réunissait à peu près les mêmes personnages, que le jour où nos lecteurs ont bien voulu nous y suivre pour la première fois.

Nous voulons parler du prévôt Denis Robustel, de maître Guillaume Chadorant, le digne aubergiste à la bonne figure et au gros ventre, et de la demoiselle Julie Chadorant, la jolie brune aux yeux tendres.

Le valet et la servante du logis, les quatre soldats de la maréchaussée et quelques paysans faisant fête au petit vin du pays, composaient le reste de l'assistance.

Guillaume, coiffé du bonnet de coton et ceint du tablier blanc, classiques insignes de ses fonctions d'hôtelier, n'avait perdu ni son large visage épanoui, ni son abdomen magistral.

Les rides qui sillonnaient l'épiderme tanné du prévôt semblaient plus nombreuses et plus profondes ; mais, au demeurant, c'était le même homme.

Julie seule offrait dans sa figure et dans l'attitude de son corps un changement si grand, si complet, qu'il eût été difficile de la reconnaître à première vue.

Elle n'avait point cependant cessé d'être jolie, mais elle l'était d'une façon tout à fait différente.

L'année précédente, ses traits mignons et presque enfantins la faisaient paraître plus jeune que son âge. Elle semblait, maintenant, plus âgée de cinq ou six ans au moins.

Sa figure s'était allongée, ou plutôt amaigrie : une pâleur nacrée remplaçait les vives couleurs de ses joues ; un cercle d'azur estompait le contour de ses grands yeux si brillants jadis et si remplis de flamme amoureuse, et qui, maintenant, toujours baissés, n'exprimaient plus qu'une incurable mélancolie.

En même temps que les roses de son teint, les formes arrondies de son corsage avaient disparu : elle ressemblait, dans sa robe de toile dont les plis tombaient droits jusqu'à ses pieds, à ces figures presque immatérielles qui vivent sur les toiles du Giotto, de Cimabué et des autres peintres primitifs.

La démarche de Julie ne gardait aucune trace de coquetterie naïvement provoquante. Toute vivacité, nous dirions volontiers toute vitalité, avait disparu de ses mouvements qui, néanmoins, conservaient dans leur lenteur une sorte de grâce languissante.

Évidemment la jeune fille était minée sourdement par un mal inconnu et s'en allait droit vers le tombeau.

Guillaume Chadorant (digne homme s'il en fut et excellent père) adorait son unique enfant ; mais habitué à la voir chaque jour, à tous les instants, et d'ailleurs médiocrement observateur, il ne s'apercevait de rien, et certes on l'aurait singulièrement ému et surpris en lui révélant à l'improviste que l'existence de Julie ne tenait plus qu'à un fil.

Ce mal inconnu qui dévorait la pauvre fille, nous le connaissons, nous : c'était l'amour, un amour, insensé, ardent, infini, sans espoir.

Depuis la nuit fatale où Julie, risquant son honneur sans hésiter, avait favorisé l'évasion du marquis de Saint-Maixent, elle s'était prise de passion pour le prisonnier sauvé par elle, et, cette passion folle grandissant comme un incendie que rien n'arrête, avait fini par tout envahir.

Après avoir enflammé le cœur et la tête, l'amour portait ses ravages dans l'organisation entière : ce n'était plus du sang, mais du feu qui brûlait dans les veines de Julie ; une fièvre incessante, fièvre du corps et de l'âme à la fois, minait la jeune fille, tarissant en elle les sources mêmes de la vie et faisant succéder des nuits sans sommeil à des jours sans repos.

Julie ne conservait la force de se mouvoir que parce que l'excitation nerveuse la soutenait encore.

Elle ne se dissimulait point son état ; elle se sentait condamnée et ne s'en affligeait qu'à peine.

Qu'avait-elle à faire désormais en ce monde, puisqu'elle était à jamais séparée de celui qui, pour elle, était le monde entier ?

Mille fois par jour elle se répétait :

« Il avait juré de revenir. Ah ! si je pouvais le revoir, entendre sa voix, toucher sa main, ne fût ce que pendant une minute !... Le revoir !... l'entendre !... c'est un rêve qui ne se réalisera point, hélas !... Le marquis de Saint-Maixent, le fier gentilhomme, se souvient-il seulement de mon humble existence ? Il a tout oublié... oui, tout... même le nom de celle qui va mourir pour l'avoir aimé ! »

Julie entra dans la grande salle lentement, se soutenant à peine, comme une ombre ou comme une vision.

Au moment où elle en franchissait le seuil, Guillaume Chadorant disait au prévôt :

« Compère Denis Robustel, avez-vous oublié cette fameuse nuit où vous faisiez si bonne garde, vous et vos hommes, et où cependant le prisonnier, dont la tête valait trois mille livres, s'est évadé sans qu'on ait jamais pu savoir comment ? Quel remue-ménage dans l'hôtellerie ! Vous en souvenez-vous ?

— Si je m'en souviens ! répondit le prévôt d'une voix sombre en replaçant sur la table le verre plein qu'il allait porter à ses lèvres Ah ! je ne m'en souviens que trop ! Il y a des choses qu'on n'oublie pas. D'ailleurs, ajouta-t-il brusquement, si mes souvenirs avaient eu besoin d'être ravivés, ils le seraient aujourd'hui. J'ai rencontré, il y a deux heures, le scélérat qui m'a déshonoré en s'échappant ainsi de mes mains !

— Vous avez rencontré le marquis de Saint-Maixent ! s'écria Guillaume avec la plus profonde stupeur.

— A quelques lieues d'ici, oui... dans la forêt d'Ebreuil...

— Et vous ne l'avez point arrêté ? »

Denis Robustel haussa les épaules.

« Ah ça ! demanda-t-il, êtes-vous donc si mal informé de ce qui se passe ? Ne savez-vous pas que le marquis de Saint-Maixent est, de par le roi, libre comme l'air, et qu'il peut, si bon lui semble, rire au nez de tous les juges criminels et de toutes les brigades de la maréchaussée. Sa Majesté, par lettres patentes, l'a déclaré plus innocent que l'enfant à naître, et plus honnête homme que vous et moi !

— Eh ! mais !... Eh ! mais !... il l'était peut-être... répliqua Guillaume Chadorant ; et je le croirais volontiers, puisque c'est l'opinion du roi, de notre bien aimé monarque ! Le roi ne doit point se tromper, je le dis en fidèle sujet, et, ma foi, vive le roi ! »

Denis Robustel donna sur la table un si violent coup de poing, que les pots et les gobelets ébranlés s'entre-choquèrent et répandirent autour d'eux une notable partie de leur contenu.

« Allons donc ! allons donc ! allons donc ! s'écriat-il ensuite d'un ton où s'alliaient, à doses égales, la colère et le dédain. Compère Chadorant, vous me faites pitié !... Se peut-il qu'un homme de votre âge parle comme vous venez de le faire, avec plus d'irréflexion qu'un morveux ! »

Et l'irritable prévôt, reprenant une thèse bien souvent soutenue par lui, se lança dans l'énumération de tous les crimes commis par le marquis de Saint-Maixent, et dont le moindre, en bonne justice, entraînait la peine capitale.

Nous ne le suivrons point dans son dénombrement, et nous allons nous occuper de Julie.

La jeune fille, en entendant prononcer à l'improviste le nom de Saint-Maixent, ce nom l'unique objet de toutes ses pensées, éprouva une sensation à peu près semblable à celle qui résulte d'une violente commotion électrique.

En même temps elle apprenait, par les paroles du prévôt, que le marquis était dans le pays et qu'il venait d'être rencontré à quelques lieues à peine du village de Saint-Jude.

Ce choc fut trop rude et trop soudain pour cette âme affolée, pour ce corps épuisé.

Julie poussa un faible soupir, elle appuya ses deux mains sur son cœur dont les battements impétueux l'étouffaient, et, presque sans connaissance, elle se laissa tomber sur l'un des sièges adossés à la muraille.

Personne ne s'aperçut de ce qui se passait.

La pauvre enfant revint à elle-même et prêta l'oreille de nouveau.

Denis Robustel tempêtait avec toute l'énergie de son indignation contre celui qu'il appelait le plus vil des hommes, le plus misérable et le plus infâme des gredins.

Julie se dressa pour l'interrompre. Elle ouvrit la bouche pour lui crier :

« Taisez-vous ! taisez-vous ! vos paroles sont mensongères ! vos accusations calomnieuses ! l'homme que j'aime est innocent ! »

Mais le scandale qu'elle allait causer l'épouvanta. Elle se dit tout bas qu'elle était lâche de ne point protester au nom de celui qu'on attaquait et qui n'aurait qu'un mot à prononcer sans doute pour se défendre et pour se justifier. Mais elle eut beau s'exciter ainsi, elle éperonna vainement son courage ; la timidité de la jeune fille l'emporta sur les révoltes de la femme amoureuse. Elle garda le silence, tandis que des larmes de colère et de honte jaillissaient de ses yeux, et, quittant la salle basse pour ne plus entendre cette voix odieuse insulter son idole, elle monta dans sa chambre où elle s'enferma.

Là, une fois seule et après avoir donné un libre cours aux sentiments impétueux dont nous venons d'indiquer la nature, Julie se livra, sans contrainte, à la joie que faisait naître en elle la nouvelle inattendue et brusquement apprise, de la présence du marquis dans le pays.

Elle n'eut pas un instant de doute. Saint-Maixent avait promis de revenir ; un loyal gentilhomme tel que lui ne se parjurait pas. Donc il revenait pour elle ! elle allait le revoir ! il ne l'avait point oublié ! S'il avait tardé si longtemps à dégager la parole donnée, c'est que d'insurmontables obstacles s'étaient dressés entre lui et l'accomplissement de sa volonté ferme. Peut-être l'absolution royale venait-elle seulement de le rendre libre et maître de ses actions. Il s'empressait alors ; il se sentait attiré par son cœur vers cette humble maison, où un autre cœur l'appelait depuis si longtemps ; et qui sait si cette sympathie n'était pas un naissant amour ?

On devine quels ravages un tel ouragan de pensées devaient produire et produisaient en effet dans le cœur surexcité de la pauvre enfant.

Elle fut, pendant près d'une heure, à deux doigts de la folie, puis elle se calma peu à peu, et la coquetterie féminine reprenant ses droits, en même temps que le chagrin le plus profond cédait la place à la joie la plus immense, elle songea que Saint-Maixent pouvait arriver d'une heure à l'autre et qu'il fallait lui paraître belle.

Depuis bien des mois Julie, défaillante de corps et d'âme, ne se regardait plus dans le petit miroir suspendu au mur de sa chambrette, ou du moins elle se regardait avec indifférence, et, pour ainsi dire, sans se voir.

Elle s'approcha vivement de cette modeste glace si souvent consultée jadis, et elle éprouva une véritable épouvante en constatant le changement inouï qui s'était fait en elle.

Qu'étaient devenues les rondeurs satinées de ses joues, les roses épanouies de son teint, le frais sourire de ses lèvres vermeilles ?

« Mon Dieu ! balbutia la pauvre enfant avec des sanglots, en retombant découragée sur le bord de sa couche, et en cachant son visage dans ses deux mains, mon Dieu ! ce n'est plus moi ! Je suis vieille ! je suis laide ! il ne va plus m'aimer ! »

« Voilà un certain malvoisie dont vous me direz des nouvelles. » (Page 174.)

La pensée qu'elle allait gonfler ses paupières et rougir ses yeux, arrêta brusquement ses larmes.

Elle baigna sa figure dans une eau glacée et elle se dit :

« Pourquoi pleurer ? Peut-être devinera-t-il que si je suis changée, c'est parce que j'ai souffert pour l'amour de lui... et alors il me pardonnera... »

IV

OÙ SAINT-MAIXENT CONVERTIT SON HÔTE.

Un peu remise par cette pensée consolante, Julie peigna son admirable chevelure brune, si épaisse et si longue qu'elle pouvait, en la secouant sur ses épaules, s'en envelopper ainsi que d'un manteau, et elle se coiffa comme elle le faisait jadis quand, insouciante et joyeuse, elle allait danser aux fêtes des villages voisins.

Elle revêtit ensuite le plus joli costume que pût lui fournir sa modeste garde-robe.

Ce costume, elle le portait le soir où Saint-Maixent, prisonnier, échangeait avec elle de si tendres regards dans la grande salle, pendant le souper, et depuis cette époque elle le conservait religieusement comme la plus précieuse de toutes les reliques.

Sa toilette achevée, Julie regarda de nouveau, mais sans sourire à son image et, tristement, elle se répéta :

« Non, non, ce n'est plus moi ; il me trouvera laide ! »

La pauvre enfant se trompait étrangement sur son propre compte.

Non-seulement elle n'était point laide, mais un connaisseur devait la trouver belle plutôt que jolie ; car tout ce qu'elle avait perdu en fraîcheur, elle l'avait gagné en délicatesse et en distinction.

Avec sa pâleur mate et ses yeux agrandis, elle ressemblait moins à une villageoise qu'à une patricienne déguisée.

Seulement on comprend sans peine que la fille de maître Guillaume Chadorant, aubergiste au village de Saint-Jude, à l'enseigne des *Armes de France*, ne pouvait deviner cette nuance.

L'unique fenêtre de la petite chambre de Julie donnait sur la grande route.

Elle ouvrit cette fenêtre, et, laissant retomber à demi le rideau de toile peinte derrière lequel elle s'abrita, elle attendit avec une ferme confiance, interrogeant successivement du regard les deux extrémités de l'horizon, car, s'il y avait pour elle une chose inadmissible, c'était que Saint-Maixent ne vînt pas.

Une heure s'écoula.

Il se fit dans la cour de l'hôtellerie un grand bruit d'éperons, de bottes lourdes et de piétinements de chevaux.

Le prévôt, Denis Robustel, et ses quatre hommes, rafraîchis suffisamment, se remettaient en selle pour gagner pays.

Julie les vit sortir par la porte charretière et se diriger vers la gauche au trot pesant de leurs montures.

Ils disparurent au loin. Le temps se remit à marcher. La route, aussi loin que le regard pouvait s'étendre, demeurait déserte et le crépuscule était proche.

« Comme il vient tard ! » murmura la jeune fille.

Elle ajouta sourdement avec une angoisse indicible :

« Si cependant il allait ne pas venir.... »

Puis, presque aussitôt, se reprenant à sa conviction un instant ébranlée :

« Non ! non ! c'est impossible, il viendra.... mon cœur me dit qu'il vient.... il approche.... je le devine.... le voici.... le voici !... Si la joie tue, je vais mourir.... »

Le soleil, près de disparaître, ne montrait plus que la moitié de son disque au-dessus d'une étroite bande de nuages rouges et enflammés.

Ses derniers rayons noyaient, dans une vapeur d'or, les sinuosités blanches de la route qui courait entre ses marges de verdure dans la direction de la forêt d'Ebreuil.

Il sembla tout à coup à Julie que, du milieu de cette vapeur, s'élevait un petit nuage de poussière.

Que signifiait cet atome perdu dans l'espace ? Rien peut-être, et cependant l'âme tout entière de la jeune fille passa dans ses yeux, qui s'attachèrent avec une ardente fixité sur ce point à peine perceptible.

Le nuage grandit rapidement.

Bientôt il devint possible de distinguer un cheval lancé au galop, puis la forme élégante et svelte du cavalier se dessina sur la pourpre du ciel.

Le cœur de Julie cessa de battre ; un brouillard passa devant ses yeux et voila l'horizon.

« Ma vue se trouble, balbutia-t-elle en étendant ses mains suppliantes ; tout s'efface.... je ne vois plus.... C'est peut-être ainsi que l'on meurt.... Mon Dieu, laissez-moi vivre encore.... Permettez-moi de le voir une dernière fois.... et ensuite, si mon heure est venue, prenez-moi ! »

Le bruit cadencé des fers du cheval, heurtant la route sèche et dure, retentissait de plus en plus nettement.

Bientôt ce bruit fut si rapproché que la jeune fille se demanda, avec un immense effroi, si le cavalier ne venait pas de passer sans s'arrêter devant la maison.

Sa terreur ne dura qu'une seconde. Le bruit cessa tout à coup et une voix sonore et bien timbrée cria :

« Que fait l'hôte de cette hôtellerie ? Où sont les valets et les servantes ? Tout le monde est-il endormi ? Réveillez-vous, marauds, et sachez qu'un gentilhomme fait au maître de céans l'honneur de descendre chez lui. »

Cette voix était celle du marquis de Saint-Maixent.

Julie la reconnut dès les premiers mots, et, foudroyée par une émotion trop puissante, elle tomba sans connaissance sur le plancher de sa chambrette.

L'appel du marquis avait été entendu de la salle basse.

Guillaume Chadorant, sa servante et son valet, se précipitèrent à la fois.

La servante saisit le cheval par la bride; le valet s'empressa de tenir l'étrier, et Guillaume multiplia les courbettes et les salutations, autant du moins que le lui permit l'imposante rotondité de son ventre, tout en se disant à part lui :

« J'ai déjà vu ce gentilhomme quelque part. »

Saint-Maixent entra dans l'hôtellerie.

« Ça, mon hôte, reprit-il d'un ton presque plaisant, car il était de joyeuse humeur; on m'a fait attendre; mais je suis bon prince et je vous pardonnerai, néanmoins, si le souper est bon et si le vin est vieux. Servez-moi donc et servez au plus vite; je meurs littéralement de faim, n'ayant pris aujourd'hui qu'un repas diabolique.

— Dans un instant, monseigneur pourra se mettre à table, murmura maître Guillaume ébloui par les façons familièrement impérieuses du nouveau venu, et j'ose me permettre d'espérer que monseigneur sera satisfait.

— Appelez-moi monsieur le marquis.

— Je ne négligerai rien pour contenter monsieur le marquis.

— J'y compte.

— Monsieur le marquis me fera-t-il l'honneur de coucher aux *Armes de France?*

— Oui.... Vous me donnerez la chambre du milieu, sur la galerie.... celle qui porte, je crois, le n° 5.

— Monsieur le marquis connaît la maison comme moi-même! s'écria Guillaume étonné.

— Ce n'est point, en effet, la première fois que je loge ici. Allons, mon hôte, allons! ne perdons pas de temps; ce souper se fait bien attendre. »

L'aubergiste courut à ses fourneaux, et, au bout d'un quart d'heure, Saint-Maixent s'asseyait devant une table amplement couverte de mets de bonne mine, et de certains flacons poudreux d'un aspect vénérable et réjouissant.

Le marquis sourit en se rappelant l'infâme omelette de la vieille Nicole Besson, et, avec le vigoureux appétit dont la nature l'avait doué, il fit honneur au plantureux repas de Guillaume Chadorant.

Quand la première fougue de cet appétit se fut apaisée, il leva les yeux sur le petit homme qui, debout en face de lui, le contemplait bouche béante.

« Honorable hôtelier, lui dit-il en riant, voulez-vous que je vous raconte ce qui se passe en ce moment dans votre esprit? Oui, n'est-ce pas? Eh bien! il vous semble me reconnaître et vous vous demandez, sans pouvoir vous répondre, à quelle époque et dans quelle circonstance vous avez eu déjà l'honneur de me loger.

— Je n'en disconviens point, monseigneur, je cherche et je ne trouve pas.

— Eh bien! je vais aider vos souvenirs. Cette chambre n° 5, que tout à l'heure je vous ai désignée, vous rappelle une nuit terrible. D'effroyables calomnies, de puissantes haines écrasaient un gentilhomme dont on avait mis à prix la tête. Il était prisonnier dans votre maison, presque gardé à vue; il s'est échappé, cependant, et c'est de la chambre n° 5 qu'il est parti : ce gentilhomme, c'était moi.

— Monsieur le marquis de Saint-Maixent! balbutia Guillaume devenu très-pâle, et, malgré lui, reculant d'un pas.

— Lui-même, répliqua notre héros. Ah ça, mais, on dirait que je vous fais peur. Me prendriez-vous, par hasard, pour un monstre chargé de crimes? Ignorez-vous encore que le roi, de qui toute lumière et toute justice émanent, a réduit à néant les calomnies, et contraint les haines à se cacher? Ignorez-vous que mon innocence est publiquement reconnue, hautement proclamée et que jamais, à aucune époque, je n'ai été plus honoré, plus en faveur et plus puissant qu'aujourd'hui?

— Je le savais, monsieur le marquis, dit l'hôtelier d'une voix tremblante.

— Alors pourquoi devenez-vous pâle et pourquoi vous éloignez-vous de moi?

— Le respect.... la surprise....

— Soyez franc : on vous a tant parlé de mes crimes prétendus, on vous a si souvent répété que j'étais un scélérat indigne de pardon, et vous l'avez si fermement cru, qu'il vous semble difficile de revenir sur cette opinion, et de ne voir en moi qu'un gentilhomme sans tache et loyal entre tous.

— Eh bien! monsieur le marquis se trompe! s'écria Guillaume avec une conviction soudaine; je mettrais ma main au feu, et ma tête aussi que les accusateurs de monsieur le marquis, étaient des âmes noires et des coquins dignes du pilori. »

En disant ce qui précède, le brave aubergiste parlait selon sa conscience. Un brusque revirement venait de se faire en lui : il avait mis dans la balance les affirmations obstinées de Denis Robustel et la suprême autorité du roi de qui, selon l'expression de Saint Maixent, émanaient toute lumière et toute justice, et la parole du prévôt avait été trouvée trop légère.

A partir de cette minute, Guillaume Chadorant se sentait prêt à soutenir, envers et contre tous, et par tous les moyens, l'honneur immaculé du marquis Saint-Maixent.

Il affirma d'une façon si positive et avec des accents si chaleureux, que le gentilhomme se déclara satisfait et daigna lui promettre sa protection. — Guillaume, dont l'enthousiasme débordait, regretta très-sincèrement de n'avoir plus sous la main Denis Robustel pour lui faire passer un mauvais quart d'heure.

« Ça, mon hôte, reprit le marquis, vous aviez l'an passé, à l'époque en question, une fille charmante, une aimable enfant qui se nommait Julie, si j'ai bonne mémoire. Comment se fait-il que je ne la vois point aujourd'hui? L'auriez-vous mariée, par hasard?

— Mariée?... murmura Guillaume du ton le plus dolent. Hélas! non; et j'ai grand peur, monsieur le marquis, de ne la marier jamais.

— Pourquoi donc? Elle est avenante et jolie et vous lui donnez une dot. Elle doit être très-demandée?

— Elle refuse tous les partis qui se présentent, et prétend qu'elle veut rester fille.

— Peut-être a-t-elle quelque amour au cœur.

— Je n'en crois rien; elle me le dirait. Elle sait bien que je suis bon père et ne la voudrais point contraindre

— Ne pourrais-je la voir? J'aurais un vrai plaisir à la complimenter.

— Complimenter Julie. Ah! monsieur le marquis, quel honneur! La chère enfant pense bien souvent à monsieur le marquis. Elle ne me l'a pas dit, mais j'en suis sûr; je vais la chercher. »

Et Guillaume Chadorant, quittant la salle basse, s'élança dans l'escalier de toute la vitesse de ses courtes jambes en criant du haut de sa tête :

« Julie! Julie! descends vite, M. le marquis de Saint-Maixent te fait l'honneur de te demander! »

V

JULIE ET SAINT-MAIXENT.

Le marquis de Saint-Maixent était, grâce au ciel, une monstrueuse exception, même dans les annales du crime.

Les scélérats de cette classe et de cet ordre ont toujours été rares.

Nous croirions mentir, cependant, en affirmant qu'au fond de la poitrine de cet homme (nous n'osons dire au fond de son cœur), il n'y avait place pour aucun sentiment humain.

Le marquis se rappelait Julie avec quelque plaisir; il éprouvait même une vague reconnaissance pour cette jolie fille qui s'était si généreusement dévouée pour le sauver; mais il ne soupçonnait point qu'elle avait dû prendre ses paroles de vulgaire galanterie pour des paroles d'amour, et, quant au serment fait par lui de revenir, il ne s'en souvenait même pas

Au moment où Guillaume Chadorant remplissait la maison de ces cris : « Julie! Julie! descends vite, monsieur le marquis de Saint-Maixent te fait l'honneur de te demander! » la jeune fille, après un évanouissement de près d'une heure, venait enfin de reprendre connaissance; mais elle était si faible, que c'est à peine si elle avait pu se relever et s'asseoir sur le bord de son lit.

La voix de son père la ranima, la galvanisa en quelque sorte. Elle se sentit soudainement plus forte qu'elle ne l'avait été depuis bien des mois.

« Il m'attend, murmura-t-elle; il veut me voir. Ah! que je suis heureuse! »

Guillaume continuait ses appels.

Julie ouvrit vivement sa porte et répondit :

« J'y vais, mon père; me voici... »

Elle se mit en devoir de descendre; mais à mi-chemin, dans l'escalier, elle rencontra le gros homme, haletant, essoufflé, qui poursuivit, en s'arrêtant presque à chaque mot pour reprendre haleine :

« Dépêche-toi donc!... Que diable pouvais-tu faire dans ta chambre? je te le demande! Il ne faut point laisser attendre monsieur le marquis! Ah! quel digne gentilhomme que monsieur le marquis, et comme on l'a calomnié! Sous ce rapport je n'ai, grâce au ciel, pas le plus petit reproche à me faire! j'ai toujours été de l'avis du roi! Monsieur le marquis est le parangon de l'honneur, de la loyauté, de la générosité, de toutes les vertus! Vive monsieur le marquis!... Denis Robustel ne sait pas ce qu'il dit, je n'ai jamais varié sur son compte, brave homme, Denis Robustel, mais plus bête que ses bottes, et plus entêté que dix mulets!... Monsieur le marquis va nous protéger! je ne me sens pas de joie!... J'ai envie de changer mon enseigne pour celle-ci : Aux Armes de Saint-Maixent; Qu'en dis-tu? Monsieur le marquis se souvient de toi... il te porte beaucoup d'intérêt... il a voulu savoir si tu n'étais pas marié!... Ah! pourquoi tous les gentilshommes ne ressemblent-ils point à celui-là? le pauvre peuple serait trop heureux!... Mais, que fais-tu là, plantée sur tes jambes, à me regarder au lieu d'être dans la grande salle, présentant tes hommages à monsieur le marquis? Deviens-tu folle?

— Mon père, vous me barrez le chemin! répondit doucement Julie.

— C'est juste!... Allons, descends vite!... »

Guillaume s'effaça pour laisser passer sa fille; mais il la suivit en criant assez fort pour être entendu depuis la salle basse :

« La voici, monsieur le marquis, la voici bien confuse et bien ravie, j'ose le dire, de l'honneur que monsieur le marquis daigne lui faire! »

Julie, le visage pâle comme un masque de cire vierge et le cœur défaillant, maintenant qu'elle touchait à la réalisation de son rêve, mais soutenue par cette étrange force nerveuse que les agonisants eux-mêmes trouvent parfois à l'heure suprême, ouvrit la porte et franchit le seuil.

Saint-Maixent possédait les grandes traditions de politesse raffinée et de délicate galanterie de ce siècle où Louis XIV, dans les jardins de Versailles, restait découvert en causant avec une dame de la cour, la marquise de Sévigné, croyons-nous.

Pour lui la fille de Guillaume Chadorant, cet hôtelier grotesque, était une femme, et il avait reçu de cette femme le plus immense service qu'une créature humaine puisse rendre à une autre créature.

Quand elle parut, il se leva vivement pour aller à sa rencontre, lui présenta la main, comme il aurait fait avec une duchesse, et la conduisit à un siège placé près du sien, où il la contraignit de s'asseoir malgré sa faible résistance.

Ce fut respectueux beaucoup plus que tendre, mais Julie attribua cette froideur apparente à la présence de son père.

Guillaume Chadorant trépignait d'orgueil.

Il aurait donné de grand cœur le meilleur tonneau de son plus vieux vin, pour que tous les habitants de Saint-Jude fussent témoins de l'honneur insigne qu'il recevait dans la personne de sa fille assise à côté d'un marquis.

Malheureusement pour son amour-propre, il se faisait tard et les buveurs champêtres venaient de quitter l'hôtellerie les uns après les autres.

Saint-Maixent avait repris sa place et contemplait curieusement la jeune fille qui, ses longues paupières abaissées, palpitait sous son regard comme la colombe sous celui du vautour.

Il eut quelque peine à reconnaître cette coquette enfant si rieuse, mais si résolue, que ses souvenirs lui montraient toute rose sous ses cheveux sombres.

Il la trouva changée, mais plus belle. Il comprit que l'amour avait passé par-là, car l'amour seul était capable d'opérer si vite une si complète métamorphose, et voyant l'émotion de Julie en sa présence, son trouble, sa pâleur que chassaient des rougeurs soudaines, il devina du premier coup le secret de cette âme héroïque et tendre, et se dit qu'il était aimé.

Il se souvint alors des paroles murmurées à l'oreille de Julie pendant la nuit d'orage où elle s'était dévouée pour lui. Quelques phrases banales, de celles qui tombent des lèvres sans sortir du cœur et que tous les hommes disent à toutes les femmes, avaient suffi pour incendier cette tête romanesque, où la passion ne demandait qu'à naître.

Depuis plus d'un an, la jeune fille, dévorée par une flamme que l'absence avivait, attendait le retour promis.

« En vérité, pensa Saint-Maixent, La Calprenède et Scudéry n'ont point écrit de roman plus tendre! pourquoi me montrerais-je cruel ? En fait de galante aventure un gentilhomme peut déroger sans honte! cette enfant a de la beauté, et, Dieu me damne, elle ressemble presque à ma cousine, Marie de Rahon. »

Quand il eut prononcé tout bas ce nom, le marquis s'arrêta, ses yeux s'agrandirent, devinrent fixes et sans rayons, et ses traits violemment tendus, sa bouche contractée, exprimèrent l'effort d'un immense travail intérieur, en même temps qu'une ombre visible passait sur son front penché.

Ce fut rapide comme un éclair : le visage redevint calme et reposé, les yeux reprirent leur éclat, les lèvres retrouvèrent leur sourire ; le nuage s'effaça sans laisser de traces.

Une effrayante inspiration, fille du génie du mal, venait de naître dans les ténébreuses profondeurs de l'âme de Saint-Maixent.

La pauvre Julie était condamnée.

« Mon hôte, dit le gentilhomme à Guillaume, allez, s'il vous plaît, me quérir en votre cellier une bouteille de vieux vin d'Espagne. Je souhaite la vider avec vous à la santé de votre fille, la plus charmante personne de toute la province.

— J'y vole, monsieur le marquis, j'y vole! s'écria l'aubergiste en se précipitant vers sa cave, sans se douter que Saint-Maixent voulait tout simplement se débarrasser de lui pendant quelques minutes. »

A peine le gentilhomme se trouva-t-il seul avec la jeune fille, qu'il se pencha vers elle et lui prit la main. Elle n'essaya même pas de dégager cette main, et il la sentit trembler et brûler entre les siennes.

« Julie, dit-il d'une voix très-basse avec cet accent de tendresse qu'il savait prendre mieux que personne; Julie, je n'ai rien oublié. Si je suis revenu, c'est pour vous, car je vous aime et vous m'aimez.... »

La jeune fille tressaillit de tout son corps, ses yeux se voilèrent, sa respiration s'arrêta, et, dans le silence profond, on entendit battre son cœur.

« Oui, vous m'aimez, poursuivit Saint-Maixent, vous m'aimez et je vous adore. Julie vous m'avez sauvé. Cette vie que je vous dois, je veux vous la consacrer toute entière. Des obstacles nous séparent, de graves obstacles; mais je saurai les aplanir, et j'espère que le jour est proche où nous pourrons ne plus nous quitter. J'ai bien des choses à vous dire.... bien des choses à vous apprendre.... bien des choses à vous demander. Cette salle, vous le comprenez, ne peut être le lieu d'un sérieux et long entretien. D'ailleurs, votre père se trouve entre nous; il faut que je vous parle cette nuit. Je ne me coucherai pas, et, quand tout le monde ici dormira, je vous attendrai dans cette chambre où vous avez jadis apporté le salut. Vous y viendrez, n'est-ce pas ? »

La jeune fille garda le silence et ses joues pâles devinrent pourpres.

Elle n'avait pas hésité lorsqu'il avait fallu, pour sauver le marquis, franchir à tâtons et dans les ténèbres le seuil de cette même pièce, et cependant, alors, des sentinelles veillaient, une surprise était imminente, presque inévitable, et la surprise c'était le déshonneur.

Pourquoi donc aujourd'hui, où rien de semblable n'était à craindre, Julie paraissait-elle indécise ?

Pour la meilleure de toutes les raisons : parce que, autrefois, l'amour n'existait pas encore; parce que, aujourd'hui, le danger n'existait plus.

La pudeur féminine reprenait ses droits : l'âme chaste de Julie redoutait instinctivement la solitude à deux et le nocturne tête-à-tête.

Un sourire aussitôt réprimé vint aux lèvres du marquis. Triompher de cette faible résistance lui semblait un jeu d'enfant.

« Eh quoi! vous hésitez, murmura-t-il d'un ton douloureux, avec un air de découragement profond ; c'est de la défiance et non de l'amour que je vous inspire! Malheureux que je suis, j'avais espéré trop vite.... je m'étais trompé.... vous ne m'aimez pas.... »

— Je ne l'aime pas.... balbutia Julie avec une sorte d'effarement; grand Dieu! que dit-il ?...

— Eh bien! si vous m'aimez, pourquoi ne me point répondre ? Comment redoutez-vous un entretien d'où dépend notre bonheur à tous d'eux ? Julie, au nom du ciel, au nom de notre amour, dites-moi que vous viendrez cette nuit!

— Je n'ose.

— Que craignez-vous ?

— Je ne sais.... vous, peut-être.... et moi-même.

— Mais c'est de la folie! N'êtes vous donc pas sûre de moi ? ignorez-vous que mon respect égale ma tendresse! Julie, n'hésitez plus! la défiance serait un outrage bien gratuit et bien immérité ! Consentez, je vous en conjure! Faut-il vous le demander à genoux ? »

On entendit en ce moment un pas lourd et pressé de Guillaume Chadorant qui revenait de la cave.

« Julie, le temps nous presse, poursuivit Saint-Maixent; il ne nous reste que quelques secondes. Répondez, répondez-vite! Viendrez-vous ? »

Un soupir, plutôt qu'une parole, s'exhala des lèvres de la jeune fille, mais ce soupir disait clairement :

« Je viendrai.... »

Guillaume rentra dans la grande salle avec une bouteille ventrue, couverte de toile d'araignées, qu'il posa triomphalement sur la table.

« Voilà, s'écria-t-il, un certain malvoisie que j'ai depuis vingt ans; le roi, que Dieu conserve, n'en boit point de meilleur, et monsieur le marquis m'en dira des nouvelles ! »

VI

ENTREVUE NOCTURNE.

Il était un peu plus de minuit.

Un calme profond planait sur la campagne; le village de Saint-Jude semblait dormir d'un profond sommeil, et pas un bruit, pas un murmure, ne troublait le sommeil de l'hôtellerie des *Armes de France*.

Saint-Maixent, assis dans la chambre n° 5, à côté d'une petite table sur laquelle une lampe de cuivre à mèche ronde répandait ses clartés douteuses, attendait.

Son visage sombre n'exprimait point l'ardeur impatiente d'un amant bien épris dont la maîtresse se fait attendre. Une pensée ténébreuse, effrayante, infernale, se lisait sur ses traits, la même pensée dont nous avons signalé la naissance au moment où le marquis prononçait le nom de la comtesse Marie de Rahon, et constatait entre la grande dame et l'humble fille de Guillaume Chadorant une sorte de vague ressemblance.

Quelle était cette pensée qui mettait un reflet si sombre sur le visage angélique de Saint-Maixent? Nous ne tarderons guère à le savoir.

Tout à coup (comme pendant la nuit de l'évasion), un frôlement se fit entendre sur la galerie, léger, presque indistinct, à tel point que le marquis put d'abord se croire dupe d'une illusion, mais le frôlement se renouvela et le doute devint impossible. On marchait lentement, avec précaution, en se soutenant d'une main contre la muraille, pour mieux étouffer le bruit des pas foulant les planches élastiques.

Saint-Maixent quitta son siège, et, marchant sur la pointe des pieds, il se dirigea vers la porte qu'il entr'ouvrit.

Une forme féminine s'appuyait à l'un des montants de cette porte pour ne pas tomber : c'était Julie tremblante, anéantie, sans haleine et presque sans voix.

Elle venait, docile à la volonté de celui dont elle reconnaissait sur elle l'absolue domination; mais, nous le répétons, elle avait peur.

Saint-Maixent la souleva dans ses bras, comme on prend un enfant craintif et qui n'ose avancer. Il la porta jusqu'au fauteuil antique dans lequel il s'était assis pour l'attendre, et il se mit à genoux devant elle en murmurant tout bas à son oreille ces paroles d'amour, qui sont la plus délicieuse de toutes les musiques pour la femme qui les entend.

Le marquis était un homme trop habile pour accompagner ces paroles d'aucune hardiesse inquiétante, et Julie se rassura peu à peu. Elle commença par répondre en balbutiant et finit par reprendre assez d'assurance pour interroger

« Vous aviez promis de revenir, murmura-t-elle, et je comptais sur votre parole, car un gentilhomme ne doit pas mentir; mais combien les journées étaient longues! combien les heures passaient lentement! C'est une existence tout entière qui s'est écoulée depuis votre départ! Pourquoi donc avez-vous tardé si longtemps?

— Ne l'avez-vous point deviné? répliqua Saint-Maixent. Mon cœur me rappelait ici, mais le danger auquel je n'avais échappé que grâce à vous continuait à planer sur moi. Ma tête restait mise à prix, les poursuites et les recherches ne s'arrêtaient pas, la mort me guettait de tous côtés, et je voulais vivre.... vivre pour vous! L'amour me rendait pru-

dent.... presque timide. Il y a quelques jours à peine, le roi, proclamant hautement mon innocence, a balayé loin de mon chemin les ennemis qui l'entravaient. A peine libre, je suis venu ; ai-je eu tort de me faire attendre ?

— Oh! non! non! vous avez bien fait! Vous avoir sauvé pour vous perdre! j'en serai morte!... Mais ne pouviez-vous donc écrire? trois mots seulement : *Je me souviens!* et j'aurais été heureuse....

— Non! je ne le pouvais pas! je ne le devais pas!

— Pourquoi ?

— Parce que ces trois mots, au lieu d'arriver dans vos mains, risquaient de tomber dans celles de votre père, qui vous aurait accusée, soupçonnée.... Enfin, et surtout, parce que la calomnie pesait sur moi, et qu'une lettre signée de mon nom suffisait pour gravement compromettre celui-là, quel qu'il fût, à qui je l'aurais adressée.

— Vous pensiez donc à tout?

— Quand il s'agissait de vous, oui, certes!

— Mais maintenant, maintenant que le roi vous a fait libre et que tout péril a disparu, vous ne me laisserez plus languir et pleurer en votre absence pendant des mois entiers, n'est-ce pas? La force me manquerait pour souffrir .. je ne suis plus ce que j'étais. Les longues nuits sans sommeil ont usé ma vie, et, quoique j'aie vingt ans à peine, je suis si faible que déjà je frissonnais à la pensée de mourir sans vous avoir revu...

— Chère bien-aimée, répondit Saint-Maixent, avez-vous donc oublié mes paroles? Le jour approche, je vous l'ai dit, où nous pourrons ne plus nous quitter.

— Ne plus nous quitter! murmura Julie. Oh! ce serait le plus beau de tous les rêves; mais comment se réaliserait-il?

— La loi des hommes et la loi de Dieu ordonnent au mari de ne point se séparer de sa femme..... et vous serez la mienne.....

— Votre femme, moi! répéta la jeune fille enivrée, mais en même temps presque incrédule.

— En avez-vous douté? répliqua le gentilhomme; un cœur loyal comme le mien veut imposer hautement, à tous, le respect de celle qu'il aime! Si vous ne m'étiez venue en aide, je serais mort déshonoré! Puis-je faire moins que de partager avec vous la vie que je vous dois, et de vous donner un nom redevenu pur, grâce à vous! Julie, vous serez ma compagne, vous serez marquise de Saint-Maixent!

— Ah! balbutia la jeune fille, Dieu m'en est témoin, ce nom que vous m'offrez, je ne l'espérais pas ! Cet honneur éclatant, si fort au-dessus de mon mérite, je ne vous l'aurais jamais demandé !

— Cet honneur, Julie, vous en êtes digne. Vous serez la plus belle et la plus aimée des femmes, et vous porterez fièrement votre couronne de marquise. Seulement, pour accomplir ce que j'ai résolu, il faut que je brise des obstacles, et j'ai besoin de trouver en vous la confiance la plus absolue, la plus illimitée.

— Ma confiance vous appartient toute entière. Je crois en vous comme je crois en Dieu.

— Quoique je vous demande, vous le ferez ?

— Je vous le jure.

— Ecoutez-moi donc, chère bien-aimée, car je vais tout vous dire : l'obstacle principal, pour ne pas dire le seul, qui s'oppose à notre union immédiate, vient de mon riche et puissant parent, le comte de Rahon ; il a contribué, pour une grande part, à faire éclater mon innocence aux yeux du roi, et, comme il me porte un vif intérêt, il s'est mis en tête de relever, par un mariage avec une personne de sa famille, ma fortune un peu compromise. »

Julie devint pâle comme une morte.

« Mais alors... alors... dit-elle avec une immense angoisse qui se trahissait dans le tremblement de sa voix, je dois refuser un bonheur qui serait votre ruine... Je le dois... je le veux... je ne serai jamais votre femme...

— Qu'importe la fortune à qui trouve l'amour ! interrompit Saint-Maixent d'un ton passionné. Me croyez-vous assez insensé pour sacrifier à quelques sacs d'or le bonheur de toute ma vie ? Si j'en pouvais avoir seulement la pensée, je ne mériterais que mépris ! Grâce au ciel, je suis encore à l'âge où les inspirations du cœur l'emportent sur les ambitions cupides ! Le comte de Rahon, mon parent, est, au contraire, presque un vieillard ; à ses yeux, la richesse est tout ! il traiterait de folie mes projets, et chercherait, par tous les moyens, à en entraver l'exécution. Certes, je ne dépends point de lui, et je passerais outre ; mais il me serait pénible de m'aliéner le cœur d'un parent qui m'aime et à qui je dois beaucoup. Je garderai donc vis-à-vis de lui mon secret jusqu'au jour où j'aurai pour moi la puissance du fait accompli. Je vais prendre mes mesures pour que ce jour arrive bientôt. Un prêtre, qui m'est absolument dévoué, consacrera notre union ; puis, quand vous serez ma femme devant Dieu, quand aucune volonté humaine n'aura la force de nous désunir, je vous conduirai au comte de Rahon, je lui dirai : « Voilà la marquise de Saint-Maixent, regardez la ! » Je lui dirai ce que je vous dois et comment mon nom seul pouvait payer ma dette ! Alors, touché par votre grâce et par notre amour, désarmé par votre beauté, il vous ouvrira ses bras et me pardonnera d'avoir accompli, sans le consulter, l'acte le plus important de mon existence.

— Dieu le veuille ! murmura Julie.

— Dieu le voudra, n'en doutez pas. Maintenant, voici pourquoi j'aurai besoin de cette confiance sans limites que je vous demandais tout à l'heure. D'abord, il faut me promettre que personne au monde, et votre père lui-même, ne soupçonnera rien de notre intelligence et de notre prochaine union.

— A quoi bon vous faire cette promesse ? Ce secret que j'ai gardé si longtemps, ce secret d'amour dont je serais morte, pouvez-vous craindre qu'il m'échappe aujourd'hui ?

— Je ne crains rien de votre loyauté, mais parfois le bonheur se trahit malgré lui.

— Je serai forte contre la joie comme je l'étais contre le chagrin.

— Ce n'est pas tout : notre mariage, vous le comprenez, ne peut se célébrer ici ; quand je vous dirai : « L'heure est venue, » serez-vous prête à quitter cette maison et à me suivre ?

— Je serai prête.

— Songez que votre père, comme les autres et plus que les autres, devra n'apprendre votre départ qu'en ne vous trouvant plus sous son toit...

— Pauvre père, comme il souffrira ! Il va pleurer et me maudire ! Pour le désespérer ainsi, le courage me manquera peut-être.

— Oubliez-vous que, le lendemain, c'est la marquise de Saint-Maixent que je ramènerai dans ses bras ? Le chagrin aura été grand, mais la consolation sera prompte.

— Vous avez raison, toujours raison. Je m'abandonne à vous. Ordonnez donc, mon seigneur et maître... votre servante obéira.

— Julie... Julie... vous êtes un ange... balbutia le gentilhomme avec un transport de passion. Aussi, je vous aime, ou plutôt je vous adore, comme on doit adorer les anges... à genoux ! »

Pauvre Julie !

Le jour allait paraître quand elle quitta la chambre du marquis de Saint-Maixent.

La fille d'Eve innocente et pure était tombée dans les pièges du misérable, et cette obéissance qu'elle venait de lui promettre, elle n'avait plus désormais le droit de la lui refuser...

Le comte fut porté sur un brancard jusqu'à l'auberge du village le plus proche. (Page 182).

VII

OU LE PASSÉ PÈSE SUR L'AVENIR.

En quittant l'hôtellerie des *Armes de France*, le marquis de Saint-Maixent ne prit ni le chemin de la maison isolée, où devait se jouer l'un des actes du drame sinistre qu'il préparait, ni le chemin du château de Rahon.

Il abandonna la route royale et se dirigea, rapidement par les chemins les plus directs, vers la route du Puy-en-Vélay, où il arriva le lendemain.

Là n'était point encore le but de son voyage; car laissant sa monture fatiguée à l'auberge du *Soleil-d'Argent*, où il s'était arrêté déjà quelques mois auparavant, il se fit amener un cheval de louage et s'en alla droit au hameau de Chamblas, où il frappa à la porte de Simone Raymond.

L'ex-diseuse de bonne aventure de la rue de la Lanterne ne put retenir un mouvement de surprise et d'épouvante en le reconnaissant.

« Encore vous ! s'écria-t-elle.

— Encore moi, oui, ma chère, répondit le marquis. Et j'ai le droit, ce me semble, de m'étonner du peu d'empressement de votre accueil, ajouta-t-il; car les résultats de ma dernière visite ont été brillants pour vous.

— Vous voulez dire, je suppose, qu'on m'a largement payé le crime ?

— Royalement, oui, ma chère... et j'ajoute que jadis vous en aviez commis, à bien meilleur marché, beaucoup d'autres du même genre.

— Le passé ! toujours le passé ! murmura Simone; va-t-il donc me poursuivre encore ?

— C'est probable.

— Que voulez-vous de moi ?

— J'ai besoin de vos services.

— Pour quelque œuvre de ténèbres, n'est-ce pas?

— Je crois qu'on a peu l'habitude de recourir à Simone Raymond pour accomplir des actes de vertu, répliqua le gentilhomme en riant.

— Eh bien! s'écria l'ex-devineresse avec énergie, cette fois, vous aurez perdu vos pas, monsieur le marquis de Saint Maixent; je ne serai point votre complice.

— Croyez-vous? demanda le gentilhomme avec ironie.

— J'en suis sûre. Oh! vous allez me dire, je le sais, que je suis à votre discrétion, que vous pouvez me perdre, et que vous le ferez si je refuse de vous obéir. Tout cela est vrai, je ne songe point à le nier. Epargez-vous donc les menaces, elles seraient sans effet. Je suis lasse de vous servir d'instrument. S'il est dans ma destinée d'être rouée vive ou pendue, que ma destinée s'accomplisse! Mourir de cette façon, ou mourir dans mon lit, peu m'importe! je ne ferai pas un geste, je ne dirai pas un mot pour reculer l'heure. D'ailleurs, je suis fataliste. Ce qui est écrit est écrit. On n'y peut rien changer. Dénoncez-moi donc, monsieur le marquis! j'attendrai dans cette maison les agents du lieutenant civil. Voulez-vous me lier les mains, je suis prête à vous les tendre. »

En face de cette résolution subite et qui paraissait inébranlable, Saint-Maixent se trouva fort embarrassé.

Celle qui se révoltait ainsi et sur qui l'épouvante n'avait plus de prise, puisqu'elle ne craignait plus la mort, ne se laisserait point séduire, à coup sûr, par l'appât d'une récompense.

Et cependant le marquis ne pouvait se passer de la complicité de Simone. Si elle s'obstinait dans son refus, si elle lui faisait défaut, tout manquait, et le nouveau plan, lentement mûri, laborieusement échafaudé, s'anéantissait dans un écroulement sans remède.

Comment donc faire?

Le gentilhomme, convaincu que promesses et menaces échoueraient également, résolut d'user de la dernière ressource qui lui restait : la persuasion.

« Simone, fit-il, je vais vous parler franchement: j'ai besoin de vous, je le répète, et, pour vous décider à me servir, j'ai voulu vous effrayer, j'en conviens; mais, quelle que soit votre décision, vous n'avez rien à craindre de moi. « Le diable n'est pas si noir qu'il en a l'air, » dit un vieux proverbe. Je ressemble au diable sous ce rapport. Dénoncer une femme est une lâcheté dont, sur mon honneur de gentilhomme, je vous jure que je suis incapable.

— Si cela est vrai, monsieur le marquis, tant mieux pour vous, » répliqua Simone.

Saint-Maixent ne releva point ce doute offensant et poursuivit :

« Encore une fois, vous êtes donc libre d'agir à votre guise; mais, si vous refusez de me venir en aide, il faut au moins que ce soit en connaissance de cause, et je vais vous apprendre ce que j'attendais de vous.

— A quoi bon? demanda la sage-femme.

— Eh! mordieu! laissez-moi parler, vous répondrez ensuite.

— Soit! j'écoute. Mais, d'avance, je vous dis : Ne comptez pas sur moi.

— Bah! qui sait? vous croyez qu'il s'agit d'un crime et vous vous révoltez.... Je tiens à vous prouver que ce n'est point dans une tragédie que je vous réservais un rôle. J'avais compté sur votre merveilleuse adresse pour mener à bien une intrigue dont le dénouement n'a rien de funeste, car l'héroïne de ma comédie ne doit mourir qu'en apparence.

— Mourir en apparence? répéta Simone qui sentait malgré elle sa curiosité naître et grandir; que signifie cela?

— Vous allez le comprendre. Accordez-moi toute votre attention et figurez-vous que je prépare pour MM. les comédiens de l'hôtel de Bourgogne un imbroglio tragi-comique qui pourrait s'appeler : *La Morte vivante.* »

Simone tressaillit.

« Continuez! continuez! » dit-elle.

Le gentilhomme augura bien de cet empressement inattendu. Non-seulement la sage-femme prêtait l'oreille, mais elle avait hâte de savoir. A coup sûr, il venait de faire un grand pas dans la voie de la persuasion.

Aussi, sans perdre une seconde, et sans s'inquiéter de savoir d'où venait un revirement si soudain dans les dispositions de Simone, il reprit la parole.

En peu de mots, avec une clarté merveilleuse, il développa un plan que nos lecteurs ne connaissent pas encore, mais à la mise en action duquel ils assisteront bientôt.

Quand il eut achevé, Simone interrogea.

« Quelle est la grande dame, demanda-t-elle, qui doit se prendre dans les mailles du filet que vous avez ourdi? J'ai besoin de savoir son nom.

— Je vais vous prouver ma confiance, répondit Saint-Maixent; vous ne m'avez fait aucune promesse et cependant je vous livre mon secret : cette grande dame est la comtesse de Rahon.

— Je l'avais deviné, murmura d'une voix sourde

l'ex-tireuse de cartes. La fatalité poursuit son œuvre ; la seconde partie de l'horoscope va se réaliser et c'est moi, cette fois encore, que la destinée choisit pour que l'arrêt soit exécuté. *Morte et vivante !* je l'avais dit ! Nul, ici-bas, ne peut échapper à son sort ! »

Ce que nous venons d'écrire, le marquis ne l'entendait pas ; mais il dévorait des yeux la sage-femme, et il voyait clairement sur son visage que quelque chose d'étrange se passait dans son esprit.

« Eh bien ! reprit-il au bout d'un instant, vous savez tout ; que décidez-vous ? »

Simone releva la tête et se tourna vers lui.

« Comptez sur moi, dit-elle. Ce rôle que vous me destinez, je l'accepte. Oh ! ne me remerciez pas, ajouta-t-elle vivement ; ce n'est point à vous que je cède, j'obéis à une volonté plus forte que la vôtre. »

Ainsi, pour la deuxième fois, la prédiction de la rue de la Lanterne allait peser d'un poids énorme sur les événements futurs, puisque pour la deuxième fois, cette prédiction entraînait la complicité de Simone, sans laquelle le marquis se trouvait impuissant.

Combien d'oracles, parmi les plus célèbres, dont la mystérieuse réalisation pourrait s'expliquer de cette façon.

Les événements n'étaient point prédits parce qu'ils devaient s'accomplir ; ils s'accomplissaient parce qu'ils avaient été prédits.

« Quel que soit le mobile qui vous fasse agir, répondit Saint-Maixent ; croyez que ma reconnaissance....

— Vous ne m'en devez pas, interrompit Simone.

— Laissez-moi vous dire, au moins, que je saurai payer le service rendu de manière à dépasser vos désirs et vos espérances. »

Simone fit un geste dédaigneux et répliqua :

« J'ai refusé la reconnaissance, je vous tiens quitte aussi des promesses. S'il vous plaît de me payer, soit ! mais je vous servirai pour rien. Quand partirons-nous ?

— Dans une heure.

— Dans une heure, je serai prête. »

Le jour suivant, vers le soir, deux chevaux, montés l'un par le marquis de Saint-Maixent, l'autre par la sage-femme, s'arrêtaient dans la forêt d'Ebreuil, à la porte de la maison isolée.

Le gentilhomme ouvrit cette porte, introduisit sa compagne, puis se chargea d'une assez lourde valise attachée derrière sa selle et qui contenait du linge, des vêtements, quelques provisions de première nécessité, et bon nombre d'autres objets de différente nature. Cette valise fut mise à la disposition de Simone.

Après une nuit de repos dont il avait le plus grand besoin, Saint-Maixent quitta la maison isolée et reprit le chemin du château de Rahon, en évitant de traverser le village de Saint-Jude, et, par conséquent, de passer devant l'hôtellerie des *Armes de France.*

Son absence avait duré six jours.

Pour que notre récit devienne intelligible, ou tout au moins pour que nulle obscurité ne fatigue l'esprit de nos lecteurs, il nous faut retourner en arrière de quelques semaines, et raconter certains faits accomplis dans la demeure patricienne du comte et de la comtesse de Rahon.

A partir de l'entretien qui termine la deuxième partie de ce livre, et où le marquis avait répondu : « Peut-être... » à la belle Olympe qui venait de s'écrier : « Morte et vivante ! c'est impossible ! » Saint-Maixent n'avait passé ni une heure, ni une minute, sans chercher la solution du problème qu'il s'était posé.

Un si opiniâtre labeur devait tôt ou tard porter ses fruits, et le jour ne tarda guère où le gentilhomme alla trouver la marquise de Chavigny et put lui dire triomphalement :

« J'ai trouvé !... »

Ce qu'il avait trouvé, nos lecteurs le sauront quand il en sera temps.

Toujours est-il que Saint-Maixent exposa son plan, comme il devait un peu plus tard l'exposer à Simone Raymond, et que la belle Olympe l'approuva après avoir soulevé, pour la forme, quelques objections facilement et victorieusement combattues.

Seulement, pour que la réalisation de ce plan devînt possible, il était nécessaire que la comtesse restât seule au château pendant quelques jours.

Donc, il fallait attendre. Le marquis s'arma de patience en se promettant, toutefois, d'inventer une combinaison machiavélique pour faire naître l'occasion, si l'occasion tardait trop à se présenter toute seule.

Le hasard lui vint en aide et le dispensa d'avoir recours une fois de plus à son imagination inépuisable pour le mal.

Voici ce qui se passa.

VIII

LE DÉPART. — UNE MAUVAISE NOUVELLE

Le comte de Rahon, nous l'avons dit, était lieutenant-général des armées du roi. Par conséquent, tout grand seigneur qu'il fût et quoi qu'il occupât l'une des plus hautes positions de la hiérarchie militaire, il n'en devait pas moins au ministre de la guerre, son supérieur immédiat, une obéissance absolue.

Deux mois et demi environ après l'entretien de Saint-Maixent et de la belle Olympe, entretien rappelé par nous à la fin du précédent chapitre, une lettre du ministre arriva, donnant l'ordre à M. de Rahon de se rendre à Paris dans le délai d'un mois.

Cette lettre, complétement inattendue, mais aux injonctions de laquelle il était impossible de ne se point soumettre, causa au comte une contrariété si vive, qu'elle prit les proportions d'un véritable chagrin.

Annibal n'avait jamais trouvé si dure l'impérieuse nécessité de se séparer momentanément de sa femme, et cela en raison de l'état de santé de cette dernière.

On ne pouvait dire, à la vérité, que la comtesse fût malade ; mais elle ne s'était point remise du coup trop violent qu'elle avait reçu, et, sa faiblesse persistante, sa mélancolie, que rien ne parvenait à dissiper, causait à M. de Rahon les plus vives et les plus légitimes inquiétudes.

Or, il ne savait pas combien de temps durerait son absence, et cette incurable faiblesse dont nous venons de parler lui défendait absolument de se faire accompagner à Paris par la comtesse.

Saint-Maixent reçut la confidence de ses préoccupations et le consola de son mieux, et s'efforçant de lui démontrer que, selon toute apparence, il obtiendrait facilement du ministre, et même du roi s'il fallait s'adresser à lui, l'autorisation de revenir au plus vite dans ses terres où de si chers intérêts le rappelaient.

Le comte avait un mois presque entier devant lui ; il pouvait, en voyageant sans s'arrêter, arriver à Paris en cinq ou six jours ; il résolut de ne se mettre en route qu'au dernier moment, et il fixa son départ en conséquence.

C'est alors que Saint-Maixent quitta le château sous un prétexte ingénieusement trouvé, et fit ce petit voyage pendant lequel nous l'avons accompagné successivement à la maison isolée, à l'hôtellerie des *Armes de France* et au village de Chamblas.

Il revint au manoir juste une semaine avant le départ de son parent.

Cette semaine fut longue et triste, ainsi qu'il arrive toujours à l'approche d'un événement pénible, mais inévitable.

La comtesse s'absorbait dans une si douloureuse préoccupation, qu'on eût dit qu'elle s'attendait à quelque catastrophe, et véritablement, à mesure que la séparation approchait, la pauvre femme croyait voir s'étendre sur elle un voile funèbre prêt à l'envelopper comme un suaire, et à la séparer pour toujours du monde des vivants.

La veille du départ, Saint-Maixent dit au comte qu'il désirait envoyer à Paris son valet Lazare pour y régler une affaire importante (il laissa deviner qu'il s'agissait d'une affaire de cœur), et il lui demanda de l'adjoindre à ses gens pendant le voyage, ce à quoi M. de Rahon consentit volontiers.

Enfin, arriva l'heure des adieux.

Elle fut déchirante. La comtesse, sous le coup de cette douloureuse oppression, de ce vague et funèbre pressentiment dont nous avons parlé, ne pouvait s'arracher aux bras d'Annibal, et son pauvre cœur semblait prêt à éclater, tant les sanglots le secouaient convulsivement.

M. de Rahon comprit qu'il fallait couper court à cette crise pénible qui, dans l'état de faiblesse où se trouvait sa femme, pouvait avoir les suites les plus funestes.

Il pressa une dernière fois Marie contre sa poitrine, il embrassa Olympe et Saint-Maixent en leur disant :

« Je vous la confie.... c'est ce que j'ai de plus cher au monde ! Pour l'amour d'elle et pour l'amour de moi, veillez bien. »

Puis, sans même attendre la réponse du marquis et de la jeune femme, et laissant dans leurs bras la comtesse presque inanimée, il quitta le salon, s'élança dans son carrosse et cria :

« Touchez ! »

En entendant le bruit des roues sur le sable de la cour d'honneur, Olympe et Saint-Maixent coururent à l'une des fenêtres.

Ils virent le carrosse s'éloigner rapidement, ils échangèrent un long regard et revinrent à Mme de Rahon qui, renversée dans un fauteuil et plus pâle que ses blanches guipures, ne semblait vivante que parce que ses larmes coulaient.

« Chère cousine, murmura la marquise de Chavigny, en s'agenouillant presque devant sa parente, pourquoi donc vous désespérer ainsi ? Qu'est-ce, après tout, que la séparation qui commence ? Une épreuve passagère à laquelle la plupart des femmes se soumettent en souriant. Aucun danger ne menace le comte ; il va faire un heureux voyage et vous le verrez bientôt. »

Marie secoua doucement et tristement la tête ; ses grands yeux, qu'entourait un cercle d'azur, se tournèrent vers le ciel et elle balbutia :

« Non.... non.... je ne le verrai plus.... non ! je ne le reverrai jamais....

— Étrange pressentiment, pensa le marquis ; la pauvre femme ne sait pas si bien dire. »

Puis tout haut, et donnant à sa voix l'expression la plus douce et la plus tendre, il ajouta :

« Je vous en conjure, chère cousine, chassez bien vite ces sombres pensées. Le comte vous a remise dans nos mains en nous chargeant de veiller sur son plus précieux trésor. Nous serions peu dignes de la confiance qu'il nous témoigne, si nous ne parvenions à vous rendre le calme de l'esprit et le repos du cœur. C'est en son nom que je vous supplie de combattre un abattement qui lui causerait, s'il en était témoin, la plus vive de toutes les douleurs. Un tel état vous fait beaucoup de mal. Vous êtes toute la vie de mon cousin.... vous êtes plus que sa vie.... ménagez vous pour lui.

— Oui, vous avez raison, je le sens bien, répondit Marie ; mais est-ce ma faute si je suis faible ? est-ce ma faute s'il m'a semblé, en le voyant partir, que le désert se faisait autour de moi et que je descendais dans une tombe ?

— Eh bien ! oui, c'est votre faute, répliqua Saint-Maixent. Vous n'avez point le droit de vous arrêter, ne fût-ce qu'un instant, à ces imaginations coupables et folles. Non, vous n'êtes pas dans un désert, puisque vous avez à vos côtés deux parents, deux amis, dont l'affection et le dévouement sont sans bornes, et qui, si la tombe s'entr'ouvrait, voudraient y descendre avec vous. »

La comtesse, émue et touchée de ces paroles, réunit dans ses mains débiles les mains d'Olympe et de Saint-Maixent et les serra avec effusion.

« C'est vrai, dit-elle, je suis coupable ; mais vous ne doutez pas de mon cœur et je vais tâcher d'être forte.

— Et nous vous y aiderons, chère cousine ! » s'écria la marquise.

Trois jours se passèrent.

Rien au monde ne saurait donner une idée des soins tendres et affectueux, des prévenances sans cesse renaissantes dont les deux complices entouraient M⁽ᵐᵉ⁾ de Rahon.

Ils vinrent à bout de la calmer, de la consoler, d'apaiser presque ses inquiétudes et de dissiper ses pressentiments. C'est tout dire.

Souvent, les yeux humides de larmes attendries, la comtesse se répétait tout bas :

« Qu'il est doux d'être aimée ainsi. »

Le quatrième jour, vers le soir, un peu avant le moment du souper, les deux femmes et Saint-Maixent, assis sous les grands châtaigniers voisins de la grille, parlaient d'Annibal comme de coutume, car Annibal était l'unique objet de tous les entretiens.

« Je ne doute pas, disait le marquis, que ce cher comte, à l'heure qu'il est, ne soit tout près d'arriver à Paris. Je crois le voir entrant dans son hôtel, pensant à vous, vous écrivant peut-être. Avant une semaine, ma cousine, vous recevrez une lettre de lui.

— Ah ! s'écria Marie, que Dieu vous entende ! Vienne cette lettre et je serai rassurée tout à fait. »

En ce moment, le bruit d'un galop enragé se fit entendre dans l'avenue.

La comtesse tressaillit et murmura :

« Nous n'attendons personne... qui peut venir si vite ?...

— Cela m'a tout l'air d'un courrier, répondit Saint-Maixent ; peut-être allez-vous avoir des nouvelles plutôt que vous n'auriez osé l'espérer. »

Le bruit se rapprochait avec la rapidité de la foudre.

Bientôt on put voir le cavalier, sur un cheval tout blanc d'écume, bondissant, et qu'il éperonnait encore.

Le marquis se leva, l'air inquiet, la physionomie bouleversée.

« Dieu me pardonne ! murmura-t-il, on croirait que c'est Lazare.

— Lazare, répéta M⁽ᵐᵉ⁾ de Rahon devenue livide, et chancelant sur son siège. Pourquoi votre valet reviendrait-il ? Il faudrait qu'un malheur fût arrivé ! Non ! non ! ce n'est pas lui.... ce ne peut pas être lui.... »

C'était bien lui, cependant.

En quelques secondes, il eut franchi la courte distance qui le séparait du groupe de nos personnages.

Il arrêta brusquement son cheval et mit pied à terre.

Il était haletant ; il paraissait se soutenir à peine et son visage défait offrait une expression effrayante.

La comtesse, dont une indicible angoisse étreignait le cœur, voulut interroger.

Elle n'en eut pas la force ; la parole expira sur

ses lèvres tremblantes. Elle fit un geste et ce geste voulait dire :

« Parlez, parlez vite !

— Que se passe-t-il ? demanda le marquis. Qu'est-il arrivé ? pourquoi reviens-tu ?

— Je suis un messager de mauvaises nouvelles, balbutia Lazare. Je supplie Mme la comtesse de me pardonner le mal que je vais lui faire. »

Il s'interrompit.

Mme de Rahon retrouva la voix.

« Ah ! cria-t-elle en se tordant les mains, le comte est mort !

— Non, madame, non, répliqua vivement Lazare, il est blessé, blessé dangereusement peut-être, mais je vous jure qu'il n'est pas mort. »

En ce moment, se produisit un phénomène que nous ne saurions expliquer.

La comtesse que, selon toute apparence, la certitude d'un malheur devait anéantir, reprit soudain son sang-froid, et ce fut d'une voix presque ferme qu'elle questionna le valet.

« Cette blessure dangereuse, dit-elle, qui l'a faite ? Un crime a-t-il été tenté ?

— Non, madame la comtesse, il n'y a pas eu de crime, mais un accident terrible. A une descente très-rapide, la chaîne du *sabot* s'est rompue ; les chevaux, poussés par le carrosse, se sont emportés ; ils ont manqué le tournant, l'équipage est tombé de vingt pieds de haut dans un ravin où la voiture s'est brisée. Quand sont arrivés les secours, M. le comte, évanoui, perdait beaucoup de sang par deux blessures profondes, l'une à la tête, l'autre à l'épaule. On l'a emporté sur un brancard jusqu'à l'auberge du village le plus proche, où il a repris connaissance et où les médecins sont venus.

— Les médecins ! qu'ont-ils dit ?

— Qu'il ne serait peut-être pas impossible de sauver M. le comte. »

Mme de Rahon cacha son visage entre ses deux mains.

« Pas tout à fait impossible.... peut-être.... balbutia-t-elle. Alors, il est perdu ! »

IX

L'ENLÈVEMENT.

La comtesse étouffa ses sanglots, releva la tête, et reprit :

« Où ce malheur est-il arrivé ?

— Près d'un gros bourg qui se nomme Langeron, répondit Lazare.

— Loin d'ici ?

— Oh ! très-loin, madame la comtesse !... Pour revenir, j'ai fait plus de soixante lieues à franc étrier.

— C'est à Langeron qu'est resté M. de Rahon ?

— Oui, madame la comtesse, à l'hôtellerie du *Cheval-Blanc*.

— Êtes-vous parti le jour même ?

— Une heure après l'accident, j'étais en route.

— Avez-vous été admis près de M. le comte avant de partir ?

— J'ai eu cet honneur.

— Vous a-t-il reconnu ?

— Oui, madame.

— Vous a-t-il parlé ?

— Il m'a parlé, et voici ses propres paroles : « Le temps presse, car mes jours sont peut-être « comptés ; ne perdez donc pas une minute, et dites « à Mme la comtesse que si je dois mourir je vou-« drais la revoir encore. »

— Ah ! s'écria Mme de Rahon, moi aussi, je veux le revoir ! Je vais le rejoindre, et la mort, me trouvant près de sa couche, n'osera le frapper ! »

Elle se tourna vers Saint-Maixent.

« Mon cousin, continua-t-elle, donnez des ordres, je vous en prie ; prévenez mes gens, je compte me mettre en route aussitôt que les chevaux seront au carrosse.

— Dans deux heures tout sera prêt, répliqua le marquis, et je sollicite la faveur de vous accompagner.

— Je vous remercie, et j'accepte.... j'accepte avec reconnaissance.

— Je ne vous quitterai pas non plus, dit vivement Olympe ; je veux partir avec vous....

— Quoi, vous aussi, chère cousine ! malgré les fatigues d'un voyage que je m'efforcerai de rendre rapide ?

— Eh ! que m'importe la fatigue ? A aucun prix, sous aucun prétexte, je ne consentirais à me séparer de vous dans cette douloureuse circonstance.

— Venez donc, mon amie, ma sœur, et soyez bénie pour cette bonne pensée, pour cet infini dévouement.

— Ma cousine, demanda le marquis, lesquels de vos gens comptez-vous emmener ?

— Mon premier cocher, mon valet de chambre et ma femme de chambre.

— Me permettrez-vous de vous faire une observation ?

— Certes !

— Eh bien ! le valet de chambre sera de trop,

puisque Lazare va repartir avec nous; je vous conseille donc de le supprimer.

— Je vous donne plein pouvoir, agissez à votre guise; je vous supplie seulement de faire qu'on se hâte. Je suis sur des charbons ardents, j'endure une véritable agonie, et, tant que nous ne serons pas en route, il me semblera que je vais mourir ou devenir folle. »

A deux heures du soir tous les préparatifs étaient terminés.

Un lourd carrosse, attelé de deux vigoureux chevaux, s'arrêtait devant le perron du château.

La comtesse et la belle Olympe prenaient place dans le fond de ce carrosse.

En face d'elles s'asseyait la Marinette, promue décidément à la dignité de première femme de chambre, car Anastasie Gaudin, restée languissante depuis qu'elle avait bu le breuvage composé par Simone Raymond, n'avait pu reprendre ses fonctions, et elle habitait, dans un village voisin du château, une jolie maisonnette dont la comtesse lui avait fait présent en récompense de dix années de bons services.

Lazare s'était installé sur son siège, à côté du cocher.

Saint-Maixent, monté sur *Djali*, l'infatigable étalon d'Orient, se tenait prêt à faire escorte aux deux grandes dames.

Le carrosse s'ébranla et partit au trot cadencé de son attelage.

Un si brusque départ n'ayant point permis de préparer des relais, il était impossible de faire plus de quinze ou seize lieues par jour, sauf le cas peu probable où l'on trouverait à acheter en route des chevaux de rechange.

La comtesse se désespérait en songeant à cette lenteur relative. Saint-Maixent la consolait de son mieux en lui répétant qu'à coup sûr les médecins de province s'étaient exagéré la gravité des blessures de M. de Rahon, et que sans doute ils allaient le trouver dans quatre jours en pleine voie de convalescence.

Olympe, de son côté, modulait de sa voix la plus douce des variations sur le même thème; la comtesse, cédant peu à peu à cette double influence, se sentait sinon rassurée tout à fait, du moins calmée, et par moment une sorte de vague espérance dilatait son cœur.

Le soir du second jour, les voyageurs s'arrêtèrent, pour y souper et pour y passer la nuit, au village de Massiac que l'on rencontrait sur la route royale avant Saint-Jude, dont trois lieues tout au plus le séparaient.

La comtesse ne mangea qu'à peine, but quelques gouttes d'un vin d'Espagne dont Saint-Maixent avait fait placer plusieurs flacons dans les coffres du carrosse, et, prise d'un sommeil irrésistible, elle n'eut que la force de gagner sa chambre, où la belle Olympe aida Marinette à la déshabiller et à la coucher.

Sa tête touchait à peine l'oreiller que déjà elle était endormie.

Le marquis fit appeler Lazare, et lui désignant le flacon à peine entamé, il lui permit de l'emporter et lui conseilla d'en faire les honneurs au cocher de la comtesse.

Cette recommandation fut accompagnée d'un regard dont le valet comprit le sens, car il y répondit par un regard pareil.

« Monsieur le marquis a-t-il d'autres ordres à me donner? demanda-t-il en se retirant.

— Oui, répliqua Saint-Maixent, quand la nuit sera tout à fait tombée, tu selleras *Djali* et tu viendras me prévenir dans ma chambre. »

Vers neuf heures, Lazare grattait doucement à la porte de son maître.

« Eh bien ! fit ce dernier.

— *Djali*, sellé et bridé, attend.

— Et le cocher ?

— Ravi de l'aubaine, il a vidé toute la bouteille à la santé de monsieur le marquis.

— J'imagine que tu n'as pas bu, toi, Lazare ?

— Non, par la sambucquoy ! pas si sot! Prétextant un grand mal de tête, c'est tout au plus si j'effleurais le liquide du bord de mes lèvres et je les essuyais aussitôt.

— Alors Firmin doit dormir d'un profond sommeil.

— Avant d'avoir achevé le dernier verre, il est tombé sur la table comme un plomb, en ronflant aussi fort qu'un bourdon de cathédrale. J'ai dit qu'il était ivre et les gens de l'hôtellerie l'ont porté sur son lit.

— Voilà qui est à merveille. Je suis content de toi, Lazare.

— Monsieur le marquis est bien bon. Est-ce que le pauvre diable en mourra ?

— Non pas. Au bout de deux ou trois jours de maladie, il se portera mieux qu'auparavant.

— Monsieur le marquis m'en voit enchanté. J'avais comme un remords. Ce Firmin a de la famille.

— Vertueux Lazare ! » s'écria le gentilhomme ironiquement, tout en plaçant dans sa ceinture une paire de pistolets.

Il descendit, se mit en selle et lança *Djali* au galop de chasse sur la route de Saint-Jude.

En moins d'une heure, il franchit trois lieues qui l'en séparaient ; mais au lieu de traverser le village, il en fit le tour et ne s'arrêta qu'auprès de la brèche pratiquée dans la muraille du jardin de l'hôtellerie des *Armes de France*, brèche qu'il connaissait bien puisque c'est grâce à elle que son évasion avait pu s'accomplir quand les cavaliers de Denis Robustel étaient à ses trousses.

Depuis cette époque, déjà lointaine, Guillaume Chadorant n'avait point fait relever le mur, et quelques fagots entassés continuaient à défendre tant bien que mal l'entrée de son enclos.

Saint-Maixent mit sur sa bouche deux de ses doigts, et il imita à trois reprises, avec une perfection inouïe, le cri nocturne de la chouette. Ceci fait, il compta jusqu'à vingt et recommença son imitation.

C'était, on le devine, un signal convenu avec Julie.

Cet appel devait amener auprès de lui la jeune fille, lorsqu'il aurait besoin de la voir et qu'il ne voudrait pas se montrer à l'hôtellerie.

Dix ou douze minutes s'écoulèrent.

Déjà le gentilhomme, fort peu patient de sa nature, commençait à craindre que le signal n'eût point été compris, quand il entendit dans le jardin, de l'autre côté des fagots, le bruit d'un pas rapide et d'une respiration haletante.

En même temps une voix émue demanda :

« Est-ce vous, monsieur le marquis ?

— Oui, chère Julie, c'est moi, répondit-il. J'ai beaucoup de choses à vous dire, franchissez la brèche et venez. »

La jeune fille gravit, non sans peine, les fagots qui se déplaçaient sous son poids bien léger cependant.

« Je vous ai fait attendre, murmurait-elle en achevant cette escalade. Ce n'est pas ma faute. Quand j'ai entendu votre appel, j'allais me coucher et je pensais à vous. Mes mains se sont mises à trembler si fort, que je ne pouvais plus me vêtir. Il a fallu sortir ensuite bien doucement pour ne point éveiller mon père. Mais, enfin, me voici. »

Le marquis se pencha vers elle, la prit dans ses bras, la souleva et l'assit devant lui, sur le garrot de *Djali* qui partit aussitôt.

« Que faites-vous donc ? s'écria Julie avec le plus grand trouble.

— Chère adorée, répondit le gentilhomme, je vous emporte et j'en ai le droit. Vous êtes mon bien. Le moment est venu, tout est préparé ; dans quelques heures vous serez ma femme.

— Oh ! mon pauvre père.... balbutia la jeune fille, que va-t-il penser demain en ne me trouvant plus !

— Sa douleur sera de courte durée. Avant la nuit prochaine, je lui ramènerai la marquise de Saint-Maixent.

— La marquise de Saint-Maixent, répéta Julie ; puis-je le croire ? n'est-ce pas un rêve ?

— Un rêve qui n'aura point de réveil, un rêve de bonheur qui ne finira plus. »

Tandis que s'échangeaient ces paroles, *Djali* galopait toujours.

X

LES ROSES DE SAINT-MAIXENT

L'étalon d'Orient, chargé de son double fardeau qu'il ne semblait même pas sentir, atteignit la voûte sombre formée par les vieux arbres de la forêt d'Ebreuil.

Sous cette voûte l'épaisseur des ténèbres était presque effrayante, car les feuillages entrelacés ne laissaient point arriver jusqu'au sol les pâles clartés tombant du ciel.

Saint-Maixent rendit la main à *Djali* qui redoubla de vitesse.

Julie, cramponnée des deux mains à la crinière de l'étalon, se sentait prise de vertige auquel se mêlait un vague effroi.

Elle se demandait malgré elle si ce cavalier noir, qui l'emportait à travers la nuit dans une course fantastique, était bien réellement une créature humaine. Elle se disait tout bas qu'elle avait, par sa faute, abandonné son âme au démon, et que peut-être les hideuses profondeurs d'un enfer inconnu allaient s'ouvrir soudain devant elle.

Les élans de *Djali* se succédaient plus pressés, plus impétueux, augmentant la terreur de Julie et son étrange hallucination.

Tout à coup, par un mouvement brusque, Saint-Maixent arrêta sa monture.

Le bruit d'un ruisseau se faisait entendre, et sur le bord de la route, à gauche, la silhouette sombre d'une construction se dessinait vaguement dans l'obscurité.

C'était la maison isolée.

Un faible rayon lumineux, filtrant à travers les vitrages d'une fenêtre, indiquait que, malgré l'heure avancée de la nuit, quelqu'un veillait dans cette demeure.

La pauvre enfant m'a dit souvent : J'aimerais mourir étouffée sous des roses... (Page 187.)

« Nous sommes arrivés, dit Saint-Maixent.
— Est-ce donc ici qu'on doit nous unir ? demanda Julie glacée d'effroi à l'aspect du site étrange et désolé qu'elle entrevoyait confusément au milieu des ténèbres.
— Non, chère bien-aimée, répliqua le marquis ; mais c'est ici, dans cette maison, que vous passerez le reste de la nuit sous la garde d'une digne femme en qui j'ai toute confiance. Pendant que vous prendrez un peu de repos, j'irai, moi, prévenir le prêtre dont je vous ai parlé, et, au point du jour, je vous conduirai tout près d'ici, à l'abbaye de la Chaise-Dieu, où ce prêtre nous donnera la bénédiction nuptiale. »

En écoutant ces paroles, Julie sentit disparaître comme par enchantement le poids si lourd qui pesait sur son cœur depuis qu'elle avait quitté Saint-Jude. Elle ne songea plus qu'à son amour, à son bonheur. Elle se reprocha comme autant de crimes ses doutes, ses terreurs, ses angoisses.

Saint-Maixent avait mis pied à terre. Il prit la jeune fille dans ses bras, puis, sans lâcher la bride de *Djali*, il s'approcha de la maison isolée et frappa trois coups contre la porte.

Une voix chevrotante, qu'il lui semblait entendre pour la première fois de sa vie, demanda :

« Qui vient à cette heure ?

— Moi, le maître, répondit le gentilhomme.

— Le maître, c'est bientôt dit, reprit la même voix, mais une seule personne a droit à ce titre.

— Je suis cette personne.

— Alors, comment vous appelez-vous ?

— Le marquis de Saint-Maixent.

— C'est bon.... attendez un peu, monsieur le marquis, je vais ouvrir. »

La surprise du gentilhomme était au comble.

À coup sûr, la voix qui venait de lui parler ne pouvait être celle de Simone Raymond. Pourquoi donc l'ex-tireuse de cartes de la rue de la Lanterne avait-elle déserté son poste et qui avait-elle choisi pour la remplacer ?

Saint-Maixent se posait ces questions au moment où la porte s'ouvrit.

Dans l'encadrement parut, tenant à la main une petite lampe, une vieille femme de la plus bizarre apparence.

Cette vieille, qui semblait à demi-courbée sous le poids de près d'un siècle, était agitée d'un tremblement presque continuel. Sa tête remuait comme celle d'un magot chinois. Un grand mouchoir rouge, noué sur le front et retombant par derrière, couvrait entièrement ses cheveux et rendait plus blafard et plus terreux le ton de sa peau parcheminée rayée de mille rides.

Des lunettes de fer, sans branches, serraient le haut de son nez et cachaient à demi ses yeux.

En somme, l'apparence de cette vieille était plutôt singulière qu'effrayante.

« Où est Simone ? lui demanda le gentilhomme d'un ton brusque après une ou deux secondes d'examen.

— Simone a été obligée de s'absenter, monsieur le marquis, répliqua la centenaire ; mais ne vous impatientez pas.... elle ne tardera guère à revenir. Quand vous avez frappé tout à l'heure, j'ai cru que c'était elle. Elle sera ici cette nuit, comptez-y.... En attendant, je la remplace de mon mieux et vous pouvez vous fier à moi tout à fait.

— Qui êtes-vous donc ?

— Je suis la plus vieille et la meilleure amie de Simone. Elle n'a pas de secrets pour moi. Elle ne me cache rien, monsieur le marquis, non plus qu'à Françoise Arzac. »

La centenaire s'interrompit et, désignant Julie, demanda :

« Ah çà, mais, qu'est-ce qu'elle a donc, cette belle jeunesse ? on dirait qu'elle va tomber. »

Le marquis regarda sa compagne et il vit qu'en effet elle était pâle comme une morte et se soutenait à peine.

Le contre-coup des émotions que venait d'éprouver la pauvre enfant se faisait violemment sentir. Ses nerfs détendus la trahissaient, et sa faiblesse arrivait presque jusqu'à la défaillance.

« Julie ! s'écria le marquis, qu'avez-vous ? »

La jeune fille essaya de balbutier une réponse. Elle n'y réussit point. Elle appuya l'une de ses mains sur son cœur comme pour indiquer que le mal était là ; puis ses paupières s'abaissèrent, et, sans le bras que le gentilhomme s'empressa de lui passer autour des épaules, elle se serait abattue sur le grossier carrelage qui tenait lieu de plancher.

« Il faudrait de l'eau fraîche, dit la vieille ; je vais en chercher

— C'est inutile, répliqua Saint-Maixent. Prenez mon cheval, conduisez-le s... hangar, où vous l'attacherez, et ne v... de cette jeune fille. »

Sans répondre un mot, sans faire une observation, la centenaire obéit passivement, reçut des mains du gentilhomme la bride de *Djali*, et sortit de la maison.

Julie, à peu près inanimée, pesait comme un corps privé de vie sur le bras du marquis.

Ce dernier tira de l'une de ses poches un flacon de cristal plein d'une liqueur rouge et transparente, il le déboucha et le fit respirer à la jeune fille qui tressaillit légèrement, sourit comme si elle venait d'éprouver une sensation délicieuse, et perdit tout à coup connaissance.

Ce résultat, sans doute, était prévu par le gentilhomme, car il ne sembla point s'en étonner. D'une main, il prit la lampe, et, soulevant de l'autre le corps si léger de Julie, il gravit l'escalier qui conduisait au premier étage.

Nous avons dit qu'à cet étage se trouvaient deux chambres.

L'une était de dimension moyenne, l'autre très-petite. Ce fut dans cette dernière qu'entra Saint-Maixent. Il déposa la jeune fille sur le lit sans rideaux et il se retourna pour sortir ; mais il ne put contenir un mouvement de surprise en voyant sur le seuil la vieille femme qui lui parut démesurément grandie.

Maintenant, elle se tenait droite; sa tête, encadrée dans les plis flottants du mouchoir rouge, ne tremblait plus; son visage restait livide et sillonné de rides, mais sa tournure était redevenue jeune, son attitude ferme et hardie, et ses yeux étincelaient sous les verres de ses lunettes.

« Que veut dire cela? » demanda Saint-Maixent.

Une voix, qui n'avait plus rien de chevrotant, répliqua :

« Cela veut dire, monsieur le marquis, que Mme la comtesse de Rahon aura peine à me reconnaître, puisque vous ne m'avez pas reconnue.

— Simone Raymond! murmura le gentilhomme stupéfait.

— Elle-même; que pensez-vous de la métamorphose ? »

Saint-Maixent s'inclina.

« Peste! ma chère, fit-il, vous êtes une femme habile, et celui qui vous a dans son jeu est sûr de gagner la partie. »

Simone étendit la main vers le lit.

« Cette jeune fille ? » demanda-t-elle.

Au lieu de répondre, le marquis interrogea :

« Ne trouvez-vous pas qu'elle ressemble vaguement à la comtesse ? » dit-il.

Simone eut un geste d'effroi et balbutia :

« Est-ce donc elle qui doit mourir ? »

Saint-Maixent répondit par un signe affirmatif.

« Malheureuse enfant! balbutia la sage-femme ; elle vous aimait sans doute, et vous l'avez empoisonnée!

— Elle m'aimait, c'est vrai, mais je vous jure que pas une goutte de poison ne coule dans ses veines. Ce n'est pas moi qui l'ai condamnée. Elle est arrivée à la dernière période d'une maladie de consomption, et la science des plus habiles médecins ne pourrait la sauver. Une émotion profonde devait lui porter le dernier coup. Cette émotion, elle l'a ressentie ce soir, non point triste, mais heureuse, enivrante. Elle s'éteindra cette nuit sans souffrance, en faisant un rêve de bonheur.

— Ainsi donc, demanda Simone, la comtesse arrive demain ?

— Oui, demain.

— Mais si pourtant vous vous étiez trompé ? Si celle-là vivait encore quand le jour paraîtra ? »

Saint-Maixent eut un de ces diaboliques sourires qui contractaient si étrangement ses lèvres juvéniles.

« Soyez sans inquiétude, dit-il ensuite, elle ne vivra plus. — Prenez cette lampe, ajouta-t-il, et accompagnez-moi, je vous prie. »

Simone obéit.

Le marquis sortit de la maison par la porte de derrière, qui conduisait à l'étroit jardin rempli de rosiers dont nous avons parlé.

Là, il se servit de son épée en guise de couteau et se mit à couper des roses. Il en eut bientôt rassemblé une quantité si grande, que c'est à peine s'il put emporter dans ses bras cette odorante moisson.

Sa récolte faite, il rentra dans la maison et regagna l'étroite chambre où dormait Julie, et joncha de roses le lit et le plancher.

« Ah! murmura Simone, je comprends, vous la tuez. »

Saint-Maixent haussa les épaules et répliqua :

« La pauvre enfant adorait les fleurs, et plus d'une fois elle m'a dit : « J'aimerais à mourir étouffée sous des roses ! » Son vœu suprême va se réaliser, voilà tout. »

Il sortit de la chambre avec la sage-femme, ferma la porte à double tour et glissa la clef dans sa poche.

Simone pâlissait d'horreur sous la couche de bistre étendue sur son visage.

XI

UN PÈRE

Cinq minutes plus tard, le marquis, détachant l'infatigable *Djali*, quittait la maison isolée et reprenait au galop le chemin du village, où la comtesse de Rahon et la belle Olympe passaient la nuit.

Lazare, qui l'attendait, mit le cheval à l'écurie, Saint-Maixent regagna sa chambre, et personne dans l'hôtellerie ne soupçonna son expédition nocturne.

D'habitude, Mme de Rahon trouvait qu'on ne se mettait jamais en route assez tôt.

Ce jour-là, il était tout près de neuf heures du matin quand elle s'éveilla, la tête lourde et l'esprit troublé; il lui fallut quelques minutes et de grands efforts pour reprendre sa liberté d'esprit et pour reconquérir la faculté de penser.

Elle y réussit enfin ; elle envisagea de nouveau, avec un profond serrement de cœur, les circonstances douloureuses qui nécessitaient son voyage ; elle dit à la Marinette de l'habiller sans retard et fit donner l'ordre d'atteler.

La toilette de la comtesse était achevée, lorsque Saint-Maixent demanda la permission de se présenter.

Il apportait une nouvelle aussi fâcheuse qu'inattendue : le cocher Firmin, pris dans la nuit d'un mal subit, se trouvait dans l'impossibilité de faire son service ; il avait une fièvre violente, accompagnée de délire et déraisonnait absolument.

« Mon Dieu ! mon Dieu ! s'écria Mme de Rahon en fondant en larmes, tout se réunit donc contre moi ! Je voudrais avoir des ailes afin de dévorer l'espace, et voilà qu'un nouvel obstacle vient m'entraver ! Croyez-vous, mon cousin... que la maladie de Firmin soit dangereuse ?

— J'espère que non, ma cousine. J'ai fait appeler sur-le-champ le médecin du village ; il me paraît intelligent et n'est point inquiet ; mais cette maladie, en admettant les plus heureuses chances de prompte guérison, durera certainement quelques jours.

— Que faire ? reprit la comtesse ; interrompre mon voyage est impossible ; attendre ici, je deviendrais folle, je veux partir. Une charrette de paysan me suffira s'il le faut. J'irai à pied si je ne puis faire autrement.

— Calmez-vous, chère cousine, répliqua le marquis, vous n'en serez point réduite à ces extrémités pénibles. Mon valet Lazare est un excellent cocher, il remplacera Firmin.

— Ah ! vous êtes ma Providence. Ne perdons pas un instant de plus ; qu'on mette les chevaux au carrosse..... qu'on se hâte. »

Tandis qu'on exécutait cet ordre, Mme de Rahon fit appeler le maître de l'hôtellerie, lui donna vingt-cinq louis et lui recommanda d'avoir pour Firmin, pendant sa maladie et pendant sa convalescence, les égards les plus grands et les soins les plus assidus.

On vint enfin annoncer que tout était prêt.

La comtesse, la belle Olympe et la Marinette prirent place dans la voiture. Lazare s'installa magistralement sur le siège, les guides dans la main gauche, le fouet dans la main droite ; le marquis se mit en selle.

On partit.

Les chevaux, fatigués par les longues étapes des deux jours précédents, allaient lentement, malgré les excitations incessantes de l'automédon improvisé.

Saint-Maixent suivait au petit trot.

Il était plus de midi quand le carrosse traversa le village de Saint-Jude.

Au moment d'atteindre l'extrémité de la longue rue que nous connaissons, le marquis aperçut un grand nombre de paysans rassemblés devant l'hôtellerie des *Armes de France*.

Au milieu de ce groupe, un petit homme au visage pâle, aux paupières gonflées et rougies, criait des phrases inarticulées, qu'entrecoupaient des sanglots, se frappait la poitrine, s'arrachait les cheveux.

Ce petit homme, que la violence de son désespoir empêchait de paraître grotesque, était Guillaume Chadorant.

En le reconnaissant, le marquis éprouva une subite contraction nerveuse, qui ressemblait à un fugitif serrement de cœur.

Il regretta presque de n'avoir point fait un détour pour éviter la fâcheuse rencontre de ce père éploré. Il songea même un instant à éperonner *Djali* et à passer comme la foudre ; mais il était déjà trop tard.

Guillaume, de son côté, venait de le reconnaître, et, faisant une brusque trouée dans la foule qui l'entourait, il se précipitait à sa rencontre en balbutiant :

« Ah ! monsieur le marquis, monsieur le marquis, c'est le ciel qui vous envoie. Vous êtes bon..... vous êtes puissant..... vous ne m'abandonnerez pas..... »

Saint-Maixent joua la surprise, et, d'un ton où se peignait le plus vif intérêt, demanda :

« Grand Dieu ! mon hôte, que se passe-t-il ? Pourquoi ce visage bouleversé ? Que vous a-t-on fait ?

— Ce qu'on m'a fait ? sanglota Guillaume ; ce qu'on m'a fait, monsieur le marquis ? On m'a donné le coup de la mort : on m'a volé ma fille !

— Mlle Julie enlevée ! dit le gentilhomme d'un air stupéfait. Que m'apprenez-vous ? C'est impossible !

— Hélas ! hélas ! ce n'est que trop vrai. Julie.... ma seule enfant..... ma fille bien-aimée..... on me l'a volée !

— Qui donc ?

— Ah ! si je le savais, murmura le vieillard avec un geste terrible ; mais je ne le sais pas..... Je ne sais rien, excepté qu'elle n'est plus là. Ce matin, comme de coutume, je l'ai appelée pour l'embrasser. Elle n'a pas répondu. Alors..... inquiet déjà, je suis monté ; la chambre était vide.....

— Et quand supposez-vous que votre fille ait quitté l'hôtellerie ? demanda Saint-Maixent.

— Cette nuit, monsieur le marquis, ou plutôt hier au soir, car son lit n'était point défait, ce qui prouve bien qu'elle ne s'est pas couchée.

— Il me semble que vous vous désolez trop vite, et que cette absence ne prouve rien, Mlle Julie n'a-t-elle pu sortir à votre insu pour aller visiter dans les environs quelque parente, quelque amie ? »

Guillaume Chadorant secoua la tête douloureusement.

« Elle ne sortait jamais sans me le demander, répondit-il. Elle savait bien, la chère fille, que j'étais incapable de lui rien refuser. Je vous dis qu'on l'a enlevée!

— Avait-elle un amoureux, par hasard ?

— Je jurerais que non. Elle était si honnête, si sage. Elle aimait rire, voilà tout ; et encore, depuis plus d'un an, elle ne riait guère. Ma fille suivre un amoureux ! Le monde entier viendrait me le dire, que je refuserais de le croire. Pauvre enfant..... pauvre enfant..... il aura fallu l'enlever de force.

— Dans ce cas, vous auriez entendu ses cris, ses appels au secours; car elle aurait lutté.

— C'est vrai, oui, elle aurait lutté, répéta Guillaume avec une sorte d'égarement; et cependant :.... cependant..... elle est partie..... Ah! ma tête s'en va..... je n'y vois plus..... La terre chancelle, il me semble que je suis ivre..... Reviens, Julie... reviens, si tu ne veux pas que je meure..... »

La voix saccadée du vieillard était méconnaissable. Ses dernières paroles se perdirent dans une sorte de râle.

En même temps, une rougeur ardente envahissait son visage pâle et les veines de son front se gonflaient.

Il battit l'air de ses deux bras comme un aveugle qui va tomber, et qui cherche un point d'appui dans le vide. Ses jambes se dérobèrent sous lui et il s'abattit de toute sa hauteur sur la poussière de la route, où il resta sans mouvement.

« Mes amis, dit le marquis aux paysans qui se rapprochaient effarés, secourez ce brave homme, il vient d'être frappé d'une appoplexie foudroyante. C'est très dangereux, mais quelquefois ce n'est pas mortel. Une saignée le sauverait peut-être; tâchez de trouver un médecin. »

Ayant ainsi parlé, le gentilhomme, fort enchanté au fond d'un dénoûment qui coupait court à une scène par trop pathétique, rendit la main à *Djali* et fila comme une flèche, afin de rejoindre le carrosse qui, malgré la lenteur des chevaux, avait pris sur lui quelque avance.

Quand il l'eut atteint, la belle Olympe se pencha à la portière.

« Savez-vous, mon cousin, fit-elle, que nous commencions à être inquiètes. Quel est l'incident imprévu qui vous retenait en arrière ?

— Oh! un incident bien vulgaire, ma cousine, répondit le marquis. Je donnais mes soins à un pauvre vieillard foudroyé sous mes yeux par une attaque de paralysie.

— Et le sauvera-t-on, ce vieillard ?

— Je l'espère. J'ai fait, du moins, tout ce qui dépendait de moi pour cela.

— Quel cœur! murmura la comtesse de Rahon. Quand il s'agit de faire acte de dévoûment et d'humanité, le marquis est toujours prêt.

— Vous avez bien raison, ma cousine, c'est un cœur d'or! appuya la belle Olympe.

Le carrosse atteignit la forêt d'Ebreuil et chemina lentement à l'ombre des vieux châtaigniers.

Au bout d'une heure et demie, les chevaux haletants arrivèrent au sommet de la montée dominant le vallon sauvage où la maison isolée se cachait à demi sous le feuillage.

Saint-Maixent fit un signe.

Lazare arrêta son attelage, descendit du siége, tourna autour de la voiture et se mit à examiner le moyeu de l'une des roues, qu'il heurta à deux ou trois reprises avec un caillou.

« Qu'y a-t-il donc, Lazare? demanda le gentilhomme à haute voix.

— Monsieur le marquis, répondit le valet qui venait de faire sauter très adroitement une clavette de fer, depuis un quart d'heure j'ai cru m'apercevoir, à certain bruit, que cette roue n'était pas solide. Malheureusement, je ne me trompais point, et je donnerais beaucoup pour avoir un charron sous la main. »

Ces paroles s'échangeaient près de la comtesse, qui n'en perdait pas un mot.

« Mon Dieu! s'écria-t-elle avec inquiétude, est-ce un danger qui nous menace ?

— Madame la comtesse, répliqua Lazare, le danger n'est pas bien grand. La roue pourrait se détacher, voilà tout ; mais je viens de la consolider de mon mieux et je crois que nous pourrons atteindre le prochain village, où le premier ouvrier venu mettra les choses en état en moins d'un quart d'heure. Pour plus de sûreté, je prie madame la comtesse de m'autoriser à laisser mes chevaux au pas.

— Le faut-il absolument ?

— Hélas! oui, madame la comtesse, il le faut sous peine d'accident.

— Eh bien! soit; mais tous ces retards me brisent et finiront par me rendre folle.

— J'ose promettre à madame la comtesse que nous rattraperons le temps perdu ».

Mme de Rahon se rejeta, découragée, dans le fond du carrosse.

Lazare, au lieu de remonter sur son siége, prit les guides et conduisit les chevaux en marchant à côté d'eux.

La voiture roula sans encombre jusqu'au bas de la descente; mais en face de la maison isolée, une petite pierre se trouva sous la roue, et ce cahot, si léger qu'il fut, suffit pour achever la besogne que Lazare avait commencée en enlevant la clavette du moyeu. La roue se détacha et le carrosse, perdant brusquement l'équilibre, s'abattit sur le côté droit.

La comtesse et la belle Olympe poussèrent un cri d'épouvante, et la cameriste Marinette fit chorus avec elles.

XII

OÙ COMMENCE L'ŒUVRE SOMBRE

Personne n'avait de mal. Saint-Maixent s'en assura bien vite en questionnant Mmes de Rahon et de Chavigny. On en était quitte pour la peur.

Le marquis ouvrit la portière du côté gauche, et, avec l'aide de Lazare, il aida les voyageuses à descendre du carrosse.

La comtesse se désolait d'un accident qui représentait pour elle une énorme perte de temps.

Elle avait peine à retenir ses larmes en demandant ce qu'on allait faire et comment on sortirait de ce mauvais pas.

« Rassurez-vous, chère cousine, répondit Saint-Maixent, on s'en tirera le mieux du monde. Le carrosse n'est point brisé. La réparation sera peu de chose, et le retard à peu près nul. — Lazare, ajouta-t-il, à quelle distance sommes-nous du village où nous devons nous arrêter pour laisser reposer les chevaux ?

— A une lieue environ, monsieur le marquis, répliqua le valet.

— Eh bien! c'est ici que nous ferons halte. Voilà justement une maison dont les maîtres ne refuseront point de nous recevoir. Les chevaux mangeront sous ce hangar, et Lazare, pendant ce temps, ira chercher un charron et un forgeron pour remettre toutes choses en état. Vous voyez, ma cousine, que rien ne sera changé, si ce n'est l'ordre des étapes, chose de très-minime importance. »

Ayant ainsi parlé, le marquis alla frapper à la porte de la maison isolée, et Simone Raymond parut, grimée, courbée et tremblotante comme la veille au soir.

« Qu'y a-t-il pour votre service, mon gentilhomme ? » demanda-t-elle.

Saint-Maixent expliqua en peu de mots l'accident qui venait d'avoir lieu, et termina en demandant l'hospitalité.

« Ma pauvre demeure est toute à votre disposition, répondit Simone; seulement, les belles dames que voilà s'y trouveront bien mal, et, comme je vis seule et que je suis presque dans la misère, je n'ai rien à leur offrir, rien absolument.

— Ne vous inquiétez point de cela, ma brave femme; nous avons avec nous ce qu'il faut à ces dames. »

Saint-Maixent, plein de prévoyance, avait en effet emporté de l'hôtellerie du village de Massiac un panier de provisions, et le coffre du carrosse contenait encore plusieurs bouteilles du vin d'Espagne que nous connaissons.

« S'il en est ainsi, dit la fausse centenaire, ces dames peuvent entrer dans ma maison... elles y seront les bienvenues. »

Le marquis donna la main à la comtesse pour l'introduire, et la belle Olympe les suivit.

La salle du rez-de-chaussée était devenue merveilleusement nette et propre, grâce aux soins de Simone Raymond. Les escabeaux, les vieux bahuts, la table de bois blanc, réjouissaient le regard.

Simone offrit une nappe de grosse toile. La Marinette apporta la valise de provisions, et Saint-Maixent engagea la comtesse et Mme de Chavigny à se mettre à table, car l'heure habituelle du dîner était plus que passée.

Ni l'une ni l'autre n'avaient d'appétit; Mme de Rahon surtout, imparfaitement délivrée de cette bizarre somnolence dont nous connaissons l'origine.

Elle céda néanmoins aux instances du gentilhomme, qui lui représentait qu'en refusant d'entretenir ses forces elle tomberait malade et ne pourrait continuer son voyage.

Convaincue par ce dernier raisonnement, elle suça une aile de poulet froid et but un demi-verre de ce vin d'Espagne dont elle n'avait accepté, la veille au soir, que quelques gouttes.

Presqu'aussitôt après ce frugal repas, elle se plaignit d'un violent mal de tête, de bourdonnements dans les tempes, de battements de cœur qui l'étouffaient, et d'une défaillance grandissante.

« C'est la fatigue, ma cousine, et pas autre chose, dit Saint-Maixent; respirez ces sels, je vous prie, et les symptômes dont vous vous plaignez disparaîtront pour ne plus revenir. »

En même temps il présentait à Mme de Rahon le

flacon de cristal, plein d'une liqueur rouge, qu'il avait fait respirer à Julie quelques heures auparavant.

Sans doute ils étaient bien subtils les gaz dégagés par cette liqueur, que Simone avait préparée.

L'effet produit fut immédiat.

Mme de Rahon laissa tomber sa tête sur sa poitrine. Ses mains alanguies glissèrent le long de son corps. Ses paupières s'abaissèrent sur ses yeux si beaux. Elle dormait.

Simone, désormais, n'avait plus besoin de continuer son rôle de centenaire. L'œuvre sombre allait s'accomplir sans résistance possible de la part de la victime.

Elle effaça les peintures de son visage, elle reprit sa voix naturelle et sa tournure véritable, et elle aida Marinette à transporter la comtesse au premier étage, sur le lit de la chambre voisine de celle où Julie Chadorant dormait sans doute d'un sommeil éternel.

« Mon cousin, dit la belle Olympe au marquis pendant les quelques minutes où ils se trouvèrent en tête à tête, souvenez-vous de votre serment.

— De quel ? demanda Saint-Maixent avec un sourire ; je vous en ai fait plusieurs...

— Vous m'avez juré que la comtesse ne mourrait pas !

— Et je vous le jure de nouveau. Celle que les planches d'un cercueil enfermeront demain ne sera point Marie de Rahon.

— Qui donc prendra sa place dans la tombe ?
— Une autre femme.
— Où la trouverez-vous ?
— Elle est trouvée déjà.
— Va-t-elle donc mourir ?
— Elle est morte.
— Assassinée !...
— Non ! lentement éteinte après une maladie de poitrine.

— Savez-vous, mon cousin, murmura la marquise avec une sombre ironie, savez-vous que le hasard vous a bien étrangement servi, en faisant mourir cette jeune femme juste au moment où vous aviez besoin d'un cadavre !

— C'est vrai ; le hasard est mon allié.
— Ne craignez-vous rien ?
— Qu'ai-je à craindre ?
— Si tout allait s'écrouler au dernier moment ?... Si les médecins et les gens de loi qui vont venir, refusaient de prendre le corps de quelque fille du peuple pour celui d'une grande dame ?... Si une enquête était ordonnée !... »

Saint-Maixent haussa les épaules.

« Suis-je un enfant ou un fou ? demanda-t-il. N'ai-je pas tout prévu ? Je ne joue qu'à coup sûr, et la morte dont nous allons porter le deuil ressemble, d'une façon frappante, à la comtesse de Rahon.

— Est-ce possible ?
— Voulez-vous en juger ?... Rien n'est plus facile que de vous en convaincre par vos propres yeux. Vous plaît-il de la voir ?
— Quand ?
— A l'instant même.
— Elle est donc ici ?
— Depuis la nuit dernière... oui. »

La belle Olympe fit un geste d'effroi.

« Dans cette maison !... dit-elle. Un cadavre !... ah ! j'ai peur !...

— Pourquoi donc ? Ce ne sont pas les morts qu'il faut craindre, ma cousine, ce sont les vivants ! Soyez forte ! Venez avec moi et vous verrez combien elle était belle. »

Mme de Chavigny refusa obstinément.

Simone et Marinette reparurent, et le marquis monta seul au premier étage.

Ce ne fut pas sans un violent battement de cœur et sans une sorte de tremblement nerveux qu'il introduisit la clef dans la serrure et qu'il ouvrit la porte de la petite chambre.

Si la jeune fille était vivante, encore, par miracle ?

Si elle allait se dresser devant lui et lui dire :

« Comme vous avez tardé longtemps, mon fiancé ! où est le prêtre qui va nous unir ? »

Serait-il donc réduit à s'élancer sur elle, comme le tigre bondit sur sa proie, et à l'étouffer de ses propres mains.

Et, tandis que le marquis se posait ces formidables questions, une sueur froide mouillait ses tempes.

Il ne recula pas cependant, et dès son premier pas dans la chambre, il fut rassuré.

Le parfum violent des roses saturait l'atmosphère et la rendait irrespirable.

Il était impossible qu'une créature humaine eût pu rester vivante, ne fût-ce qu'une heure, au milieu de cet air chargé d'émanations mortelles.

Le gentilhomme, appuyant son mouchoir contre ses narines, courut à la fenêtre et l'ouvrit pour laisser un libre passage aux vapeurs délétères. Ensuite il s'approcha du lit et la regarda.

La jeune fille n'avait pas fait un mouvement depuis qu'elle reposait sur ce lit, changé pour elle en couche funèbre. Elle semblait endormie ; mais, à la pâleur de cire vierge de son visage, au large cercle d'un bleu violacé qui cerclait ses paupières et s'étendait jusque sur ses joues, on voyait bien qu'elle était morte...

La trace d'un vague sourire se devinait encore sur ses lèvres livides. Elle avait dû cesser de vivre en faisant un doux rêve de bonheur et d'amour.

Le marquis respira. Il voulut cependant avoir une certitude plus complète encore. Il prit une des mains de Julie, et il essaya de la soulever. Mais il ne put en venir à bout.

La rigidité cadavérique s'était, depuis de longues heures, emparée du corps de la jeune fille. Le bras offrait le froid glacial et l'inflexibilité du marbre.

Saint-Maixent ramassa les roses qui jonchaient le lit et celles qui couvraient le plancher, pauvres fleurs, innocentes complices d'un crime infâme et lâche, entre les plus lâches et les plus infâmes, et il les jeta par la fenêtre.

Il sortit ensuite de la petite chambre, le visage calme et l'esprit tranquille, car il lui semblait désormais impossible qu'un obstacle imprévu vînt entraver le succès de sa combinaison monstrueuse. Une réflexion lui traversa l'esprit cependant, et il appela Simone.

Elle monta. Il la conduisit auprès du lit de Julie, et là il lui dit :

« Elle paraît plus jeune que la comtesse... Il faut aviser...

— J'aviserai, » répondit-elle.

XIII

OU SE CONTINUE L'ŒUVRE SOMBRE

L'ex-diseuse de bonne aventure de la rue de la Lanterne avait promis d'*aviser*. Elle tint parole.

Elle alla cueillir, dans la forêt, certaines herbes dont elle connaissait les propriétés. Avec les sucs de ces herbes elle se composa une sorte de palette étrange où s'étalait toute une gamme de tons sinistres. Grâce à ces couleurs corrosives, qui pénétraient profondément l'épiderme de la chair morte, elle vieillit de dix années, en quelques minutes, le visage de Julie Chadorant, et rendit frappante la ressemblance vague de ce visage avec celui de la comtesse de Rahon.

Cette sombre tâche accomplie, Simone appela Marinette et se fit aider par elle pour transporter le cadavre de Julie sur le lit où la grande dame dormait, d'un sommeil si profond qu'il ne s'interrompit point tandis que les deux femmes lui donnaient, dans la petite chambre, la place de la fille du peuple.

« C'en est donc fait, murmura Simone en regardant la comtesse. Ce qui est écrit est écrit : *Morte et vivante!* La dernière partie de l'horoscope vient de s'accomplir. »

La nuit s'écoula.

Au point du jour, Saint-Maixent et Lazare montèrent à cheval. Le marquis se rendait à l'abbaye de la Chaise-Dieu, pour y chercher un prêtre. Le valet avait mission de ramener, du bourg de Charmont, un médecin et des magistrats.

Tous s'empressèrent de se rendre à l'appel qui leur était fait.

Le prêtre s'agenouilla pieusement près du lit, car il ne lui restait qu'à dire les prières des morts, les secours de son saint ministère étant désormais inutiles.

Le médecin, pauvre praticien de campagne, à qui Lazare, stylé par le marquis, avait eu soin, chemin faisant, de former d'avance une conviction, déclara que la personne dont on lui représentait le cadavre avait succombé à la rupture d'un anévrisme...

Enfin les magistrats, suffisamment éclairés par les témoignages du marquis de Saint-Maixent et de la marquise d'Aubray de Chavigny, tous les deux parents de la défunte, témoignages corroborés par ceux de Lazare et de Marinette, dressèrent un acte mortuaire parfaitement en règle, où ne furent omis aucuns des prénoms, des noms et des titres de la comtesse Marie de Rahon.

Ces formalités accomplies, un cercueil de bois de chêne fut apporté ; des religieuses, mandées en toute hâte, procédèrent à l'ensevelissement ; on cloua la bière, et le clergé de la Chaise-Dieu vint solennellement et en grande pompe opérer la levée du corps, pour le porter à l'abbaye, où l'attendait une chapelle ardente.

Plusieurs centaines de cierges brûlèrent pendant toute la nuit autour de la dépouille mortelle de Julie Chadorant.

Le lendemain eut lieu l'inhumation, avec une pompe et une solennité non moins grandes.

Le temps avait manqué pour préparer une pierre tombale.

Saint-Maixent donna l'ordre que cette pierre fût mise en place le plus tôt possible, et, en attendant, il fit planter sur la fosse une croix de bois noir, qui portait, en lettres blanches, ces mots :

Un taureau furieux se précipita du côté de la comtesse. (Page 195).

CI-GIT
HAUTE ET PUISSANTE DAME
MARIE-ARMANDE-ÉLÉONORE DE RAHON
COMTESSE DE RAHON
PRIEZ POUR ELLE!

Ayant accompli ce dernier devoir, le marquis laissa dans les mains de l'aumônier une somme importante, et reprit, suivi de Lazare, le chemin de la maison isolée.

Simone l'attendait sur le seuil.

« Eh bien ? demanda-t-il en mettant pied à terre.
— Venez voir, » répondit l'ex-devineresse en montant l'escalier et en ouvrant la porte de la petite chambre où Julie était morte au milieu des fleurs.

Celle qui avait été la comtesse de Rahon ne dormait plus depuis longtemps déjà. Assise dans son lit, et parfaitement calme, elle jouait comme une enfant, tantôt avec une des nattes de ses longs cheveux, tantôt avec une rose flétrie oubliée la veille par le marquis.

Au moment où le gentilhomme et la sage-femme entrèrent dans la chambre, elle leva la tête et tourna les yeux de leur côté.

Saint-Maixent tressaillit.

L'étrange regard qui venait de l'effleurer était presque effrayant par son manque absolu d'expression. Aucun sentiment de joie ou de chagrin, d'inquiétude ou d'attente, ne se reflétait dans ces grands yeux, jusqu'alors si pleins d'éloquence. L'étincelle qui vient de l'âme ne brillait plus au fond de ces prunelles sombres.

La comtesse ne parut point reconnaître les visiteurs, et se remit à jouer avec ses cheveux et sa fleur fanée.

« Interrogez-la, dit Simone.

— Ma cousine, demanda le marquis, vous plaira-t-il bientôt de partir ? la réparation du carrosse est achevée, et nous n'attendons qu'un ordre de vous pour nous mettre en route. »

Mme de Rahon ne leva même pas la tête.

« Songez que le comte vous appelle !... continua Saint-Maixent ; le temps presse !... les heures s'écoulent !... Si nous tardons encore, mon bien-aimé cousin peut expirer sans vous avoir revue.... »

La comtesse fit un mouvement léger, et, sans prononcer une parole, se mit à rire aux éclats.

La rose flétrie qui lui servait de jouet venait de s'effeuiller entre ses doigts.

Le marquis se pencha vers Simone pour l'interroger tout bas.

L'ex-devineresse ne lui en laissa pas le temps.

« Oh ! parlez devant elle, et parlez à voix haute, lui dit-elle ; la pauvre femme vous entend peut-être, mais, à coup sûr, elle ne vous comprend pas.

— Est-ce possible ?... Est-ce certain ?...

— Il me semble que vous venez d'en avoir la preuve. Vos paroles n'ont pas fait tressaillir une fibre de son cœur. Le nom du comte de Rahon n'éveille pas un écho dans sa pensée, ou plutôt, elle ne pense plus.... Pour elle, le monde a cessé d'exister. Le passé, le présent, tout se confond, tout s'efface. Le corps est vivant, l'âme est morte....

— Ainsi donc, la comtesse est folle ?

— Plus que folle.

— Comment ?

— Les ténèbres de la folie s'illuminent parfois, des éclairs y peuvent rayonner. Aucune lueur, même passagère, ne brillera dans la nuit qui s'est faite autour de cette âme.

— Et cet état durera ?

— Toujours.

— J'ai versé à la comtesse de Rahon le breuvage qui paralyse la mémoire et qui tue la pensée.

— Etes-vous sûre de votre breuvage ? Songez que le réveil de l'esprit, la résurrection des souvenirs, seraient infailliblement notre perte ! »

Simone haussa les épaules.

« Dormez en paix, monsieur le marquis ! répondit-elle ; les arrêts du destin sont sans appel, la comtesse est *morte et vivante*; morte et vivante elle restera jusqu'au jour où les fossoyeurs la coucheront, deux fois morte, dans sa tombe inconnue.

— Et ce jour, quand arrivera-t-il ?

— Dieu seul le sait. Le corps de cette femme était sacré pour moi.... Je n'ai frappé que l'intelligence... Maintenant, ma tâche est finie.... Je vous quitte.... Ne m'ordonnez plus rien, je n'obéirais pas.... »

Le marquis ne fit aucune tentative pour retenir Simone. Il lui jeta dans les mains un sac plein d'or qu'elle accepta dédaigneusement, et elle partit en lui laissant pour adieu ces paroles :

« Fasse le ciel que nous ne nous revoyions jamais, monsieur le marquis, car, si nous devions un jour nous retrouver face à face, ce serait devant nos juges ! ce serait au pilori de Clermont, ou à Paris, en place de Grève !

— Oiseau de mauvais augure, vous ne me faites pas peur ! » s'écria le gentilhomme en riant.

Mais ce rire était contraint, et le marquis rentra dans la maison isolée, l'esprit assombri par un pressentiment funeste.

Ce même jour, la Marinette, obéissant aux ordres de Saint-Maixent, s'occupa d'acheter, dans une ferme voisine de l'abbaye de la Chaise-Dieu, un costume de paysanne à la taille de Mme de Rahon.

La comtesse fut revêtue de ce costume, ce qui ne parut lui causer aucun étonnement. On brûla ses vêtements de femme du monde. On attela le carrosse. Saint-Maixent ferma la maison isolée, jeta les clefs dans le torrent, et nos personnages continuèrent, dans la direction de Paris, leur voyage interrompu pendant trois jours.

Les chevaux reposés avaient repris toute leur vigueur ; les étapes se succédèrent et les jours se suivirent sans amener le moindre incident qui mérite de trouver place en ces pages.

La comtesse était d'une douceur et d'une docilité qui ne se démentaient point. Elle obéissait comme un enfant aux volontés du marquis et de la belle Olympe, pourvu que ces volontés fussent formulées d'une façon en quelque sorte matérielle ; car, pour elle, les paroles n'offraient aucun sens. Son visage impassible ressemblait à un masque de cire, admirable de pureté, mais sans expression et sans vie. Ses yeux, sans cesse en mouvement, regardaient tout et semblaient ne rien voir.

Tantôt elle restait silencieuse pendant des heures entières, tantôt elle se mettait à parler avec une volubilité prodigieuse, répétant cent fois de suite des phrases vides de sens, dans lesquelles il était impossible de découvrir la plus vague réminiscence du passé.

Jamais elle ne prononçait le nom d'Annibal, ni celui de quelqu'une des personnes au milieu desquelles elle avait vécu. Simone l'avait bien dit, tout était effacé.

Un soir, dans un village, à la porte d'une hôtellerie, au moment où nos voyageurs venaient de descendre de carrosse, un taureau échappé de son étable et devenu furieux tout à coup, se précipita du côté de la comtesse en secouant ses cornes menaçantes et en poussant de sourds beuglements.

Mme de Rahon, immobile, les yeux fixés sur lui, les lèvres presque souriantes, ne fit pas un mouvement pour se soustraire à cette agression mortelle. Aucun des muscles de son visage ne tressaillit.

Elle était perdue si des paysans, au péril de leur vie, ne s'étaient jetés entre elle et le taureau. Elle n'avait pas compris le danger. Elle ne comprit pas le salut!

XIV.

OU S'ACHÈVE L'OEUVRE SOMBRE.

Huit jours après avoir quitté la maison isolée, le carrosse dans lequel se trouvaient la comtesse de Rahon et la belle Olympe entra dans Paris, prit le chemin du boulevard de l'Hôpital, et fit halte en face d'un immense bâtiment, dont la haute et sombre façade, malgré son aspect monumental, offrait quelque chose de sinistre.

Ce bâtiment avait donné son nom au boulevard.
Au-dessus de la grande porte, toujours fermée, se lisaient ces deux mots, gravés profondément dans le granit :

HOPITAL GÉNÉRAL.

Le peuple de Paris l'appelait *la Salpêtrière*, et c'est le nom qui lui est resté.

M. de Saint-Maixent donna son cheval à tenir à un *gagne-denier* et se dirigea vers la petite porte, munie d'un guichet pratiqué dans l'un des vantaux de la grande.

Il souleva le lourd marteau de fer et le laissa retomber. Un visage s'encadra dans un des grillages du guichet, et le guichetier, voyant un personnage de bonne mine, vêtu avec une simplicité pleine d'élégance, s'empressa d'ouvrir la petite porte et demanda d'un ton poli :

« Mon gentilhomme, que désirez-vous?
— Je désire parler à M. le directeur, » répondit Saint-Maixent.

Le guichetier se gratta la tête d'un air embarrassé et resta muet.

« M. le directeur est-il en ce moment chez lui? reprit le marquis.
— Oui, mon gentilhomme. Oh! il est chez lui.
— Alors, introduisez-moi, je vous prie.
— C'est impossible.
— Pourquoi donc?
— Parce que M. le directeur est à table, et, quand il est à table, il ne se dérange pour personne.
— Je vous affirme qu'il se dérangera pour moi. Faites-lui savoir que le marquis de Grancey, gentilhomme du Poitou, grand ami de M. Colbert, sollicite une entrevue immédiate pour affaire importante et qui ne peut se remettre. »

Et, comme le guichetier semblait encore indécis, Saint-Maixent continua, en lui mettant deux louis dans la main :

« Allez vite, mon ami, et prenez cette bagatelle pour boire à ma santé. »

Le moyen de résister à des façons aussi persuasives?

Le guichetier ne l'essaya même pas. Il fit entrer le visiteur dans un vaste parloir grillé, où se trouvaient quelques siéges, et il lui dit :

« Ne vous impatientez point, mon gentilhomme; je cours et je reviens. »

Saint-Maixent, avec cette prudence dont il se départait rarement, avait donné le nom d'un gentilhomme de grande maison qui ne quittait jamais ses domaines, et que M. de Colbert, le puissant ministre, honorait véritablement d'une estime toute particulière.

Il y avait cent mille à parier contre un que le directeur de la Salpêtrière ne connaissait point ce gentilhomme.

Le guichetier reparut, la mine obséquieuse et le sourire aux lèvres.

« Si monsieur le marquis veut bien me suivre, dit-il, M. le directeur aura l'honneur de le recevoir à l'instant même. »

Ce directeur était un gros homme, d'une soixantaine d'années, de physionomie bourgeoise et même un peu vulgaire, fort amoureux de sa charge, ou tout au moins des appointements considérables qu'elle lui rapportait, pénétré de respect pour la noblesse, de vénération pour le pouvoir, et transporté de joie par la pensée qu'un gentilhomme, ami particulier de M. de Colbert, pouvait avoir besoin de lui.

Il reçut Saint-Maixent sur la plus haute marche de son escalier, et il l'introduisit dans son appartement en faisant une courbette à chaque pas et en se confondant en très-humbles excuses sur la maladresse du guichetier, qui s'était permis de faire attendre monsieur le marquis.

Saint-Maixent le laissa dire, accepta ses excuses

avec bienveillance, s'étala dans un fauteuil et daigna sourire.

« Ai-je besoin d'affirmer, s'écria le directeur, que je suis tout à fait aux ordres de monsieur le marquis ? Si ma bonne étoile me permet d'être utile ou seulement agréable à monsieur le marquis, je serais sans contredit l'homme du monde le plus heureux.

— Votre bonne étoile vous le permet, mon cher directeur.

— J'attends alors avec impatience que monsieur le marquis daigne s'expliquer, afin d'avoir bientôt la joie de le servir.

— La chose est des plus simples et ne vous donnera nulle peine.

— Tant pis ! j'aurai moins de mérite.

— Je vous amène une pensionnaire.

— Elle sera la bienvenue ; est-ce une personne jeune encore ?

— C'est une femme d'environ trente ans.

— Inguérissable, alors ?

— J'ai tout lieu de le craindre.

— Quel est son genre de folie ?

— Une folie bizarre et complexe. Je vais vous l'expliquer de mon mieux ; mais je dois vous dire avant tout que Mme la marquise de Grancey et moi nous nous intéressons beaucoup à cette pauvre créature. Elle est née sur nos terres, elle est inoffensive et douce, et nous avons fait vraiment tout ce qui dépendait de nous pour la rappeler à la raison. Dieu, pour son malheur, la créa belle et distinguée. Elle reçut quelque éducation. Un gentilhomme lui fit la cour, lui promit le mariage, la séduisit et l'abandonna. L'amour s'unit alors à une excessive vanité pour lui faire perdre la tête. Elle se persuada de la meilleure foi du monde qu'elle était une grande dame, et se gratifia successivement des noms et des titres des premières familles de France, chose infiniment désagréable pour ces familles, vous en conviendrez.

— Ah ! vertugadin, je le crois bien ! s'écria le directeur avec conviction. C'est-à-dire que c'était intolérable, un scandale, un vrai scandale !

— Telle fut la première période de sa maladie mentale, reprit Saint-Maixent. Son genre de folie s'est transformé depuis, ou plutôt ce n'est plus de la folie, c'est de l'idiotisme. La pauvre créature semble ne point voir, ne point entendre. Elle ne répond à aucune question. Elle reste pendant des semaines entières sans parler, puis à ce mutisme succède un flux de paroles incohérentes comme celles que prononcerait un enfant dans une langue étrangère dont il saurait par cœur quelques phrases, mais dont il ne comprendrait pas le sens.

— Curieux, très-curieux, murmura le directeur, mais non pas sans exemple. Dans un temps donné, la première folie reviendra, à moins cependant que l'idiotisme ne devienne de plus en plus complet. Monsieur le marquis me permet-il de prendre quelques notes ?

— Certes.

— Le nom de cette intéressante aliénée ?

— Simone Raymond !... répondit Saint-Maixent sans hésiter.

— Son âge ? Monsieur le marquis, je crois, m'a dit trente ans.

— En effet.

— Combien y a-t-il de temps que les désordres intellectuels se sont produits pour la première fois ?

— Trois ans à peu près.

— J'ai l'honneur de remercier monsieur le marquis. Je sais tout ce que j'avais besoin de savoir. Ah ! une question encore. Nous avons ici des folles de deux catégories : les unes admises à titre gratuit, ou enfermées par mesure administrative, y sont entretenues ou défrayées aux frais de l'État ; les autres, dont les familles jouissent de quelque aisance, versent à la trésorerie de l'hôpital général une somme de trois cents livres par an. Inutile d'ajouter que ces dernières sont traitées avec des égards tout particuliers. Dans laquelle de ces deux catégories faudra-t-il comprendre la protégée de monsieur le marquis ?

— Monsieur le directeur, répondit Saint-Maixent en tirant de sa poche des rouleaux d'or, ma protégée payera non pas trois cents livres, mais six cents, et je remets en vos mains six mille livres pour le payement anticipé des dix premières années.

— Ah ! vertugadin, monsieur le marquis est généreux ! Je vais avoir l'honneur de lui donner reçu....

— Comme monsieur le marquis voudra.

— Nous allons, s'il vous plait, aller chercher la pauvre Simone que j'ai laissée dans mon carrosse, sur le boulevard de l'Hôpital, en compagnie de Mme la marquise et d'une camériste. Mais d'abord, mon cher directeur, permettez-moi de vous adresser deux petites recommandations que je vous prierai de vouloir bien transmettre à vos subordonnés.

— Je promets d'avance à monsieur le marquis qu'ils s'y conformeront strictement.

— La première, c'est de veiller avec le plus grand soin, pour rendre toute évasion impossible ;

la seconde, c'est de ne laisser Simone Raymond communiquer, sous aucun prétexte, avec qui que ce soit. »

Le directeur eut aux lèvres un sourire de bon augure.

« Ah! monsieur le marquis peut être bien tranquille à cet égard ! s'écria-t-il. Pour communiquer avec une de mes pensionnaires, il faut un permis signé de moi (ceci est une règle sans exception). Or, si ce permis m'était demandé, j'aurais grand soin de le refuser. Quand aux évasions, elles sont tout simplement impossibles. On ne s'échappe point de la Salpêtrière. Nous avons ici de bonnes murailles, de bons verrous, de bons cabanons, et, ce qui vaut mieux encore, des surveillants dont la vigilance est infatigable. Si monsieur le marquis daignait me faire l'honneur de visiter avec moi les différentes divisions de l'hôpital général, il aurait la preuve de *visu* que rien n'est à craindre, et que les folles qu'on nous confie ne sortent d'ici que guéries ou mortes. »

Saint-Maixent se déclara rassuré sur la façon la plus complète, et il descendit pour aller chercher la prétendue Simone Raymond en compagnie du directeur.

Chemin faisant, ce dernier rencontra deux gardiens et leur fit un signe.

Les gardiens suivirent.

On arriva près du carrosse.

Le directeur se confondit d'abord en salutations à l'endroit de la belle Olympe, qu'il prit pour la marquise de Grancey; puis, désignant Mme de Rahon :

« C'est là, je suppose, dit-il, la protégée de monsieur le marquis ?

— Vous ne vous trompez pas, répliqua Saint-Maixent.

— Figure tout à fait intéressante et presque distinguée. C'est vraiment grand dommage qu'une si belle créature soit dans un tel état. Malheureusement l'aliénation mentale est un mal presque sans remède. »

Tandis que le directeur égrenait tout le chapelet des lieux communs de compassion banale, le marquis touchait la main de la comtesse pour l'engager à descendre de voiture. Elle obéit passivement ainsi qu'elle le faisait toujours.

Chacun des gardiens la prit par un bras et ils la conduisirent, sans éprouver de sa part la moindre résistance, vers la petite porte au-dessus de laquelle on aurait pu graver le fameux vers du Dante :

Vous qui entrez, laissez ici toute espérance.

Cette porte se referma derrière eux.

Le directeur prit alors congé, et, après force baise-mains, termina par ces mots :

« J'ose espérer, que monsieur le marquis, apprenant mon zèle, daignera parler de moi en bons termes à M. de Colbert, son illustre ami....

— Je n'y manquerai pas, » répondit Saint-Maixent.

XV

A LA SALPÊTRIÈRE.

Certes, le directeur avec lequel nous venons de voir le marquis de Saint-Maixent s'entendre si bien, n'était point un méchant homme, ni un homme cruel, tant s'en faut.

Seulement il avait pour principe d'encaisser régulièrement les émoluments de sa charge, de s'entretenir longuement, chaque jour, avec son cuisinier, car la gourmandise était son péché mignon, et pour le reste il s'en rapportait d'une façon presque aveugle aux médecins et aux surveillants, convaincu que ni les uns ni les autres ne faisaient un usage abusif des douches glacées, du fouet à sept cordes, de la camisole de force et des cabanons.

« C'est leur affaire de soigner et de corriger les folles, se disait-il. Ces médecins en renom et ces honnêtes gardiens s'y entendent beaucoup mieux que moi. Vertugadin ! je serais un sot de prétendre les régenter en quoi que ce soit. *Chacun dans son pré, les vaches seront bien gardées.* »

Ce vieux proverbe, sorti de l'écrin de *la Sagesse des nations* (qui, soit dit entre nous, contient plus de strass que de diamants vrais), lui mettait l'âme en paix et la conscience en repos.

Et le régime du fouet, des douches et des cabanons restait en vigueur.

Nulle description ne saurait donner une idée exacte de ces hideux cachots souterrains, que ne visitaient jamais ni l'air, ni le soleil, sortes de tombeaux plus étroits, plus sombres, plus humides que ceux où l'on enferme les condamnés à mort.

Aujourd'hui, de riantes cellules aux parquets bien cirés, aux grillages cachés sous un réseau de plantes grimpantes, remplacent ces cabanons infâmes. Que Dieu et l'humanité en soient bénis !

Le principal, le plus inévitable des résultats de l'antique et odieux régime dont nous venons de parler, était de faire naître des haines farouches, irréconciliables, entre les aliénées de la Salpêtrière et les employés des deux sexes qui vivaient sans cesse auprès d'elles.

Ceux-ci traitaient les folles en ennemies.

Ils ne dissimulaient ni l'horreur ni l'effroi qu'elles leur inspiraient.

Les folles, de leur côté, tremblaient devant ces persécuteurs, qui ne leur parlaient jamais que l'injure à la bouche et le fouet à la main.

L'épouvante et la douleur les faisaient ramper ; mais, avec cet instinct tout animal qui survit même à la perte de l'intelligence humaine, elles rêvaient des représailles hideuses, et, quand se présentait une occasion de se venger, elles la saisissaient avec une étrange présence d'esprit, et elles poursuivaient avec un acharnement indicible l'accomplissement de cette vengeance.

Il n'était point rare de voir le sang d'une gardienne ou d'un geôlier couler dans les préaux de la Salpêtrière.

Nous devons ajouter que celles des aliénées qui jouissaient de moments lucides entre leurs accès, tournaient dans ces moments-là toutes leurs facultés vers le désir et l'espoir d'une évasion, et, pour atteindre ce but, combinaient des plans presque toujours impraticables et qui jamais ne réussissaient, mais étrangement et profondément raisonnés.

Un jour, cependant, deux folles furieuses assommèrent, à coups de sabots, une gardienne, nommée Jacqueline Huber, et parvinrent à s'échapper. On les reprit quelques heures après ; mais, dans leur farouche démence, elles avaient fait plusieurs victimes hors de l'hôpital général (1).

Cette horrible affaire, on le comprend, préoccupa l'attention publique.

Le lendemain, le lieutenant de police manda pardevant lui le directeur de la Salpêtrière. Il lui adressa les plus graves reproches pour n'avoir point su prévenir une semblable catastrophe, et il le menaça de la destitution et de la Bastille dans le cas où un fait pareil se renouvellerait.

Ainsi morigéné vertement et tenant, nous le savons, à sa place, à ses émoluments, à son cuisinier, l'honorable fonctionnaire (comme on dirait aujourd'hui) résolut de ne se point exposer aux disgrâces qui menaçaient de foudroyer sa tête innocente.

La première chose à faire, selon lui, était de remplacer les gardiennes par des gardiens.

En conséquence, aussitôt après avoir quitté le lieutenant de police, il se rendit à Bicêtre et pria son confrère, le directeur de cet autre immense

(1) Voir, pour le récit de ce drame émouvant, LA GITANE quatrième partie.— Édition illustrée, 2 fr. 10. Librairie Victor Benoist et Cie, 10, rue Gît-le-Cœur, Paris.

asile, de lui venir en aide en mettant à sa disposition une brigade de ses gardiens les plus aguerris.

Cette requête fut accueillie favorablement, et, dès le lendemain, de véritables hercules, habitués à entrer en lutte avec les fous les plus dangereux et à les réduire à l'obéissance, vinrent prendre la place des femmes dans tous les services de la Salpêtrière, et reçurent l'ordre d'agir avec autant de fermeté que de prudence, en d'autres termes, d'atteindre les dernières limites de la rigueur et de la brutalité.

Ceci nous explique de façon surabondante le sourire confiant, épanoui sur les lèvres du directeur, tandis qu'il affirmait à M. de Saint-Maixent qu'on ne s'évadait pas de la Salpêtrière.

. . . .

Lazare fouetta son attelage.

Le marquis se remit en selle.

Le directeur fit un dernier salut à l'arrière du carrosse et à la croupe du cheval de Saint-Maixent, et regagna la petite porte, qui s'ouvrit aussitôt pour le laisser passer.

Dans une salle servant de greffe, et contiguë au parloir, il trouva la comtesse de Rahon entre ses deux gardiens ; le médecin de service venait d'arriver.

« Bonjour, cher directeur, lui dit ce dernier en riant, je vous fais tous mes compliments de votre nouvelle pensionnaire. Peste, c'est une belle fille !

— Et bien intéressante, répliqua le gros homme ; spécialement recommandée par un important personnage, le marquis de Grancey, gentilhomme du Poitou, ami particulier de M. de Colbert.

— Ah ! diable !

— Telle que vous la voyez, la pauvre créature paye à la trésorerie de l'hôpital général six cents livres de pension par an. Docteur, je vous la recommande.

— Rien à faire.... elle est idiote.

— En ce moment ; mais ça peut changer. Quand elle n'est que folle, elle se croit de haute naissance et se figure qu'elle appartient aux plus illustres familles du royaume. Elle était, paraît-il, la maîtresse d'un gentilhomme qui promettait de l'épouser. Elle avait la naïveté de le croire, et ça lui a tourné la tête.

— Folie d'orgueil et d'amour déçu. Rien n'est plus commun, et rien n'est moins facile à guérir.... surtout chez les femmes.

— Monsieur le directeur, demanda le greffier, quel nom dois-je inscrire sur le livre d'écrou ?

— Écrivez *Simone Raymond*, trente ans, originaire du Poitou, amenée par M. le marquis de Grancey : six cents livres de pension annuelle.

— Quelle division ?

— La deuxième. Pintuchon, ajouta le directeur, en s'adressant à l'un des gardiens, vous allez conduire l'aliénée Simone Raymond au préau de sa division ; vous la remettrez aux mains du surveillant Duclou, et vous lui recommanderez des égards particuliers. Une folle à six cents livres, protégée par un ami de M. de Colbert, n'est point la première venue. Non ! vertugadin ! il s'en faut du tout ! »

Le gardien qui répondait au nom de Pintuchon s'empressa d'obéir à cet ordre ; il prit la comtesse par le bras, et elle le suivit docilement.

Le préau de la deuxième division était celui-là même où Jacqueline Huber avait été assassinée quelques jours auparavant.

Maclou, le nouveau gardien venu de Bicêtre, semblait créé tout exprès pour le double emploi de geôlier et de bourreau.

Il offrait un type étrange, terrible et repoussant, tenant tout à la fois du tigre et du bouledogue.

Il brandissait, de la main droite, un fouet à sept lanières, garni de petits grains de plomb.

En outre il portait, passée comme une épée dans la ceinture de cuir brut qui sanglait ses reins énormes, une longue et flexible baguette d'acier, semblable à celles dont les dompteurs de bêtes féroces font usage, et qui, maniées par eux, deviennent des armes formidables.

Dès le premier jour de son entrée en fonction, le hideux gardien s'était juré d'inspirer une terreur salutaire aux folles de sa division.

Avons-nous besoin d'affirmer qu'il avait obtenu un résultat immédiat et complet.

Rien qu'à l'entendre murmurer tout bas d'effroyables blasphèmes, rien qu'à le voir passer, les aliénées se sentaient prises d'un tremblement convulsif, comme les agneaux quand ils respirent la fauve odeur du loup.

Elles se blottissaient, frémissantes, dans les angles des murailles ; elles cherchaient un asile derrière les arbres du préau. Elles n'osaient ni faire un mouvement, ni prononcer une parole ; c'est tout au plus si, dans leur immense effroi, elles se permettaient de respirer.

Maclou contemplait avec une joie sans limites, avec un immense orgueil, l'anéantissement si complet, si absolu, produit par l'épouvante : il disait à qui voulait l'entendre, et, faute d'auditeurs, il se répétait à lui-même :

« Allons, allons, Jacqueline Huber (pauvre créature, Dieu veuille avoir son âme !) ne s'entendait ni peu ni beaucoup à conduire cet immonde troupeau de bêtes brutes. Elle était trop facile et trop faible avec ces enragées. Ce n'est pas moi qui me laisserai sottement mettre en morceaux comme elle l'a fait. Non, mort-diable ! ce n'est pas moi !... »

En ce moment, à l'aide d'un passe-partout qui s'ajustait à toutes les serrures, la porte du préau fut ouverte depuis le dehors, et Pintuchon, tenant la comtesse par le bras, se montra sur le seuil, mais n'eut garde de le franchir.

« Eh ! oh ! compère Maclou, dit-il, v'là une nouvelle que je vous amène.... un gibier soigné, une belle femme, voyez plutôt.

— Les folles ne sont pas des femmes ! répliqua Maclou avec un sinistre haussement d'épaules.

— Elle a l'air tranquille comme Baptiste, reprit Pintuchon, mais un bon averti en vaut deux ; je vous conseille de faire attention tout de même ; les *agitées* (1) ont de bons moments, il n'est pire eau que l'eau qui dort ! Elle s'appelle Simone, à ce qu'il paraît, c'est un nom comme un autre, pas vrai ?

— Les folles n'ont pas de nom ! répondit le farouche gardien. Envoyez la donzelle... une douzaine de plus ou de moins, ce n'est pas la peine d'en parler. »

Pintuchon poussa par les deux épaules la comtesse, qui faillit tomber et fit en chancelant quelques pas.

« Ah ! à propos, reprit-il, j'allais oublier le point essentiel, M. le directeur vous la recommande, il paraît qu'elle a du *quibus*. »

Maclou agita les lanières de son fouet, tandis que son visage prenait une expression féroce.

« C'est bon ! s'écria-t-il avec un rictus de bête fauve, on aura des égards !... »

Pintuchon comprit ; il se mit à rire d'un air idiot et sortit en fermant la porte du préau derrière lui.

A peine la comtesse venait-elle de paraître dans le préau, et déjà ses compagnes d'infortune, poussées par une curiosité qui toujours, chez ces malheureuses, survit à la perte de la raison, oubliant la terreur que leur inspirait Maclou, quittant les angles de muraille où elles se blottissaient, les troncs d'arbre qui les cachaient, s'élançaient vers la nouvelle venue et formaient autour d'elle un cercle tumultueux.

(1) *Agitées*, atteintes de folie furieuse et dangereuse.

XVI

LE PRÉAU DE LA SECONDE DIVISION.

Les folles les plus rapprochées de Mme de Rahon la saisirent par ses bras et par ses vêtements, faisant mine de déchirer les uns et de disloquer les autres, tant elles mettaient d'acharnement et d'ardeur à se disputer, ou plutôt à s'arracher la malheureuse femme.

La comtesse, glacée, paralysée, anéantie, n'avait pas même la force d'opposer une inutile résistance à cette brutale et malfaisante curiosité.

« Arrière! cria Maclou d'une voix tonnante; arrière, toutes! »

Au milieu du tapage assourdissant causé par les folles, cet ordre ne fut point entendu.

Maclou brandit son martinet à sept lanières, et fit tomber une grêle de coups sur les visages et sur les épaules des folles, qui poussèrent des hurlements de douleur et s'enfuirent dans les parties les plus reculées du préau; puis il revint à la comtesse en lui disant de sa voix la plus rauque et la plus menaçante :

« Tu as de l'argent, la folle, paye ta bienvenue! »

Mme de Rahon, nos lecteurs le savent, ne pouvait ni entendre, ni comprendre. Elle tremblait, cependant de tous ses membres et son visage, habituellement impassible, exprimait une épouvante sans bornes; puis une crise horrible, effrayante, s'empara d'elle tout à coup. Elle s'abattit sur le pavé, la figure décomposé, les yeux hagards les membres roides. De sa gorge contractée s'échappait un sifflement sourd, un râle déchirant à entendre.

« Ah! gronda Maclou, tu refuses de répondre quand je t'engage bien poliment à payer ta bienvenue, et tu te mêles aussi, par-dessus le marché, d'amener le désordre dans mon préau. Je vais te mettre tout de suite sur un bon pied. Au baquet, la folle, au baquet! »

Le misérable, en disant ce qui précède, prit la comtesse par les deux bras, et la traîna jusqu'auprès d'une sorte de grande auge en pierre, dans laquelle un robinet de cuivre versait sans cesse une eau glaciale et transparente.

Maclou souleva brutalement la malheureuse femme, la plongea dans le bassin et la laissa s'y débattre pendant un instant.

Quand il vit que les convulsions de l'infortunée se ralentissaient, que l'engourdissement commençait à s'emparer de ses membres, et qu'elle n'avait presque plus la force de maintenir sa tête au-dessus de l'eau, il la saisit par ses vêtements, il la retira de ce bain mortel et il la laissa retomber, toute ruisselante sur les pavés.

La comtesse fit encore quelques mouvements faibles. Par un geste tout machinal, elle joignit ses mains et elle éleva à plusieurs reprises vers le ciel, comme pour demander protection à Dieu contre l'infâme barbarie des hommes; puis ses paupières s'abaissèrent sur ses yeux; elle ne remua plus; ses gémissements s'éteignirent; elle venait de perdre connaissance.

Maclou mit son fouet sous son bras gauche et se frotta les mains d'un air triomphant.

« Allons, murmura-t-il, ma méthode est la bonne! Voilà comment il faut agir avec ces créatures endiablées! j'en suis venu à bout tout de suite! Il n'y a pas de meilleur remède que l'eau froide contre les sauts de carpe et autres turlupinades de ces enragées! Si on les laissait faire, on n'en finirait pas, et l'on n'aurait jamais un moment de tranquillité. Ça serait, foi de Maclou, à en devenir fou soi-même! »

Le gardien achevait à peine ce monologue, dans lequel il rendait un si complet hommage à son propre mérite, lorsque la porte du préau s'ouvrit pour la seconde fois; le médecin inspecteur prudemment escorté d'une demi-douzaine d'employés, faisait à chaque division sa visite quotidienne et réglementaire.

« Eh bien! Maclou, demanda-t-il au surveillant qu'il connaissait de longue date et qu'il appréciait, comment les choses vont-elles, aujourd'hui ?

— Point trop mal, monsieur le docteur. Tout marche à peu près comme il faut.

— Vos folles sont tranquilles ?

— Il n'y a pas lieu de se plaindre.

— Combien de malades ?

— Pas une.

— Combien d'insoumises ?

— Une seule, et j'ose dire que je n'ai pas eu grand'peine à la réduire; la voilà. »

Maclou, en disant ce qui précède, désignait la comtesse évanouie, vers laquelle se tournèrent les yeux du médecin.

« Il me semble que voilà une nouvelle, dit-il; je ne la connais pas.

— Oui, oui ; elle n'est ici que de tout à l'heure.

— Elle ne donne aucun signe de vie; que lui avez-vous fait ?

— Pas grand'chose. Elle se mettait en pleine révolte, mauvais exemple pour les autres. Je l'ai trempée dans le baquet pour la calmer, et ça m'a

Maclou saisissant la malheureuse la traîna jusqu'au cabanon. (Page 202).

parfaitement réussi, car elle ne bouge plus, comme vous voyez. Je pense que la leçon pourra lui profiter. »

Le médecin s'approcha de la comtesse, se pencha vers elle, et, prenant son poignet, appuya deux doigts sur la veine.

« L'évanouissement est complet, dit-il ; les battements du pouls sont très lents. J'estime que le sang a perdu déjà près des deux tiers de sa chaleur vitale. L'humanité défend de laisser plus longtemps sur le corps de cette femme des vêtements imbibés d'eau glaciale. Avant une heure, elle serait morte. »

Maclou fit un geste de cynique insouciance.

« Ça serait une de moins à nourrir, murmura-t-il.

— Il faut la porter à l'infirmerie, reprit le docteur, et lui faire revêtir le costume réglementaire. Je pense que vous ferez bien ensuite, lorsque cette folle aura repris connaissance, de l'enfermer pour un jour ou deux dans un cabanon, si elle vous paraît décidément méchante. Cela complétera la leçon que vous lui avez donnée tout à l'heure, et la rendra sans doute souple comme un mouton.

— Je n'y manquerai pas, et je dois dire à monsieur le docteur que j'y pensais déjà.

— A merveille! Vous êtes un sujet précieux! continuez ainsi, Maclou, continuez ainsi!

— Je ferai de mon mieux! » s'écria le surveillant tout bouffi de joie et d'orgueil.

Puis le médecin sortit du préau, afin de continuer dans les autres divisions son inspection consciencieuse.

Pour obéir aux prescriptions du docteur, deux gardiens portèrent à l'infirmerie la prétendue Simone Raymond.

Là, on la fit revenir à elle-même ; on la couvrit de vêtements secs et on la ramena au préau de la seconde division.

A peine y fut-elle de retour, que Maclou réalisa son projet de l'enfermer dans un cabanon pour lui donner une leçon complète.

Il prit une des clefs du lourd trousseau qui pendait à sa ceinture, à côté de la baguette d'acier, et ouvrit une porte basse et massive pratiquée dans la muraille, tout près de l'auge de pierre que nous connaissons.

Derrière cette porte, commençait un escalier dont les degrés s'enfonçaient dans l'obscurité.

Une odeur fétide, sauvage, montait par bouffées en même temps que des clameurs étranges.

Maclou donna son fouet à l'un des gardiens qui venait de ramener la comtesse, et le chargea de veiller à sa place, dans le préau, pendant quelques minutes.

Il alluma une lanterne placée sur la première marche de l'escalier, et, entraînant Mme de Rahon, il descendit avec elle jusqu'à une longue galerie voûtée, dans laquelle il s'engagea.

Du côté droit de cette galerie, il y avait de distance en distance de petites niches de huit pieds carrés en largeur et de six en hauteur.

Des barreaux de fer d'une grosseur invraisemblable, distants les uns des autres de cinq ou six pouces à peine, fermaient ces niches dans lesquelles on pénétrait depuis un couloir qui régnait derrière elles.

Sur les dalles de ces cellules, des bottes de paille étaient étendues.

C'étaient les cabanons.

Plusieurs étaient vides. Au fond de quelques autres, il y avait de misérables créatures couchées sur la paille, dans un état de stupide engourdissement, ou bien debout, appuyant leurs fronts contre les barreaux de fer.

Ces dernières attachaient sur Maclou des regards fixes et furibonds. Elles lui faisaient de monstrueuses grimaces et le menaçaient de leurs poings fermés ; puis elles s'interrompaient pour secouer avec violence les barreaux de fer en poussant des cris inarticulés.

La prétendue Simone Raymond avait beau ne rien comprendre à ce hideux spectacle, une épouvante instinctive s'empara d'elle et paralysa ses membres. Elle se roidit et refusa de marcher.

Maclou proféra deux ou trois blasphèmes, et, saisissant la malheureuse par le milieu du corps, il la traîna jusqu'au cabanon vide, en face duquel ils se trouvaient.

Puis la porte de ce cabanon se referma sur la morte vivante, qui avait été la comtesse Marie de Rahon!

XVII

L'ANNONCE D'UN MALHEUR.

Nous savons dans quelle disposition d'esprit le comte Annibal avait quitté le château de Rahon, et quelle inquiétude lui inspirait l'état d'alanguissement progressif de la comtesse.

Son plus ardent désir était d'abréger, autant que faire se pourrait, son séjour à Paris pour rejoindre cette chère compagne.

A peine arrivé, il avait écrit, non-seulement à la comtesse, mais au marquis de Saint-Maixent et à Mme de Chavigny, afin d'avoir des nouvelles rassurantes.

A cette époque, le service des postes existait déjà, mais il se faisait avec une désespérante lenteur.

Le départ de la comtesse, de la marquise et de Saint-Maixent avait précédé l'arrivée de ses lettres au château.

Il s'étonnait de ne pas recevoir de réponse ; il commençait à s'en inquiéter. Ce silence prolongé lui semblait de mauvais augure et des nuits sans sommeil succédaient à des journées sans repos.

Il avait vu le ministre, il avait vu le roi, et il venait enfin d'obtenir l'autorisation de retourner dans ses terres.

Heureux de cette faveur qui mettait fin à ses anxiétés chaque jour plus dévorantes, il comptait se mettre en route le lendemain et il s'occupait des préparatifs de son départ au moment où le carrosse, dans lequel se trouvaient le marquis et la belle Olympe, s'arrêtait devant la porte de son hôtel quelques heures après la visite du gentilhomme à la Salpêtrière.

Les deux complices avaient profité de ces quelques heures pour se vêtir de noir de la tête aux pieds; ils portaient le grand deuil, non-seulement sur leurs vêtements, mais sur leurs visages consternés.

M. de Rahon emmenait en Auvergne sa maison presque entière. Il n'avait donc à son hôtel de Paris qu'un très-petit nombre de domestiques.

Le suisse ouvrit la grande porte afin de laisser entrer le carosse, et piqua deux coups pour annoncer une visite.

Le valet de chambre, Dominique, accourut dans le vestibule. Ce vieux serviteur était venu du château avec son maître, et il ne put retenir un cri de surprise en voyant paraître à l'improviste Saint-Maixent et la belle Olympe.

« Monsieur le marquis!... madame de Chavigny!... balbutia-t-il. Je tombe de mon haut! M. le comte sera stupéfait. Il s'attendait si peu à voir à Paris monsieur le marquis et madame... Nous devions partir demain matin pour retourner là-bas. J'ose me permettre d'espérer qu'il n'est rien arrivé de malheureux chez nous... »

L'âge et les longs services du valet de chambre rendaient presque excusable cette familiarité.

« Dominique, répondit Saint-Maixent, nous apportons une triste nouvelle...

— Grand Dieu ! Mme la comtesse !... »

Le marquis baissa silencieusement la tête.

« Oh! mon pauvre maître ! mon pauvre maître ! s'écria le domestique en se tordant les mains avec un désespoir bien véritable, bien sincère, car la comtesse était adorée de tous ses gens.

— Annoncez-nous, reprit Saint-Maixent.

— Oui, monsieur le marquis... oui... tout de suite... Mais, au nom du ciel, ménagez M. le comte... Tâchez de le préparer doucement au grand malheur qui va le frapper! Quel coup pour lui, seigneur mon Dieu! Il ne vivait que pour madame... Cette horrible nouvelle est capable de le tuer...

— Annoncez-nous, répéta le marquis. Nous ferons de notre mieux, Dominique. Mais hélas! un seul regard jeté sur nous suffira pour révéler à mon cousin la vérité dans toute son horreur. »

M. de Rahon se trouvait seul dans une vaste pièce attenant à sa chambre à coucher.

Cette pièce, qui lui servait de cabinet de travail, était meublée avec un luxe sévère.

Un immense bureau d'ébène, incrusté de cuivre et d'ivoire, en occupait le centre.

De grands corps de bibliothèque cachaient en partie les boiseries de vieux chêne richement sculptées.

Un magnifique Christ en ivoire du plus beau travail florentin, un chef-d'œuvre, se détachait sur un panneau de velours cramoisi.

En face de ce Christ, se voyait un autre chef-d'œuvre, le portrait de la comtesse de Marie de Rahon, peint dix années auparavant par Philippe de Champagne.

Le comte Annibal, debout auprès du bureau, mettait en ordre des papiers de famille et s'interrompait parfois dans cette besogne, pour jeter un regard plein de tendresse sur le portrait de sa femme.

Un grand changement s'était fait dans la personne du comte depuis le jour, si peu éloigné cependant, où il avait quitté l'Auvergne. La fatigue du voyage, ou peut-être les inquiétudes qui le tourmentaient, semblaient l'avoir vieilli de plusieurs années. Son visage émacié offrait aux tempes et aux contours de la bouche des tons d'ivoire jauni. Les yeux conservaient leur regard franc et loyal, mais n'avaient plus leur transparence habituelle. Les bords des paupières rougissaient; les réseaux pressés des petites rides devenaient visibles. On devinait que le comte, quoiqu'il n'eût pas dépassé de beaucoup l'âge où l'homme est encore dans toute sa force, se trouvait sur la limite d'une vieillesse prématurée.

Un profond chagrin, une vive douleur devaient suffire, sans aucun doute, pour lui faire franchir cette limite.

L'expression de son visage était soucieuse et presque triste. Cependant un sourire éclairait sa physionomie (comme un rayon de soleil brillant sur une campagne dévastée), quand ses regards chargés d'amour envoyaient une caresse fugitive à l'image presque vivante de la comtesse de Rahon.

Absorbé tour à tour dans le classement de ses papiers et dans la contemplation du portrait, le comte Annibal n'avait accordé aucune attention à la double sonnerie du timbre annonçant une visite.

Le bruit de la porte de son cabinet brusquement ouverte lui fit tourner à demi la tête, et tout son corps tressaillit comme sous un choc violent, lorsque Dominique, d'une voix tremblante qu'il s'efforçait vainement de rendre ferme, jeta ces deux noms :

« Monsieur le marquis de Saint-Maixent... Madame la marquise d'Aubray de Chavigny... »

— Vous, vous, mes amis! » s'écria le comte en faisant un mouvement pour s'élancer, les mains étendues, vers les visiteurs.

Mais il s'arrêta brusquement.

Une réflexion soudaine lui faisait comprendre que la présence inattendue de ses deux parents annonçait un malheur.

Ses yeux effarés les parcoururent de la tête aux pieds : il les vit entièrement vêtus de noir; ce noir sinistre était à lui seul toute une sombre révélation.

« En deuil... balbutia-t-il; vous êtes en deuil!... Vous aviez juré de veiller sur ELLE et vous êtes ici... et vous êtes vêtus de noir... Ah!... je comprends... Marie est morte!...

— Courage, mon cousin, courage! » murmura le marquis en forçant son visage à revêtir le masque de la douleur et de la compassion, tandis que la belle Olympe, cachant sa tête entre ses deux mains, versait des larmes véritables. (Les femmes ont le don des pleurs!)

M. de Rahon, livide, la bouche crispée, les yeux sans regards, ressemblait à un homme foudroyé.

Son effrayante immobilité dura quelques secondes. Saint-Maixent s'attendait à le voir s'abattre sur le tapis. Mais il se ranima tout à coup.

« C'est donc vrai! dit-il lentement et d'une voix étrange, c'est donc bien vrai; ELLE est morte. »

Le silence lui répondit seul.

« Morte! reprit-il avec désespoir; morte, la compagne de ma vie! l'ange de mon foyer! ma bien-aimée! ma Marie! Morte loin de moi! morte en m'appelant! Et je n'étais pas là pour recevoir sa dernière parole, son dernier baiser, son dernier souffle! Mon Dieu, vous me frappez cruellement! Quel crime avais-je donc commis pour mériter un châtiment si rude? Vous, qu'on appelle le Dieu de bonté, vous êtes injuste dans vos colères! Pourquoi m'accablez-vous ainsi? Pourquoi séparez-vous ceux qui s'aimaient et que vous aviez unis pour la vie? »

Le comte suffoquait; sa poitrine haletante était au moment de se briser; heureusement ses sanglots éclatèrent, apportant une sorte de soulagement à cette agonie de tout son être.

Saisi d'une involontaire épouvante en face de cette torture sans nom infligée par lui à l'homme de cœur, au généreux parent dont il n'avait jamais reçu que des bienfaits, le marquis baissait les yeux.

La belle Olympe continuait à pleurer, et maintenant ses larmes étaient presque sincères, car elles résultaient d'une violente émotion nerveuse. Ne voit-on pas chaque jour des êtres doués, dans la vie réelle d'une insensibilité absolue, et qui s'attendrissent au théâtre sur des infortunes imaginaires?

Les regards éplorés d'Annibal rencontrèrent la sublime image de l'Homme-Dieu, cloué sur la croix infamante, du haut de laquelle il semblait dire : « Moi aussi j'ai voulu souffrir! moi aussi j'ai voulu « mourir! «

Au dix-septième siècle la foi vivait dans presque tous les cœurs. Les croyances religieuses étaient ardentes et profondes.

La vue du Christ d'ivoire détermina chez le comte une réaction soudaine.

Il traversa la chambre en chancelant, pour aller se prosterner aux pieds du divin crucifié, et là il balbutia :

« J'ai blasphémé, Seigneur mon Dieu, pardonnez-moi! Vous me l'aviez donnée, vous me l'avez reprise... Que votre volonté soit faite!... Que votre nom soit béni!... Seigneur, mon Dieu, j'ai été faible, et du fond des abîmes de mon désespoir, ma voix s'est élevée contre vous. Prenez pitié de l'homme anéanti qui vous implore, et puisque vous m'avez envoyé la douleur, envoyez-moi la force et le courage qu'il me faut pour la supporter. »

Annibal s'abîma dans une longue et ardente prière. Ses mains jointes s'étreignaient convulsivement. On voyait ses lèvres remuer, mais nulle oreille humaine ne pouvait entendre les paroles qu'il adressait à Dieu.

Quand il se releva, sa figure dévastée ressemblait à un masque de cire molle sur laquelle les griffes d'une bête fauve auraient tracé des sillons profonds.

Il est, sous les tropiques, des ouragans si furieux qu'ils changent la forme des montagnes. Un ouragan pareil à ceux-là venait de gronder sous le crâne du comte Annibal.

Tout était ruines sur son visage, comme tout était ruines dans son cœur, et pourtant le regard de ses yeux troublés exprimait une sorte d'apaisement.

Le comte alla droit au marquis et à la belle Olympe, il les embrassa l'un après l'autre, et il leur dit, avec un navrant sourire :

« Chers amis, chers parents, la douleur est égoïste. Je ne vous ai pas encore remerciés, vous qui venez de faire un si long voyage pour m'éviter d'apprendre par une bouche étrangère et indifférente la nouvelle du grand malheur qui me frappe. Ne doutez point de moi, je vous en prie; je n'ai pas l'âme ingrate. Je vous aime, vous le savez; et comment pourrais-je ne pas vous aimer? il ne me reste, hélas! plus que vous en ce monde!... »

Les deux complices courbèrent la tête, sans oser se regarder.

XVIII

LE DÉPART.

Le comte de Rahon s'assit et fit signe à Saint-Maixent et à Mme de Chavigny de s'asseoir à sa droite et à sa gauche ; il réunit leurs mains dans les siennes, et, après un instant de silence, il murmura :

« J'ai demandé à Dieu de m'envoyer la force.... il vient de m'exaucer, je le sens ; je suis calme, vous le voyez. J'ai besoin de tout savoir, j'aurai le courage de tout entendre. Dites-moi donc comment elle est morte, sans rien omettre, sans rien cacher ; je sais que je ne la verrai plus, je veux au moins entendre parler d'elle, ce sera ma consolation suprême, et vous ne me la refuserez pas. Parlez, chère Olympe, j'écoute, j'attends !

— Mon cousin, balbutia Mme de Chavigny, il est hors de mon pouvoir de faire ce que vous désirez. Ma faiblesse me trahirait et, dès les premiers mots du cruel récit, les sanglots étoufferaient ma voix. »

Le comte se tourna vers Saint-Maixent.

« C'est donc vous que j'implore! lui dit-il. Autant qu'Olympe, je le crois, vous aimiez celle qui n'est plus ; mais vous êtes un homme et vous aurez la force qui lui manque. »

Le marquis s'inclina, et, d'une voix qui semblait brisée par le chagrin, il commença une narration où le mensonge et la vérité se mélaient avec une adresse sans égale.

Il raconta que très-peu de jours après le départ du comte pour Paris, Mme de Rahon s'était sentie prise d'inquiétudes si vives, si poignantes, qu'elles avaient augmenté de beaucoup son état de faiblesse maladive.

Bientôt, sous l'empire de ces inquiétudes grandissantes, la comtesse avait exprimé le désir et la volonté de quitter l'Auvergne à son tour pour aller rejoindre son mari.

Aux représentations, aux supplications de Mme de Chavigny et de Saint-Maixent, s'efforçant de lui démontrer que ses angoisses étaient chimériques, elle avait répondu :

« Si vous refusez de m'accompagner, je partirai seule. »

En face d'une détermination de cette nature, irrévocablement prise, que faire ? Des parents dévoués pouvaient-ils, tout en déplorant l'imprudence de la comtesse, entreprendre de la retenir prisonnière dans son château ? A coup sûr, cela semblait impossible.

Le seul parti à prendre était de ne point quitter Mme de Rahon, de veiller sur elle, de se rendre enfin, non les complices de sa folie, mais les protecteurs de sa faiblesse.

Le marquis s'interrompit pour demander :

« Avions-nous raison d'agir ainsi ? Approuvez-vous ce que nous avons fait ?

— Si j'approuve un dévouement comme le vôtre, ne reculant devant aucune abnégation, devant aucun sacrifice ? répondit M. de Rahon, j'espère que vous n'en doutez pas ! »

Saint-Maixent poursuivit son récit. Il entra dans le détail des incidents du voyage, de la maladie soudaine du cocher laissé en route à l'hôtellerie de Massiac ; il parla de l'exaltation de la comtesse, prenant chaque jour, et presque à chaque heure, des proportions plus inquiétantes ; il dit l'accident sans importance survenu au carrosse en face de la maison isolée ; l'hospitalité donnée par une pauvre femme à qui cette maison appartenait ; et, enfin, la mort foudroyante de la comtesse attribuée, par le médecin, à la rupture d'un anévrisme.

M. de Rahon écoutait en pleurant silencieusement.

« Ainsi donc ! s'écria-t-il avec des sanglots, cette chère bien-aimée n'a pas même eu la consolation suprême de s'éteindre dans sa demeure, dans cette demeure qu'elle aimait tant et où elle avait vécu heureuse ? La sordide chambre d'une maison misérable a vu s'exhaler son dernier souffle ! Ses yeux expirants n'ont pu s'arrêter sur aucun de ces meubles familiers qui jouent un rôle dans l'existence et qui deviennent presque des amis. Elle repose aujourd'hui sous la pierre froide d'une tombe étrangère, loin de ses ancêtres et loin des miens ! Mon corps tout entier frissonne et se glace à la pensée d'un tel isolement. Pas une larme, pas une fleur sur cette fosse à peine refermée ! La pauvre morte est là toute seule et s'étonne de sa solitude. Ah ! je vais partir... soulever la pierre... ouvrir la tombe... arracher ma femme bien-aimée à ce cimetière inconnu.... l'emporter avec moi, et, ne pouvant la ramener vivante, rendre du moins sa dépouille à la terre bénie dont elle portait le nom et qui tressaillera d'amour en la recevant. »

Le marquis devint pâle et le regard d'Olympe rencontra son regard. Mme de Chavigny aussi était pâle.

Les deux complices avaient peur.

Qui sait si le comte Annibal, procédant à l'exhumation dans le cimetière de l'abbaye de la Chaise-

Dieu, ne voudrait point revoir une dernière fois le visage de celle qu'il avait tant aimée ?

Reconnaîtrait-il ce visage ? Serait-il dupe d'une vague ressemblance ?

Qu'arriverait-il alors ? La vérité ne jaillirait-elle pas comme la foudre du cercueil entr'ouvert pour frapper les coupables ?

Tandis qu'Olympe et Saint-Maixent se posaient ces inquiétantes et insolubles questions, M. de Rahon murmurait, se parlant à lui-même, mais assez haut pour être entendu :

« Tout est fini pour moi dans ce monde. Je vivais pour Marie.... Marie n'est plus, il ne me reste plus rien. Un enfant, si j'en avais un, me rattacherait sans doute, par un lien fort et sacré, à l'existence qui m'échappe.... J'aurais un devoir à remplir.... Mais je n'ai point d'enfant.... Je suis seul.... Mon corps pourra languir et se traîner quelque temps sur la terre.... mon âme est morte d'aujourd'hui.... »

Ayant ainsi parlé, M. de Rahon laissa tomber sa tête sur sa poitrine et s'absorba dans une méditation si profonde et si longue, qu'au bout de près d'une heure Saint-Maixent crut devoir l'interrompre.

Il toucha doucement le bras du comte, qui tressaillit comme un homme qu'on éveille en sursaut, et le regarda d'un air égaré.

« Mon cousin, dit le marquis de sa voix la plus douce, vous nous aviez promis d'avoir la force, le courage, la résignation....

— Et vous trouvez que je ne vous tiens point parole ? répliqua M. de Rahon avec amertume.

— Non, mon cousin, car vous vous abandonnez tout entier à votre douleur et cette douleur vous tue.

— Eh bien ! qu'importe ?

— Il importe beaucoup. Oubliez-vous que nous vous aimons ?

— C'est vrai.... balbutia le comte, j'oubliais.... Cette fois encore, je suis ingrat.... Que voulez-vous, on veut lutter.... Et puis on pense.... on se souvient.... et, malgré soi, on est vaincu....

— Me permettez-vous, mon cousin, de vous adresser une question ? »

Un geste de M. de Rahon servit de réponse affirmative.

« Que comptez-vous faire ? reprit Saint-Maixent.

— Partir.

— Quand ?

— Demain.

— Et où ?

— Au cimetière de la Chaise-Dieu, je vous l'ai dit, reprendre mon bien à cette terre inconnue, emporter au château de Rahon ce corps glacé qui fut si beau, ce cœur inanimé qui fut si plein de moi ; et là, près de la tombe où dormira Marie, végéter plutôt que vivre, jusqu'à ce que Dieu me rappelle à lui : voilà ma seule pensée, mon unique désir, mon seul rêve....

— Soit, mon cousin, répondit le marquis, votre volonté sera faite ; nous partirons demain.

— Nous ? répéta le comte avec étonnement ; vous m'accompagnerez donc ?

— Avez-vous supposé, s'écria le marquis, qu'en des circonstances si profondément douloureuses, nous pourrions consentir, Mme de Chavigny et moi, à nous séparer de vous ? Non, cent fois non ! Et quand bien même il vous plairait de nous éloigner, nous nous obstinerions à vous suivre. »

M. de Rahon prit de nouveau les mains de Saint-Maixent et de la belle Olympe, et les réunit dans les siennes.

« Vous éloigner, mes amis, mes enfants ! balbutia-t-il avec une vive émotion. Ah ! que Dieu m'en garde ! Repousser des cœurs comme les vôtres, ce serait un crime ! Venez donc, ne me quittez plus, et soyez bénis du haut du ciel par l'ange adoré que nous pleurons...... »

Annibal s'assit à son bureau, attira devant lui une grande feuille de papier, et, d'une main tremblante, se mit à écrire.

Il annonçait au ministre qu'atteint à l'improviste par un de ces coups mortels dont un homme, si vigoureusement trempé qu'il soit, ne se relève pas, il allait chercher à tout jamais dans ses terres le silence et l'obscurité pour y pleurer en paix.

Il terminait par la prière de faire accepter au roi sa démission du grade de lieutenant-général.

Une fois cette lettre mise sous enveloppe, et scellée d'un large cachet de cire noire à ses armes, il donna l'ordre de la porter sur-le-champ à l'hôtel du ministre et il murmura :

« Je viens de dénouer le dernier lien qui m'attachait au monde. J'ai brisé mon épée, puisse Dieu briser bientôt ma vie ! »

La nuit était venue.

Dominique annonça que le repas du soir attendait le comte et ses hôtes. Annibal refusa de s'asseoir à table avec eux. Olympe et Saint-Maixent obtinrent de lui, par leurs instantes prières, qu'il triomphât de sa répugnance et qu'il prît un peu de nourriture pour soutenir ses forces défaillantes.

Il retourna ensuite dans son cabinet, détacha de la muraille le portrait de Marie, et roula lui-même dans une épaisse toile dont il ne voulut se séparer.

« C'est tout ce que j'emporterai de cet hôtel, où j'ai passé tant d'heureux jours, et où je ne reviendrai jamais, se dit-il. Joies de l'amour, plaisirs de la fortune, jouissances des ambitions satisfaites, qu'êtes-vous devenus? J'étais au faîte et je suis dans l'abîme, tout a croulé dans une tombe. »

Comment le comte passa-t-il la nuit? On peut le deviner; nous ne saurions le dire. Il est des souffrances si poignantes qu'elles défient l'analyse.

Avant de congédier son valet de chambre, Annibal avait donné des ordres.

Un courrier s'était mis en route le soir même, avec ordre de préparer des relais de distance en distance, fallût-il dépenser des sommes folles pour se procurer des chevaux.

L'unique désir qui survécut dans l'âme dévastée du malheureux gentilhomme, était d'arriver vite à l'abbaye de la Chaise-Dieu.

A peine les premières clartés de l'aube blanchissaient-elles l'horizon, qu'un carrosse tout attelé attendait dans la cour.

Annibal y prit place avec Olympe et Saint-Maixent, et l'équipage, conduit avec une effrayante rapidité, s'éloigna de la grande ville où la comtesse Marie de Rahon demeurait ensevelie pour toujours sans doute, dans l'un des cabanons de la Salpêtrière.

XIX

L'EXHUMATION

Pendant les premières heures du voyage, le comte Annibal, qu'une fièvre ardente dévorait, parla sans cesse de Marie et fit répéter vingt fois à Saint-Maixent et à la marquise les moindres détails du récit qu'il avait écouté la veille.

Puis la fièvre diminua peu à peu; la surexcitation disparut; le comte interrogea plus rarement ses compagnons de route, bientôt il cessa de leur répondre, et, enfin, il se renferma dans un morne silence, dont il fut impossible de le tirer.

Il rompit ce silence le soir du second jour, pour dire à Saint-Maixent :

« Je veux, avant d'aller à son tombeau, visiter la maison où elle est morte... »

Puis il redevint taciturne et sa lugubre rêverie recommença.

Le troisième jour, un peu avant le coucher du soleil, le carrosse s'arrêta devant la maison isolée.

« C'est là », murmura le marquis d'une voix mal affermie; car l'idée de franchir de nouveau le seuil de ce logis lui causait un trouble involontaire.

M. de Rahon, sans prononcer un mot, descendit de voiture et se dirigea vers la porte, suivi de Saint-Maixent.

Cette porte était fermée, nous le savons. Il la heurta à plusieurs reprises, elle ne s'ouvrit point. Il appela, nulle voix ne répondit.

« Mon cousin, dit le marquis, la maison semble déserte; mais il est facile, si vous le voulez, de jeter bas ce frêle obstacle.

— Enfoncer une porte, répliqua M. de Rahon; en vérité, vous n'y songez pas.

— Comment faire, alors?

— Attendre, les maîtres reviendront. »

Saint-Maixent, sachant bien que personne ne viendrait, quand même l'attente se prolongerait pendant des journées entières, fit un signe à Lazare.

L'adroit valet comprit ce que son maître voulait de lui : il tourna le hangar, franchit la haie servant de clôture au petit jardin, où les roses continuaient à fleurir, brisa un carreau, traversa la maison et vint ouvrir la porte.

« Personne au logis, monsieur le comte, dit-il; mais une fenêtre était entr'ouverte, j'ai passé par là. »

Annibal pria Saint-Maixent de le guider, et, conduit par lui, il monta au premier étage et pénétra dans la plus vaste des deux chambres.

« Voilà le lit sur lequel ma bien-aimée cousine a dormi son dernier sommeil », balbutia le gentilhomme.

M. de Rahon s'agenouilla, ou plutôt se prosterna près de cette misérable couche, dont aucune main n'avait pris soin de réparer le désordre.

« Il me semble que quelque chose de son âme flotte dans cette atmosphère, où s'est exhalé son souffle suprême! » s'écria-t-il.

Puis, cachant sa tête dans ses mains, il pria et pleura longtemps.

Comme il se relevait, un objet blanc, tombé derrière le chevet du lit, frappa ses regards.

Il le ramassa.

C'était un mouchoir de toile de Hollande, d'une merveilleuse finesse, brodé aux armes des Rahon.

Annibal couvrit de baisers le léger tissu en murmurant :

« Ce mouchoir a pressé sa bouche agonisante! Sainte relique, tu ne me quitteras jamais! »

Il cacha l'étoffe sur son cœur, et, d'une voix presque impérieuse, il reprit :

« Maintenant à l'abbaye! »

La nuit avait remplacé le jour, une nuit sombre et pluvieuse, au moment où le carrosse pénétra dans l'enceinte des vastes bâtiments du vieux cloître.

Le supérieur, sachant qu'il allait recevoir le comte descendit dans le vestibule pour l'accueillir et lui faire honneur.

Or, ce n'était point un mince personnage que le supérieur de la Chaise-Dieu. Il portait le titre d'abbé crossé et mitré, il appartenait à une famille de très ancienne noblesse et on l'appelait monseigneur.

« Monsieur le comte, dit-il en pressant les mains d'Annibal, combien je serais heureux de votre visite, si je ne la devais à un si triste motif.

— Monseigneur, répondit le comte, je viens vous redemander le cher et précieux trésor dont vous avez reçu le dépôt. Il est glorieux sans doute d'être enseveli dans la terre bénie de votre abbaye, mais la comtesse de Rahon doit reposer à côté de ses ancêtres au fond des caveaux de famille, où sa place est gardée près de la mienne.

— Ce dépôt sacré, monsieur le comte, je suis prêt à vous le rendre. Je n'ai pas su me dégager assez complètement des affections humaines pour ne point comprendre votre désir. Il n'en est aucun, d'ailleurs, qui soit plus légitime et plus touchant. Quand désirez-vous que l'on procède à la solennité de l'exhumation.

— Demain si vous le permettez, monseigneur.

— C'est à vous, monsieur le comte, qu'il appartient de donner des ordres. Tout ce qui me doit obéissance vous obéira comme à moi-même. »

Annibal s'inclina pour témoigner sa reconnaissance de tant de déférence et de courtoisie, puis il reprit :

« Mais je ne voudrais pas attendre jusqu'à demain, monseigneur, pour visiter la tombe, hélas! trop tôt fermée sur une existence si belle et si pure. Il me semble que ma morte bien-aimée m'appelle ; il me semble que la terre lui paraîtra moins lourde et moins glacée quand elle me sentira près d'elle.

— Je vais avoir l'honneur de vous conduire moi-même, » répondit l'abbé.

Le cimetière de l'abbaye était vaste.

Sous la rouge clarté des torches, dont le vent humide de la nuit faisait trembler la flamme aux mains des moines accompagnant le supérieur, on eût dit un champ immense pavé de dalles blanches.

Chacune de ces pierres tombales dont plusieurs avaient des siècles d'existence, couvrait la dépouille mortelle d'un religieux de la Chaise-Dieu.

Des monuments d'un grand style et d'une sombre magnificence indiquaient les sépultures des abbés, que les honneurs terrestres suivaient ainsi jusque dans la mort.

C'est à peine si M. de Rahon jeta un regard distrait sur cet asile du repos. Il avait hâte d'arriver à cette fosse où la moitié de sa vie était enfermée, il le croyait du moins.

On pénétra dans une partie réservée du cimetière. L'abbé s'arrêta près d'une éminence de terre fraîchement remuée, et, prenant une des torches que portaient les moines, il la pencha vers une croix de bois noir sur laquelle se lisaient ces mots :

CI-GIT
HAUTE ET PUISSANTE DAME
MARIE-ARMANDE-ÉLÉONORE DE RAHON
COMTESSE DE RAHON
PRIEZ POUR ELLE!

Annibal se laissa tomber à genoux. Un rauque soupir s'échappa de ses lèvres, et, d'un geste éloquent, il fit comprendre à ceux qui l'entouraient qu'il avait le désir de rester seul.

Le désespoir profond, sincère, inguérissable, a sa pudeur comme l'amour.

L'abbé s'éloigna aussitôt, emmenant avec lui les moines et le marquis de Saint-Maixent, et, comme une pluie fine tombait sans relâche, ils allèrent attendre sous les arceaux voûtés du promenoir qui régnait autour du cimetière.

Au bout d'une heure seulement, le comte les rejoignit, plus livide, plus défait, plus chancelant qu'un homme échappé du tombeau.

A l'époque où se passaient les faits que nous racontons, la simplicité n'était point permise aux grands de la terre, même quand ils avaient cessé de vivre.

La translation du corps de la comtesse, depuis le cimetière de l'abbaye jusqu'aux sépultures de famille du domaine seigneurial, ne pouvait s'accomplir sans pompe et sans appareil.

L'abbé donna ses instructions pendant la nuit. Un char funéraire, tendu de riches draperies, fut préparé pour recevoir le cercueil.

Quatre religieux devaient suivre ce char dans la voiture même de l'abbé.

Le jour parut, un jour sans pluie, mais terne et grisâtre. De grands nuages lourds voilaient le soleil levant, et ne laissaient point ses rayons arriver jusqu'à terre.

L'office des morts fut chanté dans l'église de l'abbaye entièrement tendue de noir ; puis tous les moines, précédés de l'abbé et de son clergé revêtu d'ornements de deuil, se rendirent processionnellement au cimetière.

Le visage de la morte apparût décomposé, méconnaissable. (Page 210.)

Les fossoyeurs les avaient devancés.

Un geste de l'abbé leur ordonna de se mettre à l'œuvre. Le premier coup de pioche retentit.

Le comte de Rahon, étouffant ses sanglots, se cramponnait, pour ne pas tomber, au bras de Saint-Maixent presque aussi pâle que lui.

Le travail des fossoyeurs s'accomplissait facilement et avec une extrême rapidité, la terre n'ayant pas encore eu le temps de se tasser et de se durcir.

Au bout de quelques minutes, on entendit résonner le fer d'une pioche sur le bois du cercueil.

M. de Rahon frissonna de la tête aux pieds.

Deux hommes, munis de cordes descendirent dans la fosse; puis ils remontèrent, et, à l'aide de ces cordes qu'ils venaient de disposer, ils soulevèrent doucement la bière, l'amenant sans secousse jusqu'au niveau de l'ouverture béante.

Un troisième ouvrier la fit alors glisser sur le

talus de l'un des monticules, les cordes furent détachées et elle demeura découverte exposée à tous les regards.

Quatre moines s'avancèrent.

Deux d'entre eux soutenaient une sorte de brancard sur lequel le cercueil devait être porté jusqu'au char funèbre, qui n'avait pu pénétrer dans l'enceinte du cimetière.

Deux autres s'apprêtaient à le recouvrir d'un drap noir semé de larmes d'argent, et qu'une grande croix d'argent coupait en deux dans toute sa largeur.

Un tremblement convulsif secouait les membres du comte Annibal. Sa main droite faisait un geste impossible à comprendre, en même temps qu'il s'efforçait de prononcer des paroles que nul n'entendait.

Cependant les moines s'étaient arrêtés en présence de cette agitation effrayante, et l'abbé lui-même attendait très ému.

Enfin, d'une voix étranglée, méconnaissable, d'une voix qui n'avait rien d'humain et qui semblait sortir d'un abîme, le comte balbutia ces mots :

« Ouvrez le cercueil... au nom du Dieu puissant, ouvrez-le... je veux la revoir... la revoir une fois encore... »

XX

UNE NOUVELLE IMPORTANTE

Un silence profond, un silence plein de stupeur et presque d'effroi accueillit ces paroles.

Le marquis de Saint-Maixent, plus livide qu'un fantôme, se disait tout bas :

« Oh ! ce que je craignais... ce que je craignais... L'enfer ne s'ouvrira donc pas pour engloutir ce cadavre maudit ! »

Les fossoyeurs interrogèrent des yeux l'abbé muet et immobile.

Pendant une ou deux secondes, il hésita ; puis il fit un signe, et ce signe signifiait clairement :

« Obéissez. »

Les fossoyeurs se mirent à l'œuvre aussitôt.

Le couvercle de la bière était retenu, non point avec des clous, mais avec des vis. C'est à peine si la rouille les avait scellées dans le bois : la pointe d'un couteau suffisait donc pour les faire pivoter l'une après l'autre. Le travail fut long, cependant ; mais, enfin, la dernière vis sortit de son alvéole, le couvercle fut soulevé, et, sous les plis blancs du suaire, une forme humaine se dessina vaguement.

Le comte ne respirait plus.

Il voulait s'élancer, on le voyait, on le devinait ; mais ses forces trahissaient sa volonté, et, d'ailleurs, Saint-Maixent l'enlaçait de ses deux bras pour le retenir.

Il se débattait, néanmoins, sous cette étreinte ; mais son anéantissement presque complet rendait vaine sa résistance.

De cette même voix étrange qui remuait ceux qui l'écoutaient, comme s'ils eussent entendu parler un mort, il commanda :

« Soulevez le suaire...

Les fossoyeurs avaient reculé.

Ce fut un moine qui s'agenouilla près du cercueil et qui, d'une main tremblante, écarta l'étoffe humide.

Alors apparut le visage de la morte, noirci par l'apoplexie, décomposé, méconnaissable. Ce n'était plus ni Julie Chadorant, ni la comtesse de Rahon, c'était une vision hideuse évoquée soudainement par un mauvais génie.

Annibal poussa un cri sourd, se dégagea des bras du marquis, fit un pas en avant et tomba sans connaissance à côté de la fosse.

Saint-Maixent se rapprocha vivement de l'abbé.

« Monseigneur, lui dit-il, au nom du ciel, par pitié, par humanité, donnez l'ordre de refermer le cercueil à l'instant ! Si mon infortuné parent revenait à lui-même, cet affreux spectacle, frappant une seconde fois ses yeux, suffirait pour le tuer ou pour le rendre fou.

— Vous avez raison, monsieur le marquis, répliqua l'abbé. Oh ! poussière humaine, ajouta-t-il, voilà donc ce que tu deviens quand le souffle de vie a cessé de t'animer. »

Le moine ramena sur le visage les plis du linceul. Les ouvriers se remirent au travail.

Lorsque le comte Annibal sortit de son évanouissement, il n'y avait plus auprès de lui, dans le cimetière, que le marquis et l'abbé qui lui prodiguaient leurs soins.

La bière, refermée, était depuis longtemps déjà sur le char funèbre, sous les tentures et les écussons blasonnés.

« Monseigneur, murmura M. de Rahon, pardonnez-moi la faiblesse qui m'a terrassé devant vous... L'homme est une misérable créature... Quand le doux visage tant aimé m'est apparu tel que la mort l'a fait, j'ai senti que tout en moi s'écroulait... J'ai cru mourir... Avant ce jour et avant cette heure j'ignorais jusqu'où peut monter le niveau de la douleur... Désormais, il ne me reste plus rien à apprendre... Vous avez fait beaucoup pour moi, monseigneur... Une seule chose est infinie comme votre bonté, c'est ma reconnaissance...

Le cortége se mit en marche avec une lenteur solennelle. Au pas de ses chevaux, il traversa la forêt d'Ebreuil, dépassa la maison isolée et suivit la route qui conduisait au village de Saint-Jude.

Au moment où le char funèbre et les deux carrosses allaient entrer dans le village, Saint-Maixent mit la tête à la portière et regarda.

L'hôtellerie des *Armes-de-France*, en face de laquelle il se trouvait, ressemblait à une demeure abandonnée : fenêtres et portes, tout était clos. La belle enseigne repeinte à neuf ne se balançait plus au-dessus de la principale entrée.

Une grande affluence de paysans, attirés par la curiosité, embarrassaient le passage. Lazare descendit du siége et passa tout près de son maître, qui lui fit signe d'approcher et lui demanda tout bas :

« Pourquoi l'hôtellerie est-elle fermée ? »

Le valet se dirigea vers un groupe, interrogea, et, au bout d'une ou deux secondes, apporta cette réponse :

« Parce que Guillaume Chadorant est mort. »

Saint-Maixent baissa la tête, la foule s'écarta et le cortége continua lentement sa route.

Un exprès avait été envoyé au château de Rahon, avec mission d'annoncer le funeste événement et la prochaine arrivée des restes de la comtesse.

Ce fut dans tout le pays, plusieurs lieues à la ronde, une sincère et profonde désolation. Lactance, l'honnête intendant, eut grand soin de gémir plus haut que ceux qui gémissaient véritablement du fond du cœur, et, comme il ne négligeait aucune occasion de prouver son zèle, il ordonna d'immenses préparatifs.

Au moment où le convoi franchit la limite des domaines du comte, les cloches de toutes les églises commencèrent à tinter lugubrement ; les desservants de toutes les paroisses, revêtus de longues chasubles noires à croix blanches, entonnèrent les chants sacrés des lamentations suprêmes, et des milliers de villageois, vêtus de deuil, la tête nue, les yeux humides, formèrent la haie pour saluer une dernière fois au passage celle qui avait été pour eux une vivante Providence, une châtelaine charitable et bonne ; puis, quand le char funèbre eut passé, ils le suivirent, et l'on n'entendit autour des voitures que le bruit des pas lourds et le murmure des sanglots étouffés.

Enfin, l'on arriva au milieu de cette foule émue à l'église paroissiale, distante du château d'un quart de lieue tout au plus.

C'est dans cette église que se trouvaient les caveaux de famille des seigneurs du pays.

L'office des morts fut célébré et le cercueil contenant le corps de Julie Chadorant prit la place que devait occuper la dépouille mortelle de haute et puissante dame Marie-Armande-Eléonore, comtesse de Rahon.

Le même soir un courrier, venu de Clermont à franc-étrier, remettait à la belle Olympe une enveloppe scellée d'un large cachet de cire noire aux armes du gouverneur de la province, le comte Jean d'Octeville.

La lettre renfermée dans cette enveloppe, et écrite par le gouverneur lui-même en termes d'une galanterie raffinée, annonçait une nouvelle de la plus haute importance.

Le marquis d'Aubray de Chavigny venait de passer subitement de vie à trépas, après un souper trop copieux.

Olympe, veuve et maîtresse absolue des deux millions dont elle n'avait fait jusqu'alors que toucher les revenus servis par son mari, devenait libre de sa personne et de ses actions.

Rien ne l'empêchait plus, désormais, d'épouser Saint-Maixent.

On aurait pu croire qu'une immense joie allait s'emparer de la jeune femme, en apprenant l'événement qui brisait sa chaîne et qu'elle ne pouvait espérer si vite.

Il n'en fut rien. Mme de Chavigny devint pâle, et son front plissé, ses yeux assombris, exprimèrent bien moins la joie qu'une dévorante angoisse.

Pourquoi cette pâleur ? pourquoi ce trouble ?

C'est que la belle Olympe se souvenait de la promesse de mariage écrite par elle, signée par elle en un jour de folie, et que depuis longtemps déjà elle ne voulait plus devenir la femme du Marquis de Saint-Maixent.

Ceci demande une explication.

Quel abîme s'était donc creusé soudainement entre ces deux êtres unis d'abord par l'adultère, et ensuite, bien plus étroitement encore, par la complicité dans le crime ?

Cet abîme, c'était l'épouvante.

Mme de Chavigny, jadis, s'était éprise pour Saint-Maixent d'une de ces passions violentes, mais exclusivement sensuelles, qui ne survivent guère aux premières ivresses et qui s'évanouissent aussitôt que la satiété arrive, maintenant, elle n'aimait plus le marquis et la peur avait remplacé l'amour.

Elle le connaissait bien; elle l'avait vu à l'œuvre; elle savait que, pour atteindre le but convoité, il ne reculerait devant rien et briserait sans pitié tous les obstacles; elle comprenait qu'une fortune partagée lui semblerait bientôt insuffisante, et qu'il voudrait la posséder tout entière à lui seul.

La belle Olympe se disait ces choses et concluait ainsi :

« A peine devenue marquise de Saint-Maixent, je serai condamnée, et rien au monde ne pourra me sauver. Or, je veux vivre; donc, il faut à tout prix empêcher que ce mariage s'accomplisse. L'empêcher, oui; mais par quel moyen? Cette fatale promesse aux mains du marquis m'enchaîne. Imprudente et folle que j'étais! Je n'ai reconnu ma liberté que pour la perdre. Engagement maudit, comment te reprendre ? »

Olympe résolut de se donner le temps de réfléchir. Le courrier envoyé par le comte d'Octeville, gouverneur pour le roi de la province d'Auvergne, ignorait naturellement le contenu du message dont on l'avait chargé.

La jeune femme, désireuse de se concilier la haute protection d'un personnage aussi puissant que M. d'Octeville, lui répondit une lettre où la coquetterie la plus provocante ne se cachait qu'à demi sous les formes d'une reconnaissance exaltée. Elle remit au courrier cette missive accompagnée d'une dizaine de louis, elle le renvoya et ne parla point de son veuvage, bien certaine que quelques jours au moins se passeraient avant que la nouvelle en pût être connue au château de Rahon.

La nuit suivante, elle ne dormit guère.

Ses longues heures d'insomnie furent employées à chercher une combinaison adroite qui pût la faire rentrer en possession de la fatale promesse ; mais, soit impuissance d'imagination, soit difficulté réelle et sérieuse, elle ne trouva rien en suivant la voie de ces intrigues compliquées et laborieusement ourdies, dans lesquelles excellait le marquis de Saint-Maixent.

Elle résolut alors de recourir aux moyens plus simples, écartés d'abord par elle à cause de leur simplicité même.

Elle s'arrangea de manière à rencontrer Lazare et lui dit :

« Il faut que je vous parle en particulier.

— Je suis aux ordres de madame la marquise, répliqua le valet avec empressement.

— Venez ce soir dans mon appartement, une heure avant le souper; je serai seule.

— J'aurai l'honneur d'obéir avec la plus grande exactitude.

— Un mot encore, reprit la belle Olympe. Je désire que M. le marquis de Saint-Maixent ne soit point instruit de cet entretien.

— Mon maître ne saura rien, madame la marquise peut y compter, murmura le valet très-surpris de cette recommandation.

— J'y compte. »

Lazare salua, la marquise passa.

XXI

UN MARCHÉ.

A l'heure dite, le valet du marquis se dirigea vers l'appartement de Mme de Chavigny.

Il avait revêtu sa livrée la plus belle. Il s'était rasé, frisé, pommadé, parfumé à outrance. Il s'était contemplé de face et de trois quarts dans une foule de glaces et de miroirs, et, chemin faisant, il murmurait :

« Si j'étais présomptueux autant que je suis joli garçon, que n'aurais-je pas le droit de supposer?... L'allure mystérieuse de ce rendez-vous est tout à fait piquante! La marquise m'attend... elle sera seule... et mon maître n'en doit rien savoir... J'ai le teint frais, l'œil vif, les dents blanches, le mollet rebondi, la taille bien prise, un je ne sais quoi qui séduit, et les grandes dames sont, dit-on, si capricieuses. Personnellement, je n'en ai pas la preuve, mais enfin c'est un bruit qui court... la marquise est jolie ; l'aventure me sourirait fort .. Enfin, allons, et nous verrons bien. »

Le faquin galonné s'interrompit dans son rêve de bonne fortune pour frapper doucement à la porte.

« Entrez! » dit la voix de la belle Olympe.

Il ne se le fit point répéter deux fois, et se glissa d'une façon tout à fait conquérante dans le petit salon qui précédait la chambre à coucher.

« Lazare, commença Mme de Chavigny, vous sentez-vous en disposition de m'être agréable ?

— C'est-à-dire que je me jetterais dans le feu sans hésiter pour obliger madame la marquise ! répliqua chaleureusement le drôle.

— En vérité!... fit Olympe en souriant.

— Dans le feu ou dans l'eau... madame la marquise peut choisir.

— Je ne vous demande ni l'un ni l'autre.

— Tant pis ! j'aurais voulu prouver à madame la marquise l'étendue de mon dévouement

— Vous le prouverez d'une autre manière.
— Je suis prêt.
— Lazare, vous êtes, je le crois, un bon serviteur.
— Mdame la marquise peut en jurer.
— Dévoué à votre maître, poursuivit Olympe.
— Oh! quand à ce qui est de cela, dévoué d'une manière étonnante.
— C'est à merveille; mais ce dévouement, je suppose, ne doit pas vous empêcher d'aimer l'argent.
— Bien entendu; sans argent la vie est triste... aussi M. le marquis m'a promis de faire ma fortune.
— Ce n'est qu'une promesse.
— Il la tiendra.
— Le pourra-t-il ? M. de Saint-Maixent n'est pas riche.
— Il compte bien le devenir.
— Peut-être se trompe-t-il ?
— Ah! bah! murmura Lazare en ouvrant des grands yeux; car ce doute, manifesté par la femme qui devait apporter la richesse au marquis, lui causait une surprise extrême.
— Celui qui n'a pour se rassasier que des promesses, court grand risque de mourir de faim, reprit la belle Olympe. Rien n'est plus creux. Si l'on vous offrait, à la place de ces vagues espérances, une fortune immédiate, je vous conseillerais d'accepter. »

Un entretien ainsi commencé rejetait Lazare bien loin de ses rêveries anacréontiques. Il en prit son parti de bonne grâce, et se mit à envisager la question sous un point de vue tout différent.

« Il s'agit de trahir mon maître, se dit-il; pourquoi ? Reste à savoir si la marquise y mettra le prix. »

Mme de Chavigny ouvrit un petit meuble, elle y prit des rouleaux d'or et les étala sur une table devant Lazare.

« Voilà dix mille livres, continua-t-elle, vous voyez que la somme est ronde. Elle vous appartiendra si vous voulez.
— C'est-à-dire si j'accepte les conditions de madame la marquise, répliqua le valet, qui comptait bien se faire marchander.
— Naturellement.
— Qu'y a-t-il à faire ?
— Fort peu de chose. M'apporter un papier qui se trouve dans l'appartement du marquis. Ce papier est une promesse de mariage, et cette promesse porte ma signature. »

Lazare fit un brusque haut-le-corps.

« Par la sambucquoy! s'écria-t-il, c'est cela que madame la marquise appelle peu de chose! s'emparer d'un tel papier! le bien le plus précieux que possède mon maître! un bien qu'il défendrait au péril de sa vie! Un trésor qu'il a dû mettre en sûreté dans le plus mystérieux recoin de sa cachette la plus introuvable. Mener à bien une entreprise presque impossible! sans compter que M. le marquis daigne m'honorer de sa confiance! En abuser serait une action indigne! »

Olympe eut un sourire aux lèvres.

« Dites-moi, Lazare, demanda-t-elle, avez-vous vu souvent, dans votre vie, une bonne action rapporter dix mille livres?
— Jamais, au grand jamais, j'en conviens.
— Donc, puisque je vous les offre, il faut les gagner, et ce n'est point un acte de vertu que je prétends payer si cher.
— Je supplie madame la marquise de me pardonner, mais j'estime que mon existence, si modeste qu'elle soit, vaut plus de dix mille livres.
— Votre existence ?
— Sans doute. Pour peu que M. le marquis me surprenne en train de fouiller ses papiers et d'inventorier le contenu de ses meubles, il me brûlera parfaitement bien la cervelle, et, franchement, il n'aura pas tort.
— Arrangez-vous de façon à n'être point surpris.
— C'est difficile; M. le marquis est si fin... il devine ce qu'on veut lui cacher... il a des yeux qui vous percent à jour! J'ose affirmer à madame la marquise que le danger est très-sérieux.
— Seriez-vous poltron?
— Par moments.
— Et vous êtes dans un de ces moments-là ?
— Hélas! oui.
— Et votre poltronnerie est sans remède ?
— Je n'en connais qu'un.
— Lequel ?
Je vais jouer cartes sur table avec madame la marquise. Dix mille livres ne peuvent triompher de mes prudentes inquiétudes. Vingt mille me rendraient peut-être toute mon audace.
— Eh bien! soit; je double la somme.
— Alors madame la marquise peut compter sur moi, me voici redevenu brave.
— Quand agirez-vous?
— Le plus tôt possible. Je vais guetter l'occasion, et, sitôt qu'elle se présentera, je ne la laisserai pas s'échapper.
— C'est bien. En échange de la promesse signée par moi, vous toucherez la récompense promise. »

Lazare se retira fort perplexe.

Il y avait véritablement quelque péril à dépouiller le marquis de Saint-Maixent d'un papier d'une immense valeur; lorsqu'il découvrirait le larcin sa colère serait effrayante, et les conséquences de cette colère pouvaient être terribles.

L'honorable valet se demanda s'il ne valait pas mieux révéler à son maître l'entreprise dont Mme de Chavigny venait de le charger, solliciter de lui l'équivalent de la récompense promise, et réaliser ainsi le bénéfice en écartant le danger.

Il ne tarda guère à se répondre négativement.

Tout l'espoir de fortune du marquis reposait sur son futur mariage avec la belle Olympe, et maintenant il était clair comme le jour que, quoi qu'il advînt, ce mariage n'aurait pas lieu; en conséquence, Saint-Maixent resterait un gentilhomme ruiné, parfaitement incapable de payer vingt mille livres à son fidèle serviteur; donc, il y avait intérêt manifeste à le trahir au profit de la marquise.

Lazare n'hésita plus.

— Le sort en est jeté! murmura-t-il; par la sambucquoy, j'aurai le papier. »

Une fois cette résolution bien prise, le drôle employa sa soirée à préparer avec du fil de fer divers crochets de formes variées, ingénieux instruments que messieurs les voleurs nomment des *rossignols*, et dont ils se servent pour remplacer les fausses clefs.

L'occasion d'en faire usage se présenta dès le lendemain.

Saint-Maixent, dans l'après-midi, fit seller un cheval et partit pour sa promenade habituelle. Lazare s'empressa de gagner l'appartement de son maître, de fermer au verrou la porte qui donnait sur la galerie, et de se mettre au travail.

Il pouvait compter, croyait-il, sur deux heures environ de liberté, et en deux heures on fait bien de la besogne.

Dans la seconde partie de ce livre nous avons décrit l'aspect intérieur de la chambre à coucher du marquis. Nous savons qu'elle renfermait plusieurs meubles anciens d'un précieux travail.

Lequel de ces meubles attaquer d'abord avec le plus de chance d'y trouver la promesse qu'il devait échanger contre un tas d'or?

Il fut impossible au valet de résoudre cette question; il se laissa donc guider par le hasard, qui le servit mal, car les deux premiers meubles qu'il ouvrit, non sans beaucoup de peine et d'efforts, et qu'il visita minutieusement, ne contenaient point l'objet de ses recherches.

Une heure au moins s'était passée en ces explorations inutiles, fatigué, mais non découragé, il se mit en devoir de crocheter un troisième meuble.

Laissons *travailler* Lazare, et rejoignons M. de Saint-Maixent.

A une demi-lieue du château, *Mesrour*, qu'il montait, fit un faux pas et tomba boiteux. Le marquis mit pied à terre, passa la bride dans son bras gauche et reprit, avec l'étalon d'Orient, le chemin de l'écurie.

Aussitôt *Mesrour* réintégré dans son *box* (comme on dirait aujourd'hui), Saint-Maixent gagna son appartement pour quitter son costume de promenade. Arrivé à la porte, et au moment où il mettait la main sur le bouton de la serrure, il tressaillit et s'arrêta net.

Il venait d'entendre le bruit *sui generis* du fer grinçant contre le fer, produit par les *rossignols* de Lazare fonctionnant activement.

« Ah çà! mais, pensa le marquis, impossible de me tromper! il y a là-dedans un voleur qui s'occupe à forcer mes meubles. »

Il essaya d'ouvrir doucement la porte. Elle résista, retenue par les verrous intérieurs.

Un escalier de service mettait en communication le cabinet de toilette avec le rez-de-chaussée.

Saint-Maixent quitta la galerie, descendit, puis remonta par l'escalier de service et s'aperçut avec joie que le voleur, quel qu'il fût, avait oublié de pousser les verrous de ce côté.

Le cabinet de toilette contenait des armes.

Saint-Maixent prit un couteau de chasse à lame courte et pointue, mit des pistolets dans ses poches et ouvrit brusquement la porte de la chambre à coucher au moment où Lazare s'écriait, avec l'accent du triomphe :

« Enfin! je tiens donc ma fortune... »

Il venait de triompher des résistances du troisième meuble, et le premier objet qui frappait sa vue était la signature de la marquise de Chavigny au bas de la promesse de mariage.

XXII

ENTRE HONNÊTES GENS.

La joie de l'impudent coquin fut de courte durée. D'un bond prodigieux le marquis arriva jusqu'à lui, le saisit par les épaules, le renversa, lui appuya sur la gorge la pointe du couteau de chasse, en disant d'une voix sourde :

« Scélérat! tu vas mourir »

Déjà Lazare sentait l'acier glacé pénétrer dans

ses chairs. C'en était fait de lui. Il eut cependant la force et la présence d'esprit de balbutier :

« Monsieur le marquis, ne me tuez pas ! je vous dirai tout.

— Eh ! que peux-tu me dire que je ne sache déjà, misérable ! répliqua le gentilhomme, je viens de te voir à l'œuvre.

— Je puis vous apprendre des choses bien intéressantes, et qui me vaudront ma grâce, j'en suis sûr.

— Parle donc, alors, je t'écoute ; mais hâte-toi, car j'aurai peu de patience.

— Dans la situation où me voilà, parler est bien difficile... Monsieur le marquis m'étouffe... »

Saint-Maixent cessa d'écraser de son genou la poitrine du valet. Il tira de sa poche un pistolet de poche et lui dit :

« Relève-toi... mais n'oublie pas que si tu cherches à te jouer de moi, je te ferai sauter le crâne !

— Me jouer de monsieur le marquis ! je n'aurai garde ! murmura Lazare en redressant ses membres endoloris. J'ai des révélations à faire. J'étais en train de piller monsieur le marquis, je n'en disconviens pas.

— C'est heureux ! fit le gentilhomme ironiquement.

— Mais, poursuivit le valet, monsieur le marquis ne se doute guère de ce que j'allais lui voler.

— De l'argent, je suppose.

— Monsieur le marquis m'offense ! je suis incapable d'une bassesse ! Voler à mon maître quelques louis !... ah ! fi !

— Quoi donc, alors ?

— Ceci. »

Et Lazare posa son doigt sur la promesse de mariage.

« Mensonge ! s'écria Saint-Maixent ; que pouvais-tu faire d'un papier sans valeur pour toi ?

— Le vendre.

— A qui ?

— A celle qui l'a signé, à Mme la marquise d'Aubray de Chavigny. »

Le gentilhomme pâlit légèrement.

« Mme de Chavigny t'achetait cette promesse ? » balbutia-t-il.

Lazare fit un signe affirmatif.

« Et, reprit Saint-Maixent, elle te la payait cher ?

— Vingt mille livres. La somme est ronde, et c'est là mon excuse. J'avais formellement refusé de

— Raconte-moi, mot pour mot, comment les choses se sont passées.

— Et monsieur le marquis me pardonnera ?

— Peut-être. »

Toute conditionnelle que fût cette promesse, le ton du gentilhomme lui donnait presque la valeur d'un acquiescement positif.

Lazare le comprit ainsi et répéta, d'une façon à peu près textuelle, sa conversation avec la belle Olympe.

Quand il eut achevé, le marquis réfléchit pendant quelques secondes.

« Ecoute, dit-il ensuite, je veux être logique et juste. En mainte occurrence tu m'as témoigné du dévouement, je ne l'oublierai pas. Aujourd'hui tu trouvais l'occasion de gagner en cinq minutes vingt mille livres, une fortune pour toi ; la tentation était trop forte, tu as cédé ; à ta place, j'aurais sans doute cédé comme toi. Je te fais grâce, et, bien plus, je te garde à mon service. »

Lazare n'en pouvait croire ses oreilles.

« Ah ! monsieur le marquis ! balbutia-t-il, monsieur le marquis !... »

Les paroles lui manquèrent pour exprimer sa reconnaissance, et, tombant à genoux devant son maître, il lui prit les mains et les embrassa presque de force.

« Debout ! commanda Saint-Maixent, et écoute-moi. »

Lazare obéit avec la promptitude d'un soldat bien discipliné.

Mme la marquise, tu le comprends, poursuivit le gentilhomme, doit ignorer que je suis instruit du marché conclu entre vous.

— Je serai muet.

— J'y compte d'autant plus que tu vas monter à cheval et te mettre en route

— Pour où ?

— Pour Clermont.

— Qu'aurais-je à faire ?

— T'informer de la santé de M. le marquis d'Aubray de Chavigny.

— Et ensuite ?

— Remonter à cheval et revenir.

— Dans cinq minutes je serai parti.

— Voici de l'argent.... Ménage ta monture, mais arrange-toi de manière à ne pas perdre de temps. »

L'absence de Lazare dura quarante-huit heures.

« Eh bien ! lui demanda Saint-Maixent en le voyant paraître tout poudreux, comment se porte M. le marquis de Chavigny ?

— Hélas! il ne se porte plus; le digne seigneur est mort.
— Depuis quand ?
— Depuis douze jours. On l'enterrait juste à l'époque où le courrier de M. le gouverneur est venu remettre un message à Mme la marquise.
— Je m'en doutais, murmura Saint-Maixent. Va te reposer, ajouta-t-il, et si le hasard te faisait rencontrer Mme de Chavigny et qu'elle te questionnât, tu lui répondrais que l'occasion de mettre la main sur le papier qu'elle veut avoir ne s'est pas encore présentée. »

Lazare s'empressa d'obéir, et le gentilhomme se dirigea vers l'appartement de la belle Olympe.

Cette dernière était vaguement inquiète. Non-seulement Lazare ne venait point lui rendre compte des démarches qu'il devait tenter, mais encore il ne se trouvait plus sur son passage. Songeait-il donc à la trahir ; ou reculait-il devant les difficultés de l'entreprise ?

Elle se posait ces questions pour la centième fois peut-être, quand la Marinette, devenue sa femme de chambre, lui annonça la visite de M. de Saint-Maixent.

La figure du gentilhomme était rayonnante, et ce fut avec toute la galanterie d'un amoureux qu'il prit la main d'Olympe et qu'il la porta jusqu'à ses lèvres.

« En vérité, mon cher marquis, dit la jeune femme en souriant, vous avez aujourd'hui le visage et la démarche d'Apollon, dieu du jour. D'où vous vient cet air radieux ?
— De la joie vive qui me transporte et que je ne saurais cacher, répliqua Saint-Maixent.
— Et la cause de cette joie ?
— Une heureuse nouvelle que je vous apporte.
— Heureuse pour qui ?
— Pour vous, marquise, et par conséquent pour moi, puisque vous savez bien que nous ne faisons qu'un. »

Olympe sentit un petit frisson courir sur son épiderme satiné. Une défiance instinctive commençait à s'emparer de son esprit.

Elle balbutia :
« Enfin, cette nouvelle ?
— Marquise, rassemblez toutes vos forces, il en faut pour ne pas fléchir sous le choc d'un immense bonheur inattendu.
— Vous me faites mourir!... parlez donc !
— Eh bien !...

Saint-Maixent s'arrêta.
« Eh bien !... répéta la jeune femme frémissante d'impatience.

— Vous êtes veuve.
— Il sait tout ! se dit la marquise. Lazare m'a trahie ; mais je ne reculerai point devant une explication nécessaire. Mieux vaut en finir à l'instant. »

Elle venait de prendre un parti, et d'une voix mal assurée, quoiqu'elle fît tous ses efforts pour la raffermir, elle répliqua :
« N'est ce que cela ?
— Mais, il me semble...
— Que la nouvelle est de haute importance, n'est-ce pas ? interrompit Olympe. Oui, sans doute... seulement, depuis plus de dix jours je la connaissais »

Saint-Maixent fit le geste d'un homme écrasé par la stupeur:
« Eh quoi ! s'écria-t-il, vous la connaissiez et vous avez gardé le silence vis-à-vis de moi ! En vérité, chère Olympe, c'est bien cruel !
— Pourquoi donc ?
— Oubliez-vous que votre veuvage assure mon bonheur, ou tout au moins qu'il en rend l'époque prochaine. Vous voilà libre, et rien ne vous empêche désormais de fixer le jour où vous deviendrez marquise de Saint-Maixent. »

Olympe était pâle, mais résolue.
« Mon cher marquis, répondit-elle, j'ai beaucoup réfléchi...
— Et le résultat de ces réflexions ?
— Est que nous ne serions pas heureux ensemble.
— Blasphème ! illusion ! répliqua Saint-Maixent. Je vous adore, et je me charge de vous faire une félicité sans nuages, complète, incomparable, quand vous serez ma femme, ce qui sera bientôt.
— J'en doute, car je désire goûter les douceurs du veuvage.
— Grâce au ciel, vous n'en avez pas le droit ; j'assurerai votre bonheur, malgré vous s'il le faut. J'ai dans les mains votre promesse bien en règle, je la ferai valoir.
— Ce ne serait point le procédé d'un galant homme ; et cette promesse, mon cher marquis, vous me la rendrez, j'en suis sûre.
— Vous la rendre ! j'aimerais mieux mourir !
— Cependant, lorsque je vous aurai fait un aveu qui me coûte, mais que ma loyauté m'impose, quand je vous aurai dit que je ne vous aime plus ?
— Je vous répondrai : « L'amour, que vous « croyez mort, n'est qu'endormi dans votre cœur, et « je saurai le réveiller à force de tendresse. »
— N'y comptez pas.

« Monsieur le Marquis, ne me tuez pas, je vous dirai tout... (Page 214).

— Eh bien ! quand même je devrais à cet égard perdre toute espérance, je vous épouserais encore, l'estime et l'amitié suffiraient. »

Olympe regarda Saint-Maixent en face.

« L'estime et l'amitié, répéta-t-elle. Est-ce que vous m'estimez, par hasard ?

— Oui, certes.

— Allons donc ! ne mentez pas, à quoi bon ? Nous ne sommes plus des amants, nous sommes des complices. Il ne peut y avoir entre nous que mépris et défiance.

— C'est un lien comme un autre, répondit le gentilhomme cyniquement, et même, je crois, plus fort et plus indissoluble qu'un autre.

— Un lien que vous ne tarderiez guère à briser en m'empoisonnant, n'est-ce pas ? s'écria Mme de Chavigny, dont les yeux étincelaient d'audace; mais je suis jeune, je tiens à vivre, et je ne serai jamais votre femme ! »

XXIII

UN MARIAGE INVRAISEMBLABLE

Saint-Maixent eut aux lèvres un sourire vraiment diabolique.

« Chère marquise, dit-il ensuite, quand vous vous emportez, vous devenez encore plus jolie ! les éclairs de vos yeux avivent les flammes de mon cœur. Lorsque j'aurai fait de vous ma femme, je compte vous fournir souvent l'occasion de ces belles colères. »

Olympe croisa ses bras sur sa poitrine.

« Ah çà ! demanda-t-elle, ne m'avez-vous donc point comprise ?

— J'ai compris à merveille que vous ne voulez pas ; mais moi, je veux, et cela suffit.

— Croyez-vous ?

— Oh! je fais mieux que croire..... je suis sûr. »

Un silence suivit ces paroles.

Mme de Chavigny, le front penché, la respiration haletante, réfléchissait en enfonçant furieusement ses dents blanches dans ses lèvres rouges.

« Eh bien ! soit ! dit-elle tout à coup en relevant la tête, je cède ! épousez-moi ! mais je vous préviens qu'en me faisant marquise de Saint-Maixent vous n'épouserez pas ma fortune. Le tabellion de mon cousin Annibal rédigera notre contrat; il y sera stipulé formellement que la jouissance et l'administration de tous mes biens n'appartiendra qu'à moi, et que ces biens iront, après ma mort, aux enfants de la vicomtesse de Puy-Ferrant, ma parente éloignée. »

Ce fut au tour du marquis de se mordre les lèvres.

« Ma chère Olympe, fit-il d'une voix mal assurée, un tel contrat serait un outrage.

— Non, mais un bouclier ! répliqua la jeune femme. N'ayant rien à gagner à ma mort, vous me laisserez peut-être vivre.

— Vous avez sur mon compte des idées...

— Parfaitement justes. Depuis un an je vous vois à l'œuvre.

— Transigeons.

— J'attendais ce mot. Qu'exigez-vous pour me rendre ma promesse ?

— Que m'offrez-vous ?

— Cinq cent mille livres. »

Saint-Maixent secoua la tête.

« Une goutte d'eau, murmura-t-il ; je refuse.

— Que voulez-vous donc ?

— Un million.

— Vous êtes insensé !

— Peut-être ; mais j'ai dit mon dernier mot. Un million, ou je vous épouse. »

Olympe était pâle comme un linge. Ses mains, convulsivement unies, se crispaient avec une telle violence, qu'on entendait craquer les jointures de ses doigts.

« J'accepte ! s'écria-t-elle enfin. Voilà du papier, de l'encre et des plumes ; écrivez un engagement clair et formel de me rendre ma promesse en échange d'un million. Vous m'aurez coûté cher, marquis !

— Allons donc ! répliqua Saint-Maixent, qui venait d'écrire et de signer l'engagement demandé par Olympe, c'est pour rien ! La liberté que je vous rends, c'est le droit d'épouser le comte Annibal, et le comte Annibal possède six millions. »

Mme de Chavigny devint pourpre et garda le silence.

« J'avais espéré mieux, murmura le marquis en quittant la chambre ; mais enfin, un million, c'est quelque chose, et je n'ai pas tout à fait perdu mon temps. »

Le lendemain, Olympe, bien accompagnée, partait pour Clermont dans un carrosse du comte de Rahon.

Elle fit, en arrivant, une longue visite à M. d'Octeville, gouverneur de la province, homme jeune encore, d'une extrême galanterie, et qui n'avait point manqué de s'inscrire au premier rang sur la liste infiniment longue des adorateurs de la marquise, quand elle était la plus brillante étoile des fêtes de Clermont. Elle lui donna de vagues espérances pour l'avenir, et le laissa sous le charme de sa radieuse beauté et de ses enivrantes coquetteries.

Elle se rendit ensuite chez le notaire chargé de régler les affaires de la succession de feu le marquis d'Aubray de Chavigny. Elle se fit remettre par lui un million en billets de caisse et en traites sur Paris, et elle regagna le château de Rahon.

Le jour même de son retour elle retirait des mains du marquis la promesse fatale qui lui coûtait si cher.

Le lendemain, Saint-Maixent prenait congé du comte et partait pour Paris avec Lazare. Il avait soif de se replonger avec ardeur dans cette existence de plaisirs effrénés dont il était sevré depuis si longtemps. Nous le retrouverons bientôt.

Olympe resta seule avec Annibal au château de Rahon.

Pourquoi la jeune femme était-elle devenue soudainement rouge et silencieuse quand Saint-Maixent lui avait dit :

« La liberté que je vous rends, c'est le droit d'épouser le comte de Rahon, et le comte de Rahon a six millions... »

C'est que, depuis quelques jours, cette idée assiégeait son esprit et ne lui laissait pas un instant de repos.

Devenir comtesse de Rahon, posséder une des plus grandes fortunes de France, et la posséder sans contrôle, car Annibal était dans un état d'anéantissement moral si complet qu'il se laisserait dominer absolument par sa femme, c'était un beau rêve, mais ce n'était qu'un rêve.

Le moyen en effet de conduire à un second mariage ce gentilhomme, dont quelques semaines avaient fait un vieillard ? Le moyen de supplanter dans son cœur une morte bien-aimée, dont le souvenir était maintenant toute sa vie ?

Une telle entreprise semblait absurde. La mener à bien pouvait passer pour la plus impossible des choses impossibles. La tenter seulement serait folie.

Mme de Chavigny se dit et se répéta tout cela, et cependant elle résolut d'essayer.

Il nous faudrait ici les trois cents pages d'un volume, mais notre récit exige avant tout de l'action et ne s'accommoderait point d'un long travail de minutieuse et patiente analyse. Il faut donc nous contenter d'une page, absolument insuffisante à coup sûr, pour mettre en lumière les fils de la toile d'araignée tissue par la belle Olympe autour de son parent.

Disons d'abord qu'elle fit preuve d'un esprit d'intrigue admirable et d'une prodigieuse connaissance du cœur humain.

Elle savait à merveille qu'elle ne pouvait compter, comme auxiliaires, sur les séductions de sa beauté. Le comte ne succomberait jamais à une surprise des sens ; il était trop bien gardé par un amour unique et que rien ne pouvait éteindre. Il ne fallait pas songer à chasser de l'âme d'Annibal l'image toujours vivante de Marie de Rahon.

La marquise ne l'essaya même point. Elle fit mieux : elle contraignit cette image à devenir son alliée.

Elle ne quitta plus le comte, lui parlant sans cesse de la femme bien-aimée qu'il pleurait, et la pleurant avec lui.

Elle parut aussi désolée, aussi inconsolable de la mort de sa cousine, que l'était M. de Rahon lui-même.

Elle parvint à se rendre indispensable par cette continuelle communion des larmes, de la douleur et des souvenirs. Le comte en arriva à ne pouvoir se passer d'elle un instant. Quand elle le quittait, ne fût-ce qu'une heure, il se trouvait dans la situation d'un homme qui, ne conservant que la moitié de son âme, sentirait cette moitié s'éloigner de lui.

Annibal, nous le savons, avait de tout temps éprouvé une affection vive pour Olympe, qu'il regardait un peu comme son enfant.

Cette affection grandit rapidement et se doubla d'une admiration profonde pour les vertus dont Mme de Chavigny savait si bien se donner l'apparence. Son dévouement pour lui, sa touchante fidélité au souvenir de Marie, l'exaltèrent. Il s'enthousiasma de cette femme si jeune et si belle, qui renonçait héroïquement au monde, à l'amour, au plaisir, pour se consacrer dans la solitude au soulagement et à la consolation d'un vieillard, car le comte se regardait comme un vieillard.

De cette exaltation, de cet enthousiasme, résultèrent un sentiment toujours pur, mais cependant beaucoup plus vif qu'une tendresse absolument paternelle.

Olympe laissa le sentiment se développer pendant plusieurs mois, puis un jour elle devint rêveuse, distraite, préoccupée. Elle pâlit, ses yeux se creusèrent, et le comte vit sur ses joues des larmes que la mémoire de Marie ne faisait pas couler.

Il s'inquiéta, il interrogea. Olympe, après une foule de réponses évasives, murmura d'une voix troublée qu'elle ne pouvait vivre plus longtemps auprès de lui, et qu'elle allait quitter le château pour n'y jamais revenir.

L'annonce de ce départ fut un coup de foudre pour M. de Rahon. La présence d'Olympe le rattachait à l'existence sans qu'il s'en doutât. Il ne désirait plus mourir.

Il voulut savoir, et, les mains tremblantes, les paupières humides, il supplia Mme de Chavigny de lui révéler les motifs, quels qu'ils fussent, qui rendaient impossible son plus long séjour auprès de lui.

Le moment difficile était venu. Olympe allait jouer la dernière carte qui devait décider la perte ou le gain de la partie commencée par elle.

Elle joua cette carte avec une adresse prodigieuse, avec un machiavélisme inouï.

Les yeux baissés, confuse, rougissante, émue, elle trouva moyen, non de dire, mais de laisser comprendre, à force de sous-entendus, de réticences, de sens suspendus, que si M. de Rahon l'aimait toujours comme sa fille, elle l'aimait, lui, autrement qu'un père, et que pour cela, et pour cela seulement, elle voulait le fuir.

Le comte resta d'abord stupéfait et comme épouvanté. Donner à Olympe la place qu'avait occupée Marie lui semblait chose monstrueuse et lui faisait peur. Il lui semblait que contracter une seconde union serait trahir la morte.

Olympe vit sa pâleur, son trouble, et, cachant sa figure dans ses deux mains, elle s'enfuit. Elle venait de semer une graine, et elle comptait sur la réflexion et la solitude pour la faire fructifier.

Le lendemain elle se prétendit très-souffrante et ne quitta pas son appartement.

M. de Rahon, pendant ces quelques heures d'isolement, fut bien forcé de s'avouer qu'il ne pourrait supporter, pour tout le reste de sa vie, un isolement pareil.

Or, puisque la marquise l'aimait, il n'existait qu'un seul moyen de la retenir, c'était d'en faire sa femme.

Annibal, avons-nous besoin de le dire, n'arriva point à cette conclusion sans avoir soutenu contre lui même de terribles combats; son âme fut le théâtre de luttes effrayantes, dont il sortit brisé, mais non pas victorieux.

Un an, presque jour pour jour, après l'entrée de la comtesse Marie à la Salpêtrière, M. le comte de Rahon épousait, sans amour, la comtesse de Chavigny.

Ce fut un mariage profondément triste, auquel n'assistèrent que les témoins indispensables.

Mais qu'importait à la belle Olympe? Elle venait d'atteindre son but; elle possédait une fortune colossale; les joies de l'avenir lui gardaient sans doute des compensations éclatantes.

A peine comtesse de Rahon, elle ne voulut garder autour d'elle aucun des complices, aucun des témoins du passé.

Lactance reçut cinquante mille livres, à la condition qu'il réaliserait sans retard ce qu'il possédait dans les environs et qu'il partirait pour Paris.

La Marinette quitta le château avec dix mille livres.

Tous les autres domestiques furent payés amplement, congédiés, et remplacés par des valets étrangers au pays; le vieux Dominique dut suivre les autres, ce qui brisa le cœur du comte; mais Olympe voulait... il céda.

XXIV

UNE MARTYRE.

Un jour, trois ou quatre mois environ avant les secondes noces du comte Annibal, le directeur de la Salpêtrière ayant fait un repas excellent, amplement arrosé d'un vieux vin de Bourgogne qu'il appréciait fort, se trouva de joyeuse humeur et se souvint de cette folle, recommandée par le marquis de Grancey, gentilhomme du Poitou, et payant six cents livres de pension par an.

« C'était une jolie fille, se dit-il; je crois, vertugadin! que j'aurais du plaisir à la revoir. »

Il prit sa canne et son chapeau, fit appeler un porte-clefs et se dirigea, tout en chantonnant un petit air, vers le préau de la deuxième division.

Le porte-clefs ouvrit ce préau, et le gouverneur, dont la prudence ne se démentait jamais, se garda bien de franchir le seuil.

Que voulez-vous? il avait raison. Les folles ne savent ce qu'elles font et la mésaventure de Jacqueline Huber n'était point encore oubliée.

Le gardien Maclou, son fouet à la main, sa baguette d'acier dans sa ceinture, se promenait de long en large au milieu des malheureuses créatures que le moindre de ses mouvements faisait trembler, car un coup, presque toujours, accompagnait ou suivait un geste.

« Maclou, cria le gouverneur, venez ici, je veux vous parler. »

Le gardien, reconnaissant le haut personnage auquel il allait avoir affaire, se hâta d'accourir en se décoiffant du bonnet de peau de renard qui couvrait sa tête énorme, et dont la queue tombait entre ses deux épaules.

« Aux ordres de monsieur le gouverneur, murmura-t-il avec un salut grotesque.

— Tout va-t-il bien dans votre division, Maclou? demanda le fonctionnaire.

— Sur des roulettes, monsieur le gouverneur, sur des roulettes! Grâce à mon martinet à sept cordes, et à ma manière de m'en servir, ces coquines-là sont dociles comme de petits agneaux.

— Je suis satisfait de votre intelligence, Maclou, et je vous promets une gratification.

— J'ose dire que je le mérite, mais j'en serai reconnaissant comme si je ne le méritais pas. Monsieur le gouverneur a-t-il quelque chose à m'ordonner?

— Oui, je voudrais voir une folle qui s'appelle Simone Raymond. »

Maclou se gratta la tête d'un air embarrassé.

« Simone Raymond, répéta-t-il à deux ou trois reprises. Monsieur le gouverneur, je n'ai pas ça.

— C'est impossible.

— Je me permets d'affirmer à monsieur le gouverneur que la nommée Simone Raymond ne m'est point connue.

— Rappelez vos souvenirs: la personne de qui je parle est une grande et belle fille très pâle, entrée à l'hôpital général quelques jours seulement après l'assassinat de Jacqueline Huber, et amenée par un grand seigneur. C'est le surveillant Pintuchon qui l'a remise entre vos mains.

— Je sais... je sais... murmura Maclou non sans un trouble visible. J'avais oublié le nom; mais la folle est ici.

— Je m'intéresse à cette malheureuse que son noble protecteur m'a particulièrement recommandée. Faites-la venir.

— C'est que... balbutia Maclou.

— Eh bien?

— C'est que, monsieur le gouverneur, elle est présentement dans un cabanon.
— Depuis quand?
— Je ne me souviens pas bien au juste. Je crois que c'est depuis le jour de son arrivée.
— Qu'avait-elle fait?
— Oh! des choses énormes. Elle voulait mettre le préau sens dessus dessous... impossible de lui faire entendre raison.
— Voilà qui m'étonne beaucoup. M. le marquis de Grancey m'avait affirmé qu'elle était la douceur même.
— Oui, oui, on se figure ces choses là parce que ces diablesses de folles font les hypocrites, ni plus ni moins que la première femme venue. Et puis, une fois ici, au milieu des autres, va-t'en voir s'ils viennent, Jean, ce n'est plus ça.
— Soit, mais, enfin, si violent qu'ait été son accès, ce n'était point une raison pour l'enterrer vive, six ou huit mois, au fond d'un cabanon.
— Elle paraissait s'y plaire comme le poisson dans l'eau. Moi, je suis bon enfant, je l'y ai laissée. Monsieur le gouverneur peut m'en croire sur parole, j'en ai vu plus d'une qui préférait la solitude à la société.
— Descendons aux cabanons, je jugerai par mes propres yeux si vous avez eu tort ou raison. »

La contrariété de Maclou prenait des proportions manifestes. Cependant, comme il était impossible de ne point obéir, il se dirigea sans répliquer vers la porte que nous connaissons. Il l'ouvrit, il alluma la lanterne, et il se mit en devoir de descendre, suivi par le gouverneur et par un guichetier.

L'aspect des cabanons était exactement le même que le jour où, pour la première fois, nous avons conduit nos lecteurs dans la sombre galerie le long de laquelle ils s'alignaient.

Jour et nuit, sous ces voûtes hideuses, on entendait retentir des hurlements, des blasphèmes, des plaintes déchirantes, des rauquements de bêtes fauves et des éclats de rire insensés, plus effrayants peut-être que les malédictions et les cris.

« Vilain endroit, se dit à part lui le directeur; ça ne m'avait jamais paru si lugubre. »

Maclou s'arrêta devant l'un des cabanons et murmura :

« C'est là qu'est la folle. Monsieur le gouverneur est témoin qu'elle se tient parfaitement tranquille. »

La prétendue Simone Raymond se tenait si tranquille, en effet, que le cabanon paraissait vide.

Le directeur prit la lanterne, l'approcha des barreaux, et, pendant quelques secondes, explora du regard tous les coins et recoins du hideux réduit.

« Vous moquez-vous de moi, Maclou! s'écria-t-il d'un ton irrité; il n'y a personne! Vous vous trompez de cabanon.

— J'affirme à monsieur le directeur que la folle est là. »

Après un nouvel et plus attentif examen, le fonctionnaire finit par distinguer, sur un amas de paille pourrie, une forme humaine étendue dans un état de complète immobilité.

On eût dit un paquet de haillons au milieu d'un fumier infect et repoussant.

A deux ou trois reprises le directeur prononça le nom de Simone Raymond; il n'obtint aucune réponse : la créature infortunée à laquelle il s'adressait ne fit aucun mouvement, ne donna aucun signe de vie.

« Mais elle est morte! s'écria-t-il.

— Oh! que nenni, répliqua Maclou. Ces folles, ça a la vie dure. C'est par malice qu'elle fait semblant de ne pas entendre.

— Allez la prendre et apportez-la.

— Ne vaudrait-il pas mieux la laisser où elle est?

— Obéissez!

— Comme monsieur le directeur le voudra. »

Maclou gagna, par l'extrémité de la galerie voûtée, le couloir qui régnait derrière les loges.

Une porte s'ouvrit, il entra dans le cabanon, et, d'une voix tonnante, il commanda :

« Allons! debout, la folle, debout! »

Même immobilité, même silence.

Maclou, furieux, leva son fouet aux cordelettes garnies de plomb, qui coupaient et meurtrissaient les chairs à la fois, et il allait le laisser retomber.

Le directeur l'arrêta par ces mots :

« Je ne vous ai pas dit de la frapper, mais de l'apporter. »

Maclou, dans l'exercice de ses fonctions brutales, avait pris l'habitude d'une royauté sans contrôle. Il lui semblait dur de courber la tête et de se soumettre. Il étouffa un blasphème, souleva dans ses bras la forme humaine enveloppée de haillons, la chargea sur son épaule comme il eût fait un cadavre, s'engagea de nouveau dans le couloir et reparut avec son fardeau.

« Voilà la donzelle, dit-il, et monsieur le directeur peut voir qu'elle se porte aussi bien que lui et moi. »

La malheureuse créature qui avait été la comtesse Marie de Rahon était vivante encore, ou plutôt elle n'était pas morte.

Ses membres pouvaient lutter de maigreur avec ceux d'un squelette. Elle semblait incapable de se tenir debout, à plus forte raison de se mouvoir; mais ses yeux restaient ouverts, son cœur battait, quoique bien faiblement. Ceci constituait l'unique différence entre elle et un cadavre prêt pour la fosse.

Nous savons déjà que si le directeur de la Salpêtrière ne possédait point une âme bien tendre, il n'avait ni dureté réfléchie, ni cruauté préméditée; l'égoïsme et l'insouciance le poussaient seuls à laisser faire.

En ce moment, pour la première fois de sa vie peut-être, il éprouva un sentiment de pitié profonde, et le feu d'une indignation généreuse activa les pulsations de son sang dans ses artères.

« Maître Maclou, s'écria-t-il, vous êtes payé pour être un gardien et non pas pour être un bourreau. Ce que vous avez fait est une lourde faute, presque un crime, et je vous rends responsable de la vie de cette malheureuse. Priez Dieu de la sauver, car si elle succombe, je vous chasse.

— Mais, monsieur le directeur, balbutia Maclou dont le visage tanné devint livide, car il tenait plus qu'à tout au monde à des fonctions qui lui permettaient de donner un libre cours à ses instincts d'immonde brutalité, je vous jure...

— Taisez-vous et suivez-moi, » ordonna le fonctionnaire en reprenant le chemin de l'escalier.

Maclou, que l'émotion et la terreur faisaient chanceler sur ses jambes courtes et massives, marcha derrière lui portant la comtesse et se disant tout bas :

« Ah! la folle maudite, je l'aurais étranglée si j'avais su. Une fois morte et dans la fosse commune, on ne me l'aurait pas réclamée. »

Si l'aspect de la prétendue Simone Raymond avait épouvanté le directeur dans l'obscurité de la galerie souterraine, obscurité mal combattue par la douteuse lueur d'une lanterne, ce fut bien autre chose lorsque la vive lumière du jour tomba sur le visage de la malheureuse, et la contraignit à fermer ses yeux qui ne pouvaient plus supporter les clartés du soleil.

Ce visage, nous ne le décrirons point. A quoi bon affecter douloureusement nos lecteurs par des tableaux empreints d'un réalisme trop lugubre?

Contentons-nous de dire que le directeur ne put retenir un geste d'attendrissement et de colère, et qu'il lança sur Maclou un regard qui ne présidait rien de bon à l'effroyable nain.

« Allez me chercher le médecin de service, ordonna-t-il au porte-clefs; dites-lui que je l'attends ici et qu'il vienne sans perdre une minute.

— Ça va mal, pensa Maclou consterné. Remplissez donc avec zèle vos devoirs, on vous traitera comme un chien pour vous récompenser! »

XXV

L'INFIRMERIE.

Le médecin de service se trouvait dans la division voisine, et ne se fit point attendre.

« Vous me demandez et j'accours, mon cher directeur, fit-il en franchissant le seuil du préau; que voulez-vous de moi ? »

Le directeur désigna le corps de la comtesse étendu sur la margelle de pierre polie du bassin, et répliqua.

« Docteur, voyez cette malheureuse, je vous prie, et dites-moi ce que vous pensez de son état.

— Je pense que vous m'avez fait appeler trop tard, répondit le médecin après examen; c'est un cadavre, ou peu s'en faut, que vous me présentez là.

— Ainsi, la pauvre créature est perdue?

— C'est mon opinion.

— Sans appel ?

— Je le crois; et je la considère, à l'heure qu'il est, comme beaucoup plus morte que vivante.

— Je dois vous dire, docteur, que cette folle m'était particulièrement recommandée. »

Le médecin haussa les épaules en murmurant :

« Il faut convenir, s'il en est ainsi, qu'on a tenu peu de compte de la recommandation. »

Le directeur menaça Maclou de son poing fermé.

« C'est ce misérable qui est cause de tout! s'écria-t-il. J'aurai soin de le punir. Mais ne peut-on au moins essayer quelque chose pour sauver l'infortunée qui paye à l'hôpital six cents livres par an ?

— Je vais la faire porter à l'infirmerie; on lui prodiguera des soins minutieux; mais je ne dois point vous cacher que je n'en espère aucun résultat.

— Essayez toujours, docteur; j'aurai du moins la consolation de me dire que je n'ai rien à me reprocher; il est si doux d'être en paix avec sa conscience. »

Puis, tandis que le médecin donnait l'ordre à ses aides d'aller au plus vite chercher un brancard, le directeur ajouta en s'adressant à Maclou :

« Faites brûler des cierges; je vous le conseille, car si elle meurt, je vous chasse. »

Quelques minutes plus tard, la comtesse Marie de Rahon, la morte vivante, était étendue sur un bon lit dans l'infirmerie, et ne semblait en aucune façon s'apercevoir de son changement de situation.

A la tête de l'infirmerie de la Salpêtrière se trouvaient des religieuses de cet ordre qu'on rencontrait, alors comme aujourd'hui, partout où il y avait des malades à soigner et des infortunes à secourir. C'est dire assez que la charité la plus touchante, le dévouement le plus absolu y remplaçaient la brutalité farouche qui trônait en souveraine dans les autres parties de l'hôpital général.

Pendant des mois entiers, aucune amélioration sensible ne se manifesta dans l'état de la malheureuse victime du marquis de Saint-Maixent. Elle continuait à vivre, ou plutôt à ne pas s'éteindre, voilà tout ; et c'était déjà beaucoup, car les religieuses elles-mêmes ne comprenaient guère que ce corps épuisé, que ces veines appauvries, pussent opposer à la mort une résistance si longue.

Enfin, peu à peu, sous l'influence persistante des bons traitements, des soins de toutes les heures et d'une nourriture choisie, les forces revinrent d'une manière presque insensible d'abord, puis plus accentuée, et la comtesse perdit cette maigreur de squelette et ce visage de fantôme qu'on ne pouvait contempler sans effroi.

Les religieuses venaient d'accomplir un miracle que les médecins regardaient comme impossible.

Un changement non moins grand, non moins merveilleux, ne tarda guère à se manifester dans l'ordre moral.

Nous savons déjà que depuis son arrivée à la Salpêtrière, la prétendue Simone Raymond n'avait pas prononcé une seule parole, chose facilement explicable, car elle était atteinte d'idiotisme plutôt que de folie.

Un jour, en présence de l'une des sœurs, qui ne quittaient le dortoir ni jour ni nuit, elle bégaya quelques mots et parut surprise et charmée d'entendre le son de sa voix. Ces mots, assemblés au hasard, n'offraient aucun sens ; mais, enfin, elle parlait, et ce fait seul constituait un progrès immense.

Mme de Rahon ne s'arrêta pas là. Ses forces grandirent au point qu'il devint possible de lui faire quitter son lit et de l'habiller. Puis, soutenue par deux religieuses, elle essaya quelques pas en chancelant d'abord, mais sa marche fut bientôt moins hésitante et presque assurée.

En même temps, elle articula des phrases plus longues, sa voix s'affermit ; elle désigna, en les appelant par leur nom, plusieurs des objets qui l'entouraient.

Les religieuses, émerveillées, se demandaient si la raison n'allait pas renaître chez cette pâle créature si douce et toujours belle, dont les grands yeux offraient par instants une étrange expression d'intelligence.

On eût dit, dans ces moments-là, qu'un vif éclair s'allumait tout à coup sous des nuages lourds entassés ; puis l'éclair s'éteignait, les prunelles redevenaient ternes, et les yeux semblaient ne plus voir.

Quelques semaines encore s'écoulèrent, amenant un grand changement dans l'attitude de la comtesse.

Elle cessa complètement de parler, mais on aurait pu croire qu'elle pensait.

Pendant des heures entières, elle demeurait assise sur le bord de son lit, dans une immobilité de statue, étreignant sa tête entre ses deux mains.

Un jour qu'elle s'absorbait ainsi, une religieuse lui adressa la parole en passant devant elle, et, n'obtenant aucun signe d'attention, lui prit doucement les mains et les écarta pour voir son visage.

Ce visage était bouleversé comme si, sous la voûte du crâne, une tempête se déchaînait. Cette tempête, c'était la lutte suprême entre l'intelligence et la folie.

L'ex-diseuse de bonne aventure de la rue de la Lanterne, l'ex-sage-femme du hameau de Chamblas s'était trompée en affirmant au marquis de Saint-Maixent que l'effet du breuvage préparé par elle durerait aussi longtemps que la vie de la comtesse.

Marie de Rahon pouvait vivre longtemps encore, et l'intelligence allait triompher.

Parmi les religieuses qui, sans cesse, avec une infatigable patience, accomplissaient à l'infirmerie leur œuvre de charité, se trouvait une jeune sœur âgée de vingt-cinq ans tout au plus, et si jolie, si souriante, si affectueuse, que les folles *agitées* elles-mêmes semblaient subir le charme émané de sa personne entière, et se calmaient quand elle s'approchait de leur lit.

Cette jeune sœur et la prétendue Simone Raymond éprouvaient l'une pour l'autre une sympathie toute particulière.

La religieuse aimait à parler à la folle un langage consolant qu'elle s'efforçait de mettre à sa portée. La folle l'écoutait sans la comprendre ; mais cette voix harmonieuse charmait son oreille comme une musique, et sa figure prenait une expression rayonnante.

Une nuit, tout était silencieux dans le dortoir faiblement éclairé par les veilleuses suspendues au plafond de distance en distance.

Une heure du matin venait de sonner à la grande horloge de la Salpêtrière.

La jeune sœur faisait lentement sa ronde en roulant entre ses doigts blancs et fins les grains de son rosaire.

Elle priait pour ces pauvres créatures dont elle avait promis à Dieu de devenir la mère, en renonçant, avec une abnégation sublime, aux joies d'une réelle maternité.

Auprès de chaque lit, elle faisait une courte halte et se penchait pour écouter la respiration calme ou fiévreuse de la folle endormie.

Au moment où elle arrivait au lit de Mme de Rahon, elle vit, non sans surprise, cette dernière se soulever sur sa couche, le visage animé, les yeux étincelants, et tendre vers elle ses deux mains.

« Qu'avez-vous, ma pauvre Simone ? demanda-t-elle d'une voix douce et basse ; êtes-vous souffrante ?

— Je ne m'appelle point Simone, » répliqua la comtesse.

C'était la première fois que la pauvre femme répondait à une question. Donc, elle avait compris ; donc, un état de lucidité complète allait peut-être se produire.

La religieuse tressaillit de joie et reprit vivement :

« Quel est donc votre nom ?

— Marie.

— N'en avez-vous point d'autre.

— J'en ai un autre.

— Apprenez-le moi.

— Plus tard.... quand je saurai ce qu'il faut que je sache. Vous êtes bonne pour moi, vous ; je vous aime ; c'est vous que je veux interroger.

— Je vous répondrai de bien grand cœur ; car, si vous m'aimez, je vous aime aussi. Parlez, Marie.

— Où suis-je ? commença la comtesse.

— Ne vous en doutez-vous point ?

— Non ; il me semble que je viens de m'éveiller d'un long sommeil peuplé de mauvais rêves. Il y a comme un nuage sur ma pensée et je ne me souviens distinctement de rien, si ce n'est que j'ai beaucoup souffert. Faites-donc ce que je vous demande : dites-moi où je suis ?

— Vous êtes, balbutia la jeune sœur, dans l'infirmerie d'une maison où l'on s'est efforcé de vous donner les soins que nécessitait votre état, car vous avez été très-malade.

— Mais, fit la comtesse avec insistance, suis-je à Paris ?

— Oui.

— Et cette maison, où l'on m'a soignée avec tant de zèle sans me connaître, comment se nomme-t-elle ?

— Qu'importe !

— Pourquoi voulez-vous me cacher son nom ? Depuis la fin de ce long sommeil dont je vous parlais, je regarde, je vois, je comprends : vous êtes une de ces saintes filles que la charité enlève au monde, et ce n'est pas moi seule que vous soignez ici. Cette maison est un hôpital.

— C'est vrai.

— Est-ce l'Hôtel-Dieu ? »

La religieuse secoua la tête.

« Mais alors, reprit la comtesse, encore une fois, dites-moi où je suis. »

Une plus longue hésitation était impossible, sous peine de ramener le désordre dans une tête bien faible encore sans doute. La jeune sœur, en outre, ne voulait pas et ne devait pas mentir.

« Eh bien ! ma chère Marie, dit-elle, vous êtes à la Salpêtrière. »

Mme de Rahon poussa un cri sourd ; une épouvante inouïe se peignit sur son visage et elle balbutia :

« La Salpêtrière !... C'est moins un hospice qu'une prison ! C'est là qu'on enferme les folles ! Aussi, vous aviez pitié de moi, vous ne vouliez pas que je sache ! J'ai été folle, n'est-ce pas ?

— Je n'oserais l'affirmer, répondit la religieuse ; mais un nuage avait passé sur votre intelligence. Souvenez-vous du long sommeil peuplé de mauvais rêves dont vous m'avez parlé tout à l'heure.

— Oui.... oui.... j'ai été folle.... Ah ! je le sens bien, répéta la comtesse avec exaltation ; et sans doute vous croyez que je le suis encore.... »

Haletante, les yeux pleins d'angoisse, elle attendit la réponse de la religieuse.

« Non, répliqua cette dernière sans hésiter ; non, je vous affirme que je ne le crois pas. »

Un soupir de soulagement s'exhala des lèvres de Marie.

XXVI

LE RÉVEIL D'UNE AME

Un silence de quelques secondes suivit l'affirmation si positive de la jeune sœur.

« Mais, reprit Mme de Rahon, qui semblait avoir

Maclou, son fouet à la main, se promenait au milieu des malheureuses. (Page 220).

employé ces quelques secondes à rassembler et à coordonner ses idées, j'avais entendu dire que la Salpêtrière était un lieu d'asile pour les malheureuses folles sorties du peuple et trop pauvres pour payer les soins coûteux de certaines maisons d'aliénés ; n'en est-il plus de même aujourd'hui ?

— Il en est de même, répondit la religieuse.

— Alors, comment se fait-il que je sois à la Salpêtrière, moi qui n'appartiens point au peuple, et qui possède une grande fortune ?

— A cet égard je ne sais rien et ne puis rien vous dire.

— Depuis combien de temps les portes de l'hospice se sont-elles refermées sur moi ? poursuivit la comtesse.

— Depuis plus d'une année, mais il m'est impossible de préciser l'époque.

— Qui m'a conduit ici ?

— Je l'ignore.

— Vient-on souvent me visiter ?

— Personne n'est jamais venu.

— Personne.... répéta la comtesse avec désespoir. Ah ! ce coup est le plus cruel ! ceux que j'aimais m'ont-ils donc tous abandonnée ?... »

Et des larmes amères ruisselèrent sur son visage.

Au bout d'un instant, elle continua :

« Pourquoi m'appelez-vous Simone ?

— Parce que, sur les registres de l'hôpital, vous êtes inscrite sous les noms de *Simone Raymond*.

— Mais, s'écria Marie, ces noms, je ne les connais pas.

— Vous persistez donc à soutenir qu'ils ne sont point les vôtres ?

— Oui.

— Rappelez vos souvenirs, encore confus peut-être.

— Oh ! pour le passé, ma mémoire est fidèle ; je

n'ai jamais, à aucune époque, entendu parler d'une Simone Raymond.

— Alors, comment vous appelez-vous ? dites-le-moi.

— Je m'appelle la comtesse Marie de Rahon, femme du comte Annibal de Rahon, lieutenant-général des armées du roi. »

La religieuse fit, malgré elle, un geste de découragement, et la consternation se peignit sur sa figure expressive.

Un instant elle avait espéré que la pauvre femme, vers laquelle elle se sentait attirée par une si vive sympathie, recouvrait la raison ; maintenant, hélas ! elle voyait bien que la folie changeait de nature, mais qu'elle existait plus que jamais.

La comtesse ne se méprit ni au sens du geste ni à l'expression du visage.

« Ah ! fit-elle avec désespoir, je lis clairement dans votre pensée, vous croyez que je redeviens folle.

— Calmez-vous, je vous en supplie, murmura la religieuse ; je crois que le nuage qui parfois obscurcit votre intelligence n'est pas encore complètement dissipé, voilà tout.

— Mais si je vous prouvais qu'au moment où je vous parle je possède ma raison complète ! si je vous démontrais jusqu'à l'évidence que je dis la vérité.

— Certes, je ne demanderais pas mieux que de me laisser convaincre ; mais, cette preuve, comment pourriez-vous me la donner ?

— Aidez-moi.... j'y parviendrai.

— Comment expliqueriez-vous votre présence à la Salpêtrière, si vous étiez véritablement riche et de grande famille ? poursuivit la jeune sœur. Qui donc avait un immense intérêt à vous faire enfermer ici sous un faux nom ?

— Qui donc ? répéta la comtesse avec une sombre exaltation ; je cherche.... vous voyez bien que je cherche.... j'ai beau chercher, je ne trouve pas.... c'est à devenir folle !

— Eh bien ! ne cherchez plus, évitez même d'y penser plus longtemps.

— J'y veux penser ! répliqua violemment Mme de Rahon. Dieu me prendra peut-être en pitié, il m'enverra le mot de la terrible énigme.

— Aviez-vous des ennemis ?

— Des ennemis ? à moi ? qui donc aurait pu me haïr ?

— Votre mari, peut-être ?

— Oh ! ma sœur, ne blasphémez pas, interrompit Marie ; il m'adorait autant que je l'adorais moi-même. Si je suis prisonnière, croyez-le bien, c'est qu'il est mort ! »

La religieuse baissa la tête et garda le silence.

« Oui, je le comprends bien, poursuivit la comtesse, tout ceci est étrange, obscur, inexplicable. Si je me trouvais à votre place, et si vous étiez à la mienne, je me persuaderais, comme vous le faites en ce moment, que celle qui me parle est une insensée. Ne me repoussez pas, cependant. Soyez patiente et bonne ; je vais vous dire tout ce que je sais, tout ce dont je me souviens ; et peut-être, quand vous m'aurez écoutée, la lumière qui se refuse à mes yeux brillera pour les vôtres au milieu des ténèbres qui m'environnent.

— Je vous écoute, répondit la bonne sœur, et puissiez-vous trouver un soulagement dans vos confidences. »

Elle s'assit auprès du lit, tenant entre ses mains une des mains de la comtesse pour épier la fièvre qui, presque toujours, accompagne les accès d'hallucination ; mais le pouls, qu'elle sentit battre sous son doigt, était calme, régulier, presque faible.

Mme de Rahon commença son récit d'une voix lente et qui tremblait d'abord, mais qui se raffermit peu à peu.

Elle raconta tout ce qu'elle savait de son existence depuis deux années, jusqu'au moment où, quittant l'Auvergne pour rejoindre son mari dangereusement blessé, expirant peut-être, elle s'était sentie mourir dans une maison de sinistre apparence, où l'accident survenu à son carrosse l'avait forcée de chercher un asile.

Ce récit fut fait d'une façon si simple et si claire; les faits, malgré leur étrangeté, s'enchaînaient si logiquement, que la religieuse se trouva presque ébranlée.

Elle adressa coup sur coup, à la comtesse, une foule de questions qui lui semblaient de nature à la mettre dans un prodigieux embarras. Pas une seule fois elle ne parvint à la prendre en flagrant délit de contradiction avec elle-même.

La malheureuse femme expliquait tout sans la moindre peine, sauf ce qui restait plus ou jamais inexplicable, c'est-à-dire le nœud de l'énigme, sa présence à la Salpêtrière sous un faux nom.

« Maintenant, que vous m'avez entendue, maintenant, que vous m'avez interrogée, demanda-t-elle ensuite, croyez-vous encore que je sois folle ? Supposez-vous que je viens de faire passer sous vos yeux, non des réalités, mais les rêves de mon esprit malade, les vains fantômes créés par mon délire ?

— Je crois que vous avez cruellement souffert,

murmura la jeune sœur, mais je crois aussi que Dieu, dans sa justice et dans sa bonté, vous permettra de voir la fin d'une épreuve au-dessus de vos forces. La nuit s'avance, vous avez besoin du repos de l'esprit et du repos du corps; dormez, je le veux.

— Dormir! répéta Mme de Rahon; le pourrais-je?
— Il le faut.
— Puis-je espérer, au moins, que vous ne m'abandonnerez pas? Dans l'état d'effroyable isolement où me voici, n'ayant plus rien à moi sur la terre, pas même un nom, je ne dois compter que sur vous. Si votre protection me manque, je suis perdue. Promettez-vous de me protéger?

— Hélas! murmura la religieuse, la protection d'une pauvre servante de Dieu telle que moi est bien peu de chose. Je vous promets cependant d'employer, pour vous venir en aide, tous les moyens que le ciel daignera m'inspirer. Dites-vous donc que je suis votre amie sincère et appuyez-vous sur ma faiblesse.

— Que ferez-vous?
— La seule chose qu'il me soit, quant à présent, possible de faire, je parlerai au directeur de la Salpêtrière.
— Bientôt?
— Demain.
— Oh! mon bon ange, soyez béni! C'est de vous seule que viendra mon salut!
— Votre salut viendra de Dieu; je ne serai que l'humble instrument de sa miséricorde. Et, maintenant, je vous le répète, dormez; il le faut, je le veux.

Mme de Rahon, dans un transport de reconnaissance, saisit la main de la jeune sœur et la pressa contre ses lèvres; puis elle laissa retomber sa tête sur l'oreiller et ferma les yeux. Une respiration égale et douce souleva sa poitrine.

Elle dormait.

« Mon Dieu! se dit la religieuse en s'éloignant du lit, m'avez-vous donc choisie pour réparer une grande injustice? pour arrêter l'accomplissement d'un crime infâme et lâche? Ou je suis aveugle, ou cette pauvre femme n'est plus folle. Sa voix a des accents qui ne sauraient tromper. Elle espère en moi, Seigneur, mon Dieu, comme j'espère en vous! Prenez en pitié ses douleurs, faites que sa confiance ne soit point déçue! »

Le lendemain, dans la matinée, le valet de chambre du directeur lui vint annoncer qu'une des sœurs préposées à la surveillance de l'infirmerie sollicitait une audience.

Le directeur tenait en haute estime les bonnes religieuses; il accorda l'audience sur-le-champ et s'empressa de se rendre dans son salon, où l'attendait la protectrice de Marie.

« Soyez la bien-venue, ma sœur, lui dit-il. Avez-vous quelque réclamation à me soumettre, ou quelque requête à me présenter?

— Monsieur le directeur, répliqua la religieuse, je viens solliciter de vous un acte de justice.

— Vous ne sauriez mieux vous adresser, ma chère sœur. J'ose affirmer que je suis, sans vanité, l'homme le plus juste qui soit au monde. De quoi s'agit-il?

— De l'une des infortunées qui se trouvent présentement à l'infirmerie.

— Eh bien?

— J'ai tout lieu de croire que cette infortunée vient de recouvrer la raison. J'ajouterai que je vois en elle la victime d'un infernal complot. De puissants ennemis, je n'en doute pas, ont mis à profit l'affaiblissement momentané de ses facultés mentales pour la faire enfermer à la Salpêtrière sous un nom qui n'est pas le sien.

— Oh! oh! murmura le directeur, ceci serait bien grave.

— De tels faits sont-ils donc sans exemple?

— Pas absolument, mais ils sont rares. Sur quoi basez-vous vos suppositions, ma chère sœur?

— Sur le récit même de la pauvre femme au sujet de laquelle je vous supplie d'ouvrir une enquête.

— Et vous n'avez pas d'autres preuves?

— Pas d'autres.

— Vous vous en rapportez aveuglément au langage d'une insensée?

— A son langage, à son accent, à ce je ne sais quoi qui ne se peut définir, mais qui se devine et qui démontre jusqu'à l'évidence que la parole est l'expression de la vérité. »

Le fonctionnaire poussa un soupir.

« On voit que vous êtes jeune, ma chère sœur, répliqua-t-il, et que la Salpêtrière vous possède depuis peu de temps. Vous ignorez encore combien, dans leurs moments lucides, les aliénées sont habiles à forger des romans parfois très-vraisemblables. Allez dans les préaux des quatre divisions, interrogez nos pensionnaires, ou du moins prenez la peine de les écouter : pas une d'elles ne conviendra qu'elle est folle, toutes vous diront qu'elles sont victimes. Je ne refuse point cependant l'enquête qui vous tient si fort au cœur. Je m'en occuperai dès aujourd'hui. Comment s'appelle votre protégée?

— Elle est inscrite sur le livre d'écrou de la Salpêtrière sous le nom de *Simone Raymond;* elle s'appelle, en réalité, la comtesse *Marie de Rahon.*»

XXVII

Une résolution.

La religieuse s'attendait à produire tout au moins sur son auditeur un effet d'étonnement et d'anxiété.

Qu'on juge de sa stupeur, lorsqu'après avoir prononcé le nom de Simone Raymond et celui de la comtesse Marie de Rahon, elle vit le directeur s'abandonner à un accès d'hilarité presque convulsive, accès qui fut d'assez longue durée pour donner à son large visage une teinte d'un rouge violet, fort inquiétante après le repas d'un homme sanguin et apoplectique.

Cette crise d'intempestive gaieté se termina cependant sans amener d'accidents, et le directeur, redevenu calme, se hâta de s'excuser en ces termes :

« Ma chère sœur, soyez indulgente pour mon involontaire inconvenance, je n'ai pas été maître de moi; veuillez me suivre; ce que je vais mettre sous vos yeux plaidera beaucoup mieux ma cause que les plus longues explications. »

Il descendit au greffe, suivi de la religieuse, et se fit représenter le livre d'écrou de l'année précédente.

Il le feuilleta pendant quelques secondes, puis, appuyant son doigt sur le haut d'une page, il dit :

« Lisez, ma sœur, et jugez vous-même. »

La religieuse inquiète s'approcha, et voici ce qu'elle lut à l'endroit désigné :

SIMONE RAYMOND, *trente ans, paysanne du Poitou, admise à l'hôpital général le 16 décembre 1647. Recommandée par monsieur le marquis de Grancey.*

Inscrite sous le numéro 314 de la deuxième division

Paye six cents livres de pension annuelle.

Six mille livres déposées d'avance par monsieur le marquis de Grancey.

NOTES PARTICULIÈRES :

Aliénation mentale déterminée par les déceptions de vanité et les chagrins d'amour; demi-éducation ; a été courtisée, puis abandonnée par un gentilhomme.

Accès de folie intermittente, suivis de périodes d'idiotisme.

Se croit riche, de haute naissance, et prend successivement les noms des plus grandes familles du royaume.

Défense de laisser communiquer, dans l'intérêt même de ces familles.

Quand la religieuse eut achevé, le directeur s'écria d'un ton triomphant :

« Eh bien, ma sœur, comprenez-vous maintenant mon hilarité de tout à l'heure? J'appelle votre attention sur cette phrase : *se croit riche et de haute naissance, et prend successivement les noms des plus grandes familles du royaume.* Est-ce assez clair et significatif, et croyez-vous toujours que la pauvre femme soit victime de quelque infernal complot?

— Vous aviez raison, monsieur, balbutia la jeune sœur confuse et rougissante, j'ai été dupe de mon peu d'expérience; il me reste à vous demander humblement pardon de vous avoir ainsi dérangé.

— Eh ! vertugadin, vous avez bien fait, cela m'a procuré le plaisir de vous voir. Maintenant, croyez-moi, si votre protégée persiste dans ses lubies, faites-lui donner quelques bonnes douches d'eau froide, elle s'en trouvera bien, j'en réponds. »

Pensive, attristée, la tête basse, la religieuse regagna l'infirmerie.

Mme de Rahon attendait son retour avec une ardeur d'impatience dont aucune phrase ne pourrait donner une idée.

L'air profondément désolé de la jeune sœur la glaça. Elle comprit instinctivement que la démarche faite auprès du directeur n'avait point produit de bons résultats.

« Vous l'avez vu, n'est-ce pas ? murmura-t-elle d'une voix sourde, il refuse de vous croire? il soutient que ma réclamation même est un nouvel acte de folie? il prétend que je suis bien Simone Raymond, et que je n'ai point de droits à un autre nom ?

— C'est vrai, répondit la religieuse, étonnée, presque épouvantée de cette lucidité si grande.

— Et cependant, poursuivit la comtesse, vous avez plaidé ma cause. Vous avez fait comprendre que je me croyais victime d'un complot combiné dans quelque mystérieux intérêt; vous avez dit et répété que j'avais entendu prononcer par vous, cette nuit, pour la première fois de ma vie, le nom de Simone Raymond. Vous avez ajouté qu'une enquête bien facile à faire démontrerait jusqu'à l'évidence que je suis, comme je le prétends, la comtesse Marie de Rahon.

— Je l'ai dit, car je le croyais ; mais hélas ! à ces

vaines allégations, votre acte d'écrou lui-même répond d'une façon victorieuse.

— Mon acte d'écrou! répéta Marie de Rahon prise d'un tremblement soudain.

— Oui.

— Vous l'avez lu?

— Je l'ai lu.

— Que dit-il?

— Il dit que votre folie est de vous croire riche et grande dame, et de prendre successivement les noms des plus nobles familles de France.

— Ils ont écrit cela, balbutia la comtesse, oh! les infâmes! les infâmes! »

Elle interrogea du regard le visage de la religieuse, comme pour y chercher une suprême espérance; elle n'y trouva que l'expression de deux sentiments, la pitié la plus tendre et la plus profonde incrédulité.

« C'est bien, reprit-elle lentement. Merci, ma sœur, merci de ce que vous avez fait; vous ne pouviez pas davantage. »

Et, se rejetant sur son lit, elle enfonça son visage dans l'oreiller pour étouffer le bruit des sanglots qui de son cœur montaient à ses lèvres.

Une heure après ce court entretien, le médecin de service venait faire dans les salles de l'infirmerie sa visite quotidienne.

Il s'approcha de la comtesse, l'examina longuement avec une satisfaction manifeste, et dit à la jeune religieuse :

« En vérité, ma sœur, vous avez fait un miracle. Cette aliénée, que je croyais perdue sans ressource, est maintenant, grâce à vous, complètement remise. Elle peut, dès à présent, céder sa place à une autre et retourner dans sa division. »

Mme de Rahon frissonna.

« Docteur, répliqua la religieuse, je me suis attachée à cette pauvre femme. Elle va beaucoup mieux, c'est vrai; mais cependant des soins assidus, je vous l'affirme, lui sont plus que jamais nécessaires. Laissez-là-moi quelques jours encore.

— Vous y tenez, ma sœur?

— Plus que je ne saurais vous le dire.

— Eh bien! soit. Gardez-là donc pendant une semaine; mais je ne puis vous accorder davantage. Dans huit jours, il faudra que je fasse mon rapport et le directeur avisera. »

Le médecin continua sa tournée.

« Si je quitte l'infirmerie, se dit la comtesse, je suis perdue. Ah! les précautions sont bien prises. J'aurai beau protester, personne ne me croira; ils m'ont condamnée à mourir ici. Eh bien! cela ne sera pas! J'ai huit jours devant moi. Avant huit jours, il faut que je sois libre! »

A partir de cette minute, Mme de Rahon n'eut plus qu'une idée fixe : s'échapper. Mais comment? Que pouvait une malheureuse femme sans appui, sans complices; sans moyens de corruption, puisqu'elle ne possédait pas un sou?

Le directeur l'avait dit au marquis de Saint-Maixent :

« On ne s'évade point de la Salpêtrière. »

La comtesse, cependant, ne désespéra pas.

Pendant deux jours de suite, elle passa de longues heures, le visage appuyé contre les vitres de l'une des fenêtres grillées de l'infirmerie.

Cette fenêtre prenait jour sur la grande avenue qui reliait entre eux les bâtiments de toutes les divisions.

Une haute muraille séparait l'infirmerie de la vaste cour où se trouvaient la chapelle, les bureaux du greffe, le parloir et les appartements du directeur.

Une ouverture carrée, fermée par une grille massive et desservie par un guichetier spécial, trouait la muraille dont nous venons de parler.

Les religieuses préposées au service de l'infirmerie jouissaient d'une liberté d'action sans limites dans l'enceinte des constructions immenses de l'hôpital général.

Chacune d'elles portait à sa ceinture, à côté de son chapelet, un passe-partout destiné à ouvrir toutes les portes de communication.

Le couvent auquel elles appartenaient se trouvait sur le boulevard de l'Hôpital, à quelques centaines de pas de la Salpêtrière. Les bonnes sœurs, qui se relayaient pour remplir les délicates fonctions d'infirmières, allaient et venaient plusieurs fois par jour du couvent à l'hospice, et de l'hospice au couvent, lorsque leur service était achevé.

Rien n'était moins régulier que les heures de ces sorties et de ces rentrées périodiques qui, parfois, commençaient dès le point du jour, et parfois aussi se continuaient longtemps après la nuit tombée.

Mme de Rahon constata que, lorsqu'une des sœurs ouvrait la grille avec son passe-partout, le guichetier sortait de l'espèce de niche pratiquée pour le recevoir, et rentrait après s'être assuré de visu qu'il avait une religieuse sous les yeux.

Il en était sans doute de même au premier guichet, celui qui donnait sur le boulevard.

Depuis la fenêtre qu'elle ne quittait plus, Mme de Rahon entendait distinctement ouvrir et fermer la lourde porte qu'elle ne voyait pas, et tressaillait de tout son corps en songeant que derrière cette porte était la liberté.

A l'extrémité du dortoir principal de l'infirmerie (dortoir où couchait la comtesse) existait une sorte de cabinet vitré contenant deux lits de camp dont voici la destination :

De dix heures du soir à deux heures du matin, une religieuse veillait, et, d'heure en heure, faisait sa ronde.

A deux heures précises, une seconde sœur quittait le cabinet vitré, où elle venait de prendre un peu de repos, et remplaçait dans le dortoir la première religieuse qui la remplaçait à son tour sur l'un des lits de camp.

Il arrivait parfois, mais rarement, que, vaincue par la fatigue et le sommeil dans l'exercice de ses fonctions, la sœur de garde s'endormait en disant son chapelet.

Le dortoir, pendant un temps plus ou moins long, restait alors sans surveillante ; mais, nous le répétons, c'était rare ; et, d'ailleurs, la religieuse momentanément coupable d'un défaut de vigilance s'éveillait en sursaut au moindre bruit.

Mme de Rahon, avec cette subtilité d'esprit des prisonniers qui rêvent une évasion, se rendit compte de toutes ces choses.

Elle trouva moyen de se glisser, une nuit, pieds nus, en rampant comme une couleuvre, le long des couches alignées, jusqu'auprès du cabinet vitré.

Elle vit que ce cabinet était à peine éclairé par une veilleuse abritée sous une sorte d'abat-jour en verre dépoli, et qu'une escabelle placée au pied du lit de camp supportait les vêtements de la religieuse endormie.

Les bonnes sœurs étaient au nombre de huit ou dix, presque toutes dissemblables de visages et d'allures.

Mme de Rahon, qui les entendait causer entre elles et se désigner les unes les autres, savait les noms de la plupart.

L'une d'elles, sœur Ursule, âgée de trente ou trente-deux ans, grande, mince et pâle, offrait dans son visage et dans sa tournure une certaine distinction. Elle ne ressemblait point à la comtesse, mais elle en avait la taille et l'aspect général.

XXVIII

LA DERNIÈRE NUIT.

Mme de Rahon, dont le plan était arrêté d'une façon complète, avait décidé qu'elle profiterait de la première nuit où sœur Ursule serait de service, pour faire une tentative d'évasion.

Cette nuit se fit longtemps attendre.

Trois jours seulement devaient s'écouler avant le jour fatal fixé par le médecin pour la réintégration de la convalescente dans sa division.

L'impatience et l'anxiété dévoraient la comtesse. Une fièvre continue brûlait son sang dans ses veines.

Enfin, le troisième jour, un peu avant dix heures du soir, sœur Ursule entra dans le dortoir avec une autre religieuse déjà d'un certain âge et chargée d'embonpoint, qui se nommait sœur Eléonore.

Cette dernière se dirigea vers le cabinet vitré, d'où partirent bientôt des ronflements sonores, tandis que sœur Ursule, son chapelet à la main, commençait sa première ronde.

La comtesse s'était couchée toute vêtue. L'uniforme de l'infirmerie consistait en une longue robe grise sans taille, qu'une ceinture de même étoffe, fixée à la robe elle-même, serrait à la hauteur des reins.

Onze heures sonnèrent, puis minuit. Il semblait à Mme de Rahon que chaque minute avait la longueur d'une année. Par instants, elle se demandait si les battements de son cœur n'allaient point l'étouffer.

On entendait la pluie tomber au dehors, et le vent souffler avec rage à travers les vieux arbres des préaux.

« Ou je deviens folle, ou je rêve, se disait Marie ; une seule nuit ne peut pas durer si longtemps. »

Le timbre de la grande horloge résonna deux fois.

Sœur Eléonore, exacte comme les soldats et les chasseurs qui s'éveillent quand il le faut, sortit du cabinet vitré où la sœur Ursule alla prendre sa place.

La grosse religieuse fit sa ronde, s'arrêtant consciencieusement auprès de chaque lit, et récitant d'une voix sourde et monotone les *Pater* et les *Ave* du rosaire.

Elle s'agenouilla devant le grand Christ placé à l'extrémité du dortoir et pria longtemps ; puis elle s'assit sur une chaise de paille et recommença à égrener son chapelet, ce qui dura jusqu'au moment de sa deuxième ronde qu'elle fit à trois heures, car elle se piquait, en toute chose, d'une régularité mathématique.

Cette ronde achevée, elle regagna la chaise de paille.

La comtesse s'était soulevée dans son lit de manière à ne la point perdre des yeux, ne fût-ce qu'une seconde.

Elle vit sa tête se balancer lentement à droite et à gauche et se pencher sur sa poitrine ; elle vit sa main devenir flottante ; mais la tête se redressa et les grains du chapelet recommencèrent à défiler.

Évidemment la digne religieuse luttait avec un courage héroïque contre le sommeil qui l'accablait.

Sortirait-elle victorieuse de cette lutte ? C'était, pour la comtesse, le : *To be or not to be* de Shakespeare.

Enfin, l'assoupissement fut le plus fort. La tête s'inclina pour ne plus se relever, le chapelet glissa sur le carreau, un ronflement, comparable aux notes graves d'un tuyau d'orgue, retentit dans le silence.

Mme de Rahon n'attendit que ce moment. Elle rejeta ses couvertures, descendit de son lit, et, se traînant sur ses mains et sur ses genoux, elle atteignit le cabinet vitré dont elle franchit le seuil en tremblant.

Sœur Ursule dormait.

La comtesse saisit la coiffe, la jupe et la casaque qui constituaient le costume de religieuse.

Elle s'assura que le passe-partout n'avait point quitté la ceinture. D'un souffle haletant elle éteignit la veilleuse, afin que sœur Ursule ne pût s'apercevoir, en se réveillant, que ses vêtements avaient disparu ; elle regagna le dortoir en emportant sa proie ; elle revêtit la livrée des servantes de Dieu par dessus ses propres habits ; elle cacha sous son oreiller la coiffe aux larges ailes qui l'aurait trahie, et, enfin, elle se recoucha et ramena ses couvertures jusqu'à son visage, car l'heure de la fuite n'était point encore arrivée.

Elle venait à peine de mener à bien la première partie de son aventureuse entreprise lorsque sœur Éléonore se réveilla brusquement et promena ses regards autour d'elle.

Tout était calme dans le dortoir.

. . . .

Les secondes passèrent, puis les minutes, puis les heures. La pluie continuait à tomber, le vent faisait rage, les ténèbres moins épaisses au dehors annonçaient que le jour ne tarderait pas à paraître.

Six heures allaient sonner ; sœur Éléonore, après beaucoup de rondes et d'innombrables dizaines de chapelet, s'était endormie ; mais les vibrations de l'horloge la réveilleraient sans aucun doute, et sœur Ursule en même temps qu'elle.

« Mon Dieu, murmura la comtesse, je me remets entre vos mains, sauvez-moi. »

Elle attacha rapidement sur sa tête la coiffe de religieuse dont le bandeau cachait ses cheveux et son front, et, de même qu'elle s'était dirigée vers le cabinet vitré, elle prit le chemin de la porte de sortie.

Cette porte se trouvait à l'autre bout du dortoir, très-loin par conséquent de sœur Éléonore.

Elle n'était point fermée à clef, donnant accès dans une petite pièce où couchaient deux infirmières, prêtes à venir en aide aux religieuses, si quelque accès de folie furieuse se manifestait pendant la nuit.

Marie pénétra dans cette pièce, et repoussa doucement la porte derrière elle.

L'une des infirmières s'éveilla et se dressa sur son séant en frottant de ses poings fermés ses yeux encore gros de sommeil.

C'était une robuste fille, forte experte à manier la camisole de force.

Mme de Rahon frissonna et sentit une sueur froide mouiller ses tempes.

L'infirmière crut reconnaître sœur Ursule et lui dit d'une voix endormie :

« Vous vous en allez de bien grand matin ; ma sœur, est-ce qu'il fait jour ?

— Six heures vont sonner, balbutia la comtesse éperdue.

— Déjà ! si c'est comme ça, je me lève ; au plaisir de vous revoir, ma sœur ; tirez le verrou d'en haut ; vous savez, il est un peu dur. »

Mme de Rahon ne répondit pas. Le verrou résistait sous sa main ; elle perdait la tête, elle chancelait.

« Attendez, reprit l'infirmière, je vas vous donner un coup de main. »

Le verrou venait de céder et la comtesse était déjà sur l'escalier. Elle aurait voulu courir, s'élancer, elle n'osait. La plus simple prudence lui commandait de marcher lentement, et derrière elle, peut-être, on allait s'apercevoir de sa fuite.

Enfin elle atteignit le vestibule du rez-de-chaussée. La concierge de l'infirmerie venait d'ouvrir sa porte et s'habillait au fond de sa loge. Elle vit une religieuse et ne songea même point à s'approcher d'elle.

La fugitive se trouva dans la grande avenue, sous la pluie qui tombait à flots.

Elle alla droit à la grille, et, d'une main tremblante, elle introduisit son passe-partout dans la serrure.

« Qui va là ? cria le guichetier.

— Moi, sœur Ursule.

— Passez, ma sœur, et excusez-moi si je ne vais

pas vous ouvrir. Je suis entrain de me faire la barbe. »

La grille ouverte laissa la comtesse se glisser au dehors, et retomba derrière elle avec un bruit sinistre.

Il n'y avait plus désormais entre la fugitive et le monde, la liberté, la vie, qu'une seule porte, mais à côté de cette porte deux hommes causaient, malgré la tourmente.

Ces hommes connaissaient peut-être sœur Ursule et les autres saintes filles ; peut-être s'étonneraient-ils en voyant une figure inconnue.

Qui sait si la malheuse femme n'allait pas se briser contre le dernier obstacle ?

Six heures sonnaient...

En ce moment les deux religieuses s'éveillaient à l'infirmerie.... Elles s'apercevaient sans doute qu'un des lits était vide et qu'un costume de nonne avait disparu....

Le bruit de l'évasion allait d'une seconde à l'autre éclater et se répandre avec la rapidité de la foudre.

Pour la seconde fois Mme de Rahon se remit entre les mains de Dieu, et elle avança d'un pas rapide, mais inégal, car ses jambes ployaient sous elle.

Le crépuscule du matin n'avait encore qu'imparfaitement remplacé les ténèbres.

La pluie, fouettée par le vent impétueux, tombait avec un redoublement de furie.

Les deux hommes qui semblaient garder la porte étaient le guichetier en chef et l'un de ses aides.

Le premier fit un pas au-devant de la fugitive.

« Je suis perdue, pensa la comtesse, il va m'arrêter au passage. »

Néanmoins elle continua d'avancer.

Le guichetier ébaucha de la main le salut militaire, car c'était un ancien soldat.

« Hein, ma sœur, s'écria-t-il d'un ton tout à la fois jovial et respectueux, qu'est-ce que vous dites de ce temps-là ? je vous offrirais bien un parapluie pour aller jusqu'à votre couvent, mais vous ne pourriez pas le tenir, il vente trop dur. Allons, Grégoire, ajouta-t-il en s'adressant à son aide ; à quoi penses-tu donc ? Ne va pas donner à la bonne sœur la peine de chercher son passe-partout ? Ouvre vite.

Mme de Rahon n'avait pas la force de parler. Elle remercia d'un signe de tête, et passa.

Un frisson de joie courut sur sa chair glacée au moment où son pied, ayant franchi le seuil de la maison maudite, toucha la terre libre. Mais en même temps une angoisse nouvelle la saisit.

La porte ne s'était point refermée derrière elle. Sans doute le guichetier la suivait des yeux, et elle ignorait complétement dans quelle direction se trouvait le couvent qu'elle était censée regagner.

Une hésitation de sa part suffirait, à coup sûr, pour éveiller la défiance de cet homme.

Elle n'hésita pas, et, s'en rapportant au hasard, elle prit résolûment à gauche. Le hasard l'avait bien servie. Elle se dirigeait en effet du côté de la maison religieuse, et le guichetier rentra dans sa loge sans avoir conçu le moindre soupçon.

Aussi loin que le regard pouvait s'étendre, le boulevard extérieur était désert et présentait l'aspect d'un immense lac de boue.

La fugitive se mit à courir. Au bout de quelques centaines de pas, elle vit en face d'elle une maison, ou plutôt une sorte de masure à moitié croulante et depuis longtemps abandonnée.

Elle y pénétra pour se débarrasser des vêtements de religieuse qui la trahiraient certainement si l'on se mettait à sa poursuite, et si l'on parvenait à la rejoindre à peu de distance de l'hôpital général.

Ceci fait, elle reprit sa course et s'enfonça dans le dédale inextricable de rues étroites et populeuses qui s'étalent encore aujourd'hui jusqu'aux flancs de la montagne Sainte-Geneviève.

Elle ne savait pas où elle allait. Elle marchait droit devant elle, dans les ruisseaux fangeux, sans autre but que de s'éloigner. Le grand air et le mouvement l'enivraient et lui donnaient des forces surhumaines.

XXIX

DANS LES RUES DE PARIS.

Après avoir marché ou plutôt couru pendant deux heures, la comtesse se trouva, sans savoir comment elle y était venue, sur les bords de la Seine, aux environs de Notre-Dame.

La pluie ne tombait plus ; le soleil commençait à briller en dissipant les nuages, et promettait une belle journée.

Mme de Rahon avait fait, depuis la veille au soir, une trop grande dépense d'énergie pour que la réaction ne fût pas prompte et violente.

Ses forces, contenues jusque-là par la surexcitation nerveuse et par l'enivrement de la liberté reconquise, l'abandonnèrent tout à coup.

« Tu vois bien cette mendiante, elle me raconte qu'elle est la comtesse de Rahon. » (Page 235.)

Complétement anéantie, elle s'assit ou plutôt elle se laissa tomber sur un banc de pierre et elle essaya de réfléchir, ce qu'il ne lui avait guère été possible de faire jusqu'à ce moment.

Elle rassembla ses idées (non sans peine, car il est facile de comprendre combien sa pauvre tête était faible encore), et elle regarda sa situation face à face.

Assurément elle venait de remporter une immense victoire en s'échappant de la Salpêtrière ; mais qu'allait-elle devenir, seule, sans un sou, presque sans vêtements, au milieu de cet immense Paris où elle était incapable de se diriger, car elle n'en avait jamais parcouru les rues que dans son carrosse ?

Le comte Annibal devait être mort, car, s'il était

vivant, comment des ennemis inconnus auraient-ils réussi à faire tomber sa femme dans le plus épouvantable de tous les piéges ?

Elle possédait une grande fortune ; mais à qui s'adresser pour rentrer en possession immédiate d'une parcelle de cette fortune ? Il y avait urgence ; elle allait avoir faim. C'est à peine si elle connaissait les gens d'affaires du comte, et d'ailleurs, si elle s'adressait à eux, comment leur expliquer sa situation présente ? Faudrait-il leur raconter l'histoire étrange, incompréhensible, de sa folie et de sa captivité, histoire vraie qui ressemblait au plus invraisemblable des romans ?

A coup sûr ils la prendraient pour une folle si elle tentait un pareil récit.

Ainsi, de toutes parts, autour de la malheureuse femme, se dressaient d'insurmontables obstacles.

Le désespoir et le découragement furent tout près de s'emparer d'elle ; cependant elle résista ; elle se dit que Dieu, après l'avoir protégée dans l'accomplissement d'une évasion impossible, ne l'abandonnerait pas sans doute, et, soutenue par cette pensée, elle prit le parti d'aller frapper à la porte de son hôtel. Le concierge et sa femme étaient de vieux serviteurs ; ils ne refuseraient point de la reconnaître ; ils lui feraient bon accueil, et lui donneraient les premiers moyens de rentrer en possession de son état.

La comtesse, un peu ranimée par cet espoir, quitta le banc de pierre, demanda son chemin aux passants, et se dirigea vers la rue Culture-Sainte-Catherine, où son hôtel se trouvait situé.

Elle fut longtemps avant d'arriver, car ses pieds meurtris supportaient difficilement le poids bien léger pourtant de son corps.

Enfin elle s'arrêta en face du noble édifice, dont l'écusson de sa famille couronnait la porte monumentale.

Là, elle avait été heureuse, honorée, fêtée, là, elle avait vécu à de telles hauteurs qu'aucun souffle des vicissitudes humaines ne semblait pouvoir l'atteindre jamais.

Et maintenant, à pied dans la rue sous des haillons humides qu'une mendiante aurait dédaignés, sans ressources et sans nom, elle contemplait ces armoiries qui étaient les siennes, sur cette demeure aristocratique qui était la sienne et dont elle n'allait franchir le seuil qu'avec une immense terreur.

Ce marteau de bronze écussonné, qu'autrefois ses valets de pied faisaient retomber lourdement sur le panneau de chêne pour annoncer le retour de son carrosse, produisait sur elle l'effet de la tête de Méduse.

Elle le souleva cependant, et, s'armant de tout son courage, elle frappa.

La porte s'ouvrit aussitôt.

La comtesse allait entrer ; une figure inconnue lui barra le passage : cette figure était celle du nouveau concierge, car la belle Olympe avait fait maison nette à Paris comme au château de Rahon.

Ce gros homme à mine impertinente, vêtu d'une livrée du matin, s'écria brutalement :

« Eh bien ! eh bien ! halte-là ! Vous figurez-vous, la pauvresse, qu'on entre comme ça chez nous ? Ah çà ! voyons, qu'est ce que vous voulez ? »

Marie recula. Elle sentit son cœur se serrer si douloureusement, qu'elle eut la pensée de fuir, mais là seulement elle avait chance d'apprendre quelques-unes des choses qu'il lui importait si fort de connaître. Elle resta.

« Je croyais trouver ici Langevin et sa femme, balbutia-t-elle.

— Ah ! ah ! les anciens concierges ! Il faut croire que vous étiez de leurs connaissances. Congédiés, disparus, à tous les diables depuis plus de six mois. C'est moi et mon épouse Eudoxie, qui les remplaçons.

— M. le comte de Rahon est-il à Paris ? » demanda la fugitive d'une voix anxieuse ; car elle s'attendait à cette réponse foudroyante : « Il est mort ! »

Elle crut voir le ciel s'entr'ouvrir soudainement devant elle quand elle entendit le gros homme à mine impertinente répliquer :

« M. le comte est dans ses terres, en Auvergne, et ne doit point venir de sitôt. »

Il ajouta d'un ton bourru :

« Vous en savez assez long, présentement, n'est-ce pas ? Débarrassez-moi le pavé, que je puisse refermer ma porte. Allons, houst ! »

La comtesse, ainsi traitée dans sa propre demeure, par un homme aux gages de son mari, sentit la rougeur de l'indignation lui monter au visage.

« Insolent ! dit-elle avec hauteur, prenez garde à ce que vous faites ! Il pourrait vous en arriver malheur.

— Ah ! bah ! fit le concierge en goguenardant.

— Savez-vous bien à qui vous parlez ?

— A quelque grande dame déguisée, peut-être bien ! au fait, ça ne m'étonnerait guère ; vous en avez la mise et la mine. Vous êtes duchesse, pour le moins ?

— Je suis la comtesse de Rahon ! Je suis la femme de votre maître ! »

Marie avait à peine prononcé ces paroles, que le gros homme, plaçant ses poings sur ses fortes hanches, se mit à rire d'une façon bruyante et ne s'interrompit que pour crier :

« Eudoxie ! eh ! Eudoxie, viens donc un peu... ça en vaut la peine. »

L'*épouse* du concierge parut aussitôt sur le seuil de la loge.

« Tu vois bien cette mendiante, tu vois bien cette coureuse des rues, reprit le mari ; ah ! c'est trop drôle ! Je te préviens que tu vas mourir de rire ! Sais-tu ce qu'elle me raconte ?

— Quand tu me l'auras dit, je le saurai.

— Qu'elle est la comtesse de Rahon, rien que ça ! Est-ce de l'aplomb, hein, qu'en penses-tu ? Va me chercher un manche à balai, que je prenne la mesure des épaules de cette coquine.

— Il est inutile de la frapper, répliqua la femme ; il suffit de la jeter dehors.

— Bah ! une correction bien méritée ne fait jamais de mal. Les intrigantes de cette espèce, ça s'introduit pour voler dans les hôtels des grands seigneurs. Elle a besoin d'une leçon. Donne le balai, mon épouse, donne le balai.

— Celle-ci n'a pas l'air d'une voleuse. Je croirais plutôt que c'est une folle.

— Tiens, au fait, c'est vrai ; tu dois avoir raison : la figure égarée, l'œil hagard ; oui, c'est une folle. Méfions-nous. Quand ça entre dans ses accès, c'est dangereux ; ça mord. Va prévenir chez le commissaire, qu'on l'empoigne au plus vite et qu'on la mène à la Salpêtrière. »

Muette, immobile, et sans donner signe de vie, Mme de Rahon avait écouté le hideux dialogue que nous venons de reproduire. Elle ne pouvait en croire ses oreilles. Il lui semblait qu'elle entendait parler dans un rêve.

Mais quand le nom de la *Salpêtrière* fut prononcé, elle crut voir s'ouvrir devant elle les portes du sombre édifice. Elle fut prise d'une immense épouvante, et, poussant un cri sourd, elle s'enfuit sans détourner la tête.

Épuisée, haletante, il lui fallut bien s'arrêter à cent pas de l'hôtel où, si lâchement, un valet, qui portait sa livrée, l'avait insultée.

Incapable de faire un pas de plus, elle s'assit sur une borne, elle cacha sa tête dans ses deux mains et elle pleura.

Étrange destinée que la sienne, étrange et terrible entre toutes.

Elle venait d'apprendre (et Dieu sait avec quelle joie surhumaine) que M. de Rahon vivait. Cette nouvelle semblait assurer son salut, puisqu'en retrouvant ce mari bien-aimé elle allait retrouver en lui un protecteur contre toutes les embûches, un défenseur contre tous les ennemis. Rejoindre le comte et tomber sur son cœur, c'était un rêve du paradis après les réalités de l'enfer. Rejoindre le comte ! Hélas ! cette espérance n'était-elle point pareille à ce mirage décevant qui montre au voyageur perdu dans le désert l'oasis fraîche et parfumée, où les fruits se suspendent aux branches des arbres toujours verts, où le ruisseau limpide coule sous les gazons épais.

En face du mirage imposteur, la faim paraît plus cruelle, la soif plus intolérable, l'agonie plus sinistre.

Annibal la croyait morte sans doute ; comment le détromper ? Traverser une partie de la France à pied dans un dénûment absolu ? Le tenter, même, aurait été folie ! Écrire ! Sans doute, mais avant que la lettre fût arrivée au château de Rahon, la comtesse se serait éteinte, tuée par les fatigues, par la misère, par le besoin.

Oui, par le besoin ! Elle avait faim, cette grande dame, et, comme elle ne possédait pas un sou, il lui fallait, si elle voulait manger, solliciter la pitié des passants et recevoir le pain de l'aumône.

Or, plutôt que de tendre la main, la comtesse de Rahon serait tombée cent fois expirante sans une plainte, sans un murmure, en se faisant un suaire de sa fierté suprême.

Tout ce que nous venons d'écrire, elle se le dit ; puis, sentant que sa tête s'égarait sous le fardeau de ses pensées, et craignant de redevenir folle, elle força ses membres roidis à se remettre en mouvement, et elle résolut d'entreprendre quelques démarches désespérées.

Parmi les grandes dames qui avaient été ses amies les plus intimes, il en était deux : la princesse de Soubise et la comtesse du Lude, qu'elle aimait plus que toutes les autres.

Elle se traîna, pour y frapper, jusqu'à la porte de leurs hôtels.

La princesse de Soubise était absente de Paris, et les gens de Mme du Lude chassèrent l'infortunée comtesse comme une mendiante et comme une aventurière.

Il ne lui restait plus que Dieu. Elle entra dans une église, elle se prosterna sur les dalles froides et elle s'efforça de prier ; mais elle l'essaya vainement : la faim déchirait ses entrailles ; un cercle de fer étreignait son front ; des bruissements sourds remplissaient ses oreilles et de sombres vapeurs, semées de paillettes de feu, passaient devant ses regards. Il lui fut impossible de retrouver, dans sa mémoire anéantie, ces tendres paroles de confiance et d'espoir qui, si souvent, s'étaient échappées de ses lèvres pour monter vers le ciel.

Une sorte de torpeur, qui n'excluait point la souffrance, s'empara d'elle peu à peu. Les heures s'écoulèrent sans qu'elle eut conscience de la marche du temps.

Elle tressaillit quand une main s'appuya sur son épaule et quand une voix lui dit :

« On ferme les portes ; il faut sortir. »

Elle obéit passivement et quitta l'église.

Il faisait nuit ; les réverbères s'allumaient de distance en distance.

« Où vais-je mourir ! » se demanda-t-elle.

XXX

L'ARRIVÉE.

Mme de Rahon marcha devant elle aussi longtemps qu'il lui fut possible de se soutenir. Elle allait lentement, s'appuyant aux murailles, mais ne s'arrêtant pas. Tout à coup l'épuisement et l'inanition la terrassèrent. Ses pieds chancelants heurtèrent une borne. Elle s'abattit et ne se releva plus.

La comtesse n'était pas morte, cependant, ni même évanouie. Elle gardait ses yeux ouverts, elle ne souffrait plus. Une sorte de catalepsie physique et morale la paralysait et la rendait incapable de se mouvoir aussi bien que de penser.

Elle était tombée près de la porte toujours ouverte d'une maison qui n'avait qu'un rez-de-chaussée et un premier étage, mais dont les fenêtres brillamment éclairées, laissaient échapper des murmures de voix tantôt joyeuses, tantôt irritées. et ces bruissements métalliques que produisent l'or et l'argent agités...

Des carrosses de louage, des chaises à porteurs, s'arrêtaient à de courts intervalles à quelques pas de la comtesse. Des hommes de tous les âges et de toutes les conditions descendaient de ces chaises et de ces carrosses et s'élançaient dans ce bruyant logis.

Quelques-uns des nouveaux-venus étaient accueillis par des acclamations si violentes, qu'elles faisaient trembler les vitres.

Cette maison, nos lecteurs l'ont deviné sans doute, n'était autre chose qu'un tripot.

C'est à la porte de ce tripot que le marquis de Saint-Maixent, trois années auparavant, avait assassiné le fils d'un traitant juif pour lui voler une grosse somme dont il était porteur.

De l'autre côté de la rue, au rez-de-chaussée de la maison qui faisait face à celle-là, se trouvait l'étal d'un rôtisseur. Au fond de la boutique flambait un grand feu dont les clartés vacillantes illuminaient la rue. Devant ce brasier, un chien barbet, pénétré de l'importance de sa mission, faisait tourner une broche gigantesque amplement garnie de dindons, d'oies et de poulets, qui, tout en se revêtant d'une couche dorée, répandaient des odeurs appétissantes.

Sous l'abri protecteur d'un auvent, toutes sortes de volailles cuites à point étalaient leurs flancs rebondis et leurs membres bien découpés et rangés avec symétrie sur des plats de faïence aux vives couleurs.

Non loin de ces comestibles de bonne mine se voyaient une pyramide de pains à croûte blonde, et un petit tonnelet posé sur un chantier portatif.

Le rôtisseur ne donnait point à manger et à boire dans sa boutique, mais on pouvait emporter de chez lui les premiers éléments d'un repas simple et substantiel.

Les yeux de la comtesse se fixaient malgré elle sur ces victuailles, et ses narines aspiraient vaguement ces parfums culinaires, mais, nous le répétons, c'est à peine si elle avait conscience de sa faim.

Dix heures sonnaient à l'horloge d'une chapelle voisine.

Mme de Rahon compta machinalement les dix coups, et un souvenir soudain traversa comme une lueur son esprit endolori.

Elle se rappela d'une façon distincte que la veille, à la même heure, sœur Ursule prenait son service dans le dortoir, et que sœur Éléonore commençait à ronfler...

Il lui sembla qu'elle était alors moins perdue, moins abandonnée, et elle se prit à regretter l'infirmerie de la Salpêtrière...

Tout à coup un personnage long et maigre, à figure d'oiseau de proie, vêtu comme un seigneur et portant l'épée au côté, descendit, en fredonnant un pont-neuf, l'escalier de la maison de jeu. Il avait la mine joyeuse et trébuchait à chaque pas comme un homme ivre. Il venait en effet de gagner une grosse somme en vidant force bouteille de Xérès et de Malaga... Les joies de la cupidité satisfaite et les vapeurs du vin d'Espagne lui faisaient conjointement tourner la tête.

Ce personnage n'était autre que notre ancienne connaissance, Lactance, l'honnête intendant.

Depuis son départ du château de Rahon, l'ex-avare, devenu prodigue, vivait joyeusement à Paris, menant grand train, tranchant du gentilhomme dans ses manières et dans ses ajustements, fréquentant les tripots, parfois heureux au jeu, et fort apprécié pour ses largesses par les courtisanes de bas étage qui remplaçaient dans son intimité les bohémiennes du Mont-Chauvet.

Il s'arrêta tout ébahi devant la malheureuse femme accroupie près de la porte, et dont le brasier du rôtisseur éclairait vivement le visage livide : il la contempla pendant deux ou trois secondes avec une sorte d'étonnement stupide en se disant tout bas :

« Cette personne, le diable m'emporte ! est tout le portrait de feu Mme la comtesse envers laquelle j'ai bien eu, de son vivant, quelques torts à me reprocher. Je veux réparer cela par un grand acte de charité. La comtesse est morte, Dieu ait son âme ; mais celle-ci lui ressemble fort et je vais lui faire l'aumône en mémoire de la défunte. »

Lactance, le vin aidant, se trouvait en veine de générosité *princière*.

Il prit dans sa poche, sans compter, et jeta, ma foi ! quatre pièces d'or sur les genoux de Mme de Rahon ; puis, se remettant à fredonner, il s'éloigna, très-content de lui-même.

La comtesse ne s'était même pas aperçue de la présence d'un homme en face d'elle. Le bruit de l'or tombant sur sa robe la tira de sa morne rêverie.

Elle rassembla dans ses mains les quatre pièces étincelantes et les regarda. L'idée qu'un inconnu venait de la traiter en mendiante lui fit horreur. Elle retrouva des forces pour se lever. Elle voulait poursuivre cet inconnu, le rejoindre, lui rendre son aumône, mais il avait déjà disparu, et la comtesse ne savait même pas dans quelle direction il s'était éloigné.

Elle resta debout, indécise, et murmura presque à son insu :

« Ai-je bien le droit d'écouter un orgueil coupable ? Dieu ne me défend-il pas de dédaigner le secours inattendu qu'il m'envoie ? »

En même temps, et comme pour lui répondre, les tortures de la faim, momentanément assoupies, recommencèrent à déchirer ses entrailles. Elle ne songea plus qu'à une chose : c'est qu'elle souffrait cruellement et qu'il dépendait d'elle d'apaiser sa souffrance.

Les parfums échappés de la boutique du rôtisseur lui faisaient subir une irrésistible fascination. Elle franchit le seuil de cette boutique, elle acheta un pain, la moitié d'une volaille, elle demanda et obtint un verre d'eau, et elle sortit en emportant des aliments qu'une fois dans la rue elle dévora avec une avidité presque sauvage.

Ce repas frugal ranima, non-seulement son corps, mais son âme, et lui permit d'envisager l'avenir sous des couleurs moins noires.

Grâce à la Providence incarnée sous la forme d'un bienfaiteur anonyme (anonyme au moins pour elle), la comtesse avait désormais les moyens de quitter Paris. Dès le point du jour, elle partirait à pied pour l'Auvergne, certaine, au moins, de ne pas mourir de fatigue et de besoin pendant une route si longue, faute de pouvoir payer chaque soir sa nourriture et son gîte.

Il fallait passer quelque part le reste de la nuit. Mme de Rahon n'aurait consenti, pour rien au monde, à demander l'hospitalité dans une hôtellerie. Elle craignait, bien à tort, que son signalement ne fût donné et que la police ne fouillât Paris pour la reprendre et pour la réintégrer à la Salpêtrière.

Sous l'empire de cette crainte absolument chimérique, car personne ne songeait à s'occuper de la prétendue Simone Raymond, la comtesse se glissa dans les caves d'une maison en construction. Des copeaux entassés lui servirent de lit, et sa lassitude était telle que, malgré ses poignantes inquiétudes, elle goûta jusqu'au matin un sommeil profond et réparateur.

A l'aube naissante, elle se sentit ranimée, revivifiée en quelque sorte. Elle quitta son asile et sortit de Paris par la route d'Orléans, en faisant un détour immense pour éviter de passer auprès de la Salpêtrière.

Il nous semble au moins inutile de suivre Mme de Rahon pas à pas dans un voyage plein de fatigues, sinon de dangers, mais dont les incidents, minutieusement racontés, risqueraient de lasser la patience de nos lecteurs.

Un mois, jour pour jour, après son départ de Paris, elle atteignait la lisière des immenses domaines du comte Annibal, et tombait à genoux pour remercier Dieu qui venait de lui permettre d'arriver saine et sauve à son but.

Le projet de la comtesse, longuement médité pendant la route, était de ne point se présenter au château à pied, avec ses misérables vêtements en lambeaux et dans l'équipage d'une mendiante.

Elle avait résolu de faire halte chez un de ses tenanciers dont elle connaissait de longue date le dévouement et la discrétion. Elle lui recommanderait un secret absolu et l'enverrait prévenir M. de Rahon qui viendrait la rejoindre et s'entendrait avec elle sur la manière dont sa rentrée au manoir devait avoir lieu.

Ce tenancier s'appelait Jean Robert.

La comtesse avait sauvé d'une maladie presque mortelle sa jeune femme qu'il adorait. Elle pouvait compter absolument sur sa reconnaissance.

La ferme de Jean Robert se trouvait à un quart de lieue environ de l'endroit où Mme de Rahon s'était arrêtée.

Elle en prit le chemin après avoir fait monter vers Dieu sa prière d'actions de grâces, et elle ne tarda guère à apercevoir le toit rustique qu'ombrageait un bouquet de grands châtaigniers.

Le cœur de la comtesse battait à se rompre au moment où elle pénétra dans l'enclos planté d'arbres fruitiers et entouré d'une haie d'épines.

Les chiens, à l'attache dans leurs niches, se mirent à aboyer avec fureur à l'aspect d'une étrangère vêtue de haillons.

Le fermier parut sur sa porte, et, sans même regarder le visage de la nouvelle venue, que son costume lui fit prendre pour une quémandeuse d'aumône, il lui dit :

« Attendez un peu, ma bonne femme, je vais vous couper un morceau de pain, et, si vous voulez avec le pain une pleine écuelle de lait tout chaud, la ménagère ne refusera pas de vous la donner.

— Jean Robert, murmura la comtesse, suis-je donc si changée que vous ne puissiez me reconnaître ? »

Le fermier tressaillit en entendant le son de la voix qui lui parlait ; ses yeux, tournés vers la comtesse, devinrent hagards ; une expression d'indicible terreur se peignit sur ses traits bouleversés ; il fit, d'une main tremblante, le signe de la croix en s'écriant :

« Que Dieu nous protège, les morts reviennent !

— Jean Robert, reprit Marie avec un triste sourire, regardez-moi mieux et soyez sans crainte, je suis vivante.

— Vous, madame la comtesse ! vous ! balbutia le paysan.

— Sans doute. Pourquoi cette terreur ?

— On a gravé votre nom sur la pierre qui couvre une tombe dans les caveaux de famille où reposent vos ancêtres.

— Eh bien ! le nom gravé sur la pierre est un mensonge ; — la tombe est vide. — Jean Robert, laissez-moi passer ; je veux entrer dans votre maison. Et appelez Francine, votre femme, j'ai hâte de la voir et de l'embrasser. »

Le paysan s'empressa d'obéir ; mais on voyait bien que sa pauvre tête était dans le plus complet désarroi.

La comtesse Marie de Rahon franchit le seuil de la métairie.

XXXI

A LA MÉTAIRIE DE JEAN ROBERT.

« Francine ! Francine ! cria Jean Robert d'une voix singulièrement agitée, viens vite et n'aie pas peur ; Mme la comtesse est chez nous ; elle te demande. »

Francine, belle et fraîche paysanne de vingt-six ou vingt-sept ans, sortit vivement d'une pièce contiguë à la salle basse.

En se trouvant face à face avec Mme de Rahon, elle devint pâle, elle recula comme avait reculé son mari, et comme lui, elle fit le signe de la croix.

« Je t'épouvante aussi, Francine, murmura la comtesse. Ah ! c'est un triste retour que le mien ! Viens m'embrasser, ma pauvre enfant, et tu sentiras bien, en me pressant contre ton cœur, que je ne suis point un fantôme. »

La jeune fermière eut un court instant d'hésitation ; mais Mme de Rahon lui tendait les bras : elle s'y précipita, et, se mettant à fondre en larmes, elle couvrit de baisers ses joues amaigries.

« Ah ! Mme la comtesse, ma chère maîtresse, balbutia-t-elle en même temps. C'est donc vous ! c'est donc bien vous, vivante ! Je n'y pouvais pas croire d'abord ! J'ai tant pleuré à votre enterrement !

— Mon enterrement ! répéta Marie ; tu assistais à mon enterrement !

— Hélas ! madame la comtesse, et non-seulement moi, mais tout le pays à plus de dix lieues à la ronde. Que de larmes, mon Dieu ! que de larmes ! Les prêtres qui chantaient les psaumes des morts étaient, à chaque verset, interrompus par les sanglots de l'assistance ; on aimait tant madame la comtesse !

— Il me semble que je rêve en t'écoutant, balbutia Mme de Rahon. Réponds-moi : beaucoup de gens, dis-tu, ont vu mes funérailles ; mais qui donc m'a vue mourir ?

— Je ne sais pas, madame la comtesse.

— Est-ce au château que je suis morte ?

— Oh ! non. C'est bien loin d'ici, en voyage. Nous n'avons vu que le cercueil ; mais dans ce cercueil, nous a-t-on dit, était le corps de madame la comtesse.

— Qui ramenait ce corps?
— M. le comte.
— Il croit donc à ma mort, lui aussi?
— Et comment n'y croirait-il pas, le cher seigneur? Jamais, non jamais, je n'ai vu un désespoir pareil au sien : il se tordait les mains, il se frappait la poitrine, il voulait étouffer ses cris de douleur et il ne pouvait pas. C'était un spectacle à briser le cœur. Nous en avons perdu le sommeil pendant bien des nuits, allez!

— Que s'est-il donc passé? se demanda Marie; quel mystère étrange? quelles ténèbres? Comme Annibal a dû souffrir! »

Puis tout haut :

« Francine, donne-moi des vêtements pour remplacer ceux-ci. Je voulais faire préparer M. le comte à me revoir. Je voulais qu'il vînt me chercher ici. Mais j'y renonce; il serait cruel de l'abandonner plus longtemps à son désespoir; il aura la force de supporter la joie comme il supportait la douleur. Hâte-toi, mon enfant, j'ai hâte de partir.

— Où voulez-vous aller, madame la comtesse? balbutia Francine.

— Où je veux aller? tu me le demandes!... au château de Rahon, près de mon mari bien-aimé. »

Francine et son mari échangèrent un regard où se lisait une immense inquiétude.

« Madame la comtesse, fit la jeune femme lentement et d'une voix altérée; ayez patience, reposez-vous ici : il ne faut pas y aller aujourd'hui.

— Pourquoi?
— Parce que c'est impossible.
— Impossible, dis-tu!
— Oui, madame la comtesse; demandez plutôt à Jean Robert.
— Madame la comtesse, croyez Francine, s'écria le paysan.
— Mais vous voulez donc me rendre folle! Quel obstacle pourrait m'empêcher de rejoindre le comte? N'avons-nous pas été séparés trop longtemps déjà? Parlez! mais parlez donc!... »

Francine et Jean Robert baissèrent la tête sans répondre.

« M. le comte est vivant, n'est-ce pas? reprit impétueusement Mme de Rahon.
— Il est vivant, répliqua Francine.
— Mais très-malade? peut-être à la mort? Dites-moi tout, j'aurai du courage!... est-il à l'agonie?...
— Nous ne savons rien de pareil.... nous pensons que la santé de M. le comte est bonne.
— C'est la vérité, cela?
— Sur notre part de paradis, nous le jurons.
— Eh bien! alors, pourquoi n'obéissez-vous pas?

Où sont ces vêtements que j'ai demandés? Quel motif avez-vous de me retenir?... Parlez! expliquez-vous!...

— Nos motifs.... balbutia Francine, c'est que madame la comtesse ne sait pas tout....
— Apprenez-moi ce que j'ignore.
— Hélas! c'est bien terrible à dire...
— Faut-il vous supplier à mains jointes?
— Oh! non ... non.... je ne vais rien cacher à madame la comtesse, M. le comte se croyait veuf, et par conséquent libre....
— Il a une maîtresse, peut-être? s'écria Marie. Eh bien! je lui pardonne.... j'étais morte pour lui.... Mais cette femme, il ne l'aime pas, il ne peut pas l'aimer.... En me revoyant, il la chassera.
— Ce n'est pas une maîtresse, murmura Francine d'une voix faible comme un souffle.
— Mais qu'est-ce donc, alors? Ah! vous me faites peur, à la fin....
— M. le comte est marié. »

Mme de Rahon chancela sous le choc.

Elle serait tombée si Jean Robert et Francine ne s'étaient précipités pour la recevoir dans leurs bras.

Pendant quelques secondes il lui sembla que son cœur avait cessé de battre et que la vie se retirait d'elle; mais elle triompha de cette défaillance et se redressa avec un semblant d'énergie.

« Remarié! répéta-t-elle à deux ou trois reprises; il est remarié!

— Madame la comtesse, ma bonne maîtresse, murmura la paysanne, ne vous faites ni mal, ni chagrin, je vous le demande au nom du bon Dieu.

— Eh! mon enfant, répliqua Marie d'un ton résolu que démentait le tremblement de tout son corps, je suis calme, tu le vois bien, je suis forte. Cette nouvelle imprévue m'a saisie, j'en conviens, mais me voici tout à fait remise. Pourquoi mon étonnement, d'ailleurs? Un homme veuf et jeune encore se remarie.... quoi de plus simple? C'est le contraire qui devrait surprendre. Et, dis-moi, Francine, qui monsieur le comte a-t-il épousé?

— Mme la marquise de Chavigny. »

La comtesse eut un accès de rire nerveux, pareil au rire de la folie, et plus douloureux à entendre que des plaintes ou des gémissements.

« Ma cousine Olympe! dit-elle ensuite avec une profonde amertume. Elle s'est bien hâtée de prendre ma place! Eh bien, tant pis pour elle! il lui faudra me la rendre! Le mariage est nul, puisque me voici, et je vais réclamer mes droits! Que me disais-tu, Francine, de ne point aller au château? J'y vais plus que jamais, au contraire, et j'y vais à l'instant. Je veux les voir pâlir tous les deux devant moi, ceux qui m'ont si vite oubliée! Allons, des vêtements ! je m'habille et je pars. »

Une horrible pensée venait de mordre au cœur la comtesse. Pour la première fois de sa vie elle doutait d'Annibal. Elle se demandait si, follement épris de la belle Olympe, et voulant contracter un second mariage, il n'était point complice de ceux qui l'avaient fait passer pour morte ?

Francine ne fit pas un mouvement.

« Qu'attends-tu donc pour m'obéir ? demanda Mme de Rahon d'un ton impérieux, vas-tu me trahir et me renier comme les autres ?

— Hélas ! ma bonne maîtresse, balbutia la jeune femme, Jean Robert et moi nous donnerions sans hésiter notre sang pour vous, mais par malheur nous ne sommes rien, nous ne pouvons rien.... Croyez-moi quand je vous supplie de rester ici. Vous ne parviendrez point jusqu'à M. le comte.

— Et qui m'en empêchera ?

— La nouvelle comtesse ! Depuis ce mariage maudit notre cher seigneur est comme un homme qui n'a plus de volonté. Votre cousine dirige tout, gouverne tout. C'est elle seule qui commande, c'est à elle seule qu'on obéit. Personne ne voit plus M. le comte. Beaucoup de gens prétendent qu'il est devenu faible d'esprit, et que Mme Olympe le menace et l'enferme comme un enfant.

— Ma seule présence lui rendra l'énergie qui lui manque, s'écria Mme de Rahon.

— Peut-être, si vous pouviez le voir.... mais, pour sûr, vous ne le verrez pas ; sa nouvelle femme saura bien se placer entre vous et lui.

— Il lui faudrait, pour cela, employer la force !

— Tous les moyens lui seront bons.

— Les valets prendront mon parti.

— Ne l'espérez point.

— Ils n'oseront résister à leur maîtresse légitime.

— Ils croient que c'est Mme Olympe.

— En me voyant ils ne le croiront plus ; ils me reconnaîtront.

— Pas un ne vous connaît.

— Que dis-tu ?

— La vérité. Dès le lendemain de son mariage Mme Olympe a chassé les anciens serviteurs, dont le seul crime est de vous avoir aimée. Le château n'est peuplé que de valets nouveaux, venus on ne sait d'où. »

La comtesse, découragée, se laissa tomber sur une chaise en murmurant :

« Que faire ? quel parti prendre ?

— Vous armer d'une grande patience et d'un grand courage, ma bonne maîtresse, dit humblement Francine ; vous avez souffert, on le voit bien. Restez ici, près de nous, dans cette maison qui vous appartient. Reposez-vous, reprenez des forces. Nous chercherons pendant ce temps-là, et nous finirons par trouver un moyen de parler à M. le comte sans que Mme Olympe en puisse rien savoir. »

Il n'y avait rien à répondre à des paroles si sages.

Mme de Rahon se soumit, comprenant qu'en effet, pour entamer une lutte contre la belle Olympe, elle aurait besoin de toute la vigueur de son intelligence raffermie. Or, pour rendre sa trempe à l'esprit, il fallait reposer le corps.

« Jean Robert et Francine, mes seuls amis, dit-elle, je suis votre hôte. Je vous donne trois jours ; mais si dans trois jours, par adresse ou par conviction, vous ne m'avez point mis, ici-même, en présence du comte, mon mari, j'irai le retrouver au château, et si des obstacles se dressent entre lui et moi, si faible que je sois, j'aurai la force de les briser !...

— Eh bien ! oui, madame la comtesse, dans trois jours, murmura la jeune femme.

— En trois jours il passe de l'eau sous les ponts, et beaucoup, ah ! dam ! oui ! » ajouta Jean Robert.

La comtesse, épuisée par un long voyage d'un mois, prit quelque nourriture, se laissa mettre au lit par Francine, et, dans un sommeil semblable à la mort, oublia toutes ses douleurs.

XXXII

AU CHATEAU.

Les trois jours s'écoulèrent sans amener de résultat. Jean Robert était allé au château ; il avait insisté pour parler à M. le comte, au sujet de ses fermages, et Mme Olympe lui avait fait répondre de s'adresser au nouveau régisseur choisi par elle, attendu que M. le comte, un peu souffrant, ne pouvait recevoir personne, et ne voulait pas s'occuper d'affaires.

Ceci d'ailleurs était une consigne générale qu'il semblait impossible d'éluder.

Est-ce à dire que la belle Olympe tint son mari en chartre privée, en lui donnant son appartement, ou tout au moins son château pour prison ?

Nous ne pouvons répondre à cette demande qu'en expliquant de notre mieux la situation des nouveaux époux, afin de la rendre intelligible.

Il s'arrêta tout ébahi devant la malheureuse femme accroupie près de la porte. (Page 237).

Nos lecteurs savent dans quelles condition avaient eu lieu les secondes noces du comte Annibal. — En laissant prendre son nom à la marquise de Chavigny, M. de Rahon n'obéissait point à l'une de ces passions qui parfois s'emparent des vieillards. Il s'assurait d'une compagne dont la profonde affection lui semblait touchante. Il donnait la place de sa première femme à la plus proche parente, à la plus chère amie de celle qu'il pleurait, bien convaincu que le cher souvenir de la morte viendrait toujours s'asseoir au foyer de famille, entre Olympe et lui….

Le mariage célébré, la nouvelle comtesse s'arrangea de manière à ne lui faire perdre aucune de ces illusions, et, pour obtenir ce résultat, elle agit avec l'habileté la plus consommée,

M. de Rahon, continuant à porter le deuil dans son cœur aussi bien que sur ses vêtements, dési-

...ait la solitude. Elle fit la solitude autour de lui.

Il voulait n'entendre parler d'aucun souci, d'aucun tracas d'affaires, et demeurer étranger désormais à la gestion de ses biens immenses. Olympe eut soin qu'aucun détail d'administration n'arrivât jusqu'à lui.

Comprenant à merveille que le comte, vieilli de vingt ans en quelques mois, abrégerait d'autant plus son existence, qu'il s'absorberait davantage dans ses douloureux souvenirs et dans ses incessants regrets, elle l'entoura de tous les objets qui pouvaient aviver la blessure de son cœur et rendre la cicatrisation impossible.

Le noble esprit de M. de Rahon, absorbé par une pensée unique, devait forcément s'affaiblir comme toute intelligence qui s'enferme dans un cercle rétréci, et cesse de faire usage de ses facultés. Olympe l'empêcha de franchir jamais les étroites limites de ce cercle....

Elle établit ainsi les bases d'une domination d'autant plus solide, d'autant plus absolue, que le comte ne la soupçonnait point, et que la jeune femme savait donner à sa tyrannie les formes d'une tendresse vigilante.

Elle lui persuada que sa santé, fort compromise par le coup terrible qu'il avait reçu, ne pourrait se rétablir que grâce aux plus grands ménagements et à des soins continuels, et, ces soins, elle les lui prodigua avec toute l'apparence d'une affection sans limites et d'un infatigable dévouement.

Elle ne le quittait pas ; il ne sortait jamais sans elle ; il n'agissait que d'après ses conseils ou ses inspirations, et l'idée d'avoir une volonté qui lui fut personnelle ne se présentait même point à son esprit.

Les choses allant ainsi, on comprend sans peine que rien au monde n'était plus difficile, pour ne pas dire plus impossible, que d'arriver jusqu'au comte sans l'assentiment préalable de la belle Olympe.

Jean Robert et sa femme n'avaient pas exagéré.

Le soir du troisième jour, la comtesse dit à Francine :

« J'irai demain. »

La métayère vit bien que cette décision était sans appel, et elle prépara pour la morte vivante son costume des grandes fêtes carillonnées, un costume tout neuf aux vives couleurs.

Mme de Rahon, en l'examinant, secoua la tête avec un sourire doux et triste.

« Non, mon enfant, murmura-t-elle, pas celui-là.

— Mais, madame la comtesse, c'est mon plus beau, répliqua Francine.

— Eh ! ma chère fille, je le vois bien ; et justement je te demande tes habits les plus simples. Pourvu qu'ils soient propres, c'est tout ce qu'il faut : une jupe noire, une mante noire, voilà ce que je veux, et si tu peux y joindre un voile noir, je n'aurai plus rien à désirer.

— Comme ça se trouve ! s'écria Francine étourdiment, nous avons reçu des vêtements de grand deuil de la part de M. le comte en notre qualité de tenanciers du château, à l'époque de l'enterrement.

— Le mien, n'est-ce pas ? demanda Marie avec un nouveau sourire encore plus triste que le premier.

— Oui, madame la comtesse.

— Eh bien ! mon enfant, donne-moi ceux-là. Ainsi que tu le disais, voilà qui se trouve à merveille. Je vais porter mon deuil. »

Mme de Rahon s'habilla rapidement. Elle jeta sur sa tête le long voile noir qui cacha presque entièrement son visage, et, suivie de Francine qui voulait l'accompagner le plus loin possible, elle quitta la métairie.

Après une demi-heure de marche, les deux femmes atteignirent la muraille de clôture du parc. Elles la suivirent jusqu'à la grille d'honneur.

« C'est là que tu vas m'attendre, dit la comtesse à Francine.

— Ah ! ma bonne maîtresse, que Dieu soit avec vous !

— Dieu n'abandonne jamais ceux qui ont pour eux la justice et la vérité, mon enfant ! J'ai confiance. »

Et Mme de Rahon, franchissant la grille, se dirigea vers le château.

Quelles émotions l'agitaient ? Chacun peut le comprendre en interrogeant son propre cœur. Notre plume est impuissante à le décrire.

La comtesse, au lieu de prendre la direction des communs, alla droit au perron qui conduisait au grand vestibule.

Un valet de pied, vêtu de noir, sortit de ce vestibule au moment où elle allait franchir les premières marches et lui dit :

« Que demandez-vous ?

— Je veux parler à M. le comte, répondit Marie.

— M. le comte ne reçoit personne.

— Il faut cependant qu'il me reçoive.

— Est-ce pour affaire ? En ce cas, voyez l'intendant.

— Ce n'est pas pour affaires.

— Si c'est un secours que vous sollicitez, et si vous êtes étrangère au pays, adressez-vous par écrit à Mme la comtesse.

— Je ne sollicite aucun secours et je veux voir M. le comte.
— Je vous ai déjà dit que c'était impossible.
— Et je vous ai déjà répondu que ce serait possible pour moi.
— Ah çà ! mais, qui êtes-vous ?
— Une femme qui vous fera chasser dans une heure si vous ne portez à l'instant ceci à votre maître. »

En même temps, la comtesse tira de son sein une lettre écrite par elle, avant son départ de la ferme, en prévision des difficultés à vaincre pour arriver à M. de Rahon.

Le valet regarda son interlocutrice avec étonnement.

La comtesse avait revêtu les vêtements d'une paysanne, mais elle conservait, malgré ce costume, la tournure et la démarche d'une grande dame. Elle avait, en outre, l'accent net et ferme d'une femme habituée au commandement ; un subalterne accoutumé à l'obéissance ne pouvait s'y tromper.

Machinalement, le valet prit la lettre.

« Cette lettre est pour M. le comte, poursuivit Marie ; lui seul doit la lire. Faites donc en sorte de ne la remettre qu'à lui, et croyez que la récompense ne vous manquera pas.

— C'est bien, madame, veuillez entrer dans le vestibule et attendre ; je monte. »

Le valet disparut avec la lettre.

« Quelle peut être cette femme ? se demanda-t-il chemin faisant. Elle a sur le corps des habits de villageoise ; pas un sou dans sa poche peut-être bien ; elle est venue à pied, ses souliers sont crottés (de gros souliers, mais un petit pied), et elle commande comme si elle n'avait fait autre chose toute sa vie. C'est bien drôle. Elle n'est pas vilaine cette femme-là, ni vieille non plus, quoique un peu maigre. J'ai bien vu ça malgré son voile. Elle a peur que Mme la comtesse n'arrête sa lettre au passage ; ça doit être une ancienne maîtresse de M. le comte. C'est aussi limpide que l'eau de roche. Ah ! diable, mais alors, je vais jouer gros jeu, moi, en remettant la lettre. C'est madame qui gouverne au château et monsieur laisse faire. Madame ne sera pas contente et me flanquera très-bien à la porte. Ah ! mais non, ah ! mais non. Point d'imprudence. Ce serait par trop bête aussi de risquer ma position et mes gages pour les beaux yeux d'une inconnue. Mme la comtesse saura tout. »

Le prudent valet continua son chemin jusqu'à l'antichambre de la belle Olympe.

Là, se trouvait une soubrette jolie et d'allure dégagée, qui passait son temps à s'envoyer à elle-même des baisers dans une glace.

« Justine, mes amours, lui dit le valet en la lutinant, Mme la comtesse est-elle en son appartement ?

— Bas les pattes, monsieur Frontin, répliqua la soubrette. Madame est chez M. le comte.

— Eh bien ! veuillez lui glisser dans l'oreille, en douceur, que j'ai grand besoin de lui parler, et faites en sorte que M. le comte n'entende pas.

— Ah ! bah ! il y a un mystère ?

— Peut-être bien.

— Vous me conterez ça ?

— Vous savez, oh ! mon idole, que je n'ai rien à vous refuser.

— J'y cours. »

Quelques secondes plus tard, la belle Olympe sortait de l'appartement du comte de Rahon, congédiait Justine d'un geste, et disait à Frontin :

« Vous avez donc à m'apprendre quelque chose de bien important, que vous me faites déranger ainsi ? »

Le valet prit sa physionomie la plus platement obséquieuse.

« J'ignore si c'est important, répliqua-t-il ; mais, dans le doute, j'ai pensé qu'il était de mon devoir de prévenir madame la comtesse sans le moindre retard. Si je suis coupable, c'est par excès de zèle.

— Je jugerai. De quoi s'agit-il ?

— Il y a en bas, dans le vestibule, une femme pauvrement mise, mais qui paraît jeune et belle encore et qui parle comme une duchesse.

— Est-ce que cette femme me demande ?

— Au contraire, madame la comtesse, c'est M. le comte qu'elle veut voir.

— Vous avez répondu que c'était impossible ?

— Et plutôt deux fois qu'une. Alors, elle a tiré une lettre en me commandant de ne la donner qu'à M. le comte, quand M. le comte serait seul. Ça m'a paru suspect ; je n'ai rien dit et je suis monté.

— Vous avez la lettre ?

— Oui, madame la comtesse.

— Eh bien ! donnez-la.

— La voici. »

XXXIII

L'ENTREVUE

La belle Olympe prit le pli cacheté que lui tendait Frontin.

L'écriture de l'adresse semblait tracée par une main qui ne voulait pas être reconnue.

La nouvelle comtesse déchira l'enveloppe, déploya le papier qu'elle contenait, et tressaillit violemment en voyant un anneau de mariage s'en échapper et tomber sur le tapis.

Frontin se précipita pour le ramasser.

Pendant ce temps Olympe lisait, avec une profonde épouvante, ces deux lignes :

« Monsieur le comte de Rahon veut-il recevoir une femme qui peut lui faire la plus étrange révélation ? Il s'agit de la comtesse Marie de Rahon. »

Après avoir lu, l'ex-marquise de Chavigny, examina l'anneau et le reconnut du premier coup d'œil : il s'ouvrait, et dans l'intérieur étaient gravés les deux noms d'*Annibal* et de *Marie*. C'était l'anneau nuptial oublié par Saint-Maixent au doigt de sa victime, et échappé par miracle, à la Salpêtrière, aux yeux avides du gardien Maclou.

« Si cette lettre avait été remise au comte, se dit la belle Olympe, l'édifice si laborieusement construit s'écroulait, un abîme s'ouvrait sous mes pas ! Ce valet m'a sauvée ! »

Elle réfléchit rapidement et continua :

« Une seule créature est capable de vendre à M. de Rahon le secret qui me perd : cette créature est Simone Raymond, deux fois notre complice. Eh bien ! quel que soit le prix qu'elle y mette, j'achèterai son silence, et, si elle refuse de se taire, malheur à elle... »

Elle reprit tout haut :

« Frontin, je suis contente de vous. Vous êtes un serviteur intelligent et dévoué ; je ne l'oublierai pas.

— Madame la comtesse me comble, murmura le valet gonflé de joie et de cupidité, car la satisfaction de la belle Olympe devait à coup sûr se manifester par une notable augmentation de gages.

— Écoutez-moi bien, poursuivit la jeune femme, et faites littéralement ce que je vais vous dire. Vous allez rejoindre la personne par qui cette lettre vous a été remise. Vous l'engagerez à vous suivre sans lui donner la moindre explication, sans répondre à ses questions si elle vous en adresse ; vous la conduirez à mon appartement, où je vais l'attendre. Vous lui ouvrirez la porte de mon salon, et vous vous retirerez ensuite.

— Oui, madame la comtesse.

— Hâtez-vous. »

Frontin s'élança dans la galerie, et, de là, dans l'escalier.

La comtesse, pensive et le cœur serré par une indicible angoisse, attendait, assise sur une des banquettes du vestibule, en contemplant avec des yeux humides, les objets familiers qui l'entouraient.

Le valet reparut.

Elle l'interrogea du regard plutôt que de la voix.

« Venez, madame, lui dit-il d'un air mystérieux ; on vous attend.

— Monsieur le comte est seul ?... balbutia Marie.

— Venez vite, » répéta Frontin, se conformant à la recommandation faite par Olympe.

Mme de Rahon le suivit sans le questionner davantage, gravit derrière lui les marches de l'escalier, et traversa l'antichambre de son ancien appartement.

Elle était si troublée, qu'elle la reconnut à peine.

Le valet ouvrit une porte, prononça le mot : « Entrez ! » et, ainsi qu'il en avait reçu l'ordre, se retira discrètement.

La comtesse franchit le seuil d'un salon où rien n'était changé depuis le jour de son brusque départ, et, au lieu de se trouver en face de son mari, elle vit la belle Olympe debout, immobile et les yeux fixés sur elle.

D'un mouvement rapide, Marie écarta le voile qui cachait en partie ses traits et fit deux pas en avant.

Olympe frissonna de la tête aux pieds ; une teinte livide envahit son visage ; ses lèvres se mirent à trembler comme près de pousser un cri de stupeur et d'épouvante.

« Je suis bien changée, ma cousine, fit Marie d'une voix lente, et cependant vous me reconnaissez. »

Olympe garda le silence ; ses jambes fléchissaient ; elle fut obligée de se soutenir au dossier sculpté d'un fauteuil.

« Pourquoi vous taisez-vous, ma cousine ? poursuivit la comtesse avec amertume. Dites-moi donc que vous, du moins, vous me croyiez morte ; dites-moi donc que vous n'étiez pas complice des infâmes qui m'ont fait une destinée pire que la mort ; dites-moi que c'est la joie de me revoir qui vous rend si pâle et si tremblante, et venez vous jeter dans mes bras que je vous offre comme autrefois.

— Je ne puis me sauver qu'à force d'audace, pensa la belle Olympe, j'en aurai. »

Avec une force de volonté surhumaine, elle reconquit son sang-froid tout entier et elle demanda :

« Que voulez-vous ?

— Je veux ma place, répondit la comtesse, je veux mon mari, je veux mon nom, je veux mon rang, je veux tout ce qu'on m'a volé.

— Vous qui parlez ainsi, qui êtes-vous ? »

Sous le poids de cette question inouïe, Marie

chancela comme sous un coup de masse. Elle se remit cependant et elle répliqua :

« Qui je suis, ma cousine ? Ah ! vous le savez bien ! Je suis la châtelaine du logis que vous habitez : je suis l'épouse légitime du comte Annibal de Rahon, dont vous êtes aujourd'hui la maîtresse. »

La belle Olympe haussa les épaules.

« Allons ! murmura-t-elle comme se parlant à elle-même, mais assez haut pour être entendue, cette femme est folle !

— Folle ! répéta Marie ; vous avez voulu que je le sois, vous avez espéré que je l'étais ! Dieu ne l'a pas permis ; les poisons qui laissent vivre le corps en tuant l'intelligence ont mal fait leur devoir ! La Salpêtrière a lâché sa proie !

Olympe répondit d'un ton ferme :

« Je vous écoute, mais sans vous comprendre. Vous avez été folle, vous en faites l'aveu, et vous prétendez ne plus l'être. Que m'importe cela ? Pourquoi dites-vous ces choses à moi et non à d'autres ? Pourquoi venez-vous m'insulter dans ma maison ? A qui croyez-vous donc parler ? Je ne vous connais pas. »

La comtesse eut un accès de ce rire strident et nerveux qui, trois jours auparavant, avait si fort épouvanté Francine.

« Vous ne me connaissez pas ! cria-t-elle ensuite. Eh bien ! soit ! Allons ensemble trouver le comte et répétez cela devant lui. Vous n'osez pas, vous restez immobile ; vous savez bien que pour faire tomber votre masque, il suffira d'un mot, d'un regard. Avant d'entrer ici, je pouvais vous croire innocente, et Dieu m'est témoin que j'espérais ne point vous trouver infâme ! Mais, maintenant que je vous ai vue, la terreur au fond de l'âme, l'audace au front, le mensonge sur les lèvres, le doute est impossible. J'ai tout compris, j'ai tout deviné, je dirai tout ! Marquise de Chavigny, vous n'avez pas profité d'un crime commis à votre insu : vous avez commandé ce crime et vous l'avez payé. Annibal, trop longtemps abusé par vous, va vous connaître enfin. Entre nous deux, il choisira. Allons, venez, ma cousine Olympe, venez ; mais venez donc ! »

La complice du marquis de Saint-Maixent semblait changée en statue de marbre.

« Ah ! vous avez peur, reprit Marie avec impétuosité ; ah ! vous refusez de me suivre ! Eh bien ! j'irai sans vous. »

Elle fit un mouvement vers la porte.

« Je vous le défends ! répliqua la belle Olympe en se jetant entre elle et cette porte.

— Je vous dis que je veux voir Annibal !

— Je vous dis que vous ne le verrez pas.

— Qui m'en empêchera ?
— Moi.
— Et comment ?
— Par tous les moyens.
— Essayez. »

Et la comtesse, qui pendant une seconde s'était arrêtée, reprit sa marche, prête à renverser sa rivale et à la fouler aux pieds, si sa rivale ne lui laissait point le passage libre.

Une détermination si énergique, si terrible, flamboyait dans les yeux noirs de Marie, qu'Olympe recula, comprenant que ce corps frêle et amaigri renfermait en ce moment une force surhumaine capable de la terrasser du premier choc, et que la femme légitime, la ressuscitée, la morte vivante, marcherait sans pitié sur son corps.

Mais tandis que la comtesse, hautaine et dédaigneuse, sortait lentement du salon, Mme de Chavigny saisit une sonnette d'argent qui se trouvait sur un meuble, à portée de sa main, et l'agita, tout en criant de toutes les forces de sa terreur et de sa colère :

« Au secours ! au secours !

— Misérable, murmura Mme de Rahon en se tournant vers elle ; ah ! misérable ! »

Elle n'eut pas le temps d'en dire davantage.

Déjà de toutes parts accouraient des valets empressés, à la tête desquels, comme bien on pense, se trouvait Frontin. En moins d'une seconde, la comtesse eut autour d'elle un cercle menaçant qui ne demandait qu'à prouver son zèle.

L'injure et la menace étaient sur toutes les bouches ; quelques mains se levèrent, prêtes à frapper.

Le belle Olympe eut la pudeur de ne pas laisser retomber ces mains.

Certes, sans hésiter, elle eût poignardé la comtesse ; mais son orgueil aristocratique lui défendait de voir une femme de son rang maltraitée sous ses yeux par des laquais.

« Ne la touchez pas, mais chassez-la ! commanda-t-elle ; c'est une malheureuse plus digne de compassion que de courroux : c'est une folle ! Je lui pardonne ses injures et ne veux point qu'elle en soit punie. Mettez-la hors du château sans lui faire de mal ; mais souvenez-vous que celui qui l'y laisserait rentrer cesserait à l'instant de faire partie de ma maison. »

Mme de Rahon ne tenta point une résistance qu'elle sentait inutile.

« Marquise de Chavigny, dit-elle en se retournant vers Olympe, que Dieu vous prenne en pitié. Vous venez d'anéantir votre unique chance de salut. Je voulais éloigner de vous le scandale et l'éclat, et vous les provoquez. Je laissais une porte ouverte à l'indulgence et vous la refermez. L'heure de la justice est venue. Quand nous nous verrons les rôles seront changés.

— Allons, crièrent les valets, marchez ! nous n'avons pas le temps d'attendre ! »

Et ils entraînèrent la comtesse.

Sur un signe de la belle Olympe, Frontin resta en arrière.

« Madame a des ordres à me donner ? demanda-t-il.

— Oui. Quittez votre livrée et suivez cette femme à distance, sans qu'elle s'en doute. Je veux savoir lequel des tenanciers de mes domaines a commis l'imprudence de lui donner asile. Prouvez une seconde fois votre intelligence et votre zèle, vous aurez droit à une double récompense. »

XXXIV

LA LETTRE DE CACHET.

Deux heures plus tard, Frontin, à qui de riants mirages montraient dans un prochain avenir la situation enviable et les gages arrondis de valet de confiance, rendait compte à la belle Olympe du résultat de sa mission, et lui apprenait que *la folle* (c'est ainsi que naturellement il désignait la comtesse) demeurait depuis quatre jours à la métairie des Châtaigniers, chez le tenancier Jean Robert.

Mme de Chavigny prit note de ce nom, puis elle donna l'ordre de tenir son carrosse tout attelé, un peu avant la tombée de la nuit.

Elle rejoignit ensuite le comte Annibal

« Mon ami, lui dit-elle avec ce ton de déférence et de soumission qu'elle savait si bien prendre, et qui cachait son indépendance absolue, si vous voulez bien me le permettre, je disposerai de vous pour quarante-huit heures.

— Que comptez-vous faire de moi, chère Olympe ? demanda le comte.

— Vous emmener à Clermont.

— Notre présence dans cette ville est-elle nécessaire ?

— Elle est indispensable ; car il s'agit d'affaires importantes que je puis vous expliquer à l'instant dans le plus grand détail, si vous le désirez. »

Le comte fit un geste d'effroi.

« Non, non, dit-il vivement, ne m'expliquez rien ; vous savez que j'ai horreur des affaires. »

Olympe le savait à merveille et c'est là-dessus qu'elle avait compté.

« Comme vous voudrez, mon ami, reprit-elle ; puis je compter sur vous ?

— Assurément ; je n'ai d'autre volonté que la vôtre. Quand partirons-nous ?

— Aujourd'hui même, à sept heures du soir ; cela vous convient-il ?

— Comme tout ce que vous faites.

— Merci. »

Oui, tout convenait au comte de Rahon, car tout lui était indifférent. Dans son état progressif et continu d'affaiblissement physique et moral, il ne redoutait qu'une chose au monde : la discussion ; — l'idée d'une lutte d'intérieur l'épouvantait ; il était prêt, pour l'éviter, à tout accepter, à tout subir.

A l'heure dite, Annibal et la belle Olympe montaient en carrosse et prenaient la route de Clermont.

Le comte possédait dans cette dernière ville un hôtel qu'il n'habitait jamais et qu'il visitait rarement, mais que deux ou trois vieux serviteurs tenaient dans un ordre parfait, comme s'ils avaient attendu d'instant en instant l'arrivée du maître.

A peine descendue de voiture, l'ex-marquise de Chavigny appela Frontin qui l'avait accompagnée en qualité de valet de pied, et lui enjoignit d'aller s'informer du moment où le gouverneur de la province, le comte d'Octeville, pourrait la recevoir.

Frontin reparut, apportant un billet parfumé, écrit d'un style à faire pâmer d'aise l'illustre Scudéry.

Le comte y déclarait, en précieux langage, qu'il n'aurait garde de choisir une heure dont les autres seraient jalouses, et que tout le jour il se tiendrait aux ordres de la reine de beauté.

Olympe sourit en lisant ces lignes.

« Je crois, dit-elle, que ma victoire sera peu glorieuse, étant peu discutée. Ce cher comte ne demande qu'à porter mes fers, et peut-être, un peu plus tard, les portera-t-il en effet. Le jour où j'aurai sérieusement besoin qu'il m'appartienne, il sera mon esclave. »

Le sachant dans de telles dispositions, l'ex-marquise de Chavigny était trop vraiment femme, par conséquent trop coquette, pour ne pas se donner la joie de le laisser attendre quelque peu.

Ce fut donc seulement vers les deux heures de l'après-midi qu'elle fit mettre des chevaux frais à son carrosse, et prit le chemin de l'hôtel du gouvernement.

Le comte Jean d'Octeville, gouverneur pour le roi de la province d'Auvergne, était un grand seigneur d'origine normande, devenu possesseur de biens importants dans le Vélay par son mariage avec une alliée de la maison de Rahon.

Resté veuf à vingt-huit ans d'une femme fort peu regrettée, le comte, fanatiquement épris des splendeurs de la cour et surtout des galanteries parisiennes, se considérait comme en exil dans son gouvernement.

Néanmoins, il le conservait à cause de l'éclat que de si hautes fonctions faisaient rejaillir sur lui ; mais il ne négligeait aucune occasion de témoigner ses aspirations vers une sphère où il lui redeviendrait possible de briller selon ses mérites.

Ceci n'était rien moins que gracieux pour la noblesse d'Auvergne. Elle trouvait cependant la chose toute simple et ne songeait point à s'en formaliser.

Au moment où nous allons le mettre en scène, le comte Jean d'Octeville avait quarante ans et pouvait, par tout pays, passer pour un charmant cavalier.

L'extrême élégance de sa tenue habituelle, l'éblouissante richesse de ses costumes d'apparat, ne contribuaient pas médiocrement à sa brillante réputation, et faisaient de lui, pour les populations auvergnates, un être tout à fait supérieur au commun des mortels, et d'une essence absolument différente.

Il se recommandait, en outre, par le luxe de ses équipages, les mérites de son cuisinier, et le grand pied sur lequel il avait mis sa maison.

Beaucoup de mères, et des plus haut placées, songeaient à lui pour leurs filles. A toutes les ouvertures relatives au mariage, il répondait invariablement :

« Assez et trop longtemps j'ai porté les fers de l'hyménée. J'appartiens désormais sans partage au volage et frivole amour, Cupidon, fils de Vénus. Comme le papillon qui voltige de fleur en fleur, je veux courir de belle en belle. »

Disons en passant que ces *chaînes de l'hyménée*, si lourdes selon lui, le comte ne les avait portées que deux ans.

Quand le carrosse de la belle Olympe entra dans la cour de son hôtel, il descendit l'escalier d'honneur avec la vivacité d'un jouvenceau de vingt ans, il traversa précipitamment le vestibule, et il arriva sur la plus haute marche du perron, juste à temps pour offrir sa main à la visiteuse et la conduire au premier étage.

« Comtesse, lui dit-il avec feu, chemin faisant, ce jour sera marqué d'une pierre blanche parmi les plus beaux de ma vie !

— En vérité, cher comte ! répliqua la jeune femme en minaudant. Et peut-on vous demander ce qui lui vaudra cet honneur ?

— L'immense faveur que vous m'accordez en me venant visiter aujourd'hui pour la première fois.

— Ceci, cher comte, est d'une exquise galanterie ; mais j'ai quelque peine à croire que vous daigniez attacher à ma visite une telle importance.

— Eh quoi ! comtesse, vous doutez....

— Un peu, je l'avoue.

— Mais regardez-moi donc ! je dois être pâle et défait : mon cœur palpite ; j'ai la fièvre ; mon bonheur me semble tenir du prodige : il m'exalte, il me transporte, car de toutes les bonnes fortunes qui me sont échues, celle-ci, je le proclame, est la plus précieuse, la plus inestimable.

— Savez-vous bien, cher comte, qu'avec un peu de vanité je pourrais prendre ces jolies choses pour une déclaration fort en règle.

— C'en est une, comtesse, c'en est une et des plus sincères, ou je meurs.

— Ah çà ! mais, je tombe de mon haut ! Vous m'aimez donc ?

— A la folie !

— Et moi qui ne m'en doutais pas ! mais à quelle époque, mon cher comte, a commencé ce bel amour ?

— A l'époque déjà lointaine où, pour la première fois, vous m'êtes apparue. Vos yeux m'ont percé d'outre en outre. Ah ! combien j'enviais le sort du trop heureux marquis, votre premier époux ! Depuis ce temps, j'ai porté mon cœur en écharpe.

— Vous qu'on dit si volage, c'est bien invraisemblable.

— Rien ne l'est avec vous. Vous fixeriez l'inconstance en personne. N'avez-vous pas arraché les ailes de l'Amour pour qu'il ne puisse s'éloigner de vous ? Vous voir, c'est vous aimer, et qui vous aime n'aimera jamais que vous. Vous paraissez et l'on est vaincu. J'en ai fait l'épreuve.

— Sans lutter ?

— A quoi bon, vous êtes irrésistible.

— M'en donneriez-vous, au besoin, la preuve ?

— Comtesse, voulez-vous mon sang ? »

La belle Olympe se mit à rire.

« Votre sang, cher comte, répliqua-t-elle, ne saurait être mieux placé que dans les veines d'un gentilhomme de votre mérite. Je veux tout simplement une lettre de cachet.

— Est-ce contre votre mari ? demanda vivement M. d'Octeville. Eprouvez-vous le besoin d'être libre ? Faut-il l'envoyer pendant quelques mois, ou même quelques années, à Pignerol, au fort de

Joux où aux îles Sainte-Marguerite? Parlez, comtesse, je suis tout à vous.

— M. de Rahon n'est point en cause, répondit Olympe en riant toujours; jamais mari ne fut moins gênant. Il ne voit que par mes yeux, n'entend que par mes oreilles, et n'a d'autre volonté que la mienne. C'est d'une autre personne qu'il s'agit. Ma demande est-elle accordée?

— Vous n'en doutez pas. J'ai justement là, sous la main, ce que vous demandez. Dites-moi le nom de l'ennemi qui vous gêne, je vais l'écrire.

— Laissez le nom en blanc.

— Comtesse, ce n'est pas l'usage.

— Que m'importe l'usage! Allez-vous donc me résister, à moi qui suis irrésistible?

— Dieu m'en garde! Voici la lettre de cachet.

— Merci, comte, vous êtes un gentilhomme adorable. Et, maintenant que vous m'avez prouvé mon empire, je vais vous prouver ma confiance : ce n'est pas un ennemi, c'est une ennemie que je veux faire disparaître sans scandale et sans bruit.

— Une femme!

— Oui.

— Quelle est cette femme?

— Je l'ignore.

— Comtesse, vous parlez par énigmes.

— C'est que cette étrange aventure est une énigme même pour moi. L'intrigante ou la folle qui menace ma position m'était inconnue il y a deux jours. Cette créature, dont je ne sais pas le nom, s'est présentée hier au château. Profitant d'une vague ressemblance avec la comtesse Marie de Rahon, la première femme de mon mari, elle osait me soutenir qu'elle était la comtesse elle-même. Qu'en dites-vous?

— Je dis que c'est une merveilleuse et rare impudence.

— La comtesse Marie est morte entre mes bras, continua la belle Olympe; mon cousin, le marquis de Saint-Maixent, une femme de chambre et plusieurs serviteurs dévoués au comte Annibal, ont été les témoins de sa mort. Son corps repose dans les caveaux funéraires de la famille. Jamais décès ne fut plus authentique et plus irrécusable, ce qui n'a point empêché la folle dont je vous parlais de crier qu'elle venait reprendre sa place et réclamer ses droits, et de m'outrager en des termes d'une telle insolence, que je rougirais de les répéter. J'ai dû la faire chasser par mes gens.

— Et vous avez bien fait! Qu'a dit le comte, votre mari?

— Je prends soin d'éloigner de lui les émotions pénibles; il n'a rien su de tout ceci.

— Précaution sage! Et qu'est devenue cette malheureuse?

— Elle a reçu l'hospitalité chez un des tenanciers du château, son complice ou sa dupe; dupe ou complice, il sera puni. »

XXXV

LES VIEUX SERVITEURS.

« Comtesse, s'écria le gouverneur, je vous approuve et je vous admire! Votre prudence est incomparable! L'intrigante, l'aventurière ou l'insensée qui s'attaque à vous, doit disparaître sans laisser de traces. La lettre de cachet commencera l'œuvre... Un bon cachot, bien sourd, bien discret, l'achèvera. Ce cachot, nous le trouverons dans les souterrains du Présidial. Maintenant, j'ai fait tout ce que vous avez voulu ; je suis prêt à le faire encore. Quelle sera ma récompense?

— Le plaisir de m'avoir obligée, répondit la belle Olympe en riant, le comptez-vous pour rien?

— Certes, c'est beaucoup! c'est énorme!... mais je voudrais autre chose encore.

— Comte, vous êtes donc insatiable!...

— L'amour ne l'est-il pas?

— Eh bien! dites vos prétentions, et, si vous n'êtes point trop exigeant, on tâchera de vous contenter.

— Il me faut une promesse.

— Laquelle?

— Vous voyez que je brûle... Jurez-moi..,

— De vous éteindre? interrompit Olympe un peu moqueuse.

— Non pas! ce serait impossible... mais de couronner ma flamme!

— Comte, c'est un peu vif... Mais enfin, sans m'engager formellement, je veux bien vous donner l'espoir. Venez me rendre, au château de Rahon, la visite que je vous fais aujourd'hui chez vous, nous causerons.

— De quoi?

— De tout ce dont il vous plaira de causer.

— D'amour surtout, alors.

— D'amour si vous voulez.

— Et vous m'aimerez?

— Si vous êtes aimable, pourquoi non?

— Comtesse, je réclame un gage.

— Déjà!

— Pour me donner la force d'attendre, un baiser... rien qu'un.

— Sur ma main blanche? la voilà.

Ces Messieurs désirent avoir un entretien avec la femme que vous cachez. (Page 252.)

— Merci. Mais ce n'est point assez.
— Comment, il vous faut ma joue? Je suis bonne personne... prenez... Ah! rien qu'un, vous l'avez dit! et maintenant, cher comte, adieu.
— Eh quoi! vous partez si vite!
— Je fais mieux que partir, je me sauve! Vous êtes trop dangereux, et le danger m'effraye. Cependant, un mot encore. La lettre de cachet dans mes mains serait sans effet. Mettez à ma disposition, je vous prie, deux agents habiles qui se chargeront de l'utiliser.
— Quand retournez-vous dans vos terres?
— Avant une heure je serai en route.
— Eh bien! demain, au point du jour, les deux agents arriveront au château de Rahon, prêts à exécuter vos ordres. »
Ces mots terminèrent l'entretien.
M. d'Octeville reconduisit la visiteuse jusqu'à son carrosse, lui baisa une dernière fois le bout des doigts, puis le gouverneur et la belle Olympe se séparèrent, enchantés l'un de l'autre.

. . . .

Nous avons vu la comtesse Marie quitter le château, hautaine et presque menaçante, au milieu des huées des laquais.
Tant qu'elle fut en vue de cette valetaille elle ne faiblit point, et sa fierté lui tint lieu de force; mais, quand elle se retrouva seule avec Francine, la réaction ne se fit point attendre; elle fut violente, et l'infortunée, à qui aucune douleur, aucun outrage, aucune honte semblaient ne devoir être épargnés, laissa tomber sa tête sur l'épaule de son humble compagne, et se mit à sangloter avec toute l'amertume d'un incurable désespoir.
Mme de Rahon, quoique soutenue par Francine, mit plus d'une heure pour retourner à la métairie, tant sa marche était lente et comme brisée.

En arrivant elle s'évanouit, et la jeune femme eut beaucoup de peine à lui faire reprendre connaissance.

« Ça n'est donc point allé comme il fallait? demanda tout bas Jean Robert.

— Tiens, ne m'en parle pas! répondit Francine; si j'étais le bon Dieu, vois-tu, je ferais tomber le tonnerre sur ces gens-là! Mais ils ne perdront rien pour attendre.... un peu plus tôt, un peu plus tard, la justice aura son temps. »

Mme de Rahon, en revenant à elle, se trouva sous le coup d'un découragement si complet, qu'elle exprima la volonté de renoncer à toute réclamation, de s'enfermer dans un cloître et de disparaître à jamais....

Francine se révolta hautement.

« Vous ne ferez pas cela, madame la comtesse, s'écria-t-elle, vous n'avez pas le droit de le faire! C'est bien de pardonner les injures, mais laisser les voleurs en tranquille possession du bien volé, c'est se rendre quasiment complice de leur crime! la religion le défend! Et, ça n'est pas tout : croyez-vous qu'il vous soit permis de supporter qu'un digne seigneur comme M. le comte appelle sa femme une scélérate qui vous a fait passer pour morte, en essayant de vous rendre folle ? M. le comte n'a jamais cessé de vous aimer. Tous ceux qui l'ont vu le jour du faux enterrement vous le diront. Je suis sûre qu'il vous aime plus que jamais et qu'il n'a plus de plaisir à vivre, parce qu'il vous croit morte. C'est votre devoir de le détromper....

— Tu as raison, je le sens bien, murmura la comtesse un peu ranimée par ce simple et ferme langage. Oui, le détromper ; mais comment ? Celle qui, tout à l'heure, m'a barré le passage, ne me laissera jamais arriver jusqu'au comte.

— Vous, madame la comtesse, ça se peut, je dirais même assez volontiers que je le crois ; mais je la défie bien, cette madame Olympe, qui se donne des airs d'être chez elle au château de Rahon, je la défie bien, de fermer la porte aux gens de loi !... Ils entrent partout, ceux là, et quand ils se seront mis dans la tête de voir monsieur le comte et de lui parler, ils le verront, et lui parleront.

— Les gens de loi, répéta Marie, oui, je le sais... Mais que n'aurais-je pas donné pour éviter de recourir à ce moyen suprême ? Quel bruit, quel scandale autour de mon nom !

— Autour du vôtre, nenni ! autour de celui de la marquise de Chavigny, à la bonne heure ... mais tant pis pour elle.

— Il faudra donc apprendre à tout le monde que j'ai été folle, et que moi, la comtesse Marie de Rahon, j'ai passé près de deux ans à la Salpêtrière ?

— La honte en retombera sur ceux qui vous y ont fait enfermer. D'ailleurs, puisque vous voulez bien me permettre de vous dire librement ce que je pense, mon idée est qu'il n'y aura ni bruit, ni scandale. A qui ça profiterait-il ? Les gens de loi serviront tout bonnement à apprendre à monsieur le comte que vous existez, ce qu'il ignorerait toujours sans eux; une fois qu'il le saura, il ne perdra pas une minute pour accourir auprès de vous, et Mme de Chavigny, se sachant battue, prendra sans tambour ni trompette le parti de décamper, et vous évitera la peine de la mettre dehors.

— Ah ! si les choses devaient se passer ainsi, balbutia la comtesse.

— Elles se passeront ainsi, croyez-en ma jugeotte.

— Mais où trouver ces gens de loi ? comment les faire agir ? A cet égard, je ne sais rien.

— Je n'en sais pas beaucoup plus long, mais je m'informerai et je vous dirai ce qu'il faut faire. Aujourd'hui, reposez-vous, car vous en avez un bien grand besoin. Demain nous aviserons. »

Ce conseil était sage ; Mme de Rahon le suivit et s'en trouva bien.

Le lendemain, en ouvrant les yeux, après une longue nuit de profond sommeil, Marie de Rahon vit Francine debout au pied de son lit, et semblant guetter son réveil.

« Madame la comtesse, dit-elle, il y a là, dans la chambre à côté, deux personnes qui sollicitent la faveur d'être reçues par vous.

— Deux personnes, répéta Marie avec une vague inquiétude.

— Oh ! que madame la comtesse se rassure, ce sont de braves gens, des bons, des fidèles ; madame la comtesse aura du plaisir à les voir.

— Ne peux-tu me les nommer?

— Je le ferai si j'en reçois l'ordre, mais j'aurais tant voulu vous laisser la surprise....

— Eh bien! soit, ne me dis rien et habille-moi. »

Un instant après, Marie de Rahon entrait dans la pièce voisine, et pleurait d'attendrissement en voyant Anastasie Gaudin, son ancienne femme de chambre, et Dominique, le vieux valet de chambre du comte, tomber à ses genoux, saisir ses mains, et les couvrir de baisers et de larmes.

Jean Robert, dès le point du jour, était allé prévenir ces dignes serviteurs, profondément dévoués, et les avait ramenés avec lui.

Dominique, un peu remis de sa sincère et touchante émotion, raconta le désespoir du comte, son maître, quand la belle Olympe et le marquis de Saint-Maixent avaient apporté à Paris la nouvelle de la mort de la comtesse.

Il dit les péripéties du voyage accompli pour revenir de Paris en Auvergne, la visite à la maison isolée, la cérémonie de l'exhumation dans le cimetière de la Chaise-Dieu, l'ouverture du cercueil faite sur la demande du comte, et son évanouissement quand la main d'un moine avait soulevé le suaire et mis à nu le visage noirci et décomposé.

« Qui donc était sous ce linceul ? » se demanda tout bas la comtesse.

Anastasie Gaudin n'avait point à faire des révélations moins curieuses.

Elle s'était trouvée jadis en relations, à Paris, avec une des nouvelles cameristes de la belle Olympe.

Cette cameriste venait la voir quelquefois et lui narrait les manœuvres ingénieuses par lesquelles sa maîtresse menait le comte à subir une domination complète, qu'il ne soupçonnait même pas, tant il vivait dans une indifférence absolue de toutes choses. Elle affirmait en outre que monsieur de Rahon, plus que jamais fidèle au souvenir adoré de sa première femme, ne ressentait, à l'endroit de la seconde, qu'une affection paternelle. — La livrée ne pouvait comprendre pourquoi ce mariage avait eu lieu.

C'étaient là de bonnes nouvelles qui firent à la comtesse beaucoup de bien, en lui donnant la précieuse certitude qu'Annibal n'avait été le complice d'aucune des infâmes tentatives dirigées contre elle, et qu'il accueillerait avec une immense joie la nouvelle de sa quasi-résurrection.

Francine avait compté sur Dominique pour donner un bon conseil à Mme de Rahon relativement à l'intervention des gens de loi dans ses affaires, et du procès en revendication d'état qu'il s'agissait de commencer au plus vite.

Le vieux valet de chambre était parfaitement au fait de la marche à suivre ; il connaissait dans la petite ville voisine un procureur dont il répondait comme de lui-même, et qu'il disait tout à fait capable de lancer la première assignation.

Il quitta la métairie pour aller visiter ce procureur, et promit de l'amener le lendemain à dix heures du matin afin qu'il pût s'entendre avec la comtesse.

Il ne doutait point, d'ailleurs, que cette assignation dût suffire pour amener monsieur de Rahon aux pieds de sa femme, et pour arrêter, par consé-

Cette parité d'opinion entre Dominique et Francine, parut à la comtesse du plus heureux augure.

Elle attendit donc le lendemain avec une vive impatience.

XXXVI

NOUVEAU COUP DE FOUDRE

Il était près de quatre heures du matin quand le carrosse qui ramenait de Clermont le comte et la belle Olympe s'arrêta dans la cour du château.

L'ex-marquise de Chavigny gagna son appartement, se jeta sur son lit tout habillée, et dit à sa cameriste :

« Vous m'éveillerez aussitôt que deux inconnus, venant de la part de monsieur le gouverneur, demanderont à me voir. »

Les inconnus arrivèrent à huit heures, dans une voiture bien attelée qu'ils laissèrent à peu de distance, à la porte d'une petite hôtellerie.

Ces honorables agents de la police secrète aux ordres du comte Jean d'Octeville, avaient la figure de leur emploi. Des costumes noirs d'une coupe sévère déguisaient fort imparfaitement leur mauvaise mine.

Ils furent introduits sur-le-champ auprès de la belle Olympe.

« Madame la comtesse sait ce qui nous amène ? dit l'un d'eux.

— Parfaitement... Voici la lettre de cachet.

— Quel nom faut-il écrire ?

— Écrivez : Simone Raymond... C'est ainsi, je crois, que s'appelle la femme que vous devez arrêter.

— Dois-je indiquer la cause de l'arrestation ?

— Oui, mettez : folie dangereuse.

— Il nous reste à demander à madame la comtesse un double renseignement.

— Lequel ?

— Où nous trouverons la personne, et à quels signes nous la reconnaîtrons ? »

Olympe frappa sur un timbre.

Frontin parut.

« Messieurs, dit-elle en le désignant, ce valet va vous conduire et vous fera connaître la folle. Je compte sur vous pour éviter toute communication entre cette malheureuse et les curieux pendant le voyage.

— Madame la comtesse peut être sans inquiétude. Nous avons un carrosse spécial dont les man-

exprès pour transporter en lieu sûr les criminels d'État... Aussitôt à Clermont, la personne sera mise au secret dans son cachot, et l'on n'entendra plus parler d'elle. »

La belle Olympe prit une bourse assez lourde et la tendit aux agents.

« Acceptez ceci, messieurs, leur dit-elle, comme une faible récompense de vos bons services. »

Celui qui prenait la parole empocha la bourse, tout en s'inclinant, puis il quitta le château, avec son compagnon, sous la direction de Frontin.

Retournons à la métairie.

La comtesse, nous le savons, attendait à dix heures précises Dominique et le procureur.

A dix heures moins quelques minutes Jean Robert, attiré sur le seuil de la métairie par un bruit de grelots, vit sur la gauche une carriole cahotée lentement au petit trot d'un cheval poussif.

Dans cette carriole se trouvaient l'homme de loi et l'ancien valet de chambre du comte de Rahon.

En même temps trois personnages, habillés de noir de la tête aux pieds, se dirigeaient vers la métairie.

Jean Robert reconnut un de ces personnages, c'était Frontin, le valet de pied.

Un carrosse attelé de vigoureux chevaux stationnait à peu de distance, derrière un bouquet d'arbres.

« Ouais! que signifie cela, et que nous veulent ces trois escogriffes? » se demanda le fermier en se grattant l'oreille avec un commencement d'inquiétude.

Dominique, de son côté, s'adressait la même question, et la physionomie du procureur s'assombrissait à vue d'œil. En sa qualité de familier des cours de justice, il lui semblait flairer des gens de police sous l'allure magistrale des deux compagnons de Frontin.

La carriole était encore à cent pas de l'enclos, quand ces derniers et leur guide arrivèrent à la porte de la métairie.

« Qu'est-ce qu'il y a pour votre service, messieurs ? demanda Jean Robert.

— Vous devez me connaître, brave homme, répondit Frontin. Je suis le valet de confiance de M. le comte, votre maître. Ces messieurs désirent avoir un entretien avec la femme que, depuis trois jours, vous cachez dans la métairie...

— Je ne cache personne, balbutia le fermier, dont les inquiétudes grandissaient.

— C'est ce dont nous allons nous assurer à l'instant même, répliqua l'un des agents. Allons, bonhomme, faites-nous place.

— Mais, de quel droit ?

— Quand il en sera temps, nous vous le dirons.

— Et si je veux le savoir avant de vous laisser entrer chez moi ?

— Dans ce cas, ne vous en prenez qu'à vous des conséquences de votre rébellion, et ces conséquences seront terribles, car nous venons au nom du roi. »

A l'époque où se passaient les faits que nous racontons, ces mots avaient un pouvoir magique.

Jean Robert sentit s'évanouir toute velléité de résistance, il s'effaça docilement, et les trois personnages franchirent le seuil de la ferme, et se dirigèrent vers la seconde pièce où Marie de Rahon attendait en compagnie de Francine.

Dominique et le procureur, enfin descendus de carriole, entrèrent derrière eux.

La comtesse, en reconnaissant le valet Frontin escorté de deux escogriffes à mine suspecte, pressentit qu'une nouvelle catastrophe allait l'atteindre, et se mit à trembler.

« Qui êtes-vous, et que voulez-vous ? » s'écria Francine résolument.

Personne ne répondit, et Frontin, étendant la main vers Mme de Rahon, dit aux agents :

« Voici la personne que vous cherchez. »

L'un des escogriffes s'avança, et demanda d'un ton presque poli :

« C'est vous, madame, qui vous êtes présentée au château de Rahon il y a trois jours ?

— Oui.

— C'est vous qui avez parlé à Mme la comtesse ?

— J'ai parlé à la marquise d'Aubray de Chavigny.

— Tel était en effet son nom avant son second mariage. C'est vous enfin qui vous appelez Simone Raymond ?... »

La malheureuse femme tressaillit en entendant retentir à l'improviste ce nom prononcé devant elle par une des religieuses à l'infirmerie de la Salpêtrière, et qu'on prétendait lui appliquer. Tous les anneaux de la chaîne infernale allaient-ils donc se ressouder ?

« Non, s'écria-t-elle avec une énergie désespérée, je ne suis point Simone Raymond !...

— Alors, madame, qui êtes-vous ?

— Je suis la comtesse Marie de Rahon, la femme légitime du comte Annibal.

— Et je l'atteste, moi, Dominique, l'ancien valet de chambre du comte, fit le vieux serviteur présent à cette scène.

— Nous l'attestons ! » ajoutèrent avec fermeté Jean Robert et Francine.

Les deux escogriffes échangèrent un regard et un sourire.

« C'est très-drôle, murmura Frontin avec un éclat de rire ironique : tous mes respects à madame la comtesse !

— Madame, reprit l'un des agents, le carrosse est à deux pas. Veuillez nous suivre.

— Vous suivre ! répéta Marie au comble de l'épouvante ; jamais !

— Il le faut, cependant.

— Où prétendez-vous me conduire ?

— Nous n'avons point à répondre à cette question.

— Je vous l'ai dit et je vous le jure, je suis la comtesse de Rahon.

— Ceci ne nous regarde pas. Nous avons reçu des ordres, nous les exécutons. Toute résistance serait inutile. Suivez-nous donc sans nous mettre dans la pénible nécessité d'employer la violence pour vous contraindre. »

En ce moment, le procureur intervint.

« Messieurs, dit-il, je suis homme de loi, chargé de soutenir et de défendre les intérêts de madame, qu'elle soit Simone Raymond, comme vous le prétendez, ou la comtesse de Rahon, comme elle l'affirme. Je vous prie donc, et je vous somme au besoin, de me faire connaître les ordres en vertu desquels vous agissez.

— C'est trop juste, monsieur l'homme de loi. Voici la lettre de cachet. Vous pouvez vous assurer qu'elle est en règle. »

Le procureur n'eut besoin que de jeter un coup d'œil sur le terrible parchemin ; il changea de visage.

« Au nom du roi ! balbutia-t-il. Il faut se soumettre. Je fais cependant mes réserves : le nom écrit ici est *Simone Raymond*, et madame n'est pas Simone Raymond.

— Vous direz cela au roi, répliqua l'agent. Allons ! madame, il est temps de partir.

— Mais, enfin, cria la comtesse en se tordant les mains, de quoi m'accuse-t-on ? Pourquoi m'arrêtez-vous ? »

L'agent lui mit sous les yeux la lettre de cachet, en indiquant du bout du doigt ces deux mots : FOLIE DANGEREUSE.

« La folie ! toujours la folie ! répéta Mme de Rahon avec exaltation. Ah ! les infâmes ! les infâmes ! ils savent bien ce qu'ils font ! ils savent bien ce qu'ils veulent ! Ils me rendraient folle, en effet, si je ne préférais mourir ! »

Et d'un mouvement furieux, irrésistible, elle s'élança pour aller se briser la tête contre la muraille.

Heureusement, Dominique n'eut qu'un pas à faire pour saisir la comtesse par ses vêtements. Il parvint ainsi, non point à empêcher le choc, du moins à le beaucoup amoindrir.

Mme de Rahon reçut cependant une commotion cérébrale assez violente, pour retomber presque inanimée dans les bras de Dominique.

« Si vous voulez m'en croire, dit l'agent avec un semblant de compassion, nous profiterons de ce demi-évanouissement pour porter dans le carrosse cette pauvre femme qui n'a, je crois, commis aucun crime, mais qui me semble parfaitement folle. Nous éviterons, de cette manière, une crise pénible, une séparation douloureuse, et je vous promets que nous aurons pour notre prisonnière les plus grands soins et les plus grands égards. »

Dominique regarda le procureur pour l'interroger.

L'homme de loi lui répondit par un signe de tête qu'il approuvait les paroles de l'agent.

« Eh bien ! soit, murmura le vieux serviteur, j'obéis. Que ce dernier crime s'accomplisse, si Dieu le permet ! »

Et, soulevant de nouveau le corps inerte de la comtesse, dont Francine, tout en larmes, embrassait les mains, il le porta jusqu'au sinistre carrosse où tant de pleurs avaient déjà coulé.

« Mes braves gens, dit ironiquement Frontin à Jean Robert et à Francine, je vous conseille de faire vos paquets et de vous dépêcher ; car, entre nous, ça m'étonnera beaucoup, mais beaucoup ! si vous couchez ce soir à la métairie.

— Ah ! c'est comme ça, murmura Jean Robert. Eh bien ! toi du moins, lâche gredin, tu payeras pour les autres. »

Puis saisissant le valet de la main gauche, et prenant de la main droite un bon bâton de cornouiller, il se servit de l'un pour décerner à l'autre la correction la plus vigoureuse, et, disons-le, la mieux méritée.

XXXVII

OU DOMINIQUE CONÇOIT UN PROJET.

Jean Robert frappait avec une ardeur infatigable. Le bâton de cornouiller sifflait dans les airs et retombait sur l'échine souple du laquais, qui poussait des cris pitoyables en appelant de toutes ses forces à son aide les deux escogriffes.

Mais ces messieurs avaient à faire bien autre chose que de s'occuper de maître Frontin : ils firent semblant de ne point l'entendre et s'éloignèrent en l'abandonnant sans la moindre pitié au bras vengeur du mari de Francine.

Enfin, après un dernier coup encore mieux appliqué que les précédents, le fermier lâcha sa victime qui tomba d'abord à plat ventre, puis se releva sans demander son reste, et prit la fuite en vociférant des malédictions et des menaces.

Au moment où il détalait, aussi vite que le lui permettaient ses reins meurtris, Dominique et le procureur rentrèrent dans la métairie.

« Ainsi, murmurait l'ancien valet de chambre avec rage et avec désespoir, la plus épouvantable, la plus monstrueuse iniquité vient de s'accomplir sous nos yeux sans que nous ayons le droit de nous y opposer! Il n'y a donc plus de justice en ce bas monde?

— Il y a une justice, répliqua l'homme de loi; mais la signature royale suffit pour l'entraver dans son cours, et, par malheur, le roi est prodigue de cette signature qui, bien souvent à son insu, le rend complice des plus abominables actions et des crimes les plus noirs. Nous en voyons aujourd'hui un frappant exemple, si toutefois vous ne vous trompez pas.

— Me tromper! Comment?

— Persistez-vous à croire que la malheureuse femme désignée sur la lettre de cachet comme s'appelant Simone Raymond est véritablement la première, par conséquent la seule comtesse de Rahon?

— Je persiste plus que jamais.

— Songez que vous pourriez être la dupe d'une de ces étranges ressemblances qui se présentent plus fréquemment qu'on ne pense. Souvenez-vous du faux *Martin Guerre*. Une adroite intrigante, instruite de sa ressemblance avec la comtesse morte, aurait pu vouloir en tirer parti, et ceci nous expliquerait le rôle que nous lui voyons jouer aujourd'hui.

Je suis aussi certain de l'identité de la prétendue *Simone* avec Mme de Rahon, que je le suis de mon existence. Il est des erreurs impossibles. Celle-ci est du nombre. S'il me fallait affirmer ma certitude en jurant sur ma foi de chrétien et sur ma part de paradis, je le ferais sans hésiter.

— Je vous crois. Mais alors il faut convenir que l'infortunée comtesse a de terribles ennemis.

— Oui, bien terribles, bien lâches, bien cruels! Mais est-il donc tout à fait impossible de les démasquer, de les confondre, de les punir?

— J'avoue que je n'en vois plus le moyen. Lorsque la comtesse était avec nous, nous pouvions agir en son nom. On nous l'enlève, nous sommes désarmés. Ni vous, ni moi n'avons qualité, désormais, pour intenter une action, soit au civil, soit au criminel. Une seule personne pourrait le faire : c'est le comte; mais n'est-il pas l'instigateur du complot inouï dont nous voyons aujourd'hui les résultats? N'est-il pas le complice de ceux qui déjà, une première fois, avaient fait disparaître sa femme? N'est-ce pas sur sa demande qu'on vient de l'enlever par lettre de cachet?

— Non, cent fois non! répliqua Dominique avec feu. Le comte est la loyauté même et je réponds de lui comme de moi. D'ailleurs, il adorait la comtesse; il ne sait rien de ce qui se passe.

— Cependant, Mme de Rahon s'est présentée au château, il y a trois jours, et elle en a été chassée.

— Le comte l'ignore.

— Est-ce admissible? est-ce vraisemblable?

— Oui, pour qui sait, comme moi, que la marquise de Chavigny, la nouvelle comtesse, le tient, sans qu'il s'en doute, dans un état de séquestration presque absolue.

— Alors, s'il était instruit des infamies auxquelles il semble prêter son appui, il se révolterait?

— C'est ma conviction.

— Eh bien! il n'existe qu'une ressource : il faut apprendre au comte tout ce qu'il ignore, et le décider à faire cause commune avec nous.

— Le lui apprendre, oui, mais de quelle manière?

— Ceci vous regarde. Ne pouvez-vous le voir? lui parler?

— On ne me laissera pas arriver jusqu'à lui. Songez qu'en ce moment le misérable Frontin raconte à la marquise de Chavigny que je suis au nombre de ses adversaires déclarés.

— Écrivez à M. de Rahon.

— La marquise interceptera ma lettre au passage.

— S'il en est ainsi, mon cher Dominique, jetons le manche après la cognée. Renonçons à la lutte contre de trop rudes jouteurs, et n'y pensons plus!

— Y renoncer! Je ne me le pardonnerais de ma vie!

— Cherchez donc un moyen, et, quand vous l'aurez trouvé, prévenez-moi. Jusque-là, je ne puis rien.

— Quoi! vous n'avez pas même un conseil à me donner?

— J'en ai un : celui de savoir en quelle prison on conduit présentement la comtesse; car, une fois sa trace perdue, nous aurons grand'peine à la retrouver.

— Vous avez raison ! s'écria Dominique. Moi, j'ai la tête à l'envers ; je ne pense à rien. Heureusement que vous êtes là.... »

Il s'interrompit pour appeler Jean Robert.

Le fermier accourut.

« Vous avez des chevaux ici, n'est-ce pas ? lui demanda l'ex-valet de chambre.

— Des chevaux de charrue, oui, j'en ai quatre, plus ma pouliche de trois ans qui est fille de bonne mère et qui galope comme un lévrier.

— Eh bien ! mon brave Jean Robert, ne perdez ni une minute, ni une seconde : montez la pouliche et suivez le carrosse dans lequel les deux agents emmènent la comtesse. Dussiez-vous aller derrière lui jusqu'au bout du monde, ne le perdez jamais de vue. Si vous crevez votre bête en route, soyez tranquille, j'ai fait quelques petites économies et je vous la rembourserai.

— Oh ! ce n'est pas cela qui m'inquiète. J'embrasse Francine, je bride la grise, je saute sur son dos et en route ! Le carrosse a tourné là-bas, à gauche, pour rejoindre la route de Clermont ; il ne me faudra pas plus d'une demi-heure pour le rattraper.

— Aussitôt de retour, vous viendrez jusqu'à ma maisonnette m'apprendre ce que vous savez, n'est-ce pas ?

— C'est convenu. »

Cinq minutes après, Jean Robert partait au galop sur la vigoureuse pouliche dont il n'avait nullement exagéré les mérites.

Deux heures plus tard, l'intendant venait annoncer à Francine qu'elle eût à quitter la métairie le soir même, car il avait l'ordre formel de l'en expulser sur-le-champ.

Dominique était encore là avec le procureur et la carriole, Francine n'ayant point voulu les laisser partir sans leur servir un repas frugal.

« Venez chez moi, dit-il à la jeune femme, vous y attendrez bien tranquillement Jean Robert, et ensuite nous aviserons.

— Mais mes hardes, mes meubles, murmura la pauvre Francine dont le visage s'inonda de larmes.

— Il faudra bien qu'on vous les rende ! s'écria l'homme de loi, je me charge de tout ; j'enverrai demain mon huissier réclamer ce qui vous appartient, et, si l'on osait faire la moindre résistance, en avant le papier timbré. »

Le cheval poussif fut remis entre les brancards, et la carriole s'éloigna, emportant nos trois personnages.

Francine, le cœur gonflé, pleurait.

« Calmez-vous, mon enfant, murmura Dominique à son oreille, il y a un Dieu pour les honnêtes gens. Vous la reverrez, votre métairie, et plus tôt peut-être que vous ne le pensez, aussitôt que notre chère maîtresse, la vraie, la bonne, aura repris sa place.

— Vous espérez donc, malgré tout ?

— Ah ! je le crois bien, que j'espère ! je ne sais pas encore ce qui va se passer, mais une voix secrète m'avertit que bientôt justice sera faite, à chacun selon ses œuvres. »

Les larmes de Francine s'arrêtèrent.

Le lendemain soir Jean Robert reparut.

Il venait annoncer à Dominique que le carrosse de la police n'était point allé plus loin que Clermont, et qu'on avait écroué Mme de Rahon, par ordre du gouverneur, dans un des cachots du Présidial d'où elle ne devait plus sortir, en sa qualité de folle dangereuse.

Il tenait ces détails du geôlier même de la prison, lequel était son compatriote, et que quelques bouteilles de vieux vin, offertes à propos et bues de compagnies, avaient mis en confiance.

A partir du moment où cette révélation lui fut faite, Dominique n'eut plus une minute de repos, plus une seconde de sommeil.

Il se mettait l'esprit à la torture en cherchant une ruse qui lui permît d'éluder les consignes, de déjouer la surveillance et de se procurer un entretien secret avec le comte Annibal.

Mais, hélas ! son imagination restait stérile ; il connaissait mieux que personne le nombre des valets du château, et comprenait par conséquent l'impossibilité à peu près absolue de se glisser à leur insu jusqu'à l'appartement du maître.

Et encore, en supposant qu'il y parvînt sans encombre, il y avait cent contre un à parier qu'il s'y trouverait en face de la belle Olympe, laquelle le ferait chasser à l'instant sans lui permettre de s'expliquer.

Il fallait réussir, cependant, il le fallait ! et réussir vite, car la comtesse Marie de Rahon, prisonnière au fond d'un cachot et se croyant abandonnée, pouvait perdre toute espérance et devenir véritablement folle !

Le pauvre Dominique changeait à vue d'œil, il pâlissait, il maigrissait, comme un homme que la consomption dévore. Sa pensée dominante l'usait plus vite qu'une maladie.

Enfin, au bout de quelques jours, son visage défait s'illumina tout à coup. Il se frappa le front, et, comme Archimède, il s'écria non point : *Eurêka !*

(l'honnête serviteur ne savait pas le grec), mais tout simplement :

« J'ai trouvé! — C'est bien hardi, ajouta-t-il, c'est presque insensé. Mais justement parce que c'est audacieux et fou, cela doit réussir. Dès ce soir je me mettrai à l'œuvre. »

Le soir arriva, la nuit vint; une nuit très-sombre, point de lune. De grands nuages couraient sur la surface du ciel et rendaient les ténèbres encore plus profondes.

Dominique savait le moyen de s'introduire dans le parc par une petite porte qui s'ouvrait facilement du dehors, lorsqu'on connaissait le secret de sa fermeture.

Il y pénétra sans bruit, suivit une allée droite couverte de charmilles, et se rapprocha du château.

Les chiens de garde qu'on lâchait chaque nuit, et qui passaient non sans raison pour féroces, se dirigèrent de son côté avec des grognements sourds. Mais ils le reconnurent en s'approchant, et, au lieu de se jeter sur lui pour le dévorer, ils lui léchèrent les mains.

« Bonnes bêtes, murmura Dominique, ça a plus de cœur et plus de sentiment que bien des créatures humaines! ça ne ferait jamais de mal à ses anciens amis! ça n'est ni traître ni ingrat! ça ne ressemble guère enfin à la belle marquise d'Aubray de Chavigny! »

Et il poursuivit son chemin.

XXXVIII

OU DOMINIQUE EXÉCUTE SON PROJET.

Arrivé dans la cour d'honneur, Dominique s'arrêta.

Deux fenêtres vivement éclairées se détachaient, au premier étage, sur l'immense façade du château. C'étaient celles de l'appartement du comte de Rahon.

L'ancien valet de chambre se dirigea vers les bâtiments d'exploitation attenant aux basses-cours, et situés derrière les communs et les écuries.

Là se trouvait un grand hangar, rempli d'ustensiles de culture et de jardinage, et d'échelles de toutes les grandeurs destinées à la taille des arbres fruitiers et à celle des charmilles du parc.

Dominique prit à tâtons la plus longue de ces échelles, la chargea sur ses épaules, revint à la cour d'honneur avec son fardeau et l'appliqua sans bruit contre le balcon de l'appartement du comte.

Il attendit quelques secondes pour bien s'assurer que ses allées et venues n'avaient donné l'éveil à personne, puis il monta, enjamba la balustrade du balcon, et, s'approchant du vitrage, regarda dans l'intérieur.

Le comte Annibal et la belle Olympe étaient seuls dans la vaste chambre, lambrissée de chêne noir.

Assis en face l'un de l'autre près d'une petite table sur laquelle se trouvait une lampe, ils ne se parlaient pas.

Annibal tournait le dos à la fenêtre. Dominique ne pouvait donc voir son visage, mais il lui sembla que le regard du comte s'arrêtait avec une étrange fixité sur un portrait recouvert d'un crêpe noir et suspendu dans l'un des panneaux.

Ce portrait était celui de la comtesse Marie, enlevé du cabinet de travail de l'hôtel de la rue Culture-Sainte-Catherine.

« Il ne l'a point oubliée, se dit tout bas le vieux serviteur, il la regrette.... il l'aime toujours! »

Olympe ne semblait point s'occuper du comte.

Elle s'absorbait dans une profonde rêverie, et sa figure offrait une expression sinistre qui contrastait étrangement avec la beauté délicate et presque enfantine de ses traits. Un pli se creusait sur son front d'ivoire entre ses sourcils, et ses grands yeux bleus immobiles avaient la froideur et l'éclat métallique de l'acier.

« Elle pense à ses crimes.... murmura Dominique. Ce n'est point le remords qui l'accable ainsi, c'est la peur! Elle regarde l'abîme ouvert devant ses pas.... elle craint d'y tomber, et elle tremble.... »

Une demi-heure s'écoula.

Dominique, toujours attentif, ne faisait aucun mouvement.

Au fond de la chambre une porte s'ouvrit, et une camériste parut sur le seuil, tenant à la main un bougeoir.

Olympe se leva aussitôt, s'approcha du comte, lui mit un baiser sur le front, et, précédée de la camériste qui l'éclairait, se retira dans son appartement.

Presqu'en même temps le valet de chambre de M. de Rahon se présenta dans une attitude respectueuse et demanda les ordres de son maître. Annibal le congédia du geste (ainsi que d'ailleurs il le faisait presque chaque soir), et demeura seul.

« Enfin ! » se dit Dominique.

Cependant, par prudence, il attendit encore.

Le comte quitta son fauteuil, alla pousser les verrous intérieurs des portes de la chambre, puis

Sur le grabat, une femme était étendue. (Page 261.)

revint lentement près du portrait voilé et écarta le crêpe noir.

L'admirable visage de la comtesse Marie apparut alors dans tout le radieux éclat de la jeunesse en fleur.

Annibal, après une muette contemplation de quelques secondes, s'agenouilla devant le portrait, ses lèvres s'agitèrent, deux grosses larmes roulèrent sur sa joue.

« Allons, pensa Dominique, le moment est bien choisi. »

Et du bout de ses doigts il heurta légèrement l'un des carreaux.

M. de Rahon tressaillit et se retourna, mais il crut qu'un oiseau de nuit venait d'effleurer le vitrage du bout de son aile, et il reprit sa première position.

Dominique frappa de nouveau.

Le comte, comprenant qu'il se passait quelque chose d'anormal, se rapprocha de la fenêtre, et prit, chemin faisant, la lampe qui se trouvait sur la table.

Cette lampe lui permit de distinguer, à travers le cristal, la forme sombre d'un homme debout sur le balcon.

« Cet homme ne peut être un voleur, se dit rapidement Annibal. S'il venait avec des intentions coupables, il n'aurait pas pris soin de me donner ainsi l'éveil. »

Il entr'ouvrit la fenêtre et il s'apprêtait à questionner, mais son ancien valet de chambre ne lui en laisse pas le temps.

« C'est moi, monsieur le comte, murmura-t-il, moi, Dominique ; permettez-moi d'entrer, et, au nom du ciel, parlez bas.

— Vous, Dominique ! à cette heure et par un tel

chemin ! fit Annibal au comble de la surprise, mais en baissant la voix, ainsi que le lui avait recommandé son vieux serviteur. Que signifie cette étrange escalade ?

— Cela signifie, monsieur le comte, qu'il me fallait vous parler à tout prix.

— Ne pouviez-vous venir en plein jour et par la grande porte ?

— Non, monsieur le comte.

— Pourquoi ?

— Parce qu'on ne m'aurait point permis d'arriver jusqu'à vous.

— Ne pouviez-vous, du moins, m'écrire ?

— Pas davantage... On aurait arrêté ma lettre au passage.

— Qui aurait fait cela ?

— Mme la marquise de Chavigny.

— Vous voulez dire la comtesse de Rahon.

— Je veux dire ce que je dis. Il n'y a qu'une comtesse de Rahon... celle-là ! »

Et Dominique étendit sa main droite vers le portrait dévoilé.

« Mon ami, murmura le comte Annibal, la douleur vous égare ! vos regrets pour la première compagne de ma vie, pour la douce et sainte Marie que je pleure encore, que je pleurerai toujours, vous font oublier que Mme de Chavigny est devenue ma femme.

— Non, monsieur le comte, je n'oublie rien, répliqua Dominique avec fermeté, et c'est vous qui ne savez pas ! la marquise de Chavigny n'est point votre femme, et cela pour la plus puissante de toutes les raisons. La comtesse Marie de Rahon est vivante ! C'est là ce que je suis venu vous apprendre. »

Annibal regarda son ancien valet de chambre avec stupeur, et aussi avec inquiétude ; il commençait à croire que le digne serviteur ne possédait plus toute sa raison.

« En ce moment, monsieur le comte, poursuivit Dominique, vous vous demandez si je suis fou ? vous doutez de mon bon sens et cela ne m'étonne guère, car à votre place j'en ferais autant... et pourtant elle est vraie cette nouvelle inouïe que je vous apporte ! on vous a fait tomber dans un piège infernal ! on vous trompe depuis trois ans ! la comtesse Marie n'est pas morte, et c'est le cadavre d'une inconnue qui dort son sommeil éternel dans le tombeau de vos ancêtres ! non, je ne suis pas fou, et ce que je dis est la vérité, j'en ai bien plus que la certitude, j'en ai la preuve, et cette preuve je vous la donnerai dans un instant. »

Anéanti par cette révélation foudroyante, qui le troublait jusque dans les profondeurs de son être mais qu'il ne pouvait pas croire encore, Annibal se laissa tomber sur un siége, il était livide et ses mains tremblaient.

Dominique s'approcha vivement d'une console, remplit d'eau fraîche un gobelet de vermeil et le présenta au comte qui le vida d'un trait.

Le vieux serviteur continua :

« Vous avez été fort contre le désespoir, monsieur le comte, soyez fort contre la joie ! Vous aurez besoin de votre énergie tout entière, car, je le prévois bien, c'est une terrible lutte qu'il va falloir engager et soutenir.

— Contre qui ? balbutia M. de Rahon.

— Contre qui ? répéta Dominique, eh ! mordieu, contre Mme la marquise d'Aubray de Chavigny.

— Elle sait donc ?

— Elle sait tout ! elle et le marquis de Saint-Maixent (son complice à coup sûr) ont combiné le crime et l'ont exécuté ! A l'heure où je vous parle, monsieur le comte, et depuis bien longtemps, vous êtes à votre insu prisonnier. La marquise trace autour de vous un cercle infranchissable ! elle commande à vos yeux de ne point voir, à vos oreilles de ne point entendre... Elle vous isole du monde entier, elle vous entoure de ténèbres, et personne, sans son aveu, ne peut arriver jusqu'à vous, tant la lumière lui fait peur ! Il y a huit jours, ici même, dans ce château que vous habitez, la comtesse Marie, votre vraie femme, est venue réclamer ses droits. La marquise l'a fait chasser par vos laquais, et ce n'est pas tout ! Trois jours plus tard, en vertu d'une lettre de cachet sollicitée par la marquise, Mme de Rahon, arrêtée sous mes yeux chez votre tenancier Jean Robert, était traînée par des agents de la police dans un cachot du présidial de Clermont ! Ces choses viennent de se passer, monsieur le comte, et vous les avez ignorées ! vous voyez bien que la marquise de Chavigny vous rend aveugle et sourd. »

Le comte Annibal se dressa, livide, les yeux ardents, les lèvres frémissantes.

« Les preuves, fit-il d'une voix rauque, les preuves promises !

— Écoutez-moi. »

Dominique raconta tout ce qu'il savait, c'est-à-dire tout ce que savait la comtesse elle-même, tout ce qu'elle avait compris, deviné, soupçonné.

Quand il eut achevé ce long récit, M. de Rahon, sans prononcer une parole, s'élança vers une panoplie, il y prit un poignard à lame triangulaire et se dirigea du côté de la porte, d'un pas qui ressemblait à celui des somnambules pendant la crise magnétique.

Dominique l'arrêta.

« Monsieur le comte, où allez-vous? murmura-t-il d'une voix suppliante.

— Faire justice.

— C'est à-dire tuer la marquise, n'est-ce pas?

— Oui.

— Eh! monsieur le comte, ce n'est pas de cette façon qu'elle doit être punie... Ce n'est pas votre main qui doit la frapper...

— Pourquoi!

— Parce que sa mort, si juste qu'elle soit, compromettrait à jamais peut-être le salut de la comtesse en vous plaçant sous le poids d'une accusation terrible. D'ailleurs, pour rendre à Mme de Rahon sa place légitime, il faut que la marquise avoue.

— Eh bien! je lui mettrai le poignard sous la gorge et elle avouera!

— Aveu forcé qu'elle s'empressera de démentir aussitôt qu'elle n'aura plus peur. Non, non, croyez-moi, monsieur le comte, laissez à la marquise, le plus longtemps possible, une sécurité trompeuse. A peine en défiance, songez-y, elle combinera de nouvelles ruses, elle préparera de nouveaux pièges. Ayez sur elle quelques heures d'avance, la victoire en dépendra peut-être. Avant de châtier la coupable, songez d'abord à sauver la victime.

— Oui, tu as raison Dominique, il faut avant tout sauver Marie! Mais il me semble que je sors d'un rêve infernal; j'ai la tête perdue. Conseille-moi; que faire? »

XXXIX

LE COMTE DE RAHON A L'ŒUVRE

« Que faire? répéta Dominique. Eh bien! monsieur le comte, il faut à l'instant courir à Clermont.

— A l'instant, oui, répondit Annibal. Viens, mon vieux serviteur; viens, mon fidèle ami; partons! »

Et, de nouveau, il se dirigea vers la porte. Dominique, pour la seconde fois, l'arrêta.

« Oh! monsieur le comte, pas par là, dit-il.

— Pourquoi?

— Nous ne pourrions sortir du château, par l'intérieur, sans réveiller des valets; Mme la marquise serait instruite de votre départ.

— Qu'importe! je la déferais de l'empêcher.

— Elle ne le tenterait pas sans doute, mais elle en conséquence. Je suis monté par une échelle, c'est par l'échelle que nous descendrons, si vous le voulez bien. Le chemin est un peu roide, mais en prenant ses précautions, il n'est pas dangereux. Je vais fermer à double tour et à doubles verrous toutes les issues de l'appartement; le valet de chambre qui se présentera demain supposera que vous êtes endormi; on n'osera certainement pas enfoncer les portes avant dix heures du matin, et, comme il est onze heures du soir tout au plus, cela nous donne une avance énorme, et Mme la marquise fera de beaux rêves tandis que nous galoperons vers Clermont; car je suppose que vous ne voyez pas d'empêchement à faire la route à cheval?

— Aucun. Je suis bien vieilli, bien affaibli... j'ai tant souffert! mais, dans une occurrence comme celle-ci, je retrouverai des forces.

— Eh bien! monsieur le comte, mettez dans vos poches et dans les miennes tout l'or qu'elles pourront contenir et partons. »

Annibal tira d'un meuble une grosse somme en or et en billets de caisse, tandis que Dominique fermait intérieurement toutes les portes, puis le gentilhomme et son ancien serviteur descendirent par la fenêtre et arrivèrent sans encombre et sans bruit dans la cour.

Dominique chargea de nouveau l'échelle sur ses épaules pour la reporter où il l'avait prise; il alluma ensuite une lanterne et il entra dans l'écurie particulière où les deux étalons d'Orient dormaient sur leur litière épaisse.

Là, un palefrenier se réveilla et se mit en devoir de crier au voleur.

M. de Rahon intervint en se montrant.

« Cinq pièces d'or de gratification si tu ne m'as pas vu cette nuit, dit-il; chassé si tu parles; choisis. »

Le palefrenier jura de se taire et s'empressa de seller Kébir et Mesrour.

Annibal et Dominique s'élancèrent sur leur dos, partirent à fond de train et dévorèrent, avec une fabuleuse rapidité, l'espace de vingt lieues au moins qui les séparaient de Clermont.

L'aube du jour naissait lorsque les deux cavaliers entrèrent dans la cour de l'hôtel du comte.

Ce dernier prit à peine le temps de changer de vêtements et il se rendit chez le gouverneur. Dominique le suivit.

« M. le comte d'Octeville, demanda M. de Rahon au premier valet de chambre qui l'accueillit sous le vestibule.

— M. le comte ne se lève jamais avant dix heures

— Il fera aujourd'hui, je l'espère, une exception à la règle générale. Allez lui dire que le comte Annibal de Rahon est là, et désire le voir.
— Mais M. le comte est endormi.
— Réveillez-le.
— Il me chassera.
— S'il vous chasse, je vous prendrai à mon service. Faites vite, je n'aime pas attendre. »

Jean d'Octeville était allé, la veille au soir, en bonne fortune, ce qui l'avait fait rentrer fort tard. Tiré en sursaut de son sommeil, il commença par tempêter de façon violente, en jurant de casser aux gages le valet malencontreux; mais, lorsqu'il apprit que le visiteur trop matinal était le comte Annibal, le mari de la belle Olympe, il se radoucit et s'empressa de s'habiller, après avoir donné l'ordre d'introduire M. de Rahon dans le grand salon, où il ne tarda guère à venir le rejoindre.

« En vérité, cher comte! s'écria-t-il, le sourire sur les lèvres, quelle charmante surprise! A qui dois-je attribuer la gracieuse visite qui me comble de joie? Serais-je assez heureux pour pouvoir vous être bon à quelque chose? J'en bénirais mon étoile et j'en remercierais les dieux. »

Tout en se laissant emporter sur la grande route par le galop impétueux de *Kébir*, Annibal avait profondément réfléchi; son jugement très-sagace, procédant par induction, s'était facilement rendu compte de certaines lacunes du récit de Dominique, il avait compris bien des choses obscures; il en avait deviné certaines autres, et, procédant du connu à l'inconnu, il ne s'était pas une seule fois écarté de la vérité.

Cela doit nous expliquer son attitude ferme dès le début de son entretien avec Jean d'Octeville, et son apparente certitude à propos de faits qu'il ne pouvait évidemment que soupçonner.

— Mon cher gouverneur, répondit-il, vous avez reçu, il y a quelques jours, la visite de... de... »

Il hésita pendant le quart d'une seconde; puis, faisant sur lui-même un violent effort, il acheva :
« De Mme la comtesse de Rahon.
— Le vent souffle de ce côté? pensa M. d'Octeville. Ce digne comte s'aviserait-il d'être jaloux, par hasard? »

Puis tout haut :
— J'ai eu cet honneur et cette joie.
— Mme de Rahon, continua le comte, venait vous demander un service.
— Un service? répéta le gouverneur en se donnant un air étonné; j'ignore absolument... je ne puis me souvenir... »

Annibal l'interrompit.

« Ne niez pas, je vous en prie, lit-il; je sais tout.
— Alors, mon cher comte, apprenez-moi ce que vous savez... aidez ma mémoire infidèle.
— Mme de Rahon sollicitait de vous une lettre de cachet pour faire enfermer une femme. Cette lettre de cachet, vous la lui avez remise.
— A merveille! voici que mes souvenirs me reviennent. Vous jugerez sans doute avec moi que je ne pouvais refuser à Mme la comtesse une chose de si peu d'importance, à laquelle, d'ailleurs, elle semblait tenir beaucoup; c'eût été commettre un crime de lèse-galanterie.
— Je n'ignore point, mon cher gouverneur, que vous êtes un gentilhomme galant par excellence, répliqua le comte avec amertume; seulement, cette fois, votre galanterie vous a rendu complice, à votre insu, d'une action abominable. »

Jean d'Octeville était une sorte de poupée ridicule; mais, en somme, il avait dans les veines quelques gouttes de sang généreux.

Il tressaillit et s'écria :
« Parlez-vous sérieusement?
— Oui, sur mon honneur.
— J'ignorais, je vous le jure...
— Oh! je ne vous accuse pas : la légèreté n'est point un crime, et d'ailleurs le crime, passant par-dessus votre tête, remonterait jusqu'au roi, qui prodigue cette arme terrible, avec laquelle on frappe lâchement, dans l'ombre, et qui s'appelle la lettre de cachet. Je viens seulement vous dire : réparez loyalement le mal dont vous avez été l'auteur involontaire.
— Que faut-il faire? je suis prêt.
— Je n'attendais pas moins de vous! Jamais on ne s'adresse en vain à l'honneur d'un vrai gentilhomme! La malheureuse femme arrêtée sous le nom de *Simone Raymond*, pour cause de *folie dangereuse*, se trouve en ce moment dans l'un des cachots du présidial. Donnez-moi deux ordres signés de vous : l'un qui m'autorise à franchir à l'instant le seuil de sa prison, l'autre qui me confère le droit de la faire mettre en liberté, séance tenante, si je le juge convenable après l'avoir vue.
— Vous allez être satisfait. Me ferez-vous l'honneur de m'accompagner jusqu'à mon cabinet?
— Je vous suis »

Cinq minutes plus tard, M. de Rahon quittait le gouverneur en emportant les deux ordres sollicités par lui, et se dirigeait vers les sombres bâtiments du présidial.

A la porte de l'hôtel il retrouva Dominique.
« Eh bien! monsieur le comte?... Eh bien! demanda le vieux serviteur.

— Avant une heure elle sera libre, si Dieu a daigné faire un miracle... s'il me rend en effet la chère compagne que j'ai tant pleurée.

— Oh ! Monsieur le comte, ne doutez pas ! c'est bien elle, c'est bien Mme la comtesse.

— Tu t'étonnes de me trouver, au dernier moment, presque incrédule, répliqua M. de Rahon. Songe donc qu'une déception me tuerait ! Songe donc qu'un si invraisemblable prodige, un bonheur si grand, si complet, auquel rien ne pouvait me préparer, me semblent impossibles ! »

Ces paroles s'échangeaient tout en marchant.

Le comte s'arrêta devant la porte épaisse et bardée de fer qui donnait accès dans les bâtiments de la prison.

Il frappa. Un guichet s'ouvrit. Une voix demanda :

« Que voulez-vous ?

— Ordre du gouverneur, répondit Annibal, lisez.

— C'est bien. »

Les serrures crièrent, les verrous grincèrent, la lourde porte tourna sur ses gonds.

« Vous venez voir la prisonnière Simone Raymond, dit le geôlier, une pauvre créature bien douce et bien triste, qui n'a pas plus l'air d'être folle que vous et moi, et qui pleure du matin au soir, et sans doute du soir au matin. Elle est au secret le plus rigoureux, Défense absolue de la laisser communiquer avec qui que ce soit ; mais l'ordre de M. le gouverneur lève ma consigne, et j'en suis bien aise, car, foi de brave homme, ça me fendait le cœur ! On a beau être guichetier d'une prison, que diable, on n'est pas de pierre ! »

Quel ne fut pas l'étonnement de l'honnête geôlier en sentant le visiteur lui saisir les mains et les serrer avec effusion.

M. de Rahon prit ensuite dans l'une de ses poches une poignée d'or, et la lui tendit en s'écriant :

« Tenez mon ami, ceci est à vous, et je vous récompenserai mieux encore plus tard des bonnes paroles que vous venez de dire.

— Cet or est à moi ! pour moi tout cet or ! balbutia le geôlier stupéfait.

— Oui... oui... prenez ! et ce n'est qu'un à-compte.

— Peste, mon gentilhomme, vous êtes généreux comme un roi !

— Hâtez-vous de me conduire au cachot.

— C'est bien le moins que je me dépêche ! le temps d'allumer une lanterne et nous descendons. »

La lanterne fut vite allumée et le guichetier, ivre de joie de la fortune inattendue qui lui tom-

loirs sombres et dans les escaliers humides de la prison.

Ils descendirent ensemble deux étages souterrains, puis le guichetier s'arrêta devant une porte basse, et, remuant avec bruit le lourd trousseau qui pendait à sa ceinture, il chercha la clef de cette porte.

XL

LE CACHOT DU PRÉSIDIAL

Elle tourna dans la serrure, cette clef massive ; — la porte allait s'ouvrir.

« Donnez-moi votre lanterne, dit le comte qui sentait son cœur battre à briser sa poitrine, je veux entrer seul.

— A votre aise, mon gentilhomme ; je suis ici pour vous obéir. Je vous attendrai, tranquillement, assis sur l'escalier, tout aussi longtemps qu'il le faudra.

— Avant que je franchisse le seuil, lisez ceci ; le gouverneur vous enjoint de laisser la prisonnière libre de me suivre, si je juge à propos de l'emmener. »

Le guichetier épela l'ordre, signé du comte Jean d'Octeville, et répondit :

« C'est bien en règle. Avec un papier comme celui là je vous livrerais tous mes prisonniers, si vous aviez la fantaisie de les prendre. »

M. de Rahon saisit la lanterne et s'efforça d'imposer silence à l'écrasante émotion qui le rendait faible comme un enfant. Il entra, ferma la porte derrière lui, et s'arrêta saisi d'une immense douleur et d'un immense effroi.

Le cachot dans lequel il venait de pénétrer était étroit, voûté, plus sombre qu'un sépulcre, et ne recevait un peu d'air que par une meurtrière grillagée donnant sur le couloir.

Un bois de lit recouvert d'une maigre paillasse, une cruche et une escabelle composaient l'ameublement ; près de la cruche, se voyait un gros quartier de pain noir auquel on n'avait pas touché.

Sur le grabat (de quel autre nom appeler cette couche sordide ?) une femme était étendue, le visage tourné du côté de la muraille.

En entendant la porte s'ouvrir et se refermer, cette femme murmura :

« Que me voulez-vous ? Laissez-moi en paix... c'est la seule grâce que je demande à Dieu, c'est

— Sa voix ! se dit le comte dont le cœur oppressé se dilata tout à coup ; c'est sa voix ! »

Il s'élança jusqu'auprès du lit, saisit la prisonnière, la souleva de manière à voir sa figure, et s'écria, avec un de ces transports qu'un homme n'a qu'une fois dans sa vie :

« Marie ! c'est donc vrai ! c'est donc toi ! » »

Il avait à peine prononcé ces mots, que le visage de la comtesse prit une expression d'ivresse presque effrayante, car un si foudroyant bonheur pouvait la tuer comme un coup de tonnerre. Une lueur étrange la transfigura ; on eût dit qu'une auréole s'allumait autour de son front pâle ; tout son corps palpitant vibra et elle s'abattit sur la poitrine du comte en balbutiant :

« Annibal... je t'ai revu... Tu es là... près de moi... tu m'aimes... Ah ! mes maux sont payés... Je n'ai jamais souffert et Dieu peut me prendre à présent... »

Elle ferma les yeux, mais sur ses lèvres errait un souffle faible et doux, et ce souffle disait :

« Annibal... Annibal...

— Non, ma bien-aimée, non, répliqua M. de Rahon en l'enveloppant d'une ardente étreinte, Dieu ne te prendra pas ! Il nous rend l'un à l'autre, c'est pour ne plus nous séparer jamais. Tes douleurs sont finies. Tu vas recommencer la vie et je jure d'effacer la trace de tes larmes à force de bonheur et d'amour.

Le comte s'interrompit, et, jetant un regard sur les traits altérés, sur les membres amaigris de la pauvre martyre, il murmura d'une voix sourde, avec un accent de haine et de rage indicibles :

« Oh ! les infâmes ! les infâmes ! comme ils t'ont fait souffrir ! Par quel supplice inouï pourront-ils expier tes tortures ?

— Pas de supplice... pas de vengeance... répondit lentement Marie les yeux toujours fermés. Oublie... fais comme moi... Ai-je souffert seulement ?... Je ne m'en souviens plus. Crois-tu qu'on puisse garder sa haine quand le cœur déborde de joie ?...

— Ange, tu pardonnes à tes bourreaux !

— Je leur pardonne et je les bénis, puisque je leur dois ce bonheur suprême que je n'aurais pas goûté sans eux... Aurais-je su combien tu m'aimais, si je n'étais au fond du cachot où tu descends me chercher aujourd'hui ?

— Marie, tu n'as jamais douté de moi, n'est ce pas ?

— Jamais !... Si j'avais douté, vivrais-je encore ?... Pauvre ami, tu me croyais morte, je le sais, et tu me pleurais !... J'espérais en toi... Je me disais : « Un jour, il apprendra qu'on l'a trompé, et, ce jour-là, fussé-je cachée dans les entrailles de la terre, il saura me retrouver... » Cette pensée me soutenait et me donnait la force de vivre... Tu vois que j'avais raison de croire et d'espérer...

— Viens ma bien-aimée, partons.

— Déjà !...

— N'as-tu point hâte de fuir cette horrible prison ?

— Depuis que nous y sommes ensemble, la prison me semble un paradis...

— Le paradis, c'est notre tendresse ; nous le porterons partout avec nous.

— Eh bien ! oui, tu as raison... viens...

— Pourras-tu marcher ?

— Je suis bien faible... je mangeais si peu... Ce pain noir me faisait horreur... Déjà j'ai senti des vertiges... mais, appuyée sur toi, je retrouverai des forces... »

La pauvre femme se trompait. À peine debout, elle chancela. Les vertiges dont elle venait de parler se manifestèrent de nouveau ; il lui fut impossible de faire un pas.

Annibal la prit dans ses bras et l'emporta ; mais après avoir gravi, chargé de son précieux fardeau, les escaliers sans fin, les forces lui manquèrent à lui-même ; il fut obligé de s'arrêter.

Heureusement Dominique attendait dans la rue, à côté de la porte de la prison. Il courut chercher un carrosse de louage, et M. de Rahon, après avoir donné au guichetier de nouvelles marques de sa libéralité, fit monter la comtesse dans ce carrosse qui les conduisit à leur hôtel.

Dix heures du matin sonnaient.

C'est en ce moment que, d'après les calculs de Dominique, on devait s'apercevoir, au château, de l'absence du comte.

Dominique avait calculé juste.

À huit heures, comme d'habitude, le valet de chambre s'était présenté pour faire son service. Trouvant les portes fermées, et supposant son maître endormi, il avait battu en retraite, mais pour revenir un peu plus tard.

À neuf heures il avait frappé, doucement d'abord, puis plus fort, et, n'obtenant aucune réponse, il s'était empressé de prévenir Mme Olympe, dont l'appartement communiquait avec celui du comte par un passage que nous connaissons.

L'ex-marquise de Chavigny s'engagea dans ce passage et se heurta contre une porte close, ce qui n'arrivait jamais.

Elle frappa et appela de toutes ses forces, à plusieurs reprises, sans résultat.

Une seule explication plausible de ce silence étrange s'offrit tout d'abord à son esprit.

« Le comte doit être mort cette nuit, se dit-elle. Oh! si cela était, comme je bénirais mon étoile! »

Elle se hâta de feindre la plus grande inquiétude et donna l'ordre d'enfoncer la porte.

Quelques pesées suffirent. Olympe et deux ou trois valets pénétrèrent dans l'appartement, où nous savons déjà qu'ils ne devaient trouver personne.

Mme de Chavigny pâlit.

Les verrous, poussés à l'intérieur, la fenêtre restée entr'ouverte, lui prouvaient jusqu'à l'évidence qu'Annibal avait quitté mystérieusement le château, avec la volonté de dissimuler sa fuite aussi longtemps que faire se pourrait.

Quel motif impérieux l'avait soudainement décidé à cette mesure extrême, lui jusqu'à ce moment si faible, si brisé, si docile ?

Quelle révélation l'était venue surprendre à l'improviste ?

Où était-il allé ?

Voilà ce que la belle Olympe se demandait en vain ; voilà ce qu'elle ne pouvait comprendre, ni deviner.

Elle donna l'ordre de courir aux écuries et de s'assurer si quelque cheval avait disparu pendant la nuit.

Le valet de chambre chargé de cette mission revint lui annoncer que *Kébir* et *Mesrour* manquaient dans leurs boxs. Il amenait d'ailleurs avec lui le palefrenier chargé spécialement de soigner les étalons orientaux.

Ce palefrenier, interrogé par Mme de Chavigny, prétendit d'abord ne rien savoir ; mais, menacé d'une arrestation immédiate comme voleur, ou tout au moins comme complice du voleur des deux chevaux, il finit par déclarer ce qu'il savait.

En apprenant que Dominique était le compagnon du comte, la belle Olympe n'eut plus un instant de doute.

« Il sait tout ! se dit-elle, je suis perdue, oui, perdue ! à moins que cette fois encore je ne me sauve à force d'audace ! Annibal est parti pour Clermont, je vais l'y rejoindre, et si le gouverneur ne m'a pas trahi, je lutterai jusqu'au bout ! »

Une heure après, elle montait en carrosse et partait en enjoignant à son cocher d'exiger des chevaux la plus grande somme de vitesse qu'il serait possible d'en obtenir.

Elle fit vingt lieues en huit heures, dans des chemins effroyablement montueux, et elle descendit,

non point à l'hôtel du comte, mais à celui du gouverneur.

Jean d'Octeville, par grand hasard, se trouvait chez lui.

Il bondit en entendant annoncer la belle Olympe et il allait s'embarquer dans ses phrases entortillées de galanterie transcendante ; mais la visiteuse ne lui en laissa pas le temps.

« Vous avez vu le comte de Rabon aujourd'hui ? lui demanda-t-elle brusquement.

— Oui, belle dame ; il a fallu me réveiller au point du jour pour l'entretenir. Tudieu! c'est un homme sans pitié !

— J'espère que vous ne lui avez rien appris ?

— Qu'aurais-je pu lui apprendre, il savait tout ? »

Mme de Chavigny frissonna de la tête aux pieds et ce fut d'une voix tremblante qu'elle balbutia :

« Que savait-il ?

— La gracieuse visite dont vous avez daigné m'honorer, la lettre de cachet sollicitée par vous et donnée par moi, l'arrestation de la personne qu'il m'a dit se nommer Simone Raymond et son emprisonnement dans un cachot du présidial.

— Que voulait-il de vous ?

— L'autorisation de voir à l'instant la prisonnière et l'ordre de la mettre en liberté, s'il le jugeait convenable après son entrevue avec elle.

— Et, s'écria la belle Olympe haletante, ce qu'il demandait, l'a-t-il obtenu ?

— Pouvais-je refuser ? Je vous en fais juge.

— Ainsi donc, il a vu cette femme ? Cette femme est libre ?

— Depuis ce matin, oui, belle dame ; et je constate, avec un chagrin profond, que vous en éprouvez quelque ennui.

— Monsieur le comte, reprit Olympe avec un geste de désespoir, vous m'avez perdue ! »

Et elle sortit précipitamment du salon, puis de l'hôtel, sans se laisser rejoindre par Jean d'Octeville atterré.

XLI

OU FRONTIN GALOPE.

L'ex-marquise de Chavigny, nous le savons, avait résolu de payer d'audace, et de jouer le tout pour le tout.

Elle voulait savoir à l'instant même à quoi s'en tenir.

En conséquence elle se fit conduire à l'hôtel d'Annibal, convaincue qu'elle allait se trouver face à face avec la comtesse Marie de Rahon.

Il n'en fut rien.

Le concierge stupéfait lui apprit que le comte, et la personne qui l'accompagnait, n'étaient restés que deux heures à l'hôtel, où les tailleuses et couturières de la ville avaient apporté de nombreux vêtements, et qu'ensuite ils étaient partis dans le carrosse de louage qui les avait amenés.

« C'est bien, répondit la belle Olympe, je m'installe ici ; qu'on aille me chercher à souper. »

Elle était à jeun depuis le matin, cependant, avant même de se mettre à table, elle saisit une plume, et d'une main fiévreuse elle traça ces lignes :

« Marquis,

« Nous sommes, vous et moi, sur le chemin de la
« place de Grève ; la Salpêtrière a lâché sa proie ;
« la comtesse est libre ; elle vient de rejoindre
« Annibal ; vous seul pouvez peut-être nous sauver
« encore. Accourez, je vous ai payé ma liberté un
« million ; c'est d'un prix égal que je vous payerai
« mon salut, qui sera le vôtre en même temps.
« Venez ! hâtez-vous ! vous me trouverez à Clermont. »

Elle signa : OLYMPE, et sur l'enveloppe elle écrivit le nom et l'adresse du MARQUIS DE SAINT-MAIXENT.

Aussitôt qu'elle eut cacheté l'enveloppe elle frappa sur un timbre.

Frontin se présenta. Ce laquais, complètement guéri des suites de la bastonnade si vertement appliquée par Jean Robert, avait fait le voyage sur le siège du carrosse.

« Madame la comtesse a sonné ? demanda-t-il.

— Frontin, répondit Olympe, je vous crois du zèle.

— Pour le service de madame la comtesse je me ferais couper en quatre morceaux.

— Voulez-vous faire votre fortune ?

— Si je le veux ? Ah ! je le crois bien.

— L'occasion se présente. Voici une lettre et voici une bourse pleine d'or. Partez pour Paris à franc étrier. Semez, s'il le faut, les chevaux morts sur la route, mais arrivez... arrivez en trois jours ! Êtes-vous capable de cela ?

— J'en réponds.

— Vous remettrez cette lettre au gentilhomme à qui elle est adressée, et, à votre retour, vous serez riche, je vous le promets ; assez riche pour vivre sans travail et pour ne vous rien refuser.

— Madame la comtesse, je pars à l'instant, je galoperai jour et nuit, et, si je ne me casse pas le cou en route, votre commission sera faite avant trois jours »

Olympe le vit s'éloigner. Elle soupa sans appétit, elle se coucha sans sommeil, et nous prenons sur nous d'affirmer que pendant la nuit toute entière elle ne ferma point les yeux.

Nos lecteurs se demandent sans doute si le comte et la comtesse, en quittant Clermont, avaient pris le chemin du château de Rahon ?

Il se tromperaient en le supposant.

Annibal, ignorant le départ de la belle Olympe, ne voulait point mettre sa chère Marie, ne fût-ce que pour une heure, en présence de cette odieuse créature.

Il possédait à six lieues de Clermont un petit château dominant un beau parc et de vastes domaines. Ce castel, qu'il ne visitait pas une fois en dix ans, s'appelait le *Mas-du-Gué*. Il s'élevait sur une colline couverte de chênes et de châtaigners. Un peu plus bas s'étalaient des prairies que traversait un joli ruisseau.

C'est là qu'il conduisit la comtesse.

Dominique, les concierges du château et les filles de l'un des métayers devaient amplement suffire au service pendant une ou deux semaines, car le comte ne supposait pas que son séjour au Mas-du-Gué pût se prolonger plus longtemps.

Nous ne décrirons point les tendres épanchements de ces deux époux séparés par une fatalité sans nom, par des crimes sans précédents, et qui venaient enfin de se retrouver.

A quoi bon cette églogue après les péripéties d'un drame effrayant ?... les eaux calmes paraissent monotones, succédant aux vagues orageuses... — le bonheur raconté fatigue.

Il fallait cependant prendre un parti relativement à la marquise, et le prendre sans retard.

La comtesse Marie, nous le lui avons entendu dire à elle-même, ne voulait pas qu'il fût question de vengeance. Dans son angélique bonté elle demandait au comte de rendre le bien pour le mal et d'accorder un pardon complet.

Annibal pouvait-il opposer un refus aux touchantes supplications murmurées par une voix si douce et tant aimée ?

Il céda.

Sous l'inspiration de la comtesse, il écrivit à madame de Chavigny une lettre sans colère, où ne se trouvait pas même un reproche.

Saint-Maixent et Lazare ne tardèrent point à paraître. (Page 271.)

« Entendez-vous avec moi, disait-il dans cette lettre, pour faire judiciairement annuler un mariage entaché d'erreur. Il me plaît d'admettre votre bonne foi. Trompée comme je l'étais moi-même, vous avez cru sincèrement à la mort de ma première femme. Elle reparaît miraculeusement sauvée, et vous vous empressez de lui rendre sa place ; agissez ainsi, ma cousine, et je vous jure qu'aucune enquête ne sera faite, qu'un voile éternel couvrira le passé, et que jamais, à aucune époque, la justice des hommes ne demandera compte, à vous et au marquis de Saint-Maixent, des événements accomplis. »

Cette lettre, très-développée, et dont nous venons d'indiquer le sens en quelques mots, fut envoyée à Mme de Chavigny au château de Rahon, et **revint la trouver à Clermont.**

ses déterminations futures, mais il était trop tard, elle attendait Saint-Maixent d'un jour à l'autre, et, après avoir poussé en avant son hardi complice, elle ne voulait pas reculer.

Déjà, d'ailleurs, elle préparait des armes pour la lutte.

Un procureur retors à qui elle avait confié ses intérêts, et qui tenait la loyauté en médiocre estime chaque fois qu'il voyait quelque chance d'abuser la justice, s'était fait fort de gagner le procès futur vers lequel il poussait sa cliente, et de le gagner d'une façon éclatante.

« Vous êtes jeune, riche et belle, madame, lui disait-il, et dans les plateaux de Thémis, tout cela pèse énormément. On n'éconduit point une solliciteuse de votre sorte ; c'est à qui s'empressera de l'écouter et s'efforcera de lui plaire. Vos sacs d'écus, vos doux regards et vos jolis sourires sont autant de bons arguments qui font gagner les mauvais procès, et le vôtre n'est point de ce nombre. Quel juge assez austère consentira jamais à rendre un arrêt contre vous, si par un mot adroit, comme les femmes savent si bien les dire, vous avez fait briller à ses yeux quelque vague espérance ! Le gouverneur, qui vous est complètement acquis, vous soutiendra de tout son pouvoir. N'avons-nous pas d'ailleurs dans les mains une pièce capitale et qui suffirait seule à vous donner gain de cause ? Je parle de l'acte mortuaire de la comtesse de Rahon ; il est inattaquable, à moins qu'un crime n'ait été commis. Ce crime, on pourra l'alléguer, je le sais bien, mais le prouver, c'est autre chose, et ces messieurs du présidial reculeront, pleins d'épouvante, devant une accusation invraisemblable, dépouillée de tout fondement. »

Ce procureur madré parla longtemps ainsi. Son éloquence était intarissable. Les paroles tombaient de sa bouche comme l'eau coule d'une fontaine. Bref, il fut si persuasif, qu'Olympe convaincue répondit à l'admirable lettre du comte par un double procès, procès en supposition et usurpation de nom à l'intrigante appelée Simone Raymond, et se prétendant comtesse de Rahon, procès en adultère au comte de Rahon, vivant publiquement avec la misérable créature, qui, au mépris de toutes les lois divines et humaines, osait se faire passer pour sa femme.

En recevant ces deux assignations à comparaître sous huitaine devant les juges au présidial, et qui, sous forme d'actes judiciaires, n'étaient que des libelles monstrueux, le comte Annibal bondit de fureur et d'indignation.

« Oh ! la misérable, l'infâme créature ! s'écria-t-il, que ne l'ai-je tuée, comme je le voulais, dans la nuit où Dominique est venu tout m'apprendre ! »

La comtesse prit la main de son mari, et lui dit avec un adorable sourire, en lui montrant le ciel :

« Dieu voit et juge ! Le mensonge ne prévaudra pas !... »

Retournons de quelques jours en arrière, et suivons le valet Frontin dans ce voyage à Paris, au bout duquel devait se trouver la fortune.

« Vous serez assez riche pour vivre sans travail et pour ne vous rien refuser ! » avait dit Mme Olympe.

L'oisiveté et les jouissances matérielles ! il en fallait moins pour enflammer l'imagination de Frontin. Il se mit donc en route avec une ardeur sans égale, enfourchant les maigres bidets du pays, qu'il stimulait à grand renfort de cravaches et d'éperons.

Sans nul doute il aurait réalisé le tour de force d'arriver à Paris en trois jours avec de pareilles montures ; malheureusement pour lui, un peu avant le jour, tandis qu'il traversait la forêt de Massiac, voisine du village de Saint-Jude, le cheval surmené qu'il avait entre les jambes manqua des quatre pieds à la fois, et roula sur la route cailloiteuse, lançant à dix pas son cavalier.

Le bidet, au bout d'un instant, se releva clopin, clopant, mais Frontin ne devait plus se relever.

En tombant la tête la première il s'était fracassé l'épine dorsale.

Il était mort.

Une heure après, Denis Robustel, plus que jamais prévôt de la maréchaussée, passa sur le chemin, à la tête de ses cavaliers, et s'arrêta près du cadavre qu'il fit relever par un de ses hommes.

Le corps de Frontin ne portait nulle trace de blessure. Le bidet tout sellé paissait, près de là, l'herbe maigre, et ses genoux saignants indiquaient une chute récente. A coup sûr aucun crime n'avait été commis ; il ne s'agissait que d'un accident.

« Ce pauvre diable, dit le prévôt, m'a l'air d'un laquais de bonne maison. Il s'agit de le fouiller. Peut-être trouverons-nous dans ses poches quelque chose qui nous permettra de constater son identité. »

Deux cavaliers explorèrent aussitôt les vêtements de Frontin.

« Une bourse ! s'écria l'un d'eux, et bigrement bien garnie, encore ! Le gaillard avait de l'or dans ses poches comme un grand seigneur !...

— Une lettre, fit le second cavalier presque en même temps.

« — Donnez la bourse et donnez la lettre, » commanda le prévôt.

Il soupesa l'une dans sa main gauche, et de la main droite élevant l'autre à la hauteur de ses yeux, il déchiffra le nom et l'adresse du marquis de Saint-Maixent.

Nous connaissons de longue date l'horreur que le digne prévôt ressentait pour le gentilhomme par qui il avait été joué. Son visage s'empourpra, ses yeux étincelèrent sous les broussailles de ses sourcils, et un énergique : « *Tonnerre du diable!* » s'échappa de ses lèvres ombragées par son épaisse et longue moustache grise.

« Le marquis de Saint-Maixent! murmura-t-il avec une expression haineuse et méprisante, c'est pour le marquis de Saint-Maixent!...

— Vous connaissez le particulier, prévôt? demanda l'un des hommes.

— Que trop! Allons, Flageolet, charge-moi le corps sur l'arçon de la selle, et vous autres, demi-tour à gauche, au galop, ventre à terre ! Nous retournons à la caserne!... »

XLII

OU DENIS ROBUSTEL TRAVAILLE

Nos lecteurs ont-ils conservé la mémoire de certaine rencontre accidentelle entre le marquis de Saint-Maixent et Denis Robustel à l'entrée de la forêt d'Ebreuil? se souviennent-ils d'avoir entendu le prévôt s'écrier avec tout le feu de sa vertueuse indignation :

« Un coquin finit rarement dans la peau d'un honnête homme... il en est pour le crime de même que pour le vin : QUI A BU, BOIRA! Le crime attire !... un jour où l'autre le gredin commettra quelque nouvelle infamie, et, comme les lettres de rémission n'ont de valeur que pour le passé, le lieutenant civil reprendra ses droits et me rendra les miens! Je l'ai déjà tenu, le misérable, et je l'ai lâché ; mais si jamais je remets le grappin sur lui, je jure que je ne le lâcherai plus, quand je devrais, pour le garder mieux, me faire river, comme un galérien, à l'autre bout de sa chaîne! Oui, foi de soldat, je le jure ! Il m'a berné, dindonné, turlupiné, il m'a tué un homme lâchement, un de mes plus braves, de mes meilleurs ! la dette du sang n'est point payée, mais elle le sera tôt ou tard, c'est un pressentiment que j'ai. »

En trouvant sur le cadavre de Frontin la lettre qu'une main inconnue adressait au marquis, Denis Robustel sentit ce pressentiment renaître et s'emparer de lui avec une force nouvelle.

Il n'eut pas un instant de doute, il se dit avec certitude :

« Cette lettre, si importante qu'elle n'a point été confiée à la poste, mais à un courrier spécial envoyé d'Auvergne à Paris, doit à coup sûr me mettre sur le chemin de la revanche ! je saurai ce qu'elle contient. »

Et c'est pour le savoir plutôt que Denis Robustel avait donné à ses hommes l'ordre de tourner bride pour revenir à la caserne.

Le prévôt ne partageait pas la *chambrée* des autres cavaliers: il jouissait d'un petit logement spécial et tout à fait indépendant.

A peine descendu de cheval, il s'enferma dans ce logement, afin de procéder à une opération que des employés *ad hoc* devaient pratiquer un peu plus tard pour le compte du roi de France à l'abri des murailles discrètes du CABINET NOIR.

Il ne se préoccupa nullement (lui, l'honnêteté même) de l'action indélicate qu'il allait commettre en violant le secret d'une lettre. Tous les moyens lui paraissaient bons et honorables pour arriver à la découverte d'un nouveau crime qu'il pourrait peut-être empêcher.

Il alluma une petite lampe, fit chauffer au-dessus de la mèche la lame d'un couteau, et glissa cette lame sous le cachet de cire noire, de façon à le détacher sans effacer l'empreinte nette et profonde des armoiries.

Cette besogne était plutôt minutieuse que difficile ; il l'accomplit avec un plein succès; il retira la lettre de l'enveloppe, la dévora des yeux, et le rayonnement du triomphe illumina son visage couleur de brique.

Rien ne se pouvait imaginer, en effet, de plus significatif, sinon de plus clair, que les expressions de cette lettre.

« *Nous sommes, vous et moi, sur le chemin de la place de Grève*, disait Olympe en commençant, et elle terminait par ces mots, qui suivaient l'offre d'un million : *Venez!... hâtez-vous !... vous me trouverez à Clermont..* »

A coup sûr l'auteur de la lettre avait commis jadis un crime de complicité avec Saint-Maixent et l'appelait pour en commettre un second, destiné à faire disparaître les traces du premier.

Ceci était clair comme le jour. Aucune erreur, aucune fausse interprétation ne semblaient possibles.

« Je le tiens ! murmura Denis Robustel en recachetant l'enveloppe avec autant d'habileté que de bonheur. C'est moi qui porterai la lettre. »

Deux ans auparavant, le digne prévôt avait fait un petit héritage d'une dizaine de mille livres, en bonnes terres. Il alla demander cinquante louis au tabellion dépositaire de ses titres de propriété, lequel les lui remit sans difficulté, mais non pas sans surprise.

Il se rendit ensuite chez son supérieur immédiat afin d'obtenir un congé de quelques jours pour affaires de haute importance ; il échangea son uniforme contre des vêtements bourgeois ; il monta à cheval, se mit en route, et arriva dans la bonne ville de Paris, non en trois jours, ainsi que l'aurait fait Frontin, mais en six, ce qui était déjà fort joli.

Une heure après son débotté, il entrait chez un barbier, et sa longue moustache tombait sous le rasoir. Ce sacrifice immense accompli, il achetait chez un fripier, pour quelques écus, une livrée d'occasion, et, après avoir revêtu ce déguisement, il se renseignait et gagnait pédestrement la rue Saint-Honoré où le marquis de Saint-Maixent habitait un appartement garni, car malgré le million de la marquise de Chavigny, il en était déjà à se débattre contre les poursuites d'une myriade de nouveaux créanciers.

Denis Robustel sonna à la porte.

Ce fut Lazare qui lui vint ouvrir et le regarda d'un œil étonné, car le corps long et maigre du prévôt offrait, sous la souquenille galonnée, l'aspect le plus étrange, pour ne pas dire le plus grotesque.

Emporté par l'habitude, Denis salua militairement.

« Que voulez-vous, l'ami ? » lui demanda Lazare, qui volontiers se donnait des airs importants et dédaigneux.

Le prévôt sentit que le rouge de la colère lui montait au visage, et il répondit :

« Monsieur le marquis de Saint-Maixent, s'il vous plaît !

— C'est bien ici.
— Peut-on le voir ?
— Impossible en ce moment, il est sorti.
— Quand rentrera-t-il ?
— Ce soir ou dans huit jours. Avec M. le marquis, on ne sait jamais. Est-ce que vous avez quelque chose à lui dire ?
— J'ai une lettre à lui remettre qui vient de loin et très-pressée.
— De quelle part ! »

Denis Robustel se souvint à propos du nom de femme qui signait la lettre, et à tout hasard il répondit, en prenant une physionomie mystérieuse, tout à fait de circonstance :

« De la part de Mme Olympe. »

Il eut lieu de se féliciter de sa présence d'esprit, car ce nom produisit un effet prodigieux.

« Mais alors, s'écria Lazare, vous arrivez d'Auvergne ?

— En ligne directe et à franc étrier.
— Peste ! il paraît en effet que c'est pressé !
— Ah ! je le crois, car Mme Olympe m'a recommandé de galoper nuit et jour, comme si j'avais à mes trousses tous les prévôts de la maréchaussée.
— Donnez votre lettre, M. le marquis l'aura dans une heure.
— Mais vous disiez tout à l'heure qu'il ne rentrerait peut-être que dans huit jours. »

Lazare se mit à rire de la naïveté du provincial et répliqua :

« Ça ne fait rien, je sais où il est. Donnez la lettre.

— Vous m'en répondez sur votre tête ?
— Eh ! oui, mordieu, je vous en réponds ! par la sambucquoy, quel homme méfiant ! Donnez donc la lettre !
— Ce n'est pas de la défiance ; c'est de la prudence.
— Voulez-vous, oui ou non, donner la lettre ?
— La voici.
— C'est bien. Reviendrez-vous ?
— Pourquoi faire ?
— M. le marquis désirera peut-être vous questionner.
— Je n'aurais rien à lui répondre, madame Olympe ne m'ayant dit autre chose que de me mettre en route au plus vite.
— Donnez-moi toujours l'adresse de l'hôtellerie où vous êtes descendu.
— C'est à la *Croix de Fer*, rue Saint-Martin ; mais j'en vais partir dans une heure, profitant de ce que je suis à Paris pour aller visiter, du côté de Pontoise, un parent que j'ai.
— Bon voyage, alors.
— Merci. »

Denis Robustel avait fait ces réponses évasives dans un but facile à comprendre. Il voulait éviter, par dessus tout, de se trouver en présence de Saint-Maixent, qui, malgré le sacrifice de ses moustaches et sa souquenille de laquais, aurait pu le reconnaître.

Il s'empressa donc de gagner la rue et se mit en embuscade, sous une porte cochère, vis-à-vis la maison qu'habitait le marquis.

..t de cinq minutes il vit sortir Lazare.
rit de m'armer de patience et de ne point
e dit-il ; un peu plus tôt, un peu plus
, et le valet rentreront. »
du prévôt ne fut point mise à une
reuve. Il était à son poste depuis une
· quand un carrosse de louage s'arrêta
ə de lui. Lazare s'empressa de descen-
..c ɔu siége et d'ouvrir la portière au marquis de
Saint-Maixent qui rentrait.

Denis Robustel entendit le valet dire au cocher :
« Nous partons demain matin pour l'Auvergne ;
sois à la porte au point du jour, car tu nous conduiras jusqu'au premier relais. »

Le digne prévôt frissonna de joie. Il savait désormais tout ce qu'il avait besoin de savoir.

Saint-Maixent, obéissant aux volontés de sa
complice, partait pour Clermont. Il s'agissait de
l'y précéder pour commencer ce duel sans miséricorde où la justice lutterait contre le crime.

Le même jour, un peu avant la tombée de la
nuit, l'infatigable Denis Robustel reprenait la route
d'Auvergne, ne s'arrêtait, chemin faisant, que
pour changer de cheval et manger à la hâte un
morceau de viande froide, arrivait à Clermont avec
une incompréhensible rapidité, sans avoir été dépassé par le marquis, mettait pied à terre à la
porte de l'hôtel du lieutenant civil, et faisait
demander une audience immédiate en déclinant
son titre de prévôt de la maréchaussée. Il fut
admis sans retard en présence du magistrat.

En apprenant qu'il allait être question du marquis de Saint-Maixent, l'homme dont il avait mis
la tête à prix trois ans auparavant, et qu'il considérait comme un infâme scélérat, le lieutenant civil
tressaillit.

Il avait cruellement souffert dans sa dignité de
magistrat et dans son amour pour la justice, le
jour où les lettres de rémission, signées par le roi,
étaient venues laver le misérable gentilhomme de
toutes les accusations si légitimement portées contre
lui.

C'est pourquoi, lui aussi, comme Denis Robustel, accueillait avec une joie sombre la pensée d'une
victoire enfin remportée contre le grand criminel
que la clémence royale, ou plutôt l'aveuglement du
monarque, ne couvrirait pas deux fois de suite.

Il écouta avec une attention profonde le récit du
prévôt, et comme, par sa situation, il était au courant mieux que personne du double procès engagé
entre le comte et la comtesse de Rahon, et la marquise de Chavigny (se disant, elle aussi, comtesse

Denis Robustel s'éclaira soudain dans son esprit
d'une lumière éclatante.

A partir des premiers mots de cette révélation,
le procès fut jugé pour lui sans appel. La signataire
de la lettre au marquis de Saint-Maixent ne pouvait être que la belle Olympe. Ensemble, le gentilhomme et la grande dame avaient tout préparé
pour faire disparaître la comtesse Marie, en la jetant, comme folle, aux cabanons de la Salpêtrière.

La Salpêtrière lâchait sa proie.... la vérité foudroyante allait éclater, et la marquise appelait à
elle son complice pour tenter, par un nouveau
crime, d'effacer les traces du premier.

Tout ceci, pour le lieutenant civil, était logique,
inattaquable, indiscutable, et prouvé jusqu'à l'évidence.

XLIII

LES COMPLICES

La lettre de la marquise de Chavigny au marquis
de Saint-Maixent aurait pu servir contre tous les
deux de pièce de conviction terrible ; mais cette
lettre n'existait plus, et, pour que l'action de la justice eut le droit de se manifester, il fallait attendre
que les complices eussent affirmé leurs intentions
criminelles par un commencement d'exécution.

Le lieutenant civil félicita vivement Denis Robustel de son zèle, de sa perspicacité, de son énergie. Il le mit au courant de tous les faits qu'il ignorait encore ; il lui apprit que la personne dont il
avait porté la lettre à Saint-Maixent était la marquise de Chavigny ; il lui révéla que les complices
allaient s'attaquer sans doute à la vie du comte et
de la comtesse de Rahon en ce moment isolés du
monde dans leur petit château du Mas-du-Gué ;
enfin, il lui confia les pouvoirs les plus étendus et
mit à sa disposition, et sous ses ordres, tout le
personnel de la police de Clermont et toutes les
brigades de la maréchaussée.

Ceci fait, il le congédia en lui conseillant une
discrétion absolue, et lui enjoignit d'entourer de
mystère ses actions et ses démarches ; car la marquise de Chavigny était riche, et, parmi les agents,
il pouvait se trouver un traître.

Denis Robustel, plus heureux et plus fier qu'il
ne l'avait été dans tout le cours de sa longue vie,
revêtit un costume de bon bourgeois, prit avec lui
deux agents dont le lieutenant civil lui répondait
absolument, et alla s'embusquer aux alentours de

soutenant son rôle de femme légitime avec une merveilleuse impudence, avait établi son quartier général.

Personne ne pouvait franchir le seuil de l'hôtel sans passer sous les yeux du prévôt et de ses compagnons.

Dans l'après-midi, un carrosse couvert de boue arriva, menant grand tapage de grelots et de coups de fouet. Le postillon demanda la porte, qui s'ouvrit, et le carrosse s'engouffra dans la cour.

Denis Robustel avait eu le temps de reconnaître Saint-Maixent et Lazare, et de les faire remarquer aux agents.

« Voilà nos hommes, leur dit-il ; c'est eux qu'il s'agit de surveiller. Il est probable, il est même certain, qu'ils ne tenteront rien aujourd'hui. Moi, je succombe à la fatigue. Depuis dix jours, je n'ai pas dormi. La nature se révolte, à la fin, contre la violence que je lui ai faite. Je vais prendre quelques heures de sommeil à l'hôtellerie du grand Saint-Éloi, que vous connaissez. Restez à votre poste, et si nos personnages sortaient de l'hôtel, que l'un de vous les suive et que l'autre vienne me chercher. »

Les agents promirent. Le prévôt se jeta tout habillé sur un lit, dormit pendant quinze heures de suite, se réveilla le lendemain matin parfaitement reposé, et vint retrouver les hommes de police.

Ils avaient fait bonne garde et ils affirmaient que, depuis la veille, personne, excepté les valets de la marquise, n'était sorti de l'hôtel.

« Votre tour est venu d'aller vous reposer, leur dit le prévôt. Je veillerai seul jusqu'à ce soir. »

Les agents, flairant une grosse affaire qui pourrait amener pour eux, en cas de réussite, de très-amples gratifications, voulurent faire preuve de zèle et n'acceptèrent qu'une heure pour aller s'attabler dans une taverne voisine. L'heure écoulée, ils reparurent.

Voyons ce qui s'était passé, la veille, entre Saint-Maixent et Mme de Chavigny.

La marquise, au moment où le carrosse pénétra dans la cour comme un tourbillon, commençait à s'inquiéter beaucoup et à redouter très-fort que son complice ne se rendît point à son appel, et n'eut l'idée de chercher le salut dans une fuite à l'étranger.

Or, sans lui, elle était perdue ; car ses gens d'affaires et son procureur lui-même ne dissimulaient point que son procès prenait une assez mauvaise tournure, que des présomptions fâcheuses, répandues contre elle dans le public et parmi les juges, acquéraient chaque jour plus de consistance, et que

si le résultat de l'enqu[ête] président, ne détruisait présomptions, non-seul[ement] gain de cause, mais enco[re] pourrait fort bien être in[cul]mande du lieutenant civi[l]

En entendant pronon[cer] QUÊTE, Olympe avait pâl[i].

Ah! combien elle regre[ttait] obéissant à une sorte de magnanimes du comte A[...]

Maintenant, il était tr[op tard].

Le comte, irrité, ne reculerait pas, ne transigerait plus, et la fatale vérité se ferait jour, éclairant un abîme d'effrayantes iniquités.

Bref, la marquise ne conservait que l'apparence de l'audace ; le découragement et la terreur s'emparaient d'elle et la dominaient.

L'arrivée de Saint-Maixent lui rendit le courage et l'espoir. Il lui semblait que grâce à l'aide de ce génie du mal, elle pourrait tout braver et triompher encore. Ce fut donc avec une joie immense et sans mélange qu'elle bondit au-devant lui et qu'elle se jeta dans ses bras.

« Ah! mon cousin, s'écria-t-elle, combien vous avez tardé! Je n'avais plus d'espoir qu'en vous, et je vous attendais comme le condamné à mort attend sa grâce. »

Saint-Maixent ne repoussa point absolument les effusions de la marquise, mais il ne les accueillit qu'avec une certaine froideur.

« Ma belle cousine, répliqua-t-il avec un sourire ironique, vous ne teniez point ce langage quand vous faisiez, pour vous délivrer de moi, le sacrifice d'un million. Je vous semblais alors moins précieux qu'aujourd'hui.

— Que voulez-vous, j'étais folle!

— Ou plutôt vous aviez d'autres projets. Vous songiez à devenir la seconde du comte et vous l'êtes devenue. C'était bien joué, mais un peu hardi.

— Hélas! murmura la belle Olympe, trop hardi!

— Ainsi, la comtesse a reparu?

— Oui.

— Guérie de sa démence?

— Complètement.

— C'est une fatalité ; mais n'accusez que vous. Ah! si vous m'aviez laissé faire, vous seriez tranquille aujourd'hui. Les morts seuls ne sont point à craindre. Ceci, d'ailleurs, est inutile. Je ne suis pas venu pour récriminer. Racontez-moi tout, car j'ai besoin de tout savoir. »

Nos lecteurs connaissant déjà ce que la belle

...prit au marquis, nous n'aurons garde de
...fut achevé, Saint-Maixent s'écria :
...aison, la situation est si grave
...désespérée. Un effroyable danger
... deux. Nous n'avons désormais
... salut.
...bite du comte et de sa femme.
...sé déjà. C'est pour cela que je vous
...
...aturellement, fit le marquis avec un nouveau sourire encore plus ironique que le premier, vous pensez à moi dans les grands périls. C'est une confiance dont je suis fier, et que je vous promets de justifier de mon mieux.

— Ainsi, le comte et la comtesse...

— Eh bien! mais ils sont condamnés, puisque leur existence compromet la nôtre. Quoi de plus simple en ce bas monde, vous le savez bien, chacun pour soi!

— Prenez garde qu'un double meurtre ne fasse naître des soupçons nouveaux.

— Qu'importe! pourvu que ces soupçons ne puissent nous atteindre et qu'on accuse de vulgaires bandits.

— Comment ferez-vous pour qu'il en soit ainsi ?

— Vous m'en demandez trop long. Je ne puis combiner aucun plan avant de connaître beaucoup de choses que j'ignore. A quelle distance le Mâs-du-Gué se trouve-t-il de Clermont?

— A six lieues environ.

— J'irai demain; il est trop tard aujourd'hui pour rien commencer. Quelques préparatifs sont d'ailleurs nécessaires, et j'ai besoin d'une nuit de repos, ayant voyagé vite, quoique vous m'ayez, ce me semble, accusé de lenteur. Reproche injuste. Le lendemain du jour où votre lettre m'était remise, je quittais Paris en toute hâte et brûlais le pavé du roi.

— Qu'est devenu mon laquais Frontin? Ne l'avez-vous point ramené?

— Je n'ai pas vu le drôle, il a dit à Lazare qu'il allait visiter un parent dans les environs de Pontoise; il reparaîtra l'un de ces jours. »

Après ce long entretien, Saint-Maixent fit honneur au souper de la belle Olympe. Il but amplement, sans doute pour s'éclaircir les idées, puis il se mit au lit et dormit jusqu'au matin du sommeil du juste, ce qui prouve une fois de plus que les proverbes sont souvent menteurs.

Rejoignons Denis Robustel et ses deux acolytes. Vers dix heures du matin, ils virent un valet sans livrée quitter l'hôtel. Le prévôt fit un signe; un des agents suivit le valet et ne revint qu'au bout d'une heure.

« Eh bien? lui demanda vivement Denis.

— Il se manigance quelque chose, répondit l'agent. Le drôle vient de louer une carriole et de l'amener au bout de la rue où il stationne.

— Bon à savoir. Courez me chercher un cheval et attendez avec ce cheval à cent pas de la carriole. »

L'agent s'éloigna de nouveau.

Une demi-heure s'écoula, puis la petite porte s'ouvrit et deux paysans en sortirent. Denis Robustel les examina avec autant d'attention que de défiance, et n'eut pas grand'peine à reconnaître, sous leurs déguisements champêtres, le marquis et Lazare.

« Voilà qui va bien, murmura-t-il, je vais prendre chasse! »

Certain d'avance que le gentilhomme et son valet se rendaient au Mâs-du-Gué, le prévôt les laissa filer et ne quitta son poste d'observation qu'au moment où il entendit le roulement de la carriole qui s'éloignait.

Il rejoignit alors le cheval tout sellé que l'agent tenait par la bride au lieu convenu, il s'élança sur son dos, partit au galop, et très convaincu qu'en bonne police, le meilleur moyen de suivre les gens sans leur donner l'éveil est de marcher devant eux, il dépassa la carriole sans même jeter un coup d'œil sur les prétendus villageois qu'elle cahotait.

Saint-Maixent, persuadé que sa présence à Clermont était inconnue, et que personne au monde, à moins d'être sorcier, ne pourrait deviner ses projets sinistres, ne conçut aucun soupçon et n'accorda qu'une attention médiocre au bon bourgeois monté sur un bidet commun, qui ne tarda guère à disparaître dans un nuage de poussière à un brusque tournant de la route.

Denis Robustel arriva au Mas-du-Gué près d'une heure avant le marquis.

Nous avons dit que le petit château du comte Annibal occupait le sommet d'une colline sur les flancs de laquelle s'étendait un parc très boisé.

Le prévôt, au risque de se faire prendre pour un voleur par les jardiniers s'il était surpris, escalada le mur d'enceinte afin de se rendre compte des dispositions topographiques de ce parc, qu'il devinait instinctivement devoir servir de théâtre au dénouement du drame depuis si longtemps engagé.

Sa reconnaissance faite, il se cacha dans un massif touffu et il attendit.

Saint-Maixent et Lazare ne tardèrent point à paraître; ils avaient, eux aussi, franchi la muraille de clôture et ils se glissaient le long des charmilles.

A quelques pas du massif, dont les pousses vivaces enveloppaient comme une muraille de verdure Denis Robustel, muet et immobile, ils s'arrêtèrent.

XLIV

DANS LE PARC

« Lazare, demanda le marquis d'une voix très basse, mais qui cependant arriva distinctivement aux oreilles du prévôt, l'endroit ne te semble-t-il pas heureusement choisi ?

— C'est-à-dire, répliqua Lazare, qu'on le croirait fait tout exprès.

— Les soirées sont belles, reprit Saint-Maixent ; le comte et la comtesse doivent venir roucouler sentimentalement au clair de lune sous les arceaux mouvants de ces vieux châtaigniers ; ils nous y trouveront.

— Pas aujourd'hui, je pense ? balbutia le valet d'un ton mal assuré, qui dénotait un commencement d'effroi.

— Non, car il importe d'abord de nous faire voir et remarquer dans le hameau avec des mines de bandits. Je t'abandonnerai les bijoux de la comtesse et l'or que le comte ne saurait manquer d'avoir dans ses poches. On supposera naturellement que le vol était le mobile des meurtriers. Retournons à Clermont. Nous reviendrons demain.

— C'est donc pour demain, monsieur le marquis ?

— Oui.

— Ne vaudrait-il pas mieux attendre ?

— Quoi ?

— Je ne sais pas...

— Poltron ! »

Saint-Maixent et Lazare reprirent le chemin par lequel ils étaient venus, et le bruit de leurs pas furtifs se perdit bientôt dans l'éloignement.

Denis Robustel, le visage rayonnant sous son feutre de citadin, sortit alors de sa cachette, escalada de nouveau la muraille, alla reprendre son cheval qu'il avait attaché dans le fourré d'un bois voisin, et regagna la route de Clermont.

Il descendit chez le lieutenant civil.

« Monseigneur, lui dit-il, c'est demain soir que le crime doit avoir lieu. Voici ce qui se passe.

— A merveille ! répliqua le magistrat, après avoir écouté Denis Robustel ; je vais donner l'ordre d'arrêter à l'instant même M. de Saint-Maixent.

— Je vous supplie d[e...] gneur, s'écria le prévôt.

— Eh quoi ! voulez-vou[s...] de tous les forfaits une ch[...]

— Je veux saisir l'inf[âme en flagrant] délit, de manière que to[ute évasion] soit impossible.

— Mais si vous arrivez [...]

— Je réponds de tout ! Je [...] monseigneur. Eh bien ! s[...] ma tête au bourreau. Je n[...] rai mérité la mort...

— Eh bien ! soit, je me f[...] guise.

— Merci, monseigneur[...] moi.

— Avez-vous quelque chose à me demander ?

— Oui, une lettre de créance auprès de M. [le] comte de Rahon. Daignez apprendre à ce gentilhomme qu'il peut et doit avoir en moi une co[n]fiance sans limites.

— Quand vous faut-il cette lettre ?

— A l'instant. Je partirai cette nuit pour le M[as] du-Gué.

— Je vais écrire... »

Quelques instants plus tard, Denis Robustel qui[t]tait l'hôtel du lieutenant civil en emportant [la] lettre qu'il était venu chercher.

Vers deux heures du matin il se mit en rou[te] avec quatre agents hardis et dévoués. Il voul[ut] arriver au point du jour, sans avoir été remarqu[é.]

Il laissa les agents dans le petit bois, où, la veill[e,] il avait caché son cheval, et il alla sonner à la gril[le] du château.

« Remettez cette lettre à M. le comte, dit-il [au] valet qui lui vint ouvrir, et prévenez-le que le po[r]teur attend ses ordres. »

Annibal déchira l'enveloppe que scellait un lar[ge] cachet de cire rouge aux armes de la provin[ce] d'Auvergne, et lut avec une profonde surprise [les] lignes suivantes :

« Monsieur le comte,

« Je vous supplie d'accorder une confian[ce] absolue, sans restriction, sans limites, à l'honn[ête] homme qui vous remettra cette lettre.

« Croyez ce qu'il vous dira. Faites aveuglémen[t] ce qu'il vous conseillera de faire.

« Il s'agit de votre vie et de celle de Mme la comtesse de Rahon. »

Suivaient les formules de respectueuse politess[e] et la signature du lieutenant civil.

« L'homme est là ? demanda vivement Anniba[l...]

— Oui, monsieur le comte.
— Qu'il vienne, je l'attends. »

La haute taille anguleuse et roide du prévôt, toujours vêtu en homme du peuple, se dessina dans l'encadrement de la porte.

Le vieux soldat salua militairement.

« Vous connaissez le contenu de cette lettre, mon ami ? fit Annibal.

— Oui, monsieur le comte.

— Qui êtes-vous ?

— Denis Robustel, prévôt des cavaliers de la maréchaussée, pour avoir l'honneur et le plaisir de vous servir, monsieur le comte, si j'en étais capable. »

Ces paroles furent accompagnées d'un nouveau salut militaire.

« Eh bien ! prévôt, je ne demande pas mieux que de vous accorder toute ma confiance, reprit Annibal. Qu'avez-vous à m'apprendre ?

— J'ai à vous apprendre, monsieur le comte, qu'on doit vous assassiner cette nuit, ainsi que Mme la comtesse. »

M. de Rahon fit un brusque mouvement de stupeur.

« M'assassiner ! répéta-t-il ; que dites-vous ?

— La vérité pure.

— Dois-je vous croire ?

— Je vous le conseille dans votre intérêt, monsieur le comte ; sinon, je ne pourrais plus répondre de rien.

— Mais comment savez-vous...

— Je guette l'assassin depuis trois jours. Hier, il s'est introduit dans votre parc avec son complice pour choisir l'endroit. J'y étais avant eux ; ils ont causé, je les entendais.

— Et, cet assassin, vous savez son nom.

— Parfaitement.

— Il s'appelle ?...

— Le marquis de Saint-Maixent. »

M. de Rahon, devenu pâle comme un mort, leva les mains et les yeux vers le ciel.

« Saint-Maixent... balbutia-t-il ; lui ! lui ! Oh ! mon Dieu !

— Ah ! je sais, continua Denis Robustel, qu'il vous récompense assez mal de la peine que vous avez prise pour le faire déclarer, par lettres patentes du roi, le plus honnête homme du royaume ; mais, que voulez-vous, c'est comme ça ! Ce qui prouve bien, au surplus, qu'il ne faut jamais compter sur la gratitude des coquins qu'on oblige.

« Mais, reprit Annibal d'une voix déchirante, quel est son intérêt ? qui le pousse à ce crime infâme ?

— Comment ! monsieur le comte, vous ne devinez pas ? Je vais donc vous l'apprendre : c'est Mme la marquise de Chavigny qui se prétend votre seconde femme et qui veut être votre veuve.

— Elle aussi ! murmura M. de Rahon ; allons c'est complet ! »

Pendant quelques minutes, il demeura silencieux, le front plissé, le regard sombre, courbant la tête sous le poids des pensées désolantes qui l'obsédaient.

« Que faut-il faire ? demanda-t-il ensuite lentement.

— Ne rien changer à vos habitudes, répondit le prévôt. Vous promenez-vous le soir dans votre parc avec Mme la comtesse ?

— Oui.

— Eh bien ! vous vous y promènerez ce soir comme si de rien n'était, voilà tout.

— Mais le danger ?

— En avez-vous peur ?

— Pour moi, non, Dieu le sait ! Pour la comtesse, ma femme, oui.

— Mme la comtesse n'aura rien à craindre ; le danger n'existera ni pour elle, ni pour vous. Je serai là avec mes hommes.

— Quels hommes ?

— Quatre agents du lieutenant civil, de solides gaillards qui n'ont pas froid aux yeux.

— Où sont-ils ?

— Tout près d'ici. Je vais même vous demander la permission, monsieur le comte, de les faire entrer par la petite porte du parc et de les cacher dans une espèce de pavillon rustique que j'ai vu là-bas, sous les châtaigniers, et d'où ils ne sortiront plus avant ce soir. Il serait très-bon que leur présence fût ignorée de vos valets.

— Je vous accompagne et j'ouvrirai moi-même la petite porte. Mon valet de chambre, Dominique, un vieux serviteur, un autre moi-même, vous portera des vivres dans la journée. N'êtes-vous point d'avis que je ferais bien de ne point instruire d'avance la comtesse de ce qui doit se passer ce soir ?

— Je n'aurais osé vous le conseiller, monsieur le comte ; mais je l'approuve de toutes mes forces. »

Ces paroles s'échangeaient tandis qu'Annibal et le prévôt, sortis du château, se dirigeaient ensemble vers la petite porte.

Ils s'étaient engagés dans une large allée droite, ombragée d'arbres gigantesques et traversant le parc dans toute sa longueur.

« Voici l'endroit choisi par les scélérats, dit le prévôt en s'arrêtant près du massif où, la veille, il s'était caché. Voulez-vous me permettre, monsieur le comte, de vous indiquer la marche à suivre qui, selon moi, doit infailliblement réussir ?

— Je vous le permets et je vous en prie. Entendez-vous les chouettes, ici, quelquefois, le soir ?

— Jamais.

— Voilà qui se trouve à merveille. Eh bien! aujourd'hui, dès la tombée de la nuit, soyez attentif : le cri de la chouette retentira deux fois pour vous avertir que le Saint-Maixent et l'autre gredin viennent de s'introduire dans le parc. Attendez un quart d'heure, puis donnez le bras à Mme la comtesse et descendez tout tranquillement l'allée où nous sommes. Je réponds du reste.

— Ce sera fait.

— Je ne vois, d'ailleurs, aucun inconvénient à ce que vous ayez des pistolets dans vos poches, ajouta le prévôt.

— J'en aurai, dit Annibal. »

La petite porte fut ouverte ; les gens de police, introduits dans le parc, gagnèrent, par des allées couvertes, le pavillon rustique où ils s'enfermèrent.

XLV

LE SIGNAL

Le hameau du Mâs-du-Gué, situé dans le vallon, de l'autre côté du ruisseau qui coulait au pied des futaies du petit château, se composait d'une trentaine de maisons de pauvre apparence.

L'une de ces maisons était une auberge, ou, pour mieux dire, un cabaret d'aspect plus misérable encore que les autres habitations ses voisines.

Vers midi, deux personnages, arrivant à pied on ne sait d'où, franchirent le seuil de ce cabaret après avoir ameuté sur leur passage les enfants du village, étonnés du débraillé de leurs costumes et du pitt...que ultra-fantaisiste de leurs allures.

Ici, l'... me doit avouer son impuissance quand il s'agit de décrire de pareils fantoches. Pour les expliquer dignement, il faudrait le pinceau, ou tout au moins le crayon d'un maître.

Qu'on imagine l'incarnation complète et parfaite de ces étranges *gueux*, moitié bohémiens et moitié truands, illustrés par le burin de Callot et portant, avec une désinvolture de Guzman d'Alfarache, des haillons sordides plus effrangés qu'un vieux drapeau sorti de vingt batailles.

Qu'on se figure, au-dessous de ces haillons, et sous des feutres avachis et rapiécés, des chevelures en désordre, des visages cyniques et flétris suant le vice et la débauche, des yeux entourés d'un cercle bleuâtre, des nez rougis, des pommettes marbrées de tons violents, et l'on n'aura cependant qu'une idée bien insuffisante de la réalité.

Dans une grande ville, le premier policier venu aurait mis la main, sans hésiter, au collet de pareils bandits, rien que sur la mine ; mais il n'y avait point de police au Mâs-du-Gué.

L'unique salle du caba[ret], [cham]bre basse meublée de tro[is] en bois jadis blanc. E[lle] semaine ; le dimanche, a[uques hardis buveurs s'y d[

Les deux sacripants s'[frappant sur la table du [qu'il tenait à la main, cri[

« Eh! cabaretier du d[enseigne ne soit point [mange dans ta bicoque. M[nez et dépêche-toi de n[boire, si tu ne veux pas [oreilles. »

Le maître du logis, un [chétif et contrefait, qui se [pièce, accourut à ce ta[en voyant les hôtes que [étoile.

Son premier mouveme[nt] pour crier à l'aide. Cepe[grand jour et comme des [la porte, il se dit qu'ap[craindre, et, s'efforçant d[il s'approcha des nouveau[

« Mes bons messieurs, [la maison n'est point ric[pas la bonne volonté qu[moyens ; il m'est impossi[

— Du crédit! qui t'en [malheur! » répliqua le sa[Il ajouta, en jetant su[r livres :

« Tu te payeras là-de[nous rendras la monnaie.

— Voilà pour sûr, un [giste ; mais ça ne me re[nerai pour leur argent. »

Il empocha la pièce et r[

« J'ai du pain, mes bo[du fromage et du vin. Ça [

— Nous nous en conten[

— Je vais vous servir à [

Tandis qu'il allait succe[garde-manger et au celli[entrèrent dans le cabaret, [plus près les étranges fi[qu'entrevoir au passage.

Le maître de la maiso[ses hôtes les provisions an[que des assiettes, des go[teaux notablement rouillé[

Le sacripant qui n'ava[dédaigneusement du bout [s'écria :

— Remportez ces jouj[oux] pas avec ça! »

En même temps il tira [

que couteau catalan au manche de buis tailladé et peint de couleurs vives. Il l'ouvrit et fit miroiter sous un rayon de soleil sa lame d'acier bleuâtre, épaisse, affilée, et longue de plus d'un pied.

Un mouvement d'effroi se manifesta dans le cabaret, et parut causer au bandit un joyeux orgueil.

« Parlez-moi de ça! reprit-il, c'est un couteau pour de vrai; un solide compagnon qui ne laissera jamais son maître dans l'embarras. Ça vaut mieux qu'une épée pour qui sait s'en servir, et ça couperait au besoin le cou d'un chrétien, comme ça va couper ce jambon. Regardez, villageois naïfs, admirez, la vue n'en coûte rien... »

Le bandit complaisamment l'objet de son enthousiasme au paysan qui se trouvait le plus près de lui, et l'arme terrible passa de main en main avant de revenir à son propriétaire.

Les deux inconnus attaquèrent ensuite les vivres, et firent preuve d'un robuste appétit, et surtout d'une inextinguible soif.

Après avoir bu et mangé, ils demandèrent des cartes, et se mirent à jouer, s'interrompant de temps à autre pour faire force questions sur les habitants du château qui couronnaient la colline et dominait le village.

Ils passèrent ainsi toute la journée, quittèrent le cabaret vers le soir, et prirent ostensiblement la route de Clermont.

Avons-nous besoin d'affirmer qu'aucun des paysans n'eut envie de les suivre?

Aussitôt qu'ils se trouvèrent hors de vue, l'un des sacripants dit à l'autre:

« Lazare, je suis content de toi. J'avais quelque défiance, je l'avoue. Tu as joué ton rôle comme un ange.

— En imitant de mon mieux monsieur le marquis, j'étais certain de m'en bien tirer, répliqua le valet avec une modestie de bon goût.

— Ces braves gens n'oublieront pas de sitôt notre signalement, reprit le gentilhomme.

— Ni surtout celui du couteau! Avec quels yeux effarés ils le regardaient! ajouta Lazare.

— Et comme nous aurons grand soin de le laisser sanglant dans le parc, on n'aura pas même l'ombre d'un doute, et toutes les brigades de la maréchaussée de la province battront le pays pour y trouver les deux étrangers minutieusement décrits par les villageois. Je crois la combinaison fort habile.

— Ah! monsieur le marquis est un homme de génie!... »

Saint-Maixent et Lazare quittèrent la grand'route, et s'enfoncèrent dans le petit bois qui longeait d'un côté la muraille du parc.

Au crépuscule succéda la nuit, mais une de ces nuits transparentes dont le charme est si pénétrant et si doux.

La lune dans son plein répandait sur les grands arbres du parc et sur la façade du château des torrents de blanches clartés.

Çà et là, sous les futaies sombres, des traînées lumineuses indiquaient des éclaircies du feuillage.

Debout et immobile auprès de l'une des fenêtres ouvertes du salon, le comte Annibal semblait attendre.

La comtesse Marie, assise à quelques pas de lui, et les yeux fixés sur les lointains bleuâtres et vaporeux, s'absorbait dans une muette extase.

« J'aime la nuit! dit-elle tout à coup, une nuit calme et lumineuse comme celle-ci, c'est presque plus beau que le jour! le pensez-vous comme moi?

— Certes, je le pense. C'est splendide, répliqua le comte.

— Ne sortirons-nous point aujourd'hui comme de coutume?

— Dans un instant, chère Marie. »

Le cri de la chouette retentit deux fois de suite.

Annibal tressaillit violemment. Ce cri répété, c'était le signal convenu. Les assassins venaient de pénétrer dans le parc.

« Quel glapissement sinistre! murmura la comtesse, c'est la première fois que je l'entends, ou du moins que je le remarque.

Le comte regarda la pendule, elle marquait neuf heures.

« Quand le signal aura retenti, attendez un quart d'heure, et venez, » avait dit le prévôt.

Annibal se mit à parler avec volubilité de choses indifférentes, pour tromper ses angoisses. Le moment était solennel et terrible en effet. N'allait-il pas exposer la vie de celle qu'il aimait plus que tout au monde? Il songeait que peut-être une ruse nouvelle mettrait en défaut la surveillance des agents, et il frissonnait à la pensée de conduire lui-même la comtesse sous le couteau du meurtrier.

Un instant il eut la pensée de reculer, ou tout au moins de descendre seul, mais il avait promis, il fallait tenir sa parole.

La grande aiguille indiqua le quart.

Annibal s'assura que ses pistolets, tout armés, étaient à portée de sa main, et présentant son bras à la comtesse, il murmura d'une voix émue:

« Si vous le voulez, chère Marie, je suis à vos ordres. »

Mme de Rahon s'appuya sur ce bras qu'elle pressait avec un immense amour, et tous deux descendirent les marches du perron et s'engagèrent dans l'allée sombre qui partageait le parc en deux parties égales.

Combien Annibal la trouva longue, cette allée, où chaque tronc d'arbre pouvait cacher un assassin! Son cœur sautait dans sa poitrine; ses oreilles étaient pleines de bruissements étranges ; Marie lui parlait sans qu'il l'entendît, et elle s'étonnait de cette préoccupation immense, dont elle ne pouvait deviner la cause. — Surprise, un peu inquiète, elle finit par garder le silence.

Le comte et la comtesse allaient atteindre une sorte de rond-point où se rejoignaient plusieurs allées qui formaient comme les rayons d'une étoile.

Un bruissement subit se fit dans les feuillages. Des formes noires s'élancèrent des taillis. Marie, poussa un cri de terreur, se serra contre Annibal, qui saisit ses pistolets et se tint prêt à faire feu.

Sous la voûte de verdure les ténèbres étaient profondes. On ne distinguait rien. On entrevoyait vaguement de sombres fantômes enlacés. On entendait des piétinements furieux, le bruit d'une lutte muette et terrible.

Cela dura quelques secondes, puis une voix s'éleva, vibrante et saccadée.

« Monsieur le marquis de Saint-Maixent, cria cette voix, je vous tiens enfin, et je jure Dieu que vous ne m'échapperez plus ! — Aux lanternes, vous autres ! »

Cet ordre fut exécuté avec la rapidité de la foudre ; les lanternes sourdes démasquées éclairèrent deux hommes, Saint-Maixent et Lazare, vaincus, garrottés, râlant sous la puissante étreinte du prévôt et de l'un des agents. Le fameux couteau catalan gisait sur le sol, mais sa lame était vierge de sang.

La comtesse, effarée, regardait sans comprendre.

Annibal s'approcha du marquis et murmura tristement :

« Mon cousin, mon cousin, que vous avais-je fait ?... »

XLVI

RÉVÉLATION INATTENDUE.

Cette même nuit, Saint-Maixent et Lazare, toujours revêtus des costumes de sacripants qui les déguisaient, furent conduits à Clermont, écroués séparément dans les cachots du présidial, et mis au secret le plus rigoureux.

Le lieutenant civil triomphait, et n'avait pas pour Denis Robustel d'assez pompeux éloges.

La belle Olympe attendait avec une impatience fiévreuse le retour du marquis. En voyant les heures se passer, elle se sentait dévorée d'angoisses. Ce retard ne semblait-il pas annoncer en effet à Mme de Chavigny que son complice avait échoué ?...

Qu'on juge de ce qu'elle éprouva, quand, dans la matinée, elle reçut du lieutenant civil un billet, très-poli du reste, par lequel le magistrat la priait de vouloir bien ne point que des agents la gardaient la consigne de ne pas la lais

Elle se sentit perdue ; ell comme il n'y avait en elle mande et qu'une énergie fa lâchement, et tomba dans un

Cependant, le lieutenant de diriger lui-même l'instr et si ténébreuse affaire, fit an Maixent, et se mit en devoir

Le marquis l'interrompit

« Monsieur le lieutenant ôtes un très-galant homme, sincère de vous désobliger ; éviter des tentatives sans ré simple que ma situation. partie. J'ai perdu. Vos agent le couteau à la main, donc coupable, et plus que coupal montré maladroit. Ma tête v la tomber, c'est votre droit, ne prenez point la peine de vous donne ici ma parole ne vous répondrai pas un se

A partir de ce moment, c se renferma dans le plus ab.

Le magistrat le fit recon et donna l'ordre d'amener L

Ce dernier, pour un hon par avance la corde autour l'air trop abattu.

Il fit bonne contenance, e serait point de parler, mais tout une entrevue particuliè le comte Annibal de Rahon.

« Mais dans quel but cette le lieutenant civil.

— C'est ce que M. le com le juge à propos, répliqua l je veux l'entretenir ne reg délicatesse naturelle me ne divulguer. »

Malgré les instances du m gré la menace de lui faire a la *question ordinaire et ex* s'entêta dans sa résolution lieutenant civil prit le par comte d'une requête si étrang

M. de Rahon quitta le même, et vint à Clermont.

Le lieutenant civil l'insta du présidial ; et Lazare, les chées derrière le dos, fut con

On les laissa seuls.

« Vous avez désiré me par venu pour vous entendre. dire ?

— Monsieur le comte, répliqua le misérable avec impudence, j'ai un marché à vous proposer... »

Les traits de M. de Rahon exprimèrent le dégoût et l'indignation.

« Un marché à moi ! s'écria-t-il.
— Oui, monsieur le comte.
— Lequel ?
— Je vous demande la vie en échange d'un secret d'une importance si capitale, qu'après m'avoir sauvé du gibet, vous resterez encore mon obligé.
— Je ne suis pas maître de votre vie. Je ne puis vous sauver d'une condamnation trop bien méritée.
— Vous pouvez tout, au contraire ; il suffira de plaider ma cause auprès de mes juges. En considération de la grandeur du service rendu, ils me traiteront avec indulgence. Promettez-moi de faire ce que je sollicite de vous ?
— Je ne promettrai rien avant de connaître le secret que vous prétendez me vendre.
— Et moi je ne parlerai pas avant d'avoir votre promesse.
— Il ne me reste donc qu'à vous rendre à vos geôliers. Je n'ai plus rien à faire ici. »

Lazare comprit que M. de Rahon allait lui enlever, en s'éloignant, sa dernière espérance, et il s'empressa de reprendre la parole :

« Au nom du ciel ! monsieur le comte, au nom de vos plus chers intérêts, dit-il d'une voix suppliante, daignez m'entendre. Ce n'est point un engagement aveugle que j'attends de vous. Dites-moi seulement que, si ma révélation est de nature à vous causer, ainsi qu'à Mme la comtesse, la plus immense joie que vous ayez jamais ressentie, vous ferez ce qui dépendra de vous pour me sauver.
— Dans ces conditions, soit, je consens.
— Vous me le jurez sur votre honneur ?
— Si ma simple parole ne vous suffit pas, je la retire, répliqua fièrement Annibal.
— Elle me suffit, monsieur le comte, elle me suffit ! s'écria Lazare. Apprenez donc que la grossesse de Mme de Rahon n'était point une illusion. Vous êtes père et votre enfant existe. »

Annibal, pendant quelques secondes, resta muet, anéanti et comme changé en statue ; tout ce qu'il venait d'entendre lui paraissait inouï, insensé, impossible.

Lazare reprit :

« Cela vous étonne, je le comprends bien, monsieur le comte, et c'est cependant la vérité pure. Le complot qui devait, plus tard, conduire Mme la comtesse à la Salpêtrière sous un faux nom, en la faisant passer pour morte, se tramait déjà à cette époque. On en voulait à votre héritage ; on vous a persuadé que l'accouchement n'avait pas eu lieu et on a fait disparaître l'enfant. »

M. de Rahon revint à lui-même.

« Prouvez-moi cela, dit-il d'une voix un peu tremblante, et non-seulement vous vivrez, mais vous serez libre, je le jure, quand je devrais me jeter aux pieds du roi pour lui demander votre grâce.
— Le prouver ? c'est bien facile, murmura Lazare rayonnant. Seulement, ce sera long. Écoutez-moi de toutes vos oreilles, monsieur le comte, je commence. »

Le récit du valet ne dura pas moins de deux heures. Quand il fut terminé, M. de Rahon était convaincu.

« Je vous crois, dit-il ; mais, ce que vous venez de m'apprendre, il faut le répéter au lieutenant civil.
— Je suis prêt. »

La confession de Lazare, recommencée séance tenante devant le magistrat et si écrasante pour le marquis de Saint-Maixent et pour la belle Olympe, fut écrite mot pour mot, sous la dictée du révélateur, par un des greffiers du présidial.

Le même soir, Mme de Chavigny était en prison et des agents partaient, les uns pour le hameau de Chamblas avec ordre d'appréhender au corps la sage-femme, Françoise Arzac, l'ex-Simone Raymond de la rue de la Lanterne, les autres pour le château de Rahon, non loin duquel demeurait la Marinette. Ils avaient mission d'amener, dans le plus bref délai, les deux femmes à Clermont.

En même temps, le lieutenant civil expédiait à Paris un de ses hommes les plus intelligents avec une note pour le lieutenant de police auquel il demandait de faire sans retard fouiller la grande ville, afin d'y retrouver le ci-devant intendant Lactance et de l'envoyer à Clermont, lui aussi, sous bonne escorte.

Aussitôt la sage-femme et Marinette sous la main de la justice, l'instruction commença et marcha d'autant plus rapidement, que rien ne vint en entraver le cours.

L'ex-tireuse de cartes fit sans hésiter des aveux complets. Elle soutint seulement qu'elle n'était point responsable des crimes accomplis avec son aide, car elle n'avait été que l'instrument passif choisi par la fatalité, et prétendit le prouver en se basant sur la double prédiction faite par elle à la comtesse dans le logis de la rue de la Lanterne.

La Marinette, sanglottant et jouant tant bien que mal la comédie des remords et du désespoir, raconta tout ce qu'elle savait et s'étendit longuement sur l'épisode de la croix d'or rougie au feu et imprimée par Lactance sur le bras de l'enfant quelques minutes après sa naissance.

La belle Olympe se renferma dans les plus complètes dénégations, et soutint que tous ces gens qui l'accusaient étaient ses ennemis et qu'ils s'entendaient pour la perdre.

Saint-Maixent s'obstinait dans son silence hautain.

Vous me tenez, — disait-il, que voulez-vous

de plus ? Décapitez-moi vite et que ce soit fini ! »

On le mit à la torture.

L'infâme gentilhomme, au milieu de sa dégradation profonde, avait conservé du moins une des qualités de sa race : le courage. Il souffrit héroïquement, sans une plainte, sans un soupir, et ne parla pas.

La lumière, malgré cette attitude des deux principaux accusés, s'était faite d'une façon complète, et cependant le procès (si célèbre depuis dans les annales judiciaires sous le nom de : PROCÈS DU MARQUIS SAINT-MAIXENT) ne pouvait pas encore éclater au grand jour.

On attendait, pour l'évoquer devant le parlement, que la police de Paris eût découvert Lactance dans les bas-fonds où sans doute il se cachait.

Cette attente dura deux mois; puis, un beau jour, le lieutenant civil reçut l'avis officiel que l'ex-intendant, enfin retrouvé, cheminait sur la route d'Auvergne, conduit la corde au cou, de village en village, par les brigades de cavaliers de la maréchaussée.

Enfin, il arriva plus long, plus efflanqué, plus livide que jamais, et couvert de haillons sordides.

Les femmes et le jeu avaient fini par dévorer jusqu'au dernier sou son argent mal acquis, et, pendant les derniers temps de son séjour à Paris, il était tombé dans les fanges de la plus abjecte misère.

Comme la sage-femme et comme Marinette, son ancienne favorite en titre, Lactance ne nia rien; il entreprit seulement de se faire un mérite d'avoir sauvé la vie à l'enfant de la comtesse de Rahon, malgré les ordres absolus du marquis de Saint-Maixent.

Interrogé sur ce qu'était devenu l'enfant, il raconta, comme avant lui l'avait raconté Lazare, la fuite inexpliquée de Margarita la bohémienne, disparaissant avec le précieux dépôt qu'elle venait de recevoir.

En face des aveux de Lactance, la tâche de l'instruction se trouvait désormais achevée.

Le procès fut évoqué devant les chambres réunies du parlement.

Ce jour-là, toute l'aristocratie de la province d'Auvergne semblait s'être donné rendez-vous dans la salle immense où la justice rendait ses arrêts. Jamais affaire criminelle ne suscita plus vif intérêt et curiosité plus ardente. La touchante odyssée des souffrances inouïes de la comtesse Marie de Rahon s'était peu à peu répandue dans le public. Une ardente sympathie entourait la jeune femme; le nom seul de ses persécuteurs soulevait les sombres orages de l'exaspération populaire.

Saint-Maixent, la belle Olympe, la sage-femme, Lactance et Lazare auraient été certainement mis en pièces, s'il leur avait fallu traverser la foule pour aller de la prison à la cour de justice.

XLVII

TOUT EST BIEN QUI FINIT BIEN.

Le procès dura deux jours à cause des nombreux témoins qu'il fallut entendre ; mais l'issue n'en pouvait être un seul instant douteuse.

Nous ne reproduirons point les débats; ils ne mettraient sous les yeux de nos lecteurs aucun fait qui ne leur soit dès longtemps connu.

Le marquis de Saint-Maixent fut condamné à faire amende honorable devant la principale porte de la cathédrale de Clermont, où il serait conduit nu-pieds, la corde au cou, tenant en ses mains une torche ardente du poids de deux livres, pour ensuite expirer sur la roue, rompu tout vif de la main du bourreau.

Une condamnation semblable frappa l'ex-diseuse de bonne aventure de la rue de la Lanterne.

La belle Olympe, moins sévèrement atteinte, quoique plus coupable, selon nous, que la sage-femme, entendit prononcer un arrêt qui la rayait en quelque sorte du nombre des vivants, car les portes d'un couvent allaient se refermer sur elle pour toute sa vie.

La peine d'une détention perpétuelle fut en même temps appliquée à Lazare, à Lactance et à Marinette.

Le populaire, entassé dans les parties les plus reculées de la grande salle, fit retentir les éclats d'une joie presque féroce en apprenant qu'il allait bientôt assister au double supplice du marquis de Saint-Maixent et de la sage-femme.

Quant aux autres coupables, ce même populaire trouva généralement qu'on les avait traités avec trop d'indulgence, la belle Olympe méritant la roue aussi bien que la sage-femme, Lactance, le gibet, et Lazare au moins les galères.

Que voulez-vous ? les Français, toujours frondeurs, ne sont jamais contents !

Après le prononcé du jugement, le marquis et la sage-femme se trouvèrent pendant quelques secondes l'un à côté de l'autre.

« Vous m'avez perdue, dit à l'oreille du gentilhomme la ci-devant tireuse de cartes ; mais je ne vous en veux pas, car vous étiez comme moi l'instrument du destin. Un grand seigneur ne doit point mourir de la main du bourreau. Prenez ceci. »

Et elle lui glissait un flacon dans la main.

« Merci... » murmura Saint-Maixent.

Le lendemain, en faisant sa ronde matinale, le guichetier trouva le marquis et la sage-femme morts dans leurs cachots, déjà roidis et noircis par le poison.

Néanmoins, comme l'arrêt rendu devait être

exécuté de point en point, les cadavres des deux condamnés furent traînés sur une claie jusqu'au portail de la cathédrale, pour un simulacre d'amende honorable, et ensuite attachés sur la roue où la foule vint leur jeter de la boue et des pierres (1).

Ainsi finit le marquis Louis-André-Sigismond de Saint-Maixent, cette effrayante incarnation du crime, cet homme à figure d'ange et à cœur de démon.

Quant à Françoise Arzac, ou Simone Raymond, sa complice presque involontaire, il nous semble que l'âme de cette misérable créature n'était pas dépourvue d'une certaine grandeur farouche. Malheureusement, les passions mauvaises et le fanatisme superstitieux avaient tout étouffé pour la conduire, par des chemins sinistres, à l'infamie et à la mort.

Pendant la nuit suivante, le comte de Rahon tint sa promesse en assurant, à force d'or, l'évasion de Lazare, qui prit aussitôt son vol vers Paris. Il y vécut quelque temps au milieu des bandits de bas étage; puis un nouveau méfait attira sur lui l'attention de la police. Il fut pris et pendu, ainsi que le lui avait prédit Simone Raymond après avoir étudié les lignes de sa main au début de cette histoire.

Un dernier procès restait à juger : celui de la revendication d'état de la comtesse Marie de Rahon.

L'issue n'en pouvait être un instant douteuse. Les innombrables révélations faites pendant le cours du procès criminel rendaient la vérité plus lumineuse que le soleil.

La victime de Saint-Maixent et de la belle Olympe, la détenue de la Salpêtrière, LA MORTE VIVANTE, fut solennellement et authentiquement déclarée la femme légitime du comte Annibal.

Au bonheur renaissant des deux époux, une préoccupation douloureuse mêlait son amertume.

Qu'était devenu leur enfant ? Quelle destinée serait celle de ce fils désiré avec tant d'ardeur, et qu'ils n'avaient jamais pressé dans leurs bras, couvert de leurs baisers ? L'unique héritier d'un nom illustre, d'une fortune immense, ne grandirait-il pas dans un milieu abject, prédestiné fatalement au vice, peut-être même au crime ?...

Annibal et Marie se posaient sans cesse ces questions insolubles qui troublaient la paix de leurs jours et le repos de leurs nuits.

Le comte écrivit aux lieutenants civils de toutes les provinces de France pour leur demander de faire faire des recherches actives, et pour promettre une récompense de cent mille livres à quiconque donnerait des nouvelles de l'enfant disparu, ou tout au moins de la bohémienne Margarita.

Recherches et promesses furent sans résultat. Annibal commençait à désespérer, et Marie s'efforçait de lui cacher ses larmes.

Un jour, le comte, encore plus préoccupé que de

(1) Historique.

coutume, quitta le château de Rahon, seul, à cheval, laissant au hasard le soin de diriger sa promenade. Le hasard le conduisit dans la direction du Mont-Chauvet. Le cheval, livré à lui-même, en gravit les pentes rocailleuses, et le cavalier sortit de sa rêverie en se trouvant au milieu du hameau des bohémiens qu'il visitait en ce moment pour la première fois.

A la porte d'une des huttes, une femme grande et brune, jeune encore, et d'une beauté farouche, tenait sur ses genoux deux enfants qu'elle paraissait environner d'une égale tendresse.

Surprise par la brusque arrivée du comte, elle fit un geste comme si elle eût voulu cacher ses deux enfants sous les plis de sa jupe, et, les entraînant avec elle, elle rentra dans la chaumière, dont elle referma la porte.

Instinctivement ému, M. de Rahon s'adressa à un vieux bohémien qui le regardait curieusement, et, lui mettant dans la main une pièce d'or, il lui demanda :

« Comment s'appelle cette femme ?

— Margarita, » répondit le vieillard.

M. de Rahon sentit son cœur bondir dans sa poitrine, et reprit :

« Ces deux enfants sont-ils à elle ?

— A qui seraient-ils ? » fit le bohémien.

Annibal lui tendit une seconde pièce d'or, et répéta :

« Sont-ils à elle ?

— Je n'en sais rien, murmura le gitano, cependant je ne le crois guère.

— Pourquoi ?

— Parce qu'ils paraissent juste du même âge, et qu'il n'y en a qu'un qui lui ressemble...

— Cette Margarita n'a-t-elle pas quitté le pays subitement, il y a trois ans ? continua le comte, dont l'émotion grandissait.

— Oui, et personne de nous n'a su où elle allait.

— Des étrangers ne sont-ils pas venus pour la voir, dans la nuit même qui suivit son départ ?

— Oui, je m'en souviens comme si c'était hier. Ils étaient trois ; l'un des trois s'appelait Lactance, et nous le connaissions bien, il était l'intendant du seigneur du pays, un digne seigneur, et doux au pauvre monde, à ce qu'on dit, car, moi, je ne le connais pas.

— Et, poursuivit Annibal, dont les espérances commençaient à prendre un étrange caractère de certitude, quand est-elle revenue parmi vous, cette Margarita ?

— Il peut y avoir trois ou quatre mois.

— Je désirerais lui parler. Prévenez-la, je vous en prie.

— Vous ne lui voulez pas de mal au moins ? demanda le vieux bohémien.

— Je veux faire sa fortune et la vôtre aussi. Je

suis le comte de Rahon, et vous êtes ici sur mes terres... »

Le gitano devint à l'instant même respectueux jusqu'à la servilité, et s'empressa de frapper à la porte de la hutte.

« Qui frappe? cria depuis l'intérieur une voix gutturale.

— Moi, Diego.

— Que me veux-tu?

— Ouvre, et tu le sauras.

— L'étranger n'est-il plus là?

— Non.

— Je n'ai point entendu les pas de son cheval s'éloigner.

— C'est que tu écoutais gazouiller tes petits, et que tu pensais à autre chose. »

La gitane tira le verrou et ouvrit sa porte, mais presque aussitôt elle voulut la refermer. Elle venait de voir Annibal, et elle s'écria d'un ton de reproche :

« Ah! Diego, tu m'as trompée!... C'est mal!... »

Déjà le vieux bohémien s'était glissé dans la hutte, et répliquait :

« Allons, ne fais pas la sauvage. Ce digne seigneur est le comte de Rahon.

— Qu'y a-t-il de commun entre nous?

— Il te le dira lui-même. Mais il a parlé de faire ta fortune et la mienne aussi.

— Je n'ai besoin de rien.

— Ça se peut, mais nous avons tous besoin de lui, attendu que notre village est sur ses terres, qu'il pourrait nous chasser s'il le voulait, et qu'il le voudrait certainement si tu lui faisais l'injure de ne point l'écouter.

— Eh bien! soit, j'y vais! »

Margarita sortit de sa hutte, alla se placer en face de M. de Rahon, et, fixant sur lui ses noires prunelles, elle lui demanda d'un ton dur :

« Que me voulez-vous?

— Je veux vous rendre riche, répondit Annibal, et surtout je veux vous rendre heureuse, car la richesse ne suffirait point à payer ce que vous avez fait pour moi.

— Pour vous? répéta la gitane, vous vous trompez! je n'ai rien fait...

— Vous avez recueilli mon enfant; vous avez eu soin de lui et vous l'avez aimé! s'écria le comte.

Trouvez-vous que ce ne soit rien? Je trouve, moi, que c'est plus que tout! »

Un frisson passa sur la peau brune de Margarita. Ses sourcils se froncèrent. Un éclair jaillit de ses yeux.

« Votre enfant! répliqua-t-elle avec emportement, qu'est-ce que cela? Je ne le connais pas! J'ai deux fils, ils sont bien à moi. Je veux les garder, et tout comte de Rahon que vous soyez, vous ne me les disputerez point.

— Peut-être.

— Ah! n'essayez pas, je vous le conseille, car je les défendrais avec mes ongles, avec mes dents, avec mon couteau s'il le fallait.

— Margarita, reprit le comte de sa voix la plus douce et la plus persuasive, écoutez-moi et comprenez-moi. Je ne vous séparerai jamais, je le jure, de l'enfant que vous aimez tant; mais, si cet enfant m'appartient, il faut bien qu'il me soit rendu.

— Il n'appartient qu'à moi! ils sont à moi tous deux!

— Prouvez-le.

— Comment?

— En me montrant que ni l'un ni l'autre ne porte sur son bras gauche l'empreinte ineffaçable d'une petite croix rougie au feu. Vous vous troublez, Margarita... vous hésitez... vous n'osez plus mentir... Allons, un bon mouvement! apportez mon fils dans mes bras, et le vôtre sera son frère! »

La gitane cachait entre ses mains tremblantes son fier visage baigné de pleurs.

Elle s'élança dans sa chaumière et elle en ressortit portant un bel enfant blanc et rose, qu'elle jeta sur le cœur du comte, en s'écriant :

« Prenez-le donc, puisqu'il est à vous... Mais j'en atteste le Dieu de mes pères, vous ne pouvez l'aimer plus que moi!... »

Une heure après, la comtesse Marie couvrait de ses larmes de joie et de ses baisers sans fin la frêle créature enfin retrouvée, et elle balbutiait en souriant à Annibal :

« Ah! je suis heureuse! trop heureuse! que Dieu est bon! »

Dieu ne devait-il pas ce bonheur complet à la noble femme qui avait tant souffert et qui avait tant pardonné?...

FIN

EN VENTE A LA MÊME LIBRAIRIE, 10, RUE GIT-LE-CŒUR

Ch. Paul de Kock.

La Jolie Fille du Faubourg	1 10
L'Amoureux transi	1 10
L'Homme aux trois culottes	» 90
Sans Cravate	1 30
L'Amant de la Lune	3 15
Ce Monsieur	1 10
La Famille Gogo	1 50
Carotin	1 10
Mon Ami Piffard	» 50
L'Amour qui passe et l'Amour qui vient	» 70
Taquinet le Bossu	» 70
Cerisette	1 50
Une Gaillarde	1 80
Le Mare d'Auteuil	1 95
Les Etuvistes	2 »
Un Monsieur très-tourmenté	» 80
La Bouquetière du Château-d'Eau	1 60
Paul et son Chien	1 80
Madame de Montflanquin	1 20
La Demoiselle du Cinquième	1 60
Monsieur Choublanc	» 80
Le Petit Isidore	1 50
Monsieur Cherami	1 30
Une Femme à trois visages	1 95
La Famille Braillard	1 30
Les Compagnons de la Truffe	1 30
L'Ane à M. Martin	» 50
La Fille aux trois jupons	» 70
Les Demoiselles du Magasin	1 60
Les Femmes, le Jeu, le Vin	» 70
Les Enfants du Boulevard	1 50
Le Sentier aux Prunes	» 70
Une Grappe de Groseille	» 80
La Dame aux trois corsets	» 80
La Baronne Blaguiskof	» 80
La Prairie aux Coquelicots	1 60
Les Petits Ruisseaux	» 80
Le Professeur Fichoclaque	» 80
Une Drôle de Maison	» 80
La Grande Ville	» 90
Madame Tapin	» 80
Un Mari dont on se moque	» 80
Papa Beau-Père	» 80
Le Concierge de la rue du Bac	» 70
Madame Pantalon	1 »
La Petite Lise	» 80

Henry de Kock (Paul de Kock fils).

L'Amour Bossu	» 80
La Chute d'un Petit	» 60
Le Roman d'une Femme pâle	» 50
La Grande Empoisonneuse (3 part.)	3 »
Les Mémoires d'un Cabotin	1 »
Les Accapareuses	» 70

Ponson du Terrail.

Les Drames de Paris (complets)	15 90
Les mêmes par parties :	
L'Héritage mystérieux	2 70
Le Club des Valets de Cœur	3 75
Les Exploits de Rocambole	3 90
La Revanche de Baccarat	1 20
Les Chevaliers du Clair de Lune	2 10
Le Testament de Grain-de-Sel	2 25
(15 SÉRIES A 1 fr. 05.)	
Nouveaux Drames de Paris	5 55
(Résurrection, 5 SÉRIES : 5 fr. 55.)	
Le Dernier Mot de Rocambole	7 50
Les Misères de Londres	4 20
Les Démolitions de Paris	2 40
La Corde du Pendu	1 40
Le Retour de Rocambole	5 20
Les Drames du Village (1 volume)	4 20
Les mêmes par parties :	
1. Mademoiselle Mignonne	1 70
2. La Mère Miracle	» 70
3. Le Brigadier La Jeunesse	» 60
4. Le Secret du docteur Rousselle	1 50
L'Armurier de Milan	1 10
Les Cavaliers de la Nuit	2 40
Le Pacte de Sang (1 volume)	4 20
Le même par parties :	
1. Les Spadassins de l'Opéra	2 »
2. La Dame au Gant noir	2 50
Les Mystères du Demi-Monde	2 »
Nuits de la Maison Dorée	1 »
La Jeunesse du roi Henri (1re part.)	2 75
Le Serment des 4 valets (2e partie)	1 80
La Saint-Barthélemy (3e partie)	1 20
La Reine des Barricades (4e partie)	2 10
Le Beau Galaor (5e partie)	1 60
La 2e Jeunesse du roi Henri (6e p.)	1 80
Ces parties réunies en 1 volume	11 25
L'Héritage d'un Comédien	» 70
Le Diamant du Commandeur	» 90
Les Masques rouges	1 95
Le Page Fleur-de-Mai	» 75

Ponson du Terrail (Suite).

Les Cosaques à Paris	2 70
Le Roi des Bohêmes	1 10
La Reine des Gypsies	1 10
Mémoires d'un Gendarme	1 »
Le Chambrion	» 70
Le Nouveau Maître d'Ecole	» 70
Dragonne et Mignonne	» 90
Le Grillon du Moulin	1 »
La Fée d'Auteuil	» 90
Le Capitaine des Pénitents noirs	1 20
L'Auberge de la rue des Enfants-Rouges	2 »
L'Orgue de Barbarie	1 »

Paul Féval.

Bouche de Fer	1 95
Les Drames de la Mort	3 15

Xavier de Montépin.

Un Drame d'Amour	» 70
Le Médecin des Pauvres	1 80
Les Mystères du Palais-Royal	3 »
La Maison Rose	1 65
Les Enfers de Paris	2 75
La Fille du Meurtrier	1 60
Le Marquis d'Espinchal	1 30
Les Mystères de l'Inde	1 30
La Gitane	1 10
Mlle de Kerven (2e p. de la *Gitane*)	1 10
La Reine de la Nuit	1 »
Le Moulin Rouge	3 »
Le Médecin de Brunoy	1 80
Le Château des Spectres	» 70
La Comtesse Marie (1re partie)	1 30
La Comtesse Marie (2e partie)	1 10
La Femme de Paillasse	2 20
Le même ouvrage à 10 c. la livraison.	

Emmanuel Gonzalès.

Esaü le Lépreux	1 10
Le Prince Noir (2e partie d'*Esaü*)	1 10
Les 2 Favorites (3e partie »)	1 10
Les Frères de la Côte	» 90
Le Vengeur du Mari	1 30
Les Gardiennes du Trésor	» 80
La Fiancée de la Mer	1 10

Pierre Zaccone.

Les Mystères de Bicêtre	1 30
Une Haine au Bagne	5 »
Les Misérables de Londres	3 »
Les Marchands d'Or	1 30

Louis Collet.

Le Régiment de la Calotte	» 90
Le Petit Docteur	1 20

Albert Blanquet.

Les Amours de d'Artagnan	2 70
Les Amazones de la Fronde	2 50
Belles-Dames du Pré-aux-Clercs	2 50

Léon Beauvalet et ***

Les Femmes de Paul de Kock (un beau volume)	5 »

Eugène Sue.

Les Mystères de Paris	4 »
Le Juif-Errant	4 »
Les Misères des Enfants trouvés	4 80
La Famille Jouffroy	» »
L'Institutrice	» 90
Atar-Gull	» 70
La Salamandre	» 90
Le Marquis de Létorières	» 50
Arthur	1 80
Thérèse Dunoyer	» 90
Deux Histoires	1 10
Latréaumont	1 10
Comédies sociales	» 70
Jean Cavalier	1 80
La Coucaratcha	1 10
Le Commandeur de Malte	1 10
Paula Monti	» 90
Plik et Plok	» 70
Deleytar	» 50
Mathilde	2 75
Le Morne au Diable	1 10
La Vigie de Koat-Ven	1 80
L'Orgueil (1re partie)	1 10
L'Orgueil (2e partie)	» 90
L'Envie	1 10
La Colère	» 70
La Luxure	» 70
La Paresse	» 50
L'Avarice	» 70
La Gourmandise	» 50
Les 7 Péchés (en 1 volume)	6 »
La Marquise d'Alfi	» 70
La Bonne Aventure (1re partie)	» 90
La Bonne Aventure (2e partie)	» 90

Eugène Sue (Suite).

Jean Bart et Louis XIV, magnifique édition illustrée de 125 gravures dans le texte et hors texte. Prix broché	9 »
Les Enfants de l'Amour	1 10
Les Mémoires d'un mari (1 vol.)	2 80
Les mêmes par parties.	
Un Mariage de convenance	1 80
Un Mariage d'argent	» 90
Un Mariage d'inclination	» 50
Le Casque de Dragon	» »
La Faucille d'or	» »
La Clochette d'airain	» »
Le Collier de fer	» 90
La Croix d'argent	» 70
L'Alouette du casque	» 90
La Garde du poignard	1 »
Jeanne d'Arc	1 30
Mademoiselle de Plouernel	1 10
Les Fils de Famille	2 55
Mathilde (1 beau volume)	5 »
8 séries à 50 cent. et 1 à 80 cent. 48 livraisons à 10 cent.	
Le Juif Errant (1 beau volume)	6 »
10 séries à 50 c. et 1 à 75 c. 58 livraisons à 10 cent.	
Les Mystères de Paris (1 beau vol.)	5 »
10 séries à 50 cent. 46 livraisons à 10 centimes.	

Alboize et Maquet.

Les Prisons de l'Europe	3 55

Alexandre Dumas.

Les Crimes célèbres (1 vol.)	4 »
Les mêmes par parties.	
1. La Marquise de Brinvilliers	» 90
2. Marie Stuart	» »
3. Les Borgia	» 90
4. Massacres du Midi	1 10
5. Jeanne de Naples	» 70

Ainsworth.

Le Bandit de Londres	1 10

Gœthe.

Werther et Faust	» »

Jean-Jacques Rousseau.

Emile	2 »
La Nouvelle Héloïse	2 »

L'Héritier.

Les Mystères de la vie du monde	» 70
Scènes épisodiques et anecdotiques	» »

Scarron.

Le Roman comique	» »

Marco de Saint-Hilaire.

Mémoires d'un Page de la Cour impériale	» »

Léo Lespès (Timothée Trimm).

Les Filles de Barrabas	2 »

Charles Rabou.

Louison d'Arquien	» »

H. Émile Chevalier.

39 Hommes pour une Femme	1 »
Un Drame esclavagiste	1 20
Les Souterrains de Jully	» 70

Ernest Capendu.

Le Chasseur de Panthères	2 70
L'Hôtel de Niorres	2 »
Le Roi des Gabiers	2 50
Le Tambour de la 32e	3 »
Bibi-Tapin	3 30

Charles Monselet.

La Franc-Maçonnerie des Femmes	1 50

Louis Noir.

Souvenirs d'un Zouave (Campagne d'Italie)	» 90

Vidocq.

Ses Mémoires écrits par lui-même. 1 beau volume	5 55

Paul de Couder.

La Tour de Nesles	1 »

Jules Beaujoint.

Les Nuits de Paul Niquet	1 30
Les Oubliettes du Grand Châtelet	1 30

Jacques Arago.

Voyage autour du monde	2 95

Féréal.

Mystères de l'Inquisition	2 »
Physiologies parisiennes	» »

Adrien Robert.

Le Bouquet de Satan	» 70
Les Aventures de Lazarilles	4 50
Contes fantasques et fantastiques	6 »

A. de Bougy.

La Vengeance du Bravo	» »

Ét. Enault et L. Judicis.

Le Vagabond	1 »

Paris. — Typ. Collombon et Brûlé, rue de l'Abbaye, 22

Série   50 centimes.

XAVIER DE MONTÉPIN

LA MORTE VIVANTE

Illustrations inédites par les meilleurs Artistes

PARIS
VICTOR BENOIST ET Cie, ÉDITEURS, RUE GIT-LE-CŒUR, 10, A PARIS
Ancienne Maison CHARLIEU et HUILLERY

EN VENTE A LA MÊME LIBRAIRIE, 10, RUE GIT-LE-CŒUR

Ch. Paul de Kock.

La Jolie Fille du Faubourg	1 10
L'Amoureux transi	1 10
L'Homme aux trois culottes	» 90
Sans Cravate	1 30
L'Amant de la Lune	3 15
Ce Monsieur	1 10
La Famille Gogo	1 50
Carotin	1 10
Mon Ami Piffard	» 50
L'Amour qui passe et l'Amour qui vient	» 70
Taquinet le Bossu	» 70
Cerisette	1 50
Une Gaillarde	1 80
Le Mare d'Auteuil	1 95
Les Etuvistes	2 »
Un Monsieur très-tourmenté	» 80
La Bouquetière du Château-d'Eau	1 60
Paul et son Chien	1 60
Madame de Montflanquin	1 20
La Demoiselle du Cinquième	1 60
Monsieur Choublano	» 80
Le Petit Isidore	1 50
Monsieur Cherami	1 30
Un Femme à trois visages	1 95
La Famille Braillard	1 30
Les Compagnons de la Truffe	» 50
L'Ane à M. Martin	» 80
La Fille aux trois jupons	» 70
Les Demoiselles du Magasin	1 60
Les Femmes, le Jeu, le Vin	» 70
Les Enfants du Boulevard	1 50
Le Sentier aux Prunes	» 70
Une Grappe de Groseille	» 80
La Dame aux trois corsets	» 80
La Baronne Blagniskof	» 80
La Prairie aux Coquelicots	1 60
Les Petits Ruisseaux	1 80
Le Professeur Ficheclaque	» 80
Une Drôle de Maison	» 80
La Grande Ville	» 90
Madame Tapin	» 80
Un Mari dont on se moque	» 80
Papa Beau-Père	» 80
Le Concierge de la rue du Bac	» 70
Madame Pantalon	1 »
La Petite Lise	» 80

Henry de Kock (Paul de Kock fils).

L'Amour Bossu	» 80
La Chute d'un Petit	1 60
Le Roman d'une Femme pâle	» 50
La Grande Empoisonneuse (3 part.)	3 »
Les Mémoires d'un Cabotin	1 »
Les Accapareuses	» 70

Ponson du Terrail.

Les Drames de Paris (complets).. 15 90
Les mêmes par parties :

L'Héritage mystérieux	2 70
Le Club des Valets de Cœur	3 75
Les Exploits de Rocambole	3 90
La Revanche de Baccarat	1 20
Les Chevaliers du Clair de Lune	2 10
Le Testament du Grain-de-Sel (15 Séries à 1 fr. 05.)	2 25
Nouveaux Drames de Paris	5 55
(Résurrection, 5 Séries à 3 fr. 55.)	
Le Dernier Mot de Rocambole	7 50
Les Misères de Londres	7 40
Les Démolitions de Paris	1 40
La Corde du Pendu	5 20
Le Retour de Rocambole	4 20
Les Drames du Village (1 volume)	4 20

Les mêmes par parties :

1. Mademoiselle Mignonne	1 70
2. La Mère Miracle	» 70
3. Le Brigadier la Jeunesse	» 90
4. Le Secret du docteur Rousselle	1 50
L'Armurier de Milan	1 10
Les Cavaliers de la Nuit	2 40
Le Pacte de Sang (1 volume)	4 20

Le même par parties :

1. Les Spadassins de l'Opéra	2 »
2. La Dame au Gant noir	2 50
Les Mystères du Demi-Monde	2 »
Nuits de la Maison Dorée	1 10
La Jeunesse du roi Henri (1re part.)	2 75
Le Serment des 4 valets (2e partie)	1 80
La Saint-Barthélemy (3e partie)	1 20
La Reine des Barricades (4e partie)	2 10
Le Beau Galaor (5e partie)	1 60
La 2e Jeunesse du roi Henri (6e p.)	1 80
Ces parties réunies en 1 volume	11 25
L'Héritage d'un Comédien	» 70
Le Diamant du Commandeur	» 90
Les Masques rouges	1 95
La Page Fleur-de-Mai	» 75

Ponson du Terrail (Suite).

Les Cosaques à Paris	2 70
Le Roi des Bohémiens	1 10
La Reine des Gypsies	1 10
Mémoires d'un Gendarme	1 »
Le Chambrion	» 70
Le Nouveau Maître d'Ecole	» 70
Dragonne et Mignonne	» 90
Le Grillon du Moulin	1 »
La Fée d'Auteuil	» 90
Le Capitaine des Pénitents noirs	1 20
L'Auberge de la rue des Enfants-Rouges	? »
L'Orgue de Barbarie	1 »

Paul Féval.

Bouche de Fer	1 95
Les Drames de la Mort	3 15

Xavier de Montépin.

Un Drame d'Amour	» 70
Le Médecin des Pauvres	1 »
Les Mystères du Palais-Royal	3 »
La Maison Rose	1 65
Les Enfers de Paris	2 75
La Fille du Meurtrier	1 60
Le Marquis d'Espinchal	1 30
Les Mystères de l'Inde	1 30
La Gitane	1 10
Mlle de Kerven (2e p. de la Gitane)	1 10
La Reine de la Nuit	3 »
Le Moulin Rouge	3 »
Le Médecin de Brunoy	1 80
Le Château des Spectres	» 70
La Comtesse Marie (1re partie)	1 30
La Comtesse Marie (2e partie)	1 10
La Femme de Paillasse	2 20

Le même ouvrage à 10 c. la livraison.

Emmanuel Gonzalès.

Esaü le Lépreux	1 10
Le Prince Noir (2e partie d'Esaü)	1 10
Les 2 Favorites (3e partie »)	1 »
Les Frères de la Côte	» 90
Le Vengeur du Mari	1 30
Les Gardiennes du Trésor	» 80
La Fiancée de la Mer	1 10

Pierre Zaccone.

Les Mystères du Bicêtre	1 30
Une Haine au Bagne	5 »
Les Misérables de Londres	3 »
Les Marchands d'Or	1 30

Louis Gallet.

Le Régiment de la Calotte	» 90
Le petit Docteur	1 20

Albert Blanquet.

Les Amours d'Artagnan	2 70
Les Amazones de la Fronde	2 50
Belles-Dames du Pré-aux-Clercs	2 50

Léon Beauvalet et ***

Les Femmes de Paul de Kock (un beau volume)........ 5 »

Eugène Sue.

Les Mystères de Paris	4 »
Le Juif-Errant	4 »
Les Misères des Enfants trouvés	4 80
La Famille Jouffroy	3 »
L'Institutrice	» 90
Atar-Gull	» 70
La Salamandre	» 90
Le Marquis de Létorières	» 90
Arthur	1 80
Thérèse Dunoyer	» 90
Deux Histoires	1 10
Latréaumont	1 10
Comédies sociales	1 80
Jean Cavalier	1 10
La Coucaratcha	» 90
Le Commandeur de Malte	» 90
Paula Monti	» 70
Pilk et Plok	» 70
Deleytar	» 70
Mathilde	1 »
Le Morne au Diable	1 10
La Vigie de Kout-Ven	1 80
L'Orgueil (1re partie)	» 90
L'Orgueil (2e partie)	1 10
L'Envie	» 70
La Colère	» 70
La Luxure	» 70
La Paresse	» 50
L'Avarice	» 70
La Gourmandise	» 70
Les 7 Péchés (en 1 volume)	6 »
La Marquise d'Alfi	» 70
La Bonne Aventure (1re partie)	» 90
La Bonne Aventure (2e partie)	» 90

Eugène Sue (Suite).

Jean Bart et Louis XIV, magnifique édition illustrée de 125 gravures dans le texte et hors texte.
Prix broché............ 9 »

Les Enfants de l'Amour	1 10
Les Mémoires d'un mari (1 vol.)	2 80

Les mêmes par parties.

Un Mariage de convenance	1 50
Un Mariage d'argent	» 90
Un Mariage d'Inclination	» 50
Le Casque de Dragon	» 90
La Famille d'or	1 »
La Clochette d'airain	1 »
Le Collier de Perles	» 90
La Croix d'argent	» 90
L'Alouette du casque	» 90
La Garde du poignard	1 50
Jeanne d'Arc	1 30
Mademoiselle de Plouernel	1 10
Les Fils de Famille	2 55
Mathilde (1 beau volume)	5 »
8 séries à 50 cent. et 1 à 80 cent.	
48 livraisons à 10 cent.	
Le Juif Errant (1 beau volume)	6 »
10 séries à 50 c. et 1 à 75 c.	
58 livraisons à 10 cent	
Les Mystères de Paris (1 beau vol.)	5 »
10 séries à 50 cent. 40 livraisons à 10 centimes.	

Alboize et Maquet.

Les Prisons de l'Europe........ 3 55

Alexandre Dumas.

Les Crimes célèbres (4 vol.)..... 4 »
Les mêmes par parties.

1. La Marquise de Brinvilliers	» 90
2. Marie Stuart	» 70
3. Les Borgia	» 90
4. Massacres du Midi	1 10
5. Jeanne de Naples	» 90

Mosworth.

Le Bandit de Londres............ 1 10

Gœthe.

Werther et Faust................ » 90

Jean-Jacques Rousseau.

Emile	2 10
La Nouvelle Héloïse	2 10

L'Héritier.

Les Mystères de la vie du monde	» »
Scènes épisodiques et anecdotiques	» »

Scarron.

Le Roman comique............... 1 50

Marco de Saint-Hilaire.

Mémoires d'un Page de la Cour impériale............... » 90

Léo Lespès (Timothé Trimm).

Les Filles de Barraban.......... 2 10

Charles Rabou.

Louison d'Arquien.............. » 70

H. Emile Chevalier.

30 Hommes pour une Femme	1 »
Une Drame esclavagiste	1 25
Les Souterrains de Jolly	» 70

Ernest Capendu.

Le Chasseur de Panthères	» 90
L'Hôtel de Niorres	2 70
Le Roi des Gabiers	2 50
Le Tambour de la 32e	3 »
Bibi-Tapin	3 30

Charles Monselet.

La Franc-Maçonnerie des Femmes 1 50

Louis Noir.

Souvenirs d'un Zouave (Campagne d'Italie)................ » 90

Vidocq.

Ses Mémoires écrits par lui-même.
1 beau volume........... 5 50

Paul de Couder.

La Tour de Nesles.............. 1 50

Jules Beaujoint.

Les Nuits de Paul Niquet	1 30
Les Oubliettes du Grand Châtelet	1 50

Jacques Arago.

Voyage autour du monde........ 2 95

Féval.

Mystères de l'Inquisition	2 10
Physiologies parisiennes	4 »

Adrien Robert.

Le Bouquet de Satan	» 70
Les Aventures de Lazarilles	2 50
Contes fantasques et fantastiques	6 »

A. de Bougy.

La Vengeance du Bravo......... » 90

Et. Enault et L. Judicis.

Le Vagabond................... 1 10

Paris. — Typ. Collombon et Brûlé, rue de l'Abbaye, 22

www.ingramcontent.com/pod-product-compliance
Lightning Source LLC
Chambersburg PA
CBHW050647170426
43200CB00008B/1191